В. А. СУХОМЛИНСКИЙ

ИЗБРАННЫЕ ПРОИЗВЕДЕНИЯ В ПЯТИ ТОМАХ

苏霍姆林斯基
选集

（五卷本）

第**3**卷

教育科学出版社
·北京·

《苏霍姆林斯基选集》
（五卷本）

2 0 0 3 年 1 2 月

荣获中华人民共和国新闻出版总署颁发的
"第六届国家图书奖"提名奖

2 0 0 3 年

荣获"第三届全国教育图书奖"一等奖

苏联著名教育家瓦·亚·苏霍姆林斯基（1918—1970）

编　委　会

策　划　祖　晶

主　编　蔡　汀　王义高　祖　晶

编　委（按姓氏笔画为序）

丁文礼	于　正	王义高	王家驹
王家柚	叶玉华	申　强	白振汉
毕淑芝	曲　程	刘伦振	刘启娴
纪　强	杜殿坤	杨季舫	肖　甦
吴福生	何书林	张天恩	张佩珍
张渭城	张德广	陈先齐	陈茵梅
金　芳	周　蕖	单丽洁	赵　玮
赵秋长	祖　晶	姚亦飞	倪家泰
唐其慈	继　麟	黄之瑞	黄云英
章昌云	董　友	蒋雪琦	蔡　汀

ИЗБРАННЫЕ ПРОИЗВЕДЕНИЯ
В ПЯТИ ТОМАХ

前　言

　　提起乌克兰，许多人马上会联想到《钢铁是怎样炼成的》这部作品中保尔·柯察金的生活原型——乌克兰民族英雄奥斯特洛夫斯基。其实，在乌克兰民族英雄的史册上，还有一位与奥斯特洛夫斯基同样值得世人称颂的人物，他就是享誉世界的著名教育家——瓦西里·亚历山德罗维奇·苏霍姆林斯基。

　　瓦·亚·苏霍姆林斯基是苏联杰出的教育理论家和教育实践家，俄罗斯联邦教育科学院和苏联教育科学院通讯院士。他挚爱教育事业，把心都献给了孩子，在平凡而伟大的教育岗位上，真真切切地奉献出自己；他勇于求索，在艰辛的路途上，历经磨难，不畏劳苦，呕心沥血，孜孜不倦地写下蜚声国际的教育诗篇；他品德高尚，心地纯美，放着高官不做，只求默默无闻、脚踏实地地在一所农村中学工作。这些事迹和品质使苏霍姆林斯基短暂的一生熠熠生辉，留下了永久的痕迹。人们把他当作一个真正的"大写"的人，永远留在心中加以敬仰和爱戴，成就其当代著名教育家的地位。

　　苏霍姆林斯基于1918年9月28日出生在乌克兰瓦西里耶夫卡村的一个贫苦农民家庭。苏联成立后，苏霍姆林斯基的家境变了样，他的父亲在分配的土地上辛勤耕作，并以精湛的手艺进行木工制作，使得全家过上了和睦甜美的幸福生活。父母给苏霍姆林斯基创造了一个温馨的家庭环境，使他在这样的环境里健康成长。

1926年，苏霍姆林斯基和其他农村孩子一样，上了小学。1933年，他从七年制学校毕业。在那个年代，由于苏联普通学校急剧增加，迫切需要大量的师资，他就毅然选择去克列明楚格师范学院的师资培训班学习，并于1934年毕业。正是在这里，他立下誓言，要将毕生精力奉献给祖国的教育事业。1935年，年仅17岁的苏霍姆林斯基便踏上了漫长而光荣的从教之路。1936年，苏霍姆林斯基在波尔塔瓦师范学院继续深造，1938年毕业。1939年，苏霍姆林斯基加入了苏联共产党。在伟大的卫国战争期间，苏霍姆林斯基曾任作战部队连政治指导员，上了前线，经历几次生死攸关的战斗；但他从不炫耀这段经历。1942年，他在与纳粹德军的浴血奋战中负了重伤，此后有两块弹片一直残留在他的胸部。

　　伤愈出院后，领导问他："您打算干什么呢？"

　　"我去学校，我本来就是一名教师……"苏霍姆林斯基毫不犹豫地答道。于是苏霍姆林斯基重新回到教育岗位。从1948年起，直到他逝世为止，他一直是帕夫雷什中学的教师和常任校长。

　　作为校长，苏霍姆林斯基不仅是一位精力充沛和要求严格的学校管理者，也不仅是年轻教师的楷模，更是学生的良师益友。他把每一个学生都视为自己的孩子，与他们朝夕相处，一天也不愿与学生、教学相脱离。苏霍姆林斯基是个有理想、有追求、有目标的人，他对教育毫无保留地倾注了自己的毕生精力，对共产主义教育事业赤胆忠心，《我把心给了孩子们》这一书名就足以反映他崇高的思想境界。赤诚的心、火热的血、坚强的毅力、辛勤的汗水使他成为社会主义劳动英雄，他把自己无私地奉献给了教育事业。

　　1970年9月2日晚8时30分，苏霍姆林斯基病情恶化，心脏停止了跳动。葬礼上，前来吊唁的人络绎不绝。苏霍姆林斯基在人们心中竖起一座不朽的丰碑，他永远活在人们的心里。

　　关于生命，乌克兰民族英雄奥斯特洛夫斯基有段名言："人最宝贵的是生命。生命每个人只有一次。人的一生应当这样度过：当回忆往事时，他不会因为虚度年华而悔恨，也不会因为碌碌无为而羞愧；在临死的时候，他能够说：'我的整个生命和全部精力，都已经献给了世界上最壮丽的事业——为人类的解放而斗争。'"苏霍姆林斯基也说过："人的生命是极为宝贵的，但有比我的生命和你的生命更宝贵的东西，那就是祖国永恒的生命。"苏霍姆林斯基的英雄品格，完全可以和他十分敬慕的乌克兰民族英雄奥斯特洛夫斯基相媲美。

苏霍姆林斯基的一生是伟大的、光荣的。他不仅对共产主义教育事业赤胆忠心，而且是一位勤于笔耕、写有大量教育专著和论文的教育理论家。他一生共著有 41 部著作、600 多篇论文、约 1200 篇文艺作品。他的著作仅在苏联就出版发行了 300 多万册。其中的一些著作已被译成 30 多种文字在国内外出版。他的教育思想同样引起我国教育工作者的高度重视，他的人格魅力更受到人们的高度称赞。苏霍姆林斯基已成为在我国教育领域享有极高威望的外国知名教育家之一。

在我国教育发展的新时代，为落实立德树人根本任务，培养担当民族复兴大任的时代新人，培养德智体美劳全面发展的社会主义建设者和接班人，我们深挖苏霍姆林斯基教育思想宝库的价值，重新策划出版《苏霍姆林斯基选集（五卷本）》精装本。

《苏霍姆林斯基选集（五卷本）》基本包括了苏霍姆林斯基一生撰写的主要著作和论文。广大教育工作者都可以从这部选集中找到可资借鉴的宝贵的精神财富。把他的著作称为"教育百科全书"并非夸张，因为他的教育思想涉及面极广，形成了一套教育理论体系。我们将这一套高水准的教育理论专著奉献给我国广大教育工作者，就是希望人们从中受到鼓舞激励，受到启发教育，在实施素质教育、教育改革开放持续深化的今天，能涌现出千千万万对我国教育事业忠诚热爱的教育家，为培养出更多高水准的人才做出贡献。

收入五卷本的著作、论文如下。

1.《全面发展的人的培养问题》[①]

本书是作者在 1969 年 10 月至 1970 年 4 月完成的，是一篇关于个人已发表的主要学术著作的综合报告。他准备以此为申请教育科学博士学位的论文参加答辩。遗憾的是，这篇论文写完不久，作者便与世长辞了，未能进行答辩，但苏联教育界公认这是一篇优秀的博士论文。

苏霍姆林斯基在其教育实践活动中，重点研究的就是如何培养全面发展的人的问题。他认为"学校的使命就是要培养和谐统一（即全面和谐发展）的人"。

书中提到列宁给社会主义社会提出的任务，是"教育、训练和培养出全面发展的和受到全面训练的人，即会做一切工作的人"。[②]

接着苏霍姆林斯基说："培养全面发展的人的理想，并不能靠一套专门臆想出来的措施来实现。要实现人的全面发展的理想，就必须深入地改善整个教育过程。"

培养全面发展的人，是一个非常细致的过程，也是一个非常微妙的问题。书中还提到全面发展的 8 个方面的问题，作者一一做了详细的阐述。

培养全面发展的人，是苏霍姆林斯基的重要教育信念，也是他教育思想的核心所在。

2.《学生的精神世界》

本书是苏霍姆林斯基多年教育实践经验和研究的总结。

为了培养学生拥有思想丰富的、理想崇高的精神世界，作者跟踪观察和研究了 29 个班级，共 700 余名学生从入学到毕业整个 10

[①] 本书曾由湖南教育出版社于 1984 年出版，书名为《关于全面发展教育的问题》。——编者

[②] 中共中央马克思恩格斯列宁斯大林著作编译局．列宁选集：第四卷［M］．3 版．北京：人民出版社，1995：159．

年学习期间的生活。根据大量的实际材料，分析了这些学生在童年、少年和青年时期在德、智、体、美、劳诸方面的成长过程，揭示了他们的知觉、思维、情感、兴趣、需要、意志的心理发展和言语的不同特点，以及各种不同因素对形成学生精神面貌所起的不同作用。本书寓理论于实践之中，既有大量生动活泼的事例，又有深思熟虑的理论概括，并深入浅出地介绍了一些教育学、心理学方面的理论和知识。

3.《培养集体的方法》

通过集体进行教育，是苏霍姆林斯基长期研究的重要课题之一。1956 年，他的第一部著作《学生的集体主义教育》一问世就博得了读者的好评。《培养集体的方法》一书是他在世的最后两年中写成的，1971 年出版，深受当时苏联教育界的重视。该书集中地反映了作者的集体主义教育思想。全书共分 4 个部分：学校集体及其培养的原则，集体的思想和公民精神基础，集体对个人教育影响的形成，教师的人格、教师集体和学生集体等。书中通过大量生动的事例，从理论上阐述了集体教育工作中经常遇到的一些问题，其中许多经验具有普遍意义，值得我国广大教育工作者，特别是中小学校长、教师去研究和借鉴。当然，由于国情的不同，书中的某些观点和所介绍的某些做法未必符合我国实际，希望读者在阅读时予以分析鉴别。

◇◇ 第 2 卷 ◇◇

1.《年轻一代共产主义信念的形成》

学校必须进行道德教育，苏霍姆林斯基始终坚持这个观点，他强调："学校应当造就有崇高思想的人，对这种人来说，为共产主义而奋斗乃是生活的最高意义所在。"如何坚定对共产主义的信念理想，为共产主义事业奋斗终生，是一个值得深思的问题。苏霍姆林斯基的《年轻一代共产主义信念的形成》一书，正是我们研究、探讨这一问题不可或缺的必备书。

2.《怎样培养真正的人》

这是苏霍姆林斯基的一部不朽的遗作。苏霍姆林斯基认为，每一个人都应有自己的主题，而他，苏霍姆林斯基的主题，就是培养真正的人，这也是他生活的主旨。为了撰写这部著作，他不顾自己患有严重的心脏病，抛开与工作无关的一切，抛开生活琐事的干扰，在生命的最后两年，潜心写作这部新著。作者去世后，基辅的苏维埃学校出版社曾根据他的手稿出版了一个缩编本。此次出版的是一部较完整的著作，用教育家的女儿苏霍姆林斯卡娅的话说，这本书"是教师向正在成长的一代进行道德教育的一部教材"。读了这本书，可以从中领略到许多有益的道德教诲、人生哲理；它能使人品格高尚、变得更美，具有培养下一代的才能。当然，更多的还要靠读者自己去品评，去实践。

3.《给教师的 100 条建议》

为了解决中小学教育教学工作的实际问题，切实提高教育、教学质量，苏霍姆林斯基专门为中小学教师写了《给教师的 100 条建议》一书。作者以"建议"这种新颖的写作方式，与读者真诚地谈心，使人读来毫无刻板、说教之感。全书皆为经验之谈，涉及教师经常遇到的棘手问题，令人倍感亲切、深受启发；各条建议有理有据，教育学、心理学、教学论等重要原理渗透全书，有继承、有发展、有创新，构成了一套完整的教育思想体系，是值得认真阅读的一本好书。

◇◇ 第3卷 ◇◇

1.《我把心给了孩子们》①

这是苏霍姆林斯基所有杰作中的一部精品，曾获乌克兰苏维埃

---

① 本书曾译为《把整个心灵献给孩子》（天津人民出版社，1981 年版）；也有人译为《我把心献给儿童》《把心灵献给孩子》，译名虽不同，但都是同一部著作。——编者

社会主义共和国国家奖和乌克兰教育协会一等奖，被再版多次并译成十几种语言文字。这本书在我国已广为流传，成为广大中小学教师的必读书之一。这部著作是苏霍姆林斯基对自己多年学校工作的总结，其中有沉思，也有焦虑、担忧和不安。他说："在一所农村学校身不离校地工作22年，这对我来讲是无与伦比的幸福。我把自己的一生都给了孩子们，所以考虑很久之后给这本书题名为《我把心给了孩子们》。"他还说："什么是我生活中最重要的呢？我可以不假思索地回答：爱孩子。"这部书论述的是"教师的心"。初看之下，本书似乎没有什么奇特之处，那么这本书的魅力何在呢？掩卷细想，一颗热爱教育工作、热爱儿童的火热的心所迸发出来的无穷创造力和生命力，正是它的魅力所在。相信这本书定会引起我国广大教育工作者极大的兴趣。

2.《公民的诞生》[①]

这是《我把心给了孩子们》的姊妹篇，谈论的是对少年（10—15岁）的教育问题。作者认为少年处在一个社会公民的诞生期，必须从各方面对他们加强教育，才能把他们培养成社会主义国家的合格公民。本书贯穿着公民教育精神，全面论述了如何对少年进行智育、体育、道德教育、情感教育、美育和劳动教育等，值得我国教育工作者，特别是中小学教师们阅读参考。

3.《给儿子的信》

这是一部具有独特风格的教育评论作品，是作者关于青年教育思想的有机组成部分。作者以通信的方式，从父亲的角度，深刻而又生动地展现了父母应如何正确地对子女进行教育；指出了青年应当怎样热爱学习、选择职业，青年在自我教育中怎样培养理想、志向、高尚的道德情操，应有什么样的道德观、恋爱观、审美观和友谊观等。

---

① 本书曾由教育科学出版社于1984年出版，书名为《让少年一代健康成长》。
——编者

第4卷

1.《帕夫雷什中学》

此书是苏霍姆林斯基根据个人经验写成的，在某种程度上是作者在帕夫雷什中学任教22年，其中包括多年担任校长的工作经验总结。该书不仅在苏联国内多次再版，还在国外被译成多种语言文字出版。

《帕夫雷什中学》一书通俗易懂。它既非空洞无物的泛论，也不是事实材料的堆积，而是以论统实，寓论于实。它结构严整，条理分明。其中，前言部分言简意赅地阐述了作者的基本教育信念。第一章介绍了该校从校长到教师整个集体朝气蓬勃的概貌。第二章则把该校富于教育性的物质环境生动形象地展示在读者面前。第三至第七章，分别就体育与健康、德育、智育、劳动教育、美育五个方面详尽地阐述了作者的见解。读了《帕夫雷什中学》之后，人们便会领略到它的确如人们赞誉的那样，不愧为一部"活的教育学"。

2.《和青年校长的谈话》

此书被公认为教育家苏霍姆林斯基的代表作之一。他在本书中不仅总结了自己当中学校长的工作经验，而且广泛地探讨了多方面的教育理论问题。苏霍姆林斯基所说的"对学校的领导首先是教育思想的领导，其次才是教育行政的领导"，已经成为广泛流传的至理名言，它道出了领导一所学校最基本的规律，也体现了这本书的主导思想。书中作者把理论和实践紧密联系起来，以谈话的形式，提出了许多深刻的见解。

这本书虽然题为《和青年校长的谈话》，但是它所涉及的教育理论和教育实践问题，对广大中小学教师、教育工作者、教育科学研究者和师范院校的师生，都有较大的参考价值。

◇ 第5卷 ◇

第5卷是"论文集"，收录了苏霍姆林斯基的68篇教育论文，虽说不是其论文的全部（大约在600篇以上），但无疑是其论文之精华，对研究苏霍姆林斯基的教育理论、教育思想极有参考价值，是苏霍姆林斯基教育体系不可或缺的一部分。

第5卷中的论文涉及范围很广，有德育、公民教育、理想教育等方面的论文，也有劳动教育、情感教育、语言教育、自我教育等方面的论文；有论述学校教育的论文，也有论述家庭教育、社会教育，以及各种教育有机结合的论文。

作者凭借在中小学工作多年的经验、研究，对上述问题提出了个性鲜明的独到见解，许多见解颇有启发性、教育性，对今天我国中小学教师如何实施素质教育有极大的现实指导意义，对我国中小学如何加强德育建设更有意义。

苏霍姆林斯基的论文的特点是理论与实践紧密结合。在提出个人见解、观点时，往往都伴随有丰富、生动的教育实例或相关的调查、研究。相信这部论文集的出版，会令我国的教育工作者、研究者、其他读者有耳目一新之感。

以上是编者对五卷本所做的简评，旨在抛砖引玉，还望读者去详读原作，细细品味。

*　　　　*　　　　*

苏霍姆林斯基不愧为一位真正的马克思列宁主义教育家，他既继承了老一辈教育家沙茨基、布隆斯基、马卡连柯等人的教育学说，又独特地创造出具有自己风格的教育理论。他的理论和著作为国际教育界所瞩目，对国际教育界产生了巨大的影响。许多国家纷纷成立苏霍姆林斯基研究会，大量介绍他的作品，深入探讨他的理论和教育遗产，这无疑为教育理论的发展做出了重要的贡献。我国教育界更是十分重视对苏霍姆林斯基的教育理论的研究，出版了大量的著作，这次出版《苏霍姆林斯基选集（五卷本）》精装本，旨在为我国教育工作者提供一套全面了解苏联著名教育家苏霍姆林斯基的大型权威性的经典图书，利于学习、研究、借鉴。

苏霍姆林斯基的教育理论与教育遗产是十分丰富和全面的，但也不是完美无缺的，涉及德育的某些观点带有某些历史局限性，他本人不可能超越自身所处的历史环境和社会条件，这是我们在介绍这部选集时需要加以说明的。

本选集是以苏维埃学校出版社出版的《苏霍姆林斯基选集（五卷本）》为原本翻译出版的。各部专著并没有按年代先后进行编排，而是按专题加以归并集中编排，而论文部分则以发表年月为序。在翻译和校译的过程中参考了较好的原文本。

收入本选集里的译本，多数曾在教育科学出版社和其他出版社出版，2001年出版时对照俄文原版重新进行了认真校译和文字润色，以求译文更加准确、完美。未译的作品，则请专家、翻译家予以补译。各卷末附有注释，均按原版一并译出来。

为了让经典恒久流传，我们在2001年版的基础上，对内容进行了精加工，同时在装帧设计上进行了优化。希望这套设计精美、内容厚重的教育经典之作能满足广大教育工作者长久珍藏的愿望，期待有关苏霍姆林斯基教育思想的研究和实践能有力促进我国新时代教育的高质量发展。限于译者、编者的水平，该书译文难免存在不当之处，望读者批评指正。

蔡 汀

2022 年 10 月 25 日

ИЗБРАННЫЕ ПРОИЗВЕДЕНИЯ
В ПЯТИ ТОМАХ

目　　录

我把心给了孩子们

唐其慈　毕淑芝　赵　玮　译

公民的诞生

黄之瑞　张佩珍　姚亦飞
章昌云　杨季舫　王家柚　译
倪家泰　校

给儿子的信

张天恩　曲　程
吴福生　叶玉华　译

我把心给了孩子们

唐其慈　毕淑芝　赵　玮　译

什么是生活中最重要的呢？我可以不假思索地回答：爱孩子。

前　　言

敬爱的读者、同行们——教师、教育者、校长们：

这部著作是我多年学校工作的总结，是沉思、关心、担忧和不安心情的总结！

在一所农村学校身不离校地工作 22 年，这对我来讲是无与伦比的幸福。我把自己的一生都给了孩子们，所以考虑很久之后给这本书题名为《我把心给了孩子们》。我认为，我是有这个权力的。我很想给教师们——不论是现在在校任教的，还是继我们之后将要来校工作的——讲讲我一生中很重要的一段经历。这个阶段整整有十年，这十年也是从一个个我们教师们通常称为一无所知的"小懵懂"进校起，到他们成为青年从校长手中接过中学毕业证书，即将走上独立的劳动生活道路的庄严时刻止的十年。这个时期是一个树人的时期，而对教师来讲，则是人生一个重要的组成部分。什么是我生活中最重要的呢？我可以不假思索地回答：爱孩子。

敬爱的读者，或许您对书中的某些东西不会同意，有些东西可能会使您感到奇怪、诧异。我要预先请求您：切不可把这本书看作教育儿童、少年和青年男女的万能参考书。用教育学用语来讲，书中论述的是课外教育工作（或者说是狭义的教育工作）。我并没有把讲课以及学习科学基础知识过程中的全部教学细节列入本书。如果用表达人们细微关系的语言来讲，这本书论述的是教师的心。我力图要说明的是：如何带领幼小的人认识周围现实的世界，如何帮助他学习、减轻他的脑力劳动，如何在他心灵中激发并确立高尚的情操，如何培育人的尊严感、对人们善良本质的信念、对苏维埃祖国的无限热爱，如何在幼童聪慧的头脑和敏感的心灵中播下忠于共产主义崇高理想的第一批种子。

您现在拿到的这本书阐述的是低年级的教育工作，换句话说，是阐述儿童世界的。而儿童世界是一个特殊的世界。儿童有他们自己的善恶和荣辱观念及人的尊严观念；他们有自己的美的标准，甚至有自己的时间尺度：童年时期，一天犹如一年，而一年则是无限长的。我一向认为，要进入童年这个神秘宫殿的大门，就必须在某种程度上变成一个孩子。只有在这种情况下，孩子们才不会把您当成一个偶然闯入他们那个童话世界大门的人，当成一个守卫这个世界的看守人———一个对这个世界发生的一切都无所谓的看守人。

我还要对书的内容和书中所谈经验的性质做一点说明。小学教育是教师的创造性劳动，因此我有意识地不去写教师集体和家长们的劳动。如果把这一切都写进书里，篇幅就会大大增加。

在谈童年的书中，不可能不谈及孩子生活在其中的家庭和他们的父母。个别家庭的环境很沉闷，有时令人感到压抑，卫国战争之后尤其如此。某些家长无论怎样讲也不能做子女的表率。关于这些我不能避而不谈。如果对家庭环境不做出全面、真实的介绍，那么整个教育工作的方针就不好理解了。我坚信教育的巨大力量，这也正是克鲁普斯卡娅、马卡连柯及其他杰出教育家们所坚信的一点。

1

"快乐学校"

校 长

我任教十年之后被任命为帕夫雷什中学的校长。我那些在头十年的教育工作中逐渐积累起来的信念就是在这里形成的。我希望在这里能亲眼看见自己的信念化为生机勃勃的创造性事业。

我越努力把自己的信念体现在实践之中，就越清楚地感到，对教学教育工作的领导就是把全校范围的思想和组织问题同个人在工作中的身体力行恰当地加以结合。如若教师们从校长的工作中能看到一个具有高度教育学素养的、孩子们的直接教育者的榜样，那校长作为教学集体的组织者的强大作用将是无法估量的。

教育，首先是教师跟孩子在精神上的经常接触。伟大的俄罗斯教育家 К.Д. 乌申斯基把校长称为学校的**主要教育者**。[1]然而，在什么情况下才能发挥主要教育者的作用呢？

通过教师去教育孩子，充当教师的教师，教授教育工作的科学和艺术——这是非常重要的，但这只是学校多方面领导工作中的一个方面。如果主要教育者只是教别人怎样教育而并不直接接触孩子，他就不再是一个教育者了。

头几周校长工作的事实就已证实，如果我跟孩子们没有共同兴趣、爱好和意愿，那么我那通向孩子心灵的道路将永远被堵死。我作为校长若不对孩子直接施加教育影响，就会失去教育者最重要的品质——感受孩子们精神世界的能力。当时我非常羡慕那些班主任：他们总是和孩子们在一起。班主任时而与孩子们进行推心置腹的谈话，时而准备带学生到森林里或河边去，带他们到田间去劳动。孩子们迫不及待，盼望着去远足旅行的日子，到时候他们将架锅做饭、下河摸鱼，将在野外露天夜宿，将凝视繁星闪烁。校长则犹如一个局外人。他不得不只是做做组织工作，提提建议，只是说说缺点并加以纠正，鼓励好事和制止坏事。当然，这些也都是不可或缺的，但是我对自己的工作总感到不满足。

我认识许多积极参加教育工作的好校长，其中有切尔卡瑟州斯米良斯克中学校长 Г. П. 米哈伊连科、基洛夫格勒州鲍格丹诺夫中学校长 И. Г. 特卡琴科、亚历山大第十三中学校长 И. А. 谢甫琴科、戈梅利州克尔缅斯克寄宿学校校长 М. А. 德米特里耶夫、克拉斯诺亚尔斯克第八八年制学校校长 Л. Н. 希里亚耶娃、基辅第十四寄宿学校校长 А. Г. 卡利尼切夫等。他们称得上是办教育的能手，他们的讲课堪称教师学习的典范，他们积极参加少先队和共青团组织的活动。不论教师还是班主任或者少先队辅导员，都可以从他们那里学到东西。不过我觉得，教育技艺的最高阶段就是学校校长直接而且长时间地参与学生的一个基层集体的生活，这个信念现在变得越发坚定。我总是想和孩子们待在一起，跟他们同欢乐共忧愁，亲密无间，这种亲昵感对教育者而言是创造性劳动中的一种享受。我曾试图时时参与孩子们某个集体的生活：同孩子们一起去劳动或到故乡各地去远足，去参观、旅行，帮助他们获得一些不可多得的欢乐，缺少了这种欢乐就难以想象能有完满的教育。

不过，不论是我还是孩子们都感到这种关系中有某种不自然的东西。使我感到不安的是教育方面那种人为的局面：孩子们始终忘不了，我只是一时同他们在一起。教师只有在共同的活动中长时间做孩子们的朋友，做具有共同思想的志同道合的同志，才会与孩子们产生真正的精神上的共性。我感到，我需要这种共性并非仅仅为了得到创造性劳动的欣慰，也为了让我的同事们懂得教育的科学和艺术。跟孩子们进行活跃的、自然的、不间断的交往，是思想、教育上的欢乐、忧虑和失望的来源，我们的劳动中缺少了这些，就不能想象有什么创造。我的结论是：主要教育者应当是一个不大的儿童集体的教育者，是孩子们的朋友和同志。我的这一信念是以在帕夫雷什中学工作之前就形成的那些教育观念为基础的。

在任教最初的几年我就已经明确，真正的学校并不仅仅是儿童获取知识和技能的场所。学习是儿童精神生活中非常重要但不唯一的领域。我对我们惯常所说的教学过程观察越精细，就越确信，真正的学校，就是儿童集体丰富多彩的精神生活，而教育者和被教育者都在其中因许许多多志趣和爱好而结合在一起。一个只在上课时隔着讲桌跟学生会面的人是不会了解儿童心灵的；而不了解儿童，就不可能成为教育者。孩子们的思想、情感和意愿对这样的人就会秘而不宣。教师的一张讲桌有时会变成一堵高大的石墙，教师在墙后向他的"敌人"——学生发动"进攻"；但更多的情况则是讲桌变成被包围的堡垒，"敌人"围攻它，而躲藏在里面的"指挥官"感到手足无措。

令人痛心地看到，只因师生之间没有任何精神纽带的维系，而孩子们则丝毫不向教师披露自己的心灵，即使是精通自己科目的教师进行的教育有时也会变为一场残酷的斗争。个别学校里师生之间存在着令人不能容忍的不正常关系，其主要原因就在于他们互不信任和存有疑心。教师有时感受不到儿童隐秘的内心活动，不能同孩子们休戚与共，不能在思想上设身处地地为学生着想。

波兰杰出的教育家亚努什·科尔恰克 ① 在一封信里写道，（教师）必须把自己提高到孩子的精神境界上来，而不是去俯就它 ²。这是一种很微妙的想法，我们当教师的应当深入它的实质。一个真正的教师不能把孩子理想化，不能妄加一些美妙特性于他，但不能不考虑孩子对世界的感知、对周围现实的情绪反应和精神反应有其独特的鲜明性、细微性和天真性。亚努什·科尔恰克发出的要把自己提高到孩子的精神境界上来的号召，应当理解为对儿童的认识世界——思想上和心灵上的认识——做最细致的理解和体验。

我十分坚信，确实有那么一些精神品质，缺少了它们就不可能成为真正的教育者，其中首要的便是深入儿童精神世界的本领。只有那些始终不忘记自己也曾是一个孩子的人，才能成为真正的教师。许多教师（孩子们把他们称为"面包干"）的不幸就在于他们忘记了：学生，首先是正在进入进行认识、进行创造和处理人与人

---

① 亚努什·科尔恰克（1878—1942），波兰作家、教育家，作品有中篇小说《街上的孩子们》《怎样爱孩子》等。德国法西斯占领波兰期间，科尔恰克为挽救犹太孩子的生命进行了英勇的斗争，最后在集中营与200名学生一起牺牲。——译者

之间相互关系的世界的一个朝气蓬勃的人。

教育中没有孤立地对人起作用的零散的东西。上课是学生认识世界过程中的最主要的组织形式。孩子们怎样认识世界，形成什么样的信念，决定着他们的整个精神生活体系。但是认识世界并非只是掌握知识。许多教师的问题就在于他们只是凭成绩和分数来衡量和评价孩子的精神世界，根据孩子学不学功课把他们分为两类。

然而如若一个片面理解多方面精神生活的教师的处境是如此不美妙的话，那么一个把自己的使命仅仅归结为监督教员们的工作、及时下达"一般指示"和做些批准与否的决定的校长又该如何呢？他的处境更加不妙。扮演这样的角色曾使我感到苦闷。使我苦闷的是，往往当你来到学生这里时，他们正与自己的老师一起被某种事物所吸引，当你跟他们打招呼时，他们并没有察觉到你：孩子们同他们的老师过着很丰富的精神生活，他们有自己的秘密。需要这样的校长吗？不，不需要。革命前学校里形成的那套领导方式方法——当时的校长实质上是凌驾于教员之上的督学，是一个行政官吏，职责就是监督教师，看教师是否按大纲正确讲课，是否讲了什么题外的或不对头的东西——而今已成为旧时代的残余。

现代学校领导的实质在于，要在教育这项最困难的工作中使那种体现先进教育思想的好经验得以在教师心中发芽、扎根和成熟。而这种经验的创造者，可作为其他教师的榜样的人，就应当是学校校长。今天的学校如果没有这样一位作为最优秀教育者的校长，那是不可想象的。教育首先就是人学。不了解孩子，不了解他的智力发展，他的思维、兴趣、爱好、才能、禀赋、倾向，就谈不上教育。如同一个主治医师没有自己的患者就不可能是一个真正的医生一样，一个校长如果没有自己的学生也就不可能领导教师。所谓**自己的**是指：他要从孩子进校之初起到其取得中学毕业证书止，一直跟他一起随级而上，直接关注学生的智力、道德、审美能力、情感和身体的发展，同他有着共同的精神情趣，并向他传授自己的精神财富。

学校的中心人物是谁？校长应当在教育的哪个领域里做其他教师的榜样？学校的主要人物是儿童基层集体即班集体的老师。他既是给学生传授知识的教师，又是孩子的朋友，还是他们多方面的精神生活的指导者。教学，只不过是广义的教育这朵花上的一片花瓣而已。教育中没有主要次要之分，犹如在构成美丽花朵的许多花瓣中没有主要花瓣一样。教育中的一切都是主要的——不论是课堂上的课，还是课外对儿童多方面兴趣的发展，以及集体中学生之间的相互关系，都是主要的。

我当了6年校长之后成为班集体的老师。我要解释一下，这并不是校长和学生直接进行精神接触的唯一途径。但是在当时的具体条件下，这是一条对我而言最适宜的途径。我把直接担任儿童集体的教育者的工作看成是在自然条件下进行的长期实验。

在转而讲述若干年来做了些什么和如何做的之前，我还要讲讲在相当程度上决定实际工作内容和方针的另一条重要原则。童年岁月——学龄前和学龄初期，在人的个性形成中起着极其重要的作用。伟大的作家和教育家列夫·托尔斯泰十分正确地断定，从出生到5岁，孩子的理智、情感、意志和性格从周围世界中摄取的，要比他5岁到一生终了这段时期摄取的多许多倍。苏维埃教育家马卡连柯也阐述过同样的意思，他说，人在5岁之前是个什么样的人，将来也就是那样一个人[3]。

具有非凡美德的亚努什·科尔恰克在《当我返老还童之时》[4]一书中写道，谁也不知道，当学生看着黑板时获得的信息是不是比那不可抗拒的力量（即太阳使向日葵随着它转的那股力量）促使他窥视窗外时获得的多。在那个时刻，什么对他更有益、更重要，是压缩在教室黑板上的逻辑世界，还是游动在玻璃窗外的那个世界？不要去强迫人的心灵，要细心观察每个孩子自然的发展规律，体察他的特点、志向和需要。

那本波兰文的灰皮书里的这些话使我终生难忘。当我在战后不久得知科尔恰克的英雄事迹之后，他的话对于我就成了指导终生的遗训。亚努什·科尔恰克曾任犹太人聚集区孤儿院的院长。纳粹分子要烧死这些不幸的孩子们，他们让亚努什·科尔恰克选择：或者离开孩子们保全自己的性命，或者和孩子们一道去死。他毫不犹豫地选择了死。盖世太保对他讲："戈尔德施米特①先生，我们知道你

---

① 戈尔德施米特：亚努什·科尔恰克的原名。——译者

是一位好医生，你不一定必须去特雷布林卡集中营①。"亚努什·科尔恰克回答说："我决不拿良心做交易。"英雄决定同孩子们一起就义，并安慰他们，竭力设法不使幼小的心灵被即将降临的死亡所折磨。亚努什·科尔恰克的生平，他那高洁完美的品德的力量，给我以极大的鼓舞。我懂得了：要成为孩子的真正教育者，就要把自己的心奉献给他们。

乌申斯基写道："我们可能深深地爱一个和自己经常生活在一起的人，却直至某种不幸把我们对他的深切爱恋和盘托出之前都觉察不出这个感情。如果不是某一机遇，例如长时期的远离，把一个人对祖国的热恋予以显露的话，他可能一生都不会知道他这种情感有多么强烈。"每当我长时间见不到孩子们，感受不到他们的欢乐与苦恼时，就记起这些话来。年复一年，我越发坚定了这样一个信念：对孩子的依恋之感，是教育素养中起决定性作用的一种品质。但是对感情，如果按斯坦尼斯拉夫斯基说的"不能下命令"的话，那么培育教师、教育者的情感便是高度教育素养的实质所在了。

教师跟孩子没有精神上的经常沟通，彼此在思想、情感和感受上不相互渗透，就不能想象会有情感素养这个教育素养的血肉了。培养教师情感的最主要的源泉是，教师不仅作为一个老师，而且也作为一个朋友和同志，在一个团结友爱的集体里同孩子们结下多方面的情感联系。如果教师只是在课堂上跟学生见面，学生也只是在班里才感受到老师的影响的话，就不可能有情感联系。

当然，不能把"压缩在教室黑板上的世界"同"游动在玻璃窗外的世界"对立起来。甚至不能在思想上认为，义务教育是对人的心灵的强制，教室里的黑板是对儿童自由的压制，而窗外世界则是真正的自由。

在我到帕夫雷什中学任职前的岁月中，我多次深切地认识到低年级教师在孩子生活中所起的巨大作用。他对孩子来说应当是一个与生母一般亲昵可爱的人。学生对老师的信赖，师生之间的相互信任，孩子在老师身上所看到的人道的典范，这些都是基本的，同时

---

① 特雷布林卡集中营，德国法西斯设在波兰华沙特雷布林卡车站附近的"死亡营"。——译者

也是最复杂、最明智的教育规则，教师掌握了它们就能成为真正的精神导师。教育者最可贵的品质之一就是人性、对孩子们深沉的爱，父母的亲昵温存和睿智的严厉与严格要求相结合的那种爱。

童年是人生最重要的时期，这不是对未来生活的准备时期，而是一段真正的、灿烂的、独特的、不可重现的生活的时期。所以，今天的幼儿将成为什么样的人，起决定性作用的是如何度过童年，童年时代由谁领路、与谁携手，周围世界中哪些东西进入他的头脑和心灵。人的性格、思维、语言是在学龄前和学龄初期形成的。很可能，孩子从书本、从教科书、从课堂上所吸收的一切之所以被吸收，恰恰是由于书本之外周围还存在着一个世界。孩子从出生直到他能自己打开书本阅读为止，就是在这个世界里相当艰难地向前迈步的。

童年时代就开始了对那些成为共产主义道德基础的可贵品德——对祖国的无限热爱，为祖国的幸福、伟大、强盛而献身的精神，对祖国的敌人不共戴天的仇恨——的漫长认识过程，这种认识既是思想的，也是心灵上的。

我在 33 年的工作中研究了早、中、晚各年龄期的儿童以及成人的词汇，它们在我面前展现出一幅令人惊讶的图景。一个出身于集体农庄普通庄员家庭的 7 岁孩子（父母受过中等教育，家里有 300—400 本藏书）到入学的时候已能理解和感受本民族语言的3000—3500 个词的感情色彩，其中 1500 多个词已成为他的积极词汇。而一个具有中等教育程度的 45—50 岁的工人、庄员则可理解和感受本民族语言的 5000—5500 个词的感情色彩，其中成为他的积极词汇的不超过 2000—2500 个。这个事实十分清楚地说明，童年岁月在人的一生中具有重大的意义。

我们确信学龄前期和学龄初期阶段的教育在很大程度上决定着一个人的未来，但丝毫也不否定在较大的年岁中进行再教育的可能性。苏维埃教育家马卡连柯以他的实践出色地证明了再教育的威力，但他认为极其重要的阶段恰恰就是幼年时期。正确的教育道路并不在于去纠正童年早期阶段造成的错误，而在于不犯这些错误，预先防止进行再教育的必要性。[5]

在我任校长期间，我痛心地看到，有时由于教师把教育看成是尽量多地往孩子头脑里灌输知识，孩子正常的生活就被打乱了。

看到孩子的正常生活不仅在上课时而且也在长日班里遭到破坏，不能不令人感到极大的痛苦。遗憾的是，有这样的学校，孩子们上过五六节课之后还要留在学校四五个小时，留校不是让他们做游戏、休息和在大自然中活动，而是又坐下来念书。孩子在校的时间变为漫无止境的、令人生厌的上课时间。决不能再这样下去了！全日班和全日制学校就其用意而言，是很有价值的一种教育形式。只有在这里才能为教师同孩子进行精神上的经常接触创造有利条件，没有这种接触就无法培养高尚情操。问题在于美好的想法往往被曲解：教师在全日班里逗留的时间常常仍然用于上课，仍然让孩子在课桌旁从上课铃响坐到下课铃响，搞得孩子们精疲力竭。

为什么会这样呢？

因为，带领孩子们去草地，同他们一起在森林、在公园里逛逛比上课要麻烦。

很可惜，一些优秀全日制学校的好经验被出色地做了总结并发表在教育书刊上，可是许多学校很少去运用。其主要原因在于（狭义的）教育工作总的状况不佳。

在我们生活的这个时代，不掌握科学知识，就不可能劳动，就无法具备与人相处的基本修养，就履行不了公民义务。学习不可能只是给人以享乐的轻松愉快的游戏。正在成长的公民的生活也不会是在平坦小径上的轻松散步。我们应当培养具有高深知识的、热爱劳动的、坚毅顽强的人，他们应有决心克服不亚于他们的父辈、祖辈和曾祖辈曾克服过的困难。20 世纪 70—90 年代年轻人的知识水平将比之前青年的知识水平高得多。需要掌握的知识范围越大，就越要照顾到人的快速成长、发育和形成时期，照顾到童年时代人体的本性。人曾是而且永远是大自然之子，因此应当利用他同大自然的血肉联系来向他介绍精神文化财富。儿童周围的世界，首先就是那包含无穷现象和无限美的大自然的世界。这个大自然是儿童理性的永恒源泉。与此同时，同人们的社会关系、同劳动相关联的那些环境因素的作用也在逐年增强。

对周围现实的认识过程对于思想是无可取代的情绪刺激。这种刺激对学龄前和学龄初期儿童起着非常重要的作用。概括周围世界里的事物和现象的真理，只有在它体现为作用于感觉的鲜明形象时，才能变为儿童的信念。让儿童能通过周围世界去认识最初的科学真理，让自然现象的美和无限的复杂性成为思想的源泉，将孩子逐渐引入社会关系和劳动世界中去，……都是非常重要的。

我在帕夫雷什中学任职之初就对学龄初期儿童，特别是一年级学生产生了兴趣。孩子们在学习的最初日子里怀着多么激动的心情跨进学校门槛，怀着多么深切的信任注视着教师的眼睛！为什么往往在几个月之后，甚至在几周之后，他们眼中的光彩便会消失，为什么学习对某些孩子来说会变成令人苦恼的事情？要知道，所有的教师都真诚地希望保持住孩子的天真，保持住他们对世界的欢快感受和好奇之心，希望学习能成为对孩子有鼓舞作用的、饶有兴味的劳动。

如做不到这一点，这首先是因为孩子入学之前教师对他们每个人的精神世界很少了解，而被学习所限制、被铃声所规定的学校生活又似乎在磨灭孩子们的差异，迫使他们向同一个标准看齐，不让那丰富多彩的个人世界展现出来。那种必须在师生相互关系中显示其实质的重要教育思想，只有当它像建造在校内的、结构匀称的大楼一样矗立在全体教师面前时，才能变得显而易见。正因为如此，我才打算要做十年的一个班集体的教育工作。

下面将要谈的班集体的生活并没有脱离学校集体的生活。在许多地方，我将就全校范围谈教育工作的方式和方法。不过我这样做，只是为了更鲜明地展示一个班集体，因为班级教育工作的内容才是整个学校教育成功最重要的条件。

第一年——考察孩子

1951 年秋，开学之前三周，在招收一年级学生的同时学校还登记了一批六岁的孩子，也就是说，一批将在一年之后开始上学的孩子。我将对这些孩子做十年工作。

当我把家长和他们的孩子都召集在一起并提出把孩子比正式学龄提前一年送进学校来的建议时，就产生了分歧：一些家长支持我的想法，认为在没有全年收托的幼儿园（当时村里只有一所只在夏忙季节收托的幼儿园）的情况下，孩子能上学对家庭将是个很好的帮助；另一些家长则怕过早念书对孩子的健康不利。柳芭的母亲说："在未进教室之前，让孩子过一过学前的童年生活吧。"这些话使我再一次考虑到，在学校里骤然打乱孩子的生活方式是多么有害，给孩子们提供发展自然能力的天地又是多么重要。我告诉他们，学功课之前的这一年不会老在教室里坐着。

我之所以需要这一年时间，是为了好好了解每个孩子，深入考察每个人的知觉、思维和智力劳动的个人特点。在传授知识之前，先要教会孩子们思考、感知和观察，还应当清楚地了解每个孩子健康方面的个人特点，否则就无法正常进行教学。

智力教育与获取知识远不是一回事。尽管不进行教学就不可能有智力教育，如同没有阳光就没有绿叶一样，但同样也不能把教育同教学混为一谈，如同不能把绿叶等同于太阳一样。教师是跟思维物质打交道的，而这种物质在童年时期感知和认识周围世界的性能则在很大程度上依赖儿童的健康状况。这种依赖关系非常细微，难以捉摸。考察孩子的内在精神世界，特别是他的思维，是教师最重要的任务之一。

我这些学生的家长

要想很好地了解孩子，就应当很好地了解家庭，了解他的父母、兄弟、姐妹及祖父母等。我们学校这个小区域当时共有 31 名 6 岁的孩子，其中，16 名男孩，15 名女孩。所有的家长都同意了送儿女进"快乐学校"———一段时间后，父母们这样称呼我们这个学龄前班。31 人中有 11 人没有父亲，2 人父母双亡。这两个孩子——维佳和萨沙的命运十分悲惨。维佳的父亲、伟大卫国战争时期的游击队员，在妻子面前惨遭酷刑折磨后，被法西斯分子杀害。维佳的母亲因无法忍受悲痛而发疯了。这个孩子就是在这桩惨事发生 6 个月后出生的。母亲在分娩后死去，婴儿被十分艰难地养育下来。萨沙的父亲牺牲在战场上，母亲在从法西斯铁蹄下解放我们村子的战斗中身亡。

我在"快乐学校"开学前几周就已了解了每个家庭。个别家庭中父母与子女之间、父亲与母亲之间缺乏友爱气氛，缺乏相互间的尊重，而少了这些，孩子就不可能生活得幸福。这使我甚感不安。

眼前站着的眼睛乌亮、皮肤黝黑、鼻子上翘的男孩，叫柯利亚。他眼神中充满了戒备。我对他微笑，他却更加皱紧双眉。在这种时刻，我就想到这个家庭中那种不正常的环境。柯利亚的父亲战前曾被监禁在狱中，当时他家住在顿巴斯。法西斯占领时期他被释放，于是全家迁到我们村。他的父母乘人之危发家致富，干了一些不正当的事：投机倒把，窝藏法西斯走狗——伪警察抢劫的赃物；在困难年月，他母亲从集体农庄家禽饲养场偷鸡，教柯利亚和他的哥哥捕捉乌鸦，母亲把孩子们猎获的乌鸦煎熟拿到集市上冒充烧鸡售卖……。我注视着柯利亚，希望他微笑一下，然而从他眼神里看到的却是孤僻和疑惧。柯利亚，怎样才能唤醒你心中善良的、人的情感，应当拿什么来对抗你所处的憎恶和鄙视人的畸形环境？我看着他母亲那种麻木不仁、熟视无睹的眼神，并因这种麻木不仁感到十分不舒服。

我曾反复考虑，要不要把这些细节写进书里，曾几十次删去而又重新写上。当然，也可以做一番笼统的介绍，说父母未能给孩子树立纯洁品德的表率……，但这样磨平棱角是有害的。不，不能回避仍然存在于我们周围的罪恶和丑行。任何高墙也无法把学校同这些东西隔离开来。要同这些邪恶进行斗争，并战胜它们，要清洗幼小心灵从旧世界继承下来的污秽，就要大胆正视现实。

瘦弱的托利亚，满头浅色金发，蓝色的眼睛犹如春日晴空一般清澈。他站在母亲身旁拉着她的手，不知为什么眼睛总是看着地，只是偶尔才抬一下头。孩子的父亲英勇牺牲在喀尔巴阡山，母亲收到了父亲的好几枚勋章。托利亚为爸爸而自豪，可是妈妈在村里的名声却不好：她生活上不检点，丝毫不关心孩子……。怎么办？怎样才能使这年仅六岁的幼儿的心灵不致被这严重的不幸所损害？用什么办法才能使母亲清醒过来，才能在她心里唤起对儿子的关怀之情？

战争留下了很深的创伤，至今还未痊愈的创伤。我面前的孩子大都出生在 1945 年（有几个是 1944 年），不止一个孩子未出生时就已经失去父亲。这是尤拉，他父亲在战争结束前一天阵亡在捷克的土地上，妈妈不顾一切地溺爱儿子，即使是最微不足道的孩子气的任性要求，她也要竭力去满足。家里还有外公，他也宁愿事事效劳，只要外孙能无忧无虑地生活就行。从我对这个家庭所了解到的情况来看，问题很清楚：六岁的孩子很可能变成一个小霸王。盲目的母爱与麻木不仁同样危险。

佩特里克是由母亲和外公陪着来的。关于这个男孩的母亲坎坷的一生我已有所耳闻。她头一个丈夫在战前就抛弃了家庭。她第二次嫁人，但这次婚姻也不美满：原来佩特里克的父亲在西伯利亚某地已有家庭，战后他便弃家而去。这位自尊心很强的妇女想了个主意，让儿子相信，他父亲是在战场上牺牲的。孩子常常给小朋友转述有关他父亲的种种臆造的功勋。小朋友不相信，说他父亲是个骗子。佩特里克常常哭泣，流着泪去找妈妈。从各方面都可以看出，不怀好意的人在孩子心灵里播下了不信任人的种子，并施以冷酷无情。要让孩子相信善良，该怎么办？

柯斯佳已经七岁了，但还没有上一年级。他是由父亲、继母和爷爷陪着来的。残酷无情的战争风暴使这个孩子也受到了伤害。在从法西斯强盗手中解放村子几个星期之后，身怀柯斯佳的母亲（当时已近临盆）不知从哪里找到了一些金属玩意儿给七岁的大儿子玩。不料这里面掺杂有雷管。雷管发生了爆炸，孩子被炸死。母亲上了吊，人们赶来救下她了。这个妇女就在临终前的昏迷中生下了柯斯佳。

这孩子传奇般地活了下来，他的得救是因为当时有位邻居正在给自己的孩子哺乳。父亲从前线复员后，一心扑在儿子身上，十分珍惜、百般宠爱。不论继母（这是一位出色的妇女）还是爷爷都疼爱这孩子。但是柯斯佳不满五岁的时候又发生了另一件不幸的事：孩子在菜地里捡到一件亮闪闪的金属东西，便用一块铁器敲打起来，突然发生爆炸，满身鲜血的柯斯佳被送进了医院。男孩子落得个终身残废：失去了左臂和左眼，面部永远留下了火药致伤的青色斑痕……

柯斯佳，要赋予你多少由衷的善意和爱抚，才能使你成为一个幸福的人啊？怎样跟你父亲、善良的继母和爷爷讲，才能使他们的疼爱成为既明智而又有严格要求的？你将怎样进行学习？亲人说，你常常头痛。怎样来减轻你的学习负担，增强你的体质和消除你那压抑的心情？你父亲讲，你有时独自流泪，小朋友们的游戏都吸引不了你……

站在母亲身旁、长着一对若有所思的灰色眼睛的男孩子是斯拉瓦。他母亲也是一位命途多舛的单身妇女。她已年近半百。年轻时她并不好看。姑娘曾企望得到幸福，然而无人愿和她结为情侣。青春渐逝，但个人幸福仍未求得。一位和她一样的独身人从前线复员，他遍体伤痕。他爱上了这位姑娘，并和她结了婚。然而幸福未能长久，丈夫不久故去。她便把对丈夫的全部爱都倾注在儿子身上，但对儿子的教育却很不得法。据说，斯拉瓦不喜欢见人，整天待在家里，只要问他一点什么，他的眼睛就会射出不友好的目光。当我注视男孩的眼睛时，他那眼神便立即锋芒毕露，充满戒备。

我对自己未来的学生了解得越深入，就越认识到我所面临的重要任务之一，就是要为那些在家庭中未曾享受过天伦之乐的孩子恢复童年。

我在学校工作了 3 年，便认识了几十名这样的孩子。生活肯定了一个信念，这就是：如果未能使小孩子恢复对善意和公正的信任，那就任何时候都不可能使他产生自己作为一个人的感觉并体验个人尊严。这样的学生到少年时期就会变得易怒易恨，对他来说，生活中就不会有什么神圣和高尚的东西，教师的话语也深入不了他的心灵。

矫正这种人的心灵是教育者面临的最困难的课题之一，这种最细致微妙的劳动实际上是在进行人学方面的检验。做一个人学家，意味着不仅要能看到、感受到孩子是怎样认识善与恶的，而且还要能保护那娇嫩的童心免遭邪恶的伤害。

我一面注视孩子们那一双双黑色、灰色、天蓝色的眼睛，一面在思考：我是否有足够的仁慈和热情来温暖他们的心？我记起了克鲁普斯卡娅这样一段话："对于孩子，思想和人是不能分离的。他们对爱戴的老师的话和对他们蔑视的一个无关的人的话，完全是按不同方式来感受的。"我将以自己的言行去教育孩子。他们应当从我的言行中感受到真、善、美来。我的每一句话都应当饱含温情、诚意和热忱。

加利娅在父亲的带领下来到学校。她和妹妹经历了很大的不幸：妈妈去世了。母亲去世一年之后，一位陌生的妇女来到这个家庭。她善良、诚恳、富有同情心。她很理解孩子们的心情，在表露情感上很谨慎，希望博得两个女孩的欢喜。然而，时光一周周、一月月地过去，加利娅和妹妹瓦利娅甚至连话都不愿意跟继母说。她们总像是没看见她似的。这个妇女常常因苦恼而流泪，求丈夫和亲戚们出点主意，告诉她该怎么办。她甚至想离开这个家，但不久生了一个男孩。本指望孩子的出生会使两个姐姐的心感到温暖，但是希望落空了。姐妹俩（尤其是加利娅）都不愿理睬小弟弟。我该怎样去接触这颗高傲的心呢？该跟父母讲些什么，出些什么主意呢？父亲已经来过学校，倾诉过他的苦衷。我的答复是，只有等我很好地了解了加利娅之后才能有所建议。

坐在母亲身旁拿着一朵菊花在微笑的那个灰眼睛的胖胖的女孩叫拉丽萨。我知道，母亲有一件痛苦的事沉重地压在心头。丈夫遗弃了她。女儿不记得她父亲。可是妈妈告诉女儿说："爸爸会回来的。"过后这个妇女嫁了一个很好的人，是个拖拉机站的工人。她使得女孩子确实相信了这个人就是她父亲。拉丽萨喜欢父亲，可是母亲内心总是有些隐痛：一旦某个人一时不慎说出一句话，就可能揭穿她的欺瞒。女孩子是幸福的，但是需要十分审慎地提防那些恶意的言辞来粗暴地伤害她的心灵。我们能不能和这对好家长一起做到这一点呢？一个继父……，但愿每个孩子都能有一个像拉丽萨的继父一样的生父。我越了解这个人，就越发坚定地认为，谁教育了孩子，谁才是真正的父亲。我常访问这个家庭，并为一种有趣的情况而感到喜悦：女孩子的眼睛同她那非亲生父亲一样闪烁着亲切、抚爱、关切之情。在美的事物面前，孩子和继父的眼睛都会闪射出同样的欢喜和惊讶；甚至动作、面部表情以及惊奇、警觉、严厉等情感的表现方式，拉丽萨也都在效法继父。

费佳……他也没有父亲，而且这个男孩子已经有几次听到刺耳的、侮辱性的话，暗示他妈妈的行为绝不是无懈可击的。孩子内心经历了一场混乱：这是怎么回事？妈妈不是说，他的爸爸是在战场上牺牲的吗？我从战前就认识费佳的妈妈。她在战争时期的遭遇是不幸的。怎样把孩子引进人与人相互关系的纷繁世界，使他不再经受那些苦恼的、疑问的烦扰？

我们一些教育者常常忘记：对小孩子来讲，认识世界是从认识人开始的。父亲用什么口吻和母亲说话，他的目光和举止表达什么感情，已经在孩子面前揭示了善与恶。我知道一个小女孩，每逢父亲心情郁闷、沉默寡言地下班回来而母亲说的每一句话都在迎合迁就他的时候，孩子便躲进园子里的僻静角落默默哭泣。孩子的心由于对父亲的抱怨和对母亲的同情要碎了……

然而这只是孩子正在认识的人与人之间关系的一些最初的表象。而当小孩子从父母争吵时偶然的一句话中了解到父母彼此并不相爱，而且若不是由于孩子维系，他们甚至会离婚的时候，孩子内心会做何感想？

孪生姐妹尼娜和萨莎是由父亲带到学校里来的。这个多子女的家庭（除尼娜和萨莎外还有四个孩子）有它自己的苦恼：母亲因重病已经好几年卧床不起了。年长的姐姐在料理家务，父亲很艰难。尼娜和萨莎也饱尝了劳累之苦。家里很少有欢乐。当女孩子们看到一个男孩拿着一个绿色皮球时，她们眼里闪出欢喜的神采，但立刻又消失了。当察觉到这种苦恼时，我喉头哽塞了。怎样才能使她们也享受到快乐的、无忧无虑的童年？我能做到这一点吗？父亲刚刚已经向我声明：两个女孩将来在学校里的时间不会超过一小时，她们要在家里帮他的忙。

我们坐在一棵枝叶繁茂的高大梨树下的草地上。我跟家长们谈到我打算怎样教孩子们，只谈了孩子在场的情况下可以谈的内容，而各个家庭的不幸和烦恼却总在脑海中萦绕。各有各的忧伤，而把它公之于世，当着别人去劝解和提建议，这意味着对人家的心灵不分表里，把最隐蔽的东西置于光天化日之下。不能，我只能了解这一切，而不能当着全体家长去讲这些。即使不得不触及家长心底最隐秘之处时，也只能在周密考虑、字斟句酌的情况下通过个别交谈来进行。我所提到的这些家长（我的学生家长绝大多数都是极好的人）的内心创伤、人生苦难、遗憾、忧虑、痛苦是那样不同，以致不可能一起进行谈话。当这些并肩而坐的人们的优缺点错综复杂地

展现在我面前时，我认识到，有意给自己的子女做坏榜样的家长是不存在的。

读者或许会觉得不幸和苦难太多了，但要知道，这里说的只是一个儿童集体。不能忘记，这都是战争的创伤。战后的最初年代已成遥远的过去，那些岁月留给人们的沉痛精神创伤已日渐愈合。那些在1944—1945年的胜利曙光照耀下上第一堂课的人已长成大人，做了父母，我们战后头几年的学生的儿女早已在学校上学，有些已近青年。或许人们会觉得，如今年轻的家庭里一切都该闪耀着幸福的光辉了吧，但事实却远非如此。而今仍然有苦恼、不幸、悲剧……，至于那些岁月则无须去说了。使我欣慰的是，家长中多数都过着很美满的家庭生活，都能和睦相处，很好地教育子女。

这位是那个身体结实的七岁小男孩万尼亚的父亲。他是个很能干的劳动者、农艺师，他热爱土地，热爱为人们的幸福而劳动。他年年都在宅旁园地里培育果树和葡萄幼苗，并把它们分送给别人。妻子是养蚕班长、劳动能手，是一个心地善良、真挚诚恳的人，是一位细心照料孩子的母亲。在1933—1934年的艰难日子里，她收养了四个孤儿，从饥馑和死亡中拯救了他们，如培育亲生儿女一般培育了他们，孩子们都叫她妈妈。

梳着两条黑色蓬松小辫的是柳霞。她父亲是一个很诚实正直的人。有一种人，人们说他们具有心灵美。这种人绝大多数并没有建立什么功勋，他们的精神美蕴含在同人们的相互关系中。这位父亲未必给柳霞讲过要关心人、同情人这类话，他是以自己的行动、以对待妻子的态度教育子女的。柳霞的母亲患有心脏病，她在集体农庄的甜菜种植场做工。父亲把全部家务都承担了下来。

卡佳的父母把自己的果园变成了一个供小孩子们活动的俱乐部：从早春直到晚秋，总有左邻右舍的孩子们同他们自己的四个孩子一起在这里休息、玩耍、淋浴。卡佳的父亲在院里为孩子们装备了一个小型运动场。果园里所收的全部果品孩子们都可以自由享用。

萨尼娅长着一双蓝眼珠，常常带着沉思的神情。她的父母都是热情的、好心肠的人。每年都有三个女孩子——父亲的侄女——从城里来他们这里过暑期。萨尼娅总是迫不及待地期待着小姐妹们的到来。萨尼娅的父亲在水塘里给他们建造了一个游泳场，现在又在制作小摩托艇，想给孩子们再添一分乐趣。

莉达来自一个很好的家庭。她父亲是铁路车辆厂的工人，懂音乐，会唱歌。他教孩子们唱歌和拉提琴，常常即兴组织音乐会：园子里会集起二十来个孩子；孩子们欣赏音乐，学习演唱民歌。

帕维尔生在一个和睦的家庭里。他母亲已因病卧床四年，父亲替代了母亲，他不仅在厂里劳动，而且担负着全部家务工作。

谢廖沙是个黑皮肤、黑眼睛的男孩子。家里有爸爸、妈妈和两个孩子，全家过得友爱和谐。每逢假日，全家就到森林里去玩。他们在林间空地上栽了四棵菩提树。在家里，孩子们给妈妈、爸爸、爷爷和奶奶各栽了一棵苹果树。我常常思考：这个家庭的孩子为什么如此爱父母和祖父祖母？大概是孩子们正以百倍纯洁和强烈的爱在回报心地善良的母亲和父亲。

陪伴柳芭来校的是母亲、父亲、奶奶、姐姐和弟弟。柳芭兄弟姐妹五人，还有爷爷、奶奶和姥姥。这个家庭里对长者的绝对服从精神是建立在相互信任和尊重的基础上的。我早已多次听说，这个家庭里的长者如何善于尊重孩子，珍惜他们的感情。

最小的男孩丹卡的家里保留着一些优良的传统。当父母去上工时，三个孩子——年龄分别是六岁、八岁和九岁——都在家里干家务。孩子们做中饭和晚饭、挤奶、看管菜地。夏季傍晚，当妈妈和爸爸下工回到家里时，孩子们已经为他们准备好了冲澡的水、更换的干净衣服、热气腾腾的晚餐，还有桌上的一束野花。

家里高于一切的，是尊重劳动，也可以说是崇拜劳动，而且从无任何焦急忙乱现象。

瓦利娅的父亲在克列缅丘格一家机械制造厂工作，母亲在集体农庄劳动。在这个友爱家庭里，不论父母还是三个孩子，人人都学习。这个家庭里的那种重视知识、看重学校和尊敬老师的气氛，使我们做教师的感到高兴，并引起我们很大的兴趣。瓦利娅进了"快乐学校"之后，这一家做的一桩大好事才真相大白：原来大家一直认为是瓦利娅奶奶的那位老人却是一个"外人"，她没有任何亲人，两个儿子都在战场上牺牲了，瓦利娅一家收留了老人，于是老太太就变成孩子们的亲奶奶了。瓦利娅甚至一点都不知道奶奶是一个

"外人"。

灰眼珠的小柳达的父母都在农庄劳动。父母教育儿女们要非常尊重农田里的平凡劳动。"我们为人们做的一切，都应当是出色的。"父亲这样教育子女。夏季，大孩子们跟随父亲一起外出，去草场干活。柳达和妈妈每月去那里几次，这种外出对柳达来说简直如同过节一样。

塔尼娅的父母在农庄家畜饲养场工作。周末两个女儿常到父母劳动的地方去。家长善于培养孩子们热爱劳动。老师不止一次地欣赏过这样的情景：父亲在饲养场的一个角落隔出一块地方，里面放进一只小羊羔或一头小牛犊。塔尼娅和姐姐经心照料这些幼畜。这是她们很喜爱的游戏，这种游戏由于有妈妈爸爸的参与更加有趣。

舒拉长着一双乌黑的眼睛，眼神敏锐而又可亲，父亲在铁路上工作，每周只回家一次。父亲的回家，对舒拉、哥哥和姐姐是一件大事，在孩子们心里留下了深刻的印象。孩子们总是急切地等待父亲：父亲常给他们带一点礼物回来。他的礼物很别致：父亲擅长用木头雕刻动物、人物和一些幻想形象。他常常给每个孩子都带一件木雕玩具。父亲讲的一些事情也给孩子们带来很多欢乐。他具有发现好人的罕见才能。他所讲的有关好人好事的故事给孩子们打开了眺望世界的窗口。

沃洛佳的父亲是建造桥梁的，母亲在农庄做工。年轻夫妇十分疼爱他们这个长子，但是这种爱不明智。他们为了尽快满足儿子的无理要求，往往给他大量形形色色的无聊玩意儿。即使现在，坐在妈妈身边的沃洛佳手里还拿着两个气球。他想给妈妈说点什么，可是妈妈没有察觉，于是儿子便噘起了嘴，两眼泪汪汪了。

瓦里娅是个肤色黝黑、眼睛乌亮，长着一头卷发的女孩子，她纤弱的身躯宛如一株嫩枝。妈妈在榨油厂当清洁工，爸爸从前线归来之后一直重病缠身，所有的亲人都照顾他，但是健康状况不见好转。三个孩子感受到，命运压在妈妈肩上的担子太重了，因此想让她过得轻松一些。母亲的工资有限，还要靠晚上绣衬衣、餐巾的收入补贴丈夫的医疗费用。瓦里娅的姐姐已学会绣花并帮助妈妈做活，瓦里娅也在学习民间刺绣。

子女是家长精神生活的一面镜子。我对每个家庭的长处和短处都进行过思考。能对子女起潜移默化作用的好家长的最可贵的精神品质就是父母的善良心肠，就是善于为他人做好事的品德。凡在父母能把自己的一分热忱奉献给他人、能与他人同甘苦共欢乐的家庭里成长的孩子，总是善良热情和富有同情心的。最大的不幸，就是个别家长的利己主义和个人主义。这种恶习有时表现为对自己孩子的盲目溺爱，如同沃洛佳的家长那样。如果父母只顾关注自己的儿女，除此之外心目中别无他人，这种过分的溺爱最终总会变为不幸。

当我向家长们讲我所设想的"快乐学校"时，考虑的就是这些。这是一次很困难的讲话。对家长讲的每句话都要全面考虑家庭中的优点和缺点。当谈到真诚、正直和相互信任的气氛时，联想到柯利亚家里的境况，我始终无法平静。可是渗透在他家生活中的那些恶行和欺骗又不能对全体家长讲，这样会使母亲疏远学校，乃至再也不愿到学校来。这里需要的是某种别的东西，但究竟是什么？我对这个难题思考再三，始终未能找到正确答案。

我给家长们描绘了教育孩子的前景。今天来到学校的是六岁幼儿，十二年之后，他们将长大成人，成为未来的父亲和母亲。学校全体人员将尽一切力量，使他们成为热爱祖国、热爱乡土和劳动人民的爱国主义者，成为诚实、正直、勤劳、善良和热情的人，使他们既富于同情心又对邪恶和虚伪毫不妥协，使他们面临困难时勇敢顽强，使他们谦虚朴实、品德高尚、身体健康强壮。孩子们应当成为头脑清醒、心地善良、双手灵巧、情操高尚的人。孩子是家庭的镜子，如同一滴水能映出太阳一样，从孩子身上可以看出父母的品德是否纯正。学校和家长的任务是让每个孩子都幸福。幸福是多方面的：它既在于人的才能得到发挥，能热衷于劳动并在其中成为创造者；也在于能欣赏周围世界的美，并为他人创造美；又在于爱别人并被别人敬爱，并且把儿女培育成真正的人。教师只有和家长共同努力，才能给予孩子巨大的人的幸福。

家长和孩子们该回家了，我提醒他们说："明天，8月31日，我们的'快乐学校'就开始活动了。"

这个日子将带给我什么？今天孩子们还都牵着母亲的手，明天就要独自来了。每个孩子都有自己的欢乐。每个孩子都有一个阳光灿烂的早晨，每人都有无尽的生活前程。在这个日子的前夕，最使我感到忐忑不安的是，怎样使孩子们在学校里不失掉幼儿之乐。相反，要让他们在进入学校这个世界之后不断享受到新的欢乐，使认识活动不至于变为枯燥的教学。但是，也不能把上学变成没完没了的、表面热闹而实际空虚的玩乐。每一天都应当充实孩子们的智慧、情感和意志。

蓝天下的学校

我怀着激动的心情等待小家伙们的到来。到早晨八点，来了二十九人。萨莎没来（大概妈妈的情况不妙）。沃洛佳也没到，想必是没睡够，妈妈又不愿叫醒儿子。

几乎所有的孩子都身穿节日盛装，脚蹬崭新的皮靴。这倒使我有些不安了：农村孩子一向习惯热天光着脚，这对身体是一种极好的锻炼，是防止伤风感冒的最好办法。家长们为什么怕孩子们的小脚沾地，怕踏上清晨的露水和晒得灼热的土地呢？他们这样做，都是出于好心，但结果适得其反：农村孩子冬季患流行性感冒、咽喉炎和百日咳的，在逐年增多。然而，应当锻炼孩子既不怕冷也不怕热。

"孩子们，我们上学校去。"我对小家伙们说着就向果园走去。孩子们疑惑不解地望着我。

"是的，我们上学校去。我们的学校将来就在蓝天底下，在绿草地上，在大梨树下，在葡萄园里，在牧草场上。咱们把皮靴子脱在这儿，还是像你们平常那样光着脚走。"孩子们高兴得叽叽喳喳起来，他们原来就不习惯热天穿靴子，甚至感到不方便。"明天你们就光着脚来吧，在咱们这个学校这样比什么都强。"

我们向葡萄园走去。在一个隐蔽在树后的僻静角落里葡萄蔓在交错伸展，这些枝蔓攀在铁架上形成绿色帐篷。帐篷里面长着娇嫩的小草。这里一片寂静，从这里，透过朦胧的绿荫朝外看，整个世界都是绿色的。我们在草地上坐了下来。

"咱们上学就从这儿开始。我们要从这儿看蓝天、果园、村子和太阳。"

孩子们被自然景色吸引住了，都安静了下来。一串串成熟了的琥珀色葡萄垂在绿叶之间。孩子们很想尝尝香甜的果实。当然要尝尝的，但是先要欣赏欣赏美景。孩子们环视四周，觉得果园被绿色薄雾笼罩着，犹如海底的童话世界一般。大地表面——田野、草地、大路——似乎在透明的热气中颤动，阳光照射在树木上好像满树都有火花在闪烁。

"太阳在撒火花哩。"卡佳低声说。

孩子们全神贯注地观赏奇妙的景色，我便给他们讲起太阳的故事来。

"是的，孩子们，卡佳说得好，太阳在撒火花。太阳住在高高的天上。它有两个巨人铁匠和一个金砧。黎明之前，这两个留着火红胡须的铁匠去见太阳，太阳交给他们两捆银线。铁匠们抡起大铁锤，把银线放在金砧上捶呀、捶呀、捶。他们给太阳捶锻银花冠，铁锤下迸出的银火星到处飞溅。火星子掉到地上来，你就看见了。到了晚上，铁匠也干累了，拿着银冠去见太阳；太阳把银冠往金发上一戴就到它那神奇的花园里去休息了。"

我一边讲故事，一边把它画出来，画册的白纸上出现了那些幻想形象：两个巨人铁匠站在金砧两旁，铁锤下银火星四处飞溅。

孩子们被这奇幻的世界所吸引，他们听着故事，好像生怕打破这一片寂静，驱散这迷人的幻景。听完之后他们纷纷提出问题：那么巨人铁匠夜里在干什么？太阳干吗每天都要一个新的银冠？银火星都上哪儿去了，它们是不是天天都往地上掉呀？

好孩子们，这些事我都会给你们讲的，以后咱们还有很多时间，今天我先请你们吃葡萄。孩子们焦急地等待着果筐装满葡萄。我给每个人分了两串：自己吃一串，另一串带回去给妈妈，好让她也尝尝。孩子们表现出极大的耐心：把葡萄包在纸里。我却担心这耐心能否在从学校到家的全部路程中保持下来？托利亚和柯利亚能不能把葡萄带给妈妈？我给尼娜多分了几串：为的是带给生病的妈妈，还给妹妹和外婆。瓦里娅拿到了三串，准备带给爸爸。我产生了一个念头：只要小朋友有了足够的力量，每个人都可以自己培植葡萄树……。瓦里娅家今年秋季就可以栽十来株，过年就有能结果的枝条，这对她父亲来说将成为药剂……

我们从那童话般的绿色朦胧世界里走出来。我告诉孩子们："你们明天傍晚六点钟来，别忘记。"

我看得出，孩子们并不想离去，但仍然走开了，把白纸包紧紧搵在胸前。我多么想知道他们当中谁的葡萄可能带不到家，但不能问他们；假如有人能自己讲出来，那就好了。

晴空下的第一天就这样结束了，那天夜里我做梦梦见的都是银色的火星。清早醒后，我考虑了好久，下一步该做什么。我没有拟订详细计划，先订好哪一天给孩子们讲什么，带他们上哪里去。我们这个学校的活动是因激励我的这样一种思想而开展的：儿童就其天性来讲，是富有探求精神的探索者，是世界的发现者。那么就让那个绝妙的世界在鲜明的色彩中、在嘹亮颤动的音响中、在童话和游戏中、在孩子的创作中、在激动孩子的美景中、在为人们做好事的意愿中展现吧。通过童话、幻想和游戏，通过儿童独特的创作……，我们才能正确地通向孩子的心灵。我要那样去引导孩子们进入周围世界：使他们每天都能从中发现一点新东西，使我们所走的每一步都成为走向思维和语言的源泉，即走向大自然绝妙美景的旅程。我要关注的是，让我所培育的每一个孩子都成长为会思考、会探索的有智慧的人，让认识过程的每一步都使心灵变得更高尚，使意志锻炼得更坚强。

第二天，孩子们在傍晚之前就来到学校。宁静的九月天正临近黄昏。我们走出了村子，在一座高岗上停了下来，眼前展现出一派美景：辽阔草地像是在阳光下浮动，排排杨树整齐地挺立着，远处的山峦在地平线上起伏。我们来到了思维和言语的源头。童话、幻想是一把钥匙，用它可以打开这些源头，使泉水生机勃勃地涌流。它不禁使我想起卡佳昨天说的"太阳在撒火花哩"这句话来。这里我要提前讲一件后来发生的事：十二年后，在卡佳即将毕业的时候，他在一篇描写故乡的作文里抒发热爱大自然的情感时再一次使用了这个比喻。童话形象在孩子思维中的影响就是这样强大。我千百次地证实，儿童在给周围世界增添各种幻想形象、虚构这些形象的时候不仅能发现美，而且还能发现真理。没有童话、没有活跃的想象，孩子就无法生活；没有童话，周围世界对于他就会变成虽说是美的但却是画在画布上的画，童话能赋予这幅画以生命。

童话，形象地讲，是能够吹燃孩子思想和言语火花的清爽微风。孩子们不仅喜欢听故事，也喜欢创作故事。当我让他们透过葡萄枝叶的绿色围墙欣赏景色时，想要给他们讲个故事，但并未预定究竟讲哪个。推动我施展幻想的是卡佳的话："太阳在撒火花哩……"孩子们在创造着多么真实、贴切而又具有艺术表现力的形象，他们的语言又是多么鲜明而又丰富多彩！

我竭力要做的是，让孩子们在没打开书本按音节读第一个词之前，先读几页世界上最美妙的书——大自然这本书。

在这里，在大自然当中，有一个想法是特别明确和清楚的：教师们是在和自然界中最娇嫩、最精细和最敏感的东西——小孩子的大脑打交道。当你想到大脑时，就要想象这是一朵挂着露珠的娇嫩的玫瑰。要做到摘下花朵而又不使露珠跌落，需要多么小心谨慎。我们时时刻刻需要的正是这种审慎态度：因为我们接触的是自然界最精细、最娇嫩的东西——正在成长的有机体身上会思维的物质。

孩子用形象进行思维。例如，当他听老师讲一滴水旅行的故事时，便在自己的想象中描绘白色的滚滚晨雾、乌黑的雨云、隆隆的雷声和淅淅沥沥的春雨。想象中的这些景象越鲜明，他对自然规律的理解就越深刻。他脑子中娇嫩敏感的神经元还不够强壮，要去发展和加强它们。

儿童在思维，这就是说，他大脑半球皮层的某一部分神经元在感知周围世界的形象（画片、实物、现象、词语），并通过极精细的神经细胞——犹如通过交通渠道发出信息。神经元对这些信息进行"加工"，系统化、分类、对比、比较，而这时新的信息又不断输送进来，又要感知、"加工"。为了既能接受接踵而来的新形象，又能"加工"信息，神经元的神经要能在极短的时间内从感知形象瞬间转而去"加工"它们。

我们把神经元神经能的这种快得出奇的转换叫作思想——孩子在思考……。儿童的脑细胞如此娇嫩，对感知对象的反应如此敏锐，以致只有当感知和思考对象是可以看见、听见和可以触摸到的形象时，它们才能正常工作。只有当摆在儿童面前的是直观的现实形象，或者是描述得非常鲜明的语言形象，使儿童好像看得见、听得着、触得到所讲的东西时，作为思维实质的思考转换才有可能进行（正因为如此，孩子们才那样喜欢童话）。

儿童大脑的自然特性要求必须在思考源泉处，即在直观形象中，首先是在大自然中培养他的智力，让思考能从直观形象转为对有关这个形象的信息的加工。如果孩子离开大自然，如果孩子从学习的最初日子起就只感知词语，则脑细胞就会迅速疲劳，因而胜任不了教师布置给他的工作。然而这些细胞却是需要发展、增强和积蓄力量的。正是由于这个缘故，许多教师在低年级往往会遇到这样的情境：孩子老老实实地坐在那里两眼瞪着你，好像在注意听讲，然而一句话都听不懂。这是因为教师只管滔滔不绝地讲，而孩子要思考规则、要解答算题、要解释例子……这些全是对事物的抽象和概括，没有生动的形象，脑子很疲劳，跟不上的现象就由此产生。这就是为什么要在大自然中发展儿童的思维和提高孩子的思考能力，这都是儿童机体自然发展规律的要求。所以说，到大自然去的每次旅行就是一堂思维课，一堂发展智力的课。

我们坐在高岗上，周围是螽斯[①]发出的一片和谐的合唱，空气中散发着沁人心脾的草香。大家都没有出声。无须向孩子们多说话，不要强行对他们讲述，话语并非娱乐，对话语的厌腻则是最有害的一种感受。孩子不仅需要听教师讲话，也需要沉默；此刻他要思索，要对所见所闻进行思考。对于教师来讲，在讲述时掌握分寸是很重要的，不能把孩子变成感知词语的被动物。要理解每个鲜明的形象，不论是实物的还是词语的，都要花费许多时间和精力。善于给孩子思考的机会，这是教师工作细心的一种素养。置身于大自然时，要让孩子有机会听一听、看一看、感受感受……

我们聆听着螽斯的合唱。我很高兴，孩子们能为这奇妙的音乐所吸引。但愿这个散发草原清香、回荡着美妙音乐的寂静黄昏能永远保留在他们记忆中。说不定什么时候他们就会编出螽斯的故事来。

---

① 螽斯，昆虫纲动物，属直翅目，发声器官位于前翅。——译者

此刻，孩子们沉思的目光又集中在落日上了。太阳已躲入地平线，天际染遍晚霞的柔美光辉。

"太阳回去休息了。"拉丽萨说，面部略带忧伤之情。

"两个铁匠给太阳送来了银花冠，那昨天的花冠太阳弄到哪儿去了呢？"莉达问道。

孩子们望着我，等待故事的下文，可是我还没有决定选择什么形象，费佳帮了我的忙。

"花冠在天空散开了。"他轻轻地说。

一阵急切期待的沉默，我们都等着听费佳要讲什么。因为这是故事的续编，看来他已经编好，但之所以缄口不语，可能是幼儿的羞怯所致。于是我来帮费佳了。

"是的，花冠在天空散开了。白天一天，花冠都被戴在太阳那火热的发辫上，都烧热了，变得跟蜡一样软。太阳的烫手一摸，它就像金色的溪水在傍晚的天空四处流淌。就要去休息的太阳发出最后的余晖，照着这溪流，溪水泛出了粉红色，又不断变幻，渐渐暗淡下来。这时太阳越走越远了，眼看就要走进它那神秘的花园里去了，于是天上的星星马上就要亮了……"

"星星又是什么呀？它们为什么会亮起来？它们是从哪儿来的？白天为什么看不见星星？"孩子们连连提出问题。但是不能给他们的意识充塞过量的形象。今天已经足够了，因此我把孩子们的注意力引向了别的东西。

"你们往草原那边看。看出来了没有，原野、草场和洼地上怎么越来越暗了？看那些山丘，好像变软了似的，像是在暮色中飘动。山丘都变成灰色的了，好好看看山丘表面，能看到些什么？"

"森林……小树丛……牛群……羊群……，还有放牧员。有人停下来要在野地里过夜，他们点起了篝火，可是篝火看不见，只见空中冒着一缕青烟……"孩子们在凝视那些很快变暗了的山丘时，产生了这么多冥想。我向孩子们提出该回家了，他们却不愿走，要求再坐一会儿。在这黄昏时刻，当世界如同蒙上一层神秘的幕布时，孩子们的幻想活动十分活跃。我仅仅提到傍晚的薄暮和夜晚的昏暗如同河流从遥远的原野和森林流淌过来，孩子们的想象中就已经产生了童话人物的形象——"薄暮"和"黄昏"。萨尼娅讲了一个关于这两个人物的童话故事：它们俩住在森林那边很远的一个山洞里，白天它们下到很深很深的漆黑山谷里睡觉，还在睡梦中叹气（为什么叹气，只有编故事的人自己晓得）。只要太阳一回到它那神秘的花园里，它们就从洞里出来。它们的大爪子上长着软软的毛，因此走起路来谁也听不见。"薄暮"和"黄昏"是善良的、和气和温顺的，不欺负任何人。

孩子们还想编"薄暮"和"黄昏"怎样哄小孩子睡觉的故事，但是今天已经够了。我们该回去了。小朋友们明天晚上还想来，用瓦里娅的话说，"这种时候好编故事"。

为什么孩子们乐意听童话故事，他们为什么那样喜欢傍晚的黄昏？环境本身在怎样的情况下才容易引起孩子们积极的想象？为什么童话比任何别的手段都更能发展言语和思维？这是因为童话人物具有强烈的情感色彩。童话语言在儿童的意识中是活生生的。当他倾听或是述说描绘奇妙幻景的话语时，他的心都会倾注在里面。我认为学校教学不仅不能没有听故事，而且也不能没有编故事。我面前摆着"快乐学校"开学头两个月内小孩子们编的一些童话和小故事，里面饱含着孩子们的思想、情感、企望和看法。

小　　兔

（舒拉）

妈妈送给我一只绒布小兔。这正好是在过新年之前。我把小兔放在了新年枞树的枝权之间。晚上，大家都睡觉了。枞树上亮着一个小小的灯泡。

我看着、看着，小兔从树上跳了下来，围着枞树又跑又跳，跳了一会儿，又回到枞树上去了。

向 日 葵

（卡佳）

太阳出来了。小鸟都醒来了，云雀飞上了天空。向日葵也醒来了，抖了抖身子，把露水从花瓣上全抖掉了。它对着太阳说："太阳，你好！我等你很长时间了。你看，你不给我点温暖，我的黄花瓣都蔫了。现在它们又都挺起来了，高兴了。太阳，我也是圆的，金黄色的，跟你一样。"

地是怎样翻的

（尤拉）

联合收割机收割完了小麦。小刺猬从洞里爬出来一看：麦子没了，听不见麦穗飒飒响了。刺猬团成一团在麦茬上滚起来。迎面爬来一个特别大的东西———一只铁甲虫，轰隆轰隆地爬着，后面挂着犁，它爬过的地方就是一片黑色的松土。小刺猬躲在洞里往外看，感到奇怪。它想："哪儿来的这么大的甲虫？"这是一台拖拉机。

两幅列宁肖像

（万尼亚）

我姐姐奥利娅加入十月儿童团。她戴着一颗红星，红星上有一幅小小的列宁肖像。现在我们家有两幅弗拉基米尔·伊里奇·列宁的肖像：墙上一幅，奥利娅的红星上一幅。列宁是为劳动人民的幸福而斗争的。爸爸说过：列宁上学的时候成绩特别好。我也要好好学习。我要做一个列宁式的少年。

橡　子

（季娜）

　　刮过一阵风，橡树上掉下一颗橡子。黄黄的，闪闪发亮，像是用铜炼出来的一样。它掉下来就想："在树上多好，可我现在掉在地上了。从这儿既看不见大河，也看不见森林。"橡子发愁了。它央告说："橡树，你把我带到树上去吧！"可是橡树回答说："你真傻，你看我，我也是地上长起来的。你快快扎根，长个儿吧。将来你就变成高高的橡树了。"

　　孩子们关心的不光是大自然中发生的事。他们希望大地上有和平。他们知道，存在着一种企图发动战争的势力。下面这篇童话中就是用"蛇"这个幻想形象表现这种黑暗势力的。

我们是怎样打败铁蛇的

（谢廖沙）

　　它生活在大洋那边很远很远的沼泽地里。它憎恨我们的人民，于是制造了原子弹，造了很多很多，带在翅膀上就飞了。它要把炸弹扔在太阳上，想熄灭太阳，让我们死在黑暗里。我派小燕子们去迎战大铁蛇。每只小燕子都从太阳的火里衔了一颗火星子去追赶大蛇。他们把火扔在它的翅膀上。大铁蛇跌落下来，掉在了沼泽地里，跟炸弹一块都烧毁了。太阳在嬉戏，小燕子们在欢快地歌唱。

　　这篇童话反映了儿童世界观的独特性。孩子不能想象善良战胜邪恶而无鸟兽参与。A. 盖达尔曾经说过，童话的结尾应该是：红军打败白军，小兔子坐在那里高兴。[6]孩子们心爱的小兔、小燕子并不只是童话人物，它们是善良的化身。

孩子们每一天都会在周围世界中有所发现，每一个新发现都会变成故事，而故事的作者就是孩子。童话人物有助于孩子们领略家乡美。借助童话、想象、创作揭示家乡的美，就是爱国之情的渊源。人对祖国伟大和强盛的理解和感受是以美为其源泉的。很想给培养幼儿的青年教师进一言：一定要深思熟虑、慎重地安排孩子们来聆听你第一次讲述祖国——苏维埃社会主义共和国联盟的伟大和强盛。你的话应当是激励人心的，充满豪情壮志的（即使听来辞藻有些过分华丽也无妨，只要你内心的感情是纯洁高尚的）。不过，要想使孩子的心因这些话语而跳动得更加激烈，形象地说，那就必须精心耕耘孩子们意识的田地，并播下美的种子。

但愿孩子能感受美，并为之而激动，但愿能在他内心和记忆中永远保留体现祖国的那些形象。美是人性、善良情感、诚恳关系的血和肉。当我察觉托里亚、斯拉瓦、柯利亚、维佳、萨沙那冰冷的心逐渐在解冻时，我由衷地感到高兴。微笑、赞美和对于美的赞叹，都好像是引导我接近孩子心灵的途径。

"快乐学校"的生活没有被严格的规章所束缚。没有规定孩子们在蓝天下该待多长时间。最主要的是，不让孩子们感到厌烦，不让孩子们厌倦得心里暗自期待老师说"该回家了"这句话。我总是尽力在孩子们对观察对象和正在进行的劳动兴致还很高的时候就结束学校的活动。要让孩子们急切地期待明天，要让明天能预示给他们带来新的欢乐，要让他们夜里能梦见太阳洒向大地的银色火星。这一天孩子们在露天学校里待一至一个半小时，另一天则要待上四小时，这就要看老师这一天能给孩子们多少欢乐。还有一点非常重要，要做到让每个孩子不仅能感受到欢乐，而且还能创造欢乐，能给集体生活贡献一点自己的创造。

那年秋季，天气又暖和又干燥。十月中，树叶还没黄，几次听到隆隆的雷声，好像又回到了夏天。清晨总有露珠在草上闪闪发亮。这为工作创造了有利条件。我们又几次来到自己的山冈上，在云朵之间进行"游览"。这些时刻给孩子们留下了不可磨灭的印象。朵朵白云变成了可以进行种种奇妙发现的世界，孩子们从那些光怪陆离、变幻无穷的云朵中看出各种兽类、那些童话里的庞然大物。孩子们的幻想犹如飞快的小鸟飞向九霄云外，飞向碧蓝的大海和森林，飞向遥远的无名国度。正是在这种翱翔中鲜明地显露出孩子个人的意识。一朵奇异的云飘浮而过。

"孩子们，这朵云像什么？"

"这是个戴草帽的牧羊老爷爷，还拄着一根棍子。"瓦利娅说，"你们看，他旁边还有羊群。前面是一只卷犄角的老羊，后面跟着小羊……。老爷爷挎着一个布袋，有什么东西还露在口袋外面。"

"这不是老爷爷，"帕夫洛不同意，"是大雪人，就像我们冬天堆的那个大雪人。看，它手里还拿着扫帚。头上的根本不是草帽，而是水桶。"

"不是，这不是雪人，是干草垛。"尤拉说，"草垛上，两个放牧员拿着大叉子。你们看，他们在往下扔草，下面停着一辆大车。这哪儿是老绵羊，不是羊，是车。那是车弓，不是犄角……"

"这是只很大很大的兔子。我梦见过这样的兔子。下面也根本不是车，而是兔子尾巴。"

本想让所有的人都发挥一下想象力，但是柯利亚、斯拉瓦、托利亚、米沙等却不知为什么都默不作声。当看见柯利亚面部带着一种不屑一顾的轻蔑神情（那是把参与儿童娱乐看成有失尊严的那些成人才会有的神情）时，我心里觉得抽搐般地疼痛。问题在哪里？我不是在这个男孩的眼睛里看到过因美景而欢喜的神情吗？……当时我对此还未多加深思，然而感觉提醒我：在未能用儿童的乐趣吸引住孩子之前，在他眼里还未出现真实的喜悦之前，在孩子还没有迷恋幼童嬉戏之前，我便无权谈论给他施加什么教育影响。孩子就该是个孩子，如果当他听童话故事的时候不为善与恶的搏斗而激动，如果他眼睛里闪现的并不是欢喜之情而是轻蔑的目光的话，就意味着孩子的心灵有所损伤，须要花费许多力量才能把孩子的心灵矫正过来。

天空出现一朵轮廓奇妙的云块，它好似一座围墙高耸、塔楼矗立的宫院。孩子们的想象弥补了宫院轮廓不清的部分，尤拉已经开始讲起关于很远很远的一个神秘王国、关于凶恶的妖婆和拯救了美女的勇士的故事来了。维佳则在想象中编了另一个故事：在很远的一个异国，山里住着一个凶恶的人，他阴谋发动战争。幻想展开了翅膀，使这个男孩坐上了飞船。飞船一瞬间就飞到了黑心恶人居住的山洞上空，消灭了恶人，地球和平了。

此后，我讲到远方的热带国家，讲到长年不断的夏天和奇异的星座、清澈碧蓝的大洋和风姿优美的椰林。童话在这里跟现实交织在一起，我好像开启了通向远方的窗口，讲到风土人情，讲到大洋大海，讲到丰富多彩的动植物，讲到千姿百态的自然现象。

我开始讲述人奴役人的世界。劳动人民，特别是儿童遭受苦难的那些鲜明的情景在孩子们的思想意识中激起了极大的不安：世界上正进行着善与恶的残酷斗争，我国人民在为人的幸福、荣誉和自由而斗争。我竭力做到使我的每个学生都能从幼年起就对人剥削人这种社会罪恶持不调和的态度，使他们无比珍惜我们这个世界上第一个自由劳动的国家。我认为最重要的教育任务之一，就是让邪恶在孩子的意识中不是某种抽象的东西，而是敌视世上一切正直人的实在力量。我给孩子们讲过，在一些国家里，财富属于一小撮资本家和地主，而劳动者连最低需用都得不到保证。我没有急于去让孩子们理解"帝国主义"这个抽象概念，到时候他们会理解的。在孩子的这种年龄，起决定作用的是鲜明的观念及其情感色彩。当我讲到意大利有成千上万名母亲由于贫困绝望而不得不把亲生儿女卖给美国富翁时，孩子们感受到这种不幸是由极大的不公正造成的：有的人不创造财富而拥有财富；有的人创造财富，却连一块面包、一件遮体的衣服、一席栖身之地都没有。

教师能同孩子们同欢乐共忧虑地进行讲述，这是儿童智力充分发展、精神生活得以充实的必不可少的一个条件。这些讲述的教育作用在于孩子们是在能产生童话幻想的环境下聆听它们的：在满天闪烁着繁星的寂静夜晚，在森林里，在篝火旁，在舒适的小屋里，炉里的煤火隐隐发出光亮，窗外秋雨潇潇，寒风呼啸。故事应当富有色彩，形象鲜明，短小精悍。不能堆砌过多的事实，给孩子们过多的印象，否则会使他们对讲述的感受性变得迟钝，再用什么也引不起他们的兴趣了。

我建议老师们：要逐渐影响孩子的情感、想象和幻想，逐渐打开通向无边世界的窗口，不要一下就完全敞开，不要把它变成一个宽敞的大门，致使那些被您叙述内容的思想吸引的孩子们不顾您的希望而像圆珠一般冲出去。起初，他们会因面对那浩如烟海的事物而不知所措，而后，这些实际上尚未被认识的东西又会令他们腻烦，变得空空洞洞。

蓝天下的学校教给了我怎样为孩子们打开通向周围世界的窗口，而我则努力使所有的教师都学到这门生活和认识的科学。我向他们建议：不要让知识成堆地向孩子压来，不要企图在课堂上把您所知道关于学习对象的一切都讲出来，成堆的知识有可能把求知欲和好学精神全部埋葬。要善于只向孩子揭示周围世界中的某一种东西，但要做到使生活中的这一部分能在孩子面前显示出它的全部绚丽色彩。您总要留有未尽之意，使孩子总想一而再、再而三地回顾他已知道的东西。

人的思维所能达到的成就是无止境的。例如，人创作了许多许多书籍。您只需给孩子展示一本书的内容所包含的美、智慧以及它的思想深度，但一定要展示得让每个孩子永远都爱读书，愿意在书海中独自畅游。我曾跟教师们交谈过关于到**活的思维和语言的源泉**"旅行"的思想。我把幼儿就他亲眼所见的周围世界的事物和现象所做的富有表现力的、充满情感的简短的讲述叫作"旅行"。低年级教师效法我的样子也开始进行这种"旅行"。教室的门敞开了，孩子们能走进草地去踏青，享受清新微风的吹拂。语文和算术课，特别是一、二年级的，越来越多地到蓝天下去上了。这并不是放弃课堂讲课或是脱离书本和科学而投入自然界。相反，这使课堂更充实，书本和科学更加生动。

低年级教师常常在课后聚集在教员休息室里讨论，怎样才能使得对周围世界的认识和关于自然和社会知识的学习永远都不会变成使孩子感到枯燥和厌烦的事情。在这种集体性创造中，我产生了新的想法——让孩子们认识农业劳动和技术装备，并逐渐认识优秀人物的创造。低年级教师 В. П. 诺维茨卡娅、А. А. 涅斯捷连科、М. Н. 维尔霍维尼娜等在制订引导他们的学生去"旅行"的计划时，按我的建议确定了最适于在春、夏、秋、冬各季用来发展儿童思维和言语的一定范围的自然现象以及与之相关的某些农业劳动。

我们的"幻想之角"

村外离学校不远有一个树木丛生的峡谷。在孩子们看来,这是一片神秘莫测的茂密森林。有一次,我发现谷坡有一个洞口。洞内很宽敞,四壁都很牢固而且干燥。这简直是一块宝地!我们的"幻想之角"将来就设在这里。当我第一次带孩子们到洞里的时候,他们的高兴劲儿实在难以形容。他们欢叫,歌唱,互相呼唤,玩捉迷藏。当天我们就在地上铺了干草。

起初,我们简直是在欣赏这个神秘之所,尽力把它搞得舒适方便一些:墙壁上挂了几幅画,挖宽了入口,搭起了一张小桌。孩子们高兴地接受了砌一座火炉在必要时生火的建议。

我们掘好了炉基,凿通了安烟筒的孔道,把多余的土运了出去,搬来了砖块,运来了泥浆。这些活并不轻松,但我们有个期望,就是火炉。这座火炉砌了约两个星期。所有的人都被这项工作所吸引,不论是柯利亚还是斯拉瓦或托利亚,都没有袖手旁观,这几个孩子原来总是对我们大家所做的事无动于衷,因而使我放不下心。现在,能越来越多地看到他们的眼睛闪闪发光,兴致勃勃的神情久久不消。这项有趣的活动使萨沙、柳达、瓦利娅这些怯懦、腼腆而又优柔寡断的孩子也振奋起来。我越来越确定,一个集体的积极情绪——喜悦与振奋状况——乃是团结儿童和激发那些对集体的事情和活动都抱冷淡态度的心灵的巨大精神力量。

不久,我们在火炉里生起了火。干燥的柴火燃起了欢快的火焰。暮色降临大地,我们这个洞穴里又明亮又舒适。我们望着覆盖沟崖的树木和灌木丛,于是从那神秘的树丛中产生了童话形象。它们好像在提示、在要求我们:讲讲我们吧。树丛被笼罩在一层半透明的薄暮中,它先呈蓝灰色,然后变为淡紫色;树木在薄暮中显出一种意想不到的轮廓来。

孩子们在这种时刻很乐意做各种幻想,编撰种种故事。

我问道:"长在谷坡各处的树木像什么?"这话与其说是在问孩子们,倒不如说在向自己提问。我觉得,它们像是从悬崖上倾泻而下的绿色瀑布，而此刻则凝固起来，变为又似玄武岩又像孔雀石的巨大雕刻。我很想知道，是不是有人，哪怕是一个孩子的想法也按我这种思路去发展。在这傍晚时分，我有时间去观察孩子们是怎样想的。

于是我看到：一个孩子的思想河流汹涌澎湃地在畅流，不断变幻新的形象；另一个则如同一条气势磅礴、水面宽阔、深浅莫测却缓缓流动的大河。河水的流动甚至无法察觉，但它却奔腾不息，无法使它转入新的河道；而另一些孩子的思想河流则轻快急速，好似可以加以堵截使它立即转变流向。如舒拉看树冠像牛群，但只需谢廖沙一问"那它们在哪儿吃草？那儿可没有草"，舒拉的想法便奔向新的渠道：那已经不是牛了，而是夜里降到地上来休息的云块。尤拉的想象也是这样急速地在飞翔。而米沙和尼娜却默不作声，他们专心致志地看着——看到了什么？已经有几十种由孩子们幻想出来的形象从我们面前掠过，可是米沙和尼娜还是沉默不语，斯拉瓦也没说话。难道他们头脑中什么想法都没有出现？已经该回去了，米沙这个在男孩中最不爱说话的人终于开了口："这是一头发狂的公牛挺着犄角冲向山石，没有顶动，它就站住了。看，现在看样子它正在使劲，眼看就要把悬崖推动了……"

这时，聚集在我们周围的那些形象好像都四散而去，我们看到那树丛确实十分像一头狂怒而无力地挺立着的公牛。孩子们叽叽喳喳议论起来：看它那腿在沟底挺得多有劲；你看它的脖子都拱起来了，大概连筋都在打战，犄角都戳到地里去了……

而这却是米沙想出来的！当那些生动的形象在我们的脑海里闪闪而过时，他的思路正按自己的渠道在移动。他曾留心聆听了小朋友们的种种说法，但没有一个形象吸引住他。他的想象鲜明，最具乡土气息。孩子在这里看出的，可能就是他在生活中见到过而且在头脑中留下了印象的东西。而这种脑子迟钝的孩子在课堂上课是十分苦恼的。老师总想让学生快一些回答问题，他不管孩子怎样思考，要的是立即说出答案并给他评个分了事。他却想不到，要使那水流缓慢的大河加快流速是不可能的。让它按它的本性去流动，它的水必定会达到预定的标界，但请不要性急，不要焦躁不安，不要用评分这根树条去抽打这条壮阔的大河，那是无济于事的。

……与动物界其他代表相比，人身体的发育期——从出生到成熟——是最长的，是不是每个教师都考虑过这一点？人的机体直到二十岁乃至在更长的时期内都在成长、发育、壮大。在人体发育的长期性中蕴含着自然的巨大奥秘。自然本身好像把这个时期划分出来专供发展、增强和培养神经系统——大脑半球皮质用的。人之所以能成为人，是因为他要经历一个为期很长的**神经系统幼年期、脑的童年期**。

婴儿降世时就带着数十亿能对环境做出精细反应并能在一定条件下发挥思维功能的细胞。这些细胞构成他的意识的物质基础。在出生到成年、再到老年的整个时期内，大自然不会再给人增添一个新的细胞。神经系统思维物质的细胞在幼年时期应当经常在积极活动中经受锻炼，而这种锻炼的基础则是活跃的感知、观察、冥想。

人在学会深入周围世界各种现象的因果关系的实质之前，应当在童年时代经历一个思维锻炼的阶段。这种锻炼就是看物体和现象。孩子看了生动的形象，然后进行想象，在自己的观念中塑造这个形象。观看现实的对象和在观念中创造幻想形象——思维活动的这两个步骤并不存在任何矛盾。儿童是把童话的幻想形象作为鲜明的现实来感知和思考并自己来创造的。创造幻想形象——这是使思想幼芽迅速发育的最好土壤。

在思维的童年时期，思维过程应当尽可能密切地同周围世界中生动、鲜明、直观的事物相联系。起初，先不让孩子去思考那些因果关系，让他只是细心观察对象，在里面发现某种新东西。这个男孩子就能从傍晚的昏暗笼罩下的树丛中看出一头暴怒的公牛来。这并非只是小儿的幻想游戏，同时也是思维的艺术因素、诗的因素。同是这些树丛，另一个孩子则从中看到另一种东西，属于他自己的东西，他在形象中加进了他个人知觉、想象和思维的特点。每个孩子不光在感知，而且也在描绘，在创作，在制造。儿童对世界的视觉，是一种特殊的艺术创作。被感知同时也是被孩子创造的形象都带有明显的情感色彩。儿童在感知周围世界的形象并从幻想中往里增添东西的时候，他们也在体验极大的快乐。感知饱含情感，这是儿童进行创作的精神渊源。我确信，没有情感的高涨，就不可能有儿童脑细胞的正常发育。儿童大脑中发生的生理过程也和情绪有关：每当精神紧张、情绪高涨、兴致专注之时，大脑半球皮质细胞的营养就在增强。细胞在这种时刻能量消耗较大，同时从机体得到的能量也多。我通过对低年级学生脑力劳动的多年观察证实，在情绪十分高涨的时候，孩子的思维特别清楚，识记进行得也很紧张。

这些观察对儿童的教学过程做出了新的说明。低年级学生的思维与情感是和体验分不开的。教学过程，特别是对周围世界的感知要充满情感，这是儿童思维的发展规律提出的要求。

……到了初秋，天气暖和得出奇。我们并没待在一处不动，而是常到田野和丛林里去，只是偶尔才去"幻想之角"。孩子们在离村子两公里的地方找到一座小山丘，从这里可以看到优美的景色：隐没在果园里的村子、一望无际的田野、蓝色的山峦和林带。空气变得特别清澈洁净，地面上飘荡着银白色的蛛丝，蔚蓝的天空中越来越多地出现成行的候鸟。离我们所在的山丘不远，有一片丛林，林边到处长着一丛丛野蔷薇。我们常常去欣赏那串串绛红色的野果粒和闪着银光的枝间蛛丝，铭记每一丛树的轮廓，眺望果园和村边的排排杨树。孩子们每天都会发现一点新东西，葱绿的丛林眼看着披上了深红色的秋装，树叶泛着奇妙的色彩变幻。这些发现给孩子们带来极大的愉快。

活的语言和创造性思维的源泉如此丰富而又取之不竭，假如我们一小时发现一样东西的话，那么这些发现也足够延续许多年的了。且看我们面前这一丛野蔷薇，上面挂满了一串串绛红色果粒，果粒间的滴滴晨露在银白细丝上颤动。露珠呈琥珀色。我们为景色所迷，站在这丛野蔷薇前，眼前出现了奇妙的景象：露珠好像有生命似的由蛛丝末端朝前移动，好似都在向着下垂的丝网中心爬，然后汇合起来，可是它们为什么不增大，也不掉在地上？我们凝神观察着：原来露珠蒸发得很快，眼看着体积变小，然后就完全消失了。

"这是太阳把露水喝了。"拉丽萨低声说道。她幻想出来的形象引起了小朋友的兴趣，于是一个新的童话又诞生了。就在这丛野蔷薇旁，在这个活的语言的源泉之畔，孩子面前又出现一条新的绝妙的小溪。或许这是偶然的事，但迟早是该发生的：拉丽萨发现了 росинки（露珠）、паутинки（蛛网）、бусинки（珠粒）这几个词的谐韵。[1] 奇妙的巧合好似启发了孩子们。在此之前孩子们知道的都是从哥哥姐姐那里听来的诗，都是从书本里学来的，而这里，却是从活的语言、从周围环境中产生诗。

> 夜里降下了露珠，
> 落进银白色的蛛网。

拉丽萨说着，眼睛里闪现出欢快的神情。大家都没作声，但是我看得出，每个孩子的思想都因为受到语言魅力的感染而像飞鸟一般地翱翔了。

> 琥珀色的珠粒，颤抖起来了，战栗起来了。

尤拉接了下来。

当一个人接近了事物本源的时候，当词语对他来说不单是事物的标记，而且也是花朵的馨香、泥土的气息、故乡田野、森林发出的乐声以及亲身感受与体验的时候，就会出现这种情景。

按照教育学的常规，或许该让孩子们接着作诗，然而这些常规已被我置之脑后，我被孩子们的创作思潮所吸引，脱口接了下去：

> 太阳喝了露珠，
> 不见了银白色的蛛网，
> 笑了笑琥珀色的珠粒……

我们围着这丛野蔷薇欢叫、雀跃，不断重复着编出的诗句。我很想尽快地向教师们讲讲源于周围世界的这种灵感的爆发，想建议他们：最初的思维课不应当在教室里面对着黑板上，而应当到大自然中去上。我还想说：真正的思想总是饱含着激动的情感。只要孩子领略到语言的芳香，他的心就会激动。要到田野、到公园去，要从源泉中汲取思想，这种溶有生命活力的水会使你的学生成为聪慧

---

[1] "росинки" 等三个词都以 "—инки" 结尾，因而谐韵。——译者

的探索者，成为好学好问的人，成为诗人。我千百次地证实：缺少了诗意的、美感的涌流，孩子就不可能得到充分的智力发展。儿童思想的本性就要求有诗的创作。美和活跃的思想犹如阳光和花朵那样有机地联系着。诗的创作是从看见美开始的。大自然的美能使知觉更敏锐，能激发创作思想，能使语言充满亲身体验。为什么人在童年岁月能掌握这样多的本民族语言的词汇？这是因为周围世界的美正是在这个时期首次展现在他面前的；这是因为他不仅领会了每个词的含义，而且也感受到了词与词色彩的细微差别。

大自然——健康的源泉

经验告诉我们，约有85％不及格学生学业落后的主要原因是健康状况不够好，身体有某种不适或者疾患。这种情况常常很不容易察觉，而且只有在父母、医生和教师的共同努力下才能治愈这些病痛。为儿童的活泼好动所掩盖的身体不适以及心血管系统、呼吸道和胃肠等方面的毛病往往不是疾病，而是健康状况不好。多年观察表明，所谓的头脑迟钝，在多数情况下是由于连孩子自己也感觉不到的周身不适所致，而并非大脑半球皮质细胞有什么生理变化或功能不正常。个别孩子也会有面色苍白的病态或食欲不振的现象，但经过最精细的化验分析也查不出什么，一切似乎都正常。多数情况下，这是由于新陈代谢遭到破坏所致，是在室内逗留时间过长的结果。孩子在遭到这种破坏的情况下，就无法集中精力进行脑力劳动。在身体迅速成长和性成熟时期，身体不适的毛病尤其会多起来。

在这些情况下唯一的治本办法就是改变作息制度：多在新鲜空气中逗留，开着通风窗睡觉，早睡早起，保持良好营养。

个别孩子表面上好像很健康，但一经仔细考察他们的劳动情况，就会发现某种隐蔽的疾患。有意思的是，当教师竭力要使课堂的每一分钟都用来进行紧张的脑力劳动时，那些隐蔽的毛病和疾患就显得特别明显。对某些孩子来讲，教师那种"课堂上一分钟也不能丢"的方针，是完全无法承受的。我相信，这种"加快"的进度即使对于完全健康的孩子来讲，也是难以承受而且有害的。脑力的过度紧张会使孩子变得两眼无神，目光模糊，动作迟缓无力。孩子已经筋疲力尽了，他本应多待在新鲜空气中，然而教师却把他拴在"套"里，还吆喝：快、快……

在"快乐学校"开学后的头几周里，我细心考察了孩子们的健康情况。尽管所有的孩子都是在村里、在自然环境中成长的，但是个别人却面色苍白，身体虚弱。而沃洛佳、卡佳和萨尼娅几个，则如俗话说的那样，简直是皮包骨，瘦弱得厉害。各家的饮食几乎都很好，个别孩子体弱多病的主要原因是他们的生活环境如同温室，母亲们生怕孩子吹着一点风。孩子们很容易疲倦，在"快乐学校"最初的日子里，他们步行个把公里都很吃力。母亲都抱怨这些孩子的食欲不好。

我做到了使家长相信，他们越护着孩子，越怕他们着凉，孩子就越虚弱。大家都同意了我的坚决请求，热天让孩子赤脚去上学（对于孩子们来说，这是极大的乐事）。有一次，我们在野外遇上了温暖的暴雨。孩子们只好蹚着泥水回家；虽然家长很担心，然而事后并没有人生病。曾经费了九牛二虎之力才使家长们做到，不给孩子们一层层地穿许多件衣裳，不"为了保险"和"以防万一"而多给孩子加一件毛线衣或绒衣。我们这里形成这样一条规定：春天和夏天，孩子一分钟也不应待在室内。"快乐学校"的头三四周，孩子们每天步行两三千米，第二个月步行四五千米，第三个月步行六千米，而且都是在田野和草场、在丛林和大森林里行走。一天内所走的路程远近孩子们是不易察觉的，因为并不提出要走多少千米的指标；活动、行走只是达到其他目的的手段。孩子是乐意走的，因为他感到自己是世界的发现者。他们回到家时是疲倦的，但感到幸福，心情愉快。要知道，没有疲倦，就没有健康。孩子在紧张的劳累后休息，健康就会如涌泉一般注入他的机体。

在新鲜空气中步行若干千米之后，用家长的话说，孩子就会出现"饿狼似的胃口"。每逢我们准备到森林中去的日子，我就让他们随身带着咸面包、葱头、食盐、饮用水和几个生土豆。家长们起初表示怀疑：孩子们哪里会吃这些东西？因为，在家里比这更富营养的食物都会遭到拒绝。而结果，不论是咸面包还是葱头或土豆，在森林中都变成了最好吃的东西。同时孩子们的食欲不断旺盛，他们已能在家里津津有味地吃完盛给他们的整盘肉汤或菜汤。一个月之后，那几个最苍白的孩子的面颊上已经出现红晕，母亲们对孩子的旺盛食欲也赞不绝口：挑食的毛病没有了，给什么，吃什么。

动——这是锻炼身体的重要条件之一。孩子喜欢跑跑跳跳，于是给他们修建了一个游戏场。凡是户外游戏和娱乐所必需的，这里都有，不过我设想的还要多些。我想给孩子们装一架旋转机，架起秋千；想让活动性游戏跟童话结合起来，里面加进幻想。我已经想好要在我们的旋转机转台上安上驼背小马、大象、灰狼、狡猾的狐狸等形象。这样，孩子不仅是转着玩，而且还会因为骑在驼背小马或大灰狼的背上而感到兴奋激动。这一切暂时还只是打算，但我确信，过半年也许一年一定会实现。我筹措到了安旋转机用的器材；也想到了给孩子们准备过冬的设施，让他们冬天也尽可能待在户外。

经过对小学生身体发育情况的多年观察，我认识到有充分价值的、符合孩子健康要求的营养的作用是多么重要。许多孩子的饮食中缺少增强体质和预防伤风感冒及新陈代谢失调所必需的一些重要物质。只有八家有蜂蜜，而蜂蜜，形象地讲，是餐盘里的一块太阳。我通过跟家长的谈话，使他们认识到吃蜂蜜对于孩子的健康具有多么重大的意义。到九月末，就已经有十三户养了一到两群蜂。到春季，养蜂户已达二十三家。

秋季，我建议母亲们储备野蔷薇果、刺花李及其他富有维生素的果实的果酱供过冬用。我还跟家长们谈过，希望各家都栽培足够数量的果树，特别是苹果树。整个冬季都应当备有新鲜水果，在农村，这很容易做到，只要费一点心就行。

饱含禾本科植物——小麦、黑麦、大麦、荞麦以及各种青草——杀菌素的空气，是促进健康的强壮剂。我常带孩子们到田间、牧场去，让他们呼吸到沁透着庄稼馨香的空气。我还建议家长在孩子卧室的窗外栽种几棵核桃树。这种树木使空气中充满能消灭多种致病菌类的杀菌素。哪里有核桃树，哪里就没有苍蝇、蚊子。我也关照到，各家院里夏季都要有淋浴设施。

几年来一直使我感到不安的一个问题是：为什么许多孩子的视

力都不好？为什么孩子到了三年级就得戴眼镜？对许多低年级孩子观察的结果说明，这里的问题与其说是由于阅读过度疲劳，还不如说是由于作息制度不合理，特别是由于饮食缺乏维生素，孩子的身体缺少锻炼，容易患伤风感冒。童年时期的某些疾患会影响视力。合理的作息制度、符合要求的营养、锻炼身体……，这一切可以防止孩子生病，赋予他欣赏周围世界美的幸福。

几年来对儿童的观察使我碰到了令人不安的现象：春季，从三月份开始，所有孩子的身体都会变弱。孩子如同疲乏了一样；身体抗伤风感冒的能力下降，工作能力降低。视力在春季那几个月特别明显地减弱。

我在医学家和心理学家的著作中找到了对这些现象的解释：在春季这几个月，身体各系统相互作用的节奏有显著改变。原因是体内储存的维生素已用尽；到了春季，太阳的辐射强度会显著降低，而且长时期的、紧张的脑力活动使神经系统处于疲劳状态。

我考虑过如何去削弱这些不良因素的作用。家长开始更多地注意专为春季那几个月储备富有维生素的食物。冬春两季的每个晴天，我们都尽量进行户外活动。至于在春季那几个月必须降低智力活动强度这个问题一直使我无法平静，我认为可以用智力活动多样化的办法解决这个问题。应当让智力活动尽可能多地不在教室里而在大自然中进行，并同体力劳动相结合。这渐渐成为在春季进行教学的一条原则。

在战后最初的年月里，许多孩子明显地容易患神经官能症。这在我的某些学生身上，特别是在托利亚、柯利亚、斯拉瓦、费佳几个人身上，表现为情绪抑郁，对生活淡漠。我们低年级教师在讨论如何使集体生活能让孩子快乐的问题时得出结论：非常重要的是，要在学校环境中平息孩子在家庭生活中所遭遇的那些苦痛、悲伤和冲突。老师们都设法努力了解每个孩子的心里发生了什么，他是在什么心境下来到学校的，为的是避免给孩子敏感的心灵造成任何伤痛。对任何一个孩子精神生活中应予以细心关注的问题，我们都要在被称为心理研讨会的会议上进行研究。学校集体应该能解除孩子的忧伤和悲痛。

对那些因悲惨遭遇而心灵已经蒙受了创伤的孩子，要给予特别的关注。柯利亚、萨沙、托利亚、佩特里克和斯拉瓦等的神经有时紧张到了极点，稍一触动，就可能"着火""爆炸"。个别日子里，甚至不能对他们提问题。教育别人的有效感化方式，对这几个孩子完全不适用。我在医学家的学术著作中接触到**"医疗教育学"**这个概念，它最确切地表达了那些在行为上带有心理病态烙印的孩子的教育实质。医疗教育学的主要原则有：（1）怜惜孩子易受损伤的病态心理；（2）用学校的整个生活方式和制度使孩子摆脱阴郁的思想情绪，激发其乐观情绪；（3）在任何情况下都不让孩子觉察人们在把他当病患对待。

学校曾有一个带有神经官能症因素的男孩，叫沃洛佳。父母过分夸耀这孩子的做法使我甚感不安。他们自认为自己的儿子是个特殊儿童。我担心，必然会发生的失望，可能激起孩子对父母乃至对所有成人的憎恨。在我看来，治疗这种孩子的主要手段，就是培养他谦逊和尊重别人的态度。我一直力求做到使沃洛佳尊重他所接近的每一个人。

那些思想上迟钝和忧郁的孩子在医疗教育学中居于特殊地位。治疗大脑半球皮质细胞的迟钝和怠惰，也要如同治疗心肌或肠道疾病一样缜密和有耐心。不过这种治疗要求千百倍的审慎精神和教育技巧以及对每个孩子个人特点的深入了解。

每个孩子都是画家

在"快乐学校"开学一周之后，我就告诉孩子们："明天把图画本和铅笔带来，咱们要画画。"第二天，我们来到校园草地上。我对孩子们说："你们看看周围，看看什么东西好看，你们最喜欢什么就画什么。"

展现在我们面前的是阳光灿烂的学校果园和实验园地的一派秋色。孩子们七嘴八舌地谈论起来：有人喜欢红色和黄色的南瓜，有人看中了花盘低垂的向日葵，有人对鸽子窝产生了兴趣，有人则被串串葡萄吸引。舒拉欣赏飘浮在天空的轻盈蓬松的云朵。谢廖沙在注视水面如镜的池塘里的白鹅。丹卡则要画小鱼，他还兴致勃勃地述说了有一次跟叔叔一起去钓鱼的情形：虽说一条也没钓到，可是看到了小鱼怎样在"玩"。

塔尼娅说："我要画太阳。"

大家安静下来，专心致志地画着。我读过许多关于图画教学法的书，而这时在我面前的是生机勃勃的孩子。我发现，孩子的画、画画的过程，是孩子精神生活的一部分。孩子们不单纯是在把周围世界中的某种东西搬到纸上，而是生活在这个世界里，进入这个世界，并作为美的创造者欣赏着这个美。这边是万尼亚，他在全神贯注地画蜂箱，旁边是一棵树，树上开着一朵很大的花，花朵上有一只蜜蜂，这只蜜蜂几乎跟蜂箱一般大。男孩的面颊泛着红晕，两眼闪射出给教师以巨大快慰的兴奋神情。

儿童的创作，是他们精神生活中十分独特的一个范畴，是鲜明揭示孩子个人独特性的一种自我显示和自我肯定。这种独特性不可能用大家都必须遵循的某种统一法则去概括。

柯利亚没说他喜欢什么，因而使我非常不安，不知他到底会画出什么来。我看见他的画本里画着一棵枝叶繁茂的大树，上面是圆圆的大果实，这就是说，是一棵苹果树，果树周围布满了光芒四射的许多小星星，果树上方高悬着一弯新月。我多么想从这幅有趣的画中悟出这个孩子隐秘的思想和情感，因为我看到他的眼神中也带有我们在观察世界时的那种灵感火花。

"苹果树上空是些什么星星？"我问柯利亚。

"这不是星星，"柯利亚说，"这是从月亮上洒落下来的银色火星子。月亮上不是也有巨人铁匠吗？是不是呀？"

"当然有。"我回答说。我因在宁静的夜晚曾激动过孩子的那些想法而惊异。这就是说，他观察过夜空，欣赏过月光，觉察到了在果树上空闪烁的淡淡的月晕。

"可是巨人铁匠夜里在捶打什么线呢？"男孩在沉思中说道。我觉得，与其说他是在询问老师，倒不如说是在追忆那夜晚的天空、淡淡的月光和群星的轮舞游唱。我怕惊扰了孩子的创作灵感。我的心由于这可喜的发现而激烈地跳动起来，创作可以揭开儿童心灵中沉睡着的善良情感的那些隐秘的角落。当教师帮助孩子感受周围世界的美的时候，他就在不易察觉的情况下触及了这些角落。

我仿照拉丽萨的样子画起巨人铁匠来。我觉得自己画得不错。铁匠画得像真正的锻工，铁砧跟农庄铁工房里的那个一模一样。我忘记了自己是成人，体验到一种欢快的情感：我画的铁匠当然会比拉丽萨的更好。然而孩子们的目光并没有在我的画上停留，而拉丽萨身旁却围满了人。"她究竟画的是什么？"我在想。我从孩子们的头顶看过去：她的画里似乎没有什么特殊的，但是为什么大家都很喜欢，而对我的画却不予理睬呢？我越细看这个女孩的画就越清楚，原来小孩子看世界有他自己的眼光，有他自己的艺术表现手法上的语言，不论你怎样努力，也是无法仿效的。我的巨人铁匠戴着普通的帽子和围裙，留着长胡须，穿着大皮靴。而她那力大无穷的铁匠的蓬松头发周围却闪耀着火星四射的光彩，胡须也非同寻常，似火舌狂卷的火焰一般。巨大的铁锤几乎比人头还大上一倍……。对孩子来讲，这不是脱离真实，而是鲜明的真实——是幻想力和灵巧性的真实，是强有力的人童话式地活动于理想境界中的真实。不能让儿童幻想的这种绝妙语言来迁就我们成人的语言，要让孩子们彼此用自己的语言去讲话。我劝告低年级老师说，给孩子们教比例、透视、相称规律……，这都很好，但同时也要为孩子的幻想提供广阔天地，切不可破坏孩子观察世界的那种童话语言……

每个孩子都想讲讲他画的东西。正是在这种讲述中，那些鲜明的形象和比喻放射出宝石般的异彩。绘画发展了孩子们的语言。

我们去田野和森林时几乎总是带着图画本和铅笔。高年级同学给小朋友们订了一些可以装进衣袋里的小图画本。春天，在我们学校开学几个月之后，我订了一本大画册。每个小朋友都可以把他所喜爱周围世界中的一角随意画在里面。我在画册里还写了一些短故事。画册简直变成了我们这个集体的生活和精神发展的一幅画卷。

爱护生物和美

个别孩子对于生物和周围世界的美的冷漠态度使我非常不安，孩子的那种乍看起来令人不解的残忍行为也使我不安。譬如，我们走在草地上，草上飞舞着蝴蝶、野蜂和甲虫，尤拉捉了一只甲虫，从兜里掏出一块玻璃片就把虫子剖为两半，"研究"起它的内脏来了。我们学校的一个僻静角落里连续多年都有好几窝燕子。有一次我们到那里去，我还没来得及说几句燕窝的事，舒拉就已经往燕窝里扔了一块石头。所有的学生都爱护校园里长得很美的昙花，可是柳霞走进花坛把这株花拔掉了。凡此种种，在"快乐学校"的最初日子里就出现了。我为孩子们这种既赞美美好事物而又对美的践踏无动于衷的混乱现象感到诧异。在我没和这些学生相处之前早就确认，欣赏美只是良好情感的最初萌芽，必须发展它，使它变为要求行动的积极愿望。柯利亚和托利亚的行为尤其使我不安。柯利亚有一种捣毁麻雀窝的狂热。据说，他常把那些从被破坏的鸟巢里跌落下来的羽毛未干的小雀扔进榨油厂的污水管里。小雀久久地在里面唧唧叫，而柯利亚竟然还把耳朵贴近管壁去听。孩子的残忍性不只表现在目睹过家里丑恶行为的柯利亚一人身上，也出现在正常环境里生长的孩子身上。而最令人焦虑的则是孩子们不以这些"微小"的凶狠行为和对美、对生活的冷漠为耻，这些行为和态度会逐渐发展成麻木不仁，乃至冷酷无情。

怎样才能唤起孩子们的快乐、善良的情感？怎样在他们的心中培养起对生物和美好事物善意的爱护态度？一次在田野里游玩时，我们发现一只翅膀受了伤的百灵鸟。鸟儿拍打着双翅艰难地在地上挣扎，但是飞不起来。孩子们捉住了这只小百灵。这小小生命在孩子手里颤抖着，珠粒般的两只眼睛仰望着晴空。柯利亚攥紧了拿着鸟的那只手，小鸟发出凄厉的叫声。孩子们笑了。"难道他们当中谁都不怜悯这只被它的同类遗弃在旷野的小鸟？"我这样想着看了看孩子们，看到莉达、塔尼娅、丹卡、谢廖沙和尼娜几人的眼里含着泪水。

"你干吗要折磨小鸟？"莉达用怜悯的声调问柯利亚。

"怎么，你可怜它吗？"柯利亚问道，"那你就拿去伺候它去吧！"于是把鸟扔给了莉达。

"就是可怜，就要伺候。"莉达抚摸着小百灵说。

我们来到了林边空地，我给孩子们谈道，秋天候鸟都要准备飞到很远的南方去。只有一些孤苦伶仃的鸟被遗留在荒凉的田野里，有的因为翅膀受了伤，有的是在猛禽的利爪中挣脱出来而致残的……。可是，严酷的冬季带着暴风雪和严寒就要来了。这只小百灵的命运将会怎样呢？可怜的小鸟一定会被冻死。可是它叫得多好听啊，它使春天和夏天的原野充满令人神往的音乐。百灵鸟是太阳之子。童话里讲："这种鸟是从太阳的火焰中诞生的。"因此，咱们的人民把它称为"жаворонок"，即"жар-воронок"①。你们当中有人知道吧，当手指冻得发僵的时候多么疼痛，令人窒息的凛冽寒风吹来时多么难忍。你们可以赶快回家，到火炉旁边烤烤暖融融的火……。可是小鸟到哪里去躲避呢？有谁去管它呢？没人管它，它就会被冻得僵硬僵硬的。

"可是我们不会让小百灵鸟冻死。"瓦利娅说，"我们把它放到暖和的地方，给它搭个窝，让它等着春天的到来……"

小朋友们争先恐后地出主意，怎么给小百灵弄个住处。每个人都愿意把小鸟拿到自己家里去过冬。只有柯利亚、托利亚和几个男孩没说话。

"小朋友，干吗要把小百灵拿到家里去？咱们给它在学校里搭个暖和窝，咱们喂它，给它治伤，到春天就放它回晴空中去。"

我们把百灵鸟带回学校，放进笼子，摆在房间里（这时已经给这班小朋友拨了一个房间）。每天早晨都有一个小朋友来照看小百灵。饲料由小朋友们带来。

几天之后，卡佳拿来一只啄木鸟，是她爸爸从森林里捡回来的，看样子，它是从猛禽爪中侥幸逃脱的。啄木鸟的翅膀无力地下垂着，背部还凝着一层血。我们把它和百灵鸟放在了一起。谁也不知道该给啄木鸟喂什么，是喂小甲虫吗？上哪儿去找，在树皮里找吗？

"这我知道，"柯利亚带着自诩的神情说道，"它不光吃小甲虫和蚊蝇，还爱吃柳树嫩芽和草籽。我看见过……"他本想再说些什么，但是有些不好意思了。可能是他打过啄木鸟。

"好吧，既然你知道怎样喂啄木鸟，那就由你给弄饲料吧。你看，它的眼神多可怜啊。"

柯利亚便给鸟送起饲料来。当时他还没有怜悯生物的情感。他

---

① 百灵鸟 жаворонок 一词是由炎热 жар、小乌鸦 воронок 这两个词合成的。——译者

只是由于小朋友的赞扬——"咱们的柯利亚真行，知道该给鸟喂什么东西"——而感到高兴而已。不过，即使良好情感始于虚荣心也无妨。先让好行为形成习惯，过后它就会唤醒心灵。

我追忆了男孩子们对于"你们想成为什么样的人"这个问题的几百种答案：想成为力气大的、大胆的、勇敢的、聪明的、机灵的、无所畏惧的人……，但谁也没说想成为善良的人。善良为什么没能跟英勇和无畏这样一些高尚品格列在一起？为什么男孩子甚至会因善良行为而感到不好意思？要知道，没有善良，没有一个人给予另一个人的那种出自内心的温暖，就不可能有心灵的美。我也思考过，为什么男孩子比女孩子的善心要少些？或许，这只是一种感觉？不，实际就是这样。女孩子之所以比较善良、富于同情心、温柔，大概是由于她从幼年起就已经带有一种尚未意识到的母性本能的缘故。在她成为新生命的创造者之前，爱护生命的情感早已在她的心中确立了。善的根源在于奠定、缔造、创立生命和美。善与美密不可分地联系在一起。

费佳带一只黄鸟来到学校的那天简直成了孩子们的节日。这只小鸟不知因为什么也飞不动了，这是费佳在饲养场附近的树丛中找到的。孩子们目不转睛地欣赏小鸟身上色彩美丽的羽毛。我们总是在"小鸟医院"（孩子们这样叫自己房间里的那个角落）旁迎接新的一天，并在这里送走这一天。柯斯佳拿来一只瘦弱不堪的麻雀，是他在路边捡到的。小麻雀连一粒粮食、一粒面包渣都不吃。柯斯佳为小麻雀的病而难过。当这只麻雀死了的时候，我们都很伤心。柯斯佳哭了，女孩子也都哭了，柯利亚变得郁郁不乐、沉默寡言。

我记起亚努什·科尔恰克的一段话："那纯净的孩童的民主性是不顾宗法制度的。长工的汗水和同年龄伙伴的饥饿，小黄马和被宰杀的母鸡的厄运，都会很容易使他伤心，鸡犬使他感到亲切，蝴蝶和花朵被他视为同类，石子和贝壳被他当作兄弟。孩子不会带有爱出风头的人的那种狂妄自大，他不知道唯独人才有心灵。"是的，事实就是如此，不过善良的孩子不会从天而降，那要去培养。

有一次在山谷中散步时，孩子们找到一只一条腿受伤的小兔。我们把它带回自己的活动室，养在一个新笼子里。我们又办了一所医院——"小兽医院"。一周之后，拉丽萨抱来一只被冻得发抖的小瘦猫。我们把它跟小兔养在了一个笼子里。孩子们操心的事多了起来：他们给小兔带胡萝卜，给小猫带牛奶。一天早晨，当我们看到小猫和小兔彼此紧紧偎依在一起熟睡时，孩子们的欢喜劲，简直难以形容。他们担心吵醒小动物，都低声细语地说话……

冬天，"小鸟医院"里又添了几只山雀，是孩子们在给过冬的鸟设的食槽旁边捡回来的……。还有一件使我非常高兴的事：有些孩子在家里也设了自己的"小鸟医院"和生物角。而当我们的活动室有了养着小鱼的鱼缸时，孩子们便央求家长在家里也搞一个鱼缸。许多家长来到学校，询问该怎么搞。当时很难为鱼缸物色水草和鱼苗，饲料也不好找。可是由于孩子非要搞不可，所有这些困难都被克服了：孩子们既不让父母也不让我安宁。斯拉瓦和季娜的母亲来说，孩子们让人不得安生，别人有金鱼，可咱们家没有。只好向高年级同学求援了。

那些年还没有学校工厂，为了制备鱼缸，迫使我们装备起第一个少先队员和共青团员小工厂来。

我们永远也忘不了大家围坐在有小灯泡照明的鱼缸旁欣赏小金鱼的那些夜晚。我给孩子们讲大洋的深渊，讲海洋生物非常有趣的生活。我那些很早就毕业现已长大成人的学生终生都铭记着那些夜晚。前不久，柯利亚对我说：

"我常常梦见那只小灯泡。它那亮光成了知识的第一个源泉。它使我想更多地知道海洋深处的奥秘，知道神奇的鱼类……"

既然二十四岁的人能怀着这样的热情回忆那些鱼，这说明那不是微末琐事，而是善良情感的一条渠道。我一直怀着急切不安的心情期待那周围世界的美什么时候能在最冷漠的心灵中唤起善良的情感——抚爱和恻隐之心。我永远忘不了那年秋季初寒的日子。我们来到了校园里的玫瑰丛旁，看到开着一朵鲜艳的花，细嫩的花瓣上挂着露水。这朵花出奇地熬过了夜寒幸存下来，我们看着花朵，内心产生了忧伤之情：严寒不久即将摧毁这幅美景。我的眼睛跟柯利亚的目光相遇，我第一次在他的眼神里看到忧伤和思虑——纯洁的幼儿情感。随后我们又到暖房，那里有几盆在我们当地少见的花卉——杜鹃花、仙人掌等。我们围在了一朵小红花旁——是仙人掌在开花，久久欣赏着这朵花。

爱护生物和美的事物，逐渐融入孩子们的生活。1951年深秋，正当树木落叶时，我们到森林里挖了一株幼小的菩提树，带回来栽在校园里。小菩提树成了我们的朋友。我们想象、幻想、编述关于它的故事，把它当作会感受和体验我们的关怀和焦虑之情的人物。每当降下温和的雨水时，小朋友就高兴：我们的朋友需要很多水分。当严寒封冻了大地，刺骨寒风在旷野呼啸时，我们就担忧：我们的朋友会感到寒冷。孩子们铲起积雪培在树干周围。女生拿来一些芦苇把树干包起来。春天到来时，我们常常到我们的朋友那里，怀着不安的心情察看发出新芽了没有。第一批嫩绿的小叶子使孩子们欣喜若狂：菩提树活着。夏天我们给它浇水。

集体的爱抚和善良情感，集体的良好意愿是一股多么巨大的力量。它犹如汹涌的巨流把那些最不易动情的人也推动了。我高兴地看到柯利亚、托利亚、斯拉瓦、佩特里克怀着激动的心情来到自己的朋友——葱绿的小树旁，看到他们喂鱼缸里的鱼时眼睛如何闪射出喜悦的光芒。

那些曾因想到小小的菩提树在隆冬严寒中会觉得冷而心情不安的人，如今已是成熟的成年人了。我们的朋友也已长成枝叶繁茂的大树，现在来到它身旁的已经是男女青年、年轻父母了，当他们回忆童年时代那黄金之秋时，他们的心中还激荡着美好的情谊。

经验证明，善良之情应当在童年扎下根来，而人性、仁慈、抚爱、同情心则在劳动中、在爱护和关怀周围世界的美中产生。善良情感、情绪素养，这是人性的核心。如果在童年培养不出善良情感，那就永远也培养不出来了，因为在心灵中确定真正人性的东西，是和认识最初的最重要的真理和体验、感受本民族语言的细微色彩同时进行的。人在童年时期应当经历一个培养情感的学校——培养善良情感的学校。

我们到劳动世界的"旅行"

怎样才能做到使劳动成为孩子最重要的精神需求？这是我们全体教师关心的一个问题。低年级教师В.П.诺维茨卡娅、А.А.涅斯捷连科、M. H. 维尔霍维尼娜、B. C. 奥西马克、E. M. 扎连科等从从事教育工作的第一天起就吸收孩子们参加学校果园和实验园地中力所能及的劳动。我们同 B. П. 诺维茨卡娅老师一起修建了一间小暖房，供孩子们冬季在里面劳动。为了让孩子们的劳动具有思想动机，老师们经过商讨决定：我们每年在战胜法西斯德国的纪念日那天都栽一棵小橡树。这将成为我们欢乐庆典的活年鉴。从那时起，我们的"胜利林"里每年都会增添一棵"百年树"——孩子们这样称呼橡树。

我们认为，一项重要的教育任务是让孩子的周围不光有自然世界，而且也有劳动、创造、建设的世界。因为人的美在劳动中显示得最为鲜明。

我们"快乐学校"到劳动世界的"旅行"开始了。孩子们永远不会忘记到集体农庄粮仓去的第一次"旅行"，孩子们见到了大堆的小麦——成千上万公担的粮食。万尼亚的父亲给我们介绍了使农作物获得高产的人物。联合收割机手格里戈里·安德烈耶维奇把孩子们带到了地里，这是在粮仓后面靠近村子的地方。"就是从这块100 公顷的地里，我今年收获了 4000 公担粮食。而 10 年来我用那台联合收割机收割的粮食，够亚历山大市全城用。"

这不仅是对世界的理性认识，而且也是心灵上的认识。劳动者的美使孩子们为之赞叹。他们为人而感到自豪。他们在劳动世界"旅行"的过程中同自己的父母见面时，这种情感就会更加深切。在养牛场，他们知道了塔尼娅的妈妈能供应 1500 人用的牛奶。在秋天一个暖和的日子里，我们去机械制造厂。在那里，瓦利娅的父亲接待了我们。他带领孩子们参观了熔炼生铁的铸工车间。大概这是孩子们听过的和自己编过的故事中最有意思的一个：人把硬东西变成火红的铁水，铁水按照人的意志和通过人的劳动变成铁的铸件。我很高兴地看到孩子们的创作增添了新内容：他们开始编起关于能炼出火红铁水的壮士的故事来，画起炼钢工人来。去铸造车间的第一次参观给孩子们留下了不可磨灭的印象，他们似乎对过去见过的事物有了新的看法：要是没有金属，人一天都不能生活和劳动。钢铁工人、机械制造工人才是生活的真正创造者，在我的学生心里确立了深切尊敬他们的情感。

我们去拖拉机站的"旅行"也很有意思，在那里我们访问了站上的能工巧匠——钳工和车工。孩子们在这里看到一块金属怎样被做成拖拉机或联合收割机的零件。他们屏住气注视着拉丽萨的父亲怎样用双手熟练地做出螺丝钉来，没有这种螺丝钉，机器就不能工作。

人对待人的态度，他的社会生活，首先是在他为人们谋福利的劳动中显示出来的。看人怎样为他人劳动，就能看出他的人性。我首先关心的问题之一，恰恰就是要让孩子周围的环境反映我们社会主义现实的这个方面。我竭力做到，使孩子们不仅对与大自然的美相关的事物，而且对为祖国、为社会、为人民服务这些行动感到欢欣鼓舞。孩子对劳动者的爱就是人的品德的源泉。

我们欣赏大自然的音乐

音乐、旋律、乐音之美是培养人的德育和智育的重要手段，是心灵高尚和精神纯洁的源泉。音乐能使人看到大自然之美、道德关系之美、劳动之美。人借助音乐不仅可以对周围世界而且也可以对自身的崇高、壮丽和美好获得认识。音乐是自我教育的有力手段。

对同一批学生从幼年到成熟期的多年观察使我确信，电影、广播、电视对儿童的那种自发的、无计划的影响，不利于乃至有害于正常的审美教育。大量自发性的音乐印象则尤其有害。我认为教育儿童的重要任务之一是，要使音乐作品的感知同对那种能够使人借以理解和感受到音乐美的背景的感知交替进行，也就是同感知田野和草原的寂静、树林的飒飒作响、晴空百灵鸟的鸣唱、成熟麦穗的低声私语、蜜蜂和飞虫的嗡嗡之声等，交替进行。这一切也就是大自然的音乐，是人在创作音乐旋律时从中获得灵感的那个源泉。

一般在审美教育中，尤其在音乐教育中，心理目标很重要。教育者在让儿童接触美的世界时就要掌握这个目标。我所定的目标是培养饱含情感地对待美的那种**能力**和对美的那种**需求**。我认为整个教育体系的重要目的是：使学校教会人在美的世界中生活，使他离开美就不能生活，使美的世界能在人的身上创造美。

　　"快乐学校"对听音乐，听音乐作品和自然的音乐赋予了较多的注意。这里提出的首要任务是，引起孩子们对旋律的情绪反应，尔后使他们确信，音乐的美源于周围世界的美；音乐旋律好像在召唤人：你停下来，听听大自然的音乐，欣赏欣赏世界上的美，要爱护这种美，并去增添这种美。多年的经验证实，人只有在孩提时才既能学会语言，又能掌握初步的音乐素养，即掌握感知、理解、感受、体验旋律美的能力。凡在童年错过的，很难乃至几乎不可能在成年岁月中去弥补。儿童的心灵对本民族语言、对大自然的美和对音乐旋律的敏感程度是相同的。如果能很早地在童年使孩子从内心感受到音乐作品的美，如果他能从乐声中领略到人在情感上的多种多样的细微变化，他就会提高到用任何其他手段都不可能达到的文化修养水平。对音乐旋律美的感受会向孩子揭示他自身的美——小小的人会意识到自己的长处。音乐教育不是培养音乐家，而首先是培养人。

　　……初秋，当能在清澈的空气中清晰地听到每一种声响时，一到傍晚，我就和小朋友坐在碧绿的草地上。我让他们听了 H. 里姆斯基–科萨科夫的歌剧《苏丹王的故事》中的《野蜂飞舞》的旋律。音乐引起了孩子们情感上的反响。他们说："野蜂一会儿近了，一会儿又远了。还能听见小鸟在叫……"我们又听了一遍旋律，然后去到正在开花的含蜜草地。孩子们听到蜜蜂的竖琴在演奏，雄蜂嗡嗡地叫个不休。这就是那个毛茸茸的大雄蜂，时而在花上飞舞，时而落在花上。孩子们听了很高兴：这差不多就是录在唱片上的那个旋律，但是音乐作品里有一种特殊的美，这是作曲家从大自然中听来而又表现给我们听的。孩子们还想再听一听唱片上的旋律。

　　过了一天，我们清早又到繁花似锦的蜜源地去。孩子们倾听蜜蜂的演奏，竭力想捕捉雄蜂的嗡嗡声。在此之前他们觉得很平常的东西，现在显示出美来了，这就是音乐的魅力。

　　我挑选来供欣赏的乐曲都是以儿童所能理解的那些鲜明形象来表现他们在周围经常听到的那些声响：小鸟啾啾、树叶飒飒、雷声隆隆、流水潺潺、狂风呼啸等。同时我还防止他们感受过多的印象。我要再说一遍，音乐形象过多，对儿童有害无益；它可能使心绪惶惶不安，继而则使情绪迟钝起来。我在一个月内使用的乐曲不超过两首，但是配合每首曲子都要做大量的教育工作，目的是唤起孩子希望一再听那支乐曲的愿望，并做到让孩子每次都能在作品中发现新的美。很重要的一点是，在聆听那些在掌握初步音乐素养中具有特定作用的乐曲之间，不要夹杂任何自发的、杂乱无章的印象。听过乐曲之后，孩子们应当细细听听宁静的原野，并在接受两首乐曲之间去认识大自然的美。

有一天，我们去橡树林。这是初秋的一个阳光明媚的日子，阳光下的树木绚丽多姿，秋天的小鸟在歌唱，远处传来拖拉机的轰鸣声，雁群在清澈的碧空中列队南归。我们聆听了 Π. 柴可夫斯基的《十月（秋之歌）》。乐曲帮助孩子去感受在此之前未察觉到的周围自然界中无与伦比的美——橡树的黄叶在微微颤动，清新的空气发出馨香，道边野菊在凋谢。

孩子们情绪很高，心情很愉快，但是欢乐的曲子也引起了淡淡的愁意。孩子们已预感到秋雨绵绵的连阴天、寒风呼啸的暴风雪、夜长黄昏早的日子又快来临了。根据音乐曲调的印象，他们谈到了夏日的美好，谈到金色的初秋季节。每个人都记住了一些鲜明突出的东西，这时他们意识中的夏季和秋季的形象已是十分优美的了。如拉丽萨就说："我跟爸爸去峡谷，山坡上是一堵大绿墙，树林、树林，尽是树林，到处都有阳光普照。不知哪里还有一只斑鸠在咕咕地叫。树林子里真美，真美……。真想走啊走，让太阳总是那么明亮地照着。斑鸠咕咕叫的时候，树上的叶子好像静下来在倾听。"

舒拉回忆道："妈妈带我到地里去过。她跟着康拜因干活。我跟康拜因手叔叔坐在上面。后来我困了，妈妈把我抱上了新麦秸垛。我仰望蓝天，一会儿觉着麦秸垛飘了起来，飘得很高很高。我一会儿来到一只小鸟跟前——可是小鸟还是在天上飞着——一会儿又离它远了。小蚂蚱也跟着一起飞——它们成群地唱着，迎着小鸟飞去。我就这样睡着了。醒来的时候，小鸟还在天上飞着，小蚂蚱唱得更响了。"

我们又欣赏了一遍柴可夫斯基的乐曲。我觉察到孩子们已经能从曲子中听出他们记忆中感到亲切的那些不可忘怀的盛夏和中秋美的景象。孩子们还听出了新近的情景。

"我跟着父亲拉了一车干草。我躺在干草上，满天星星在眨眼。旷野里只有鹌鹑在叫。星星变得那么近，好像伸手就能摘到，像小灯笼一样。"

这是尼娜的回忆。我听着这女孩的追述感到万分惊喜。要知道，尼娜向来默不作声，很难让她说上一句话。可是现在，音乐使她开口了。

真令人高兴，音乐使得情绪更加敏锐了，它唤起了由音乐形象美所引起的想象。真想让每个孩子都能在音乐的影响下去想象，去幻想。音乐能增强儿童天性中诗情的和想象的成分，这是多好的事。使我高兴的是，不论是柯利亚还是托利亚，听了塔尼娅和拉丽萨兴奋的讲述后也在那里沉思起来，他们也在回忆着什么。

音乐——这是强大的思想源泉。没有音乐教育就不可能使儿童得到长足的智力发展。音乐的最初本源不仅仅是周围世界，还有人本身，他的精神世界、思想和言语。音乐形象按新的方式向人们揭示了现实事物和现象的特点。孩子像是把注意力集中在了音乐从另一种角度展现在他面前的那些事物和现象上，于是他的思想便描绘出一幅鲜明的图画；这幅图画又要求用语言来描述。孩子从世间为新的想象和思考摄取素材，并用语言进行创作。

音乐—想象—幻想—童话—创作，孩子就是按照这样一条途径发展他的精神力量的。音乐旋律能唤起孩子一些鲜明的表象。它是培养理智创造力的无与伦比的手段。孩子们一面听着 Э.格里格[①] 的乐曲，一面在自己的想象中描绘神奇的山洞、茂密的森林以及善良和凶恶的人物。最不爱说话的也想说话了。孩子把手伸向了笔和画本，要把童话形象留在纸上。音乐甚至把最消极的孩子的思维能力也激发起来了。似乎音乐给思维物质的细胞注入一种能产生奇效的力量。我认为音乐影响下的这种智力高涨，就是思维的情感源泉。

冬天，所有的小道都被积雪掩埋，我们便待在学校的活动室里欣赏 Π.柴可夫斯基、Э.格里格、Ф.舒伯特、P.舒曼等作曲家的作品。黄昏时听童话乐曲使孩子们尤其感到高兴。我给他们讲了乌

---

① Э.格里格（1843—1907），挪威作曲家、钢琴家。——译者

克兰民间童话老妖婆的故事，然后听了柴可夫斯基的《女巫》。在这段曲子的影响下产生的幻想形象和想象之丰富简直难以用语言来述说。孩子们在幻想中奔向遥远的山岭、奔向层层密林、奔向蓝色的大海，进入那神奇的峡谷和岩洞。我惊讶地倾听了孩子们创作的一些完全无法料到的故事。其中有些使我终生难忘。老妖婆在尤拉的想象中变成一个蓄意破坏人们欢乐——不让人们歌唱的仇世者。"她带了一个大罐，坐上臼就飞往世界各处，一听到哪里有歌声，就飞到人们欢乐歌唱的地方去，用罐往臼上一敲，人们就不唱了，就忘记怎么唱了，因为歌曲被藏在罐里了。老妖婆就这样把所有的歌曲都藏了起来。只剩下唯一的一个会唱歌的牧童。他一边吹芦笛一边唱歌，不管老妖婆用罐子怎么敲臼，一点办法也没有，因为那是神笛。老妖婆气呼呼地坐在藏着歌曲的罐子上，世上静悄悄，谁都不唱歌也不高兴，只有牧童在吹笛。牧童睡觉的时候，老妖婆把他的芦笛偷走了。牧童一觉醒来，召集了一些胆大的伙伴就找老妖婆去了……"接着，尤拉凭着幻想讲到牧童怎样解放了歌曲，欢乐又怎样回到人间。孩子们在音乐影响下在想象中创造了那样鲜明的、体现了善与恶的童话人物形象，以致自己成为主持正义的斗士，这真是惊人的现象。音乐使童话形象具有了有力的脉搏和活跃的思想。音乐把孩子引进了善的世界。

每当我发觉孩子们的思想不活跃时，我就带他们到森林或园子里去，我们倾听能激起善与恶的鲜明形象的音乐。音乐旋律犹如在开凿思想的源泉。

冬天，我们学校里不断发现新的幻想家。小丹卡是那样腼腆，使人觉得永远都不能指望他说一句话。可是这个男孩也讲了他编的老妖婆的故事。固然，它跟尤拉的故事有一些相似。丹卡的老妖婆坐着臼飞到世界各处，摘下了所有的花朵；飞回她那地狱似的厨房，把罐子放进烤炉里——所有的花都死了。"可是我（孩子们往往把自己摆在故事里好人的地位上）把各种花的花籽都收集起来种在地里。花又开起来了。老妖婆知道之后，一气之下砸了她的臼，还断了一条腿，现在她再也不能害人了。"

听孩子们讲述这些故事之后，我跟教师们一起座谈了教育中的困难和不足之处。我们得出的一致结论是：我们的教育学经常忘记，学生在学习的大半时间里首先还是个孩子。教师在往孩子头脑里填塞现成说法、结论和论断时，常常甚至不给儿童机会去接近思想源泉和生动语言的源泉，把他们想象、幻想和创作的翅膀给束缚了起来。孩子由一个活泼、积极、好动的人变成了一部记忆的机器。不对，这是不应该的。不能用一堵高墙把孩子同周围世界隔离开。不能让学生失掉欢快的精神生活。孩子只有生活在游戏、童话、音乐、幻想、创作世界中时，他的精神生活才有充分价值。没有了这些，他就是一朵枯萎的花朵。

当然，学习不可能是轻松的游戏，不可能是纯粹的和经常不断的娱乐。学习首先是劳动。但是在组织这种劳动时，要照顾儿童在他智力、道德、情感和审美能力发展各个阶段中的精神世界的特点。儿童的脑力劳动与成人不同。对于儿童来讲，掌握知识这个最终目的不可能像成人那样成为他付出智力方面努力的主要动力。学习愿望的源泉在于儿童智力劳动的性质，在于思想的情感色彩，在于理性的体验。如果这个源泉枯竭了，任你用什么办法也不可能让孩子坐下来念书。

我永远忘不了"快乐学校"的第一冬。如果没有音乐、幻想、创作，那个温暖舒适的教室也会很快使人生厌。音乐使我们的四周充满惊人的魅力。在寒冬腊月的暮色中、在银白色月光的笼罩下、在旋卷的暴风雪中、在池塘冰层的噼啪声中，我们到处都能看到由我们的想象、创造的童话人物。

"快乐学校"的第一春来临了，小溪发出潺潺流水声，雪下的报春花开放了，在盛开的苹果树和梨树的白色花海中回荡着蜜蜂飞舞的音响。在这些日子里，我们聆听了春天的森林、晴朗的蓝天以及牧场和田野奏出的音乐。

静静的傍晚，我们来到牧场。伫立在我们面前沉思的柳树已发出嫩叶，池水映照着深邃的苍穹，成行的天鹅掠过晴朗的天空。我们凝神静听着黄昏优美的乐声。一会儿从池塘那边一个什么地方传来了奇妙的音响，好像有谁轻轻地触动了一下钢琴的琴键，似乎池塘、池岸和蓝天都发出了声音。"这是什么声音？"万尼亚问道。"这是春季草地的音乐。"我对孩子们说，"你们在池塘里看见了晴空的倒影。在那无底的深渊里有一巨大的水晶钟。那里的神奇宫殿里住着一位美丽的春姑娘。她用金锤轻轻一敲水晶钟，四面八方的草地都响起回声来。"

又一次响起了这个声音。柯利亚微笑着说："那是青蛙在呱呱叫。"我真担心孩子们会哄笑起来，冲散那使大家神往的情景。然而谁都没动。"也许是青蛙，也许不是青蛙。"萨什科说，"就说是青蛙，不管它，反正草场在歌唱。"

从邻近一个池塘传来了声音，好像在响应他的话，片刻之后又有远处的草场在响应。我们站在那里，被这春季草场的奇妙音乐所陶醉。这种音乐就是乐观地感知世界的生气蓬勃的源泉。它帮助儿童在美中去理解、发觉、感受生活的快乐。我觉得和谐的美犹如光芒四射的光轮，终生萦绕在记忆中不可忘怀的孩提岁月周围。

在四月的第一个阳光明媚的日子里，当古老的土山岗在雾气中颤动时，我们来到田野听云雀歌唱。瞧那晴朗的天空中有一个小小的灰色生物在颤动，银铃般的轻柔音响传到我们耳边，忽而铃声静下来，灰色的小生物向地面坠落，小鸟在嫩绿的冬麦田上突然伸展双翅，好似紧拉着一根无形的琴弦又缓缓地向高处飞去，越飞越高。我们听到的已不是银铃声，而是银弦的声音了……。我要让这美妙的音乐沁入孩子们的心灵，使他们看到周围世界的美。于是我讲了一个关于云雀的故事。

它是太阳的孩子。冬天，太阳距离我们很远很远，大地被雪覆盖，被严寒封冻。太阳慢慢、慢慢地回到我们这边来，可是很难把雪化开。它就把火花撒在积雪上。火花落在哪里，那里的雪就融化，那块土地就苏醒，神奇的小鸟——云雀就在那里诞生。它在晴空高高飞起，向着太阳飞去，飞着，唱着。太阳撒下银火花。云雀停留在天空往下看，看哪个火花最亮；看准之后，就团成一团冲向地面，一下衔住那个火花，火花立刻变成细细的银线。云雀把线的一头引向地面挂在麦秆上，而把另一头向着太阳、向着蓝天拉去，越拉越高。你们看它往上飞多费劲，要多么使劲地扇动它那对小小的灰翅膀。那根银线像琴弦一样奏出声音，云雀越往上飞，这根弦发出的声音就越响。云雀把银线一直拉到太阳那里又重新飞回地面，重新察看火花。

童话会不会妨害对真正自然规律的认识呢？不会，相反地，会有助于认识。孩子们非常懂得，一块土不可能变成活的东西，同样也懂得不存在"巨人铁匠""老妖婆"和"长生不老的柯谢依"①，等等。但是如果孩子们缺少了这些，如果他们体验不出善与恶的斗争，感受不到童话中反映的人们关于真理、荣誉、美好的观念，那么他们的天地将会是狭隘的，不舒适的。

云雀的童话故事帮助了孩子们理解大自然的音乐，为欣赏乐曲做了准备。我们回到学校，听了柴可夫斯基的《云雀之歌》。当孩子们从美妙的乐曲声中听出了响亮的银铃声和那连接绿色原野和太阳的细细银弦发出的悠扬婉转的声音时，他们无比欣喜。我们不止一次地听这只曲子，不论是在碧空无云的清晨还是在乌云密布的阴天都听过。而孩子们总是回忆起阳光四射的美妙景色，蔚蓝的晴空，灰色的小小生命和一望无际的田野。小朋友们还想把这神奇小鸟用鲜明的形象体现出来：他们画出了云雀的童话形象、银白色火花和从地上拉向太阳的银弦。

我们订了一本小朋友喜爱的音乐作品集。我们常常来活动室欣赏音乐。我把作品集叫作"音乐宝盒"，孩子们也喜欢这样叫，他们自豪地说："我们有个音乐宝盒。"我产生了一个想法：我们把音乐文化宝库中最优秀的作品搜集起来建立一个"音乐室"，我们就在这里面欣赏大自然和人所创造的美，我们还会唱歌、学习演奏小提琴和钢琴。不过这是将来的事，暂时我们先学着吹奏我们简单的芦笛。

在一个阴暗的日子里，我们到小树林去，用接骨木做了一支笛子，打光后钻了孔。我吹起了关于快乐牧童的乌克兰民间曲调。孩子们的欢乐简直难以述说。孩子们个个都想一试身手，都幻想着置备一件自己的乐器。每个人都做了一支笛子。莉达、拉丽莎、尤拉、季娜、谢廖沙和柯斯佳等显示出敏锐的音乐听力，对乐曲有着很好的感受性。仅仅几天之后，孩子们就已经能吹奏民歌和民间舞曲了。我永远都忘不了那个幽静的傍晚，季娜演奏了乌克兰民歌

---

① 柯谢依：俄罗斯童话中的恶老头，拥有长生秘方。——译者

《哎，山上收割忙》。她两眼闪烁着热情的目光，面颊泛起了红晕。她母亲对我讲过，季娜在家里经常带着笛子在园子里长时间地坐着，吹着曲子，"琢磨着"什么，有时还深情地凝视天空和树木。

有一次我很早来到学校。四周一片寂静，突然从园子深处传来轻轻的笛声。我向着声音走去。有人在随便吹奏，旋律显然是即兴吹奏出来的。全曲贯穿忧伤的情绪，是一种明朗纯洁的忧伤。为了不惊扰奏乐人，我小心翼翼地走进玫瑰丛。季娜坐在草地上，使人觉得笛子已变成她本身的一部分。她凝视着正在开放的玫瑰，眼睛饱含温存的柔情。这时我才理解了乐曲：女孩吹奏的是美丽的花朵，是春天的碧蓝天空。我以为是忧伤，却原来是忧虑：孩子在乐声中表达的是她对未来的思考。

柯斯佳也爱上了笛子。他用一只手演奏是有困难的，但是他很快就学会了吹奏一些民歌，随后开始"自创"——即兴演奏，在音乐中表达思想、情感和感受。有一次在春季的雷雨天里，我们待在"幻想之角"。雷电过后，天空出现了彩虹。我们都沉默着，欣赏着美丽的景色。这时传来轻轻的乐声，是柯斯佳在吹奏。乐声中响起了潺潺溪流声，忽而转为令人惊骇的隆隆声——雷雨前的乌云越来越近，远处响起雷鸣。柯斯佳已忘记人们在听他吹奏，一心沉浸在创作中。忽然，看到了小朋友们沉思的面孔，他不好意思了。并非他们当中的每个人都会成为音乐家，但我深信，在每个人身上都可以培养喜爱音乐旋律的情感。

对这种质朴的民间音乐的喜好，完全是我们自己的事。孩子们间或也会出现一种特殊的"音乐情绪"：想坐下来演奏演奏。这主要是在宁静的傍晚，在日落之后，当太阳已没入地平线而余晖还在照射大地的时候。我们极为幸福的是音乐已能带给我们快乐和满足。

柯利亚具有敏锐的音乐听力，他很快学会了吹奏民歌曲调。有一次，当我们从林中返回的时候，我对柯利亚说："你还记得你画过铁匠锻造银花吗？你现在试试用笛子说说那两个铁匠，他们是怎么锤打，冷冷的火花怎么撒向地面……"

"不对，它们不是冷的！"他坚决反驳说，"它们是很烫的，啊，有那么烫呀！……"

"对，火花当然是烫的，从铁锤和铁砧下怎么可能飞溅出凉东西来？我也要试试用笛子说说铁匠，说说太阳上的铁匠。"

第二天早晨，我们来到学校的园子里。我们用自己的笛子吹出朴实的旋律来述说那两个神奇的铁匠。我们不仅能相互理解，而且还能感觉出支配我们乐曲的那种情绪。我留心听了柯利亚的音乐《铁匠》。他不仅表达了他们两把铁锤铿锵的捶击声，而且赞美了他们的力量。他为撒落到田野和园林的银色火花所构成的美景而惊叹，又为不能纵览全球而遗憾。他总想看到他在万物中已隐约感受到的美。

的确，我确实看到了通向这个孩子心灵的一条途径。音乐曲调在培养他的灵魂，使他的情感人性化。音乐中也有如同语言中的能表现真正人性的东西。我们发展孩子对音乐的敏感性，也就是在提高他的思想和志向。任务在于，要让乐曲在每个孩子心灵里开辟出人的情感的活跃源泉。不论是生动活泼的本民族语言还是乐曲，都在向儿童揭示周围世界的美。但是，乐曲这种人类感情的语言，传达给儿童的不只是世间的美，还展现了人的伟大和尊严。孩子在欣赏音乐的时刻感到他是一个真正的人。孩子的心灵，是敏感的音乐家的心灵。心灵中紧绷着心弦，您若能触动这些心弦，它们就会奏响很有魅力的音乐。这里不仅指音乐这个词的引申含义，而且也指这个词的直接含义。童年不能没有游戏和童话，同样也不能没有音乐。

经验证明，音乐是教育者与儿童产生精神上的一致性的最好基础。音乐好像能打开人们的心灵。教师和学生会因为听乐曲、感受和赞赏它的美，而变得亲近起来。

在只有音乐才能引起的那种共同感受出现的时刻，教师可以在孩子身上看到在没有音乐的情况下永远不会见到的东西。在乐声的影响下，当心灵陶醉于崇高的感受中时，孩子会把他的激动和不安都信赖地告诉您。柯利亚有一次就是在这种时刻告诉我，他有一本画册，他把使他激动、关心和高兴的一切都画在里面，过后还给我看了他的画。他的理想展现在了我面前。柯利亚向往着驾驶拖拉机，在哨卡上守卫边疆。

冬季的活动和欢乐

冬季，这个美好的季节蕴藏着教育和发展儿童的多么优越的条件。若认为只有夏季才是锻炼儿童的季节，那就大错特错了。如果不利用那寒冷适度和瑞雪丰足的冬季去增强体质，那夏季也不会带来裨益。我一直培养小家伙们习惯于待在寒冷的环境中，呼吸洁净的冷空气。

清早，我们总是到学校温室去看日出，日出时朝霞总把温室走廊玻璃上凝结的奇妙花纹照得通红。我们的想象在每块玻璃上描绘了奇异的情景：我们看到幻想的走兽、神秘的峡谷、云块和花朵。孩子们在结冰的玻璃前创作了不止一篇故事。他们在这里学习阅读，关于这一点将在后面讲到。

孩子们在日出之后才去打开从走廊通往温室的门，进入花的世界。冬天，我们的一间温室里有菊花开放。每个孩子在这里都有一朵花做他的朋友。孩子们给花浇水。这是很愉快的时刻：微细的水珠中会映出彩虹来，孩子们看着它非常欢喜，盼望着夏季的到来。关于太阳桥——金色彩虹的故事就是在这里诞生的。

每次暴风雪之后，当地面的积雪又变换了姿态时，我们都要到校园里看雪堆。风后雪堆，这是一种奇妙的景致，同天空的浮云一样神秘莫测。从这些千姿百态的雪堆中，我们可以发现高踞山巅的小神屋、凝结了的海涛、雪白的天鹅、灰色的大狼、狡猾的狐狸……。有一次，大自然好像有意为我们建造了一只童话帆船：船张着风帆，甲板上头有船长台，船上还挂着船锚，还有海盗在船上向远方眺望。一连好几天，我们都去看那只船，直到大风和阳光把船毁了为止。晚间，孩子们都到学校里来听我讲故事，我讲的是关于海盗和好人（解救弱者和受凌辱的好人）、关于善与恶的斗争、关于正义战胜邪恶的故事。

天气非常寒冷时，我们是不出去活动的。不十分冷时，孩子们就待在户外。融雪季节到来时，我们就像过节一般。少先队员们帮我们建造了一个冰雪城。他们用大片积雪搭起了一座屋子，搭成后像一个窑洞。在这种场合，休息和劳动也都伴随有童话和游戏。我们玩了北极考察队的游戏。我给孩子们讲了关于辽阔寂静的冰雪世界的故事。故事中幻想和真实的英雄事迹交织在一起。当窑洞在阳光下消融时，孩子们带着依依不舍之情惜别了这个安身之所。

冬季我们去过两次森林，一次坐汽车，一次乘雪橇。轻微的寒风袭着面颊，但是谁都没有叫冷。在冬季森林里度过的日子永远留在了孩子们的记忆里。我们聆听过冬季森林的音乐，观察过禽鸟的生活；在森林峡谷里找到过未封冻的泉眼；围着篝火取过暖，煮过粥；欣赏过美丽的晚霞，亲眼看见那覆盖着白雪的树木的色彩变幻：它们时而呈淡淡的粉红色，时而变为橘红色，一时又呈绛红色，继而则变为紫蓝色。关于太阳的故事有了一些新的形象，它们以想象的新奇和美妙吸引了孩子。我们在这里编了短诗，孩子们在诗句中表达了他们对冬季森林的印象。卡佳边欣赏披着冬装的美丽的松树边说道：

"松树睡了。"

季娜描述了一个更为鲜明的形象：

"松树熟睡到夏天……"

"松树熟睡到春天。"谢廖沙说。大家随即感受到了这些词语音韵的和谐。小朋友想把他的思路接下去。
"美梦连连现。"孩子当中有人接着说道。

"松树熟睡到春天，
美梦连连现，——"

男女生都唱了起来，由于自编了歌词而感到自豪。这个隆冬夜晚，向我揭示了孩子们相当丰富的精神世界。我终于彻底证实：必须直接在思路和语言的源头去教孩子思考，去发展他们的智力和才能。

　　小孩子有哪个不喜欢堆雪人，玩雪橇！每逢天气不太寒冷而且无风雪时，特别是有明媚阳光照射时，我们整天都待在户外。我们在村边建造了一个冰坡。我们对木制和金属雪橇感到不满意——滑起来不够快，我们自制了二十来个冰制雪橇：把麦秸同动物粪便混合在一起做成鸟巢形状，浇水冰冻而成。这种雪橇十分安全。

　　我回忆起自己童年时代的一件事。我们找到一个废马车轮，把车轴插在了池塘冰窟窿里封冻起来，车轮就变成了冰上转盘。孩子们手握着拴在车轮上的那些木棍在池塘冰面上跑着滑动。整天这样玩乐。体弱的孩子——萨尼娅、沃洛佳、卡佳、柯斯佳等的面颊上出现了红晕，气色大为好转。

　　在宁静晴朗而又寒冷的傍晚，冬季大自然独特的美尤为绚丽地展现在孩子们的面前。我们站在校园的某个地方观赏那鲜红的晚霞，期待着最早出现的星星。晚霞映雪，雪地上呈现着一片粉红色，随即又变为淡青色。在这种时刻，孩子们产生的激情都是用言语和音乐旋律表达出来的，大家回忆起与眼前的美妙景色相呼应的民歌旋律。我们怀着被美景激动了的心情回到学校，生起炉火，唱起歌来。

　　在冬季宁静的清晨，孩子们欣赏朝霞。他们默不作声地观赏景色，总想找出词语来表达自己的赞美之情。我便帮助他们寻词觅句。每有所得，孩子们不仅感到喜悦，而且进一步加强了思考能力。

第一个云雀节

　　冬天，我们就在"小鸟医院"的木笼旁期待天暖春回的日子，到那时我们这些小小朋友们将飞向晴空，奔向丛林。向往已久的节日终于来到了。在天空出现第一只云雀后的第二天，我们就把养着鸟兽的箱笼搬上了土岗。鸣禽的啼啭响彻原野。孩子们打开了笼子，听任云雀、啄木鸟、黄莺和小兔远走高飞。顷刻间，我们的云雀已在天空中放声歌唱，转眼间它又向地面俯冲而下……。我们站在那儿，美景使我们心旷神怡，我们因救了几条小生命而感到满心欢喜。

此刻，我内心设想着来日：以后我们每年都登上土岗，庆祝我们的云雀节。

云雀节变成了划分春夏的节气。孩子们以拯救小鸟的生命为荣。每个孩子都有了自己的生物角和美角。云雀的形象、鸣响在阳光普照的田野上的独特旋律……所有这一切都永远融入孩子的精神世界。孩子们之所以迫不及待地盼望这个节日，还因为这个日子同美术创作的激动心情相联系：他们总是和妈妈一起用白面制作小云雀、小燕子、椋鸟、喜鹊、夜莺、山雀等，并把他们的制品带到学校里来。孩子们在自己的小小创作中展现对大自然的热爱，各自按自己的方式表达自己美的观念。

到秋季，孩子们总是怀着惜别之情送别南飞的候鸟。这是一种能使人的心灵高尚的惜别之情。没有这种情感就不会有善良。

我们怎样学习读和写

我讲讲小家伙们是怎样学习读和写的。敬爱的读者，请不要把这里所讲的东西当作识字教学的新方法来看待。我没有去思考我们所进行的创造（这确实是孩子们的创造，是有助于教学的教育工作）的科学根据，也不认为它能在某种程度上取代那些经过了几十年检验的识字教学的方法。这种创造产生在田野和草场上，在树荫下和草原热风的吹拂中，在夏日朝霞升起和冬日黄昏到来的时刻。

我已经思考过不止一年：在初入学的日子里，读和写对于孩子来说变得那样困难、那样无趣而又恼人，在通向知识的艰难道路上孩子又要遭遇那样多的失败，而这一切就是由于学习变成纯粹跟书本打交道。我看到过孩子怎样在课堂上费力地辨别字母，这些字母怎样在他眼前跳跃，汇合成无法辨认的图案。同时我也见到过，当识字教学具有某种趣味，同游戏相结合，而且特别重要的是当谁也不要求孩子"你必须记住，学不会你就要当心"的时候，孩子们多么容易记住字母，并且用它们拼成词。

在学校生活开始之初，在艰难的学习道路上，孩子面前就要出现一个偶像——分数。对有的孩子来说，它是和善的，宽容大度的；而对另一个孩子来说，它则是严厉的，铁面无情的。为什么会这样？为什么袒护一个人而折磨另一个人？孩子不理解。因为，7岁的小孩还不能理解评分是取决于自己的劳动、取决于个人的努力的，这是他暂时还做不到的。他要设法去满足或者（在最坏的情况下）去欺骗偶像，并逐渐习惯于不是为自己的乐趣而是为分数学习。我绝不是说要把分数彻底驱逐出学校。不是，没有分数不行。而是要等到孩子已经懂得了自己的智力劳动质量要取决于自己在学习上所付出的努力这个道理的时候，才在他身上使用分数。

依我看，对小学生评分的最主要的要求，就是它的乐观主义和富有乐趣的原则。分数应当是奖励勤奋的，而不是惩罚懒惰和懈怠的。如果教师把 2 分和 1 分当作可用来抽打懒马的皮鞭而把 4 分和 5 分当作糕点的话，那么孩子很快就会连皮鞭和糕点一起都痛恨不已。2 分和 1 分——这是十分锐利和精细的工具，聪明而又有经验的低年级教师总是备而不用的。也可以说，这件工具存在于小学，就是为了任何时候都不动用它。教师在教育上英明就是要让孩子任何时候都不失掉信心，都不使他感到他什么都弄不好。每次作业都应当成为学生的一个哪怕是微小的进步。一个刚刚迈进校门的七岁小儿，勉强能辨认"a"和"6"，突然就得 2 分。他还弄不清这是怎么回事，起初甚至既不会觉得苦恼，也不会觉得不安。他只会感到不知所措。亚努什·科尔恰克写道："在看到上了岁数的人干出刻薄的蠢事来，连聪明的孩子也会立即惊讶地停滞不前。"[1] "要尊重孩子的无知"[2]——波兰教育家的这句话使我终生铭记。只有当教师掌握了入学的最高智谋——会尊重孩子的无知的时候，2 分才能成为那种最锐利、最精细但在小学从不动用的工具。

在"快乐学校"诞生的前几年发生过这样的一件事。我们带着一些幼儿——6 岁的学龄前儿童到树林去，在林边空地停下来之后，我给他们讲起蝴蝶和甲虫来。在草丛中爬行的一只大甲虫吸引了我们的注意。它几次试图飞起来，但总未能离开草丛。孩子们十分仔

---

[1] 亚努什·科尔恰克.教育文选 [M].莫斯科：教育出版社，1966：282.
[2] 同[1]。

细地观察了这只虫子。我面前放着一个图画本，我便把甲虫画了下来。孩子当中有人要写上标题。我用大写印刷体写了"ЖУК"①。好奇的小鬼们便重复着说这个词，并察看起这几个在他们看来像是图画的字母来。有人在沙土上重现了这几个字母——花纹，有人用草秆编了这个词。每个字母都使孩子们联想起某种事物：如"ж"这个字母他们看着就像我们观察过的那只甲虫张开翅膀试图起飞而屡遭失败时的样子……。几个月之后我到这些孩子的班上去听课——这时他们已经入学了。老师抱怨说，阅读课有困难。事又凑巧：这节课恰巧在学字母"ж"。孩子们满脸笑容，教室里顿时一片甲虫起飞时发出的声音，孩子们重读"жук"一词时特别加重了"ж"的发音②。孩子们纷纷举手，老师疑惑地发觉全体学生都能写出"жук"一词。那是多么愉快而又令人欢喜的一堂课。对我来讲，这是教育学受教于生活的一次经历。

此时，我在"快乐学校"里又回忆起这件事来。孩子应当生活在美、游戏、童话、音乐、图画、幻想、创作的世界里。当我们要教会他阅读和书写的时候，就应当让他置身于这种世界。而且，孩子在踏上认识阶梯第一阶时的感受如何，心境怎样，决定着他今后整个认识的（通向知识的）道路。当想到这一级台阶正在成为许多幼儿的绊脚石时，简直觉得可怕。请您仔细观察一下学校生活，您就会看到许多孩子正是在识字教学阶段失去信心的。敬爱的同行们，这一级阶梯我们要上得使孩子不感到疲劳，要使得通向知识的每一步都走得像鸟儿在高傲地直冲云霄，而不像精疲力竭地挑着力不胜任的重担的人在迈艰难的步子。

我开始同孩子们进行到词语源头去的"旅行"：让孩子们看到美的世界，并竭力使他们的心感受到词语的乐音。我竭力使词对孩子们来说不单纯是事物和现象的标记，而且还包含有情感色彩——它的芳香和词语间的细微差异。重要的是让孩子们像听美妙的旋律那样聆听词语，要让词语美和词语表达的那部分世界的美能引起他们对字母的兴趣，也就是对表达人的言语声音的那些花纹的兴趣。

---

① ЖУК：俄文，"甲虫"的意思。——译者
② 俄文字母"ж"发音近似汉字"日"，可用于模拟甲虫飞舞声。——译者

在孩子们还没有感受到词语的芳香、没有察觉它们之间的微细差异之前，就不能开始识字教学；如果教师这时教字，就会使孩子陷入繁重的劳动。（孩子最后会挑起这个重担，但要付出多大的代价！）

读写教学在下面这样的条件下才会容易进行，这就是使识字成为孩子生活中鲜艳夺目，兴趣盎然，充满生动形象、声音和旋律的一部分。要孩子必须记住的，首先应当是有趣的。识字教学要同绘画紧密结合。

我们到词语源头去"旅行"时总是带着画册和画笔。下面就是我们最初的一次"旅行"。我确定的目的是让孩子看看"牧场"这个词的美和它的细腻色彩。我们停在了倾向池塘的一棵柳树下面，远处是阳光灿烂的一片牧场。我对孩子们讲："你们看，我们面前多美。草上有蝴蝶飞舞，蜜蜂在嗡嗡唱，远处的牛群像玩具一样。看上去，牧场好像一条淡绿色的河流，而树木像是深绿色的河岸。牛群在河里洗澡。看，这初秋季节，牧场上开出了多么漂亮的花。咱们细听听牧场上的音乐，听见小飞虫的嗡嗡响和蝈蝈的歌唱了吗？"

我在自己的画本上画起牧场来：画了牛和散在牧场上的白绒毛一般的鹅，隐约可见的炊烟，还有地平线上的几朵白云。孩子们被宁静清晨的美所吸引，也画了起来。我在画上题了"луг"①的字样。对多数小孩子来讲，字母就是花纹，而且每个花纹都能引起某种联想。是什么呢？是草秆。把草秆折过来就成了"л"的花样。把两根草秆一搭配，又是一个花样"у"。孩子们也给画题了"луг"一词。随后我们便读这个词。对大自然音乐的敏感性帮助了孩子们去感受词的发音。孩子在识记每个字母的笔画时，在每个花纹里都加进了生动的声响，字母便很容易地记住了。词的笔画是作为一个整体被感受的；词被读出来，这个读音并不是按声音的分析综合长时间练习的结果，而是对那个跟孩子刚刚画出的视觉形象相对应的、有声的、音乐形象的自觉重现。孩子就是在视觉和声音的统一感受中（这种感受饱含着既加进了视觉形象也加进了音乐音响的丰富的情感色彩），同时识记着字母和小小的词的。敬爱的读者，这并不

---

① луг：俄文，"草场"的意思。——译者

是新发明了一种识字教学的方法。这是实践科学业已证实的东西：不是非记住不可的更容易记住，被感知的形象及其情感色彩在识记中起着非常重大的作用。

词的视觉形象、发音和情感色彩的一致性也丝毫没有削弱对发音进行单独的分析。相反，孩子们听了"луг"一词的发音，区分其中的每个音，懂得词是由单个音组成的，而每个音都有相应的字母。

几天之后，又有一次新的"旅行"。清晨，我们来到校园里，太阳已经升起，地上的草、树上的叶子、成串的葡萄、金黄的梨和紫红的李子……所有的东西上都挂着露珠。每滴露水都闪烁着阳光的火花。火花在一处消失，又在另一处闪现。好像太阳把一些露珠吮干了，又把另一些撒出来。但这只是人的感觉罢了。露珠里的火花是阳光照到它时出现的。可是露水究竟到哪里去了？有一些蒸发了，另一些则顺着叶秆滚下来让大地吸收了。没有露水，花草就会枯萎。接着我们观看了紫菀、薅菜、玫瑰等花朵上闪光的露珠。我画了草、紫菀花、太阳和闪着光的露珠。孩子们也画了。我们在画上题了"poca"①的标题。这些字母使孩子们联想到太阳和露珠。我们读了这些字母——画。每个孩子都按自己的方式描画了字母，表达他们对环境的观察。谢廖沙对小朋友这样说："这是挂在草上的一滴露水。"他这样想象字母"p"。"它快要滑到地里去了，这颗露珠着急地等着太阳。"对字母"o"他又是这样看的。"这滴露水里就已经有太阳的闪光了。"谢廖沙又一次用铅笔描画字母"c"的轮廓。

我让每个孩子都在大画册里画一棵挂着露水的小草。孩子们给自己的画标上了"poca"（露水）一词。说来容易：孩子们画了画，写了标题。可是对于他们来讲，不论是画还是标题，都是一系列形象、声音、色彩和感受。每个字母在孩子意识中都与直观形象相联系着，因此不论整个词还是每个字母都容易记住。

连续几天我们一次又一次地去欣赏露珠，一次又一次地画画和标标题。而且每一幅新画都不是例行练习，而是创作。两三周内我

---

① poca：俄文"露水"一词。——译者

们的创作都跟"露水"一词相联系。每个孩子一次次画他所喜爱的那棵草或那根树枝，倾听着词的发音，区分出其中的每个音，再用字母把它们标记出来。把字母想象成环境中的某种对象，这实际上就是孩子们的幻想、故事和创作。

我在画本的封面上题写了"我们的民族语言"。我对孩子们讲："这个画本我们要保存很多年直到你们毕业，长大成人。你们每个人也会有自己的有画有字的画册，这一本是我们大家的。"

日子一天一天、一周一周地过去。我们不断到活的语言源头去做一次又一次的"旅行"。特别有意思的是对下面这些词的认识：村子、松林、橡树、柳树、森林、烟、冰、山、穗、天空、干草、小树林、椴树、白蜡树、苹果树、云朵、山冈、橡子、落叶等。春天，我们进行了以这样一些词为题的"旅行"，如花朵、丁香、铃兰、槐树、葡萄、池塘、河、湖、林边、雾、雨、雷电、霞光、鸽子、杨树、樱桃等。每次都是由那个被激起了最鲜明的想象、情感和回忆的小朋友在《我们的民族语言》画册里画他的画。谁也没有对本民族语言的美无动于衷；到1952年春，就是说，在我们开始工作八个月之后，孩子们已经认识了全部字母，并且会写会读词了。

这里要防止机械搬用经验的做法。用这种方法教读和写是一种创造，而任何创造都不能容忍死板公式。新事物只能创造性地去借鉴。

很重要的一点是，没有向孩子们提出必须记住字母和必须学会阅读的任务。孩子们在游戏中迈上认识阶梯的第一级；他们的智力生活受着美、故事、音乐、幻想、创作和想象游戏的鼓舞。凡是激动了他们情感并因美而吸引了他们的，都深深地印在了记忆中。使我感到惊讶的是，许多孩子热切希望不仅用话语表达自己的经历，而且还要把它写出来。

有一次，我们在森林看守小屋里避雨。外面雷鸣电闪。一会儿地上铺满了小颗粒的冰雹。雨后，绿草地上仍有一段时间存留有冰雹。阳光从云隙间照射下来，冰雹显出了绿色。孩子们欢喜地叫了起来："这多好看哪！"第二天，小家伙们想把昨天的见闻画出来。而尤拉、谢廖沙、舒拉和加利娅还给自己的画标了标题。他们已经能很好地阅读。于是我看到了他们最初的作文。他们写的是："乌云在草地上撒下了冰雹""绿草白雹""太阳融化了白色小雹""巨雷撒下了白冰雹"。

通过这个例子我又一次证实：儿童越接近思想和语言的源头——越接近周围世界，他们的言语就越丰富生动。我相信我这些小家伙很快就会写出小作文来。我的信念在1952年夏得到了印证。校园的一个角落里种了丽春花。当丽春花显示出五颜六色的光彩时，我带领孩子们到那里。色彩之美激起了孩子们内心的喜悦。我们长时间地观赏花朵，倾听蜜蜂的嗡嗡歌唱。第二天，我们带着画册和彩色铅笔又来到这里。孩子们画了画，我给他们讲了花籽的故事，讲了彩虹怎样把七彩之美赠送给它。许多孩子想用言语表达出自己的喜悦来，于是写出了鲜明生动的作文："开出了一片鲜花地毯"（塔尼娅），"鲜花地毯覆盖了大地"（尼娜），"鲜花开放了，太阳在欢喜"（季娜），"小蜜蜂在鲜花毯上歌唱"（加利娅），"太阳撒下了遍地的花朵：蓝的、粉红的、红的、天蓝的"（拉丽萨），"淡蓝花瓣中毛茸茸的野蜂"（谢廖沙），"花朵在细细的枝上摇摆"（舒拉），"太阳在花朵间嬉戏"（柯利亚），"天上掉下了蓝花瓣，地上铺上了花地毯"（卡佳）。孩子们把他们自己画册里的这些画和文字转载入大画册《我们的民族语言》。

我们去观察向日葵和开花的荞麦地的时候，孩子们的想象非常活跃，不断涌现新颖的形象。周围环境的美越能激动孩子，字就识记得越牢，尽管从来也没有把记字当作首要目的。我益发确信，形象地观察世界，力图用言语表达对美的感受，就是儿童思维的核心。儿童的思维是艺术的、形象的，饱含情感的思维。要想让孩子变得聪明伶俐，就要让他享受到艺术地观察世界的幸福。

当孩子看到和感受到美好事物时，在他的意识中，幻想、创造和活跃的思想无穷无尽，犹如泉涌！我永远忘不了我们到活的言语源头的一次"旅行"。夏天，我们去参观农庄的养蜂场。养蜂老爷爷请我们吃了新鲜蜂蜜，喝了清凉的泉水。孩子们坐在果树下欣赏了荞麦田开花的美景。群蜂从田地返回蜂房时在那流着清凉泉水的小溪上空盘旋着、轻声嗡嗡着。孩子们讲："它们在互相讲花和小树林，讲荞麦和向日葵，讲鲜艳的果球和苜蓿草的小蓝花。"

再过五年，我这些小家伙将成为四年级学生，我将让他们写一篇作文《蜜蜂说些什么》，六月里这一天的这些深刻印象将化为鲜明的形象和活跃的思维。是的，幼年时期喜爱过的东西永远都不会忘却。让本民族语言和周围世界的美在童年时代就在孩子的意识中留下永不磨灭的印象。让攀登陡峭艰难的知识阶梯的第一步得到美的激励吧！

随着孩子们识字水平的提高，书本越来越多地进入他们的精神生活。我们建立了一个小小的图画书图书室。遗憾的是没能在书店里找到好图画书，因此不得不由我自己来画和写。我画的第一本图画书是关于冬老人、心狠的后母、善良的继女和懒惰的女儿的乌克兰民间故事。这本书画成之后也不算小，共有三十多页，每一页都有画和几句话（有时只有一句）。到 1952 年春，多数孩子都能流畅地读了。瓦利娅、柯利亚、加利娅、拉丽萨、谢廖沙几个人读得尤其好。我们坐在草地上，有个孩子翻开图画书，读了起来……。这不单是读词并用它们造句，这是创作。孩子读故事的时候就如同进入画上所画的那个境界。他读的语调表达了情感和愿望的细微差异：冬老人的善良、后母的狠心、继女的勤劳和热情以及女儿的懒惰和冷酷。孩子们被他们所读的东西深深激动着：他们憎恨邪恶，为善良的胜利而欢欣鼓舞。

有意思的是：孩子们几十次地读故事，但总能颇有兴味地听它。我曾想起教师们的忧虑：孩子们朗读起来为何如此单调，呆板？为何在孩子的朗读中很少能听出情感色彩？这是因为在很多情况下朗读脱离了孩子的精神生活，脱离了他的思想、情感和观念。使孩子激动的是一些事，而他朗读的却是另一些事。只有当语言触动了孩子内心深处时，朗读才能丰富他的生活。

我们开始编起新的图画书来。尤拉、谢廖沙、卡佳、莉达、柳芭、拉丽萨等都画了画。没有一个孩子不想画画。识字中的困难主要是靠画画的兴趣克服的。

1952 年夏，孩子们开始读印刷的儿童小读物了：列夫·托尔斯泰编写的民间童话和 K. 乌申斯基的《祖国语言》里的小故事以及普希金、莱蒙托夫、涅克拉索夫、谢甫琴科、廖夏·乌克兰英卡、伊万·弗兰科等作家的诗。有一次，孩子们读了乌申斯基的《祖国语言》中的短诗《孩子们，该上学了》之后，立即就把它记住了。我在为此欢喜之余，十分焦虑地想到充塞着某些儿童读物的那些拙劣的短诗。这些用文牍语言写成的枯燥诗文与其说是在培育对语言的爱，不如说是在扼杀诗情。

每一次成败我都和老师们切磋琢磨。培养学龄前儿童准备入一年级学习，成了我们学校全体低年级老师们的共同工作。借助于 M. H. 维尔霍维尼娜、E. M. 扎连科、P. K. 札泽、A. A. 涅斯捷连科、B. C. 奥西马克、B. Π. 诺维茨卡娅等老师的创造性经验，我们一年年不断改进并提高了教育工作方法。更确切一些说，是课外和校外教育工作方法，促进了孩子们的智力发展同顺利学习所必备的初步实际技能的结合。这些技能中居于首位的就是阅读。

那些进行学龄前儿童教育的教师，已经连续几年都做到了使他们的学生一进课堂学习就会阅读。这在很大程度上不仅使低年级而且使中、高年级的整个教学过程更容易进行。我们多年来的集体经验使我们有可能就流畅、生动而又自觉地诵读，在儿童的智力发展、学习过程中的创造性脑力劳动方面的作用问题，做出非常重要的结论。这个结论就是：孩子的阅读开始得越早，阅读同他全部精神生活越能有机地发生联系，阅读时的思维过程就越复杂，阅读对智力发展就越有补益。七岁以前就学会阅读的孩子能练出很重要的一种技能：他对词和句子成分的视觉和思维感知先于发声。读的时候，孩子不被词所束缚，他便有可能在那顷刻之间使目光离开书本，并在这个时间去思考和理解读出声的那些东西。这样一来，孩子就能边读边思考、理解和领会了。

我们的集体经验，特别是 E. M. 扎连科和 M. H. 维尔霍维尼娜两位老师的经验证明，正是这种流畅的阅读才是自觉学习的一个极重要的条件。

我的孩子，你生活在人们中间

少先队员们在校园的一个僻静角落栽种了菊花。秋天，菊花开出白色、蓝色、粉红色的花。在一个风和日丽的日子，我带着我那些小鬼到了这里。孩子们看见这么多的花欢喜得不得了。然而痛苦的经历告诉我，美所唤起孩子的欢喜往往是利己的。孩子可能去摘花，而且并不以为这有什么可值得责怪。这次就发生了这种事情，转眼间，我便看见一朵朵花已拿在孩子们手里。当花朵剩下不到一半时，卡佳叫道：

"难道可以掐菊花吗？"

她的话里既不带惊讶也没有激愤，她只是在问。我没做任何回答。让这一天成为孩子们的一次教训吧。他们又摘下了几朵，角落里的美消逝了，那块地方顿时显得一片荒凉。孩子们心里燃起的对美景的满腔喜悦也熄灭了。小孩们拿着花不知怎么办好。

"怎么样，孩子们，这地方美吗？"我问道，"你们掐掉了花，剩下这些光杆儿好看吗？"

孩子们都不作声，接着有几个人同时开口说道：

"不，不好看……"

"这下我们能到哪里去看花呀？"

"这些花是少先队员们栽的，"我对孩子们讲，"他们再来这里欣赏花的时候，看见的是什么呢？不要忘记，你们是在人们中间生活的。谁都爱欣赏美。咱们学校里花虽多，可是如果每个同学都摘一朵，结果会怎么样？那就什么都剩不下了。大家都没有可欣赏的了。应该创造美，而不是破坏、毁坏它。到秋天，天气凉了，我们把这些菊花移到暖房里去，将来在那里欣赏它们的美。为了能摘一朵，要培养出十朵才行。"

几天之后，我们又到另一块地方去，那里的菊花更多。孩子们已经不再摘花了。他们在观赏花的美。

孩子的心对于为人们创造美和快乐的号召是敏感的，重要的是发出号召之后，接着要有劳动跟随才行。如果孩子能意识到他身边有别人，意识到他的行动能给他们带来快乐，那么他从幼年起就能学着使自己的愿望符合人们的利益。而这对培养善良和人道，是非常重要的。个人欲望无止境的人永远不会成为好公民。利己主义者，只图私利的人，对别人的忧伤和不幸漠不关心的人，恰恰就是由那些只管个人喜好而不顾集体利益的孩子发展而成的。会驾驭欲望，这个看来似乎很简单而实际上十分复杂的人的习惯，就是人道、同情心、热情、内在自制力的源泉。没有这些品质，就没有天良，没有真正的人。

这里还要强调一下幼年期在培养人道中的作用。道德观念、观点和习惯都跟情感紧密相连。情感，形象地讲，是高尚行为的肥沃土壤。哪里不注意细心关切地去感知周围世界，哪里就会产生冷漠无情的人。心灵的易感性和同情心都在童年形成。如果童年蹉跎，那么所荒废的就永远无法弥补。

把孩子引到错综复杂的人类关系中去，这是极其重要的一项教育课题。儿童的生活不能没有欢乐。我们的社会在尽力做到使孩子们能幸福地生活。但是欢乐并不等于无所用心。如果幼儿从成人精心栽培的树上摘下使他欢乐的果实时不考虑给别人留下什么的话，他便丢失了人最重要的品质——天良。当孩子还没有意识到他是社会主义社会的未来公民之前，就应当学会以德报德，学会用自己的双手为他人创造幸福和欢乐。

在"快乐学校"建立之前，几年来一直使我感到焦虑不安的是，许多父母出自对子女本能的溺爱而头昏目眩，只看到孩子好的一面，看不到坏的一面。记得有过这样一件事：一个四岁男孩没有去厕所而是当着母亲和邻人的面小便。母亲非但没有生气而且还颇为爱怜地说："您瞧我们这儿子，什么都不避讳。"从这个四岁孩子的调皮眼神、傲慢嘴脸和轻蔑冷笑中已经能预料到他将是一个令人生厌的人了。如果不予矫正，不迫使他用别人的眼光看看自己的话，他就可能变成一个下流坯。

我曾不止一次地和沃洛佳的母亲谈话。每当她一开口说话，儿子就揪住她的衣衫来回扯动，还拽她的手，他好像总有一些急事似的。纠缠、放肆、放任是孩子个人主义的另一些表现形式，其根源都在于父母的宽容无度、万事迁就、惩处不力。某些家长（遗憾的是也有个别教师）认为，跟儿童讲话总应当带着一种孩子腔；孩子那灵敏的耳朵便能从这种腔调中听出迁就之情来。阅历很浅的儿童心灵，对成人的喁喁而语定会报以事事任性。我时刻提防着有此类腔调，片刻不忘在我面前的都是孩子，总是把这一个个的小人看作未来的成年公民。我觉得，当话题涉及为他人劳动时，这种态度便尤为重要。伴随儿童的劳动而来的最糟糕想法往往是：他们给了成人很大的帮助，因此理所当然地应当大大受到赞扬乃至奖励。

……秋天，我们把菊花掘出来，移进了温室。对于农村孩子来讲，这是可以胜任的劳动。孩子们每天都给移栽的花株浇水，急切地期待着开出第一茬花来。温室变成了一个美好的地方。我向孩子们提出建议："现在咱们请客人到这里来参观好不好？请谁来呢？"多数孩子都有弟弟妹妹。孩子们带他们到温室里来参观，小弟弟小妹妹们向菊花伸手时，我的学生们便能制止摘花了。

我对孩子们讲："如果我们能培养出很多花来，到'三八节'的时候就每人给妈妈送一朵菊花。"这个主意使孩子们受到了鼓舞。到三月初，我们已经有了足够的花朵。节日那天，我们邀请各位妈妈来参观我们的温室，给每人都献了一朵花。加利娅的继母也来到学校，孩子也给她献了花。我多次跟加利娅谈起她对继母的态度问题，向她说明妈妈是个心地善良的人，我的话终于触动了女孩的心。我很高兴柯利亚和托利亚的妈妈、萨沙的奶奶，还有柯斯佳的继母也都能来过节。

许多东西还不可能给孩子们讲清楚。那些谈论高尚情操的美好言语还不能都被他们理解。然而，即使是幼儿也能从心底感受人道的美。"快乐学校"刚开始时，我就努力做到，使每个孩子都能体察到别人的悲欢、痛苦和忧伤。春秋两季，我们常去农庄养蜂员安德烈老爷爷那里做客。老人没有家，独身生活使他很不幸。孩子们感觉到，我们的每一次来访都使安德烈老爷爷好高兴。去养蜂场之前，我总建议孩子们：咱们给老爷爷带些苹果、葡萄、李子，他会高兴的；咱们给他采一些野花，这对他也是一个安慰。孩子们的心变得越来越敏于体察人的心境、情绪和感情了。他们开始自己考虑可以带给老人一些什么快慰。有一次我们在森林里煮粥。当篝火燃起时，孩子们感到非常欢乐。就在这个欢乐的时刻，瓦利娅若有所思地说：

"可是安德烈爷爷这时候就一个人。"

孩子们陷入沉思。或许某个成年人会觉得这种情景似乎有些感伤，也可能有人会想到：七岁的孩子难道会有这种精神上的冲动？是的，敬爱的老师同志们，假如您能从这个年龄就去培育孩子由衷的关怀之情，能使他从内心理解"你生活在人们中间"这样一个伟大的真理，那么，孩子就会想到去跟他人共享欢乐，会因想到自己欢快的时候友人却在孤寂之中而感到强烈的内疚。

孩子们决定跟安德烈老爷爷共享欢乐。"咱们给他送脂油粥去……"柯利亚建议。话音刚落，大家便欢呼赞成。小朋友们送去的粥多得连饿得要死的人也未必能吃得完。我们在养蜂场又一次同老爷爷一起进了午餐。

对悲欢的敏感与同情只能在童年时代培养。在这个年龄，心灵对人的苦难和不幸、烦恼和孤单特别敏感。孩子犹如在设身处地进行亲身地再体验。记得有一次我们从林地往回走时，经过一座孤零零的屋子，屋子四周十分荒凉。我告诉孩子们，这里住的是一个在伟大卫国战争中受伤致残的人，他还在生病，没办法自己栽果树或种葡萄。孩子们的眼睛里涌出了泪水，每个人都为这个患病的孤独人难过。我们为他栽了两棵苹果树、两株葡萄树，作为礼物赠给他；而获得的则是最宝贵的，这就是为他人创造幸福而感受到的快乐。

培养对他人灾难与不幸的同情心，是苏联学校的一项重要任务。一个人只有能忧他人之忧，才能成为他人的朋友、同志和兄弟。**要让孩子们的心中有他人**——可以这样来表述我为自己提出的重要的教育任务。

如果孩子对他的同学、朋友、母亲、父亲以及他所遇到的任何一个同胞的心境怎样都毫不关心，如果孩子不善于从别人的眼神中观察出他的心情怎样，那么，他永远也不会成为一个真正的人。我竭力要把我的学生的心灵磨炼得那样敏锐，使他们从人们的眼神中就能察觉人们的情绪、烦恼与悲欢，不论这些人是朝夕相处的还是"邂逅"的。

我和孩子们正从森林返回学校，看见一位老大爷坐在路旁草地上，像是心情不大好。我对孩子们说："这位老人好像出了什么事，也许是半道上生了病，也许丢了东西……"我们走近老人问道："老大爷，我们能帮您一点什么忙吗？"老人深深地叹了一口气说："谢谢小朋友，你们就是有这一番心意，也帮不上我这个忙啊。我家里出了大事，老伴在医院里要死了。我这是去看看她，等公共汽车呢。忙你们是帮不上，可是我心里好受多了：世上有好人啊！"孩子们都沉默了，七嘴八舌的喳喳声停止了。他们回家的时候，老人那番伤心的话仍在影响着他们的情绪。本打算还要玩一会儿，但是不知怎么着，玩的事自然而然被忘记，各自回家去了。

教人体察情绪，这是教育中最难的事情。友情、同志关系、兄弟情谊……都能培养热忱、同情、关怀和体贴等品质。当孩子为他人的幸福、快乐和精神安宁有所作为的时候，他才能体察到别人最细致的情绪。幼儿对父亲、母亲、爷爷、奶奶的爱，若不饱含为善的崇高情谊，就会变为利己性情感：孩子所以爱妈妈，是因为妈妈是他的喜悦之源，喜悦所需。然而，应当在孩子心灵中培养的，则是真正的人道的爱，即能急他人之所急，忧他人之所忧，同他人休戚与共。只有在那种能够体察和关注别人命运的心灵里才会产生真正的爱。让孩子有一个需要人关心的朋友，这是多么重要。养蜂员安德烈老爷爷就是我这些学生的这样一位朋友。我看到，孩子越会关心别人，他的心就越能体贴同学，体贴父母。我给小鬼们讲了安德烈老爷爷的坎坷人生：他的两个儿子都在战场上牺牲了，老伴也去世了。他感到十分孤单。

"小朋友，咱们以后多去看看老爷爷，每次都要让他高高兴兴。"

每当我们准备去看望的时候，每个人都在想：用什么去让老爷爷高兴呢？孩子们送了他一本画册，我们每人都在里面画了一幅画。我们在河边捡了许多各种颜色的石子，送给了安德烈老爷爷。老爷爷用木头做了个小匣子，把石子摆在里面又回赠给我们……。男生用麦秸给老人编了一顶草帽。老爷爷常给我们用木头雕一些小动物：小兔，狐狸，小羊，等等。

孩子们越是真挚地关心这位老朋友，就越能体察自身周围的不幸和忧伤。他们注意到尼娜和萨沙有时来到学校时神情抑郁，他们眼睛里流露出忧愁，若有所思。小朋友们询问这对姐妹：母亲感觉怎样？母亲的情况不好，因此两个女儿不高兴……。当孩子能为小朋友分担忧愁而有所作为时，他心里就会确立善意的情感。我们几次走访了尼娜和萨沙的家，清除了园子里的杂草，帮助收完菜地里的土豆。每次准备到森林去的时候，大家都很关心一个问题：尼娜和萨沙能不能一起去？因为曾经有过她俩不得不留在家里的情况——要帮爸爸做事。于是我们总在大家高兴的日子前一天去尼娜和萨沙家里，尽力帮她们做些事。

在社会中生活，要善于为了他人的安宁幸福而牺牲自己的欢乐。或许我们每个人都见到过这样的场景：孩子眼前是悲哀和不幸，但他照样尽情欢乐。也有这种情况：母亲竭力不使孩子注意那些不愉快的、使人悲伤的事，使孩子的喜悦美满无瑕。这是赤裸裸地培育利己主义。不要引导孩子回避人类生活的阴暗面。要让孩子知道，我们的生活中不尽是欢乐，也有悲伤。要让孩子的心里也有他人的忧愁。

一个人的道德面貌如何，归根结底要看他在童年时期是从哪些来源获得快乐的。如果他的快乐纯粹是无所用心、坐享其成的，如果孩子不知什么是忧伤、委屈和痛苦，他就会成为利己主义者，对别人的事不闻不问。非常重要的是，要让我们培养的人懂得最大的快乐——出于对人的关怀而感受到的激动人心的快乐。

我们的集体——和睦的家庭

"快乐学校"开办之初，我就努力使我们这个集体具有家庭般的亲切、热诚、相互关心、信任和帮助的气氛。九月份有三个孩子过生日：维佳、瓦利娅和柯利亚。我们全体为他们过了集体生日：在学校食堂烤了带馅糕饼①，给过生日的三个小朋友赠送了图画和书本。我惊奇地得知，柯利亚家里不论是儿女还是父母，都从来不过生日。这一回是这个男孩子有生以来的第一个节庆日。小朋友们对他的关心使他非常激动。

童年时代每个人都需要得到关怀和爱抚。如果孩子在冷漠无情的环境中长大，他就会变成对善和美都无动于衷的人。学校不可能完全代替家庭，特别是代替母亲。但是，假如孩子在家里得不到亲切的爱抚和关怀，我们做老师的就要特别关心他。

我们这个小小集体有了自己的财产，有了自己的秘密，有了要操心的事，甚至也有了自己的不愉快。橱柜里保存有玩具、铅笔

---

① 俄罗斯人过生日有吃带馅糕饼的习俗。——译者

和本子。"幻想角"有一个"给养库",里面存放着土豆、粮食、食油、葱头等,这些都是为在那里度过秋雨连绵的夜晚而准备的。我们这个家庭的成员都是幼儿,不过其中有几个特别小的孩子:丹卡、季娜和瓦利娅。在路途中,在森林里,大家都知道要关心和帮助年幼的小朋友。

遇有个别同学不知因为什么原因而没有到校时,晚上便会有小朋友去看望他,了解是否有人生了病。这已成为一个好传统。依恋感,也就是对人的眷恋,是极其重要的精神需求的基础,没有它,就不能想象人与人之间会有共产主义的相互关系。我竭力做到,使得同学之间的交往和精神财富的交流,成为每个孩子的快乐之源、情感和阅历的丰富之源。每个人都应当给集体带入自己的东西,都应当为别人创造幸福和欢乐。

在工作过程中,我在培育儿童集体中遇到过许多困难,为了克服它们,我曾求教于那些能够细致体察儿童心灵和集体脉搏的、富有经验的低年级教师,如 B. Π. 诺维茨卡娅、M. A. 雷萨克、E. M. 扎连科、M. H. 维尔霍维尼娜等。我们常常在晚间,当校园安静下来时,聚在一起交换想法,谈我们每个人如何理解儿童集体生活的多面性。我们都很清楚,人的认识活动始于家庭,始于母亲柔声轻唱催眠曲时孩子第一次向妈妈发出微笑的那个时刻。让对于世上一切善意的、亲切的和最美好的事物的最初信念——人爱人的信念,能在亲身感受中产生,使父母成为孩子最亲爱的人,这是多么重要。而如果家庭里缺少或者全然没有这种真正人道的东西,集体能在何种程度上加以弥补?如何向那易受感动的、敏感的儿童心灵揭示人的心灵之美和善良?

正是在这些夜晚,我们交谈、切磋和思考中的点点滴滴汇成了一种在我看来很重要的教育思想。这种思想已变成我们全体教师的信念,这就是:只有当儿童集体能在精神上提高每个人,使每个人都确立自尊感并能自重的时候,它才能成为一种教育力量。真正的父母之爱的核心精神,就是让儿女由于感受到自尊而确立做正派人的志气。我在有经验的教师身上点点滴滴地发现了一些极其可贵的创造,概括其意义可总结为:要让孩子为他自己和自己的行为而自豪,并能维护自己的荣誉和尊严。

我精心汇集了我校优秀教师们宝贵的教育经验，力求做到孩子能在集体的真诚亲密的相互关系中显示出要做好人的意愿来。集体内部关系的真诚亲密，成了我经常关注的问题。孩子集体生活的多面性，在我看来已经不只是被同一目标和共同劳动结合在一起的志同道合者的团结友爱，而且还包括彼此之间的热情关怀以及既能从理智又能从情感上体察他人悲欢的那些精神。集体关系的这种亲密无间的真诚中蕴含着要做好人的高尚意愿：不是为显示，不是为求取赞扬，而是出于高尚情操的自然需求。

实际上，我以后那些年的教育工作，就是在儿童、少年、青年心灵里精心确立人的尊严。过去和现在都是按此来建立集体关系的。我总是竭力使孩子集体这个小小社会的生活服从于让人在精神上不断向上这个任务。孩子们的创作，以及他们的素质、才能和天赋的发展，也都服从于这个任务。

我们生活在"健康乐园"里

距我们这些幼儿入学只剩下一个月了。夏季最美好的月份——八月临近了。在七月的暑天期间，孩子们是在清晨或傍晚之前到学校来的。有人回家吃午饭太远，因此有六七个孩子在学校食堂用饭。我产生一个想法：让小家伙们离开家到果园里、池塘边上找个地方，住上个把月。我们在池塘附近看中了一块地方；少先队员们帮我们在树丛中搭了几顶窝棚，就是夏天农庄瓜地的看守住的那种窝棚。窝棚里铺了麦秸，做了几张画画用的小桌子。我们的驻地附近就是农庄的大果园。看园人答应我们，把果园当作我们休息的主要场所。我们在窝棚旁边搭起了伙房，农庄提供了给养，并派了炊事员来。萨尼娅的父亲给我们搞了个戏水池，池子旁停着一个汽艇，男孩子们一见，喜出望外。

我们在"健康乐园"（家长这样称我们的驻地和休息场所）的集体生活开始了。整整一个月，我们都是在户外度过的。日出之前就起身。在池塘里洗澡，每天都做操，早饭后便出去游玩：进森林、去果园、下农田等。这个月，我们进行了最有趣的几次去语言源头的"旅行",从高岗上欣赏过朝霞和日出,观察过小燕子准备南飞时怎样千百只地结群;观赏过阳光和微风怎样驱散清晨河面上的白色烟雾。不论在田野、草场或森林里,孩子们都要进第二次早餐:吃苹果、梨、李子,吃煮嫩土豆配新鲜黄瓜,吃西瓜、甜瓜、煮玉米棒子及西红柿等。八月是瓜果蔬菜的旺季,在这些日子里,每个孩子吃了不下两千克的苹果和梨。安德烈老爷爷每天都给我们送蜂蜜来。一早一晚孩子们都喝鲜牛奶。炊事员用新蔬菜给我们做香甜可口的红菜汤吃。

晒得黝黑的孩子们每天只穿背心裤衩、打着赤脚出去远足,乘汽艇游玩。

良好的营养,加上阳光、空气、水以及适当的劳动和休息,所有这一切配合起来便是无以取代的、有益的健康之源。

第一学年前夕的一些想法

我们"快乐学校"的活动就要结束了。我教的这些幼儿不久就要成为小学生了,想到这一点,我感到既快慰又不平静。之所以快慰,是因为我还要不止一年地带领我这些小鬼沿着生活、劳动和认识的道路迈进,是因为一年来小家伙们健壮起来了,变得皮肤健康,晒得黝黑黝黑。

当"快乐学校"的日子行将结束的时候,我在想象中把现在的沃洛佳、卡佳、萨尼娅、托利亚、瓦利娅、柯斯佳与这些孩子一年前的样子做了比较。他们原来面色苍白,身体虚弱,两眼下面的青色血管隐约可见;而现在,他们变得面色红润,肤色健美,如人们常说的"白里透红"。我之所以感到快慰还因为,没有那闭塞的教室、黑板和粉笔,不用那些平淡呆板的画片和字母块,孩子们也迈上了认识阶梯的第一级——学会了读和写。现在,他们比起那些要从教室黑板的长方框子里迈出这第一步的孩子们来,会感到无比的轻松。

我十分尊重教学论并厌恶专搞空洞计划,但是生活本身却要求按部就班地掌握知识,要求学习。儿童的这种最严肃而又要最细心的劳动，同时又是增进儿童精神力量和体力的愉快劳动。这对幼儿来说尤其重要，他们还不能理解劳动的目的和艰难的实质。

人们千百次地讲道：学习是劳动，不能把它变成游戏。但是不能用一道万里长城把劳动和游戏隔离开。我们注意观察一下，游戏在儿童生活中，特别是在学龄前儿童的生活中占有什么地位。对于孩子来讲，游戏是最严肃的事情。世界是在游戏中向儿童展现的，儿童的创造性才能也是在游戏中显示的。没有游戏，就没有，也不可能有完满的智力发展。游戏犹如一扇打开的巨大而明亮的窗子，有关周围世界的观念和概念的湍流源源不断地通过这窗子注入孩子的心田。游戏犹如火花，它点燃了探索和求知的火焰。那么，如果孩子在游戏中学写字，在他智力发展的某一个阶段把游戏同劳动结合在一起，又有什么可大惊小怪的呢？这样，教师也就无须对孩子们老说："好了，玩了一会儿了，现在该干正事了！"

游戏是个含义广泛、多面的概念。孩子们并非只是在奔跑、在比赛谁更快谁更敏捷的时候在游戏，在创造才能和想象力的紧张活动中也可能包含游戏。不做智力游戏，没有创造性想象，就不可能有完满的教学，在学龄前尤其如此。广义的游戏始于有美的地方。但由于幼儿的劳动不可能没有审美因素，所以，幼年时期的劳动活动同游戏紧密相连。学校园地收割季节的开始，是一个隆重的日子，孩子们都要穿上节日盛装来学校。割下的第一把谷穗要插在花瓶里，摆在铺着桌布的桌子上。这里的游戏充满了深刻的含义。然而，当游戏被人为地强加在劳动之中，而且在美里面没表达出人对周围世界和对他自己所做的情感评价的时候，游戏便失去了教育价值。

有一个问题还没有解决：什么时候开始进行识字教学最合适？是当孩子成为一年级学生坐在课桌旁的时候，还是更早一些，在学龄前。经验向我们全体教师证明，学校不应当给孩子的生活带来急剧的变化。要让孩子当了学生之后，今天还继续做他昨天做的事。让新东西在他生活中逐渐出现，不要让大量印象一拥而上，致使他应接不暇、不知所措。

我认为，识字教学同绘画、同游戏紧密相连，恰好也就可以成为连接学前教育与学校教学的一座桥梁。我这批小孩子的字母画里揭示了露水珠里的太阳火花、高大的百年老橡树、池边的垂柳、晴空的雁群以及七月天熬过白天的溽暑之后而沉睡的草场等景物美。尽管孩子们还不会很好地描画字母，这是无关紧要的，重要的是他们能感受每幅画里生机勃勃的生活。另外，还使我感到快慰的是，孩子们已开始能领会词语的细微色彩和音乐性，他们的意识中已奠定了鲜明的、形象的、具有诗意思维的牢固基础。绘画已进入孩子们的精神生活。他们总是要竭力在画里表达自己的思想、情感和感受。听音乐已成为这些孩子的精神需求。

使我快慰而又激动的又一点是，孩子们在品德发展上已迈出了第一步。他们已进入人的品行美的境界，他们心灵中已唤起对他人喜忧的共鸣，已经领略了为人创造美和欢乐的幸福。依我看，从孩子迈进学校大门直到成为一个成熟的、全面发展的人这个历时多年的教育过程中，首先培养的是人的情感。我们所培养的人应能深切体察到生活在他身旁的那些人也会有同他一样的悲伤、痛苦、忧患和不幸。我努力做到使我培养的这些孩子的好行为在童年就能首先建立在人的情感的基础上。我高兴的是，小家伙们已能产生情感的共鸣，已能敏锐地体察激动着他的亲人或成年朋友、父母或其他成年人的那些情感。最使我欣慰的是，孩子们能把他们在生活中接触到的每个人首先看作一个人。

在快慰之余我也感到不安。天天不断的脑力劳动将成为孩子们的主要责任，我能不能保持住他们对周围世界的活跃的兴趣？每个孩子都以自己的眼光看周围世界，按自己的方式感知事物和现象，按自己的方式进行思考，我是否能把那奔腾湍急的溪流和那水波不兴的滔滔大江，都引向认识世界的海洋？

更使我忐忑不安的，是每个孩子的精神世界。在我面前的是一些敏感、细腻、易受感染的心灵。我跟孩子们接触得越多，就越清楚地看到每个孩子的心灵和理智对我的言语、眼神以及对我提出建议和批评的口吻的敏感性怎样变得越来越敏锐。在我面前的是三十一个孩子，这是三十一个精神世界。我想起海涅的这几句话："……每一个人都有与他同生共死的一个世界，每块墓碑下面都掩埋着一个世界的历史。"[7] 他们，柯利亚与柯斯佳、瓦里娅与季娜、丹卡与拉丽萨、沃洛佳与斯拉瓦……，现在，在这学龄前年岁，就已经那么不同了。可是，各自独有的、纯属个人的特性将会一天天、一周周地显示得更加明显。每个孩子的内心深处都有他自己的一根弦，弹奏出自己的调子，因此，要想让那颗心与我的话语相呼应，就得使我自己能和上这根弦的调门。我已经不止一次地看到，当孩子因某种事而焦急不安或不愉快而老师对此却毫无所知时，孩子的心情是多么难过。我能不能了解到孩子每天关心的是什么？他的心境怎样？对待孩子，我是不是总能做到公正？

公正，是孩子信赖教师的基础。但是不存在某种抽象的公正，脱离个性，脱离个人兴趣、喜好和激情的公正。要做到公正，就要细致入微地了解每个孩子的精神世界。正因为如此，所以我认为日后的教育就是不断深入地了解每个孩子。

不过，使我在全部工作岁月中一直心不安的最主要的问题则是，怎样把年幼的小学生引进社会生活的广阔世界，怎样才能使每个孩子不光看到自己的村子和在其岸边度过自己童年的那条河的优美，而且也看到自己祖国宏伟辽阔的江山？怎样才能使他不仅喜爱大自然和人的心灵的美，而且憎恨那奴役各国人民的敌对势力——帝国主义？怎样使他时刻都有决心捍卫苏联人民的胜利成果——社会主义制度，我们国家的自由、荣誉和各族人民的团结友爱。怎样将公民教育同全面发展融为一体？教育低年级学生，这是十分复杂的问题，我能按这种年龄所要求的那样把它解决好吗？

② 儿童时代

什么是小学

　　1952 年 8 月最末一天，一个静悄悄的晴朗的早晨，所有的学生、教师和家长都来到学校大楼前那块绿色的草坪上。新学年开始前这一隆重的日子早已成为我们学校的传统节日。这天早晨的节日活动尤其激动人心。

　　就像正要出发到陌生和遥远的地方去寻找新大陆的旅行者审视自己旅伴和同志的眼睛那样，我仔细审视了我这些孩子的眼睛。他们，十六个男生和十五个女生，都站在这里。与孩子们一起来的有父母，还有不少爷爷和奶奶。这是柯利亚的妈妈和托利亚的妈妈。加利娅的继母搂着加利娅的肩膀，而小姑娘已不像一年前那样眉头紧蹙了。大家祝贺我们，祝我们一帆风顺。十年级的学生走近这些孩子，赠给每人一件纪念品———一本书，上面题着："祝你一帆风顺，小朋友。爱护这本书。让这本书使你一生都记得学校这个节日，记得你成为小学生的那一天。让这本书永远保存在你家的藏书之中。"（岁月流逝，我的学生都已长大成人，他们每个人都保存着这本书，并将其视为至宝，视为对黄金的儿童时代的最珍贵的纪念。）

　　我们——孩子们和家长、教师、十年级学生——来到学校的果园。小伙子们和姑娘们小心地挖出一棵苹果树，带着一大团泥土把它搬到另一个地方，齐心协力地放进一个坑里。每一个孩子抓一把土，坑就填满了。孩子们浇完小树就各自回家了。明天，他们就要来上学，开始上他们的第一堂课。之后的四年，他们是小学的学生，在这四年里，将由我对他们进行教学和教育工作。在这个日子前夕，下面的思虑使我忐忑不安："什么是小学？"很多人谈到过小学的重大和决定性的作用。"知识的基础是在小学奠定的""小学，这是基础的基础"……，每当论及中年级和高年级学生学习中的毛病和缺点时，每当论及知识的肤浅和不巩固时，经常可以听到这些话。人们对小学指责最多的是它没有授予儿童下一步学习所必需的一定范围的知识和技能。

是的，经验证明，小学首先应当教会学生怎样学习。杰出的教育家们扬·阿姆斯·夸美纽斯、К.Д.乌申斯基、А.第斯多惠……都写到了这一点。教师们的实践和经验也证实了这一点。小学最重要的任务，就是授予学生一定范围的巩固的知识和技能。学习的能力包括一系列与掌握知识有关的技能：读、写、观察周围世界的各种现象，思索和用语言表达自己思想的能力。形象地说，这些技能是工具，没有这些工具，就不可能掌握知识。

我在准备小学生的教学工作时，力求确切地断定，什么是儿童应当深深记住的，什么是儿童应当牢牢铭记在心里的，什么是他们应当学会的。

然而小学的任务不仅限于此。一分钟也不能忘记，在小学里，教师是同孩子打交道。

一至四年级的学习时期——7—11岁——是一个人的形成时期。当然，这一过程在小学毕业时并未告终。但是，正是在这几年中，一个人要度过他最紧张的一段生活。在这一阶段，孩子不仅必须为今后的学习做好准备，为日后获得优异的学习成绩积累知识和技能，同时他还应当有丰富的精神生活。在小学学习的那几年是道德、智力、情感、体力和美感等方面的一个发展时期，只有做到儿童不只是在为明日掌握知识做准备，而是今天就过着丰富多彩的生活时，这些方面的发展才能成为现实，而不是空谈。

我们国家有着成千上万优秀的小学教师。他们每一个人对于孩子，都不仅是知识的明灯，而且是生活的真正导师和教师。苏维埃国家的小学是普及中等教育的牢固基础。但是，不能不提出，很多小学，特别是八年制学校和完全中学的小学班，还存在着严重的问题。某些学校小学班学生的境遇在我看来是不佳的：孩子背着一个大口袋，而教师则极力把尽可能多的东西放到里面去。把这一重荷一直背到一定的分界线，也就是背到中年级和高年级的学习阶段，这就是教师经常认为的小学生生活和活动的意义。

小学授予学生的知识范围应当明确。在这一问题上有任何不明确和不肯定之处，不仅要削弱小学的，而且还会削弱下面的学习环节。对应当授予孩子的知识、技能和实际技巧没有一个明确规定的范围，学校就不复存在。很多学校在教学最初阶段发生的严重问题之一，正是教师经常忽视一年级的时候、二年级的时候……孩子应当深刻理解和记住哪些规则和定义，他应当学会正确书写哪些单词，而且永远不能忘记这些单词的正确写法。个别教师在力求最大限度地减轻儿童的脑力劳动时，却忘了孩子对一些东西不仅应当知道和产生兴趣，而且还应当牢牢记住并永远不忘记。关于小学生的一般发展，目前大家谈得很多。当然，一般发展是教学和教育极其重要的因素。但是有些基本知识所起的作用也是很大的，不去记忆和牢牢记住它们就不可能有一般发展，因为一般发展就是不断掌握知识，而为了掌握知识，就必须善于学习。

虽然小学面临的各项任务非常重要，但不能忘记，教师是同正处于神经系统急速形成时期的人在打交道。不能把孩子的大脑看成是现成的活机器，可以任凭教师让它去掌握、记忆和牢记知识。儿童在 7—11 岁这段时间，大脑正处于急速发展的过程中。如果教师忘记应当关心一个人神经系统的发展和大脑皮质细胞的增强，那么学习只能导致孩子变得迟钝。

学习不应当归结为不断地积累知识，训练记忆力和进行不为任何人需要而只会使孩子变呆、变傻，并对孩子的健康和智力发展都有害的死记硬背。我提出的目标是努力使学习成为丰富多彩的精神生活的一部分，这样的精神生活才有助于儿童的发展，有助于丰富他的才智。我的学生学习时绝不是在死记硬背，而是在游戏、故事、美、音乐、幻想和创造的世界中进行朝气蓬勃的智力活动。我希望孩子们能成为这个世界的旅行者、发现者和创造者。观察、思索、谈论、感受劳动的欢乐，并为其创造的一切而自豪，为人们创造美和欢乐，并在这种创造活动中获得幸福；赞赏大自然、音乐和艺术的美，并以这种美来丰富自己的精神世界；把他人的痛苦和欢乐放在心上，像对待自己切身的事情一样对待他人的遭遇，这就是我的教育工作的最高目标。同时，不能忘记明确和严格规定的目的：儿童到底应当**知道**些什么，哪些词他们应当学会书写并永远记住如何正确书写，哪些算术规则应当永远记住。早在"快乐学校"阶段，我就拟就了一至四年级儿童要牢记的国语词汇表。

我认为掌握智力劳动的方式、方法和手段是一项非常重要的教育任务。很多校长和视导员对小学的姑息态度令我异常不安。视导员来到学校，首先关注的是中年级班和高年级班；对于小学班，他持这么一种态度，似乎班上进行的不是真正的教育工作，而是儿童游戏。等学生一升入五年级，之前对这种游戏的温情脉脉就会变成对知识匮乏的焦虑不安了。

不能有任何姑息——我着手低年级学生工作的时候，就提出了这样的任务。到二年级结束时，他们应当学会迅速、有表情和有意识地阅读，能一眼看懂不长的句子和长句中完整的部分。阅读是思维和智力发展的渊源之一。我向自己提出任务，要教孩子这样进行阅读：让他能**边读边思索**。阅读应当成为孩子掌握知识的极为巧妙的工具，同时又是丰富的精神生活的源泉。

在这一章中，我要讲的是我如何在四年里——从 1952 年秋季到 1956 年春季——进行了小学的两项同等重要的任务：第一，授予学生深刻而巩固的知识；第二，防止死记硬背，关心学生丰富的精神生活，关心他们的健康。

健康、健康，还是健康

我不怕一再重复：对健康的关注，这是教育工作者首要的工作。孩子们的精神生活、世界观、智力发展、知识的巩固和对自己力量的信心，都要看他们是否乐观愉快、朝气蓬勃。我在头四年教学工作中对孩子们的操劳和焦虑，那么多半是为了他们的健康。

不同家庭保持经常的联系，就不可能关心他们的健康。同家长们进行的绝大多数谈话，特别是孩子入学后的头两年中，谈的就是孩子的健康。我向家长们说清楚，不另给他们的孩子留家庭作业。他们当堂记住（记熟）规则和定义。学生在家里主要做练习，其目的是帮助他们更深入地领会教材。此外，孩子们在家里要阅读、画画、观察自然现象、就周围环境中的事物和现象写一些简短的作文、背诵喜爱的诗歌。回家后的智力劳动不应当使孩子感到疲劳，但完全没有也是不行的。认为改进课堂上的教学方法就可以根本取消家庭作业的意见是不能信以为真的。仅就不能把孩子全部的智力劳动集中在接连不断的三四个小时之内这一点，就足以说明这种意见没有反映教学的真正目的和规律。

家长们答应做到让孩子们更多地在新鲜空气中活动，早睡早起，开着通风窗睡觉。我们还跟家长们谈妥，整个夏天及秋季和春季气候温暖的几个月里，孩子们一定要在户外睡觉。父母在可以避雨的廊檐下、干草垛上安排了专门的"睡处"。孩子们非常喜欢这么办。每个有小学生的家庭都要在园子里、在宅旁空地上盖一个亭子，以便从早春到晚秋都可以在亭子里看书、画画、休息。这件事，我们早在几年前就同家长们达成了协议。高年级同学帮助那些只靠单身母亲无法完成这件事的小同学盖了亭子。

早在"快乐学校"里，孩子们就习惯了做早操。现在主要是要使这个习惯保持下来。我深信，做操的习惯正是在幼年时期巩固下来的。家长们要教孩子天天在同一个时间起床。孩子们在新鲜的空气里做过早操后才盥洗。夏天，他们习惯于在池塘里洗澡；此外，很多家长在院子里、园子里安装淋浴设备，于是一年有五个月（从五月到九月）孩子们都可以淋浴。这已经成为他们牢固的习惯，因此他们在冬季那几个月里也能坚持擦洗上身，当然是在室内。

在家长们的赞助下，我们在露天安装了六个淋浴设备，供特别需要淋浴的那些孩子——季娜、托利亚、柯斯佳、拉丽萨、尼娜和萨沙、斯拉瓦——使用。我注意让那些天生有某种缺陷，如背有点驼、身材和脸孔长得有点不匀称等的男女学生淋浴和做早操。人不仅应当健康，而且应当俊美；而美又与健康、与机体的和谐发育不可分。

身体各部分的和谐和匀称，特别是骨骼组织，尤其是胸廓的正常发育，是由童年时代的营养所决定的。多年的观察表明，食物中缺少矿物质和微量元素，骨骼的某些部分就会发育得不匀称，使体态终生受影响。为了防止这一点，我注意伙食必须合乎要求和富含维生素，注意食物中维生素和矿物质的搭配。

通过前几年进行的观察和专门调查，我得出了一个令人不安的结论：25%年龄幼小的儿童不吃早饭就上学——早晨他们不想吃东西；30%的儿童早晨只吃还不到正常饭量一半的早饭；23%的儿童吃的早餐质量合乎要求，数量只有一半；而只有22%的儿童按标准进早餐。在班上待过几个小时之后，早晨没吃早餐的孩子心口就隐隐作痛，头发晕。学生放学回家，虽然已经好几个小时没吃东西了，但他并没有真正的、旺盛的食欲（家长们经常抱怨孩子们不想吃普通的营养丰富的食物——汤、甜菜汤、粥、牛奶，他们想吃点"好吃的"）。

缺乏食欲，对健康而言是一种可怕的灾祸，这是大小疾病的根源。其主要原因是好几个小时坐在不通风的教室里进行单调的智力劳动，缺乏在新鲜空气中进行的丰富多彩的活动，而根本的是"缺氧"——孩子整天呼吸着充满了碳酸气的空气。多年的观察还使我得出一个非常令人不安的结论：长时间待在充满碳酸气的屋子里会损害在消化中起重大作用的内分泌腺。而且这些疾病逐渐成为慢性病，怎么治都治不好。家长极力想激起儿童的食欲，给他们吃各种好吃的东西，特别是甜食，也会引起消化器官严重的疾病。决不允许"缺氧"，要设法使空气的状况合乎要求，这是关心儿童健康的最重要的前提之一。

我建议家长们给孩子做味道鲜美和营养丰富的食品，多储备一些富含维生素的水果到冬天吃。那时候，我们养了好几箱蜜蜂，所以过冬时我们学校食堂里有蜂蜜给年幼的孩子吃。

由于一天中大部分时间孩子们都待在新鲜空气中，活动很多，做体力劳动，放学后不马上坐下来用功，他们的食欲都很好。早晨，所有的孩子都吃上合乎要求的早餐；上学3小时后（大约在上课后2.5小时）在学校食堂里进餐，吃一盘带肉的热汤或甜菜汤、肉饼、一杯牛奶、面包加牛油。放学后，他们回家进午餐（在学校那顿加餐后3—3.5小时）。

下午，孩子们都在新鲜空气中度过——不管在家里还是在学校里。只有在雨天或暴风雪天气，他们才待在室内。

在儿童和谐的发展中，一切都是相互关联着的。儿童的健康取决于给他布置什么家庭作业，他如何和在什么时候做家庭作业。在家里进行独立的智力劳动时的情绪起着巨大的作用。如果孩子勉勉强强地拿起书来读，这不仅会使他的精神受到压抑，而且会对内部器官相互作用的复杂过程起不良影响。我碰到过很多极端厌恶作业的孩子，他们消化功能严重紊乱，还患有肠胃病。

我们经常在新鲜空气中、在大自然中——在行军中、在野外休息点、在森林里……——度过秋假、春假和寒假。早在头一次寒假的时候，所有的孩子都已学会了滑雪，他们滑着雪板去大森林，沿着山坡滑雪。就像当初"快乐学校"时期过冬天一样，他们建造了雪城，架起了冰上转轮。当孩子们成为少先队员之后，他们在森林中举行最有意思的中队会。

对我们来说，冬季在新鲜空气中从事劳动，是保证身体健康非常重要的条件。在不十分寒冷的天气（不到零下10℃），8岁的儿童一周劳动一次，每次2小时，9—10岁的儿童每次3小时，11岁的儿童每次4小时。他们把芦苇扎在树干上，一锹一锹地培雪护树，防止植物受冻，等等。在新鲜空气中进行这种劳动是锻炼身体和预防由感冒引起的种种疾病的好办法。

孩子们在外出去牧场、野外和森林的行军和远足中度过暑假。直接同大自然接触几个月，无论对儿童的身体健康还是对他们的智力发展，都有很多好处。一年级结业后，孩子们在集体农庄的果园里和养蜂场度过了8月份。二年级结业后，他们在集体农庄的瓜园里过8月。

8月是大自然赐予人们丰富礼物的月份，是大自然最美的时期和劳动的喜庆时节。这个时期，空气变得分外清新、洁净和令人神爽，犹如沉浸在割下的小麦，成熟中的甜瓜、葡萄和苹果的芳香之中似的。夏秋之交，农村空气中植物杀菌素特别丰富。如果想把有肺病、感冒、风湿病病根的孩子的身体锻炼好，那就让他在这些日子里，无论白天还是黑夜，都待在户外。

一次，孩子们在集体农庄的瓜园里待了一天。主人慷慨地请他们吃西瓜和甜瓜。我们同迷人的辽阔草原告别时郁郁不乐。就在当天傍晚，农庄主席下令在瓜园里盖四个新窝棚。一天后，工程告成。当我告诉孩子们，我们将在瓜园里度假，他们还不相信："会让我们到那儿去吗？"直到他们看到了专为他们盖的稻草顶的窝棚时，他们才相信。而我们还要在这儿住下的消息则使孩子们感到巨大的欣喜。窝棚里铺满散发着香气的干草，铺好了床单和被子，安装了盥洗设备。家长们还盖了一个厨房，给孩子们准备了食物。两个窝棚住男生，两个窝棚住女生。在瓜园度过的一个月，就像一支令人陶醉的歌唱蓝天和灿烂阳光的曲子，使孩子们终生难忘。

我们黎明即起，欣赏从夜间梦乡中苏醒过来的大自然的无比美景，我们踏着朝霞四处游览，用大木桶运来的泉水洗脸。做早操、用冷水冲凉、吃煮土豆加西红柿、吃西瓜，这一切对孩子们说来都是欢乐的事。早饭后，我们劳动：帮助农庄庄员收甜瓜和西瓜。

城里的孩子和家长一起到我们这儿来做客。我们骄傲地领他们参观瓜园，用西瓜和甜瓜款待他们。孩子们已经学会根据外形识别西瓜的生熟。瓜园旁边栽种着蜜源植物，到了八月份，农庄的养蜂场就往这儿挪，我们就每天到安德烈爷爷那儿去做客，给他带去西瓜和我们的厨工阿姨芭莎为我们做的热肉饼。安德烈爷爷送给我们班一箱蜜蜂。他说："把它带回学校去。"孩子们兴致勃勃地观察蜜蜂的生活。

每天，孩子们在池塘里游泳，到森林里去玩，在草原上采集野花送给安德烈爷爷和芭莎阿姨。中午炎热的时候，他们就钻进窝棚睡午觉，在四周墙上开了几扇"小窗子"通风，并用能驱蚊蝇的草茎挡上。外面很炎热，可窝棚里却很凉快。从"快乐学校"建立的头几天起，我们就让孩子们养成不怕过堂风的习惯；生活一再证明，只要从小养成习惯，任何过堂风都不可怕。培养孩子受不了空气不流通的屋子里的憋闷的习惯，就像培养卫生习惯一样重要。

炎热有所减轻时，孩子们就去劳动，下午往往有人来瓜园拉西瓜和甜瓜。太阳落山后，一层雪青色的烟雾笼罩着原野、山岗和草地，星星一颗接着一颗在天边闪烁，孩子们就在一个窝棚前集合。傍晚时分，他们特别愿意听一些讲述英雄事迹的童话和故事、引人入胜的历险记和情节曲折的游记。我给他们讲了我们人民在想象中塑造出来的神话式的人物——人鱼公主和秋美人（根据民间传说，在寂静的八月之夜，秋美人给各处的人们带来丰收的果实）等。

在宁静的夜里，我们好几次听到令人惊叹的旋律：从原野上、从不久前收割过小麦的田地的上空，传来一个酷似嘹亮的芦笛的悦耳的声音。看来，这是一只我们不知道的鸟在歌唱，然而孩子们却用想象力塑造了一个善良的幻想性人物的形象——一个戴着麦穗花环的小男孩。他吹着芦笛给人们带来快乐。孩子们把这个小男孩称作太阳穗。在他们的想象中，太阳穗是太阳和肥沃的土地的孩子。太阳穗就诞生在麦浪滚滚的地方。人们收割之后，他就躲进芬芳的干草垛里，一到傍晚，他就唱起欢乐同时又凄凉的歌曲：冬天临近了，他得躲入那贮存着哺育五谷的玉液琼浆的暖和泥土中去。而到小麦泛青时节，太阳穗重又来到自己的田地上，唱起悦耳的歌曲。

你们可能会觉得，孩子们过分神化了大自然，而幻想在一定程度上会使他们脱离实际。完全不是这样。要知道，这是关于生活、丰收和关于人的神话，这是鼓舞人心的强有力的源泉。受体现着生命、美、丰收和富裕生活的神话式人物形象的鼓舞，孩子们编了一支太阳穗的歌。这儿就是这支歌，一支简单的歌：

> 太阳唤醒了大地，
> 麦穗灌满了浆；
> 谁在吹着芦笛？
> 是太阳穗，是太阳穗。
> 魔术师身上的衣裳，
> 是麦穗做的，是小麦做的；
> 眉毛是绿色的穗芒做的，
> 而快活的睫毛……

当孩子被神话形象所感染时，就会发生奇妙的现象：过去听到过的或见到过的词，好似在意识深处苏醒过来，闪烁着鲜亮的光彩，充满了原野和草地的芳香气息……。于是孩子开始创作、塑造具有诗情画意的形象。

读者可能要问：为什么在论述健康的篇幅中要提到神话、提到幻想性形象、提到儿童的创作？因为这是儿童的欢乐，而没有欢乐，就不可能有健康的身体和健康的精神的和谐一致。如果孩子陶醉于原野的美景、星辰的闪烁、鸣禽绵绵不断的歌声和野花的芬芳，如果他在编歌曲，这就说明他正处于这种和谐——身体和精神的和谐——的顶点。关心人的健康，尤其是关心孩子的健康，这可不仅仅是卫生标准和条例的综合，不是生活制度、饮食、劳动和休息方面的要求的总和。这首先是使全部体力和精神力量达到彻底的和谐，而创作的欢乐则是这种和谐的圆满结局。

三年级结业后，我们也在瓜园过暑假，不过这次在另一个地方，在葡萄园旁边。孩子们在种植园里劳动，他们帮助大人把一串串的葡萄放进篓筐里。傍晚和清晨，他们在池塘里游泳。孩子们想出了一个很有意思的游戏：在他们的想象中，三只小船变成了一支捕鲸船队，小湖变成了海洋，我们出去侦察，寻找鲸鱼……。就在这儿我们制作了芦笛，每到傍晚，我们的音乐小组就集合。他们演奏民歌的旋律，编出描绘夏天的傍晚、雷雨和火红的天空、水坝旁神秘的漩涡和候鸟的乐曲。音乐一年年地越来越多地进入我们的精神生活。不管孩子们在哪里憩息，他们总是在听录制的著名作曲家的作品和民歌。

第四学年结束，1956 年的暑期来到了。孩子们在湖边一小片橡树林旁的草地上度假。我们用树枝搭起了窝棚，顶上铺了麦秸。家长们帮我们盖了浴室和厨房。现在孩子们已能帮助厨工做饭，并到村子里去运粮食、土豆、鱼、牛奶和蔬菜了。我们一共照管二十头牛犊、两匹马。白天，孩子们放牛，傍晚就把牛犊赶进在湖边盖的一个不大的牛栏。大家都学会了骑马，并到村子里去驮运东西。在这件事情上，我们严格遵守轮流制：因为谁都愿意骑马驰骋几公里。我非常高兴沃洛佳、萨尼娜和季娜成了特别优秀的骑手——骑马改善了他们的健康状况。

这一年，所有的孩子由于常去深水湖里练习游泳，游泳水平都提高得很快。我挑选了安全的地段去游泳，每次只带一个孩子。

刈草季节特别令人高兴。我们帮助大人晒干草，垛成垛；傍晚，我们就躺在高高的草垛上。这种时刻特别令孩子们陶醉：他们想听关于星星、关于遥远的世界的故事。在星空下，孩子们似乎觉得自己面对宇宙，就问老师："地球、太阳、星星……所有这些都是从哪儿来的？"我深信，只有当孩子们从理智和感情上对大自然的美和伟大感到无比诧异和惊讶时，他们的意识中才会产生这样的问题。

　　我永远忘不了，当讲完一个关于星星世界的故事后，孩子们问道："比这更远的地方有什么呢？"当孩子们听到，在能看见的世界后面，还有这样的世界，它们多得数不胜数，就感到惊讶："那么哪儿才是世界的尽头呢？"世界无尽头的真理对他们来说是最不可思议的。我记得，孩子们如何被这一真理所震惊，他们沉默不语，极力想象无尽头是一个什么样子，却又想象不出来。这一天夜里，孩子们久久不能入睡，不止一个人梦见了遥远的太阳和行星。第二天，男孩子和女孩子不时重提使他们感到困惑的问题：什么是无尽头？这个问题在整个学习的岁月中始终使我的学生们感到非常新颖。

　　……从"快乐学校"头几周的教育工作起，我就很重视体育游戏。在高年级学生的协助下，我们修建了游戏场，架起了秋千。我们始终有足够的球类，在二年级时，孩子们已开始打乒乓球了。孩子们也喜欢掷铁饼和掷球，跳绳和爬竿。

　　整个夏天，孩子们都赤脚走路，不怕雨淋。我认为这是特别重要的体育锻炼方式。一、二年级时，发生过三例感冒；三年级和四年级时，则没有任何人生病。

　　我认为使他们具备预防各类伤风感冒病的免疫力是特别重要的，这类倒霉的事有好几年叫人不得安生：到天气急剧变换的时节，几乎有一半孩子都打喷嚏。即使孩子不发烧，他也不能在这种带病的情况下正常地学习。从根本上治疗伤风感冒的药物是没有的。有好几种感冒并不属于传染性疾病，而是身体对周围环境急剧变化的一种反应，这已被医学所证实。多年的经验证明，脚特别敏感。如果脚怕受凉，这个人就容易得非传染性的感冒。我们教育工作中形成的增强体质的步骤是从锻炼脚开始的。当然，同时也应注意孩子总的情况。锻炼脚，没有什么定期的专门训练。必须坚持总的作息制度，不让孩子们习惯于温室的环境，不要对他们进行不必要的照顾，因为这反而会削弱机体的抵抗力。要是孩子夏天不打赤脚，那洗澡和用湿毛巾擦身都不管用。

　　……就这样，孩子们小学毕业了。暑期的最后一天，他们在湖里游完泳，在绿色的草坪上集合。瞧，他们长得结结实实，晒得黑红黑红的，十分健美。他们都是十一岁，但看上去都像十二三岁的健壮孩子。连长时间大家叫他小娃娃的小个子丹卡，现在身高也与很多五年级学生相仿了。

每年医生都好几次来给孩子们检查视力、心脏和肺部。一年级时，有四个孩子视力差，二年级时有两个，三年级时一个也没有。生活证明，视力弱不是眼睛的毛病，而是孩子机体中体力和精神的发展缺乏协调一致的结果。头两年医生确诊三个孩子有心血管病的症候，两个孩子有胸膜炎后遗症，两个孩子有支气管炎症状，一个孩子有结核病嫌疑。到小学毕业时，只有一个孩子有心血管病的症候，而且比头两年轻得多。

学习——精神生活的一部分

极其重要的一点是不要把孩子入学前生活于其中的大自然、游戏、美、音乐、幻想和创作的令人神往的世界关在教室门外。在学校生活的头几个月和头几年里，学习不应成为唯一的活动形式。只有当教师大量给予他们入学前的那种欢乐时，他们才会爱上学校；同时，又不能使学习迁就孩子们的兴趣，仅仅为了不使孩子感到枯燥而有意地减少学习内容。应当逐步地培养孩子习惯于从事整个人类生活中最主要的工作——严肃认真、坚毅顽强和埋头苦干的劳动，进行这种劳动时必须紧张地思索。

我把逐步培养儿童进行紧张和创造性的脑力劳动的习惯当作重要的教育任务。在把全部智力用于达到教师或自己提出的目标时，孩子应当善于不受周围的干扰。我力求使孩子们习惯于这样专心致志。只有这样，脑力劳动才可能成为心爱的工作。

小学的任务是逐渐教会学生不仅克服体力劳动方面的困难，而且克服脑力劳动方面的困难。孩子们应当懂得脑力劳动的本质所在，那就是紧张的智力活动，对物体、事实和现象的种种复杂性和细微之处以及细节和矛盾深入理解。在任何情况下都不能让学生感到什么都是轻而易举的，不知道什么叫困难。在掌握知识的进程中，还要培养脑力劳动的技能和自律。智力方面的训练，属于教育者的影响有机地与自我教育相结合的那种精神生活的范畴。意志力的培养是从自己内心提出目标、集中智力、领会和自我监督开始的。我觉得重要的教育任务就是要让孩子在脑力劳动中感受到什么叫困难。

如果孩子在学习中觉得什么都很容易，他就会逐渐滋长思想上的惰性，这种惰性会腐蚀人，促使他对生活持轻率的态度。说来也怪，有才能的孩子如果在学习过程中没有相当的困难需要他去克服，那他们往往就会滋长思想上的惰性。而且思想上的惰性最常见于低年级，因为低年级时，有才能的孩子很容易就掌握了别的孩子需要进行一定的紧张智力活动后才能掌握的东西，实际上，他就游手好闲了。不让学生游手好闲，这也是一项特殊的教育任务。

我们的一年级是在一间单独的小房子里度过的。我们在这间宽敞明亮的房间里学习，房间的窗子朝东和朝南，教室里光线总是很充足。窗下栽着核桃树，核桃树后面是苹果树、梨树、杏树，再过去就是一小片橡树林。不仅我们这所小房子，学校其他的建筑物也都被淹没在绿荫之中。树叶使空气中富含氧气。校园中经常一片寂静。我们的教室挨着一条宽大的走廊，走廊里有一扇门通向另一间屋子，我们想在这儿成立一个童话室。

在我们小房子的台阶前，有一块铺水泥的空地，有一个洗鞋的设施（利用贮存的雨水）。几条两旁栽种着桃树、椴树和栗子树的小路，从这块空地通向四面八方。一条通向位于校园中心的大葡萄架，另一条通向我们的近邻——两个五年级班的小房子，第三条通向绿色的草坪和小树林，第四条通向灌木丛生的沟壑。

当时我就觉得一、二年级在单独一幢房子里学习比较合适。他们，特别是一年级学生，有他们自己特殊的学习、劳动和休息的作息制度。特别不要让低年级学生处于人数众多的集体常有的那种叫嚷、推挤的状况之中。要尽可能让低年级学生更多地享受安静，这是充分发展智力必不可少的。多年的观察使我深信孩子对他在学校生活的头几天中所深入的环境会感到茫然。他们与其说是由于脑力劳动而感到疲累，还不如说是由于课间休息时和上课前的叫喊、乱跑、喧闹所引起的长时间的亢奋状态而感到疲累。在五年的时间里，我对较长课间休息后的一年级学生进行了观察。孩子们在半小时内同大量学生在一起喧闹、叫喊、跑动。课间休息结束后，学生们进入教室，即使有经验的教师也得把课堂的前十分钟花在使孩子们安静下来的工作上。如果一年级学生课间在自己的小集体里单独休息，出现的就是另一番情景了。使孩子们安静下来，摆脱亢奋的状态，花不了两分钟。

毫无节制地叫喊、乱跑，这不是学校里的好迹象。孩子欢乐的河流不管水位有多高，它总应当有河岸来挡住冲动和愿望。

现在我们的一、二年级学生在独立的、舒适的一幢房子里学习，周围绿树成荫。我们为孩子们创造的环境有助于劳动和休息。

在头几个星期中，我逐步将孩子们带入对他们来说是崭新的生活。实际上，这时的学习同"快乐学校"区别还不大，而这正是我力求做到的。九月份，我们每天在教室中上课不超过四十分钟，十月份不超过两小时。这些时间是用于写字和算术课业的。其余两小时我们都在新鲜空气中度过。孩子们急不可待地等着真正的上课——他们这么称呼课堂上的学习。

我对这种愿望深感欣喜，并想道："孩子们，你们可知道，你们那些在空气憋闷的教室里疲惫不堪的同龄人是如何焦急地等着下课铃响……"

按部就班地使孩子们做好课堂学习的准备，这是合乎要求的劳动教育、德育、体育和智育的必要条件。其最终目的是教会一个人在各种不同的条件下进行工作。课堂学习并不是一件令人沮丧、想摆脱而又摆脱不了的事。这是最好的脑力劳动的环境，但应当逐步使孩子适应这种环境——给低年级学生上课的特点就在于此。如果一下就强迫孩子们每天在教室里学习四个小时，那么这种本应对脑力劳动有利的环境，也会严重危害孩子的健康。

在班上，我们读识字课本、画圆圈、画直线、写字母、编习题和解习题，这一切都是逐渐进入孩子们丰富多彩的精神生活的，并没有因为单调而使他们感到腻烦。我们无须一遍又一遍地去反复读识字课本上的那几个字母，所有的孩子都已熟悉字母了。而为了训练阅读技巧，我采用了多种积极的活动方式。编写非常短小的描写大自然的作文，这对发展阅读能力的帮助比反复朗读课本上同一篇课文要大得多。

　　我密切注意使每个孩子都练出必要的阅读技巧来。不去练习，不制定一定的阅读标准，那会一无所获。只认识字母、只会念音节和单词，是不够的。阅读是通向世界的窗口，是很重要的学习工具。阅读应当流畅和迅速，只有达到这一步，这个工具才能发挥作用。我力求做到以多种积极的活动形式——有感情朗读、书写、绘画——将阅读逐渐半自动化，使孩子们在二年级的时候就能把多音节的词作为一个统一的整体来感知。我之所以采取编写短小的描写大自然的作文的做法，极力激起孩子们对这种活动的积极兴趣，实际上是因为要使用一招"教育巧计"来达到一个目的——教会孩子们好好阅读。

　　课堂上采取多样化的活动形式，可算是"巧计"之一。经验证明，一年级的开始阶段，不应当进行"纯粹的"阅读课、书写课和算术课。单调会使孩子很快就感到腻烦。孩子们刚一感到疲累，我马上转用新的活动方式。绘画是一种使上课形式多样化的有效手段。我一看到阅读开始使孩子们感到腻烦时，就说："小朋友们，打开你们的画本，把我们读到的那个童话画出来。"初显的那些疲劳征候就会消失，孩子们的眼睛里闪烁起欢乐的火花，单调的活动便被创造性活动所代替。算术课上也有类似的情况：我发现孩子们难以理解独立作业的习题条件，就用创造性活动——绘画来帮忙。孩子们再一次念那道习题，把它"画"出来，那些原来似乎绝对不可理解的依从关系变得可以理解了。长时间的听讲也会使学生厌烦，我发现孩子们的眼睛黯然无神时，就不再讲下去了，"先告一段落"，就开始让孩子们画画。

　　学年开始三个星期后，我的学生已开始编写反映大自然的画册。高年级同学给每个小朋友做了一本有二十页图画纸的硬面本，封面上挂了一支铅笔。一周一次我们去到思想和语言的源头，编写一段反映周围世界的带插图的故事。我们头一次的"旅行"是去果园，观察一棵晚结果实的苹果树。孩子们编了小故事，反映了他们每个人的感受和概念的领域。

　　"苹果垂到地面""苹果在阳光下取暖""红苹果藏在绿叶中""阳光爱抚着苹果，树枝摇晃着苹果""春天开白花，而秋天结出金色的苹果""我们到苹果家做客"……，孩子们把这些写进了自己的画册。孩子们在班里念这些短小的作文，得到了巨大的满足。果园中的学习本身不是目的。编写短小的作文是培养孩子将来进行艰苦和紧张的脑力劳动的极好手段。早在一年级，特别在二年级，我就力求使每个学生都有自己的课题，并把这项课题进行到底。这对培养脑力劳动的纪律是很重要的。

第一学年所有的画册满都是带插图的小作文。孩子们写到一串串红色的绣球花、收获、沉睡的湖（他们称这个湖是沉睡的湖，也许是因为我们旅行到这儿时，湖水总是像镜子一样清澈、平静）；写到孩子们在学校花园中的劳动、日落时紫红的天空、秋天的初冻、阴晦多雨的秋天、十月革命节的庆祝活动、我们村子的生活、头一场雪、一月的暴风雪、童话中冰封湖河的严寒老人、二月的融雪、三月雪中浅蓝的阴影、第一朵报春花、过早从暖和地区回来而出其不意地碰上了三月暴风雪的椋鸟、春天欢乐的候鸟群（用孩子的话说，是"春天欢乐的鸟群"）、在风和日丽的初秋飞来同菊花告别的蜜蜂。

描绘大自然的画册成为我们集体的一种特殊的、富有诗情画意的文选，其中反映了故乡大自然细腻的色彩、大地和天空的乐声和语言的美好特征。它已成为孩子们不可或缺的欢乐，学习随着这种欢乐就进入他们的精神生活。

如果把孩子在教室中度过的时间按一节一节课来计算的话，那么这一学年的头两个月我们每天是一节课，三、四两个月是两节课，五、六两个月平均两节半课，七、八两个月平均三节课。从一次课间休息到另一次课间休息的上课持续时间在头两个月是半小时，以后是四十五分钟。如果孩子在课间休息之前要出去，取得教师同意后可以出去。如果不便打断教师的讲述，孩子可以不取得教师的同意就出去：教师看到学生要出去，就予以默许。但有个别孩子很难习惯绝大多数孩子很容易遵守的作息制度。托利亚、卡佳、柯斯佳和舒拉很容易疲劳。疲劳的主要原因是，他们上课时由于想到现在比起过去要受一定作息制度的约束而感到紧张。对任何愿望都持放任态度当然不行；应当教会所有的学生刻苦、严肃地进行劳动，但也不能过分绝对地改变孩子的愿望和习惯。几周之内我准许这几个孩子在上课的时候离开教室，逐步使他们习惯于刻苦的劳动。在学年开始后三四个月，所有的孩子就都能遵守学校各项活动的作息制度了。

在阳光明媚的秋天，我们总是在"绿色教室"，在高大的苹果树下的一片草地上上课。几年前，我和高年级学生在这儿用铁丝和铁条搭起了未来的"绿色教室"的架子，并种上了爬藤植物，野葡萄和啤酒花的秧两年后就成了"绿色教室"，连顶棚都爬满了。有几个"小窗子"保证正常的光线。在炎热的日子里，这儿很凉爽；秋天，这儿又暖和又舒适。"绿色教室"里总是很安静。"小窗子"可以用啤酒花和葡萄的枝叶挡上，这时候教室里一片朦胧绿色，阳光透过枝叶间隙射进，形成光和影的奇异别致的嬉戏景象。孩子们称它为"关窗讲故事"。"绿色教室"里放着一些小桌子和小凳子，孩子们可以在这儿写字、读书和解题。

第二处"绿色教室"是一块三面种着耐寒品种的葡萄树的草坪。在高温天气，这儿也很凉快（我们这儿即使在春秋雨季也常出现高温）。

我们还有一处"绿色教室"，在绿色树丛中的草地上，在一片毗连着沟壑的僻静的小树林中。我们常常在最后一节课的时候来到这里，这样就不用回到学校去了。一年大约有 40% 的课我们不是在教室里，而是在"绿色教室"里上的。其余 60% 的课，有相当一部分是在"绿色实验室"和学校的暖房里上的。"绿色实验室"——这是单独的一所房子，四周种满了树木。这儿有一间上课的教室，里面有许多植物和花卉。

相当一部分课在大自然的环境中、在新鲜的空气中、在蓝天下进行，这对孩子具有特殊的意义。上课的时候，孩子们觉得精力充沛、兴趣盎然，从不头晕目眩。

课后，孩子们在家里休息。尽管采取种种措施使儿童不致因课内的脑力劳动而感到过度疲劳，但孩子们还是非常劳累的，课后，他们应当休息。多年的经验使我深信，下午，学生一般不应当进行像在学校中那种紧张的脑力劳动。尤其不能让低年级的孩子负担过重。如果在学校里进行了三四小时的脑力劳动之后，孩子在家里还进行这么紧张的劳动，那么不用多久，他就会筋疲力尽。

不留家庭作业是办不到的。应当教孩子集中注意力，进行紧张的脑力劳动。但这首先应当在课内做，逐步培养孩子独立进行脑力劳动的习惯。孩子不容易学会全神贯注地进行工作。经验丰富的教师并不依靠某些影响学生的特殊方法，而是以上课的内容把学生的注意力"拴"到自己的故事、解释和讲述上来。在低年级组织脑力劳动的技巧在于使孩子一开始并不觉得自己在紧张地工作，并没有强迫自己去注意听老师讲解，去记忆和思考，而实际上却在注意地听老师讲解、记忆和思考。

如果教师做到了这一点，那么孩子就能把感兴趣的，尤其是感到惊异的一切牢牢记住。为什么我这些孩子这么容易就记住了字母，学会了读和写？因为我并没有向他们提出做到这一点的要求。因为对孩子来说，每一个字母都是引起过欣喜之感的鲜明形象的体现。要是我每天给学龄前儿童"一份知识"——出示一个字母，要求记住它，那就不会有任何结果。当然，这并不是说应当向孩子隐瞒目的。应当教得让孩子不想到目的，这样能减轻脑力劳动。这一切绝不是那么简单的。这里说的是儿童智力发展的一个阶段，B. Л. 雷若夫教授称之为人的神经系统的婴儿期①。在这个阶段——低年级阶段，特别是一年级的时候——孩子简直不会集中注意力。教师应当设法控制孩子的注意力，激发他的心理学上被称为不随意注意的能力。

年幼儿童的注意力是难以对付的"玩意儿"。我觉得它像一只胆怯的小鸟，你刚想接近它的窝，它就飞开了。当你终于抓住了这只小鸟，你只能把它捧在手里或放在笼子里。如果它觉得自己是一个囚徒，那你别想听到它的歌声。幼小的儿童的注意力也是如此：如果你把它当作囚禁的小鸟死死抓住，那它是不会好好帮你忙的。

有这样的教师，把在课内能使孩子"始终处于智力紧张的状态"当作自己的成绩。这通常是通过那些对儿童注意力起驾驭作用的外在因素达到的：频频提醒（要注意听讲）；急剧地从一种活动转为另一种活动；讲解后可能马上要进行知识考核（更准确地说是威胁：如果你不听我讲，就给你打2分）；在阐明某一理论原理后，要求立即完成实际作业。

---

① B. Л. 雷若夫 . 记忆的分子基础 [J]. 大自然，1965（7）：2.

初看之下，这些方法给人以积极脑力劳动的印象：上课形式像万花筒似的千变万化，孩子们聚精会神听着教师说的每一个字，教室中一片紧张的寂静。然而这一切是以何种代价换来的，会导致何种后果？为了集中注意力和不漏掉任何东西而始终处于紧张的状态之中，可是这种年龄的儿童还不能强使自己集中注意力，这就会使神经极端疲劳，从而引起神经衰弱和神经不安。在课内不放过一分钟、一刹那，一直要学生积极进行脑力劳动——在教育人这样细致的工作中，还有什么能比这么干更为愚蠢的呢。教师对工作抱着这样的目的，简直就是要榨干儿童全部的精力。在上了这样"效果卓著"的课后，孩子们疲惫不堪地返回家去。他们容易发怒和激动。本来应当好好休息，可是他还有家庭作业，于是他看到装着课本和练习本的书包时就腻烦了。

学校中经常发生破坏纪律的事件，表现为学生对老师和对同学态度粗暴，无礼地对待意见，其结果是引起很多矛盾。这种现象绝非偶然，因为孩子们在课内神经紧张到了极点，再说教师也不是一部电子机器，请试一试在整堂课中像万花筒似的不断变换上课方式使之达到"高效能"，以抓住全班学生的注意力。孩子们经常在放学后脸色阴沉、沉默寡言、对一切不感兴趣地返回家来，或者正相反，病态地动不动就生气，这都不是偶然的。

不，绝不能以这样的代价来换取孩子的注意力、聚精会神和积极的智力活动。学生，特别是低年级学生的智力和神经耐力不是一口无底的井，可以一个劲儿地汲水。从这口井里打水应当动脑筋，而且要非常谨慎，最主要的是必须不断给孩子补充神经耐力的来源。这种补充的来源就是观察周围世界的事物和现象，生活在大自然之中，出自兴趣、出自了解某些事物的愿望而不是由于害怕老师提问进行阅读，到生动的思想和语言的源头去"旅行"等。

在学校集体生活中有一种难以捉摸的东西，可以称之为精神上的平衡。在这一概念中，我放进了这样的内容：让孩子们感到生活充实、思想明确、对自己的力量充满信心、相信可以克服困难。精神平衡的典型特征是有一个安静的环境进行有目的的劳动，相互之间保持平稳的、同志式的关系，从不勃然大怒。没有精神上的平衡就不可能正常地进行工作；这种平衡遭到破坏的地方，集体的生活就变成地狱：学生欺侮和激怒自己的同学，学校里充满了神经质的气氛。用什么办法创造——这特别重要——并保持精神上的平衡？优秀的教育工作者的经验使我深信，在这一非常细致的教育范畴中，最主要的是使经常性的思维活动不要过累，不要突击，不要赶任务，不要使精神过度紧张。

善意关怀、相互帮助、每个学生的智能与他力所能及的劳动之间的协调一致，这些都是保持精神平衡所需要的特殊条件。我十分认真地研究了善于保持学生精神平衡的真正大师——低年级教师 B. Π. 诺维茨卡娅、E. M. 扎连科、A. A. 涅斯捷连科等的教育艺术。我极力设法揣摩在我看来最聪明，同时又是最自然的一件事的"奥秘"：他们班上的每一个孩子都在学习中充分发挥了自己的才能，没有一个孩子本来可以学得优秀却学得平平常常的。得 3 分的学生并不认为自己是运气不好的倒霉鬼，小朋友们也不以怜悯、姑息的情绪来对待他。

我经常以极其惶恐的心情想到追求好分数的狂热性——这种狂热性来自家庭，又蔓延至教师——成为学生幼小心灵上的沉重负担，摧残了他们的心灵。孩子暂时还不能学得很好，可是家长却非要他得 5 分，至少也要得 4 分，不幸的是学生得了个 3 分，他几乎觉得自己是一个有罪的人。在 B. Π. 诺维茨卡娅、E. M. 扎连科、A. A. 涅斯捷连科这些教师的班上从来没有发生过这样的事。优秀生并不觉得自己是幸运儿，而成绩是 3 分的学生也不会被自卑感压得抬不起头来。我从这些真正的教育家那儿学习聪明和专心地进行脑力劳动的真正本领。从他们身上，我发现了在我看来是极其细致的教育艺术的特征：善于在孩子的内心和头脑里激起获得知识的欢乐感。这些教师的学生每逢取得一些或是极其微小的成绩，也总会因为发现了真理、进行了调查、理解了事物而感受到心情激奋的欢乐。总结了这些教育大师宝贵的点滴经验，我尽力使学生不为追求分数，而为体验智力上激动人心的感情而发奋学习。我感到非常欣慰，我们的儿童集体里没有过分追求好分数的不正常现象，也不存在同样有害的对 3 分过于敏感的弊病。

……每周我们都要花几节课的时间到思想和语言的源头"旅行"——去进行观察。这是直接接触大自然，没有这种接触，儿童智力和神经耐力的水井很快就会枯竭。在秋天、春天和夏天的好日子里，我们不等天亮，早早就出发"旅行"去了——农村的孩子能早起。讲述大自然、讲述周围事物和现象的故事，激起了孩子们的求知欲，我不得不回答大量的问题。下面举其中的一些问题为例：

为什么太阳清晨时是红色的，中午时像火焰一样？云彩是从哪儿来的？为什么蒲公英的花早晨张开，而中午闭上？为什么会有雷和闪电？为什么刮西风就下雨，而刮东风就干旱？为什么向日葵的花随着太阳转——难道它像人一样能看得见吗？为什么铁会生锈？为什么鸽子从不落在树上？为什么不能在夏天树木带着叶子的时候移植？天上的流星掉到哪儿去啦？为什么雪花好像经过人雕刻似的那么美？鸟飞得很远，它们怎么认得路？为什么月亮四周常常有白色的光圈？为什么太阳下山后快要下雨时天空发红？为什么蜜蜂飞出去采蜜之前要"跳舞"？为什么果树开花的时候，要在果园中烧麦秸？为什么森林中有回声？虹是什么东西？为什么冬天没有雷和闪电？为什么盐水只能在非常低的温度下才能结冰？为什么家兔挖洞而野兔不挖洞？为什么夏天用一条湿毛巾裹住牛奶罐，天气再热，牛奶也不会变热？为什么下雨之前燕子低飞？为什么云雀在庄稼地里筑巢，而椋鸟和山雀在树上筑巢？为什么鸭子会游水而母鸡不会？为什么今天飞机在空中留下一条烟雾而昨天没留下？为什么天上的星星会陨落，它们落到什么地方去了？为什么风能像漩涡一样卷起尘土？为什么杨柳会"下垂"？为什么福寿草只在早春开花？为什么冬小麦在秋天播种而春小麦在春天播种？萤火虫为什么会发光？为什么母牛一次只产一只牛犊，而母猪一次产好几只小猪仔？为什么太阳夏天高悬，而冬天却低低的呢？为什么在冬天的玻璃窗上会出现美丽的花纹？为什么秋天树叶变黄？[①]

我力求把每一个问题回答得不仅给孩子们揭示大自然现象的本质，而且还更进一步地燃起好奇心和求知欲的火焰。回答孩子们的

---

① 孩子们的这些问题，都是在 1952—1953 年的旅行期间提出的。——作者

问题、谈论周围世界，这是思索的第一所学校。个别问题我不知道如何回答才好。原来，初看之下越觉得简单的问题越难以回答。我们这些低年级教师聚集在一起专门商量应当怎么回答孩子们提出的"哲理性"的问题。В. П. 诺维茨卡娅、М. Н. 维尔霍维尼娜、Е. М. 扎连科宣读了二十年积累起来的数百个由孩子们提出来的问题。经常整整一个晚上都用来集体探讨儿童思维这一极其复杂的迷宫。低年级教师——儿童思维方面的专家的经验使我得出结论：在显而易见的简单和明了的背后常常隐藏着巨大的复杂性。例如，"为什么冬小麦在秋天播种而春小麦在春天播种"这一个问题，要比关于流星的那个问题难回答得多。我认为带孩子们到大自然去"旅行"的一项重要教育任务是让他们注意事物和现象的因果关系，学习看出它们之间的依赖关系。

如果到大自然去"旅行"是在最末一节课，那么在课后我们就做游戏。集体游戏是由孩子们自己想出来的。大自然的种种现象同童话交织在一起。有一个游戏特别吸引孩子们，这个游戏名叫"寻找神秘岛"。我们所有的人分成两组。一组安置在森林的一个偏僻的角落里。我们在游戏地点的四周标上只有我们知道的记号——这是岩石累累、猛兽遍地的岛屿的岸边。留在神秘岛上的孩子是一批乘船失事的旅客。在好几个地方，他们做上严密伪装起来的标记，标记通向这个岛的小道（两个小组事先商定好标记）。必须拯救这些乘船失事的旅客，于是孩子们在森林里分头寻找，他们一步一步地勘查好几千米长的岸边，寻找可以通向岛屿的地点。在这种情况下，不仅需要有锐利的目光和勇敢的精神，还要了解大量自然现象、具备逻辑思维的能力。这一游戏也能培养正直感和正义感。孩子们找到通向岛屿的秘密通道，援助遇难的旅客，把病人送往医院，游戏中又出现飞机驾驶员和医生。游戏以乘船失事的旅客和前来救援的人一起熬粥吃作为结束。我们一起坐在营火旁，由我讲故事。这时，好几个孩子把童话画下来——他们在画中表达自己对幻想中的形象的认识。

在到大自然"旅行"的时候，我们主要的注意力放在观察动物和禽鸟的生活上。我们眼前出现了一个全新的奇异世界。在秋天平静的日子里，我们偷偷观察一窝小刺猬怎样到饮水处饮水，母刺猬又怎样保护自己的小崽子。春天我们观察了小野兔。孩子们看到，母兔怎样离开了刚生下的小兔，而小兔等着偶然才会回来的母兔来喂它。七月份，孩子们观察雨蛙。有一天，我们在一个偏僻的地方找到了一个狐狸洞。孩子们看到老狐狸怎么领着小狐狸出来散步，教它们跑，同它们玩。在森林的一个僻静的角落里，我们观察了海狸。

我们的"旅行"和观察丰富了思想，发展了想象力和语言。孩子们在途中和在参观中产生的问题越多，当上课时谈到大自然现象、劳动和遥远的异国时，求知欲和好奇心就表现得越明显。每当我观察孩子们到大自然"旅行"归来后的情绪，我就更进一步地相信下面这一古老谚语的正确性：思索始于惊异。

我极力促使对大自然奥秘所产生的惊讶心情和认识事物后的欢乐感受成为激发和活跃儿童思维的推动力。我们班上有几个学生（瓦利娅、佩特里克、尼娜），即使碰到一道并不复杂的习题，也要用很多时间才能弄懂。每种情况都有其原因，但结果是同样的：这些孩子的大脑半球皮层细胞处于一种受压抑的状态。这些孩子对教师向全班解释的东西漠不关心。

观察表明，这些孩子的思考过程存在着缺陷。其原因证实了大脑半球皮层细胞萎靡和迟钝的结论。毛病在这里：这些孩子在记忆中很难建立，尤其难以保持几种物体或现象之间的联系。例如，出一道关于苹果、篮子和孩子的习题。当他想到苹果和篮子时，就忘了孩子。向他提醒了孩子，他又忘了苹果和篮子。而从思想上深入周围世界的物体和现象之间的因果关系之中、小小的发现、对真相的诧异心情……凡此种种却激起了瓦利娅、佩特里克和尼娜极大的欢乐。他们感到情绪高涨，他们的眼中燃起欢乐激动的火花，冷漠的神气消失了，对学习对象产生了兴趣。如果能提出在孩子的意识中引起具有鲜明感情色彩的问题，那么孩子的头脑中就会发生一种难以抑制的过程，过去沉睡着的力量好似苏醒了。我高兴地确信，在智力发展上情况最复杂的儿童越来越振奋起来了：他们饶有兴趣地听讲了，能较好地理解习题的内容了。当然，我们还面临着细致的教育工作。我同有经验的低年级教师交流观察所得，我们把这一工作称为**从情绪上激发理智**。

观察儿童的脑力劳动，越来越使我相信，从大脑皮层下的神经中枢传至大脑皮层的情绪冲动（欢欣激动的情感、诧异惊讶的情感），好似在唤醒正在沉睡的大脑皮层细胞，使它积极活动起来。经验证明，幼小的孩子的智育应当通过发展他们求知的要求——求知欲、好奇心——来进行。

到大自然去"旅行"已成为小学各年级的传统。孩子们总是焦急地等待着到森林、野外、池塘去的时刻，事先就想好了做什么游戏。与克服困难结合的游戏、有童话中的人物和现实中的人物参加的游戏都成为孩子们心爱的游戏。我给孩子们（二年级时）讲鲁滨孙，于是开始了持续几个月的富有吸引力的游戏。在讲了斯巴达克的故事后，孩子们在高山上靠近深谷和峭壁的地方建立了一个起义奴隶的童话式的营地。关于在远古时代居住在我国边远地区的斯基台人——牧人、猎人、捕鱼人——的故事非常吸引孩子们，他们创造了一些游戏，重现了古代劳动者的生活和劳动。

教学应当与应用智力和体力的多方面的游戏紧密地结合起来，使这种游戏能激起鲜明和激动人心的感情，而使周围世界像一本引人入胜的书一样展现在孩子们面前。除了到大自然去"旅行"和游戏之外，体力劳动也提供了发展智力和体力的广阔天地。没有充满欢乐和激情的劳动，就难以想象有真正的和幸福的童年。经验使我深信，体力劳动对幼小的儿童来说，不仅是一定的技能和技巧的获得，不仅是德育，而且是无边无际和无比丰富的思想世界。这一世界能激起道德方面的、智力方面的和审美方面的情感，没有这些情感，就不可能认识世界，也就是说不可能进行教学。与学习交叉进行的体力劳动在我看来是孩子到幻想和创作世界中去的引人入胜的旅行。正是在体力劳动过程中我的学生们形成了最为重要的智能方面的品质：好奇心、求知欲、思想的灵活性、鲜明的想象力。

如果孩子的生活中有被高尚思想所鼓舞的体力劳动，那么课内的脑力劳动就成为心爱的和具有吸引力的活动，就能发展和充实孩子。早在二年级时，我们一周就进行一小时心爱的劳动，孩子们干一些从思想上和感情上愿意干的活儿。到了三、四年级，一周进行两小时心爱的劳动。

心爱的劳动，这可不是说教师应当消极地等待孩子产生兴趣。

在劳动教育中，也像在其他教育工作中一样，什么都不能放任自流。儿童周围的气氛应当是爱劳动的气氛。我的学生的周围，男女青少年都劳动。全校学生对好几十种活计深感兴趣。他们培育树木和庄稼，制作各种机器和机械的模型，调配土壤，照料各种动物，盖新的暖房或学校小工厂，安装水管……

探索精神、好奇心和求知欲——正是这些品质激发着孩子们对劳动的兴趣。劳动不是最终目的，而是达到教育过程中属于各个方面——社会、思想、道德、智力、创造性、美学、情感——目的的一种手段，这始终是我的座右铭。

学习如果具有思想、感情、创造、美和游戏的鲜艳色彩，那它就能成为孩子们深感兴趣的和富有吸引力的事情。我对学习成绩的关注是从关心下面这些事情开始的：孩子吃得怎么样和睡得怎么样，他的自我感觉怎么样，他玩得怎么样，他一天有几个小时待在户外新鲜空气中，他读了哪些书和听了哪些故事，他画了什么画和如何在画中表达自己的思想和情感，大自然的音乐和人民的音乐家们创作的乐曲在他的心灵中激发了什么情感，孩子喜欢什么劳动，他对别人的欢乐和悲痛的敏感性如何，他为他人做了些什么并因此而产生了什么感情。

当知识与积极的活动紧密联系在一起的时候，学习才能成为孩子精神生活的一部分。很难做到使孩子自然而然地对乘法表或计算矩形面积的公式本身感兴趣。只有当知识成为达到创造性活动和劳动目的的手段时，知识才能成为儿童要求得到的东西。我极力设法使儿童在低年级时就对体力劳动产生兴趣，使劳动能给他们表现机敏性和发明才能的机会。学校最重要的任务之一就是教会学生运用知识。由于在低年级阶段，脑力劳动按其性质而言，主要是同不断获取新的技能和技巧联系在一起的，所以正是在这个阶段，有把知识变成一堆死东西的危险。如果只掌握这些技能和技巧而不在实际中应用它们，学习就逐渐脱离孩子精神生活的范畴，就不能吸引他和使他感兴趣了。教师想防止这种现象出现，就必须注意让每一个孩子创造性地应用自己的技能和技巧。

300页《大自然的书》

著名的德国数学家 F. 克莱因把中学生比作一门炮，十年中不停往里面装知识，然后发射，发射后，炮膛里就空空荡荡了。我观察被迫死记并不理解，不能在意识中引起鲜明概念、形象和联想的知识的孩子的脑力劳动，就想起了这愁人的戏言。用记忆替代思考，用背诵替代对现象本质的清晰理解和观察是一大陋习，能使孩子变得迟钝，到头来会使他丧失学习的愿望。

我们都曾为学龄前儿童那种敏捷而又牢固的记忆力感到惊讶。一个五岁的幼儿跟着父母到森林或野外郊游归来，他脑中充满了对种种鲜明的形象、画面和现象的印象。一个月、一年过去了，父母又打算去郊游，儿子激动地等候着寂静的、阳光明媚的早晨，回想起从前，很久很久以前，他和爸爸妈妈到森林里去。孩子回忆中的好似闪光一般的栩栩如生的细节令父母感到吃惊：孩子居然还能回忆起有着两个不同颜色花瓣的那种奇异的花朵。父亲惊讶地听着儿子复述兄妹两人化作一朵花的那个美丽的传说，这个传说还是一年前父亲在林边讲给母亲听的。那时，儿子好像并没有在听爸爸讲，他在追逐一只蝴蝶。周围世界中这一看起来极其细小的特征怎么会保留在他记忆中呢？

问题就在于孩子对于鲜明的、闪烁着色彩和发出声响的形象感受十分深刻，并能将其牢牢地铭刻在记忆中。孩子在接受周围世界里的各种形象时，思想意识内产生的完全出乎意料的问题使成人大为吃惊。现在当孩子回忆起奇异的花朵时，他就问父亲："那哥哥和妹妹互相看得见吗？您说过，植物是活的。那就是说，它们能听得见也能看得见的喽？它俩也说话吧？我们能听见它们说话吗？"父亲面对这些思想不禁感到惊奇：为什么一年前儿子并没有问起这些？这朵花的鲜明形象以及这些难忘瞬间的感情色彩怎么能如此长久地保留在记忆中？父亲深信，孩子必然还能清楚地想起繁花似锦的林边空地、蔚蓝的天空和远处飞机隐约的隆隆声。

想到这儿，我反问自己：为什么有着活跃、鲜明的想象力、敏捷的记忆力，对周围世界里的各种现象具有敏感的情感反应的儿童，在学校学习了两三年后，却怎么也记不住语法规则？为什么他难以记住怎么正确书写草原这个词，记不住6乘9等于几？我得出的结论并不比德国数学家乐观多少：在学校学习期间，掌握知识的过程往往脱离学生的精神生活。儿童的记忆之所以敏捷和牢固，正是由于他们的记忆中汇入了鲜明的形象、图画、概念和印象的清澈的溪流。儿童的思维之所以能以精细入微、出人意料而具有哲理性的问题使我们感到吃惊，正是因为他们的思维受到了这条生机勃勃的小溪的滋润。不让学校大门把孩子的意识和周围世界隔开，这是何等重要的事。我力求做到在孩子整个童年时期内，使周围世界和大自然始终都以鲜明的形象、画面、概念和印象为其思想意识提供养料，使儿童能意识到思维的法则像一座齐齐整整的建筑物，其样式是由更为齐整的建筑物——大自然——所提供的。为了不把孩子变为知识的库房，真理、规则和公式的仓库，就应教他如何思索。儿童意识和记忆的天性本身就要求孩子一刻也不离开色彩鲜明的周围世界及其规律性。我深信，如果周围世界能成为孩子学习、思维、记忆和判断的环境，那么儿童入学后，其记忆的敏捷性和思想的明朗性不仅不会削弱，而且还会增强。

不能夸大大自然在智育中的作用。如果教师认为，只要孩子处于大自然中，这件事本身就蕴藏着促进智力发展的强大因素，那他就大错而特错了。大自然中并没有任何直接影响理智、情感和意志的魔力。只有当人认识大自然，从思想上深入因果关系的时候，大自然才能成为教育的强有力的渊源。过高评价直观性——这是把儿童思维的个别特点加以绝对化，这是把认识活动归结为感性的范畴。不能盲目崇拜儿童思维的特点，特别是儿童以形象、色彩和声音进行思维这一特点。这一特点是客观真理，К.Д.乌申斯基极其令人信服地证实了这一客观真理的重要性。[8]然而孩子以形象、色彩和声音进行思维这一事实完全不能引申为不应当教他进行抽象思维。有经验的教育工作者强调直观的重要性和大自然在智育中的巨大作用，是把这些因素视为发展抽象思维和进行有明确目标的教学工作的手段。

我通盘考虑了什么应当成为我的学生的思想源泉，规定了什么将在四年的学习过程中成为孩子每天观察的对象，周围什么现象将成为他们思想的源泉。就这样产生了这一部 300 页的《大自然的书》。这是 300 次观察，300 幅深深铭刻在孩子们意识中的鲜明图画。我们一周两次到大自然中去学习思索。不仅是观察，而且是学习思索。实际上，这是在上思维课。不是有趣的散步，而恰恰就是上课。但是上课也能非常引人入胜、非常生动有趣，这就在更大程度上丰富了孩子们的精神世界。

我提出了如下的目标：在孩子们的意识中留下对现实的鲜明景象的深刻印象。我极力使孩子们在生动、形象的概念的基础上进行思维，使孩子们在观察周围世界的时候，了解现象的因果关系、比较物体的性质和外形特征。观察证实了儿童智力发展的一条非常重要的规律：课内必须掌握的真理和抽象概括越多，这类脑力劳动越紧张，学生越应当经常求教于知识的直接来源——大自然，周围世界里的形象和图景应当在学生的意识中铭刻得更加鲜明。然而鲜明的形象并不是像反映到相机胶卷上那样反映到孩子的意识中去的。表象，不管它有多鲜明，不是教学目的本身，也不是教学的最终目标。智育从有理论思维的地方开始，生动的直觉并不是最终目标，而仅仅是手段。周围世界里的鲜明形象对教师来说是一个源泉，在它形形色色的多种表现形态中，隐藏着千百个问题。揭示这些问题的内容，教师就好像在翻揭《大自然的书》的书页。

这里是《大自然的书》的第一页，它被称为"有生命的东西和无生命的东西"。在早秋的一个温暖、明媚的中午，我们走到河边，在一块草地上坐下。我们面前是一片开满了秋季鲜花的草地，清澈见底的河里游着小鱼儿，蝴蝶在空中飞舞，燕子在蓝天飞翔。我们走向高峭的悬崖，那儿在旷日持久的岁月中裸露出土壤的剖面。孩子们饶有兴致地观察着各种颜色——黄色、红色、橙黄色、白色——的土层和沙层。这是薄薄一层白陶土，它下面是金黄色的沙子，再下面是美丽的晶体。

孩子们对比着土壤的表层，黑土和底层。

"我们在土壤的表层看到了些什么？"

"植物的根，"孩子们答道，"底层就没有根了。"

"孩子们，你们瞧长在悬崖边上那丛绿草和这一层金黄色的沙子。草和沙子有什么不同？"

"夏天草就长起来了，到了秋天就枯萎了，春天它又活了……"孩子们说道，"草结出小小的种子，把种子撒到泥里，就长出新的草儿来……"

"那沙子呢？"我要所有的孩子，特别是脑筋迟钝的孩子——佩特里克、瓦利娅、尼娜都来对比周围世界中的物体。班上还有两个孩子——米沙、萨什科，他们思想的进程可以比作水流徐缓、水势浩渺的大河。还有一个女孩子柳达，她的思维对我来说暂时还是一个隐藏得严严实实的秘密。一开始我想，无非是她的智力发展有些迟缓，其他孩子很容易明白的事物，她理解起来就困难。然而在小姑娘生气勃勃和敏感的双眸中，可以感觉出被某种内在力量抑制着的思想；她好像有意不急于说出她非常了解的东西……

"孩子们，你们瞧，这儿是金黄色的沙子，而这儿是绿色的草。还有更妙的，这儿是绿色的沙子和绿色的草。它们不相似的地方在哪儿，它们有什么不同之处？"

孩子们思索着，对绿色的草地和裸露的悬崖剖面进行观察。

柳达的目光中流露出沉思。佩特里克皱起眉，瓦利娅把沙子从一只手上倒到另一只手上。

"沙地上不长花，可草地上长花。"柳达说道。

"奶牛在草地上吃草，可在沙地上放牧，你倒去试试看！"佩特里克大声嚷道。

"下雨后，草就长起来了，"米沙沉思着说道，"可下雨后难道沙子会长吗？"

"沙子在地下很深的地方，而草在地面上……"尤拉说道。

但谢廖沙驳斥他说："难道岸上没有沙子？草朝向太阳，而沙子在阳光下只不过被晒得发热……"

之后，我们又对比不知谁捡的小石头和绿色的槭树叶，红玻璃碎片和菊花，在池塘里游着的鱼和鹅毛，桥的铁栏杆和爬蔓在树上的啤酒花茎。孩子们思如潮涌，男孩子和女孩子发现了周围各种物件和现象间一眼就能看穿的相互联系，也发现了一下子注意不到的联系。孩子们的意识中，逐渐形成有关有生命的东西和无生命的东西的初步概念。一些东西有生命，另一些东西无生命，这一点孩子们通过无数事实业已看到，但当我问道："有生命的东西区别于无生命的东西的到底是什么？"他们就回答不出来。结论是一步步得出来的，在这一过程中，孩子们重又回想起亲眼看到的东西。孩子们不仅正确发现了一些特征，也做出一些错误的判断，于是当场就进行一些生动活泼的观察来纠正这些错误。当柯斯佳说"有生命的东西会移动，而无生命的东西不会移动"时，几乎全体同意了他的意见，但接下来的是沉默，孩子们环顾四周，又提出了反对的意见：

"木棍能移动，能浮在河面上，难道它是有生命的？"

"拖拉机能移动，可它不是无生命的吗？"

"蜘蛛网在空中飘动，难道蜘蛛网是有生命的东西？"

"旧屋顶上的青苔不会移动，可它不是有生命的吗？还是说青苔是无生命的东西？"

"沙子——它也会移动。我们曾经去过采沙场，看到过沙子像溪水似的流动。"

不，看来问题不在能不能移动。到底有生命的东西与无生命的东西区别何在？孩子们一次又一次地对比周围的东西。舒拉高兴地喊了起来：

"有生命的东西会长，而无生命的东西不会长！"

孩子们思索着这话，他们的目光又转向周围的东西。他们在思考，口中自言自语：草——有生命的东西，会长；树——有生命的东西，会长；野蔷薇丛——有生命的东西，会长；石头——无生命的东西，不会长；沙子——无生命的东西，因此不会长。就是这么回事——一切有生命的东西都会长，一切无生命的东西都不会长。米沙望着远处在思索着什么。他听见伙伴们的话了吗？当孩子们历数了他们周围全部有生命和无生命的东西之后，这个男孩子说道：

"有生命的东西不能没有太阳。"他用手指指森林、草地、田野。

这话又一次使我深信，思想来得慢的人时常具有巨大的洞察力、注意力和观察力。米沙的话使孩子们恍然大悟。"我过去怎么没有想到这一点呢？"男孩子和女孩子暗暗自问。紧抓不放的思想似乎重又在探索周围的东西，孩子们又念念有词地在思索：不管是草、花、树，还是麦子，没有太阳就活不了。人没有太阳也活不了……，也许人没有太阳能活？不，难道能想象人在深深的地底下的某个地方生活吗？我们都很熟悉，在枝叶茂密的树荫下，草就蔫了。爸爸是这么说的："雨后要有太阳一晒，冬青马上就返青了，要是没有太阳，那就糟了……"而石头，无论是在阳光下，还是在地窖里，都一样。不，也不一样，石头在地窖里会长一层霉，那霉是有生命的呢，还是无生命的呢？太阳不仅能造福于人，如果久旱无雨，它也能晒死禾苗。这么说，一切有生命之物不仅喜欢太阳，还喜欢水。

孩子们的思想就这样，像条条小溪似的向四处流去，然后，这些溪流汇合到一起，孩子们就更加清楚了，在有生命的东西中，发生着某些他们不了解的现象，而这些现象同太阳、水以及我们周围大自然中的一切有关。孩子们阅读着《大自然的书》第一页上的头几行，他们懂得了，整个世界是由两大类自然物——有生命的和无生命的组成。在对有生命的东西和无生命的东西的概念的初步认识过程中，他们又产生了无数的问题。孩子们在回家途中，注意观察平时习以为常的东西，看到了以往看不到的东西，而他们发现的东西越多，产生的问题也就越多：为什么从橡实中冒出来的幼芽能长成一棵壮实的大橡树？粗大的树干、树枝和树叶都是从哪儿来的？为什么秋天树叶就落了？树在冬季是在长呢，还是不长？不可能立即回答所有这些问题，而且也不能提出这样的任务。好就好在孩子们产生了这些问题；好就好在孩子们思索的时候，学着向知识和思想的源头——周围世界去求教；好就好在孩子能用确切和正确的词来表达自己的思想。思想清晰这个最重要的思维特征来自直接同周围世界接触的过程。

孩子用形象、色彩和声音来思维，但这并不意味着他应当停留在具体思维上。形象思维是转向用概念进行思维的必要阶段。我力求使孩子们逐步使用这样一些概念，如**现象、原因、结果、事件、制约性、依赖性、区别、共同性、相似性、并存性、不相容性、可能性、不可能性**等。多年的经验使我深信，这些概念在抽象思维的形成中起着巨大的作用。不考察生动活泼的事实和现象，不理解亲眼见到的东西，不逐渐将具体的物体、事实和现象转化为抽象的概括，那就不可能掌握这些概念。孩子们在学习大自然的过程中产生的问题，正好可以促进这一转化。我教我的学生观察大自然的具体现象，寻找其因果关系。孩子们由于把思维同具体形象紧密结合，因此获得了逐步使用抽象概念的技能。当然，这是一个需要好几年时间的漫长过程。

阅读《大自然的书》使孩子们产生极大的兴趣。但这种兴趣不是目的本身。苏维埃教育学反对在教学中过分强调孩子自发的兴趣，也反对把孩子的活动当作教学进程的最终目标。К.Д.乌申斯基早就写道："教孩子不仅习惯于做他感兴趣的事，还要习惯于做他不感兴趣的事——为了乐于履行自己的义务而去做。你们在让孩子做好进入生活的准备，可在生活中并非所有的义务都是令人向往的。"[①]苏联的教育科学与资本主义学者从满足学生个人要求的观点来对待教学的内容、形式和方法的倾向有着深刻的分歧。当代"最新的"教学论概念的代表人物，美国教育家戈登·梅尔文认为，教师在教学中只应选择学生喜欢的内容，"正是那些学生决心要做的东西，构成了他同意学习的条件"[②]。资产阶级教育家把学校教学建筑在"自发的兴趣"上，实际上就是摒弃科学知识的系统性。苏维埃教育学把孩子个人的兴趣看成是达到学校的教养和教育任务——获得一定范围内的科学知识，形成辩证唯物主义信念的一种手段。我并不把阅读《大自然的书》当成趣味盎然的消遣、引人入胜的游戏，而把它看成是导入科学知识世界的一条渠道。孩子们渐渐认识的是周围那些能揭示大自然规律和本质的现象。教师并不是从满足每个孩子个人的兴趣，而是从科学地认识世界的辩证法出发来规定《大自然的书》的内容的。苏联教育理论对学生活动目的的看法与实用主义者的著名论点"活动授予知识"的原则性区别就在于此。

苏维埃教育学中的活动并不取代系统的科学教育，而是达到教养和教育目的的一种手段。当然，凡是有助于掌握知识的活动，总是能引起学生的兴趣的。苏维埃教育学把兴趣看成是学生在理解和考察过程中发挥创造性的精神力量。随着学生正在掌握的真理不断

---

① К.Д.乌申斯基.乌申斯基选集：第6卷[M].莫斯科：俄罗斯联邦教育科学院出版社，1949：252.

② 戈登·梅尔文.普通教学法[M].纽约：麦克劳希尔公司，1952：135.

成为他个人的信念，学生对于学习和认识的对象的兴趣就不断得到深化。根据苏联教育理论，兴趣同思想教育和科学唯物主义教育是紧密联系在一起的。

我们一页接着一页地阅读《大自然的书》，学习思考。孩子们看到的第二页题为《无生命的东西同有生命的东西有联系》。我们到暖房去观察高年级同学怎样在那从深深的地底下取来的金色沙子上和在碎石上栽种黄瓜、西红柿、大麦和燕麦。小孩子们在这儿看到高年级的同学怎样把沙子和碎石铺入金属制的和木制的箱内，给这种混合物浇上化学物质的溶液。黄瓜和西红柿的根，从这个培养基中摄取生长和结果的养分。没有生命的碎石块，溶于水的白色粉末……似乎这些就是生命必不可少的一切。而就在扁平的容器内，大麦的绿苗甚至不需要沙子和碎石就长起来了：它的根从白色粉末的溶液中汲取营养物。然而，等孩子们仔细观察开花和结果的情况后，他们就看到，无生命的东西只有在有太阳和水的地方，才能成为有生命的东西的培养基。没有光照、温度和水是不可能有生命的。今天是阴天，于是暖房里开了电灯。户外早晨有点凉，而暖房里的暖气使屋里变得很温暖。

教师说道："孩子们，细细观察你们看到的东西，并且考虑一下，有生命的东西如果没有无生命的东西能否存在？现在摆在你们面前的是一只大箱子和好几只小箱子：这里放的是各种各样的化肥。你们瞧，高年级的同学们从不同的箱子里取出白色的、黄色的和灰色的粉末，搅拌在一起，它们溶解在水里。肥沃的土壤是这么来的：把粗粒沙子同腐殖质掺合在一起。你们看见了吗？从这种混合物中，长出了多么鲜亮的西红柿。植物从什么东西里面吸取了叶子、茎和果实发育成长所需的东西？从无生命的东西里面。无生命的东西——这是有生命的东西的培养基。"这些真理在孩子们的心灵中激起了对大自然奥秘的惊异感。

又想起了据说是出自亚里士多德之口的那句古老的名言：思维始于惊异。对揭示出来的大自然奥秘所感到的真正的惊异是促使孩子们的思想如滔滔急流的动力。当孩子们见到在化学物质的溶液中长出迥然不同的植物——西红柿、黄瓜、大麦，他们就纷纷向我提出问题："透明的溶液怎么能变成粗壮的茎，变成有蜜蜂在上面飞来飞去的鲜艳的花，变成多汁的果实？""有生命的东西是从哪儿来的？太阳并不能给植物丁点儿绿色的东西，它只不过照着植物，把植物照热，不是吗？""为什么用同一种溶液却能长出绿色的黄瓜和红色的西红柿？""为什么黄瓜是绿的而西红柿是红的？它们不是并排长的吗？""这些颜色不同的粉末里头有什么东西？""为什么掺到土壤中去的腐殖质能使植物泛绿？"

关于有生命的东西与无生命的东西之间的联系的初步直观印象，对孩子智力进一步的发展是多么重要啊！孩子思考这样一些问题："有生命的东西是从哪儿来的？""太阳怎么把无生命的东西'变成'有生命的东西？"——他准备去阅读那本有关生命的大书，去认识复杂过程中的奥秘。

我把阅读《大自然的书》看成是培养智力的一种手段。概念、画面、形象……这些只不过是积极的思维活动的开端。A. 第斯多惠写道："如果教学生习惯简单地去感知或被动地接受，那么所用的任何方法都是坏的方法，能激发孩子主动性的方法才是好方法。"①我力求避免使阅读《大自然的书》的活动成为对大自然的画面和形象的简单感知，而极力使它成为积极思维和从理论上认识世界的开端，成为获取系统科学知识的开端。

"最好的内容，"苏联著名心理学家 Г. 科斯秋克写道，"只有当它被纳入学生自己的活动中去的时候，它才能为学生所意识。"不是为活动而活动，为满足个人兴趣而活动，活动是揭示科学知识的内容，这就是苏维埃教育学关于积极性和科学性一致性的本质所在。

"大自然中的一切都在变化"，这是《大自然的书》下一页的标题。我们好几次重温这一页书。秋日晴朗的中午，全班都到果园去。苹果树和梨树的枝条被累累果实压弯了。"回忆一下，孩子们，"教师说道，"我们的果园冬天是个什么样子？树枝光秃秃的，蒙上了一层霜，树身上满是雪……。而现在，枝叶茂密，苹果和梨都熟了。"

过了两个月，我们又来到果园。园子变成什么样儿啦？枯黄的

---

① A. 第斯多惠. 教育论文选 [M]. 莫斯科：教育出版社，1956：128.

树叶像柔软的地毯似的铺盖着大地，树枝已半秃了。就在满是窟窿的老苹果树旁边有一颗小小的野苹果树。我们的祖辈种了这颗老苹果树。它有一半的树枝已经干枯。只有不多的几枝是翠绿的，上面还结着硕大、多汁的果实。老苹果树再在阳光下挺立那么一两年也就该锯了。野苹果树细细的树干上长着绿色的嫩芽，这是学生从老苹果树上嫁接过来的幼芽。再过几年，嫩芽就会变成树，苹果树就会开花，结出金黄色的果实。

"注意观察四周，孩子们，有没有一种植物一年四季总是一个样子的？"

孩子们的生活经验还不丰富，然而他们从小生活在劳动和大自然的环境中，所以他们知道，植物总是长出来，然后开花、结果……。他们会讲述，地里怎么冒出一根嫩苗来，它怎么变成一个粗壮的植物的茎秆；树上的幼芽怎么长出来，又怎么长出叶子来……。生物界那种跳跃般的迅速的变化使孩子感到惊异。昨天我们曾在桃园里看到了黑色的幼芽和光秃秃的树枝。今天清晨来到这里，我们眼前展开了一幅崭新的画面：枝头布满了朵朵玫瑰色的小花……。为什么一夜之间，幼芽这么快就冒了出来，而小树就开起花来了？夜里树睡不睡觉？一般说来，树木睡不睡觉？当剪枝的时候，树觉不觉得疼？为什么树会衰老和死去？……对于这些问题，我不得不久久苦思，以寻找答案。但答案又会引起一连串新的问题。

这一页《大自然的书》我们在池塘边读过，在小灌木丛中读过，也在田野里读过。在浅水洼里游着小蝌蚪，孩子们知道，它们会变成青蛙。但这一过程是如何进行的？为什么鱼缸里最小的鱼已经是鱼的样子，蝌蚪却完全不像青蛙的样子？我们观察集体农庄的庄员们如何喂养蚕。从罂粟籽那么小的卵中变出一条条贪吃的小蚕。它只吃桑叶——为什么？小蚕变成大蚕，它好几次"蜕皮"——好像脱去旧皮似的——为什么？瞧，它在自己身子周围吐丝结网，藏身于金色的小屋——蚕茧——之中，它在里面发生了什么变化？我们拿了几个蚕茧，放在窗台上，过些时候就能看到出现了漂亮的大蛾子。蛾子产卵……，上面这个过程又开始重复进行。蚕怎么会吐出细细的丝线来？为什么它吃这么多的桑叶后才结茧呢？

参与与积极认识大自然相联系的活动越多，对周围世界的观察也就越深刻、越自觉。孩子们每个月都能在自己周围发现很多过去不曾注意的现象。这样，他们就能看到完全不同于他们一向熟悉的那些生命形态：在阴暗、潮湿的地窖里，马铃薯块茎上冒出了白丝，这是什么玩意儿，是根还是未来的茎？树干朝北的阴面长出绿苔，为什么绿苔躲着太阳？为什么绿苔没有种子？它怎么繁殖呢？所有的植物都开花，然而绿苔不开花。这是什么样的植物呢？

《大自然的书》中的几行文字告诉孩子们，不只是有生命的东西才不断变化。我们来到岸边的峭壁旁。孩子们仔细观察灰色的石块，就发现里面有细细的裂缝。从石头上砸下的薄薄一片，在手掌里就散成碎块了。这么说来，就是石头，也不永远是石头啦？孩子们想起，在几个月前，他们还曾说过："石头无论在太阳底下还是在地窖里总是一个样。"白天，石头发烫，而夜里就变凉了，出现了进水的裂缝。原来，就是石头也不是恒久不变的。

分析阅读《大自然中的一切都在变化》这一页的思考课，我得出一个信念，孩子知道得越多，越能经常发现在日常生活中不曾注意到的规律，渴求了解的愿望就越强烈，理解周围世界各种现象的感觉器官就越敏锐，感知器官同思维的联系就越细致。苏联人类学家 M. Φ. 涅斯图尔赫教授在他的著作中有一些话，我认为是阐明孩子智力发展过程的一把钥匙：人在童年时代连续不断地接触大量新材料，正是在这个年龄，他开始有日益增长的求知欲望。

信息流是智力充分发展的最重要的条件。因某种原因，信息量减少了而又未加补充时会出现什么情况呢？孩子自己看到的东西，还不是信息流。人类的教育工作就是成人向孩子传授自己拥有的关于周围世界的知识，并以自己的思维能量不断提供能影响孩子的信息流。

我开始留心考察每个孩子的家庭环境——从出生一直到入学，发现了一些有意义的规律。如果在学龄前期，孩子无人照管，如果成人不为孩子提供人的正常环境不可或缺的大量信息，那么孩子的大脑就处于消极的状态：好奇心和求知欲就会消失，会出现漠不关心的状态。日益增长的求知欲望是不是决定孩子智力发展的最重要的思维能量呢？看来是的。

佩特里克小时候无人照管。妈妈和爷爷一早就上班，孩子一个人待在家里。他被安置在棚檐下或围着栅栏的绿色草坪上，不时由女邻居来探视一下，看他是否安然无恙。佩特里克从两岁到五岁，受的就是这样的"教养"。这是一种"毫无精神活动"的教养。孩子的吃穿都很好，就是缺少最主要的东西——周围没有人照管。佩特里克从五岁起就同孩子们，主要是和同年龄的儿童在街上嬉耍。他入学的时候，连最简单的俄语单词的含义都不知道。他那掠过周围各种物件的冷漠目光，使我觉得好像是一个小老头儿的目光。这就是说，孩子生气勃勃的思维体——大脑半球皮层细胞处于消极状态，因为在神经系统形成的最重要阶段——大脑的幼年时期，孩子缺乏来自周围世界的源源不绝的信息流。所以，阅读《大自然的书》应当在教育这孩子的过程中起到重大的作用。

……我们揭开下一页书——《生命的种子》。孩子们在秋天收集了梨、苹果、桃、李子种子供创建果树苗圃用。他们根据经验已经知道，种子能长出植物来。春夏季节，草原上、森林里、小树林里生机盎然，植物的种子在成熟，传宗接代的过程在进行。我们去郊游。春风刮走了杨树和蒲公英的白絮，孩子们在轻盈的绒絮中找到了细小的种子。他们感到诧异：大自然多么关怀这些植物的种子，在土壤干燥的表层，绒絮挂不住，只要泥土含有水分，绒絮就被粘住了，就"下锚停泊"了，于是细小的种子就发出芽来。孩子们深感兴趣地一行一行读《大自然的书》这一页，他们看到，不少植物能把种子"射"出去，而生命的种子就飞向四面八方；他们看到，一些成熟得早的种子，从在风中摇摆的花茎头的"小窗户"中飞出来。我们透过放大镜观察很多种子用以附着在人们衣服上和动物皮毛上的"狡猾的"小钩子、小爪子和"小脚"。我们收集了粮食的种子标本。孩子们思索起来：从小小的种子里怎么会长出巨大的植物来呢？种子是有生命的东西还是无生命的东西？这一页书上有趣的几行，孩子们是在冬天读的：有些植物把自己的种子撒在雪里，种子必须在雪里待上几个星期，然后才能发芽。

认识的欲望越强烈，孩子们工作得越有兴趣，劳动的研究性质也显得越深刻。当亲手操作有助于思维的时候，当孩子期望在劳动中找到使他激动的问题的答案、揭开闷葫芦、确定暂时还只是推测的事情是否属实的时候，来自周围世界的大量信息就能成为促进认识的特别强烈的因素。当孩子真正出于自愿而不是被迫成为一个从事劳动的人时，他就变成一个真正的思想家了。儿童愿意劳动的出发点，首先是**愿意了解**。假如这个愿望能不断发展，孩子对劳动的兴趣就会巩固起来。在教育工作实践中被称为热爱劳动的东西，就是求知欲、好奇心和孩子个人自尊感的混合物。

阅读《大自然的书》中最激动人心的一页——《太阳——生命的源泉》时所做的"旅行"，在儿童的意识和情感记忆中，留下了深刻的印象。在酷暑炎热的日子里，我们来到田野、花园和葡萄园。我们眼前是种着麦子、向日葵的田野，串串的葡萄、黄澄澄的梨和成熟中的西红柿。孩子们在累累果实中看到了太阳的光和热。靠着太阳，大地才能给人以全部需要的东西。通过无数次的观察、对比和因果关系的确立而得出的这一结论，使孩子们产生一种惊异感，从而进一步推动思想的飞跃。孩子们仔细观察周围世界，思索每一物件的起源；当他们确认，太阳是生命唯一的起源时，他们心中的惊异感就更加剧了。

粮食、土豆、向日葵……无一能缺少太阳。肉类、牛奶、黄油也是如此，因为动物的饲料是靠太阳的光和热才能生长的。吃惊的孩子们问道："太阳到底是什么东西？太阳向我们放出的热是从哪里来的？为什么冬天的太阳照在大地上不怎么热？它会不会熄灭？要是太阳熄灭了，那会发生什么事？"

阅读《大自然的书》时产生问题，成为活跃的思想飞向知识顶峰的开端。几年后，他们从这个顶峰上便可发现生命奥秘的全部复杂性。我竭力使孩子们成为渴求了解世界的考察者和发现者，使他们眼前的真理不是教师告诉他们的现成结论，而是一幅怀着激动心情领略过的有关周围世界的色彩鲜明的图画。一项发现如果能使孩子感到激动，真理就能成为他终生珍惜的个人信念。理智感、求知的欢乐感、对大自然的宏伟和大自然规律的严密性的惊异心情……都是牢固记忆的源泉。

我把理智感看成是发展和巩固个别儿童记忆力的主要手段。瓦利娅的记忆力很差，似乎一切都会从她头脑中"消失"。应当尽力使这个女孩子的心因周围世界里的景象感到惊讶而颤动。一连好几天，我们相继来到田野、森林、河边、花园和养蜂场，阅读《大自然的书》中题为《一切有生命的东西都得适应周围环境》这一页。我引导孩子们注意有些花在炎热的时候合上自己的花瓣，而到傍晚凉快的时候又张开花瓣；指给他们看，早春开花的植物那纤细的茎如何像箭一般冲破又厚又密的一层包叶；蜜蜂如何建造蜂巢，并用蜜填满蜂房；葡萄藤的根如何深入土下三米，以便汲取水分；柳树的枝杈插入软泥后如何长出根来，并长成一棵小树……。这些发现使这个女孩子的心充满欢乐的激情。她那冷漠的眸子里出现了兴致勃勃的动人神情。沉默寡言的瓦利娅开口了，她问："蜜蜂怎么知道朝哪儿飞才能飞回家去？它怎么能找到自己的蜂巢？早春开花的植物不觉得冷吗？这时树下还积着雪呢。"有问题，就有思想，而有思想，就能记住周围世界里的景象和大自然的规律。

这里就是我们一页接着一页阅读的《大自然的书》内的标题：《植物世界和动物世界》《一滴水的旅行》《人利用自然力》《春天唤醒大自然》《最长的夏日》《森林里、田野中和草地上春天开的花》《夏天的花》《铃兰和紫罗兰》《菊花——秋天的孩子》《池塘里的生物》《初秋的最后几天》《大自然期待着冬天》《第一个冬天的早晨》《冬季森林中鸟的生活》《麦穗》《蜜蜂家族的生活》《燕子筑巢》《雷雨快来了》《秋季的连阴天》《冬季花的世界》《森林能保持水分》《鹳飞来了》《鸟准备飞向暖和的地方》《夏季雨后的太阳》《河上的虹》《秋播和春播的粮食作物》《向日葵开花了》《天空的星星》《土壤的生命》《绿叶——太阳的贮藏室》《蘑菇和青苔》《从橡实里怎么长出橡树来》等。

"一个拙劣的教师把真理送到人面前，一个优秀的教师教人寻找真理。"A. 第斯多惠写道。①

在我们这个时代，以考察的态度对待周围世界里的各种现象，具有特别重大的意义。非常重要的一点是使学生以考察和探索作为思维的基础，使他们通过积累、分析、对照和比较事实去认识科学真理。孩子在观察大自然现象和景象的时候就逐渐掌握思维的方式和进程，不断丰富概念，每一个概念都充满着由富于探索精神的观

---

① A. 第斯多惠. 教育论文选 [M]. 莫斯科：教育出版社，1956：158.

察者用犀利的目光发现的因果关系的实际含义。孩子的思维有一个明显的特点：孩子在使用抽象概念时，思想上就会回顾作为抽象概念基础的那些印象、形象和景象。

当我那些在童年时代阅读过《大自然的书》的学生成为少年，然后又成为青年的时候，我特别关心的是，对周围世界的积极认识如何反映于他们一般的智力发展、脑力劳动的性质和方式与志趣的多面性上。结果使我确信，学生们具有巨大的求知欲。他们关注一切事物，周围的一切都能触动他们的思想和感情。我的学生在少年时代和青年早期，精神生活有一个特点，那就是善于从相互关系的角度观察现象和物体。凡是不清楚和不明白的事物，他们都力求在书本中得到解答。书成为他们知识和精神需求的源泉。

从物的世界到社会——东西从哪里来

大自然是养育人的天赐宝地。但认识大自然，仅仅是智慧、感情、观点和信念形成的开始。人生活在社会之中，而且实质上，人的全部生活就是他与其他人结成的关系。我极力使孩子们在小学学习的四年内，逐渐明白一条重要的真理：一个人靠周围成千上万的人来满足他物质上和精神上的需求才得以生存；不为成千上万的人创造物质和精神财富，也就不可能在社会上生存。一个人的道德面貌、精神素养、对生活的观点和世界观，都是在与人发生相互关系的过程中和在劳动中形成的。教师的一项重大教育任务就是让孩子从内心深处懂得和感觉到：在我们的社会里，人对待人的态度、公民的社会面貌，是通过创造物质财富和精神财富表现出来的。

经验使我深信，一个幼小的孩子是从对物体的理解，特别是从他思索和好似发现"各种物体是哪儿来的"这一条非常重要的真理，逐渐走向对社会关系的理解的。

我们在学校食堂进了午餐并洗了餐具。等一下，孩子们，先别忙着走，让我们在桌子旁再坐上半个小时。我们来想一想，我们今天使用过的东西都是从哪儿来的？这儿，食堂给我们提供的一切，都是从哪儿来的？孩子们点着他们吃过的东西：面包、肉、土豆、牛奶、牛油、鸡蛋……食物是在不久前砌炉匠用新砖砌成的炉子上煮熟的。用煤生炉子，煤是从矿上运来的。我们坐在桌子旁的椅子上。而不论桌子还是椅子，都是用金属管和塑料制成的……

"完了？"我问道。

"完了。"孩子们答道。

"再仔细看看，有东西被遗漏了……"

屋角里放着冰箱，它没有电是无法起作用的。墙上安着半圆形的灯罩，灯罩里亮着电灯。孩子们会注意到这些东西吗？

他们注意到了。他们惊奇地发现了一条真理，那就是如若没有电，那就麻烦了，哎呀，在家里生活和在学校里学习该多麻烦呀。

我们生活中必不可少的东西是从哪儿来的？

从这一问题起，我们开始了走向社会生产、走向劳动关系的复杂天地的"旅行"。我们的每一步都是一次新发现。从中，孩子们感到了对劳动者的深切敬意，因为他们发现了一条真理：为了我们的桌上能摆上大面包，几乎需要全体家长的劳动。而且这还不够，还需要制造拖拉机、犁、康拜因的工人的劳动，没有机器，种不出粮食。需要矿工的劳动，没有煤，冶炼不出生产机器所必需的金属。

在进一步了解其他物体时，等待着我们的是同样令人惊奇的发现。千百个从事各种不同职业的人们，在我们祖国的城市和乡村里，都在为把煤从地下开采出来运到我们学校的厨房而劳动。为了冶炼金属，并用金属制成桌子，用沙和泥土制成砖，必须有千百个人从事劳动。

在这之后，我们以同样的方式开始迈入社会生产、迈入劳动关系的世界，了解我们的衣服是哪儿来的，纸张的来历，谁为我们准备好了书籍、电影，谁创作了音乐。一周接着一周，一月接着一月，我们渐渐明白了社会关系的错综复杂。我们通过物的世界对人逐渐有了认识。物体、物质和精神财富，帮助我们感觉到、看到和懂得人。当我们在面包工人斯捷潘·马克西莫维奇的工作岗位上同他会晤时，在孩子们的心目中，他不仅是一个以自己平凡的劳动挣得自己的口粮、衣服和其他很多东西的人，而且还是一个生活的创造者，没有他，成千上万的人就无法生活。每周，我们都要同为成千上万人生产物质财富的劳动者——康拜因手和拖拉机手、钳工和车工——会晤。在三年级结业后的一个春日，我们乘车去克列明楚格水力发电站，看到了怎么发电，同动力职工们见了面。

孩子们遇到的人们对待劳动的态度，对孩子的道德面貌形成，有着非常重要的意义。那些为别人创造如面包、肉、牛奶、白糖之类，乍看极其平凡、极其普通的物质财富的人，为自己的劳动感到自豪，把自己的劳动看成是为社会服务，这对孩子的心灵有强大的影响。劳动使人高尚，给人带来无限的幸福，这一真理对孩子们来说已不是某种抽象的东西，而是生活本质的东西了。人在童年时代就深信不疑，他可以施展自己的力量和创造能力的最重要的场所，就是为社会的福利所进行的勤恳的劳动。

活的习题集中的1000道题

学校的重要任务是培养学生成为具有好奇的、创造性的和不断探求的人。我把童年时代当作思维的学校，而把教师视为对自己学生的身体和精神世界成长关怀备至的人。关怀儿童大脑的成长和健壮，使这面反映世界的镜子始终反应灵敏、易于感受，这是教育工作者的主要职责之一。如同肌肉因身体的操练和不断克服困难而得以发育和强壮一样，劳动和紧张对大脑的发育和发展也是必不可少的。

孩子的大脑是在建立周围各种物体和现象之间的多方面联系——因果联系、时间联系、功能联系的过程中得以发育和强壮的。我认为自己的任务是帮助孩子们理解周围各种现象之间的这些联系，培育、巩固和发展他们好学、敏捷和善于观察的才智。

解答培养想象力和敏捷性的习题就是激发大脑内在力量和活跃智能的练习。这些习题就产生于周围的物体和现象之中。我引导孩子们注意某个现象，务必使孩子能看到隐藏着的、暂时他还不明白的联系，务必使他产生找出这些联系的本质、弄懂真理的意愿。一个人积极的活动和劳动，往往是解题的关键。孩子集中智力，力求在物体和现象之间建立联系的同时就在进行一定的工作。周围世界蕴藏着千万道习题。人们想出了这些习题，这些习题以有趣的故事性谜语的形式存在于民间创作之中。

下面是孩子们在休息的时候解的头一批习题中的一个：

需要把狼、山羊和白菜从河的这一边运到那一边去。狼和山羊、山羊和白菜既不能同时运，又不能一起留在岸边。只有狼和白菜可以一起运，或者每个"乘客"单独过河。渡河的趟数不限。怎么运送狼、山羊和白菜才能平安无事呢？

民间教育学有千百道类似的谜语式的习题。孩子们对这类习题极感兴趣。这一下，所有的男孩子和女孩子都思索起来了：到底怎么运送这些"乘客"才不致让狼把山羊吃掉，也不致让山羊把白菜吃掉？我们坐在池塘边。孩子们在沙地上画了一条"河"，找来一些小石子。很可能并不是所有的孩子都能解答这道习题，但孩子们紧张地思索着，这件事本身就是发展智力的绝妙手段。

解这类谜语式的习题很像下棋时的脑力劳动：解题和下棋都得预先想好几步。开学不久，我就让一年级七岁的孩子解这道题。过了约莫十来分钟，三个孩子——舒拉、谢廖沙和尤拉解出来了。这几个孩子飞快向前奔跑的思路与牢固、敏捷的记忆力紧密配合。过了十五分钟，绝大多数的孩子都解完了这道题，但瓦利娅、尼娜、佩特里克和斯拉瓦毫无结果。我发现，这几个孩子意识中的思路似乎不时中断。他们明白习题的意思，对涉及的物体和现象有鲜明的概念，但刚做了几个初步的假设，他们意识中本来十分鲜明的概念突然模糊不清了，换句话说，孩子把明明记得的东西忘掉了。

我从民间教育学丰富的宝库中挑选了一批又一批的新习题，首先指望能使我这几个思想迟钝的学生对谜语式的习题的内容和情节产生兴趣。过了几天，我出了这么一道民间谜语式的习题："一小队士兵走到了河边，他们要渡河。桥坏了，河又很深。怎么办？忽然，一个军官发现有两个小男孩乘着一只小舢板在岸边玩。但是舢板极小，一次只能乘一个士兵或两个孩子，不能多乘。然而所有的士兵还是乘了这只小舢板过了河。他们用了什么办法？"

我又观察孩子们如何进行思索。他们在沙地上画图，极力想在脑子中记住"几步棋"。我又看到尼娜、斯拉瓦和佩特里克被折磨得十分苦恼。瓦利娅的眸子欢乐地闪着光：她解开了这道题。

我开始给思想迟钝的孩子个别补课。我给他们出比较简单的民间谜语式的习题，旨在让他们深入理解自然数列，在脑海中建立数与数之间的相互依赖关系。下面是五道这一类型的谜语式习题。

1. 鹰和橡树：飞来了几只鹰，落在橡树上。如果一棵橡树上落一只鹰，那么剩下一只鹰无处可落；如果一棵橡树上落两只鹰，那么剩下一棵橡树没有鹰。一共有几只鹰和几棵橡树？

2. 牧场上：两个男孩子在牧羊。如果第一个孩子给第二个孩子一只羊，那么他们两人的羊数相等。如果第二个孩子给第一个孩子一只羊，那么第一个孩子的羊比第二个孩子的羊多一倍。第一个孩子和第二个孩子各有多少只羊？

3. 多少雁：一群雁在飞，迎面又飞来一只雁。

"你们好，100 只雁！"它说道。

"不，我们不是 100 只。"这群雁答道，"如果我们这些雁再加上这么多，再加上 1/2，再加上 1/4，再加上你，只有这样，才能有 100 只雁。"

这群飞着的雁一共有多少？

4. 头和脚：院子里母鸡在踱步，兔子在跳，一共有 10 个头和 24 只脚。问，有几只兔子、几只母鸡？

5. 几个球：布袋里有 10 个黄色的球、10 个红色的球、5 个绿色的球和 5 个黑色的球。闭上眼睛取出尽量少的球来，但其中必须有 7 个同一颜色的球。

这类谜语式的习题是训练智力极好的手段。解答每一道习题，都得记住前后两至四步"棋"。这一工作进行半年后，瓦利娅和斯拉瓦已能解答这一类的习题了，但佩特里克和尼娜还是毫无结果。他俩记不住为走下一步"棋"所必须记住的东西。

怎么解释这一现象呢？看来由于某些孩子还没有掌握瞬间把思想从一个对象转向另一个对象的能力，依我的看法，这是记住一道习题所有的组成部分、思想上抓住好几步"棋"的能力。为什么大脑半球皮层细胞未能锻炼出这种能力则是另一个问题。这种能力并不总是由思维物质天赋的特性所决定的，但也不能忽视这一原因。观察证明：如果思路骤然中断，如果在同一瞬间，孩子不能从思想上同时抓住眼前出现的和不久之前出现过的东西，那他就不能思索，他很难在好几个物件和现象之间建立起联系。

我研究了孩子们的思维，特别是像瓦利娅、佩特里克、尼娜这样一些思想迟钝的孩子们的思维，并不是为了某些理论上的目的，而是为了减轻他们的脑力劳动，教会他们怎样学习。观察证明，首先应当教会孩子们从思想上一下子抓住一系列的物体、现象和事件，理解它们之间的联系。孩子应当逐渐从对一件物体的本质和内在规律进行深入观察，转向对一系列物体仿佛从远处、在一定距离之外进行观察。我越研究思想迟钝的孩子的思维，就越深信，不善于理解习题，是因不善于从具体事物得出抽象概念、从具体转向抽象所致。应当教会孩子用抽象的概念进行思维，不让瓦利娅在自己的想象中描绘狼的具体形象，不让她的思想停留在山羊怎样探头去吃白菜上。对孩子来说，所有这些形象都应当是抽象的概念。然而通向抽象的路一定得经过对具体事物的深刻理解。要教会孩子用抽象概念思维。要培养他的思考能力，否则孩子就会拼命记忆、死记硬背，这会使他的思想更加迟钝。

开学后，一月月地过去，我越来越认识到，学龄前儿童家长在教育学方面的修养是多么重要。正是在孩子还未入学的时候，应当多多与父母谈谈教育的问题。为了关怀未来的小学生，我们成立了家长学校，请2—6岁的儿童的父母来学习。我们拟订了学习大纲，其中包括诸如儿童的体力、心理、智力、道德和美感方面的发展，以及家长在思维教育方面对未来小学生的关怀等问题。现在这一学校已长期办下去了。

当父母是孩子唯一的教养人员的时期，也就是在孩子的学龄前时期，家长的教育学知识显得尤为重要。在2—6岁这一段时间内，儿童的智力发展和精神生活主要取决于父母的教育学基本素养，它表现在明智地理解这个正在发展中的人的最为复杂的内心活动。我们极力使家长具备一定的知识和技能。在家长学校的教学中，特别注意了如何教孩子思索、用什么方法发展他的智力这个问题。在多年工作经验的基础上，我们提出了 1000 道关于周围世界的问题，这是孩子们最爱向家长们提出的问题。我们向他们说明，当孩子提问的时候，应当如何回答，应当如何发展孩子的求知欲和好奇心。我们与家长们一起拟订了一个领学龄前儿童到大自然中去散步的大纲，预先定出应当成为观察对象的事物。特别注意到使每一个有学龄前儿童的家庭里都要有重视书籍的浓厚气氛。

多年的观察证明，也存在着能引起智育发展困难的遗传性因素。父母酗酒是儿童机体可怕的敌人，其对娇嫩的思维物质的危害性则尤为严重。

每当出现对解答锻炼大脑的习题有利的条件时，我总是把思索缓慢、记忆困难的孩子安排到靠近自己的位置。往往要想出多种多样的谜语性的习题和趣味性的习题，才好不容易使尼娜的思维活动区之间产生联系周围概念和形象的最初的通路。

记得在一个冬日，我们坐在鱼缸旁。孩子们数着缸里的鱼，有的数多了，有的数少了。于是我说了一道趣味性的习题。

哥哥看到鱼缸里有 2 条大鱼和 4 条小鱼，妹妹看到有 2 条大鱼和 3 条小鱼，妈妈看到有 3 条大鱼和 5 条小鱼。妈妈看到了鱼缸里所有的鱼。鱼缸里到底有几条鱼？

这道题对很多孩子来说没有困难，可是尼娜久久思索着。最后，她高兴地一拍手说道："原来哥哥和妹妹没有看到全部的鱼，而妈妈全都看到了。鱼缸里有 3 条大鱼和 5 条小鱼。有的鱼藏在水草里，所以没看见，可妈妈看见了。"

无论瓦利娅还是佩特里克，也开始能解类似的、甚至比这更难的题目了。

我开始逐步给这几个孩子更为困难的习题，以巩固已有的成绩。到了第三学年，当我们在集体农庄果园中收苹果的时候，尼娜解出了这么一道谜语性的习题：

三兄弟在草地上割草。中午，他们躺在橡树下休息，一会儿就睡着了。妹妹来给他们送午饭，有汤、面包和一人几个苹果。她没有叫醒他们，把装着午饭的包裹放下就回家了。大哥醒来，看到苹果。他把苹果分成三份，但并未把自己的那份全吃完，留了一个给最心爱的弟弟——最小的弟弟。他躺下又睡着了。二哥醒来，他不知道大哥已经吃了几个苹果。他又把苹果分成三份，但他也没有把自己的那份吃完，留了一个给弟弟——最小的弟弟是爱吃美食的小家伙，他躺下又睡着了。最后，最小的弟弟醒来了。他看到有 7 个苹果在包裹里。他想：怎么才能分成三份呢？想了很久，怎么也想不出办法来，一直想到哥哥们醒来，于是一切都搞清楚了。妹妹给三兄弟一共带来了几个苹果？

在我们的习题集里，有很多关于孩子们非常熟悉的劳动的习题。孩子们在解这些习题时，一次又一次地观察大人如何耕地和筛选种子、植树和施肥、收割庄稼和贮藏食品、盖房和修路。建立生活中的这些联系就加强了概念之间的联系。思维和记忆是在不可分割的相互联系中发展的。孩子们采用图画或制作有关物体的简易模型来解答绝大多数的习题。孩子们把谜语性习题、逗乐性习题和益智游戏发表在从三年级下学期开始出版的墙报上。解题成为坚毅顽强、埋头苦干和热爱劳动等品质的一种特殊的竞赛。在三年级的时候，我们首次进行了全班性的数学比赛，发给孩子们难度不同的习题——考虑到使每一个孩子都能取得成绩。数学比赛逐渐引起了其他小学班的注意，于是成为全校性的了。

在童年时代解《周围世界习题集》中的习题，能引起思考，学会思索。如果孩子们不学会思索，如果思维过程不能增强大脑机能，那就谈不上获得数学或其他学科的扎实的知识。

列夫·托尔斯泰建议道："避免一切算术方面的定义和规则，促使他们尽可能多地从事活动，而纠正他们的活动并不是由于没按规则去做，而是由于所做的事没有意义。"[①] 这一建议完全不是反对理论概括——定义和规则，对托尔斯泰的"自由教育"抱有成见的读者一听就可能这么看。正相反，这一建议的宗旨是要学生深入理解

---

① 列夫·托尔斯泰.教育论文集 [M].莫斯科：教育出版社，1953：339.

定义和原理的本质，并且不把原理看成是某种茫然不解的、不知来自何方的真理，而是出自物体本性的规律。教师这样来对待真理，孩子就好像自己"发现"了定义。这种发现带来的欢乐是对思维能量发展起巨大作用的强有力的情感动机。还不能忘却，托尔斯泰的建议只涉及年幼的儿童。

不能把解答《周围世界习题集》中的习题看成是提高算术成绩的唯一手段。这样解题有助于发展思维，但毕竟只起辅助性的作用，并服从课内教学——教育过程的要求。这一手段只有与智育、德育、美育和劳动教育的种种方式和方法相结合，才可能产生效果。形象地说，我把它看成是达到小学主要目的——授予孩子严格规定范围的牢固知识和实际技能的小桥。在数学教学方面，要求与目标的明确性和绝对性起着特别重要的作用。每一学年，我都规定清楚，哪些东西学生应当深入学习并牢固地铭刻在脑海中。有关自然数列原则的知识是决定今后数学教育巩固程度的数学知识的基础。我极力做到一年级的时候，每个学生就能不假思索地迅速回答任何与百以内的加减法有关的问题。为了达到这一目的，我编了一套分析数字组合的练习。没有关于乘法表的巩固知识，我简直不能想象学生会在小学和以后的学习中进行创造性的工作。牢记一个必不可少的范围内的知识，是创造性思维的重要手段之一。

记忆力差的孩子很难思索和想象。如何提高孩子的记忆力，如何以经常可能用作思维工具的概念、真理和概括来丰富记忆力，这是早就挂在我心上的一个问题。"算术箱"成了增强记忆力的手段之一。这是一种直观教具，孩子们用它来检查自己算术方面的知识。检查表现为饶有兴味地构筑数学正方形：用木块组成正方形的各边；在每一木块上标明数字，组成各边的木块上数字的总和必须完全相等。在"算术箱"里有复习乘法表的专门练习题。

算术微电子器——使用电路转动的仪器是增强和巩固记忆的绝妙手段。每个学生都在这一仪器上复习乘法表和自然数列的组成。早在三年级的时候，我们就开始制作算术微电子器，到四年级结业前，我们已经有四台仪器。在进行这一工作的过程中，我再一次确信，思维和动手相结合对学生的智力发展是多么重要。孩子由于参与制作直观教具，原来不稳固的记忆就得以巩固（当然，这得与其他影响思维过程的手段相结合才能取得一定的效果）。

下棋对提高思维水平起着重大的作用。早在"快乐学校"时期，舒拉、加利娅、谢廖沙、尤拉、万尼亚、米沙和其他孩子就学会了下棋。男生和女生经常久久地身不离棋盘。下棋使思维条理化，促使思想集中。但这儿最主要的是增强记忆力。我在观察小棋手们时，发现孩子是如何在思想上重视方才的情景，并想象未来的情景的。我真希望瓦利娅、尼娜和佩特里克能坐下来下棋。我教他们怎么下，而他们则思考怎么走下一步。棋盘帮助我发现柳芭和帕维尔的数学思维。在下棋之前（这两个孩子在三年级开始下棋），我并没有发现他俩思维的灵敏性和倔强性。

不下棋就不可能充分增强智力和记忆力。下棋应当作为智育的因素之一列入小学生活。这讲的正是小学，在小学阶段，智育占着一个特殊的地位，要求专门的工作方式和方法。

我们的环球"旅行"

小学各年级的教师应当力求使孩子的视野逐渐从故乡的田野、森林扩大到祖国与全球的大自然和生活图景。

在一年级的时候，我的学生就已经了解得很清楚，地球是一个巨大的球体，时而以这一面，时而以那一面转向太阳；知道在同一个时候，地球的不同角落里，有的是盛夏，有的是严冬，有的是白天，有的是黑夜。从二年级起，我们开始进行环球"旅行"。孩子们坐在"绿色教室"里，他们的面前是一个被人造"太阳"照射着的巨大的地球仪；"地球"围着"太阳"转，"月亮"围着"地球"转。我对孩子们说："孩子们，这是我们幅员辽阔的祖国。我们居住在离祖国西部边界不远的地方，让我们向东去做一次长途的'旅行'，访问城市和乡村，看一看那儿的人怎么生活。"接着，我就讲述我们一路上碰到的田野、河流、居民点。一边讲，一边展示图片和幻灯片。

暮色已经降临，两小时的"旅行"已不知不觉地过去了，可我们还没有走出 100 千米。孩子们焦急地等着他们继续"旅行"的那一天。

……又出现了城市和乡村、森林和河流、建筑物和古迹，但"旅行"并不显得单调，因为在我们祖国的每一个角落里，孩子们都能看到一些新奇的、富有特色的东西。几天的"旅行"过去了，我们已临近伏尔加河了，看到了水电站，碰到了伏尔加河流域辽阔草原上的牧人。孩子们屏息静气地听着伟大的斯大林格勒战役的故事，这一战役关系着人类的命运。若是没有千万名英雄在这儿殊死守卫，猛烈地反击残酷而又强大的敌人，打断敌人的脊梁骨，那我们今天就不会静坐在这间舒适的教室里了。应当从小就把孩子领进一个充满人类各种遭遇、操劳和忧虑的巨大世界中去。要让孩子感觉到，就是目前，地球上还存在着打算发动新的血腥战争的势力。要让对破坏和平的敌人的仇恨感深深地扎根在孩子的心中，要让孩子从祖父辈和曾祖父辈的丰功伟绩中汲取信念：人并不是命运旋涡中的一粒微尘，而是强大的力量。

孩子们越来越深入祖国内地，在他们面前展现出新奇的图景：富饶的乌拉尔山脉和它取之不竭的矿藏，神秘莫测的原始森林，汹涌的西伯利亚河流……。一连好几天，我们与地质学家——大自然财富的探寻者一起"旅行"，到盛产乌拉尔宝石的美好的地方。我们坐上轮船，在贝加尔湖上航行，我们欣赏着高山峻岭，我们在篝火旁露宿……。我们再朝前走，远东丰富的资源展现在孩子们眼前，而再向前，那就是大海了。我们坐上海轮，向萨哈林岛进发，然后上千岛群岛——我们祖国的白昼就是从这儿开始的。我们"旅行"了将近 3 个月，平均日行 100 千米，与 40 个以上民族的代表见了面，认识了一些出色的人物——农民、建筑人员、矿工、渔民、地质人员。他们全都为我们能够美好地生活而劳动着。孩子们心中产生了自豪感：瞧，咱们的国家多么辽阔、富饶和团结。

我们又进行了好几次到祖国各地去的"旅行"。我们来到北方，面前是一片寒冷和美丽的冻土地带、雄伟辽阔的北冰洋；我们见到了北极地带勘察人员、养鹿人、伐木工人。在西部，我们了解了我们的兄弟古楚尔人的生活，欣赏了山地牧场的美景。在南方，我们在高加索的山间和中亚细亚的平原上"旅行"。

整整一年我们都在旅途中。"祖国"这个词，以其足以激发对苏维埃人英勇劳动的自豪感的鲜明画面充实了孩子们的意识。其他小学班的老师也开始仿照我们的样子在祖国大地上"旅行"。我们极力使孩子把一切以昂贵的代价取得的和苏联人民珍惜的东西纳入"祖国"这个概念之中。

我们到苏联各加盟共和国去"旅行"，从教育的角度讲，这是最有意思的了。我们沿着第聂伯河——俄罗斯、乌克兰和白俄罗斯这三个兄弟共和国的河——开始了这一次的"旅行"。沿着这条伟大的河航行，我们了解了很多城市和乡村，了解了兄弟民族英勇的过去和当前的情况。斯摩棱斯克和洛耶夫，基辅和卡涅夫，切尔卡瑟和克列缅楚格，扎波罗热和卡霍夫卡——哪一个城市都使孩子们记起各民族在国内战争和伟大的卫国战争年代中，为同奴役者做斗争，争取不受剥削，争取自由和独立而用鲜血结下的伟大兄弟情谊。在沿着第聂伯河"旅行"的时候，孩子们聆听乌克兰、俄罗斯和白俄罗斯歌颂故乡河流的美丽和雄伟、歌颂各民族的兄弟情谊的歌曲。讲述在整个苏维埃政权的年代里，我们的共和国有哪些建树，能在孩子们心中激起对社会主义祖国深切的自豪感。

用了几天时间到纪念友谊的地方去"旅行"。我们从乌克兰人民表示要同俄罗斯人民永远联合的佩列亚斯拉夫－赫梅利尼茨基开始这一旅行。我们在想象中经过了几百座乌克兰人和俄罗斯人为争取祖国的自由和独立，为粉碎白匪和法西斯侵略者而共同斗争过的城市。

在俄罗斯苏维埃联邦社会主义共和国内进行的几天"旅行"，给孩子们留下了难忘的印象。在我们面前，呈现出举世无双的多民族的伟大友谊——在俄罗斯土地上居住着一百多个民族。孩子们了解了伏尔加河流域、北高加索、乌拉尔、西伯利亚、远东和极北地区各民族的生活和劳动。

我们在祖国地图上进行了几次访问列宁居住过的地方的"旅行"。乌里扬诺夫斯克、古比雪夫、喀山、列宁格勒（今圣彼得堡）、莫斯科、舒申斯科耶——地图上每一个这样的点都能在孩子的心目中勾画出鲜明的图画：我讲述弗拉基米尔·伊里奇·列宁——共产党和苏维埃国家的缔造者的童年、青年和成年时期。

到白俄罗斯和摩尔达维亚、中亚细亚、波罗的海沿岸和外高加索各苏维埃加盟共和国去"旅行"，使孩子们看到一幅又一幅崭新的描述各民族伟大友谊的图画。由于当时我们班已经与俄罗斯和白俄罗斯的小学生们通信，所以我们想象中的旅行就显得更加生动和有趣。

我们还到国外去"旅行"。我的目标是向孩子们展示地球不同角落里大自然的万千变化和天然美景，向他们讲述世界各国人民生活和劳动中一切美好的东西，引起他们对语言不同的人们的文化、艺术、现在和过去的兴趣，向他们展示整个地球上善与恶的斗争。比起在祖国大地上的"旅行"来，在这些"旅行"中，直观性起的作用要更大些：应当形成对遥远的地区和在我们这儿见不到的大自然的概念。

一开始，我们到四季如夏的国度去。日复一日，孩子们了解了埃及、印度、斯里兰卡、印度尼西亚的大自然、人们的日常生活、劳动和文化——他们听有关这些国家的故事，看有关这些国家的电影。他们好似在挺拔的棕榈树下走过，感觉到热带阳光灼人的暑气和暴雨后的凉爽。他们考察劳动人民的生活。到金字塔之国埃及去"旅行"是引人入胜的。

然后我们又到邻近的国家去"旅行"。我们去了波罗的海沿岸的国家、斯堪的纳维亚国家、中欧诸国、土耳其、伊朗和阿富汗、日本。以同样方式，我们完成了去非洲和南美洲、加拿大和美国、澳洲和南极洲的"旅行"。

地球不同角落里人们劳动的情景，给孩子们留下了深刻的印象。不管人住在什么地方，不管他的肤色如何，也不管他讲的是什么语言，他都在劳动、教育孩子和向往幸福。我极力做到尽可能鲜明地向孩子们展示我们的兄弟国家——社会主义友好国家人民的劳动和生活，激发孩子们对德国土地上第一个社会主义国家——德意志民主共和国的劳动人民的友好感情。

鲜明的例子使孩子们认识到法西斯和德国人民并非一回事，德国工人阶级的优秀儿女在希特勒反动统治的阴暗日子里献出自己的生命来反对纳粹主义——苏联人民与之共同的敌人。

孩子们在环球"旅行"中看到，并不是所有的人都能幸福地生活：世界上存在着人压迫人和到处是贫困和饥饿的国家。孩子们的意识中形成了有关这种罪孽的根源——不公道的社会制度的概念。

孩子们逐渐认识到，世上的剥削者与被剥削者在进行着尖锐的、不可调和的斗争。我极力使我的学生从心底深处体会至今还受剥削者奴役的劳动人民的痛苦，至今仍处于奴隶地位的人民的痛苦。当我们到阿拉伯诸国去"旅行"的时候，我放映了电影，其中的画面使孩子们大为震惊：在某些国家，例如在沙特阿拉伯，他们的同龄人，男孩子和女孩子，戴着镣铐被卖身为奴，被逼赶着去服苦役。奴隶市场的旁边耸立着这个国家统治者童话般的宫殿。孩子们看了感到十分难受。他们开始以另一种目光看待祖国公民的自由劳动了，感到为祖国的福利、为自己的家庭和自己的人民劳动是莫大的幸福。

只要世界上还存在着人剥削人的现象，就不能培养对全人类的爱，因为没有抽象的人类，有的是阶级兄弟——被剥削者和他们不可调和的敌人——剥削者。使每个孩子从小就懂得并打心底里感觉到什么是革命的、共产主义的思想，这是非常重要的。稍加回顾我们祖国不久前的历史，讲一讲祖国人民为自由和独立进行的浴血战斗，用鲜明的例子指出，今天殖民地国家和资本主义国家的劳动人民如何捍卫自己的权利，我一步一步地引导孩子们得出信念，人们为了思想而赴汤蹈火，在思想斗争中，阶级对抗的本质表现得最为鲜明。非常重要的一点是，要使那些为崇高的思想献出自己生命的人成为我们学生的典范。反之，毫无怨言地屈从压迫的那些人，理应受到人们的鄙视。正因为如此，首先展现给幼小儿童的必须是一个人们为幸福的未来而斗争、劳动和生活的世界。

我逐步把孩子从对共产主义思想的理解导向对共产党概念的理解。我通过讲述我们祖国的过去，用鲜明的例子展现了工人阶级的优秀代表人物为了不再有人剥削人、为了劳动人民能过上幸福的生活、为了财富能属于创造财富的人所有而进行的奋不顾身的斗争。谈话中，我绘声绘色地给孩子们讲述列宁和共产党如何发动工人阶级和农民阶级起来推翻专制制度和建立苏维埃政权。我用伟大的列宁的战友、共产党员们的忘我斗争的生动实例说明，为我国各族人民铺平了通向自由和幸福的光明大道和向资本主义国家受奴役的人民指出独立道路的伟大十月社会主义革命，是在何等艰苦卓绝和英勇顽强的斗争中完成的。

在祖国各地的"旅行"中，我给孩子们讲述了在苏维埃政权时期，我们的祖国已改变得令人无法辨认，何等巨大的工厂在它辽阔的土地上建立起来，何等美好的集体农庄点缀着它的大地，苏联人民的文化和生活是如何朝前发展的。我在讲述中着重谈了我们儿童的生活，我们的人民都在保卫着孩子们的幸福童年。

资本主义国家的艰苦生活同苏维埃国家繁荣昌盛的生活形成对比。

在日本的"旅行"中，孩子们知道了广岛原子弹爆炸后得了放射病的千万名居民，知道了重病卧床的小姑娘佐佐木贞子。孩子们深深体验着自己远方的同龄人的悲痛。他们愿意帮助有病的小姑娘，可用什么帮助，又怎么帮助呢？到日本"旅行"之后，过了几个星期，我给孩子们念了一小段报纸上的报道，里面提到佐佐木贞子给自己提出了一个目标：做 1000 只纸鹤（按日本民间习俗，亲手做 1000 只纸鹤，就会永远幸福）。我们也有类似的说法：热爱孩子的妈妈给生病的孩子用纸做很多银色的云雀，它们就能给孩子带来健康。于是男生和女生都去做纸鹤，把它们寄到那遥远的日出之国……。过了几年，我的学生都成了小伙子和大姑娘了，他们仍然以沉痛的心情听着关于佐佐木贞子身体情况的每一个消息。远方朋友去世的悲痛消息就像个人沉痛的不幸似的镂刻在年轻的心灵之中。

世界的范围在孩子面前扩大了。这世界已不仅仅是海和洋、陆地和岛屿、珍奇的植物和动物、北极地带的北极光和热带的终年酷暑，而首先是人、人为幸福的未来所进行的劳动和斗争、人类对幸福和正义的世代想望，而在消灭了人压迫人的那些国家里，这种愿望已成为现实。孩子们不能作为一个冷眼旁观的人，只知道在什么地方发生了什么事情，能讲讲这些事情，而要作为能为人类的命运分担忧虑的人进入这个世界。

在祖国各地和国外地区"旅行"的过程中，切不可忽视一种危险性——知识和印象"过量"的危险性。托尔斯泰向幼儿教师提出建议："避免过分沉湎于（特别在供小学使用的外国书籍中）告诉儿童类似地球有多重，太阳有多重，太阳由哪些物质构成，树木和人如何由细胞组成，人们发明了哪些奇特的机器等科学方面取得的不寻常的成就。"[1] 单纯的结论会对学生产生有害的影响，并使他习惯于听信字面上的东西——这位伟大的作家兼教育家这么解释自己的建议。从他写下这些话起，已过去了几十年，世界已变得不可辨认，科学取得了巨大的成就，幼小儿童的视野也不同以往了。但托尔斯泰的建议即使在今天也仍未失去其价值，不能向孩子们讲述过多的令人惊愕的材料。

什么是帝国主义

我认为一项重要的教育任务是向儿童揭示一条决定我们当代各国人民命运的真理：帝国主义和殖民主义是地球上 20 亿劳动人民残酷无情的敌人；对一部分人拥有巨额财富，而另一部分人则死于饥馑的不平等的社会制度持彻底的反对态度。在资本主义和社会主义残酷的阶级斗争和思想斗争条件下，培育这一道德品质乃是学校的思想核心。

您不可能用概括性语句和科学定义向幼儿讲清楚帝国主义和殖民主义。教师应当用鲜明的、带有客观的感情色彩的事实和形象使他意识到这个问题，并使他义愤填膺，毫不妥协地反对与我们相敌对的制度和思想。

我们在想象中到拉丁美洲去"旅行"。我曾经去过地球这一角落的一些国家，我关于墨西哥、巴西、巴拉圭、智利、阿根廷和哥伦比亚的讲述，使孩子们在思想意识中形成了关于拉丁美洲各国人民独具一格的文化、拉丁美洲奇妙的大自然和勤劳的人民的概念。但当我解释道，为什么在半殖民地的拉丁美洲每分钟要饿死 4 个人、每天要饿死 5500 人、每年要饿死 200 万人时，孩子们大为震惊，在他们面前殖民主义露出了真面目。对于殖民主义来说，人的生命、血液和汗水，千百万儿童的眼泪和痛苦是微不足道的；对于殖民主义来说，富人的利润加利润就是一切。

在孩子的意识中，怎么也不能一下"装进"这样的事实：工

---

① 列夫·托尔斯泰. 教育论文集 [M]. 莫斯科：教育出版社，1953：339–340.

厂、铁路、轮船、飞机都可以归一个人所有。然而事实毕竟是事实，当我讲到离富翁洛克菲勒高级别墅一公里的地方，有成千上万失业的人居住在破棚子里，他们就满怀对不公平的社会制度的愤懑、愤怒和不可调和的仇恨，绝不该这样！

资本主义国家报刊上每天登载的一些消息，给孩子们留下了深刻的印象。我给他们看了英国报纸上刊登的一张少年的照片，他在商店里偷了一个小面包，他在法庭上供认道："我偷，是为了能被抓进监狱里关上一年，监狱会给我东西吃，而在外面我就会饿死。"而就在同一天，商店女主人玛尔黛朱莉·考尔琪科特小姐（伍尔弗汉普顿市）举行了一个招待会，有250位客人参加，招待会共花费了女主人1000英镑（2500卢布）。一次豪华的交际聚会，悼念过了16年温饱日子后死了的女主人心爱的公猫钦卡……，这就是人奴役人。

从南非报纸《兰德每日邮报》上，孩子们了解到约翰内斯堡市有一个名叫米阿的黑人居民病重。他被送到市中心医院，但白人医院的门是不向黑人开放的。他死了。

斯德哥尔摩的税务局雇用了一个会模仿犬吠的年轻妇女。她的职责是在全城溜达，装出各种犬吠声。听到这种犬吠声，那些被主人向税务机关隐瞒起来没经登记的狗就会对她吠叫。请看，对饿死的恐惧心能把一个人置于何等地步——她什么都肯干，即使践踏自己的尊严也干。巴西警察局夜间在首都里约热内卢 ⁹ 对乞丐进行了一次围捕，把他们抓起来，运送到海边，身上捆上石头，绑住手脚，沉入海底……

土耳其《新闻报》报道说，有一个青年妇女杀死了自己的3个孩子。法庭讯问，是什么动机促使她犯下这种可怕的罪行，她答道："我不忍看着自己的孩子们受罪。家里没有一颗粮食，孩子们被冻得发青。于是我下了决心，不如马上夺去孩子们的生命，免得眼睁睁看着他们慢慢地饿死。"

亚丁报纸《阿拉伯半岛少女报》报道说，沙特阿拉伯政府规定了奴隶的新价格：男奴每个250英镑，女奴每个350英镑。

意大利煤矿主决定停止煤的开采，因为售卖美国石油比开采意大利的燃料更为有利。停止矿上的生产，就有500个工人受到失业和饿死的威胁。他们下到矿井里并宣布绝食，声明如矿主不撤销停止开采的决定，他们就不出矿井。矿工们在井下静坐了7天，最终取得了胜利。但他们付出了昂贵的代价才获得劳动的权利：在绝食期间，5人死于井下。

光把这些事实告诉孩子们是不够的，还要讲明道理。例如，孩子们很难理解，为什么资本主义世界的工人有失业的威胁。不要用抽象的话来解释，而要用具体事实做例子，说明什么是私有财产，什么是人剥削人。

孩子们懂得了帝国主义的本质，也就获得了一种最重要的道德品质——阶级鉴别力，就会对奴役压迫的制度有自己的态度，下定为巩固各国人民之间的友谊和为保卫我国社会主义革命成果而斗争的决心。

让孩子体验脑力劳动的快乐和取得学习成绩的快乐

学生的脑力劳动、学习中的成功和失败，是他的精神生活、他的内心世界，忽视这一点会导致可悲的结局。孩子不仅仅在认识和掌握材料，而且还会对自己的劳动有所感受，对自己的成功和失败发表个人的看法。

对幼小的孩子来说，教师是公正的生动体现。请看得了一个不及格分数的一年级学生的眼睛，这个孩子不仅觉得自己是一个倒霉鬼，而且还对教师持怨恨的、有时甚至是敌视的态度。教师实际上不过由于孩子不明白某一点而打了一个2分，可在孩子心目中，他却成了一个不公正的人。

在一所学校里发生过这么一件事。一个学生怎么也弄不明白，植物是如何汲取养分和进行呼吸的，幼芽如何长成叶子，花如何结成果实，等等。教师经常提问这个男生，而且每次都这么说："难道你就不能理解这些简单的、本来你能理解的东西吗？"一次上课时，教师说道："过几天，栗子树就要发芽了，我们全班都上咱们的栗树林荫道去，到了那个时候，如果阿廖沙还讲不出大家都懂得的那个道理，那么就无可救药了。"教师非常喜爱自己的宠儿——

他亲手在路两旁栽种了小栗子树的林荫道。上课前夕，他同几个学生一块儿又一次来到林荫道上欣赏点缀在每一棵树的枝头上的幼芽。可是到了第二天，当全班来到栗树林荫道来上课时，教师惊骇不已：树上所有的幼芽都被掐掉了。孩子们站在那儿神情沮丧。教师看到阿廖沙的眼睛里炽燃着幸灾乐祸的火花。

这一行为的背后，隐藏着孩子精神上的大发作、大爆发，隐藏着他内心深处的痛苦。这个男生对不相信他的力量表示了抗议。但在教育实践中往往还有这样的情况：孩子一连得了几个 2 分之后，就似乎同自己的命运妥协了，觉得什么都无所谓了。有时，孩子对自己分数所持的无所谓的态度会成为小朋友们口中的笑柄，渐渐，所有的孩子都习以为常了，大家习惯于瓦尼娅和佩佳只能得 2 分，不可能得别的分数。这是一个正在形成中的人的精神生活中可能发生的最可怕的事。如果一个人从童年时代起就缺乏自尊心，那对他来说还有什么可指望的呢？

最重要的教育任务之一就是使每个孩子在掌握知识的过程中体验到人的自尊心和自豪感。教师不仅应向学生展示世界，而且还应确认孩子是周围世界中一个会为自己的成绩感到自豪的积极的创造者。教学是在集体中进行的，但孩子是独立地在认识的道路上迈出自己的每一步的；脑力劳动是一个极为个性化的过程，这个过程不仅取决于孩子的能力，而且还取决于孩子的性格和其他很多经常不被觉察的条件。

孩子总是抱着坦率的胸怀和好好学习的真诚愿望进学校的。孩子甚至不敢想别人会把他看成懒汉或倒霉鬼。好好学习是人类美好的愿望，依我看，这是照亮儿童生活的全部意义和儿童欢乐世界的明亮火花。这一火花是微弱的和无所防卫的，孩子以无限信赖的心情把它交给您这位教师，而要是您没有觉察儿童的愿望，那就是说您还没有意识到为自己学生的今天和明天所担负的令人激动的责任。粗心大意地接触儿童的心灵——令人感到委屈的生硬的话语或漠不关心的态度——足以使这一火花就此熄灭。只有孩子在学习中获得成绩，只有他自豪地意识并感受到自己在沿着陡峭的认识小径迈步前进、向上攀登，才能给渴求知识的微弱火花提供合宜的空气。

徒劳无功、毫无结果的劳动，即使成人也会感到厌烦、迷惘和兴味索然，何况我们是在同孩子打交道。如果孩子看不到自己劳动的成绩，渴求知识的火花就会熄灭，儿童心中会结起冰块，在火花没有重新点燃之前（而再一次点燃它是多么困难呀！）用任何办法也难以融化这冰块。孩子失去了对自己力量的信心后，形象地说，他就扣上全身的扣子，戒心十足，一触即发，对老师的建议和批评就会采取粗暴的态度；或者更糟，他丧失自尊心后，觉得自己干什么都不行。当您看到这么一个漫不经心、毫不在意地准备耐心听老师整小时的训斥，毫不在乎地任凭小朋友说他是落后生、会留级的孩子时，您的心就会充满愤懑。还有什么能比扼杀一个人的自尊心更为不道德呢！

学生在童年和少年时代如何对待自己，他在劳动世界中把自己看成一个什么样的人，在很大程度上决定着他的道德面貌。乌申斯基写道，孩子生来不懒惰，他爱独立做事，愿意什么都自己来干。[10]应当教会孩子劳动，教会他思考、观察、理解什么是脑力劳动，怎么才算好好劳动；只有在这之后，才能给他的成绩打分。一个从来不知道学习、劳动快乐的孩子，一个从来没体验过克服困难后的自豪感的孩子，是一个不幸的人。不幸的人是我们社会的大灾祸，而不幸的孩子则是大一百倍的大灾祸。我绝不姑息童年时代孩子就十分懒惰；我不安的是早在童年时代，人往往已成为懒汉，他厌恶劳动，甚至轻视要竭尽全力劳动的思想。但为什么孩子会成为懒汉呢？亲爱的老师同志们，这是因为他不知道**劳动的幸福**。请赋予他这种幸福，教会他珍惜这种幸福，那时他就会珍惜自己的人格，就会爱劳动了。

给儿童以劳动的快乐、取得学习成绩的快乐，在他们的心中激发自豪感、自尊心，这是教育工作的头一条金科玉律。在我们的学校里，不应当有不幸的儿童——那种被什么也干不了的思想折磨着心灵的孩子。学习取得成绩乃是孩子产生克服困难的动力和学习愿望的内在力量的唯一源泉。

如果孩子没有了学习的愿望，那么我们的全部计划、探索和理论就都会化为灰烬，化为死气沉沉的木乃伊。儿童学习的愿望只能同学习成绩一起产生。似乎得出了这么一种似是而非的议论：为了孩子取得成绩，就要让他不在成绩上落后。然而这并非似是而非的议论，而是脑力劳动进程的辩证统一。只有在掌握知识的过程中因取得成绩而产生欢欣鼓舞的心情时，才能产生学习的兴趣；没有欢欣鼓舞的心情，学习就成为孩子的沉重负担。我倒是很想把埋头苦干称作欢欣鼓舞乘以孩子认为他一定能取得成绩的信心。

乍看起来，给学生评分是如此简单的事，然而这却是教师能够正确对待每一个孩子的能力，是保护孩子心灵中渴求知识的火花的能力。在小学四年的教学过程中，我从未给学生打过一个不及格的分数，不管是书面作业，还是口头回答。孩子们学习读、写和解题。一个孩子在自己的脑力劳动中取得了良好的成绩，另一个暂时还没有。一个孩子已经学会了教师正想教给他的东西，另一个还不会，但这并不意味着后者不愿意学习。我只在孩子脑力劳动取得良好成绩的情况下打分。如果学生还没有取得他在脑力劳动过程中力求达到的成绩，我就什么分都不给他打。他应当专心致志地想一想，把自己的作业重新再做一遍。

一年级时，我是在学年开始四个月后才打了第一批分数的。这儿重要的首先是让孩子们懂得刻苦、勤勉的劳动是什么。孩子的作业完成得不好并不是由于他不愿意，而是由于他还没有什么是好、什么是坏的概念，那么凭什么给他打分数呢？我极力让孩子把同一作业做上好几遍，使他以亲身的体验深信，他可以做得比一开始的时候好得多。这有着很大的教育意义：学生好似发现了自己的创造力；他看到自己的进步会感到高兴，就会努力做得比这更好。孩子把自己做得较好的作业与差一些的作业进行比较，就会体验到欢欣鼓舞的心情。

考察一年级的作业，我发现孩子们想法不一样，对自己劳动的评价也各不相同。譬如他们写"oca"（黄蜂）这个词。莉达、谢廖沙、卡佳、萨尼娅、帕维尔字母写得很漂亮、很整齐。尤拉的字母就越出了横格，写得歪歪斜斜；柯利亚和托利亚不是在写，而是在画，他们的字母就同他们在图画本里写头几篇关于大自然的作文一样。在佩特里克的练习本里则是一些小钩子。我没有忙着进行下面的练习，孩子们又把这个词写了好几遍。每重复写一次，孩子们就好像登上了更高的一级，不管是写得差的还是写得好的，都是这样。孩子们眼见他们的事情进展得比开始时好，会感到高兴和幸福。

正是在这种快乐之中产生自豪感和自尊心。多次体验过这种感情的孩子不会去寻找捷径，不会去抄袭旁人的作业。只是当孩子学会了重做自己的作业，并由此产生快乐感和自尊感时，我才开始给他们打分数。当然，只给成绩好的打分。有些孩子在开学四个月后就得了分数，有些则六个月后才开始得分数。佩特里克和米沙在第二学年开始时才第一次得到分数。我给他俩补了课，让他们哪怕今天做得比昨天稍稍好一些，不让他们失去自信心。

教学并不是机械地把知识从教师那儿传授到孩子那儿，它首先是人与人之间的关系。儿童对知识和学习的态度，在很大程度上取决于他对教师的态度。如果学生觉得教师不公正，他会大为震惊。而幼小的儿童往往把不及格的分数看成是不公正的，并为此深感痛苦，因为几乎从来没有过孩子不愿学习的情况。他愿意学习，只是他不会，他还没有能力集中注意力，没有能力迫使自己工作。

如果一个孩子今天、明天，乃至整年都感到教师对自己不公正，那他的神经系统一开始会兴奋，继而就会出现抑制——抑郁、消极和冷漠。兴奋和抑制的剧变会导致孩子得病。乍一看，这是一些奇怪的毛病，即学校神经官能症。离奇的是这种病通常只在学校，在人道主义应当成为师生关系中最重要特征的这个神圣场所发生。学校神经官能症是不公正的产物。家长或教师对待孩子的不公正态度千差万别。首先是冷淡。对孩子的道德和意志力的形成说来，没有比教师对学生的成绩漠不关心更为危险的了。其次是斥责、吓唬、恼怒。而不懂教育学理论的人，甚至还会表现出幸灾乐祸的神气：好，你不知道，那把记分册拿来，我给你打一个 2 分，好让你爹妈瞧瞧，他们的儿子到底是个怎么样的孩子……

我研究学校神经官能症好几年了。因教师的不公正引起神经系统方面的病态反应多种多样，有的孩子表现为紧张，有的表现为由于不公正的欺凌而万分躁怒，有的表现为怨恨，有的表现为故意装成（假装）无忧无虑的样子，有的表现为漠不关心、极端抑郁，有的表现为对处分、对教师和对学校感到害怕，有的表现为装腔作势、扭捏作态，还有的表现为冷酷无情，有时带有病态的表现（这极罕见，但不能忽略）。预防学校神经官能症要靠家长和教师的教育学素养。教育学素养最主要的表现应当是**理解**每个孩子的精神世界，能给每个孩子以必要的关心，并付出一定的精力，使孩子感到大人没有忘记他，并能分担他的伤心、委屈和痛苦。

对孩子来说，来自教师方面的最大不公平是他确实认为教师给他评不及格的分数是不公平的，还企图让家长为此而处罚他。当孩子看到教师一定要把 2 分的事通知家长时，他就会变得冷酷无情，与教师和学校对立。脑力劳动就会成为他所仇恨的事。粗鲁的情感还会转移到其他人身上去，首先是转向家长。

很难想象还有什么比由于不公正而产生的情感上的麻木更能摧残儿童心灵。孩子一旦感受到了别人对他漠不关心的态度，他就失去了对善与恶的敏感性。他分辨不出周围人干的哪些是好事，哪些是坏事。他心里便产生对人的怀疑和不信任，而这就是怨恨的最主要的来源。

现在在教育界可以经常听到关于奖励的议论。诱人的理论像那短命的蛾子一样迅速地出现，又迅速地消失……。可在教育工作中最主要的奖励和最重（但不见得总是有效）的惩罚是评分。这是最锋利的一种工具，使用这工具要求有很高的技巧和素养。

要取得使用这一工具的权利，首先得热爱孩子，不是在口头上对他说自己多么爱他，而要在对他的关怀中表达自己的爱心。列夫·托尔斯泰写道："如果教师只爱事业，那他会成为一个好教师。如果教师只像父母那样爱学生，那他会比那种通晓书本，但既不热爱事业又不爱学生的教师好。如果教师既热爱事业又爱学生，那他是一个完美的教师。"[①]

发自内心的同情心是不可能单靠教学取得的一种品质，而教师的富有人道精神的同情心是建立在智力、道德、美学和情感诸方面修养有机结合的基础上的，这种结合不仅要靠他的学识，也要靠他在集体道德关系中的社会阅历。教师应当意识到和感受到每一个孩子的命运都由他负责，学校正在培养的人的理智、健康和幸福，都取决于他的精神素养和他思想的完美性。

……二年级的语法课。在学习了语法规则和分析了练习后，孩子们做独立作业，目的是加深认识，同时也是检查。作业是要评分

---

① 列夫·托尔斯泰.教育论文集 [M].莫斯科：教育出版社，1953：342.

的。检查了作业本后，我发现米沙和佩特里克的作业完成得不好。如果我打一个 2 分，那么全心全意想好好学习的孩子会把这个 2 分当作一种批评：你们的同学都进了一步，而你们却止步不前。我批改了错误，把字写得漂漂亮亮，作为范例，却并没有给米沙和佩特里克打什么分数。发作业本子时，我对孩子们说：

"米沙和佩特里克还没有争取到分数。孩子们，你们得好好干。独立地完成另外的练习，努力拿到分数。"

孩子们已经习惯于作业完成得不合格就得不到分数。在他们的思想意识中逐渐形成一种信念：完成了的作业并不是以教师的最后"判决"作为结束的。在孩子们面前，通向进步的道路并没有堵死：他未能做成的事，将来他会做成的，说不定今天或者明天就能行。米沙和佩特里克并没感受到那种通常孩子在拿到了一个不及格的分数后，似乎觉得比自己的同学落后了一步的死路一条的感觉。就在课内，他俩提出要求："请给我们练习。"我给了练习。在学习日中，他们挤出时间完成了作业（我们的学习日是这么规定的：每天每个学生有半个小时归自己支配，以便完成他认为必须首先完成的事）。两个孩子竭尽全力想取得分数，证明他们并不比别人差。我检查了作业——几乎同通常在这种情况下发生的完全一样，作业得到了好分数。

当作业要求创造性的智力活动、深入思考和探索研究时，细心用分数作为激起劳动愿望的促进因素就尤为重要。一个孩子的思维进程迅速、敏捷，另一个孩子的则缓慢一些，但这不是说一个孩子比另一个孩子更聪明，或比另一个孩子劳动得更多些。小学的算术课中，解题是教育工作第一条金科玉律——让孩子体验在脑力劳动中取得成绩的快乐，激发他的自尊心和自豪感——的试金石，而且要极力做到使最初遇到的那些困难不致成为孩子的绊脚石。在孩子们尚未学会独立思考、弄清习题的要求和找出解题的途径前，换言之，在孩子们尚未感受到在脑力劳动中取得成绩的快乐前，我不给数学作业打分。这里特别不能允许千篇一律地对待孩子，一个月内，一个孩子可能得到三次算术分数，而另一个孩子一次也没有，然而这并不是说后者什么也没有干，一点进步也没有。他在学习理解习题，而第一道由他独立解答的比较复杂的算术题则是孩子发展过程中重要的一步。

我已多年注意观察数学成绩不佳的学生，并由此证明，在普通学校低年级和中年级，成绩落后的学生从来都不独立解题。他们好似跟在浪头后面游泳，好似把脚伸到小朋友们已经站着的地方：从黑板上或同桌那里抄现成的，实际上根本不知道什么是独立地完成作业。

探寻某种改进教学技巧的方法是不能根除这一恶习的。数学课上的脑力劳动是思维的试金石。这一恶习的根源在于孩子没有学会思考；周围世界连同一切物体、现象、依赖关系和相互联系对他来说都没有成为思想的源泉。经验证明，如果在童年的早期，到大自然中的"旅行"就已成为脑力劳动真正的训练场所，那么班上就不会有一个数学不及格的孩子。物体应当能教孩子去思索——这是使全部正常的儿童都能成为聪明的、富有想象力的、求知欲旺盛的和好学的人的一个极其重要的条件。我向教师们建议：如果有什么东西学生弄不明白，如果他的思想犹如笼中的鸟一样徒劳地在挣扎，那就仔细审查一下自己的工作：您这个学生的思想意识是否已成为同永恒的、兴趣盎然的思想源头——大自然中物体和现象的世界——隔绝的干涸的小湖？请您把这一小湖同大自然、物体和周围世界的大海洋连接到一起，那您就能看到，生动活泼的思想如何像泉水一般喷涌而出。

然而，认为周围世界本身就能教会学生思考，是错误的。没有理论思维，事物与儿童眼睛之间仍被一道看不透的墙隔开。只有当孩子能脱离他周围的具体物体做抽象思维的时候，大自然才能成为脑力劳动的学校。要使孩子学会把相互作用看成是周围世界的重要特征，现实中的鲜明形象是必不可少的。恩格斯在强调黑格尔关于相互作用是全部存在物的 causa finalis[①] 这一思想的正确性的时候写道："我们不能比对这种相互作用的认识追溯得更远了，因为在这之后没有什么要认识的东西了。"将认识相互作用作为抽象思维的直接准备，是发展数学思维的重要条件。习题解答得对不对，取决于孩子是否学会了看到物体与现象之间的相互作用。

---

① 终极原因。——作者

在解题过程中进行的独立的脑力劳动要取得成果还需要孩子在记忆中经常和牢固地保留有概括性的概念，没有这种概括性的概念，思维是不可能进行的（乘法表、自然数列的组成）。

佩特里克长时间不能理解算术题的意思（条件），我没有急于去做解释，主要是要让这个孩子以自己紧张的智力活动去理解物体和现象之间相互依赖关系的本质。然而孩子如若没有理论思维的锻炼，不会进行比较和分析，那么活跃的思想是不会迸发出来的。我带孩子们到大自然中去，教他们一次又一次地进行观察，对比各种物体、性质和现象，教他们发现它们之间的相互作用。我让佩特里克注意观察周围世界中能在儿童意识中形成关于大小和数量等物质最重要性质的概念的一些现象。我极力使这个孩子懂得数字的依赖关系，深信数字并不是某个人臆想出来的，而是实际存在着的。这里最重要的不是要这个学生马上学会算数、运用数字，而是他应当理解依赖关系的最本质之处。

现在我们坐在瓜园的棚子里观察康拜因如何收割小麦。汽车不时载满麦粒离开康拜因飞驰而去。康拜因的谷箱经过几分钟就满了？孩子们饶有兴味地看着表，原来需要十七分钟。人们如何计算好工作时间，才不致使康拜因停工？离谷箱满只剩下五分钟、四分钟、三分钟了……。孩子们焦躁不安：看来，康拜因终究要停工了。只剩下二分钟了，正好一辆汽车从树林后面开了出来。它开到收购站要整整走一个小时。这么说来，人们估计好了距离和时间的相互关系。安排好运粮工作的车辆数正好使康拜因不停工。若是汽车开到收购站不是走一小时而是两小时，那么安排到运粮工作上的车辆要比现在多还是少？

"当然要比现在多，"佩特里克说道，他的眸子快乐地放着光。"现在经常在路上的有三辆车，还有一辆在装，一辆在收购站卸。如果路程比现在长了，那么在路上的车辆就要增多。"

这孩子在紧张地进行智力活动，我看到他已经在考虑，要是路程增长一倍，将需要多少辆汽车。但现在主要的还不是这件事。主要的是他明白了，习题并非无所事事的人们的臆造。习题存在于周围世界之中，因为存在着运动、生活和人类劳动。

佩特里克已升入三年级，然而在习题方面，他暂时仍然没有进展。他还不曾独立地——没有同学或教师的帮助——解过一道题，这使我十分不安。不过我还是相信这个孩子能学会思考。我不仅仅只通过分析作为算术习题基础的那些现象来训练他进行抽象思维，不会计算的思考者掌握不了知识。极其重要的一点是要使佩特里克逐渐在记忆中巩固那些进行思维必不可少的基本的东西。这个孩子经常坐在"算术盒"旁边做练习，并自我检查答数。我注意不让他思索 12-8，19+13，41-19 等于几（如果三年级的学生思索这些，那他就不能理解习题）。

生活告诉我，有时学生对数学束手无策仅仅是由于没理解自然数列的组成，由于对数列的理解没有达到不用再思索基本东西而只把自己全部的智力用于抽象思维这样的程度。正如孩子不把构成词的音节念上千万次，他的阅读就不可能成为半自动化的过程一样，如果他不记住几十个、几百个人们日常生活中由于答数已永远忘不了而无须再加思索的例题，抽象数学思维对他来说依然是百思而不得其解的天书。我力求使思维迟钝的孩子，首先是佩特里克，能尽可能多地掌握数学思维最简单的工具——加、减、乘、除的例题。

我们到大自然中去，我使这个孩子注意大量人们在劳动过程中经常需要解答的习题。这一天终于来到了，这一天我坚信佩特里克完全独立地解答了习题。孩子的两眼发光，他开始说明习题的含义，他的说明虽然前后并不连贯，但我看得出，孩子眼前那一层荫翳终于拨开了。佩特里克感到高兴，我也松了一口气，好不容易等到了这一天。孩子等不及放学，就要跑回家去与妈妈分享快乐。妈妈不在家，他高兴地告诉祖父："我自己解了习题。"佩特里克为自己的进步感到骄傲，而纯洁高尚的自豪是人的自尊心的源泉。没有对自己劳动的自豪感，就没有真正的人。

这一件事曾是我们教师集体思考的对象。我们从另一种角度看到了那些学习困难的孩子。任何时候都不能急于做最后的绝对的结论：这个孩子无可救药了，他命该如此。一年，两年，三年……，他可能却没有结果，但到了时候，就有结果了。思想像一朵花，它逐步地贮存生命的琼浆。我们给花的根提供汁液，使花得到阳光，花就开了。我们要教孩子思索，给他指出思想的源泉——周围世界，赋予他人类最大的快乐——认识的快乐。

我们这些小学班的老师傍晚不止一次地集合在一起，专为研究一个尖锐和困难的教育方面的问题：如何把学生的思维从物体的具体计算、从现象间明显和直观的依赖关系，引向抽象的概括——定则、公式。B. Π. 诺维茨卡娅、M. H. 维尔霍维尼娜、E. M. 扎连科几位老师讲到了一些有趣的事实，这些事实说明，这个过渡并不是在所有的孩子身上都能进行得顺利和毫无困难的。有的学生计算技巧很出色，能迅速地运算，但难以理解习题的内容（条件）。一部分靠鲜明、具体和直观的形象思考的孩子，离开了构成习题的具体数字，就有一定的困难。B. Π. 诺维茨卡娅说到一个女孩子，她念了习题后，马上就想找出答数：她开始计算，但不明白计算的是什么和为了什么而计算。

我们每一个人都碰到过这样的孩子。我们商量通过什么途径，才能把他们从具体思维引向抽象思维。我们得出结论，必须在习题上花一段时间以讨论习题的条件，不用数字、不用运算解题。我们开始组织算术观摩课，其特定目的是：看看儿童如何讨论习题，如何不用运算进行解题。我们相互听课，寻找个别孩子智力发展的途径。

决不允许分数成为束缚儿童思想的枷锁。我总是让最差的学生，看起来最没有指望的思想迟钝的学生有机会思考一下他还不明白的东西。孩子们从来都没有对学习失去兴趣。我通过激发孩子们的自豪感、荣誉感和自尊心，使他们能努力去独立工作。

要让孩子想一想，这远不是初看之下感觉的那么简单的一件事。请仔细观察一下一至四年级学生的脑力劳动，您就会看到，在绝大多数情况下（几乎总是如此），孩子回答不出您的问题（或者完成不了作业）不过是由于他还没有来得及想一想和集中一下注意力（通常是问题来得很突然，孩子有点茫然若失）。我们这些小学班的老师曾专门集合在一起，商量如何让孩子有机会想一想。我们得出结论：任何时候都不能急于做出结论——这个孩子知道或者不知道。经常有这样的情况，教师对孩子说："你不知道，坐下！"孩子刚坐下，忽然脑子"清醒"了，原来他都知道……，他很生教师的气。为什么会这样？为什么我们不能立即找到这个问题的答案？需要观察、观察、再观察，应当研究大量的事实。

孩子达到集中意志力和思想的目的之后，就会厌恶偷偷提示、带小抄和抄袭。我与孩子之间一向都保持着相互信任和相互关怀的关系。学生从不害怕坦率地告诉我说，尽管他苦苦思索，但还是没有完成作业。孩子们的一切疑虑、快乐和痛苦都向老师诉说。我从来不是孩子们的报忧者，一个不及格的分数对孩子说来是一个重大的忧患。一个教师几乎每天都要对孩子说"你得了2分"，孩子的精神该多痛苦呀。微不足道的痛苦，就足以使孩子感到自己很不幸。孩子一旦习惯自己的痛苦，就会对周围一切抱漠不关心的态度，心肠变硬了，到了这时候，悲剧就进一步发展了。一副铁石心肠，是残酷的肥沃土壤。如果班内有不幸的孩子，而同学们又不设法减轻他们的厄运，那就永远不会有良好的、友爱的和相互关怀的集体。

然而也不允许用分数来娇纵学生，遗憾的是，这正好经常在学校中发生。只要孩子说出了一个词，马上就给他打一个5分。往往还有这样的情况：用同一个问题提问好几个学生，而每个学生都得了分数。其结果是形成了孩子对学习的轻率态度。孩子始终应当意识到分数是在智力上做出努力的结果。

学生应当深信，智力活动是一种劳动，要求巨大的努力、集中意志力、善于迫使自己舍弃很多娱乐。正是在劳动的气氛中，才能形成顽强性和意志力。学生如果学会了批判地对待取得的成绩，对自己的工作感到不满，并力求做得更好些，他永远不会成为一个游手好闲的人。

孩子亲身体验到脑力劳动如何取得成绩，就会习惯于自我监督。顽强工作、争取优异成绩的习惯，使孩子对粗心大意完成的工作、无所事事和懈怠懒散不能容忍。

当劳动的欢乐和学习的成绩已成为激发孩子学习的主要动力时，班内就不会有偷懒的学生了。真正的教育大师很少去同个别偷懒的学生进行斗争，他们同作为智能冬眠的后果的懒惰进行斗争。

只给脑力劳动优良的成绩评分的制度渐渐被低年级班、中年级班和高年级班全体教师所采用。读者可能会产生问题：在学季末或学年末，若是有的学生某门学科没有成绩，那该怎么办呢？问题就在于对孩子来说，没有成绩是比2分还要大得多的灾祸。学生在意识里确立了这样一种思想：如果我还没有分数，这说明我还没有好好地下功夫。因此我们几乎没有学年即将终了而学生还没有成绩的情况。4 年间，我有 6 次在学季结束时没有给孩子打分。家长知道，如果儿子或女儿的记分册里没有成绩，说明并不是一切顺遂。他们也知道，没有成绩不是孩子的过失，而是孩子的不幸。而有了不幸，就应当帮助。于是我们一起来帮助学生。我说服家长们，要他们切勿要求孩子取得最高的分数，不要把不及格的分数看成是懒惰、懈怠和不够用心的标志。

个别教师轻率地使用分数这一细致的教育工具。在很多学校里已形成一种看法，3 分似乎是一种该受指责的东西。"我们在学习中要消灭 3 分！"——这种口号响彻少先队的集会。这种口号在儿童报刊上也可以见到。教师鼓励这样来对待中等的学习成绩，实际上是在挖自己的墙脚：造成孩子不求甚解、粗枝大叶。

二年级开学后过了几个星期，孩子们就登记记分册，把课内得到的分数记入册子。孩子企图向家长隐瞒分数的事，一次也没有发生过。如果分数反映进步的快乐，根本就不可能隐瞒分数。教师不需要在记分册里签什么名，签名是旧学校连同它师生之间互不信任和相互怀疑的气氛的残余。如果班内没有相互信任，如果孩子企图欺骗教师，如果分数成为成人用来驱赶孩子的鞭子，正确教育的基础本身也就被毁坏了。

学校中最大的一种不幸——孩子不诚实，既欺骗教师又欺骗父母——就始于不公正地打一个 2 分。孩子为了向父母隐瞒自己在学校得的坏分数，向教师隐瞒自己的懈怠，他什么诡计使不出来呀。你越不信任学生，孩子就越在欺骗的花样上翻新，懒惰懈怠的土壤就越肥沃。懒惰是不信任的产物。我教的孩子，他们首先是活生生的人，是活蹦乱跳的孩子，其次才是学生。我给他打的分，不只是他知识的测量器，首先代表的是我对他这个人的态度。

我向全体教师建议：请你们珍惜孩子好奇心、求知欲和渴求知识的火花。点燃这一火花的唯一能源就是劳动中取得成绩的快乐和身为劳动者的自豪感。要用恰如其分的分数奖励每一次取得的进步和每一次困难的克服，但不能滥用分数。别忘记，你们教学技巧的基础就在孩子本身，就在他对知识和对待您、对待教师的态度之中。这就是学习的愿望、激奋的精神、克服困难的决心。要关怀备至地加强这个基础，没有它就没有学校。

"童话室"

童话、游戏和幻想，是儿童思维活动、高尚情操和志向的生机勃勃的源泉。长年的经验令人信服地说明，因受童话形象影响而在孩子心灵中产生的美感、道德感和理智感使思维活跃，从而推动大脑积极工作，并使活动的思维区之间产生活跃的联系。通过童话形象，语言连同其最细微的含义就进入了儿童的意识；它成为孩子精神生活的一个领域及表达思想和情感的手段，也就是思维的生动体现。在童话形象激起的感情的影响下，孩子学习用语言思索。没有童话——生动、鲜明而又触动儿童意识和情感的童话，就不可能想象有儿童思维和作为人的思维和语言的一定阶段的儿童语言。

儿童深感满意的是他们的思想能翱翔于童话世界之中。孩子能够五次、十次地重述同一个童话，而每一次都能发现一些新东西。借助童话形象，孩子们迈出了从鲜明、生动和具体的事物到抽象事物的第一步。如果童话在我的学生的精神生活中不占据很长一个阶段的话，那他们就不会掌握抽象思维的能力。孩子清楚地知道，人世间并不存在妖婆、青蛙公主和长生不老的卡谢依，但是他在这些形象中感受着善与恶，每当他重复讲述同一个童话时，总会表达他个人对好与坏的态度。

童话与美是分不开的，并有助于美感的培育，没有美感，就不可能有高尚的心灵和对他人的不幸、悲伤和痛苦的真诚的同情心。借助于童话，孩子不仅用智力，而且也用心灵认识世界。同时，不仅认识，而且对周围世界的事件和现象做出反响，并表达自己对善与恶的态度。孩子关于正义和非正义的最初观念是从童话中汲取的，最初的思想教育也是借助童话进行的。只有当思想体现在鲜明的形象中时，儿童才能理解它。

童话是爱国主义教育的丰富而不可替代的源泉。童话内容中深深蕴藏着爱国主义思想，人民塑造的、千百年流传着的童话形象把劳动人民强有力的创造精神以及他们对生活、理想和向往的看法传至孩子的头脑和心灵。童话之所以能培育对祖国、故乡的热爱，就因为它是人民的创作。当我们欣赏基辅圣索菲亚教堂令人惊叹的壁画时，我们领悟到这些壁画是人民生活的一部分，是人民巨大智慧的产物，因而在我们的心灵中激起了对人民的创造精神、匠心和技艺的自豪感。民间童话对孩子的心灵也起着同样的作用。童话看起来只是以纯粹的"日常"生活为题材的：爷爷和奶奶种了个萝卜，……爷爷决定骗骗狼，于是用草扎了一头小公牛……。但是这个童话的每一句话就像不朽的壁画上最精细的线条，每一句话和每一个童话人物身上都饱含富有人民精神的创造力。童话是人民的精神财富，孩子了解童话，也就了解了自己的人民。

"快乐学校"开办三个月以后，我们布置了"童话室"。在高年级同学的帮助下，我们创造了一个环境，孩子们置身其中感到犹如置身童话人物的世界。我们花费了巨大的劳动使周围的一切都能唤起孩子对妈妈以前讲过的童话的回忆和对黄昏和壁炉中欢乐的火光的回忆。瞧，这就是凶恶的妖婆住的地方——支在鸡腿上的神奇小屋，周围是高大的树木和一些树桩，小屋旁是一些童话人物：狡猾的狐狸、大灰狼和聪明的猫头鹰。一个角落是老公公和老婆婆的小屋；空中，天鹅在飞翔，翅膀上坐着一个小男孩，他就是乌克兰民间童话的主人公伊瓦西克－捷列西克。另一个角落是一片蔚蓝色的海洋，岸上是善良的老爷爷和贪心的老太婆那破败的小屋，门口放着一个旧木盆，老头儿和老太婆一起坐在土堆上，而大海中小金鱼在遨游。还有一个角落是隆冬的森林、雪堆，一个小女孩在雪堆里蹒跚而行，她的脚深深地陷进积雪，她就是那个被后母逼着在寒冷的冬季去采摘野果的小姑娘……，小山羊从一所小房子的窗口探出头来。这里是那只大手套，里面住着一只老鼠，几个不速之客正冲着它走来。一个用胶合板制成的大树桩上坐着几个玩偶——小不点儿姑娘、小灰兔、狐狸妹妹、狗熊、狼、山羊、草扎的小公牛，还有"小红帽"姑娘。

这些都是我们自己陆续做出来的。我动手剪、画、贴，孩子们帮我的忙。布置孩子们听故事的环境时，我很注重周围的美学特点。每一幅画、每一个形象都要使孩子接受艺术语言的能力变得更加敏锐，要使童话的思想得到更深刻的揭示。甚至"童话室"的照明也起着很大的作用。当讲青蛙公主的故事时，丛林里便亮起一个个小灯泡，暗淡的绿光笼罩全室，把故事发生的环境很好地烘托了出来。

我并不经常把孩子带到"童话室"去，一周一次，有时两周一次。任何时候都不应以饱和的程度来满足美学方面的需求。一达到饱和程度，就开始出现虚情假意、庸俗的不满、乏味、"消磨"时光……。我们在秋季和冬季的傍晚到这儿来，在这种时刻讲故事非比寻常，孩子们听起来，感觉就不同于在一个晴朗的白天讲故事。外面天色渐渐暗淡下来，我们不开灯，在昏暗中静坐着。忽然，童话故事中的小屋子的窗口亮起灯火，天空闪烁起星星，月亮从树林后面升起。室内朦朦胧胧，角落里的光线更暗。我就给孩子们讲关于妖婆瘦骨嶙峋的脚的民间故事。乍听起来，我讲的内容，孩子们全知道，但他们的眼睛闪着兴奋的光芒。孩子们对故事主人公的命运感同身受，他们憎恨凶恶的东西，热烈地同情善良的东西。凶狠的妖婆、轻信的小姑娘阿莲卡和善良的天鹅等玩偶在孩子们的意识中获得了生命，变成了有头脑、有感情的人物。童话对年幼的儿童来说，不只是幻想性的故事；这是一个完整的世界，孩子在这个世界中生活、斗争，并以自己的善良意志对抗邪恶。故事的语言成了表达孩子精神力量的实际形式，同游戏中的动作、音乐中的旋律所起的作用一样。孩子不仅想听故事，而且也想自己讲故事，正如孩子不仅想听歌曲，而且也想自己唱，不仅想观看别人游戏，而且也想自己参加游戏一样。

过了几天，孩子们问道："我们什么时候去'童话室'？"对快乐的时刻的期待激动着孩子们，于是我们再次在一个黄昏时刻集合，再次由我来讲童话故事，然后由孩子们自己讲。在这种时候，最腼腆的孩子也变得大胆和坚决了。在另一些情况下说话前后不连贯、缺乏条理的孩子，这时也会说得生动流畅、娓娓动听。在语言和思维发展上有困难的孩子，如尼娜、佩特里克、柳达、斯拉瓦和瓦利娅也都讲了故事。

每次我们去"童话室"时，孩子们总想玩一会儿。不管是男生还是女生，大伙儿都能找到心爱的玩偶或玩具。游戏变为创造性的活动：孩子们成了童话中的角色，而玩偶在他们手中则帮助他们更好地表达思想和感情。一个孩子抓起了一个玩具——草扎的小公牛（著名乌克兰童话中的一个主人公），一个拿起了老婆婆这个玩偶，另一个拿起了老公公这个玩偶。这时孩子们就已经生活在童话世界里了。他们不仅重复角色的原话，而且把自己的想象带进童话来做游戏，他们在进行创造。有些女孩子只是想玩一玩娃娃，于是一个孩子把娃娃放在沙发椅上，用动人的嗓音向它说着温柔和关切的话；另一个女孩子的娃娃病了，她正在给它治病。

男女生玩娃娃一连玩上几年，这并不使我担忧。这不像一些教师有时想的那样是什么"幼稚病"，这还是那个童话，还是贯穿编和听童话的创造过程的那个有生命的人物的化身。娃娃是有灵性的形象，按照法国作家圣埃克苏佩里的说法，它正是孩子想"亲近"的那个形象。[1] 每一个孩子都愿意有一些挚爱至深和无比亲切的东西。我非常留意地观察过孩子和他们心爱的玩偶之间形成的精神上的关系。我为男生能同玩偶长时间地友好相处而高兴。瞧，柯斯佳有一个毫不起眼的玩偶——一个拿着钓鱼竿的老渔翁。这个玩偶有好几次断了腿，最后，柯斯佳给它安上了一小块木头，此外，还削了一根带丫的拐杖，老渔翁拄着它就可以去河边了。这个男孩喜欢同自己的老朋友聊天，告诉他哪儿有鲫鱼和鳊鱼……。拉丽萨心爱的玩偶是奶奶和小孙孙。这个女生给奶奶做了一副眼镜，脚下垫了一块保暖的小地毯，肩上披了披肩。瓦利娅也有两个玩偶——一只小猫和一只小老鼠。小姑娘每周都在小猫的脖子上系一个新的蝴蝶结，而不知为什么给小老鼠带来了一条绿色的小毯子。

孩子们在"童话室"里的幻想是无穷无尽的。只要孩子看到一件新鲜东西，就会在意识中把它同别的事物联系起来，产生幻想，孩子的想象便活跃起来，思绪激荡，双眸发光，语言流畅而又滔滔不绝。考虑到这一点，我就有意使"童话室"的各个角落尽可能有多种多样会相互产生某种现实的或幻想性联系的东西展现在孩子们的眼前。我希望孩子能幻想、创造和编撰新的童话。那里有一只单腿站立的白鹭，旁边是一只惊恐的小猫——儿童以想象力创造了几则以白鹭和小猫为主人公的有趣的童话。这儿有一只带桨的小船，旁边有一只青蛙，这场景本身就在提示人去编撰童话。熊窝里探头探脑的小狗熊、蚊子和苍蝇——同小狗熊相比，蚊子和苍蝇的个头大得出奇（但在童话中这是情有可原的），小猪仔和放着一块肥皂的洗脸池……，这一切不仅能引起孩子们的微笑，而且使他们产生幻想。

如果我使一个在思维发展上遇到较大困难的孩子想出一个童话故事来，并在想象中把周围的几件事物联系起来，那我就能满怀信心地说，这个孩子已学会了思索。上面我已说过，我曾花费了好大的力气去激发瓦利娅的思维和巩固她的记忆。激发她思维的方法之一就是把周围事物和现象的联系骤然揭示出来，使她产生惊奇的感觉。另外一个也很重要的办法就是童话。瓦利娅很长时间都未能独自编出一个故事，这使我焦虑不安。直到第三学年，这个小姑娘终于编了一个关于青蛙、小船和小鱼的故事。下面就是故事的内容。

青蛙看到一只小船泊在河边。打鱼的老爷爷把船留在那里，自己进村取吃的去了。小青蛙想划一划船。它爬出小水洼，跳进小船，操起了桨。就在这时候，小鱼游过来说道："你这是想干什么？你只会在水洼里游，可船喜欢深水。"青蛙没有听小鱼的劝告，把船划向了水洼。当划近的时候，船也说话了："小青蛙，小青蛙，你把我往哪儿划呀？"青蛙回答说："我划你到我居住的水洼里去，让我们所有的青蛙瞧瞧，我是怎么划船的。"小船微笑了一下想道："等老爷爷来了，看他怎么教你划船。"青蛙吃力地把船划进了水洼。船陷入了污泥，再也不能朝前移动了。青蛙呼哧呼哧地直喘气，可是船还是纹丝不动。青蛙们都已从水洼中爬了出来，把什么都看得一清二楚，因为小青蛙早冲着水洼喊过："看哪，我划船划得多好啊！"小青蛙害起臊来，一下子跳进水里，烂泥四处飞溅。青蛙们大笑起来。打鱼的老爷爷来了，把小船从污泥中拖了出来。青蛙们被惊动了，它们藏进厚厚的绿藻里。晚上，它们大着胆子爬出来，咯咯地笑了起来。从此以后，每晚它们都咯咯地笑——从晚上到天明，水洼里响彻青蛙的叫声。这是它们在笑爱说大话的小青蛙。

创作童话故事对孩子们来说是一种最有趣的和富有诗意的创造性活动。同时，这也是发展智力的重要手段。

如果您想要让孩子能创作和塑造艺术形象，那你就要把自己的创作火花中的火星播种到孩子的意识中去，哪怕一颗也好。如果你不善于创作，或者你认为俯就儿童的趣味世界是一种无聊的消遣，那你将一事无成。

季娜在"童话室"里有自己心爱的娃娃——一个冶金工人形象的娃娃，它长着一张被铁水照亮的脸。小女孩记得在冶炼车间同冶金工人的会见，而现在，时过三年，她编了这么一个关于火红的铁水的有趣的童话。

在一个大火炉旁站着一个巨人。他在化铁。铁水沸腾，翻滚作响。巨人走近炉子，打开炉门，于是火红的铁水奔流而下。铁水一边流，一边说："人们啊，别错过机会，快取走通红的铁水，把它做成一切需要的东西。"聪明的工匠来到火红的铁水旁，把铁水取出来，翻砂浇铸，用铁水做成人们需要的种种物件。

在儿童的意识中产生了现代巨人——苏维埃祖国保卫者的形象。反法西斯的战争和苏联人民的英勇战绩，在我国人民的记忆中和整个精神生活中留下了不可磨灭的痕迹。捍卫祖国的英雄在儿童心目中是神话般的巨人，他们编了鲜明动人的故事来讲述这些巨人的事迹。孩子们创作的所有关于我们人民中的巨人的故事，都有苏维埃人的英勇、不屈和高尚的品质贯穿其中。下面是丹卡创作的故事：

母亲送儿子去参军。她说道："儿子啊，取走一把故乡的土吧。记住，你是它的保卫者！"儿子抓起一把故乡的土，放进了红色的小绸袋中，并且永远没有让它离身。敌人发动了侵犯我们祖国的战争。儿子在边境上遭遇了敌军的士兵，他用机枪扫射他们，敌人跌进河里。儿子一步也没有后退。但突然敌人的子弹打伤了他的头部，血流进了眼睛，两手软弱无力。敌人靠近了，他们想：我们活捉他。儿子想起了那一把故乡的土。他的手触到红色的袋子，马上增添了巨大的力量。年轻的勇士又开始射击，敌人都淹死在河里，而在这时，援兵到了——有高速飞机和强大的坦克。

我记下了孩子们在黄昏时刻创作的故事。这些故事对我来说是宝贵的，因为它们是我在孩子们身上点燃的明亮的思想火花。如果不进行创作，不编童话故事，很多孩子的语言将会是前后不连贯和缺乏条理的，而思维也将会是混乱的。我确信，儿童的美感和词汇量之间有着直接的联系。美使语言具有了感情色彩。童话越有趣，儿童置身其中的环境越不寻常，儿童的想象力就越活跃，孩子们创作的形象也就越出乎意料。我的学生在傍晚时分编述的几十个童话故事都收在手抄的集子里，题名为《黄昏的童话》。

《黄昏的童话》里收着饶有兴味的关于飞禽走兽和花草树木的故事。编述关于花卉的故事，给孩子们和我带来的喜悦尤其多。我给男女学生们讲了人的感情生活，讲了在描写花的歌曲和传奇故事中寄托着的感情。我给童话故事开个头，孩子们就用幻想创造出鲜明的形象。

我们每隔两三个月改换一次"童话室"各个角落的布置——用胶合板镂刻新的人物形象、树木、灌木丛，搭盖小房子、童话式的宫殿、渔夫的茅舍和窝棚。孩子们学会了用纸浆板制作童话中的人物，这就丰富了童话世界。就这样，我们给很多故事做了"插图"：有《伊瓦西克－捷列西克》（乌克兰民间童话）、B. 茹科夫斯基的《十二个睡美人》、C. 阿克萨科夫的《小红花》、B. 达利的《尖牙齿的老鼠和阔气的麻雀》、B. 加尔申的《青蛙旅行家》、安徒生的《白雪皇后》、格林兄弟的《不来梅的乐师》、Ⅲ. 彼罗的《睡美人》、《美丽的长辫玛丽娅和瓦纽什卡》（俄罗斯民间故事）、《自己家里的钉子》（瑞典民间故事）、《夏伯阳的故事》和《驼背的麻雀》（日本民间故事）。这些童话就像给我们带来幸福、为我们所喜爱的人的形象永存在我们意识中一样，就此进入了孩子们的精神世界。孩子们将终生逐字逐句地记得他们曾听到过的故事，虽然从来谁也没有要求他们这样做。当语言以其独特的美激动着孩子时，它就永远被铭记在心。这样的记忆不仅不会使记忆力感到负担过重，相反，还会使之更加敏锐。

第一次讲述一个新的童话，这在儿童生活中是一件大事。我永远忘不了我们是怀着何等激动的心情为安徒生的童话《白雪皇后》布置环境的。那是第二学年的事。初冬的暮色笼罩着大地，孩子们来到"童话室"。故事发生的环境——尖顶的房子、高耸的山岩中奇异的宫殿、快腿鹿和雪堆——都是孩子们自己动手做的。但当时并不是所有的人都听过这个童话。转瞬间，小房子里亮起灯火，空中飘起雪花来，薄暮降临。孩子们屏息静气地听着教师讲。故事结束了，孩子们请求再讲一遍。对我来说，对语言这样入迷是十分珍贵的。孩子们请求讲多少遍，我就讲多少遍。孩子们一次又一次地想听白雪皇后的故事并不是因为他们一定要记住其中的话，而是因为这些话听来像是奇妙的音乐。

教师时常在想，怎样才能使孩子深入地掌握祖国的语言，使祖国语言进入他们的精神生活，变成锐利而准确的刻刀、色彩缤纷的调色板和认识真理的精巧工具。语言是思想的具体表现，只有领会祖国语言含义的同时也能领略祖国语言的鲜明感情色彩和动人的音乐韵律，孩子们才能掌握祖国语言。孩子领略不到语言的美，也就琢磨不透语言含义的奥妙。孩子不去幻想，不亲自去创作那被称为童话的作品，就谈不上美的领略。童话是积极的美的创作，包括孩子精神生活的各个领域：智力、感情、想象和意志。创作始于讲述，其最高阶段是表演。

在我们的"童话室"里成立了一个木偶戏剧团和一个话剧小组。在这里，孩子们第一次表演了一个名叫《大手套》的乌克兰民间童话，在这只大手套里，居住着许多勇敢的走兽。随后，他们又兴致勃勃地排演了《青蛙公主》和日本童话《驼背的麻雀》。到了第四学年，他们集体编写了《蜻蜓音乐家》的童话，并扮演了其中的角色。

在"童话室"里，我第一次给孩子们朗读了《鲁滨孙漂流记》这部中篇小说，朗读了《缪高津历险记》《格列佛游记》《萨尔坦王的故事》和短篇小说《小音乐家扬科》。孩子们将永志不忘那几个严冬傍晚的魅力，当时窗外风雪大作，他们却同乘船罹难的鲁滨孙一起登上了杳无人烟的荒岛，同他一起经受同大自然进行严酷搏斗的苦难。在"童话室"里，我们读完了安徒生、托尔斯泰、乌申斯基、格林兄弟、楚科夫斯基以及马尔夏克等作家写的所有的童话故事。多年的经验证明，如果童年时代读过关于善与恶、真理与谬误、诚实与虚伪的作品，那么这些作品中的道德观念就会成为这个人的财富。童话与童年有着不解之缘。

我们的朗读有自己的特色。这里提到的那些童话和故事，我都能背诵出来。我把书带来只是为了向孩子们展示插图。如同讲故事一样，朗读也是培养理智和善良的人道主义情感的有力工具。

可以毫不夸张地说，童年时代的朗读，首先是对心灵的哺育，是人的高尚品质对儿童灵魂深处的触动。那些揭示高尚思想的故事总是一点一滴地将人性倾注到儿童的心里，构筑善良的心地。

我们的"奇异海岛"——童话续编

吸引着孩子的总是一些异乎寻常的东西，如旅行和探险的浪漫情调、同大自然自发现象的斗争等。当我最初给孩子们讲《鲁滨孙漂流记》时，他们就想扮演旅行家，聆听海浪的声响和瀑布的轰鸣。孩子们决定建造一个自己的"奇异海岛"——一个能使孩子们生活在游乐世界中的神奇场所。这个"岛"，我们建在乌荆和洋槐的树丛中：造了鲁滨孙的住房，设置了防备野兽的围栏，搭起了我们小说主人公使用的那种炉灶；开了一个小小的窗子，从这儿可以瞭望一望无际的"大海"；挖了小小的田畦，播种了几十颗小麦和大麦的种子。柯利亚还从家里牵来了一头小山羊——因为在鲁滨孙的家业中就有山羊。我们搬来了旧木桶、绳子、砖头，用铁箍做成刀子，还编织了渔网准备捕鱼，还像原始的猎人那样用两块干木块摩擦取火——因为很可能鲁滨孙除此而外并无其他办法取火。

下雨天，我们取土造房时挖的那个坑里积满了雨水，变成了一个池塘。孩子们在里面嬉水玩乐，想象把他们带进了无边的海洋。既然有海洋，那就得有海船：孩子们找到了一方柳木，开始用它来造一只小船。这可不是一件轻而易举的活计，但终于胜利完成了，船上装了风帆，它已经可以出航了。

在小土丘的背后——在孩子们的想象中那是一座大山——我们创建了"小人国"。用胶合板和芦苇建造了城市——"小人国"的首都；用泥塑造了马、牛、羊，还塑造了叙事诗中的勇士伊利亚·穆罗梅茨和他的敌人、强盗索洛韦伊的形象。这些泥塑就摆在灌木丛中。这是古俄罗斯茂密的森林。在夏季寂静的傍晚，我们来到这里，每个人都想在这里讲一个关于勇敢和坚毅的勇士的故事。

当我们深入不易通行的灌木丛时，我们在沟壑的斜坡上找到一个不大的坑，这是凶狠的长生不老的卡谢依的洞穴，就在这儿，在神秘莫测的深处，美丽的公主受着折磨。

天气暖和的时候，如果我们不能到较远的地方去旅行，我们就在休假日到"奇异海岛"来。我们在鲁滨孙住房的附近搭起了窝棚。这是我们喜爱的地方，幻想的翅膀把我们从这儿带进童话世界。童话故事的主人公近在咫尺，当夜幕降临大地时，我们好像听到强盗索洛韦伊的口哨声、长生不老的卡谢依哼哼唧唧的声音和穿着皮靴的猫那小心翼翼的脚步声。在这儿，儿童幻想的火焰燃烧得特别旺盛。尤拉、加利娅、季娜和维佳在这个地方创作了美妙的童话故事。环境本身就激发人去想象。思绪潮涌，畅流不止，孩子们能找出表达自己感情的贴切词语。下面是谢廖沙编的关于金色彩虹的故事。

一天傍晚，魁梧的铁匠们来到太阳跟前说道："太阳啊，太阳，我们的铁锤已经敲坏了。不久我们就没有锻造银线的材料了。铁砧也破旧了。放我们到地球上去吧，我们去取一些铁来。"太阳答应了铁匠。魁梧的铁匠们开始走向人间，可是乌云挡住了他们的去路。铁匠们透过乌云遥望大地，很高很高的，这怎么下去啊？他们又回到太阳那里说道："太阳啊，太阳，我们怎么下到地上去呢？造一座桥吧。"太阳放射出自己的光芒，穿过乌云，一座太阳桥闪现在空中。而在地上的人们看来那是一条金色的彩虹。铁匠们下到大地上，从人们那儿取了铁，通过太阳桥又回到了太阳那里。当太阳一看到铁匠的白胡子，就收起了金色的光芒，彩虹就消失了。从此以后，当天空一出现乌云，太阳就派魁梧的铁匠到地球上来取铁。冬天没有金色的彩虹，因为白天太短，魁梧的铁匠难得用锤打铁。

我非常高兴的是每个孩子都在这里编了自己的童话。静悄悄的夏日傍晚将永远留在记忆中：太阳落山了，天空变成了灰色。每年盛夏时，都有几天这样的傍晚。好像天空本身放射着暗淡的光芒，黄昏比通常要长些，天空久久不闪现星斗……。孩子们默默无言，沉醉在大自然的美景之中。在这种时刻，幻想的火花，炽燃得特别明亮。下面就是我们听到的尼娜编的一个童话：

太阳到自己神奇的花园中去休息了。它躺下休息，可是忘了闭上眼睛。于是魁梧的铁匠以为还是白天。他们打呀打，锻造着银线。银线散开了，化为粉末。银色的粉末在天空中四处飞扬，闪闪发光。

当听到这篇美妙的童话时，我的心就剧烈地跳动起来。大自然的魅力、童话故事的神奇形象——这一切打开了儿童意识中思维的源泉——怎能不使人高兴呢。不知道为什么，在最最漫长的六月的傍晚，灰色的苍穹像一个神秘的罩子，在这种时刻，孩子们的想象异常活跃。

三年级结业之后，孩子们很想在"奇异海岛"上建立一个"游击队司令部"。"司令部"按常规设立在窑洞里，这是高年级同学帮我们挖好和布置的。一个引人入胜的、持续好几个月的游戏开始了。孩子们想在夜里玩，这是难以劝阻的。他们出去侦察，学会了使用指南针。他们制作了木制的"自动步枪"和"机枪"，在出发执行战斗任务之前还发布命令。

最后一学年中，孩子们被俄国童话作家 П. 巴若夫的作品《孔雀石箱》迷住了。当我读到奇异的乌拉尔宝石、贮藏着善良的"铜山女主人"无数财宝的岩洞的惊人美景和孔雀石的碎片时，孩子们眼中闪烁着快乐的火花。在这些日子里，孩子们想创造出一些美丽的、神秘的和浪漫主义的东西来。有人便想出建造地下翡翠王国的主意来。我们就开始收集绿色、蓝色、浅蓝色、橘黄色、绛红色和嫣紫色的玻璃片，把它们镶在我们窑洞的墙壁上。当窑洞中点起一盏小小的灯，而四壁辉映出五彩霞光时，孩子们被美景激起的欣喜和赞叹的神情是难以用言语形容的。在这里诞生了新的童话故事。也是在这里，我进一步证实，美感在培养、发展和巩固智力方面，其力量是多么巨大。**我眼看着瓦利娅、佩特里克和尼娜的思维能力发生了新的、急剧的飞跃**：他们各自创作了童话故事，其想象力之丰富使我惊叹。柳达在这里也创作了童话。我深信，这个女孩子的沉默寡言并不是因为智力迟钝，而是因为她富于梦幻，好沉思。

歌曲为孩子们展现了美的世界

在学校的低年级阶段，也和"快乐学校"阶段一样，我们常常倾听大自然的音乐，这是语言感情色彩最重要的源泉，是理解和感受旋律之美的钥匙。孩子们聆听大自然的音乐，也就从感情上为合唱做好了准备。我极力使孩子们能在大自然中辨认出与我们将要学习的歌曲相协调的音乐。

离学校不远有一个优美的地方。这里，傍晚的天空映照在水波不兴、平静似镜的池塘里，草地上传来鸟的啼啭声；蝈蝈清脆的歌声给苍茫暮色送来了凉意。我们在学习乌克兰作曲家 я.斯捷波沃夫的歌曲《我的晚霞》之前，多次在这里聆听大自然的音乐。这一支歌出色地表达了对晚霞之美的感受。在它的旋律中，孩子们捕捉着夏日寂静夜晚中迷人的音乐。正是在这个地方，我们学会了这支歌曲。孩子们想唱歌。后来，经过了几个星期，孩子们在音乐、歌曲和民族器乐室里演唱了这首歌。歌声唤起了他们对美丽晚霞的回忆，孩子们的面庞上流露出喜悦的神情。

在森林中我们倾听**阳光明媚的中午的音乐**。在参天的大树上，叶子轻轻地沙沙作响，啄木鸟叩击着树干，野斑鸠不知在什么地方啼鸣，布谷鸟"布谷、布谷"的叫声依稀可闻。孩子们感受了这种音乐之后，就能领会 A.阿连斯基的歌曲《布谷鸟》的优美之处了。

孩子们非常喜欢合唱莫扎特的《摇篮曲》、捷克民歌《喜鹊》、柴可夫斯基的《儿歌》、H.什别耶尔的《长着角的山羊在行进》、Д.瓦西里耶夫·布格莱的《秋之歌》、波兰歌曲《百鸟争鸣》、H.雷森科的《小狐狸之歌》、M. 约尔旦斯基的《凤头麦鸡之歌》、M. 韦里科夫斯基的《沃洛佳·乌里扬诺夫的肖像》、B. 罗日杰斯特文斯基的少先队歌曲《少先队鼓手》和《列宁之歌》、A. 费里宾科的《歌唱祖国》。通常我们的合唱没有伴奏。我十分高兴的是大家都喜欢唱歌。孩子们有了心爱的歌曲：И. 杜纳耶夫斯基的《飞吧，鸽子，飞吧》，莫扎特的《摇篮曲》，O. 桑德列尔的《歌唱妈妈》，乌克兰民歌《大河奔流》《哎，山上收割忙》《波多良姑娘》《吹吧，风，吹遍乌克兰》，俄罗斯民歌《少女林中走》《啊，宽阔的大街》和《花园》，白俄罗斯民歌《哎呀，飞过了两只鸽子》，捷克民歌《牧童》，C. 杰什金的《生起篝火，蓝蓝的夜》，A. 什托加连科的《纵队在行进》，M. 克拉谢夫的《歌唱列宁》，И. 基什科的《我们爱祖国》和 C. 博古斯拉夫斯基的《边防军之歌》。

孩子们已经有了集合在一起唱歌的要求。唱歌进入他们的精神生活，赋予他们的思想以鲜明的感情色彩，激发着热爱祖国和周围世界美好景色的情感。

乌克兰民歌《哎，山上的亚麻》给孩子们留下了深刻的印象。它鲜明地再现了我们民族遥远的过去和他们反对入侵者的英勇斗争。歌曲的旋律好像把孩子们带进了为祖国独立而斗争的严峻境地，呈现在孩子们眼前的景象与几个世纪前我们祖先见到的一样。瞧，田地里大家在收割麦子，男男女女都忐忑不安地不时向远处眺望，那里随时都可能出现敌人，到那时，就得放下镰刀，拿起马刀，保卫家园和躺在麦垛下阴凉处的婴儿。只有歌曲和富有魅力的旋律能够把这些场景传递给人的意识和心灵。只有歌曲才能展示人民心灵的美。祖国歌曲的旋律和歌词具有潜移默化的强大力量，它把人民的理想和愿望展现在儿童面前。

有这样一种人的品质——细腻和富有感情的天性。这种天性表现在环境能使他的感受能力更加敏锐。天性细腻和富有感情的人不会忘记别人的悲伤、痛苦和不幸，良知要求他去给予援助。音乐和歌曲能培育这种品质。

感情丰富是受过德育和美育的人所特有的品性，这一品性表现在他的心灵易于领会善意的话语、教导、忠告和赠言。如果您想使语言能够教人生活，想使您的学生渴求善良，那您就要把幼小的心灵培育得细腻和富有感情。在众多的作用于幼小心灵的因素中，音乐当居重要的地位。**音乐与品德**是一个尚待深入研究和探讨的课题。

歌曲能够使人富有诗意地观察世界。我记得有一次唱完一支人民寄寓了深情的歌曲之后，我们来到草原。展现在我们面前的是一望无际的小麦的海洋，地平线上古老的山岗若隐若现，小路像一条狭窄的绸带蜿蜒在金黄色的田野中间，云雀在蔚蓝的天空中歌唱。孩子们停下脚步来，就好像他们头一次见到故乡的这块地方。"这简直就是那支歌唱割麦人的歌。"敏捷而细致的瓦利娅说道。我感到，在这一瞬间，每一个孩子的心灵中都回荡着心爱的歌曲的词句。歌曲好像使人张开了眼睛欣赏故乡的美丽景色，而她的美也就变得更为亲切、更为珍贵。

民族的歌曲向孩子们指出，民族语言是人民珍贵的精神财富。通过歌曲，孩子们领略到语言音韵的细微之处。

最初一个阶段，我们器乐作品的唱片还很少，可是我认为听唱片是必要的，同朗读托尔斯泰、契诃夫、高尔基、柯罗连科、盖达尔、丘科夫斯基、Г.辛凯维奇和杰克·伦敦的短篇小说，普希金和谢甫琴科的诗，安徒生和格林兄弟的童话一样必要。人不去聆听音乐，在儿童时代没有心爱的乐曲，这种教育对我说来是不可思议的。当我们的"快乐学校"刚刚开办时，教学人员收集了一些音乐作品的录音带和唱片。我们把这看成是一份很丰富的财富，而这份财富未能使孩子对人类的精神财富形成一个完整的概念确实使我们感到很遗憾。到这批学生的第一学年临近结束时，我们已经有了二十七种音乐作品的唱片和录音带，其中七种是歌曲，二十种是器乐曲。我们一周两次专门到音乐室去听音乐。某些乐曲和歌曲对孩子们并不陌生，当他们还在"快乐学校"时，这些东西已进入他们的精神生活。孩子们多次听柴可夫斯基的《云雀之歌》和《迎春花》，莫扎特的《摇篮曲》，舒曼的《勇敢的骑士》，Э.格里格的《在山魔王的宫殿里》，Н.雷森科的儿童歌剧《山羊和灌木》中的《小狐狸之歌》《山羊之歌》《小狼之歌》，乌克兰歌曲《我张望天空》《咆哮吧，宽阔的第聂伯河》《太阳落山，山岭黯》。

同孩子们在一起的四年，我们的音乐资料差不多增加了一倍。

这不算多，但我关注的不是数量，而首先是让人类音乐宝库（首先是乌克兰和俄罗斯人民的音乐）的一切精华进入儿童的精神生活，并且使他们在聆听同一个作品时都能得到美的享受，使音乐在思维和感情生活中留下痕迹。

即使孩子在一个月中只听到一支新的乐曲也不要紧，只要这一支乐曲能成为他终生精神享受的源泉。我避免接二连三地给孩子听过多的音乐作品，使音乐成为消遣，而不能在心灵中留下任何痕迹。

除了上面提到的作品之外，我的学生们在四年中还听了如下作品：M.格林卡的歌剧《鲁斯兰与柳德米拉》中的《黑魔王进行曲》，Ⅲ.古诺的歌剧《浮士德》中的进行曲，Э.格里格的《挪威舞曲》《爱尔菲舞》《霍尔贝格组曲》，柴可夫斯基的芭蕾舞剧《胡桃夹子》中的《小草绿茵茵》《牧童之舞》《糖果仙子舞曲》，芭蕾舞剧《天鹅湖》中的《小木兵进行曲》《古老的法国歌曲》《玩偶的病》《意大利歌曲》《儿歌》《喀马林歌曲》《小天鹅舞》，H.里姆斯基－科萨科夫的歌剧《苏丹王的故事》中的《三件怪事》选曲片段和《野蜂飞舞》，舒曼的《快乐的农夫》，舒伯特的《苏格兰舞曲》，И.杜纳耶夫斯基的《椋鸟飞来了》，K.斯捷岑科的歌剧《小狐狸、小猫和小公鸡》片段，H.雷森科的歌剧《冬天和春天》片段，贝多芬的《土拨鼠》，瑞士歌曲《布谷鸟》，波兰歌曲《百鸟争鸣》，乌克兰民歌《邻居》《嗨，山上收割忙》《高高一座山》《吹吧，风，吹遍乌克兰》，匈牙利民歌《夜莺》，俄罗斯民歌《原野上一棵白桦亭亭玉立》，Д.卡巴列夫斯基的《欢乐的铃声》，A.奥斯特洛夫斯基的《少先队员》，B.穆拉杰利的《少先队的篝火》、《同志们，勇敢地齐步向前进》（Г.洛巴切夫改编的古老革命歌曲）、《受着苦役的折磨》（列宁喜爱的歌曲）。

在听音乐之前，我讲述了表现在音乐形象中的真实的或幻想性的情景。这种讲解有巨大意义：它可以为孩子接受作品酝酿情绪，如在听《糖果仙子舞曲》之前，我讲了霍夫曼古老的童话，作曲家以这一题材为基础创作了芭蕾舞剧 12。我尽量用鲜明和富有表现力的语言在孩子的想象中塑造一个善良仙女的形象——她轻盈、飘逸和高雅。"你们会听到小小的水晶铃铛的叮当声。"我对孩子们说。

"这段音乐描绘出了美丽的仙女周围的环境。我想象得出瑰丽的宫殿中轻巧、雅致的圆柱，周围灯火辉煌。"孩子们先听音乐，然后谈他们想象中的仙女宫殿。他们的想象中浮现出水池、喷泉、一片绿荫的小树林和神秘的山洞。幻想中的形象激起了再听一遍音乐的愿望。

对音乐作品，特别是对孩子们不熟悉的作品的讲解，要求极有分寸和具有很高的教育素养。任何时候都不能忘记，音乐语言是感情的语言，即使一支民歌，虽然歌词朴实，有时甚至很简单，但是因为配上了音乐旋律，领略起来就成为艺术品了。为了解释音乐作品中艺术形象的本质，教师必须了解作曲家塑造形象的手法和特点。讲解应当是孩子从教师口中听到的一篇具有特色的、有头有尾的和富有艺术性的故事。这篇故事本身就应该能激发感情，引起感触，并在学生想象中描绘出一幅幅栩栩如生的图景。

我深信，音乐的美是思维的丰富源泉。在音乐旋律的影响下产生在儿童想象中的鲜明形象能活跃思维，如同把思维中无数的溪流汇集成一条河道。孩子们极力要把他们想象出来的和感受到的都用语言描述出来。对于智力发育迟缓的孩子来说，听音乐确实可以使思维丰富发展。我尽量做到让孩子在听完音乐作品之后，能无拘无束地谈一谈自己的印象。

在音乐室里，我们吹奏木笛，练习喜爱的曲子。二年级时，木笛爱好者小组中有我们班的九个学生和别的班的四个学生。孩子们自己制造乐器。谢廖沙、尤拉、季娜和莉达真是制造木笛的能手。他们到小树林中选取合适的材料，在树荫下检验砍下的树枝，调试乐器的音响，使音色纯正、悦耳。到了三年级，我们有了两只手风琴和三把小提琴。尤拉、谢廖沙、菲佳、莉达、科利亚、季娜、拉丽萨、萨尼娅和舒拉都学会了拉手风琴和小提琴。在小学最后一学年时，十九个孩子家里有了乐器——手风琴和小提琴。但是孩子们没有忘了木笛。有些孩子显示出有音乐禀赋，但是我的主要目的不在于培养个别天才，而在于使所有的孩子都爱好音乐，使音乐成为所有孩子精神上的需要。

儿童时代错过了的东西，到了少年时期就无法弥补，到了成年时期就更加无望了。这一规律涉及孩子精神生活的各个领域，特别是美育。儿童时代对美的敏感性和接受能力比个性成长的以后几个时期都要强得多。小学教师主要的任务之一就是培养美的素养，这种素养在很大程度上决定孩子精神生活的整个结构及其在集体中的人际关系。美的素养奠定道德的美，使人对一切卑鄙和丑陋的东西持毫不调和和不可容忍的态度。

"手中拿着小提琴，人就不可能做坏事"，这是出自杰出的思想家格里高利·斯科沃洛杰之口的一句古老的乌克兰谚语。丑恶和真正的美是不能共处的。教育者重要的任务之一，形象地说，就是递给每一个孩子一把小提琴，使每个孩子都能感受音乐是如何产生的。在我们这个时代，既然记录和传播音乐的技术手段已如此多种多样，这一教育任务也就获得了特殊意义。不能允许年青一代只做美的享用者——这不仅是美育的问题，而且也是德育的问题。

书和儿童的精神生活

书在儿童精神生活中能起巨大的作用，但要到儿童能够很好地阅读时才能发挥。什么叫"很好地阅读"？首先要掌握起码的阅读能力——阅读技巧。我尽力使个人阅读成为孩子精神上的需求。在一年级和二年级时，学生每隔一两周就要从图书馆借走一本书，并进行朗诵。没有这一点，就不可能培养扎实、稳固的迅速阅读和理解的能力。

二年级时，每个学生都已经有了笔记本——"词汇匣"，里面记着孩子们认为有意思的词汇或不懂的词（以后我给他们讲解词的意思和感情色彩）。到了三、四年级，"词汇匣"里除了记单词外，还记孩子们喜欢的短语和各种句子。

作为丰富精神世界的源泉的阅读不能仅仅归结为掌握阅读能力，这种能力仅仅是一个开端。可能孩子已能迅速和准确地阅读，但是（正如经常发生的那样）书并未成为引导他攀登智育、德育和美育顶峰的小径。会阅读，意味着对语言的含义和优美之处、对其极其细腻的文采已很敏感。只有当语言在学生的意识中浮现、萦绕并变幻着周围世界的色彩和旋律时，他才称得上是在"阅读"。阅读是孩子借以观察和认识世界和自我的小窗子。要想使这一窗子为孩子敞开，必须随着阅读或与阅读同时甚至在第一次开卷阅读之前，就要在包罗儿童积极活动和精神生活的各个方面的语言上做细致的工作，这些方面包括：劳动、游戏、接触大自然、音乐和创作。没有产生美的创造性劳动，没有童话和幻想、游戏和音乐，就不能想象阅读能成为孩子精神生活的一个方面。到活生生的思维发源地去"旅行"、感知语言的魅力才能领会到词句的感情和美学色彩，以及蕴藏在书籍中的艺术财富。凡此种种都是发展语言和思维的基础。

在首次开卷阅读之前，孩子应当听到老师和父母朗读，领会艺术形象的美。不能把到大自然中去"旅行"看成是与书本脱节的活动。如果孩子不能领略所读书籍中词句的美，他就看不到周围环境的绚丽多彩。通向孩子心灵和意识的道路来自两个方面，乍看起来似乎是相反的两个方面：从书本、从读过的语句到口头语言，从活生生的、已进入孩子精神世界的语言到书本、阅读和书写。为读和写在情感和美学上做准备是孩子学会读和写最重要的条件，而学会读和写并不是为了去得分数，而是因为读和写是精神生活所必需的，不会读和写，他就会失去许多乐趣。

我的学生早在"快乐学校"阶段就通过绘画和富有表现力的标题来表达他们对周围美景的思想和感情，这就是从情感和美学上为读和写做准备的结果。到大自然中去"旅行"在我们的教育体系中并不是目的本身，而是通过语言发展孩子智力的一种手段。如果没有语言，没有智育，没有教育最主要的目的，即教会孩子思考，使之察觉事物、现象间的相互作用，对自然界、对直观形象和观念加以概括和抽象，那儿童就会对大自然的美、色彩和音乐的变幻和生活中无穷尽的变化无动于衷。

一年级时，我就力求使阅读成为孩子们的精神需求，而不只是以培养快速感知词义、掌握发音技巧为目的的练习。只有符合学生的发展水平——智力、感情和审美水平，同时符合其进一步发展要求的东西，才能进入他的精神世界。对读物的正确选择是教育工作者特别重要的任务。令人惋惜的是阅读课本中缺少好多适合儿童阅读理解的艺术珍品。学年开始三个月之后，我们就开始读没有收入阅读课本中的富有趣味的童话和故事。

我把《乌克兰和俄罗斯童话》发给孩子们。做好他们阅读乌克兰民间童话《草扎的小公牛》的准备工作——介绍它的内容，并用画片配合讲述。孩子们打开书本。第一个学生朗读了这个童话，接着第二个、第三个学生来朗读。同一个故事——但必须是孩子们觉得有趣的故事——不管朗读多少遍，他们也不会觉得厌烦，因为对每一个孩子来说，朗读并不是一种重复的练习，而完全是个人对生动形象的深刻体验；每一个孩子都要给原文加上自己的感受。孩子们听朗读是如此专心，就像他们一个接一个地在唱词、曲都十分动人的同一首歌曲一样。每个人的唱法各不相同，每个人的唱词各具自己的文采，以细腻表达各自的感受、理解和体会。语言在这种朗读中同音乐、同旋律一样动听。

在进行富有感情色彩的、生动的个人朗读准备中，特别重要的是孩子曾多次来过思维的源头，感受过语言的美。比如学生读到"小牛走进了阴暗的森林，遇到了一只大灰狼"这一句时，听到"阴暗的森林"这个词，孩子的脑海中立即出现了难以忘怀的景象：笼罩着森林的暮霭，夜间神秘莫测的簌簌声，暴风雨来临前树叶不安的喧闹声……。这一切都进入他的精神世界，当他一听到"阴暗的森林"时，这一切就会绘声绘色地奏出大自然的乐曲。如果教师不知道通向活生生的语言和思维的源泉的途径，那他再讲如何读、如何发音、如何掌握语调等，也教不会学生如何富有感情地朗读。

我打从事学校工作的第一天起，就操心这样一件事：不使一本坏书落到孩子的手中，使孩子生活在已经成为本民族和全人类文化瑰宝的那些饶有兴味的作品之中。这是非常重要的任务，因为一个人一生之中阅读的书超不过两千本[13]，在儿童时代和少年的早期，必须细心选择读物。哪怕孩子读得不多，可是要让每一本书在孩子的心灵和头脑中留下深刻的印象，使他多次反复阅读，不断从中发现新的精神财富。这里很重要的是要让孩子从表情朗读中得到满足和享受。语言的力量和美展现在他的声调之中，因此，要让语言的感情色彩通过表情朗读，也就是通过听觉去感知，这是十分重要的。

苏霍姆林斯基选集（五卷本）精装本

我们早在一年级时就建立了儿童图书室。它分为四个部分。第一部分是故事。依我看，这是对孩子的德育、智育和美育最有价值的一部分（每种书我们都买十五本，以便上朗读课时，每张课桌都能发到一本）。这一部分书可供小学四个学年使用。这一部分所选的故事都是通过鲜明的艺术形象体现能被孩子理解的深刻的人道主义思想的作品。它们是：Л.托尔斯泰的《鲨鱼》《跳跃》《高加索的囚徒》，П.叶尔绍夫的《驼背小马》，М.柯秋宾斯基的《小松树》，В.茹科夫斯基的《十二个睡美人》《独眼巨人洞历险记》，Д.马明·西比利亚克的《多嘴的傻猎人》《冰天雪地里过冬的地方》《财主和小便帽》《养子》《小灰脖》，安徒生的《小不点儿》《丑小鸭》《皇帝的新装》，В.雨果的《珂赛特》和《伽弗洛什》（选自《悲惨世界》），格林兄弟的《根泽利和格列捷利》《懒惰的甘斯》《三个幸运儿》，А.普希金的《萨尔坦王的故事》《死皇后的故事》《驿站长》《安查尔树》《囚徒》《女保姆》《小鸟》《冬日的傍晚》，亚努什·科尔恰克的《如果我返老还童》，В.柯罗连科的《地下的孩子》，Н.涅克拉索夫的《农民的孩子》《雅科夫叔叔》《马扎伊爷爷和兔子》，И.屠格涅夫的《一只雌鹌鹑》，Д.格里高洛维奇的《橡胶孩子》，В.加尔申的《信号》，库普林的《椋鸟》，К.斯坦纽科维奇的《马克西姆卡》《保姆》《逃亡》，А.契诃夫的《醋栗》《小白花顶》《万卡》《逃亡者》《男孩子》《变色龙》，Г.辛凯维奇的《乐师扬科》，杰克·伦敦的《基什的故事》，马克·吐温的《汤姆索亚历险记》，М.高尔基的《贝贝》《帕尔马的孩子》《叶夫西卡的遭遇》《伊利的童年》《早晨》，А.盖达尔的《丘克和盖克》《远方的国家》《铁木儿和他的伙伴们》，В.邦奇·布鲁耶维奇的《列宁和孩子们》，А.捷斯连科的《小学生》，帕纳斯·米尔内的《严寒》，И.弗兰科的《格里采夫的学校生活》《铅笔》，А.柯诺诺夫的《列宁的故事》，Л.柯斯莫杰米扬斯卡雅的《卓娅和舒拉的故事》《少先队英雄的故事》，Д.别德济克的《奥列格·柯歇伏依的童年》，В.卡达耶夫的《团队之子》，А.戈洛夫科的《皮利普科》《红手帕》。

阅读这些作品对孩子来说，不仅能认识世界，能进行有助于培养扎实的技能和技巧的练习，而且能培养感情和道德。每一本书都在孩子的心灵中留下深刻的印象。Д.马明·西比利亚克的妙趣横生的《冰天雪地里过冬的地方》给孩子留下了很深的印象。这一作品讲述一个孤独的、被人遗忘的老人如何在荒无人烟的原始森林中的一个小屋里消磨余年。我看到，儿童读完这类作品之后，对周围世界各种现象的敏感性是怎样在加强的。

我们既在课堂上朗读故事，也用课外时间来读。我们图书室的这一部分可以同专供集体欣赏音乐用的音乐作品的收藏部分相媲美。

我们班图书室的第二部分是俄罗斯和乌克兰现代作家写的故事，它们描写我们今天的生活、苏维埃人的劳动、争取和平的斗争、伟大卫国战争年代英雄们的业绩和少年英雄们。我的学生以极大的兴趣读 C. 米哈尔科夫和 C. 马尔夏克的诗，А. 盖达尔、Л. 卡西利、Н. 诺索夫、М. 普里列热耶娃、М. 特鲁布莱尼、Ю. 雅诺夫斯基、Ю. 兹巴纳茨基、М. 利尼科夫、О. 伊瓦年科、Л. 沃龙科娃、Б. 日特科夫和 Э. 亚历山德洛娃的故事。

第三部分是童话、诗歌和寓言。这些书只用作课外读物。每个孩子自己挑选他感兴趣的书来读（而兴趣是由优美的插图和看过这本书的教师或同学的叙述引起的）。

图书室的第四部分是古希腊的神话。这里收集了一些沥尽心血才找到的书籍，它们以孩子能够接受的形式叙述希腊神话。古代神话在儿童的智育和美育方面能起重要作用。它们不仅为孩子揭开人类文化辉煌的一页，而且激发想象，发展智力，培养对远古时代的兴趣。

从第一学年的中期起，我们就开始集体朗读。同一本书有好几册，我分发给孩子们，让他们在家里阅读。这是集体朗读的预习。难道到"童话室"去是为了朗读孩子们早已熟悉其内容的故事吗？孩子们怎么会有这样的愿望，这样做为的是什么，读一点新东西不是更好吗？

是的，新的、不熟悉的也要读，我们也读新书。可是只有当一个孩子想把激动了自己心灵的东西读给自己的同学们听时，想把自己的情感和体会用语言表达出来时，作品才能进入他的精神世界。第一部分图书中的每一本书，我们都朗读过不下十遍，但是兴趣并没有因为重复朗诵而稍减。一本书是在两三周前读的，但是孩子并没有忘记它，想再读一遍，并且专门为此目的来到学校。三四个月过去了，孩子们又想重读一遍心爱的书。于是它再次成为集体阅读的书籍。

可是只有孩子在学会阅读之前就能感觉出语言细腻的文采，作品的力量和优美之处才能感染他的心灵，激动他的理性。凡到活生生的思维源头去"旅行"仍领略不到语言魅力的人，永远也不会有把已经知道的作品听上两三遍，乃至十遍的兴致。

有的课我们是专门用来朗读心爱的故事的。孩子们怀着激动的心情为朗读做准备。每个孩子都读他最喜爱和最使他激动的段落。

朗诵诗歌在我们班里占有特殊的地位。那些已被列入人类文化宝库的优秀的诗歌典范作品——普希金、莱蒙托夫、В.茹科夫斯基、涅克拉索夫、费特、谢甫琴科、廖夏·乌克兰英卡、И.席勒、А.密茨凯维奇、海涅、П.别兰热以及其他一些诗人的诗，我都是给孩子们背诵的。孩子们产生了要学会背诵自己喜爱的诗歌的愿望。在四个学年中，学生背诵了很多诗。但是在他们尚未感受到诗句的美妙音韵之前，他们是绝对不会去背诵的。

优秀的诗作总是把语言、形象和音律之美融为一体。我极力使孩子们在幼年就能感觉到这种美学上的完美性和一致性：我背诵了俄罗斯和乌克兰诗人的诗歌。我们多次朗诵了普希金的诗《先知奥列格之歌》和谢甫琴科的长诗《女工》，这些作品几乎所有的孩子都能背诵（并没有专门下功夫去背）。孩子们也会背诵好多首篇幅不长的描绘大自然美的抒情诗。作品的连续朗读受到孩子们的欢迎。在"幻想角"里，我们接连几周朗读《汤姆索亚历险记》。周围的环境强化了孩子们从书中得到的印象。我们还用连续朗读的方式读了高尔基的《童年》、В.卡达耶夫的《雾海孤帆》和П.巴若夫的《孔雀石箱》。

随着时间的推移，我们开始举办朗读晚会和晨会。每个愿意参加的人都为朗读自己喜爱的故事或诗歌做准备。许多别的班的学生也来参加这种晚会和晨会，于是这种朗读活动就逐渐成为全校性的活动了。

我们一年两度庆祝语文节，一次是在第一学期末尾，另一次是在学年末尾。这一节日的某些仪式已成为传统仪式。孩子们邀请村里的长者来参加，由他们来评定谁的故事或诗歌朗诵得最好。这是一种别具一格的创造性的竞赛，作为奖励优胜者会获得赠书。年长的农庄庄员——爱好和珍惜祖国语言的人——把奖品授予孩子。他们自己也讲童话和背诵诗。有时，学生和年长的庄员朗诵的是同一个作品。四年级的春季语文节举行了两天，希望朗诵故事、诗歌和寓言的真是大有人在。

同长辈，也就是同父亲、母亲、祖父和祖母们的经常接触产生了另一个有意思的传统：我们优秀的朗读者开始在家里读给父母听，成年人开始经常到学校来听孩子们朗诵，由此还产生了好几个语文爱好者和朗读者小组（小组由成年人，而且是很受尊敬的人组成）。孩子们如同是这些小组的组织者，这一点更增强了他们对书籍和阅读的兴趣。

全校性的图书节也成了传统。在开学的前夕，8月31日，孩子和家长都到学校来。在这一天，大家互相赠书：孩子们互相赠，父母赠给孩子。集体农庄的管理委员会在这一天向语文爱好者小组的优秀领导人赠书也成为常规。

我尽力使每个孩子逐步补充自己的图书，使阅读成为孩子最大的精神需求。在孩子们上小学的头两年中我就已做到使每一个家庭都有了藏书。在一些家庭里，藏书超过了五百册，在另一些家庭里，要少一些，但每家的藏书都逐月增加。如果一个月之中家庭藏书连一本也没有增加的话，那我就认为这是一个令人不安的现象。

自我教育和个人的精神生活是从书本开始的。在教育过程中总有这么一个时刻，始终小心翼翼地拉着自己学生的手领着他前进的老师终于认为可以放开他的手对他说："你自己走吧，去学习如何生活。"决定走这一步，要有高超的教育学水平。为了培养一个人能在精神上独立生活，必须把他引进书的世界。书应该成为每一个学生的良师益友和明智的教导者。我认为使每一个学生在小学毕业时能向往单独与书相处——向往默想与沉思——是一项重要的教育使命。单独与书相处并不意味着孤僻。这是思维、情感、信念和观点的自我教育的开始。只有当书作为精神需要进入幼小者的生活时，这样一个开始才有可能。我通过个别谈话弄清什么书使某个男生或女生产生兴趣，这些幼小者在书中寻找哪些问题的答案。我之所以要知道这一切是为了给他们提出忠告，帮助他们找到自己要看的书。

只有当四种崇拜心理控制学校时，学校才能成为真正的文化中心，这四种心理是：对祖国的崇拜、对人的崇拜、对书的崇拜和对祖国语言的崇拜。

早在我还没有教这一班学生之前，我就听够了关于少年教育工作的难处。人们对我说："教育幼儿最容易。可一旦幼儿成为少年，他就变了，变得叫你认不出来。善良、同情心和腼腆消失了，代之而来的是粗鲁、生硬和冷漠。"后来，我确实认识到这些话是非常错误的。一切好的品质在少年时期"消失"必然有一个前提，即好的品质根本没有形成，教育工作者认为美德是儿童天生就有的。如果孩子从儿童时代起就没有养成对书籍的喜爱，如果阅读没有成为他一生的精神需要，那么到了少年时期，他的心灵就会空虚，似乎不知从哪儿来的坏东西就会蓦地出现在他身上。

祖 国 语 言

对我们乌克兰人来说，乌克兰语是祖国语言。今天有 3600 万以上的人在用这种语言说话。然而乌克兰人民的历史遭遇使我们乌克兰人对兄弟的俄罗斯人民的语言感到十分亲切和珍贵。这两种同源的语言由千百条线交织在一起。这使得同时掌握祖国语言和俄罗斯语言既有方便之处，又有困难之处。千百个词，在两种语言中发音相同，但含义却不一样。在千百种情况下，同一个词在乌克兰语中是一种感情色彩，而在俄罗斯语中却是另一种。一个词在这种语言中听起来带有热情的色彩，在另一种语言中有时却具有讽刺的意味。两种语言文字的感情和美感色彩的细微之处和语气的变幻，是我们乌克兰学校教师精神财富的源泉，我们有责任将它传给后代。

语言是人们的精神财富。"我知道多少种语言，我就做了多少次人。"这是明哲的说法。然而一个人若是不掌握祖国语言，感觉不出它的美，那么体现在其他人民语言宝库中的财富对他来说就是遥不可及的。一个人对祖国语言的细致之处体验越深，他对祖国文

字在语气上的变幻感受就越细致，就更多地具备掌握其他民族语言的才智，他的心就能更主动地去体验文字的美。

我极力使这一生机盎然的源泉——祖国语言的财富——从孩子们学校生活一开始就展示在他们面前。我的学生们在到活的思想和语言的源头去"旅行"的时候，同时在领略祖国语言和俄罗斯语言情感上、美学上和含义上的色调。我努力使他们感受语言的美，小心谨慎地使用语言，并注意语言的纯洁性。

一个人的语言修养是他精神修养的一面镜子。祖国语言的美好和伟大、力量和表现力是影响孩子并使他的感情、精神、思想和体验变得高尚的最重要的手段。小学阶段，孩子每当遇到周围环境中的新现象时，总是无限神往，因而这一手段在这个阶段的作用非常大。

我们到大自然中去，到森林、果园、田野、草地、河边去。语言在我手中成为武器，我借助于语言，使孩子们看到了周围世界的丰富多彩。孩子们感受到和体验到所看到和听到的东西的美，就能领会语言的细微色彩，而美则通过语言进入他们的心灵。到大自然去"旅行"是对创作的第一次推动，孩子们产生了表达自己感情与感受的愿望和反映美的愿望，于是编撰关于大自然的短文。这些短文是发展语言和思想的最重要的工作方式。每个孩子都编自己的短文，然后到教室里把它写下来。下面我引用几篇孩子们在一年级时口头编的，后来写入《我们祖国的语言》纪念册或个人纪念册中去的短文作为例子。

云雀之歌
（拉丽萨）

在蓝蓝的天空里颤动着一小团灰色的东西，这是一只云雀。我听它唱着奇妙的歌，怎么听也听不够。真好像用非常非常细的银弦在演奏。拉紧连着金色小麦和太阳的琴弦。麦穗在倾听它的歌。

太阳下山了
（谢廖沙）

太阳下山了，田野暗下来了。昏暗从峡谷伸向田野和草地，像河流一样向四处漫去。而杨树顶上闪烁着金色的小火花，这是太阳在发出它最后的问候。闪烁了一会儿就熄灭了。再见吧，太阳。

蜜蜂喝水
（加利娅）

我看见了蜜蜂怎样喝水。一小滴一小滴的水顺着细细的苇秆溜到光滑的柳树墩上。树墩湿润了。蜜蜂喜爱柳树的香味，它们扇动金色的小翅膀飞向树墩喝水。稍稍休息一会儿吧，蜜蜂，你们还有很远的路要飞呢。

荞麦开花
（瓦里娅）

荞麦开始开花啦。田野好像铺上了一条白色的地毯。不过这条地毯是活的，而且散发出这么好的香味。每一朵小花上都落着蜜蜂。地毯在嗡嗡响，这是蜜蜂在嗡嗡叫。一只毛茸茸的大野蜂落到了花上。麦秆颤动起来，弯了下去。野蜂没扒住，滑了下来，气呼呼地嗡嗡叫起来。

康拜因手

（尤拉）

我的叔叔是一个康拜因手。他开着一台大机器。他面前是一大片麦子。锋利的刀子割断麦秆，送进脱粒机。脱粒机给小麦脱粒。麦粒小股小股地流入谷箱。一辆汽车开来，把麦粒运到麦场上去。会有很多的白面包。

我们的脱粒机

（万尼亚）

我们学校里有一台小小的脱粒机，就是这么一台机器……。同学们在学校园地里收割完小麦，捆成 5 捆。小脱粒机开始嗡嗡响起来。它把小麦脱了粒。我们把麦粒装进口袋。我们将用它来播种。

苹果树开花

（帕夫洛）

啊，当苹果树开花的时候，果园里多美呀。白色的小花迎着阳光张开了花瓣。微风拂动小花，花就叮叮当当响，就像银铃一般。整个果园都在叮当响，朝着太阳微笑。而当风停了的时候，就听到蜜蜂嗡嗡叫。它们在树梢上飞来飞去，寻找着声音最响亮的小铃。果园还像 1000 根琴弦在弹唱。一只小蜜蜂落到花铃上，伸伸腿，抖抖翅膀。花铃上空像一小片云彩似的扬起了金色的花粉。

在达莎婶婶的奶牛场里
（柯利亚）

我们去过达莎婶婶的奶牛场。她给 30 头奶牛挤奶。好大好大的奶桶。牛奶被运到奶油厂去，在那儿人们把牛奶制成奶油。

傍晚雁鸣
（季娜）

太阳落山了。蔚蓝的天空中飞着大雁。大雁鸣叫道："你们好，绿色的草地，我们从温暖的海那边飞来。"树上的树枝颤动起来。绿草簌簌响起来。池塘发出声音："你们好，大雁，请你们说一说，你们在温暖的海那边看到了些什么？"

温柔的朦胧爷爷
（萨尼娅）

天空中星星在闪光。从峡谷中走出了温柔的朦胧爷爷，老态龙钟，头发蓬松，挂着拐杖。他走进村子，跨进屋子。他把孩子抱在柔软温暖的手里。于是孩子就想睡了。他们做上了好梦。

（萨尼娅还在"快乐学校"时期，就想出了一个关于朦胧爷爷的童话。而现在，这个童话重又在孩子的记忆中复活了。）

库济马叔叔

（费佳）

我们去过库济马叔叔那儿。他是一个建筑工人。他用砖砌墙。现在他在建造一家商店。库济马叔叔已造了 50 所房子。这些房子里住着好多人。他说："我盖的房子能维持 200 年。很多人会回想起，库济马叔叔是多么好的一个建筑工人呀！"

报　春　花

（卡佳）

太阳唤醒了森林，融化了松树顶上的雪。融化了的雪水滴到雪地上，穿透了雪堆和枯叶。就在雪水滴落的地方，露出一根绿梗。而在绿梗上开出一朵蓝色的铃铛花。它望着雪地，感到惊讶："我是不是醒得太早啦？""不，不早，是时候啦，是时候啦。"小鸟一齐唱了起来。于是春天来了。

大阳和乌云

（托利亚）

金黄色的田野漂亮极了。太阳在每一簇麦穗上嬉戏。田野呀田野，你是多么美丽。但是向你飘来了一朵乌云，它遮住了太阳。麦穗上金色的火花熄灭了。田野变得阴沉沉的，就好像谁给大地盖上了一条灰色的大被。太阳，你快从乌云后面出来吧。麦穗在等着你。我们也在等着你，太阳。

陨　星
（柳芭）

八月份常有星星从天空陨落下来。在黑压压的森林里有一块很大的空地。有一颗星从天空落到空地上，开了一朵紫红色的花朵。

我们的教室很暖和
（萨莎）

我们的教室暖和极了。暖气片滚烫滚烫的，有水在里面流动。地下室装着一个锅炉。大炉子里煤在燃烧。它是矿工从地下采来的，通过铁路运送，运到了我们这个地方。卸到地上。然后装上汽车，运到学校。我们觉得很暖和，是因为矿工和铁路员工们在劳动。

椋鸟过冬
（米沙）

去年冬天椋鸟没有飞到暖和的地方去。它们怎么会知道没有严寒呢？我看到傍晚椋鸟聚合成一大群，从一棵树飞到另一棵树。它们在寻找比较暖和的地方。它们惊慌地吱吱叫。在暴风雪的时候，它们飞进我们的棚子里。落在什么地方的都有，甚至落在母牛背上。而在阳光明媚的寒冷日子里，它们在雪中洗澡。啪的一声，一只椋鸟落到柔软的雪堆里，陷进雪里。然后，它又从雪堆里爬出来，欢乐地啾啾叫。

新年松树

（丹卡）

我和妈妈把一棵新年松树摆在桌子上，用各种玩具装饰它，下面放上冬老人。夜降临了，院子里月色皎洁。我想看一看，冬老人在做什么。他拿起了拐杖，离开了新年松树，在桌子上踱起步来。一边踱着步，一边嘎嘎叫几声。而白色的小雪花在枝头小声交谈些什么。小灰兔躲在树枝上，突然它跳下新年松树，跳进冬老人的口袋里。这下它就成了新年的礼物。

尤希姆爷爷

（柳达）

我的爷爷尤希姆是一个林业工人。他在集体农庄已工作了25年。村后有一片茂密的树林。这是他的橡树，是他栽的。爷爷说，他的橡树要活300年。我也要种我的小橡树。

凶恶的蜘蛛

（柯斯佳）

在小贮藏室阴暗的角落里，蜘蛛张开网。我瞧着它要干什么。蜘蛛躲在墙上，伸伸它的腿，好像在摇晃它的网。一只苍蝇飞来了，嗡嗡地叫。蜘蛛转身细听。苍蝇碰到了网上，被缠住了身子，嗡嗡声变得又尖又惊恐。而蜘蛛快步向苍蝇爬去。不，不让你杀害苍蝇，凶恶的蜘蛛。我扯破了蜘蛛网，放走了苍蝇。飞吧，可别再落进凶恶的蜘蛛的网里了。

西　红　柿

（斯拉瓦）

丛丛绿秧上长着红色的西红柿。清晨，西红柿上布满了露珠。金色的太阳在每一滴露珠上闪光。白色的蝴蝶落在红色的西红柿上。蜜蜂在嗡嗡叫。蜜蜂以为这是一朵大红花。它在西红柿上盘旋了一番就飞走了。

孩子们的作文是巨大劳动的结晶。应当带孩子们到活的思想和语言的源头去，努力使周围世界中物体和现象的概念通过语言，不仅深入他们的意识，而且也深入他们的内心和灵魂。语言在情感上和美学上的色彩及其细腻的色调，都是儿童创作的生机勃勃的源泉。语言以鲜明的形象存在于孩子的意识之中，因此，他们把自己的短文写进班上的文集时，常用图画来补充文字。

若期待孩子在周围美景的影响下马上写出作文来，那就太天真了。孩子可不是凭什么灵感就能创作的。应当教他们创作。只有当孩子从教师那儿听到关于大自然的描绘后他才能写出作文来。我给孩子们念的第一篇作文，是在一个静悄悄的傍晚时分，在池塘旁编的。我力求让孩子们懂得和感到，直观形象可以用语言表达出来。一开始，孩子们只是重复我编的作文，逐渐过渡到独立地描绘令他们激动的大自然图景，儿童个人创作的过程就开始了。在这一工作中，极其重要的是能领会语言的情感和美学的色调。只有当每个词对孩子说来就像一块预先留着砌放地方的现成砖块的时候，他才能学会编作文。孩子就会选取那块当时唯一合适的砖块来用。他们不可能去用那随意想到的头一个词，情感和审美上的敏锐感受不允许他们这样做。

编写作文成为我的学生们喜爱的活动。他们总想把他们所看到的和感受到的都讲出来。对孩子们来说，语言是表达他们对周围世界美好事物的态度的一种手段。到了二、三、四年级，孩子们写的是关于自己的长辈——集体农庄庄员和工人、关于苏维埃人的劳动、关于苹果树冒出的幼芽和凋萎的菊花、关于晴和的初秋时分银色的蜘蛛网和在集体农庄果园里摘采苹果的作文。在四年中，每个学生都写了四五十篇短文。下面是孩子们在二、三、四年级写的几篇小作文。

玻璃窗上的冰窗花是哪儿来的
（塔尼娅，四年级）

我问妈妈："玻璃窗上的冰窗花是哪儿来的？"妈妈说："冬老人的小孙子画的。他一到夜里就跟爷爷一起到各家去把玻璃窗画满花纹……"我想看看，他是怎么干这件事的。我躺下睡觉，但没有合上眼。大家都入睡了。窗外的树轧轧作响。一个小男孩走近了窗户。他一边用一支银色的笔在玻璃窗上画来画去，一边悄声唱着歌。我看到他画了一朵美极了的花，很宽很宽的叶子、小小的花瓣。清晨，太阳开始在窗上闪耀，这朵花栩栩如生。我不知道是我做了一个梦呢，还是我真的见到了。

冬季里花的世界
（加利娅，三年级）

秋天，暖房旁边菊花怒放。它们不畏寒霜。但从北方忽然来了寒流，桶里的水都被冻成了冰，得防止菊花受冻。我们把它们移到花盆里，放进暖房，剪了枝。菊花又开始发绿，然后又开花。早晨醒来，我看见院里都是雪。又是雪，又是太阳。我飞快地跑进暖房。菊花盛开了，白的、青蓝的、蔚蓝的。而玻璃窗外是雪。菊花朝着明媚的太阳微笑。

我们是怎样从野外归来的

（帕夫洛，二年级）

夏天，我和妈妈一起到野外去拉干草。妈妈装了一大车干草，用绳子捆好。马慢慢地走着。我们高高地坐在干草上。太阳落山啦，天上星星闪亮。我躺在干草上，仰望天空。这时，我们的大车不再是大车了，而是一只大船。我们在海上航行。我们的头顶上是星星。它们离得好近。你一伸手就能摘下一颗星星来。远处是绿色的海岸。那儿鹌鹑在歌唱，蛐蛐在演奏小提琴。我们的船停住了，星星在微微摇晃。船靠岸了。妈妈站起身来，可我还想躺一会儿。

阴沉的秋天

（舒拉，三年级）

白天变短了，黑夜却长了。一到清晨，河上飘着雾。太阳到哪儿去了？为什么它不驱散雾气？天空降下细细的秋雨。树枝奋拉着，树叶凋零了。树枝上挂着大颗的水珠。远处雾中一只鸥鸟在曼声啼啭。也许，它因未能飞向南方而在向人们诉苦。森林里静悄悄的。啄木鸟啄了几声，就不啄了。金色的橡实落到叶子上。整个世界都是一片白雾。

初　秋

（谢廖沙，四年级）

清晨，燕子惊恐不安地在村子上空盘旋。然后，它们汇合成一大群，一字长蛇地落到电话线上，唧唧地在轻声细语些什么。它们是在商量，什么时候飞向暖和的地方去。第二天，燕子全不见了。它们飞到哪儿去了？它们怎么知道秋天临近了？现在天气还暖和。太阳暖洋洋的。我爱秋天霞光灿烂的傍晚。晚霞通红的火焰久久、久久地燃烧着。而白杨树上的叶子也好似变红了。这是晚霞的反照。沉睡的池水像晚霞。只是池塘上一到傍晚就闹哄哄的：禽鸟在飞往南方的途中在这儿过夜。到了清晨，池塘上笼罩着浓雾。草上有露珠。露珠不知怎么灰蒙蒙的，不像夏天那个样子。秋天来了。

生活中什么是最主要的

（瓦里娅，四年级）

生活中什么是最主要的？矿工说：最主要的是煤。如果没有煤，机器就会停止，就没有金属，人们就会受冻……

冶金工人说：最主要的是金属。没有金属就没有机器、煤、粮食和衣服。

农民说：最主要的是粮食。没有粮食，矿工、冶金工人、飞行员、边防军人都不能工作。

那么他们到底谁说得对呢？生活中什么是最主要的？最主要的是劳动。没有劳动，那就既没有煤和金属，也没有粮食。

"火焰驹"

（萨尼娅，四年级）

这件事是妈妈讲的。当村子里成立第一批集体农庄时，农庄庄员买了一匹马。它的名字叫"火焰驹"。谁都驯不服它。最勇敢和最富有经验的人都怕靠近"火焰驹"。它用蹄子刨土，用牙咬人，打响鼻儿。

小伙子尤尔科到底骑上了这匹烈马。马腾空而起，嘶鸣起来，跃上大路，把尤尔科摔到地上。它跑出了几里地，在村边停住了。大路中间，有两个小小的孩子在玩耍。他们跑近这匹马，抱住它的两条前腿。妈妈吓得心直跳。她想：这下马可要把孩子踩死或弄残废了。可是这匹马安静地站着，挪动了一下腿，又站住了。它瞟着孩子们，好像怕碰伤了他们似的。而孩子们一直在那儿玩耍。然后，"火焰驹"小心地离开了孩子，跑着穿过了村庄。人们抓住了它，把它关进了马厩。

刺　猬

（费佳，四年级）

我们的台阶下住着好几只刺猬。一到傍晚，它们全家走出洞来，向池塘出发。前面是老刺猬，跟着它的是五只小刺猬，最后是母刺猬。它们在那儿干什么呢？我看了一下才发现：它们在喝水和洗脸。然后它们又用小脚刨土，从土里找出一些小根茎来吃。这是老刺猬和母刺猬。在这个时候，小刺猬则跑啊跳啊地嬉戏。它们找的是僻静的角落，那是谁也不去的地方。

一天，不知从哪儿来了一条狗。它跑近了老刺猬。老刺猬团起身子来，待着不动了。接着，所有的刺猬也都团住了身子。狗衔住老刺猬来到池塘边，把刺猬放进水里。刺猬趁机游向岸边。狗瞟着它，开始捉弄刺猬。我把狗赶走了。

第二年春天，台阶下只剩下一只老刺猬。其他的刺猬都上哪儿去啦？大概搬到别处去了。而老刺猬不愿搬家。我在台阶旁放了一小盘牛奶。刺猬把牛奶喝了。它不再怕我了。我把它引到屋里，打开电灯，刺猬目不转睛地朝着灯光看。我在地板上铺了一张旧报纸。刺猬开始玩那张旧报纸。到睡觉的时候，它回到台阶下自己的洞里去了。

阿尔乔姆·米哈伊洛维奇——布琼尼骑兵
（丹卡，四年级）

阿尔乔姆·米哈伊洛维奇来参加我们少先队的集会了。他在蔬菜生产队工作。我们想，他虽然是一位老爷爷，可还是一个布琼尼骑兵，国内战争的英雄哩。他讲述了怎么去侦察，怎么袭击白卫军。有一天，他受了伤，被邓尼金的队伍俘虏了。他们把他押出去枪毙，但他没被打死，只是又一次受了重伤。夜晚，他爬了出来，请求一个农民让他进屋。农民把他藏在房顶小屋里，给他治好了伤。他又同白卫军作战去了。阿尔乔姆·米哈伊洛维奇爷爷就是这么一个人。我也想做这么一个人。

胜 利 日
（沃洛佳，三年级）

胜利日来到了。就在这一天，战争结束了。我们苏联军队战胜了法西斯。炮弹和炸弹不再爆炸。现在每年这一天，人们庆祝自己的胜利，纪念牺牲的烈士。弗拉基米尔·伊里奇·列宁缔造了我们的共产党，并对所有的人说："你们——乌克兰人、俄罗斯人、白俄罗斯人、格鲁吉亚人、摩尔达维亚人……要友好相处，那谁也不能战胜你们。"

我们也集体编写作文。在一个阴暗的秋日，孩子们待在"幻想角"里围在烧得暖洋洋的炉子旁边。我讲述着远方的热带岛屿。孩子们不知怎么回忆起炎热的夏天、河流和在瓜园中过暑假的情景来了。我们以这些回忆为素材，编了一篇作文，后来孩子们把它写进了《我们祖国的语言》纪念册。

我们的瓜园生活

在滚烫的土地上长着很多大西瓜，蓝的、绿的、灰蓝色的。清晨，西瓜上布满露珠，挺凉挺凉的。草上也有露水，连我们的窝棚上也满是露水。一天清早，丹卡起床后，把一个大西瓜拿进了窝棚，切开西瓜。谁一起床，他就请谁吃冰凉的西瓜。丹卡说："谁最后一个起来，给他吃'瓜心儿'。"大家都起来了，只有萨什科还在睡觉。我们坐在那儿等……，他到底什么时候才能睡醒？等烦了，于是我们就把"瓜心儿"吃了。我们又拿来一个西瓜，把这个西瓜的"瓜心儿"给了萨什科。

碰上了一个寂静的、雾气腾腾的早晨。雾来自小山谷，笼罩了整个瓜园。太阳从乌云中出来了，映照着西瓜。就好像这不是西瓜，而是蓝的、绿的、灰蓝的玻璃球在白茫茫的河上漂着。

白天，瓜园上空有阵阵热风吹过，蔚蓝的天空中有云雀在歌唱。为什么它们不在瓜园里安家？为什么云雀只在小麦、大麦和谷子地里筑巢和孵幼雏？而云雀的巢大多是筑在荞麦地里的。

瓜园旁边，峡谷附近，我们发现了一个蚂蚁窝。老爷爷发现蚂蚁正在急急忙忙地朝什么地方赶去。他说：不远的地方肯定有一个大蚂蚁窝，蚂蚁自己就能告诉你们，这个大蚂蚁窝在哪里。老爷爷放了几小块西瓜在蚂蚁活动路线的旁边。甜美的西瓜旁立即围满了蚂蚁。我们看到，它们如何衔住一小粒甜瓤，朝同一个方向搬去。我们跟在它们后面来到了蚂蚁窝的所在之地。灌木下，一个灰色的小土堆周围热闹非凡。蚂蚁把小粒的吃食搬进洞里，然后重新回到瓜园去了。老爷爷告诉我们，蚂蚁对森林和人们有很大的益处。一窝蚂蚁能使好几公顷森林免受虫灾。我们开始保护蚂蚁，后来老爷爷又教我们堆筑新的蚁巢。

当我们回家的时候，老爷爷送给我们每人一个大西瓜。西瓜被久久地放在我们家的窗台上。它们使我们回忆起那阵阵的热风、那辽阔的草原、那云雀、那位老爷爷、离窝棚不远的那只蛐蛐的响亮叫声。现在它在哪儿，这只蛐蛐？

语言的美在诗歌中体现得最为鲜明。孩子们在赞赏诗歌或歌曲的时候，犹如听到了语言的音乐。在优秀的诗篇中，充满诗意的语言揭示出祖国语言最为细腻的感情色彩。正因为如此，孩子们喜欢背诗。当重复铭刻于心的语言时，孩子能得到真正的享受。

我极力使孩子们感觉和体验诗的语言的音乐性。在大自然的怀抱里，当孩子们陶醉于周围美景时，我就给他们念诗。①

他们感觉到，在塑造栩栩如生的形象的语句中会产生语言的韵律，它不仅赋予语言新的感情色彩，而且展示了周围新的美景。在世界一流诗文的优秀范例的影响下，孩子们创造音乐性语言的意愿被激发起来了。孩子们欣赏着春天的美景，试图把话说得带有韵味。孩子们的心充满了诗的灵感：男女学生都吟起诗来。瞧，拉丽萨注视着遥远的田野，两眼熠熠发光，她悄声低吟，倾听着语言的韵律。

"金黄的麦海里波浪翻滚。"

"炽热雾气中蓝色的土岗在颤抖。"谢廖沙接过她的思路。

大家高兴、激动，都想找到铿锵的语言。在孩子心里充满诗的灵感的时刻，语言生机盎然、朝气蓬勃，闪烁着彩虹的五光十色，散发出田野和草地的香气，进入孩子的精神生活。孩子们在语言中寻找并找到了表达自己感情、思想和感受的方法。激发出孩子心中的灵感，意味着又开辟了一个生机勃勃的思想源泉。这一源泉的力量在于语言传达的不仅仅是用人类语言显示的物体和现象，而且还有纯属个人的体验和感受。

教孩子进行诗歌创作不应当以培养少年诗人为目的，而应当以促使少年的心灵趋于高尚为目的。我利用种种机会在儿童的心灵中激发诗的灵感，并使语言在每一个孩子的心灵中都具有各自的诗的音响。

一个寂静的冬天的早晨，树木蒙上了一层白霜。蒙上了薄薄的、针尖似的冰霜的树枝，好像是用银子锻成的。我们来到学校的果园，极力不去碰那些树枝，免得破坏了这种绝无仅有的美景。我

---

① 下略。作者给孩子们念的是谢甫琴科用乌克兰文写的四行诗。

们停下步来，我朗诵普希金和海涅描写冬日美景的诗篇。在诗歌和美景的影响下，孩子们找到了可以描绘出布满冰霜的树木的形象的语言，并编起诗来。他们一起来做这件事，一段一段地编。我们好几次来到这遍地冰霜的果园，过去编的童话中那些鲜明的幻想形象重新在诗歌中复活。

> 来了一个神奇的铁匠，
> 带来了一只金的熔炉，
> 他把银子在熔炉里熔化，
> 倒在花园的树木上。
> 他整夜在锻造，
> 金锤敲得叮当……
> 我们的花园披上了银装。
> 银针碰又撞，
> 满园响叮当。
> 神奇的铁匠又去向何方？
> 他张开金色的翅膀又飞向太阳住的地方。
> 他再去拿银子，
> 放进自己的袋子，
> 再飞回我们的园子。
> 他要再次熔化银子，
> 让果园再次唱起歌儿……
> 但是太阳在等待铁匠……
> 你飞向了何处，铁匠？
> 你为何久久停留在果园把我的银子去熔炼？
> 莫非你忘了，打铁汉，
> 你应当锻造那金冠？
> 一道红光射进我们寂静的银色果园，
> 太阳万分惊异，
> 对这美景赞叹不已……

童年时代，每个孩子都是诗人。当然，期望孩子凭某种神奇的灵机一动就产生诗的灵感，那就太天真了。我并不为天赋所动，并无每个孩子天生就是诗人的意思。激发起诗人心灵的是人对美好事物的情感。如果不培养这种情感，学生就会对大自然和语言的美无动于衷，就会成为一个觉得往水里投掷石子和向一只正在啼啭的夜莺投掷石子毫无区别的人。使孩子能感受诗的灵感的欢乐，在他的心灵中开拓诗歌创作的生机勃勃的源泉，是与教他读书、解题同等重要的事。这种源泉的水势在一些孩子身上较猛，在另一些孩子身上较弱。我发现在个别孩子身上，诗的灵感并不是短时间激越的飞腾，不是火花的闪烁，而是一贯的精神需求。

诗歌创作要求有很高的语言修养，而语言修养反映了一个人修养的本质。每个人都能进行诗歌创作。诗歌创作并不是特别聪慧的人的特权。诗歌创作能使一个人高尚起来。非常重要的一点是，务必使诗歌创作——创作中这一最为细腻的领域成为每个孩子心灵深处喜欢的事。

早在三年级的时候，拉丽萨、萨尼娅、谢廖沙、卡佳、瓦里娅、柯利亚、塔尼娅、莉达就开始悄悄把自己私下写的诗念给我听了。我知道还有别的孩子也在写诗，虽然他们不好意思谈自己的这种喜好，但能写诗就非常好。

孩子们写诗，我看不出这有什么异乎寻常之处；这种正常的精神激奋、普通的创作火花是充实的童年生活不可缺少的。而恰恰由于孩子们的精神生活是如此丰富，如此朝气蓬勃，我才感到十分高兴。

诗的灵感使柯利亚精神高尚起来这件事尤其使我感到高兴。我和他的友谊日益深厚。学校果园中有一个角落，我爱在那儿独处慎思。天气暖和时，我在这儿休息，拉小提琴。在一次偶然的情况下，柯利亚"发现"了我的这个角落。大概是他也想找一个僻静的地方。这孩子一见到我就发窘了，想走开，但我要他留下来。我拉着小提琴，我想通过音乐表达夏季傍晚的美激起的欣喜心情。柯利亚倾听着乐曲。接着，我竟如此入迷，以至于没有觉察这孩子怎么坐到了我的身边。我把小提琴递给他。柯利亚试图重复我演奏的乐曲，但是怎么也拉不好。他不拉了。我们默默地坐着，看着太阳下山，享受着傍晚的宁静。可能对周围美景的感受使我俩亲近了一步，柯利亚信赖地把自己描写大自然的诗拿给我看。这首诗是这样的：

> 绿色的叶片衬托着蓝色的花朵，
> 蜜蜂儿在花上飞舞。
> 顷刻间夜莺飞进了花园，
> 在丁香丛中歌唱。
> 清晨花园里电闪雷鸣，
> 雨水洗净了花朵。
> 灰暗的乌云飘浮在花园上空，
> 而丁香依然蔚蓝如晴空。

那天傍晚，我和柯利亚久久坐在果园里。这孩子开始经常来这里，而且每次都念一首短诗。下面是他的另一首短诗，这首诗牢牢地铭刻在我的记忆中，因此在他念给我听后一年，我居然还能把它笔录下来：

> 火红的太阳下了山。
> 紫红的天空放虹彩，
> 明天必是一个刮风天。
> 成群的乌鸦惶恐地飞上天，
> 朝西飞，朝那漆黑的树林飞。
> 高高的杨树上，叶子在沙沙细语。
> 万籁俱寂，只听见远处什么地方
> 大车轧轧行进在大路上。
> 紫红的天空暗下来，
> 热气蒙上了一层暗淡的灰。
> 明亮的星星在闪耀，
> 夜来了。

我打听到，柯利亚从不把自己的诗笔录下来：他记在脑子里。诗在他的记忆和心灵中保存着。我的学生中很少有人面对着一张白纸坐在那儿思索诗句。诗的产生不是为了把它们笔录下来。孩子们不能不写诗，就像不能不画画一样。

舒拉也是在心灵亲近的时刻把自己的秘密告诉给我的。冬季的一天，我们到森林里滑雪。火红的太阳快要落山了。松树的树干在晚霞中好似用铁锻造的一般。我们站在林边，欣赏着大自然的美景。正是在这瞬间，舒拉朗诵了描写啄木鸟的短诗：

> 松树的皮层下有一千根弦，
> 啄木鸟停在松树的树顶上。
> 它用喙啄着上面的弦，
> 勉强听得见弦发出声响。
> 靠太阳愈近，弦愈细，
> 而靠近地面，弦已不像弦。
> 靠近地面，钟声低鸣，
> 铜钟就在红色的树皮下。
> 啄木鸟在跳跃，发现了弦，
> 它用喙啄，弦发出声响……
> 森林在歌唱，可啄木鸟已在
> 寻找另一根弦了。

瓦里娅在童年时代编过几十首诗。这个小姑娘有着颖悟、敏感的气质。我曾看到，瓦里娅陶醉在夏天傍晚的美景中，她站在岸边，凝望着垂向水面的柳树和平静如镜映出蓝天的池面。后来，过了几天，这个小姑娘就给我朗诵了一首描绘这个夏天傍晚的短诗。

> 蓝色的天空、绿色的柳树、白色的小屋——
> 全都倒映在水中。
> 我站在蔚蓝的明镜前，
> 眼前一片辽阔无垠的世界。
> 那儿有火红的太阳、雪白的云朵，
> 那儿星星在闪烁，而远处大路的上空，

小鸟直冲霄汉——去向太阳道别。
这奇妙的世界响起它特有的音乐：
听，有人拨动粗大的琴弦，蓝天在歌唱，
柳树在歌唱，小屋也在歌唱。
我只有在傍晚的池畔才听得见这样的音乐，
这时太阳燃起大火——远远地在海的那边，
这时白鸽匆匆赶去宿夜，
而蝙蝠却在树洞里搓着双爪。
这时，一天来精疲力竭的风
在夜幕降临的峡谷里躺下来憩息。

每年秋天即将来临的时候，孩子总要同夏天告别。我们就到自己的橡树旁编诗，描写业已过去的夏天，描写大雁，描写暖洋洋的初秋日子。①

特别值得注意和赞许的是孩子想象中形成的那些鲜明形象。我们成立了一个小小的诗歌作品图书部。它对诗歌创作尚未成为精神需求的那部分学生、对需要培养对诗歌语言的敏感性的那部分学生尤其有用。我要再一次提醒，儿童的诗歌创作不能被看作是天才的征兆。诗歌创作是同绘画一样的规律性现象：其实所有的孩子都画画，每个学生都有画画的实践。然而只有在教师向孩子展示了周围的美景和语言美的情况下，诗歌创作才能成为孩子精神生活中的惯常现象。正如没有音乐不可能培养对音乐的热爱一样，没有作品也就不可能培养对诗歌创作的热爱。

一个喜爱普希金和海涅、谢甫琴科和廖夏·乌克兰英卡的人，一个愿意**优美地讲述**周围**美好事物**的人，一个把推敲字眼的要求视同观察美好事物的要求的人，一个认为人类美的概念首先表现为尊重人和确立人与人之间最公正的——共产主义的关系的人，不可能成为粗暴无礼和恬不知耻的人。

---

① 略去用乌克兰文写的一首诗。——译者

我们的"美角"

春天，在第一学年结束之前，我们开始创立"美角"。对此，孩子们已盼望很久了。它在我们的想象中应是一个幽静的地方，是在大自然的自然美基础上又补充了人类双手创造的人工美的地方。我们做了长远设想，设想我们这个角落每年都增添新的植物品种。我们将在这里休息和劳动，迎接春天和辞别夏天。

在校园和灌木丛之间，孩子们找到了一块小小的空地，它与杂草丛生的沟谷斜坡毗连。下雨的时候，这儿总会积下充足的水分。我们清除了空地的杂草，开始把它变成一块绿色的草坪。

"我们的角落将成为绿色的王国，"我对孩子们说道，"沟谷的斜坡上将竖起一道蛇麻草的屏障，灌木丛中将有夜莺和黄鹂栖息。"

设想鼓舞了孩子们。我们付出了很多劳动才使空地变为绿草坪。要从草场移来一块块草皮，铺好后还要经常浇水。孩子们急不可待地盼着下雨，好让雨也来浇浇绿色的小草。我们在树林里找到了好几株蛇麻草的幼苗，把它们移植到了沟谷的斜坡上。我们运气真好，夏天不缺雨水，所有的植物都长得很好。我们在树林里挖了几十株蓝铃的根茎，栽种在草坪的一角。栽了三丛野蔷薇，我们要给它嫁接上玫瑰花，这儿应当变成花的王国。草坪四周栽种了榛子树。孩子们希望我们也能有野花。我们找来了野菊花和其他野生植物，从暖房里移植了好几丛菊花，让它们一直开到深秋。

瓦里娅种了向日葵。在草坪较远的那一端，孩子们播了一把荞麦种。尼娜和萨莎的父亲送给我们两棵矮种苹果树的树苗。维佳告诉我，他的外婆在栽培郁金香。我们移植了好几丛带着根茎的郁金香。夏季里的一天，孩子们在树林里看到了一棵巨大的开着花的椴树。树丛间，千万只蜜蜂在嗡嗡响，似乎整个树林都像竖琴似的发出响亮的音响。孩子们默默地站着，被大自然的美景所陶醉。他们起了在自己的"美角"旁种上几棵椴树的念头。秋天，我们到树林里挖了一些树苗，开辟了一条林荫道。"到椴树长起来的时候，"孩子们幻想着，"它们茂密的树冠就会连接起来，搭成一条绿荫如盖的走廊。"

每个班都开始创建自己的"美角"，力求建得与众不同。1955年秋季，学校集体开始创建全校性的"美角"。在学校大楼旁边，我们开辟了一个玫瑰园，种上了几十株野蔷薇的枝苗，嫁接上不同品种的玫瑰。一年年过去，花园变得越来越美丽。春夏两季，这儿是花的海洋。大家都到这儿欣赏大自然和劳动——创造美。

玫瑰园，现在是整个学校的宠儿。凡在公益劳动中取得最出色成绩的班就被授权做花园的主人。这一权利往往给了低年级班和中年级班的同学，允许他们每天剪下几十枝花来。玫瑰花被送往各班，送给老师们、母亲们和村里优秀的劳动者。在收获节那一天，孩子们采摘一大束玫瑰花，献给社会主义劳动竞赛的优胜者。

为创造美而进行劳动，能使年幼的心灵高尚起来，能事先防止冷漠情绪。孩子们在大地上创造美的过程中，自己也就变得更美好、更纯洁和更可爱。

在生活理想的源头

我曾设想我的每一个学生长大成人后将是怎样一个人。使我惴惴不安的是：孩子，你将成为怎样的公民，成为怎样的人？你将给社会带来什么？什么是你的欢乐？你将赞赏什么、憎恨什么？你将以什么为自己的幸福，将在世上留下怎样的痕迹？

作为一个教师、一个教育者，我曾力求把人类许多世纪以来创造和取得的精神上的可贵品德——对祖国和自由的热爱、对人压迫人和人奴役人的现象的不妥协精神、为人们的幸福和自由这些崇高理想贡献自己的力量和献出生命的意愿，注入那些幼小的心灵中去。十分重要的是，关于祖国的豪言壮语和崇高理想在我们学生的意识中不要变成响亮的然而是空洞的辞藻，不要使它们由于一再重复而变得黯然失色、平淡无奇。不要让孩子们经常去空谈崇高的理想，而要让这些理想存在于幼小心灵的热情激荡之中，存在于激奋的情感和行动之中，存在于爱和恨、忠诚和不妥协的精神之中。

尤其不能教孩子们去说他们还没有理解的词语。否则，那些被人们视为神圣的东西会因此变成毫无意义的空谈。

辛勤的园丁总是加紧为刚刚在地面上挺立起来的幼树培植树根，因为树根的强弱决定着树在今后几十年的生命力。同样，教师也应该注意培养自己的学生对祖国的无限热爱，对劳动人民、对共产主义伟大理想的忠诚。这些品质要从孩子开始看、开始认识、开始评价周围世界的时候就着手培养。

十分重要的是，要让孩子们珍惜长辈们在为祖国的自由和独立，为劳动人民幸福而进行的艰苦卓绝的斗争中所创造、获得和争取到的一切。对孩子们来说，祖国这一概念是从一块面包和一片麦田、从林边的一块小空地和小池塘上面的蔚蓝天空、从母亲在孩子床前的歌声和故事开始的。在童年的黄金时代，当孩子们对言语、对形象、对他人的内心世界特别敏感的时候，要把年长一代引以自豪的一切送到孩子们的心坎上，把争得自由劳动的幸福所付出的代价讲给孩子们听。我曾力求做到不允许以满不在乎的态度去享受生活上的福利。孩子对周围世界和对自己的认识都不应该是片面的。在认识世界和自己的时候，孩子们应该逐渐认识到自己对长辈们所创造的物质和精神财富应承担的责任。

走访故乡往昔的"旅行"——我们这样称呼我们到田野、森林、河岸、邻村的游览和远足，我曾力求使孩子们看到，在人民精神生活中把过去和现在连接起来的那些东西。我对孩子们说：

"展现在你们面前的是一片肥沃的麦田，麦子正在成熟。就在这块土地上，靠近林边，在国内战争的年代里白卫军枪杀了一个红色游击队员。而在伟大卫国战争第一年的艰难的夏天，我们几名战士和一个连的法西斯分子进行过一场激烈的战斗。我们的英雄们在这里牺牲了。孩子们，看一看这广阔的田野。这些小土丘都是无名的坟墓；大地永远铭记他们的功勋。成千上万个土丘就是成千上万个无名坟墓，大地珍藏着英雄们宝贵的鲜血，人民永远缅怀他们的功绩。如果不是他们为祖国献出自己的生命，你们就不可能享有美丽的祖国大地，法西斯分子就会把你们变成奴隶。"

要让年幼的孩子对家乡故土的遭遇做一番深思，让他去感受、体验一下为家乡的未来而惶恐不安的心情。让那发生在遥远过去的事件作为眼前事件的渊源展现在他的面前。

童年，那个被我们认为充满无忧无虑的欢乐、嬉戏和童话的年龄，是生活理想的源头。人们的公民精神的基础正是在这个时候奠定的。我们的学生将成为怎样的公民，这要看在童年时代周围环境给孩子展现的是什么，是什么使他欣赏和神往，是什么使他愤懑并使他哭泣（不是因个人委屈而是因同情别人的遭遇而哭泣）。展现在孩子们面前的周围世界是充满矛盾的、纷繁复杂的，他们在这里看到的有美也有丑、有幸福也有苦难。孩子把周围世界里发生的一切，把人们过去和现在生活中的一切都划分为善和恶。为了在童年就打下人道主义和正义感的基础，应该教会孩子**正确识别善与恶**。

我说这些话的意思是：孩子们了解到的周围世界里的一切事物、一切现象，人们过去和现在的行为都应该在幼小的心灵里激起深刻的道德情感。能正确地分辨善和恶，这意味着孩子对他所认识的事物是十分关注的。善将引起他欢乐的激情、赞叹，引起他效法美德的愿望；恶则激起愤恨、憎恶和为真理、正义而斗争的精神力量的高涨。孩子的心不应是真理的冷库。我竭力要防止的最大恶习就是冷漠、缺乏热情。儿时内心冷若冰霜，来日必成为凡夫俗子。童年的时候，就应该在每个人的心里燃起公民激情的火花，点燃起对邪恶和对纵容邪恶的毫不妥协地反对精神的火花。

在孩子们的意识中，不难确立人压迫人是最大的恶这一真理。有时，孩子们会正确地回答教师关于什么是恶的问题。但是，如果孩子们未曾被人奴役人的鲜明景象震惊过，未曾体验过对造成这一恶果的人的仇恨，他就不会成为一个真正的公民，成为一个真正具有崇高理想的人。

人的冷漠是危险可憎的，而孩子们的冷漠则是可怕的。我极力使我的每一个学生在童年就深切地体验为别人的命运而忧虑的高尚情感，即使那些人可能离他很遥远，生活在地球另一端的某个地方，或生活在一百年以前。这种情感是抵制冷漠情绪的有效手段，是医治冰霜之心这个苟且偷安心理的危险种子的良药。当代最大的祸害是帝国主义、殖民主义残余和战争贩子。这些都不是什么抽象的概念，而是一种实在的势力，这种势力是与我们时代的最高的正义——共产主义相对立的。

培养对帝国主义的仇恨是教育者的一项崇高任务。完成这项任务，要照顾孩子的年龄逐步进行。

我给我的学生们读书，讲述一些生活中的真实事件，这些书籍和事件发出为人类的尊严而斗争的召唤、鲜明地阐发对人压迫人的现象不妥协的思想。孩子们多次听波兰作家Γ.显克微支的激动人心的故事《小音乐家扬科》，第一次朗读就使孩子们非常激动。他们把杀害无力自卫的男孩子的地主叫作恶魔和吸血鬼。由于愤怒，孩子们握紧小拳头，眼里燃起仇恨的火焰。音乐家扬科永远进入了我的学生们的精神生活。以后我们又将这个故事读了许多遍，有的孩子甚至一字不差地记住了这个故事。为什么孩子们要一遍又一遍地听音乐家扬科的故事呢？我认为这是由于愤怒激起了精神力量的高涨。一旦孩子们感到自己面对的是邪恶的、不可调和的敌人，他就变得更加坚强，希望充分感受一下自己的全部道德力量，想再一次证明他为真理而斗争的决心。这种情感得到充分发展的心灵，对周围世界中的善和恶是很敏感的。

乌克兰杰出作家阿尔希普·捷斯连科关于贫苦农民的子女凄苦童年和少年的故事，给孩子们留下了极其深刻的印象。当我读完一个讲述很有天赋的农村姑娘，由于贫困以及有钱人和沙皇官吏们的凌辱而自尽的故事时，孩子们的眼里充满了愤恨。

在三年级和四年级，我们两次读了哈里特·比彻·斯托的小说《汤姆叔叔的小屋》。孩子们为奴隶们的命运而深感不安。他们难以想象，人怎能像动物一样被买卖。然后，孩子们在想象中周游世界，他们了解到，现在地球上的个别角落还保留着奴隶制度。孩子们由于想到自己无力给予那些在奴隶市场上被买卖的南非共和国的小朋友任何帮助，总是感到心里不平静。在孩子们的意识中，逐渐展现出当代的善与恶之间进行斗争的一幅鲜明的画面：在资本主义及其附属国内，千百万人不是在为自己劳动，而是在为地主和资本家卖命；那里的小朋友不知道什么是童年；那些为自己祖国的自由和独立而斗争的无数优秀儿女正在被枪杀、被绞死、被送去服苦役。

孩子们永远记住了希腊人民英雄尼科斯·贝劳扬尼斯的悲惨命运。在法西斯占领希腊期间，贝劳扬尼斯与侵略者进行了斗争。当他的祖国从希特勒法西斯手中解放以后，资产阶级法庭以叛国罪判处这位爱国者以死刑。尼科斯·贝劳扬尼斯手拿着红石竹花迎接了死亡。就在同一天，他那同样被判处死刑的妻子生下了一个儿子。为这个生活在狱中的男孩的命运而激动的孩子们问道，怎样帮助这个小贝劳扬尼斯呢？崇高的感情唤起了积极的行动。孩子们给小贝劳扬尼斯的母亲写了一封信，通过国际红十字会寄去，同时准备了一件礼物——绣在白绸子上的一朵红石竹花。以后，每年学生们都在小男孩生日那天，给英雄的妻子寄信，给孩子寄礼物——在白绸子上绣上玫瑰花、罂粟花、丁香花。这个乍看似乎无足轻重的举动，在孩子们心中留下了很深的痕迹，因为它是对罪恶行为的谴责，是与不公正行为的决战。

在引导孩子们进入社会生活这个世界时，我使他们确信，在人类历史最黑暗的时期，当恶势力压迫着千百万人的时候，总是有奋起反对非正义的人们。这些人的名字，他们的生活、功绩，对青年一代来说是光辉的榜样。我努力使我的学生们敬佩那些为自己祖国的自由和独立、为摆脱剥削、为确立人的尊严而斗争并献出生命的人类优秀儿女的坚定不移、勇敢顽强、英雄主义、忠于信念等品质。

我极力使人类过去创造和争取到的，并在社会主义社会得到发扬光大的道德价值，成为每个孩子的精神财富，打动他们的心，激励他们为真理在全世界的胜利而积极行动。安东尼奥·葛兰西说：真理永远是革命的。我竭力不用任何响亮的字眼揭示道德价值美的所在。只有当它的革命意义以激动人心的鲜明范例体现出来的时候，人类道德价值的美才能成为孩子们的精神财富。拉丁谚语说得好：言传身教。一生光明磊落，为人类的幸福建立功勋，这才是照亮孩子生活的光辉榜样。然而，即使是范例，也只有当它能生动体现人道的、进步的和革命的思想的时候，才会教导人如何生活。伟大的德国诗人歌德说道："凡是没有思想的人，最后剩下的将仅仅是一些感觉。"

在童年时代，我让孩子们了解一些人的光辉形象，这些人已成为世代人的指路明星。当然，不可能把一切都讲给孩子听。不能使大量形象和情景如潮水般地涌向孩子，不能无休止地使他心绪激动。就让他暂时只懂得一点点，但要一点点把道德价值的美展现在他面前。要让孩子们想一想是什么使他们激动，使他们感到震惊。形象地说，要让思想和情感的融合物在每个孩子的心里得以凝结。四年间，我给我的学生们讲了许多为人类崇高理想而奋斗的战士们的丰功伟绩，其中有斯巴达克、康帕内拉、伊凡·苏萨宁、斯捷潘·哈尔图林、索菲娅·佩罗夫斯卡娅、尼古拉·基巴尔契奇、塔拉斯·谢甫琴科、托马斯·闵采尔、赫里斯托·波波夫、亚努什·科尔恰克等；讲述了伟大的列宁的生平和斗争历程；讲述了共产党员英雄伊万·巴布什金、谢尔盖·拉佐、卡莫、雅可夫·斯维尔德洛夫、费利克斯·捷尔任斯基、尤利乌斯·伏契克、恩斯特·台尔曼，伟大卫国战争的英雄尼古拉·加斯捷洛和亚历山大·马特洛索夫，探求科学真理的英勇斗士乔尔丹诺·布鲁诺和伟大的人道主义学者米克卢霍—马克莱的故事。

那些人生动的人道的激情、行动和功绩所体现的思想的光辉，对孩子们的精神世界会产生很大的影响。无须向孩子解释如何理解某一行动的实质，当思想和形象融为一体时，孩子是能够很好地理解思想的。那些我曾给我的学生讲述过的英雄们，体现出的道德美的实质和极重要的特点是：准备为别人的幸福献出自己的全部力量和生命。恰恰是这一特点使孩子们赞叹，使他们去思考他人的命运。那些在为人民服务中找到了自己的幸福的人们，将成为孩子们的道德楷模。

如不能使孩子在阅读写高尚品德的书时彻夜爱不释手，使他因欣喜而心情激动的话，就很难有完满的教育。当一个人能做到如同在注视自己，在把自己同想象中的品德美的典范相对比，即同信念坚定、英勇顽强、不畏艰险的典范相对比的时候，他内心就会产生道德理想。

为了将孩子们引向道德理想的源头，教育者在挑选故事时，应该经过深思熟虑。故事最主要的是要有能体现高尚思想的事实与事件，展示青年一代的楷模人物的个人命运与人类命运的一致性是十分重要的。

在给孩子们讲述列宁的生平与斗争历程的时候，我详细地读了伊里奇是如何为劳动人民的命运而殚精竭虑的故事。伟大领袖所做的一切，都是为了人民的幸福。当孩子们听到列宁怎样在国内战争和一切遭到破坏的艰苦岁月里关心那些孤儿的时候，他们完全被一种欣慰的激情激动了。我竭力使列宁的人道主义作为巨大的道德财富深入孩子们的心灵，使孩子们能从道德的美和真理的高度看待自己和整个周围世界。

波兰民族英雄亚努什·科尔恰克的故事，在男女学生的心中都留下了深刻的印象。使同学们非常激动的是，这位英雄是同他心爱的孩子们一起牺牲的。亚努什·科尔恰克本来可以保住自己的生命，但是，当成千上万名无辜的孩子们惨遭法西斯刽子手杀害的时候，他认为这样做是耻辱的。亚努什·科尔恰克在孩子们看来，成了真正的人道主义的象征。

关于"民意党"的英雄——斯捷潘·哈尔图林、索菲娅·佩罗夫斯卡娅、尼古拉·基巴尔契奇等的故事，在孩子们心中激起了敬佩之至的热烈情感。当我读到英雄共产党员尤利乌斯·伏契克和卡莫的坚贞不屈、英勇顽强和信念坚定的品质时，孩子们体验到了作为一个人的自豪感。他们说："就是要做这样的人，这才是真正的英雄。"

我给孩子们讲了许多少年英雄的故事，讲了在为苏维埃祖国的自由和独立的斗争中贡献出生命的瓦利亚·科季克、维佳·科洛布科夫、廖尼亚·戈利科夫、沃洛加·杜比宁、瓦夏·希什科夫斯基等的英勇事迹。同时，我极力将共产主义道德最重要的一些特点——思想的坚定性、勇敢精神，对社会主义、和平、自由和民主的敌人的不妥协精神，逐渐展现在孩子们面前。确立像维护自尊心一样维护自己的信念的能力，是教育的重要任务之一。只有从小就开始形成善与恶的观念（这些观念是在鲜明的形象中体现出来），才可能完成这一任务。但是，只有观念是不够的，还要有个人在情感上的评价。必须把道德现象明确地归类：什么对孩子是珍贵的，什么是他永远不能容忍的。对年幼的孩子进行道德教育，就是要用美德激励他，唤起他为别人带来快乐的意愿，尊重自己的人格，维护共产主义道德原则。

学龄初期的孩子们正处于道德理想的源头。我们教育者应该把高尚道德精神的美，展现在每个孩子面前，应该确立坚定的共产主义信念，使一至四年级的学生都体验到自己是富有朝气和创造力的、永恒存在的劳动人民的一部分。

心里要有共产党

学校教育最重要的任务之一，是培养热爱我国共产党、忠于它的理想、准备为共产主义事业奋斗的感情。孩子们经常听到"**共产党员**"这个词。我极力使这个词与它的概念在孩子们的意识中，与那些为把我国人民从剥削者手中解放出来，为建设社会主义、战胜法西斯主义、对社会进行共产主义改造而奋斗的战士的最光辉、最高尚的形象融为一体。我认为教育工作的目标是使孩子们作为自己祖辈和父辈们的共产主义理想的继承人，能因革命前辈而自豪；使孩子们成为国家真正的主人，成为建设和捍卫共产主义的战士。

我认为要完成这个教育任务，首先就要进行关于共产党员的讲话。这一讲话，我们称为"怀着火热的心的人们"。我讲过关于我国杰出的共产党员的事迹。共产党员是反对沙皇政府、争取社会主义革命的战士。他们光辉的一生和英勇的斗争，使孩子们确信共产党员的最大幸福是忠于人民，为人民的幸福而斗争。

从我们在"快乐学校"最初的日子里，到男女青年拿到毕业证书，走向独立劳动的生活或继续升学，这期间我们经常举行怀念列宁的报告会。起初讲的是关于弗拉基米尔·伊里奇青少年时代的一些典型的故事，随着时间的推移，关于列宁的讲座越来越多地与历史问题、共产党的意识形态问题以及我党为人民的美好未来而斗争的问题联系起来。孩子们坚信共产党员是人民的精英，是人民最优秀的儿女。

孩子们开始与共产党员会面了。共产党员们关于自己生活和斗争的故事，对孩子来说成了共产党历史的一部分。孩子们永远忘不了那些与老布尔什维克 B. M. 别斯科罗瓦伊内依、A. M. 拉泽维勒、H. K. 盖邱科见面的日子。我们这些同乡保卫过苏维埃政权的摇篮，为工农的胜利流过血，这些都给孩子们留下了极其深刻的印象。孩子们确信，共产党员是有坚定信念的人；他们同时又是平凡的劳动者，不顾年迈，要把自己的全部力量和智慧贡献给共产主义建设事业。孩子们知道 A. M. 拉泽维勒是一位优秀的蔬菜栽培家，B. M. 别斯科罗瓦伊内依有一双巧手，是一个非常有经验的机械师。他给孩子们讲述了建设村里集体农庄的经过，讲述了共产党员们学会开拖拉机以后，怎样把着方向盘在集体农庄的田地里开出第一条垄沟。

别斯科罗瓦伊内依和孩子们进行了几次谈话，谈到党为苏维埃人民的美好未来而进行的斗争。他讲了农庄党组织所关心的事情。孩子们了解到集体农庄的共产党员关心的是怎样提高收成，怎样使畜牧场为劳动人民生产更多的肉、牛奶和黄油。

特别有意义和激动人心的是那些讲伟大卫国战争的列宁报告会。孩子们会见了 C. A. 科夫帕克游击兵团的一员——苏联英雄 A. K. 岑姆巴勒，会见了参加过从法西斯手中解放罗马尼亚和匈牙利的战斗的苏联英雄 H. C. 奥诺波依，以及我们许多同村人——为从法西斯手中解放自己家乡而战的英雄。孩子们越来越坚定这样的信念：列宁的事业、列宁的真理生动地体现在共产党的事业和斗争中，体现在人民的劳动中。

活着就要天天关心人

生活证明：如果孩子们只是"享受"快乐，而不是经过劳动和精神上的努力取得快乐，他的心就可能变得冷漠、无情，对一切都无动于衷。

为人们做好事是陶冶孩子情操的巨大道德力量。苏维埃学校的教育任务之一，就是要使孩子们从内心深处感受到，他们周围还有许多需要给以帮助、关怀、爱抚、诚恳相待和同情的人。最主要的是，要使孩子们的良心不允许他们对这些人熟视无睹；要使孩子为人做好事不是出自表现自己，而是出自无私的动机。

孩子们的善良、为别人做好事的意愿，来自对那些内心痛苦和不幸的人的同情。人类最大的快乐从关心别人的精神世界、从善于体察他人的不幸中产生，没有这种感受，就不可能有道德美。还在"快乐学校"的时候，我的学生们就已经向人类道德美的最高峰迈出了第一步：他们取得了关于人道主义的初步知识，学习了体察日常相处的人们的痛苦、忧愁、悲哀和恐慌。只有当一个人在童年时

期就天天关心别人时，这种能同别人共忧患的品德才能融入他成年时的精神面貌，变成他精神生活的不可分割的一部分。

我经常教导我的学生去同情他人，我极力使孩子们站在需要同情、帮助和热忱关怀的人们的角度，并且体验他们的感情。别人的痛苦应该成为孩子自己的痛苦，应能触动他去考虑如何帮助那个需要帮助的人。人们之间的相互关系，人们之间的精神交流，对人道主义的培养起着特殊的作用。爱人类比帮助邻居容易。要了解人，必须了解人的具体个性。如果孩子们不能从朋友悲伤、恳求、痛苦的眼里看到他内心深处的苦闷，他的心就不可能被人的痛苦所触动。一个未能对人类生活的各个方面——幸福和痛苦都了解的孩子，永远也不会成为关心别人和富有同情心的人。

我们班里发生过许多不幸的事，为此不必追溯得太远。当集体发出愉快的笑声，充满朝气蓬勃的气氛时，个别孩子的眼睛里却流露出忧愁。瓦里娅进校三年后，她父亲的健康状况急剧下降。小姑娘变得沉默寡言，经常陷入沉思。尼娜和舒拉的母亲在患重病，为了帮助父亲做家务，两个小姑娘只得经常留在家里。舒拉的奶奶病了，几次被送进医院，在医院里有时要住一个星期，有时要住一个月，对这个男孩子来说，这是一件很痛苦的事。奶奶生病期间，舒拉由他姨母照管。他姨母是一个很好的人，很关心舒拉，但是与奶奶分离却给他带来了痛苦。在秋天一个寒冷的日子里，舒拉决定去看望奶奶。他一句话也没有对姨母讲就到医院去了，路上遭到雨淋，结果感冒病倒了。几天以后，他被送进了奶奶住的医院里。

沃洛佳的家里也发生了不幸。他母亲是个抹灰工，每天乘公共汽车上班。在地上常结薄冰的早春季节里，有一天，公共汽车和卡车相撞，沃洛佳的母亲受了重伤。医生说，她将变成一个终身残疾的人。就在这个时候，曾为沃洛佳走上正确的生活道路而做过许多工作的祖父得重病去世了。

柯利亚的家里也遭遇了不幸，但这完全是另一种不幸。他的父亲因窝藏赃物而被捕，判刑两年，进了监狱。家中的道德气氛变纯洁了，但所发生的一切不能不使孩子感到极大的震惊。

每天见到孩子们的时候，我都要端详他们的小脸。如果孩子们心中有痛苦，那他只不过是人在教室而已。他就像一根绷紧的琴弦：不小心轻轻地碰一下，就会使他痛苦。每个孩子对痛苦的感受各不相同：有的，你安慰一下，他就感到心里好受一些；有的，温柔的话语会给他带来新的痛苦。在这种情况下，教育的艺术首先就要靠人类的智慧了：要学会怜惜伤痛的心，不要给受教育者增添新的痛苦，不要触碰他心灵的创伤。因痛苦而极度不安的学生当然不能像以前一样学习，痛苦会在他思想里留下伤痕。对教师来说，最主要的是，要先看到孩子的痛苦、悲哀和他所遭遇的不幸。看到之后，还要体验到这种心情。教师正确对待孩子的痛苦，拥有理解和感受儿童心理的能力，这是教育艺术的基础。

不能叫正处于痛苦中的学生来回答问题，不能要求他专心学习和刻苦努力。不能去问他发生了什么事情，因为要孩子们讲出这些事是很痛苦的。如果孩子信任教师，如果教师是孩子的朋友，那么孩子就会把能够讲的事情讲出来。如果他默不作声，那就不要去触碰他幼小心灵的痛处……。教育中最困难的是教会人去体察感情。孩子越大，教师越难以触动他的心弦（形象地说），这心弦的音响往往会形成一种崇高的感情。

为了使孩子们学会体察感情，学会看到他亲近的人的精神世界，教育者应善于珍惜孩子们的感情，首先要珍惜那种痛苦的感情。在成人和孩子之间的道德情感中，没有比成人为了消除孩子的痛苦而轻率地断言"孩子，你夸大了自己的不幸……"这种做法更荒唐了。

首先应该懂得孩子们的内心活动。这是不可能通过什么特殊方法学到的，只有依赖于教育家高尚的道德情感修养才有可能做到。不管孩子痛苦的根源是什么，其中总有某种共同的东西，那就是在忧郁、悲哀的眼睛里令人惊讶地流露出不是孩子应有的沉思、冷漠、苦闷和孤独。正经受不幸的孩子，不会注意到同伴的娱乐和消遣，没有什么能诱使他摆脱痛苦的思想。对孩子的最细心和善意的帮助，就是既分担他的痛苦，又不去触及他内心的伤痛。粗暴的干预会引起怨恨，而劝其不要灰心、不要绝望、要克制自己这一类的话，如果缺乏真正的感情，就会使孩子觉得是不切实际的废话……

教孩子们体察感情，这首先意味着把自己的道德情感修养传授给他们。没有对人的精神状态的深刻理解，就不可能具备道德情感修养。而这种理解只有当孩子在心里把自己置于经受痛苦和忧患的人的位置时才会产生。

当萨沙的祖母病倒时，他变得悲伤、沉默，而且总怀着戒备心：有人对他说点什么，他就哆嗦，好像触到了他的痛处。有一次，我看到他那双黑黑的大眼睛里充满了泪水。孩子们对我说："萨沙哭了。"你如果料想孩子对自己的同伴或成年人会满怀同情，只是因为他是一个孩子，那是十分幼稚的。同情人是要教的，要像教他初学迈步那样，十分用心地、精心而又谨慎地去教。同情心，是认识最细腻的领域之一，是用思考和心灵进行的认识。有经验的教师应该拥有培养同情心的强有力的手段——语言。

我趁萨沙不在班里，对孩子们说："遇到人有伤心事的时候，不能表示惊讶。萨沙十分忧伤，他只有一个亲人，那就是祖母。他不记得自己的母亲。祖母现在突然病了。也许，她将被送进医院，那萨沙留下来跟谁呢？你们设身处地地想一想，就会体验到什么叫伤心事。你们还记得咱们在路上遇见的那位老爷爷吗？记得吗，他的眼睛显得有多悲伤？你们当时感觉到了：老爷爷有伤心事。为什么你们看不见同学眼里的忧伤呢？你们不是发现萨沙已经好几天都沉默不语、心事重重了吗？他人在教室里，但整个心思全在祖母床前。如果他待在家里几天不来，不要急着去问他为什么没有到学校。一个人要讲出自己的不幸是很不容易的。平常，如果你们看到了有人有了痛苦和不幸，你们不要表现出好奇，而要去帮助，不要去刺痛人家的心。如果你们已经知道咱们集体中有人遭遇了不幸，你们要做到：不要因自己的任何一句话、任何一个行动增加他的痛苦。你们再想一想，可以怎样帮助萨沙和他的祖母。不过，这种帮助，不应该是为了显示自己，'瞧，我们多好，帮助自己的同学'。做好事给别人看，这非常不好。如果不是心在召唤你们要帮助朋友，那么不论你做出什么好事给别人看，都不会使你成为一个善良的人。"

萨沙回到了班里，我再也没有提到他，孩子们也领会到，为什么我马上转了话题。课间休息时，他们商量怎样帮助萨沙和他的祖母。孩子们给他送来了苹果和鱼，这一切都是出自最纯洁的心愿。萨沙的祖母被送进医院以后，他住在姨母家里，孩子们常去看望他。当得知萨沙遭了雨淋，生了病，和祖母一起躺在医院里的时候，孩子们都十分难过。休息那天，我们都到医院去了，孩子们带去了苹果和饼干。舒拉还拿了一大块巧克力，这是他父亲从外地给他带回来的。我们用了半天时间，让所有的小朋友都能进病房去探望一下萨沙。

这件事使我既高兴又不安。须知这是这个集体热情突发的结果。有的孩子想为别人做好事，首先是为了让人家看到自己这一崇高的举动。沃洛佳告诉我，他要把父亲不久前给他买的新冰鞋作为礼物给萨沙送到医院里去。

"父亲同意吗？"我问道。

"当然，同意。"

"好吧，那么没有必要带到医院里去。萨沙现在又不能滑冰。等萨沙好了以后，你给他送到家里去吧。"

沃洛佳没有把冰鞋送给同学。精神的热情突发源是很微弱的，这件事使我思考如何培养善良、热忱和同情心。这是一些非常细腻、复杂的情感。怎样才能使孩子做好事时，不指望受到赞许、得到奖励，而是出自善良感情的需要？善良的感情是什么？它是怎样发生的？当然，集体精神突发的热情对培养同情心起着巨大的作用。但是，这种同情别人的感情，应深入每个孩子的精神生活领域。

我力图使我所有的学生做好事——帮助同学或其他人——是出自内心的需要，并因此而感到极大的满足。教人做好事，就要这样去做，这想必是道德教育方面最困难的问题之一。那么，在实践中该怎么办呢？看来，最主要的是要发展孩子的内在力量，人有了这种力量，就不会不去做好事；也就是说，最主要的是要教孩子同情别人。但这要怎样做呢？怎样才能使孩子在看到别人的痛苦时，能设身处地地感受那人的苦楚。怎样才能使鲜明的思想唤起鲜明的情感，使孩子自身与生活中遇到不幸的人融为一体，使孩子从正在经受痛苦的人身上，看到自己并感觉到自己呢？

我们经常召开的，用来探讨关于孩子精神生活和他们相互间关系的最困难、最复杂的问题的会议，逐渐变成了心理学方面的讨论会。不仅低年级的教师参加讨论，中年级和高年级的教师也参加了。成为我们关心对象的是人——儿童、少年和青年。在心理学问题讨论会上，我们做关于具体的孩子的精神世界的报告和报道，做关于他的智力、道德、情感、体育和美育发展的源泉的报告和报道，做关于以前在学前时期和现在在校期间个人智慧、思维、意志、性格和信念形成的环境的报告和报道。低年级教师好似在用自己的报告给中年级和高年级教师对男女青少年施加教育影响做准备。集体教育的信念越来越坚定了：为了使我们教育的对象，处于整个集体教育的影响之下，每个教师都必须深刻地了解每一个学生的个性，甚至其中的细枝末节。

要深入个别孩子复杂的精神世界，我们感到两个小时甚至三个小时都不够。当我做完了关于柯利亚的个性的报告以后，M. T. 塞罗瓦特科、E. E. 科洛米钦科、ф. A. 斯科奇科等老师对我的分析做了非常重要的详细补充，即孩子在集体中所看到的一切在他的情感中是怎样反映的，换句话说，他是怎样感受人与人之间的关系的，怎样体验自己与他人的相互关系的。我们得出一条非常有意思的，经集体肯定是一个关于做好事的内在精神动机的新结论，即孩子怎样促使自己为别人做好事。

孩子们给予蒙受痛苦的同伴的精神力量越多，他们就越会同情人。在二月一个寒冷的日子里，那时孩子们正上三年级，米沙、柯利亚和拉丽萨跑来找我，他们好像很不安。

"万尼亚的哥哥廖尼亚牺牲了。"卡佳说，"他父亲收到电报了。他明天就要到哈萨克斯坦去。现在怎么办呢？"

孩子们的眼睛在祈求：请告诉我们，该怎样去帮助同学呢？

我当天就知道了这件悲惨事件的经过。18 岁的拖拉机手廖尼亚往饲养场送干草。路上，他遇上了暴风雪。本来年轻人可以停下拖拉机，到离路边不远的村里去避一避，但是他没有这样做，他指望大风雪过后，能及时地把干草送到饲养场。可是风雪越来越大，严寒突然降临，最后廖尼亚冻死在拖拉机的驾驶室里了。万尼亚好几天没有到学校来。孩子们都感到十分悲伤，听不见他们叽叽喳喳的声音了，全都在问：怎样去帮助同学？有人提议到万尼亚家去。我劝他们不要去："这时候万尼亚、他的母亲、他的父亲、他的兄弟姐妹都十分难过。我们到他家里，他妈妈看见我们以后，会想起廖尼亚上学时的情景，会更加伤心。我们过些时候，等母亲的内心创伤稍好一些以后再去。当万尼亚到学校以后，不要去问他哥哥是怎样牺牲的。去想、去讲这件事是十分痛苦的。大家对万尼亚要关心、体贴，不要使他再遭到任何心灵的创伤。"

万尼亚的父亲从哈萨克斯坦回来以后告诉我，新垦区国营农场居民区的一条街道要以他长子的名字命名。我把万尼亚父亲的话讲给了孩子们听。那些天，我们班正准备参加少先队。孩子们在考虑，以谁的名字来命名我们的中队和三个小队。于是，他们自己讲出了我的预期：让万尼亚所在的小队就用他哥哥的名字——牺牲在战斗岗位上的廖尼亚来命名吧。万尼亚把这个消息告诉了母亲。我又向孩子们建议：我们挑一本画册，每人在上面都画一点关于学校的情况。当然，孩子们都渴望着画一点与廖尼亚以及与他的学生时代有关的东西。高年级的学生把廖尼亚在三年级读书时种的苹果树指给我们看。在物理教室里，我们找到了廖尼亚和他的同学一起做的起重机模型。廖尼亚喜欢鸟，学生们常常回忆他和他的少先队一起为鸽子做笼子的事。孩子们把这一切都画在了画册里。我画了廖尼亚的肖像。我们把这本画册献给了廖尼亚的母亲。这对她来说是非常宝贵的。使她高兴的是，学校的集体没有忘记她的儿子。我们也为将要以廖尼亚的名字命名的小队，做了同样的一本画册。

十分重要的是，不要把善良的感情和所做的好事变成一种宣扬的"手段"。尽量少谈论做过的好事，不要为做好事进行任何夸奖，这应该成为我们教育工作遵循的原则。最有害的是，孩子在思想上把人道的行为看成是自己的功劳，认为这是一种了不起的行为。这经常是学校的过错。一个学生拾到别人丢的十个戈比，交到班里，整个班集体一下子都知道了这件事。记得在一所邻近的学校里发生了一件有趣的事情。一个女孩子拾到五个戈比，交到了班里，女教师大肆夸奖了她一番。第二天课间休息时，三个女孩和一个男孩跑来找女教师，原来他们几个都拾到了同学们丢的钱，有的捡到一个戈比、有的捡到两个。孩子们都盼着得到夸奖；女教师感到有问题，发起脾气来……。孩子们就是这样学会了端出"桩桩好事"，如果不为此表扬他们，他们就不满意。

好心应该像思维一样，成为人们的正常现象。它应该成为一种习惯。我们的教育集体力图使好心的、诚挚的、热忱的行为给孩子们带来极大的满足。童年时代对别人精神上的深切关怀，是在教师语言的影响和集体情绪的感染下产生的。十分重要的是，要唤起所有孩子热诚关切他人的激情，使他们愿为别人做好事。这种激情只有成为个人的行动的时候，才能使他的心变得高尚起来。

我的学生们没有忘记自己的老朋友——安德烈爷爷。冬季，老爷爷住在离养蜂场的蜂房不远的一间小屋里。孩子们常常上他那儿去，给他带去苹果、图画。老爷爷为孩子们每句亲切的话语感到十分高兴。孩子们体会到，孤独是痛苦的，所以他们尽力为老人做好事。

那是三月一个暖和的日子，孩子们忙着要去看望安德烈爷爷：今天他们要帮他放蜂。这一天对孩子们来说简直成了节日：看着这些金翅膀的、报春的使者飞来飞去，孩子们高兴极了。在到蜂房越冬处的路上，我们到一位老大娘家喝水。她请我们吃了自己家做的饼干，并希望我们常来看她。

奥尔加·费道罗夫娜在战争的年代里遭受了极大的不幸，她的两个儿子、丈夫和兄弟都在前线牺牲了，而女儿死于法西斯德国的煤矿上非人的劳动生活。我给孩子们讲述了这位妇女的悲惨命运，孩子们心里激起了要与奥尔加奶奶友好相处的愿望，常去看望她。奥尔加·费道罗夫娜把自己儿子和丈夫的勋章和奖章拿给我们看。孩子们心中又产生了给奥尔加奶奶带来欢乐的愿望。种果树的季节一到，我们就在她家的院子里种上了五棵苹果树、五棵梨树、五棵樱桃树和五株葡萄秧，纪念她的两个儿子、女儿、丈夫和兄弟。为老奶奶自己，我们也种了几棵树。奥尔加·费道罗夫娜感激的心情是难以用语言形容的。在炎热的夏天，我们经常去给果树浇水。夏天，孩子们在她家一待就是一整天。

奥尔加奶奶成了孩子们的朋友。每一个节日，孩子们都是与她一起度过的。我们注意不错过樱桃、苹果、梨和葡萄成熟的时机，总是到奶奶的果园去，摘下第一批成熟的果实送到她身边。孩子们在七年级学习的时候，奶奶得了重病。学年结束后的那个星期，她去世了。这对孩子们来说，是一件痛苦的事情。事后不久，我们得知奥尔加·费道罗夫娜的遗言，要求在她死后把农舍和果园交给孩子们。这个遗嘱使集体农庄的领导感到很为难：学生们成了农舍和果园的主人，这算怎么回事呢？农庄的庄员们帮助搞清了这个不属于任何法律规范的问题。他们说：让孩子们在这块小小的庄园里做自己的好事吧。我们请安德烈爷爷搬到农舍里来，他高兴地搬来了，因为这里离养蜂场不远。瓦利娅和季娜四年级时与几个"十月儿童"交上了朋友，她们俩还帮助他们加入少先队。小孩子们整天都在我们自己的果园里度过。

在争取祖国的自由和独立的战斗中，母亲失去了儿子，其痛苦是深沉的。让我们的学生们去感受、体验并分担这一痛苦吧！让成千上万的母亲——她们的儿子已经被埋葬在从伏尔加河到易北河、从北冰洋到地中海的无名墓地中了——成为学生们的朋友吧。如果一个孩子没有感受和体验到自己祖国的重大不幸——失去 2200 万人的不幸，遭到骇人听闻的苦难、灾祸和破坏（我国人民是不会忘记这一切的，也不会宽恕法西斯分子的），就不能说他的心是高尚的。

孩子对母亲的痛苦体验和了解得越深，他的同情心就越大，他作为一个公民的信念就越坚定，孩子心中对祖国未来的责任感就越强。因此，在组织邀请那些在伟大的卫国战争中牺牲了儿子的母亲来参加少先队集会（一般请到学校里来）这类重要活动时，要做得特别得当。对孩子们来说，这种活动不应像通常的教育活动那样一晃而过。与那些在个人的痛苦中体现着全民痛苦的人见面，应该在幼小的心灵里留下深刻的痕迹。

教育公民，不仅是教育理论上，也是实践中的一个复杂问题。这里最重要的是，要使知识深入心灵，使它反映在个人的精神世界之中。对祖国的认识，对苏联人民神圣的和美好之物的认识，不是那些记住之后在日常生活中去运用的一般知识。这是应该涉及学生个人生活的真理。只有从人的伟大认识祖国的伟大，这些真理对孩子才是神圣的。

列昂诺夫认为："人民的缅怀是一部巨著，那里面记载着一切。"不读这本书，不深刻理解和体会每句话、每个字的意义，进行公民教育是不可想象的。依我看，我们通常所说的学校和社会生活相联系，首先就是要把我们最神圣的东西——对祖国的热爱和对它的敌人，即对给人民带来极大痛苦和灾难的奴役者的仇恨，从人民的心中传到孩子们的思想和心里。与"人民的缅怀"这部巨著的每次接触，都是树人的一次最复杂、最重要的行动。

充满崇高情感的劳动

劳动要成为一种巨大的教育力量，必须使其成为学生精神生活的需要。劳动能给他们带来团结友爱的快乐；能促进钻研精神和求知欲的发展；能在克服困难之后，产生激动人心的欢乐；能在周围世界里不断发现新的美好事物；能唤起初步的公民义务感——人类生活必不可缺的物质财富的创造者的情感。

劳动的乐趣是一种巨大的教育力量，每一个孩子都应当在童年时代深深体验这种高尚的情感。

那是学校生活的第一个秋天，高年级同学在园地里给我们划出了几十平方米土地。我们把地翻了一遍——农村的孩子对这种劳动是很熟悉的。我对孩子们说："我们在这儿种上冬小麦，把麦粒收上来，磨成粉。这将是我们第一次收获的粮食。"孩子们很清楚粮食意味着什么，因此像他们的父母一样拼命地干活；同时，我们所搞的这项活动中又包含有某种浪漫主义因素，即游戏因素。

收获第一批粮食的向往鼓舞着我们，帮助我们去克服困难。困难还不少：孩子们用小筐搬运肥料，把它与土掺在一起。给一行行的小麦挖沟渠，一粒粒地挑选种子。播种那天变成了真正的节日。劳动鼓舞着每一个孩子。地种好了，可是谁也不愿意回家。大家想做一番遐想，于是我们坐在了一棵大树下。我讲起了金色麦粒的故事。我在思考故事，也在考虑如何使劳动在我的学生们的童年时代不仅能带来一种稚气的快乐，同时也能初次体验公民的快乐。使孩子们通过劳动，就像通过一条宽阔的道路，走进社会生活，认识别人也认识自己，第一次体验到作为公民的自豪感。我从未忘记，劳动不应该是一件轻松的事情。通常被称为成熟的那个非常重要的过程，就是用孩子们在体力和精神上的努力程度来衡量的。劳动使孩子不断成长。应该确定难度，定得既使劳动带有孩子气，同时又使孩子逐渐感到自己已经不是一个孩子了。多年的经验证明，只有当孩子的劳动包含有成年人生产效果的极重要因素，即收获物质成果，并把成果纳入集体成员的关系之中时，才能达到这种教育目的。

在麦子出苗之前，孩子们都很焦虑：我们的麦田会很快变绿吗？而当麦苗出来以后，不管男孩子还是女孩子每天早晨都要跑去看一看：绿色的小麦苗长得快不快？到了冬天，我们给麦子盖上了一层雪，让麦苗能暖和些。春天，看到这些麦苗绿茵如毯，看着小麦怎样长出茎叶，怎样抽穗，孩子们都非常高兴。他们把每一株麦穗的命运都紧紧挂在心上。

收割变成了比播种更加愉快的劳动。孩子们穿着节日的盛装来到学校：每个学生都小心翼翼地把麦子割下来，捆成捆。脱粒当天是又一个劳动的节日。我们把麦子收集起来，装进口袋，做到颗粒归仓。安德烈爷爷把麦子磨了，给我们送来了雪白的面粉。我们请季娜的母亲给我们烤面包。孩子们给她帮忙：男生打水，女生抱柴火。很快，四个又大又白的圆面包摆在了面前，这就是我们的劳动、我们的辛劳所得。一种自豪的情感激动着孩子们的心。

盼望已久的一天——新麦登场的大喜日子来到了。孩子们邀请安德烈爷爷和全体家长来欢度这个节日。桌子上铺上了绣花白桌布，女孩子们摆好了香喷喷的面包块，安德烈爷爷摆上了盛着蜂蜜的盘子。家长们吃着面包，夸奖孩子们，感谢他们的劳动。

这一天永远留在了孩子们的记忆里。在这大喜的日子里，我们没有讲关于劳动和人格的豪言壮语。节日使孩子们感到激动的最主要的还是他们的自豪感：我们种出了粮食，我们给父母带来了欢乐。一个人因自己的劳动而自豪，这是道德纯洁高尚的重要源泉。

我们收获新麦的节日引起了其他班集体的注意。每个班的学生都想种出自己的粮食。孩子们使班主任不得安宁：为什么别人有自己的粮食节而我们没有？

这件事引发了全体教学人员的思考。大家都看到像翻地、施肥这样平常的劳动，也能像去森林中游玩或阅读一本有趣的书一样，成为孩子们乐意去做的事。老师们谈到，那些没有什么能引起他们兴趣的"懒汉"，在这种劳动中也会变得判若两人，他们也愿意干活了。"这是怎么回事呢？"我们想。最后，大家达成共识，问题主要在于情感，在于必须用崇高的目的去鼓舞他。热爱劳动，这首先属于孩子情感生活的范畴。只有当劳动能给孩子带来愉悦的时候，他才会产生做事的意愿。劳动给孩子带来的愉快越多，他就越珍惜自己的荣誉，越清楚地在工作中认清自己做出的努力、自己的名誉。劳动的快乐是一种巨大的教育力量。有了它，孩子们会把自己看成是集体的一员。这并不是说劳动变成了一种娱乐。它要求人们做出努力，要求有坚韧不拔的精神。但我们不能忘记，和我们打交道的是孩子，是一些事物刚刚展现在他们面前的孩子。

孩子们决定每年都庆祝新粮收获节。入学第二年的秋天，他们又新开了一块地，种出冬小麦之后，又邀请家长们来做客，还请来了自己的小客人——学龄前的小朋友。甚至在我的学生们已成长为青年的时候，他们仍然怀着激动的心情，在学校的小块土地上收割小麦、脱粒、烤面包。这一切都带有浪漫主义的色彩，游戏的意味。劳动之乐是任何其他快乐都无法比拟的。这种快乐如果没有美的感受是不可思议的。不过这里的美，并不只在于孩子有所收获，而首先在于他在创造。劳动之乐是生活的美，认识到这种美，孩子就会有自尊感和克服困难后的自豪感。

只有那些善于努力工作和知道什么是汗水、什么是疲劳的人，才能领略到这种快乐。童年不应该总是沉浸在节日之中，如果没有孩子力所能及的紧张的劳动，他是不会懂得劳动的幸福的。劳动教育的最高要求，就是要在孩子们心中树立起劳动人民对待劳动的那种态度。劳动不仅是人们生活所必不可少的——没有它，人的生存是不可想象的，而且是多方面显示个人精神生活和精神财富的一个领域。人们纷繁多样的相互关系也在劳动中展现。如果孩子体验不到劳动的美，要培养他热爱劳动，是不可能的。人们把劳动看作是个人自我表现和自我肯定的最重要的方式。常言道：人不劳动，即成行尸走肉。使每个学生的自尊感和自豪感建筑在劳动成果的基础上，这是一项重要的教育任务。

入学后的第一个春天，孩子们培植了一个"献给母亲的果园"，种了三十一棵苹果树和同样数目的葡萄秧。"孩子们！"我对我的学生们说，"这将是给我们的母亲们培植的果园。母亲是我们最亲爱、最亲近的人。三年以后苹果树和葡萄藤将结出第一批果实。第一个苹果和第一串葡萄就是我们献给母亲的礼物。我们将给她们带来快乐。你们不要忘记，你们的母亲非常辛苦，我们要用快乐报答她们付出的辛劳。"

要给长辈、给父母带来快乐的愿望鼓舞着我们在"献给母亲的果园"里劳动。个别孩子还不懂得爱母亲——这一人类崇高情感的深刻意义。我竭力在每个孩子身上唤起这种感情。加利娅为继母栽了树，萨什科为祖母、维佳为姨母栽了树。没有一个人对劳动漠不关心。春天和夏天，孩子们给树浇水、灭虫。苹果树和葡萄藤长出了绿叶；第三年，第一次开花了，初次结出了果实。每个人都想让自己树上的果实快些成熟。

托利亚、季娜和柯利亚的苹果树上结出了水灵灵的苹果，葡萄藤上结出了一串串琥珀般的葡萄，他们非常快活。这对我来说是最大的幸福。孩子们摘下成熟的水果，给母亲们送去。这是孩子们生活中难忘的日子。记得，当柯利亚从树上摘下苹果准备给母亲送去的时候，他眼里闪现出何等喜悦的光芒。

学校生活的第二年，孩子们的劳动充满了崇高的精神。每个孩子都在父母的宅院里为母亲、父亲、祖父和祖母栽种了果树。"瞧，这是妈妈、爸爸、祖父和祖母的苹果树。"孩子们自豪地说。萨什科为怀念父母也栽了苹果树；加利娅和柯斯佳也都栽了果树来缅怀母亲，他们也没有忘记自己的继母，也给她们各栽了一棵苹果树。

孩子们对任何工作都没有像照料这些果树那样精心和感人，个个都焦急地盼望着苹果树开花。从栽种苹果树到苹果树第一次结出果实，把它们摘下来，给母亲送去，这不仅仅是孩子们完成的劳动过程，而且是道德发展的阶梯。孩子们在攀登这些阶梯中体验着他们所做的工作的美。

人的生活中，母亲是最神圣和最美好的。十分重要的是，要让孩子体验到能给母亲带来快乐的那种劳动的道德美。我们的集体逐渐形成并且确立了这样一个好传统：到秋天，当大地和劳动慷慨地赐礼物给人们时，我们就来庆祝秋季的母亲节。这一天，每个学生都把自己向往了一夏天乃至几年的劳动果实——苹果、鲜花、麦穗等献给母亲。这些东西都是他们在小小的地块（每个孩子在父母的宅院里都有自己心爱的一小块劳动的地方）上种出来的。"爱护自己的母亲吧！"这是我们让孩子们准备秋季的母亲节时，不断在他们的思想中确立的观念。孩子们在给母亲带来快乐的劳动中倾注的精神力量越大，他们心中的人道主义就越多。

我们这里还兴起了一个春季母亲节。我们在森林里找到一块僻静的林中空地，孩子们把它叫作"草苗园"，因为夏天这里草苗很多。孩子们与这块神奇的地方打交道时体验到了最大的快乐。他们想与母亲们共享这一快乐，于是便产生了这样一种想法：把点缀大地的第一朵花献给母亲。这样就产生了春季母亲节。这一天，孩子们不仅给母亲们送去小铃铛似的娇嫩铃花，还送去温室里的鲜花。在欢度母亲节的时候，应该避免喧嚣叫嚷和各种"有组织的活动"。我们极力使为母亲而组织的庆祝活动成为家庭亲人之间的团聚、亲友之间的团聚。这里主要的不是响亮的词句，而是深厚的感情。

相传出自18世纪民间哲学家格里戈里·斯科沃罗达之口的一句乌克兰格言道："热爱人类易，孝敬母亲难。"这句格言中蕴含着民间教育学的巨大智慧。如果心中没有确立起对亲近的和敬爱的人的依恋感情，要培养人道主义思想是不可能的。口头表答对人们的爱，这还不是真正的爱。培养亲切、诚恳、富有同情心的真正的学校是家庭。对待母亲、父亲、祖父母和兄弟姐妹的态度，是对一个人人道主义的考验。

孩子们的劳动应该是创造美的，这是美育和德育统一的要求。入学后的第一个秋天，我们把野蔷薇的种子收集起来，把它们种到了校园一个僻静的角落——划给我们的小畦里。我们把白色、红色、紫红色和黄色玫瑰嫁接到野蔷薇上。我们创办了自己的"玫瑰园"。开出第一茬花时，孩子们的喜悦心情是难以用语言来表达的。男生和女生都不敢碰花丛，怕损坏它们。当我告诉他们如果摘剪花朵得法，玫瑰花就会盛开一夏天，孩子们感到非常高兴。每个人都想给母亲送去一朵花。使他们格外高兴的是，他们能够在秋天的母亲节把一束小小的玫瑰花和苹果一起送给妈妈。

在校学习的第一个春天，我们就种了许多花。必须经常去照料它们，特别费力的是浇水。这时高年级的同学修建了一座带有抽水机的不高的水塔。水一直被引到花坛里，减轻了孩子们的劳动。浇水便成了人人都愿意干的一项工作，甚至连年龄最小的丹卡，现在花半小时就能给所有的花浇一次水。

栽培花卉已成为每个孩子的爱好。恐怕没有另外的劳动比照管玫瑰更能使人高尚，更能把美、创造与人道主义结合在一起。经过努力，我做到了使每个孩子都产生了在自己家里建一个花圃的愿望。还在三年级和四年级的时候，我的学生们就已能欣赏宅旁园地里培植出的玫瑰花了。

生活使我确信，如果孩子培育玫瑰花是为了欣赏它的美，如果这种劳动的唯一报酬是美的享受，并且是为了别人的幸福和欢乐而创造这种美，那么，他们就不会为非作歹、不会厚颜无耻、不会冷漠无情。这是道德教育中极为复杂的问题之一。美本身并不包含任何能使人精神高尚的魔力。美只有在创造美的那种劳动因崇高的道德动机而人道化的时候，特别是充满对人的尊重的时候，才能起培养道德纯洁性和人性的作用。为人们创造美的那种劳动人道化的程度越深，人就越能自重，就越不能容忍对道德规范的背离。

美在道德教育中的作用，成了我们全体教师讨论的课题。我们在把美作为影响学生精神世界特别是情感的方法加以重视的同时，也曾担心对这种影响的作用估计过高。在怎样的条件下，美才会起到**教育作用**？在心理学讨论会上，我们给自己提出了这个问题。这个问题的答案是从全面分析教育过程的规律中得出的。通过交流经验，分析教师对初期、中期、晚期学龄儿童的影响方式和方法，我们越来越认识到，没有也不可能有既能够保证教育的成功，又能弥补其他教育作用范围的缺陷和弱点的某种独特和万能的方法。

美学教育或许安排得很好，但是如果共产主义教育的其他因素和组成部分有严重弊病，美育的影响就会减弱，甚至可能化为乌有。对孩子精神世界的每一种影响，只有当另一些同样重要的影响同时起作用时，才会具有教育力量。在一定条件下，一个人有可能精心养花、赞赏花的美，而同时在为人方面表现得厚颜无耻、冷漠、无情——一切取决于我们这些教育者在施加我们寄予特定希望的那种影响之外，还对人的精神世界施加了哪些影响。

这些真理逐渐成为我们全体教师的信念。对各种具体生活遭遇的讨论，把我们引到**教育作用的和谐**这一问题上来。依我的见解，这是教育根本的、重要的规律之一。我并不认为，我们学校的教育工作实践已经解决了这个问题，但为了这个问题的解决和探索做了许多事。这个问题作为最重要的教育规律之一，其实质在于：每一种作用于人的教育手段的效果，都要视另一些影响手段的深思熟虑程度、目标明确程度和有效程度而定。美，作为教育手段，它所起作用的大小，要看是否恰到好处地发挥劳动这一教育手段的作用，要看实施理智、感情教育时深思熟虑的程度如何。只有当长者榜样的力量起作用的时候，只有当另一些教育手段充满了道德的纯洁性和高尚精神的时候，教师的话才能发挥教育作用。

教育的各种影响因素之间存在着数十种、数百种、数千种依赖关系和制约关系。教育的效果，归根结底要看这些依赖关系和制约关系考虑得如何，更确切说，要看这些关系在实践中实现得如何。在我看来，那些对教育科学的令人生厌的指责——说它落后于生活，正是忽视了这样一种事实，即如果没有其他千百种影响，任何一种对人的影响都将失去它的作用。如果不使其他千百种规律得以实现，任何一种规律都将变成空话。教育科学没有去研究数十种和数百种影响人的那些相互依赖与相互制约的关系，在这方面它是落后的。教育科学只有当它去研究和解释那些最细微、最复杂的教育现象的相互依赖和相互制约关系的时候，才会成为精确的科学、真正的科学。

……出现了花节。花节有几个。春季的花节，是铃花、郁金香和丁香花的节日。这一天，我们去森林和入学后第一个秋天所开辟的丁香花园地，每个学生都采集一小束花，同时力求有不同颜色相间。我们来到林间的草地上，欣赏这些花束。我们把这些花束带给母亲和我们的朋友们——安德烈爷爷和奥尔加奶奶。我们邀请了学龄前的孩子来过节，也给他们采集了花束。

第二个节是玫瑰节。我们在学校的"玫瑰园"和那些宅院里采集玫瑰花束。到了第二学年，几乎所有孩子们的家里都有了玫瑰花丛。我们把最美的花束带给了安德烈爷爷和奥尔加奶奶。

第三个节是野花节。这个节给孩子们带来的欢乐最多。我们总是早晨到田野里去，这个时候的花特别好看。采集一束束美丽的野花，这是真正的创造。我们把这些花束带到学校，休息时，大家都向往着在我们这里也有野花开放。我们记住最美的花生长的地方，秋天就去收集种子、挖掘根茎，于是矢车菊、药母菊也在宅院里开放起来。

秋季的花节，或者叫菊花节，是和夏天惘怅告别的日子。为了尽可能晚些过这个节日，我们需要付出很多劳动。我们保护菊花，使它免受寒风和严寒的袭击，在夜里用纸罩把它盖起来。过完秋季花节之后，我们就把花草移入温室。

在学校生活的第三年，孩子们首次庆祝了雪花节。森林里遍地还是积雪，但大批植物已经从冬眠中苏醒。原野上出现了第一批雪青色的和白色的风铃草。在这个日子里，孩子们把这小小的花束送给母亲们。

我曾尽力使孩子们能把劳动当作精神欢乐的源泉；让人不但是为了获得面包和衣物、为了建造住宅而劳动，而且为了使他的住宅旁边经常有鲜花开放而劳动。这些花朵不仅给他自己也给别人带来了快乐，让人从童年就为欢乐而劳动。

在上学一年以后，我们的孩子们在父母的宅院里就都有了小小的"美角"。几乎所有孩子的"美角"里，都有玫瑰花在开放。除此而外，每一个孩子都各有自己心爱的花。瓦里娅、莉达、帕维尔、谢廖沙、卡佳、拉丽萨、柯斯佳爱上了菊花。萨尼娅、季娜、柳芭、柳达、萨什科培植的是石竹花和郁金香。万尼亚、维佳和佩特里克则栽下了一些丁香树丛。我教给孩子们应该怎样照管花草，怎样培植幼苗和选择植物生长的最好的地点。

对花卉的爱好成了柯利亚和他的母亲之间冲突的原因。小男孩喜欢在暖房里工作。我给了他三株菊花，并且告诉他怎样栽种它们。这时，我们又给孩子们分了好品种的番茄苗。柯利亚把十来株番茄苗连同菊花一起带回家里。母亲栽了番茄苗，而柯利亚栽了菊花。两个星期之后，母亲看到菊花秧（它们已经很好地扎下了根），便把它们拔出来扔掉了。小男孩在栅栏旁找到了被扔掉的花秧，大哭了起来，并跑去找母亲。这位妈妈笑着说："这算得了什么？这是一些花。我们要它们干吗？没有花，我们照样活着，而且还将生活下去。"柯利亚默默地拿起这些花秧，再把它们栽到草棚后的角落里。

过了一些时候，小男孩给母亲拿来了几朵浅蓝色的花，并说："妈妈，看，这些花有多美。"小男孩的这些话里包含着复杂的感情。他可能是想说："妈妈，我想让我们家里的生活能够像这些花一样的美好。"

孩子们以极大的热情在"小鸟医院"里进行活动。

每当风暴和雷雨过后，我们到森林去经常能找到从鸟巢中掉下来的小鸟。在"小鸟医院"里，孩子们久久不能安静下来。而到冬天，遇上凛冽的严寒时，孩子们在"小鸟医院"的窗外放上盛满南瓜子的饲料槽。很多的小山雀飞到有饲料槽的地方。当饲料不足的时候，小鸟发出叽叽喳喳乞求的叫声。孩子们在桌上撒些谷粒，小山雀飞进屋里啄食。鸟儿逐渐跟孩子们混熟了，躲在屋里的时间越来越长，甚至在寒冬的夜晚也不飞出去。小鸟愉快地欢叫，落在孩子们的肩上、手上、头上。在晴朗的日子里，鸟儿飞来吃食后就立即飞走。孩子们不愿同这些长着羽毛的朋友们分离。鸟儿似乎察觉到了这一点，孩子们在它们叽叽喳喳的叫声中好像听出了一种歉意。它们好像在说，对不起，我们不能久留。

柯利亚、尤拉、萨什科、柯斯佳、帕维尔在"小鸟医院"里一待就是好几个小时。我建议孩子们在自己家里设置小饲料槽。在窗户的通风口外出现了撒着南瓜子的板架，而帕维尔则做了一个小房子。

初看起来，所有这一切好像都是无关紧要的，同教育没有什么关系。然而，实际上对活的、有生命的东西的爱护也就是对关切、热忱、同情心的培养。

前面已经讲过的那个从三年级开始的云雀节，变成了劳动和艺术创造的独特的节日。女孩子们烤制用面团做的小云雀。每个女孩都力图在她那质朴的作品中表现出鸟儿展翅高飞的形态。这是一种独特的艺术作品。小女孩们相互展示自己的云雀，从这些云雀中她们不仅能看出动态，而且也能听出歌声来。"你的云雀不出声，可是我的在唱歌哩。"在这些日子里，常常可以听到她们这么说。

当孩子们长大成人的时候，他们将到田间作业队和畜牧场工作，将成为耕作人员、挤奶员、农艺师和园艺师。要使孩子们在童年的早期就感受到田地里、饲养场里的那些普通劳动的美，非常重要的是要使这些平凡的农业劳动给孩子们带来快乐。但如果没有游戏，没有从劳动中和集体相互关系的美，即团结友爱的互助精神中激发出来的高涨的集体情绪，那是不可能做到的。我的学生们对大家的事总是非常关心并考虑它们的结果。班级一直是一个劳动集体。

初春时节，我们到塔尼亚的父亲工作的畜牧场去。我们被安排在厩棚一个温暖的角落里，又有四只小羊羔被放到这里来（塔尼亚的父亲选了几只最弱小的羊羔）。我对孩子们讲："小朋友，我们来照料这些身体暖和和毛茸茸的小生命，每天我们都要到它们这儿来，用温水泡好的干草液和奶喂它们，直到小羊羔健壮起来。"

我们经常听到这样的说法：有那么一些"懒汉"，什么都不能引起他们的兴趣，他们成了铁石心肠，什么都打动不了他们。这不对。举例说，您用到畜牧场去照料小羊羔这种劳动去激励小孩子（而不是少年们，到十一二岁时这样做已经晚了），并和孩子们一起工作一两个月，您就会看到，即使在最冷漠的心中，冰块也会消融。孩子被劳动的美振奋起来的集体精神是爱好劳动的巨大源泉。我们的班里没有一个冷漠无情的人，没有一个懒汉，而这是因为孩子们受到了平凡劳动的激励。

我们找到最好的干草，把它碾碎，煮成"喂羊羔的汤"。我们用牛奶喂这些羊羔。当小羊羔开始能吃青草时，孩子们从温室给它们拿来了大麦和燕麦苗。而当草儿一发青，小羊羔这里就出现一捆一捆鲜嫩的饲料。塔尼亚的父亲在厩棚旁边做了一个围栏，我们整天把小羊羔放在那里。这是我们的牧羊场。

在学校生活的第三年，出现了新的、更为重要的操心事——男孩和女孩们想要照管小牛犊，于是畜牧场又给我们指定了一个角落，这个角落在奶牛场。男孩子们整个冬天都在温室里育青——培育大麦和燕麦。夏天为牛犊晾干草，许多男孩和女孩几乎每天都到畜牧场去。

当春天到来，羊和羊羔被带到野外牧场去的时候，孩子们发起愁来。他们想，哪怕在野地里，在大自然中过上一天。我们星期天到野外去了，放了羊和羊羔，收集了放牧人员割下的干草。第一批青草是小羊羔的最有益的饲料。夏天，学业结束后，孩子们几乎每天都到野外牧场去。生活表明，如果一个人在童年没有受到日常劳动的美的激励，他是永远也不会喜欢普通的农业劳动的。

孩子们在学校试验园地里的劳动也点燃了劳动热情之火。还在一年级时，我们就分到了 0.1 公顷的地，孩子们便和高年级同学一起盖了一座小房子——砖墙、瓦顶、木制地板、小炉灶、自来水、电灯———一切都和真正的房子一样，但都不大。"小绿屋"（孩子们这样称呼这一建筑物）成了又一个舒适的角落。孩子们在那里读关于大自然的书，听关于大自然的故事。过后，当孩子们已经在三年级学习时，我们在这间小屋里做种子试验。

修建小屋子，既是玩又是劳动。小屋子盖好以后，孩子们对自己用双手创造的东西非常爱惜。他们很清楚，小屋子是他们劳动的成果。任何讲解都不能代替这生活的经验。

为使学生们珍惜社会劳动，他们必须获得初步的社会创造性的经验，哪怕一开始这些经验是无关紧要的。只有当人们珍视社会财富的时候，物质财富的本质才能为人们所认识。应该在童年就具备这种品质。教师们经常谈论有些少年浪费公共财物的事，为什么他们（少年们）会这样麻木不仁？如果您想使一个人在少年和青年早期就成为一个懂得节俭、严守纪律的人，使他关心公共利益不是为了做样子，而是出自对公物的关切，那就让某一公有物成为他童年时代最珍贵的、与他个人的欢乐和幸福不可分的东西。

靠近"小绿屋"有一块地，我们在这块地上种小麦、大麦、黍子、荞麦、玉米和向日葵；在屋子里选种、存放收获的粮食，准备肥料。孩子们的劳动被认识的豪情所鼓舞。他们边想边工作，边工作边思考。大自然的奥妙和规律展示在他们面前。我尽力使我的学生在儿童时代就能根据亲身经验认识到，知识会帮助人利用大自然的力量，知识只有在劳动中才能得到。我讲过一颗麦粒的故事，讲过劳动怎样掌握这颗麦粒的命运。孩子们面前出现了土地生机的奇妙世界。我们给那块地施了有机肥，土壤变得肥沃了。孩子们每人种了 100 粒麦子，并以极大的兴趣观察它们的生长。"喂饱"土壤，好让麦穗长出沉甸甸的大麦粒来，这一向往鼓舞着孩子们。每人都想尽量用营养丰富的稀肥给自己的庄稼施肥。这是真正的创造，它鼓舞着孩子们，激发他们去完成一些最简单的劳动程序。孩子们小心翼翼地割下麦穗，每人取出一个个麦粒称一称，谁的收获量大，谁就感到无比自豪和愉快，其他孩子也想着要更好地干活。

我高兴地确信舒拉、米沙、帕维尔、萨尔科、尤拉、拉丽萨、季娜、万尼亚、尼娜、瓦里娅、吉娜、柯利亚已经爱上了庄稼，感受到了土地的生命力。他们在三四年级种出的麦粒比一般地里长出来的要大一倍。

在"小绿屋"旁和暖房的肥沃泥土里，我们种植了黄瓜、西红柿等。冬天，孩子们就准备好了用腐殖质和黑土混合的肥料，春天把肥料送到地里，到秋天就获得了土豆和西红柿的丰收。

另一些孩子则在"绿色试验室"里劳动，这个"绿色试验室"是为学龄中期儿童建造的。在这里，我的学生在年长一些的同学的带领下进行园艺和植物栽培方面的有趣实验。在这里，我告诉孩子们，怎样把培养好的各种果树枝嫁接到野生树苗上。到了二年级，所有孩子都学会了这种精细的工作，他们感到了知识支配自然的能力、理论和实践的统一。为了看到嫁接的结果，孩子们都焦急地等待春天的到来。当嫁接的树枝长出嫩叶的时候，孩子们感到无比快乐。我们决定建立一个集体苗圃，每年培养树苗。苗圃也成了进行心爱劳动的一块地，特别是万尼亚、柳霞、柯利亚、沃洛佳、柳芭、吉娜、费佳、卡佳、瓦里娅、拉丽萨、谢廖沙、季娜、加利娅这些孩子喜欢在这儿干活。到夏天，在三年级结业以后，我们在野生灌木丛中找了一株野生李子树做砧木，我们每个人都在上面嫁接了培育果树的芽，有人接了李子，有人接了杏子，有人接了桃子。所有的接枝都成活了。孩子们惊异地观察着各种不同品种果树的幼芽怎样在同一树冠上生长。两年后结出了果实。

已经提到过，自然界是思维的最丰富的源泉，是创造性的、探索性的智能最丰富的源泉。孩子会通过认识自然规律而成为人，因为他会逐渐认清自己是自然界发展的漫长阶梯上的最高一阶。但是，自然不可能自发地创造奇迹——自发地发展儿童的自然能力、培养他的理智、丰富他的思维。不经过积极的努力、不经过劳动就不能发现和认识自然的奥秘。只有当人为了利用大自然的力量而有意识地迈出第一步的时候，大自然才会给人以报酬。报酬起初是微薄的，尔后随着人在认识中及同时进行的创造中付出的努力的增多而越来越丰厚。儿童劳动得越多，大自然奥秘在儿童的意识面前暴露得也就越多，他们碰到新东西、不懂的东西也就越多。而不懂的东西越多，思想就越活跃；困惑不解，这是最牢靠的思维"引火线"。从麦种播到松软的泥土里到收获庄稼，孩子们产生了两百多个"怎么样"和"为什么"的问题。很难找到作用于自然界的另一个领域能像土地上的劳动（如种树、种粮食和技术作物等）那样启发思维和促使思考。

我尽力使孩子们的劳动多样化，以利于发现他们的天资和爱好。在教学实习工厂的旁边，我们为幼年孩子装备了一个工作间，里面摆了工作台，安装了台钳，成功地实现了向往已久的夙愿——高年级同学为小同学制作了两台小旋床和一台小钻床。在柜子里和板架上有小刨子、锯子，在钳工工具箱里有一套金属加工的工具，还有金属板和铁丝，这都是设计和制作模型所需要的。工作间里的劳动引起了男女生的兴趣。大家渐渐组成了一个少年工匠小组。谢廖沙、斯拉瓦、尤拉、托利亚、加利娅、米沙、维佳、柳达、塔尼亚、萨尼娅、万尼亚、帕维尔等对设计、制作模型和用细工具锯东西表现出极大的兴趣。

大家总是饭后到工作间聚会，我们同时制作好几件有趣的模型——风力发电站模型、脱粒机模型、扬谷机模型以及像真房子一样的小房子、书桌和放置钳工小工具的箱子等。孩子们制作木质的和金属的零件，进行集体劳动。模型越小越细微就越难以把它做得和真的，也就是如孩子们所说的和"大人的"一样，而他们干得也越起劲。

我提出吸引孩子们参加这种劳动的主要目的是激发他们的素质和喜好，使他们感受创造的快乐以及培养他们将来所必须具备的技能和技巧。我尽力以实际操作吸引孩子们，具体给他们看怎样加工木料和金属，怎样使用工具。施教者的技艺是点燃爱好之火和唤起灵感的火花。我们在工作间的活动是从我当着孩子们的面用木料给娃娃做玩具床开始的。小床做得越来越像真床时，孩子们的眼睛也越炯炯有神，小家伙们都希望能参加进来一块干。其中有很多人当时就帮起忙来，拿起小床的部件又刮又磨。待我们着手制作风力发电站模型时，我已经不只有了可靠的助手，而且有了真正的劳动伙伴。尤拉、维佳和米沙很快就学会了使用各种工具。所有孩子都想参加劳动，因此，我们就开始同时制作好几件模型了。

这里要插一小段话。儿童的能力和才干来自他们的指尖，形象地说是来自手指的那些细小溪流在补充创造性思维的源泉。孩子两手动作的把握性和创造性越大，手和劳动工具配合得越精细，这种配合所需要的动作越复杂，孩子智力的创造精神就越鲜明，这种配合所要求的那些动作也就更准确、更细致、更复杂；手与大自然和社会劳动的相互作用越深入孩子的精神生活，孩子的活动就越富有观察力、钻研精神、洞察力、专注精神和研究能力。

换句话说，孩子的手越巧，就越聪明。但技巧不是靠什么灵感得来的。它取决于孩子的脑力和体力。智能随着技巧的完善程度而增强，而技巧又得益于智能的增强。我总是竭力把认识周围世界的活动变成孩子们的双手同周围环境之间积极相互作用的活动。用眼睛去观察，而且用双手去探索，不只用问题而且用劳动来表现和发展自己的好学精神。

从"快乐学校"开学之初那些日子起，我的学生就收集植物标本，搜集种子和各种树木的标本。他们不仅在观察，同时也借助使用简单工具（如小锤子、刀子、剪刀、凿子）的双手同各种材料的交互作用来熟悉物质的属性。一至二年级，孩子们学习怎样用小刀做活。孩子们用各种木头（柳木、白桦木、杨木、橡木、松木、梨木、樱桃木）削薄片，把它们打光，贴在纸上或是钉在纸上，比较它们的硬度和其他特征。他们用白蜡树树干上的木瘤（这是很容易加工的东西）做成字母、野兽和鸟类的形状。所有男女生都刻了"木头字母表"——孩子们是这样称白蜡树瘤字母的。离我们村不远的地方有一个岩洞。我们经常到那里去收集各种岩石标本。孩子们兴致勃勃地用小锤子凿云母片，收集不同颜色的石块，用黏土制成玩具砖块，在太阳下晒干，然后盖小房子。夏天，当收获季节到来时，我们从黑麦和小麦秸上切下均匀的麦秆，用它们编成草帽辫，再缝成草帽。

所有这些不只是进行技术创造的准备。我在发展孩子们技能的同时，也在发展其智能。当我们制作风力发电站模型时，孩子们建议用木制螺旋桨叶片代替金属薄板。谢廖沙说："不是有又结实又轻的木料吗？用这种木料做叶片稍有点风就能转……"

小学四年期间，孩子们做了三十多件能动的模型，构造的复杂程度同那种能带动一个小发电机的风力发电站的模型不相上下。孩子们的个人爱好也一年比一年更明显了。舒拉、维佳、米沙、谢廖沙、尤拉爱上了金属和机器。他们能一连几个小时在虎钳台案旁干活，忘记了时间，有时叫他们回家都要费很大的劲。看着男孩子们在虎钳台案和小旋床上做活（他们在旋床上旋、磨一些木质的和软金属的零件），我回忆起孩子们在"快乐学校"和一年级时学习刻木质字母的情景。如果把这种孩提时代的爱好看成是他们未来的专业或职业的某种预兆的话，那就太幼稚了。生活经验证明，技艺要经历复杂的变换。很少有人能成为他在童年时代想要成为的人。

体力劳动与智力培养紧密相连。手的技艺是头脑的好钻研、聪颖、创造精神的物质体现。使每个孩子在童年就能用自己的双手实现自己的愿望，是非常重要的。

四年级时，孩子们就为自己做工具——小刨子、粗刨。但男孩子们也没忘记最简单的工具，他们用小刀雕刻野兽和家畜木偶，为木偶戏和皮影戏雕刻童话人物老妖婆和常生不老的柯谢依。谢廖沙和米沙为教室和"故事室"做了两个鱼缸。

还有一件有趣的工作给孩子们带来了巨大的快乐，我们建立了一个由小内燃机为动力的小发电站。发电站发的是低压电流，对儿童没有危险。

三年级和四年级时，孩子们每周有两小时的时间从事喜爱的劳动。有的孩子到"小绿屋"，有的到工作间，有的到暖房，有的去试验田或花园劳动，爱好畜牧场劳动的就去照看小羊羔和小牛犊。每个学生在这个时间都按个人的爱好去活动。我则今天和孩子们到这个心爱的劳动场所去，明天就到另一个场所去。每一伙孩子当中都有几个表现出对某种活动有嗜好的人。他们成了这些小劳动集体的组织者，以自己的榜样吸引其他同学。在工作间的那部分人中带头的是尤拉。小植物栽培家中为首的是万尼亚，小园艺家中为首的是瓦里娅，畜牧家中为首的则是尤拉。使我非常高兴的是，这些孩子比他们同年龄的同学会的和知道的要明显多一些。其他孩子都想赶上他们，劳动活动带有创造能力的竞赛性质。

　　劳动，作为体力和智力的有趣游戏、作为确立自尊心的活动，进入我的学生的精神生活。非常重要的是：应该使每个人在童年时代就在自己喜爱的劳动中获得显著的成绩，具体地看到自己创造力的体现，掌握所喜爱的劳动的技艺，当然，这是在孩子们能达到的程度上去掌握。孩子在学龄期就应学会很好地做某一种事的技艺。从做某种心爱的事取得的成功中所感受到的自豪感，是自我意识的最初源泉，是在儿童心灵里点燃创造灵感之火的第一个火花；而没有灵感、没有快乐的激情和力量充实之感，就不会有人，不会有在生活中将占据应有地位的坚定的信心。我力求做到学校里每一个孩子都能在劳动中显示出自己的个性来。

　　当我回忆每个学生的童年时，我就会看到为自己的劳动成就而闪烁着自豪神情的快乐的眼睛。看，那是抱着小无线电收音机的谢廖沙，那是他在四年级时做的。三个月的埋头苦干换来了巨大的快乐。站在繁花满枝的桃树旁边的是费佳，是他把桃树的幼芽嫁接在野生李子树上的，而且盼到了开花结果的时刻。瓦利娅留在我的记忆中的是她从畜牧场的小屋里抱出一只小羊羔时的那个欢喜情景。小姑娘照看好了那只又瘦又弱的小羊羔。季娜对着灿烂的太阳和蔚蓝的天空微笑，她在欣赏那紫红色的玫瑰花：她把三棵玫瑰幼芽嫁接在野蔷薇上，现在长出了异常美丽的一丛玫瑰花。当提到萨什科的名字时，出现在我眼前的便是一个黑眼睛的小男孩，抱着一小捆麦子；称过他在三平方米土地上种出的麦粒之后，我们确信，这么大的颗粒一公顷能产八十公担粮食……。离学校水井不远长着一棵枝叶繁茂的苹果树。每年，当苹果树开花，我欣赏那粉红色花朵独特色调的时候，我就仿佛觉得马上就有一个扎着浅色发辫的小姑娘跑到苹果树这里来微笑着说："这是我的苹果树。"当这棵树第一次开花的时候，卡佳曾这样说。记忆中的柯斯佳是忧郁的，他紧紧搂住小牛犊，而牛犊却毫无反应——牛犊病了。

　　浮现在我回忆中的孩子们就是这样的，我认为他们都喜爱劳动。但我绝不认为，对劳动的这种喜爱会在某种程度上决定每个孩子今后的生活道路。如果一个学生喜爱生物，如果果园或田间的劳动能给他带来快乐，这并不意味着他一定会成为一个园艺家或农学家。素质、才能和爱好犹如一丛盛开的玫瑰花：一些花凋谢了，另一些含苞待放。每个孩子总是有好几种爱好，否则就无法想象儿童会有丰富的精神生活。不过，每个学生总会在某一方面表现得最明显。孩子在某项劳动中取得显著成果之前，他不会作为一个有个性的人留在我的记忆中。而一旦劳动开始引起极大的个人乐趣时，一个人的个性就会显现出来。

臻于完善的那种劳动，可以使人确立自己的个性，它是蕴含无限威力的教育源泉。当一个人感到自己是创造者的时候，他就要竭力想变得比现在更好。人在童年、在即将成为少年之前，就意识到自己的创造力和才能，这意义是非常重大的。这个自我意识，就是个性形成的基础。

这里还要就前面已经谈到的有关各方面教育影响协调一致的问题做一点说明。劳动作为教育人的有目的的活动，是与其他诸方面的教育作用紧密相连和相互制约的，如果这些相互联系与制约的关系不能实现，劳动就会变成令人生厌的义务，不论对智慧还是对心灵都不会有所裨益。我们的心理学讨论会——会上讨论的内容在个性培养问题方面逐年得到充实——对劳动与其他方面教育影响的协调问题给予了很大的重视。关于手在智育培养中的作用的报告，引起了教师们特别大的兴趣。劳动与其他教育方面的影响的相互作用与相互制约的问题，我们的集体至今也还在继续研究。

少年列宁主义者，你们是祖国未来的主人

在我的学生上一年级的时候，我就有了第一个助手——十二岁的少先队员、四年级女生奥利娅。她请求少先队大队委员会，把培养"十月儿童"入少先队的任务交给她。奥利娅热爱小朋友——这是主要的。（我们学校不指定"十月儿童"小组和少先队中队的辅导员，谁有这个愿望、谁爱孩子，谁就去做孩子们的工作。）奥利娅帮助我做许多事情：同孩子们游戏，带他们到森林和田野去远足，讲关于英雄少先队的故事，讲关于苏维埃人在伟大卫国战争年代的英雄事迹。

奥利娅开了头的工作已经延续了十五年以上，并在少年列宁主

义者的思想教育方面起着很大的作用。经我建议，她举办了孩子们同伟大卫国战争英雄人物的最初几次见面会。英雄们的讲话是那样引人入胜，小姑娘把它们都记录了下来，这些记录逐渐积累，构成了下一本手抄杂志《伟大卫国战争年代里的乡亲们》。在奥利娅做孩子们工作的那几年，以及后来由少先队员们所做的记录共记了一百多篇故事。这本"杂志"里还收入了英雄们的照片。现在手抄杂志里已有六百多篇故事。这是培养热爱祖国情感的一份生动的无价之宝。

经常和孩子们交往并不是奥利娅的义务，而是她的精神需要。我认为这种需要是卓越的、美好的天赋，是人道主义的天赋。谁具备了这种天赋就一定能成为一个优秀的教育家，并能在自己的劳动中享受到巨大的幸福。您用心观察一下学校集体里的孩子们，您将看到有些男孩子和女孩子，如果不能为自己的小朋友做些事情，他们就无法生活。男孩子们的这种要求常常在调皮、淘气、顽皮的把戏中表现出来，男孩子总想成为带头人，由他来带领同伴，但他不知道自己的劲儿该往哪里使。我建议教师们，不要压制这种沸腾的精力。小男孩，那些顽皮的、淘气的孩子，这是您潜在的助手。设法让孩子们亲近自己，把他们的精力引向需要的轨道。

我竭力使培养孩子们准备加入少年列宁主义组织的过程和少先队的整个生活都能培育孩子们热爱我们神圣疆土的深厚感情，这土地洒满了我们为自由和独立而战斗的战士们的鲜血。对故土的热爱萌芽于儿童对自己亲眼所见、所欣赏并倾注了一份情意的那些事物的美的赞赏。我和奥利娅一起使孩子们注意故乡大自然的美和苏维埃人双手创造的美。

我们去野外，坐在山岗上，眺望广阔的田野、麦浪，欣赏鲜花盛开的果园和一排排挺拔的杨树，以及蔚蓝的天空和歌唱的云雀。对故土之美的赞赏，是热爱祖国的一个极其重要的情感泉源。这土地是我们祖辈居住过的地方，也是我们注定要生活、养育后代并老去的所在。世界上有许多国家的自然景色胜过我们的田野和草原，但故土之美应成为我们的孩子最亲切的一种美，应使孩子们不只是看到树木怎样被春天的白花所覆盖，蜜蜂怎样在金色啤酒花上飞舞，小麦怎样灌浆和西红柿怎样变红……，通过这一切他们应感受到精神上的欢乐和充实。让他们在色彩绚丽和喜气洋洋的形象中回忆童年吧。果园开满了白花，在荞麦田里蜜蜂的竖琴奏出独特的音乐，雁群在深秋的天际飞翔，蓝色山岗在远雾中颤动，紫红色的晚霞映着池塘边的垂柳和路边整齐的杨树——让所有这一切作为童年生活的美和最宝贵的记忆，在心中留下不可磨灭的印象。

但是要让这些优美的景色同这样的思想一起深入儿童的心灵，即如果不是在严冬的早晨十九岁的青年亚历山大·马特洛索夫扑向敌人的机枪口，用自己的胸膛挡住敌人的子弹，为战友开路；如果没有尼古拉·加斯捷洛驾着他那熊熊燃烧的飞机冲向敌人的坦克；如果没有千万名英雄把自己的鲜血从伏尔加河岸洒到易北河边，那么无论是盛开的鲜花还是欢唱的蜜蜂，无论是母亲情意绵绵的山歌还是黎明时刻母亲关切地给你盖好被子时的美梦——所有这一切都是不可想象的。每当孩子们感受到生活快乐时，我们灌输到他们意识中去的正是这种思想。我给自己的学生讲述，苏维埃战士们为了我们祖国的自由和独立就在这里、在我们的故乡、在这片田野上、在这些大树下是怎样进行战斗的。

生活的快乐，这不仅是个人自我意识的最鲜明的表现，而且是对周围世界的评价，是孩子对他所看到的周围事物的积极表态。社会主义社会生活的逻辑就是这样，周围世界的美，理应成为我们的学生的快乐童年，即快乐生活的源泉之一。因此，教育者应努力使每一朵花、每一根草都使孩子高兴。然而，是否因为周围世界十分美孩子们就会珍爱它？要知道，生活的快乐，只是孩子从老一辈那里得到的一系列满足的总和。只有当小孩子看到和感受到曾祖辈和祖辈为祖国的自由和独立洒下的汗水和血泪的时候，周围世界对他来说才会是宝贵的。立陶宛诗人玛留斯·马尔琴凯维丘斯在他的长诗《鲜血和灰烬》中，很好地表达了快乐生活和公民精神的融合。

> 母亲们！在孩子的心灵里，
> 播下热爱祖国的种子吧，
> 让这崇高的爱国热情，
> 使孩子们变得更勇敢，更坚贞！

让孩子们深深地懂得吧，

在那群星闪烁的夜晚，

祖国的天空虽然不比异国的更高更美，

却和他乡有别。

同孩子情感交融的人，

才使孩子感到亲切。

当生活的快乐和对捍卫了美的人们的感激之情融合在一起的时候，故乡就会变得无限可爱。这个融合反映了青年一代的德育和美育的统一。生活快乐不应该不知忧患。有的教师认为，讲述为社会主义社会自由公民的幸福而遭受苦难、悲伤和付出牺牲的种种事迹会使孩子们的快乐蒙上阴影，这是十分错误的。

阳光灿烂的初秋，苹果压弯了枝头，一串串的葡萄正在成熟，黄色的麦秸堆在集体农庄的打谷场上，银色的蛛丝在碧空上飘荡。我和奥利娅带着孩子们向村边走去。这里有一座高岗，从这里可以远眺旷野风光，近处是布满了绿色西瓜的瓜地，瓜地过去便是果园，果园后边是挺拔的杨树，杨树后面是草原、绿色冬小麦的庄稼地，地平线上是蓝色烟雾中的远山。男孩子和女孩子们都感受到了这难忘的时刻。他们从面前的美景中感觉到了自己幸福的童年生活的一个侧面：傍晚，妈妈和爸爸就是从这片田野回来的，温柔的眼神中带来太阳的闪光。我们坐在高岗上，我讲述善与恶的童话，孩子们为善者的胜利而高兴。

过了一星期，我们又来到高岗上，大自然的美妙画面上又有新的景色展现在孩子们面前：大自然染上了初秋色彩，苹果树和杨树呈现出金色，碧绿的田野变得更加鲜艳，天空更加深邃。我们就这样每周在同一时刻到这个地方来，欣赏大自然的美，感受美妙的民间童话中善与恶的斗争，倾听秋天田野里的音乐，呼吸新鲜的空气，想象春天怎样到这里迎接云雀。这片草原的一角便进入孩子们的精神生活，成为他们珍爱的东西。这片草原就是永远镂刻在孩子们心上的祖国最初的鲜明形象。

没有对周围世界的美的感受和体验就唤不起对祖国的感情。在讲述先辈以多大的代价换来他们童年的快乐之前，应当使孩子们看到大自然的美。要让遥远童年中的有关这小小角落的回忆，在孩子们心中保留终生。要让伟大祖国的形象和这个小小角落联系在一起。

在一个寂静的秋日，我指给孩子们看山岗上一个已经几乎看不出的土坑。

"你们看，这是个坑地。时间已经把它填平了，坑里长满了杂草……。那是和今天一样的一个阳光灿烂的秋日，我们的部队沿着这条路向第聂伯河对岸撤退。一位年轻的机枪手来到了这个山岗上。他把机枪摆在这里，为的是截击敌人，不让他们接近第聂伯河。大路上出现了敌人的摩托车队。机枪手消灭了他们。法西斯匪徒开始用迫击炮和大炮向山岗轰击。你们看：山岗南面好像被掘过一样。这块土地上布满了致命的弹片。爆炸停息下来后，摩托车手们又出现在大路上，就在这时，山岗上的机枪又响了，敌人在苏维埃战士的枪弹下丧了命。法西斯向山岗开来了一辆坦克，坦克就是向这几棵树开来的，并且向山岗开了火。枪声沉寂了，大路上又有摩托车开过来，机枪又开火了。战士的手臂、头部和胸部受了重伤，但仍然坚持战斗。流下的鲜血模糊了他的眼睛，他知道，这是最后一次看祖国的蓝天了。直到一颗炮弹在机枪旁边爆炸，青年战士的心脏才停止跳动。晚上，集体农庄的庄员来到这里，他们挖了一个坑，掩埋了战士血迹斑斑的尸体。苏联军队从敌人手里解放这个村子前，战士的遗体一直埋葬在这里。战士的战友们来到了山岗上，挖出了战士的遗体，运到村里，以隆重的仪式将他埋葬在阵亡将士公墓里。我们不知道英雄的名字，战士的母亲也不知道她的儿子埋葬在哪里。"

孩子们感到了沉痛。生活的美和这片故土的美，对孩子们来说变得更加可贵了。孩子们已经在用英雄的眼光看世界了。青年英雄献出生命是为了让他们生活得幸福、安宁，为了星光在天空闪烁、草和苹果树发出幽香，为了草原上有蛐蛐的温柔鸣叫，为了在新年前夜妈妈把冬老人送的礼物放在枕头下面……。孩子们默默不语，凝视着烈士鲜血浇灌的土地。他们想抚爱每一块泥土、每一棵蒿草和香薄荷的草根。

　　想必，我的学生中有很多人在这天晚上久久不能入睡，眼前是一片家乡的草原，它时而阳光灿烂，时而战火弥漫。他们的心情十分沉痛：英雄永远看不到这个美，而我们今天看到了、明天还将看到，并且明年还将看到。想到这些，他们的眼里又充满了泪水，而在睡梦中又感到妈妈温暖的、柔和的手。

　　第二天早晨，瓦利娅在上课之前就来到学校。她读了一首昨晚写的诗。

　　　草原的大路旁
　　　有一座高高的山岗。
　　　多少年来风儿在山岗上呼呼地吹，
　　　太阳发出明媚的光芒，
　　　秋天的浓雾在轻轻飘荡。
　　　凶狠的敌人侵犯我们的家乡，
　　　青年英雄挺立在高高的山岗上。
　　　他勇敢地挡住敌人的去路，
　　　却被炮弹炸开了胸膛。
　　　在这里，在这古老的山岗上，
　　　年轻的战士英勇阵亡。
　　　他那鲜血淋淋的心在大地上颤动，
　　　蔚蓝色的天空顿时变得黯然无光；
　　　乌云遮住了灿烂的太阳……
　　　你为国捐躯，我们才能活在世上。
　　　在你洒满鲜血的地方，
　　　我们为你栽下了一棵小小的橡树，
　　　我们永远把你牢记在心上。

　　过了一星期，我们又来到山岗上。孩子们想知道这位英雄是谁，他在哪里出生，曾在哪里学习，他的母亲是否还活着。现在孩子们已能用为祖国而献身的英雄的眼光来认识他们听到的和看到的一切。孩子们为了表达自己的感情，想做些什么。当树叶凋落时，我们把小橡树送上了山岗。当孩子们的心被善良的感情激动的时候，不需要任何语言。孩子们为自己做的事情而深深地感动：我们不是简单地栽种一棵树，绿化山岗，我们是为英雄建立活的纪念碑。

孩子们知道，橡树在山岗上是很难生长的，但任何困难都吓不倒大家。冬天，我们为保护小树不受寒风的侵袭，用雪将它覆盖。春天，当山岗上小草刚刚出土时，孩子们每天都跑上去看小树是不是发芽了。这不只是在表示对树的关怀，这也是在缅怀英雄。小橡树开始发绿了，孩子们从每片小叶子里都能感受到过去那个苦难的日子。曾参加过埋葬战士的老人们帮助我们确定了功勋日。我们每年都把这个日子当作光荣的日子、追忆和哀悼的日子来纪念他。这一天，孩子们很早就到校，每个人都带着鲜花；他们用鲜花编成花圈，把它安放在据说是英雄倒下的地方。

山岗上这块小小的土地对孩子们来说已成为前辈们捍卫祖国自由和独立的英雄主义的象征。"你们是土地的主人，这块土地是前辈用鲜血浇灌的，你们应当关心我们祖国的富强。"我用这样的思想来激励孩子们。

在一个风和日丽的日子里，我和奥利娅带领孩子们去到"烈士公园"。这个纪念公园是由学校的学生集体开辟的。1941年深秋，法西斯占领时期，这个地方发生过一桩充满英雄主义和自我牺牲精神的悲壮事件。法西斯匪徒砍光集体农庄的果树，在这里建立了一个战俘营。用铁丝网围在露天里的是六千名负伤、饥饿、被剥去了衣着的苏军官兵，他们必将惨死。战俘被断了水，他们在寒冷的秋夜里从冻结的土地上收集冰霜，吃草充饥。每天都有几十名战俘死亡。禽兽一般的法西斯分子却在等待，等他们全都死去，然后炸毁战俘营旁边的炸弹库，并把罪责转嫁给苏联军队，说这是苏军飞机投下的炸弹，炸死了自己人。

苏维埃的爱国主义者在战俘营内建立了准备集体越狱的秘密组织。于是在一个寒冷的黑夜里，当几千人在阴冷的风雨中打寒战时，部分战士和军官爬向了铁丝网的二十个地点。他们是去赴死：他们扑在了铁丝网上，很多难友踏着他们的躯体跑出营地，来到了草原上。那天夜里有四千多人在集体农庄庄员的家里找到了避难的地方，无论是德国纳粹分子还是伪警都未能查出他们来。为了四千多名遭残害的难友能重新拿起武器，回到为祖国自由而战斗的行列里去，四百名英雄献出了自己的生命。

当我们村从法西斯分子手中解放出来之后，学生们决定让这块神圣的地方变成生机勃勃的一角，成为一座活生生的英雄纪念碑。他们清理了荒地，填平了壕沟，栽种了四百棵橡树，当作四百座活的纪念碑，纪念那些为拯救同志而献身的烈士。橡树林长起来了，有关英雄功绩的真实故事代代传颂。栽种橡树几年以后，又一代新生加入少先队时，在原来的橡树旁边又种了自己的橡树。在那凝结着英雄们鲜血的铁丝网上，在他们用鲜血浇灌的土地上，让那长青的树木繁茂生长吧。每个少先队员都种了自己的小树。学生入队时，每人在"烈士公园"栽种一棵橡树，这已成了传统。

我和孩子们来到这里。奥利娅讲了英雄们的事迹，并给孩子们看了自己栽的那棵树。孩子们焦急地等待着自己入队时刻的到来。

春天到了，离列宁诞辰纪念日还有几个星期，我们总是在这一天举行少先队大队的隆重集会，接受少年列宁主义者入队。我们又来到"烈士公园"，每个孩子都带来了橡树苗、小铁锹和装满肥料的篮子。孩子们种了树苗，又浇了水。4月22日在这里，在这个英雄们献身的神圣地方，年长的少先队员们给小朋友授了红领巾。在这里，少年列宁主义者们庄严地宣誓，要忠于自己的社会主义祖国。

每年我们都要去几次"烈士公园"。初春时节，孩子们去清除枯枝和枯叶，在冻死了的树的位置上补栽新树苗。深秋，在英雄们献身的那个日子，我们来这里举行少先队的中队会。在原来围铁丝网的地方挺立着一排排整齐的橡树。在肃穆的气氛中，孩子们从那里走过，每个人都把鲜花放在树下。在那里，在土地被鲜血染红的地方，江西腊和菊花发出耀眼的光彩。

在最幸福的日子——暑假、远足之前，我们也去"烈士公园"。这个神圣的地方永远保持庄严肃穆的气氛。这里不可以跑动、嬉耍、叫喊，但可以欣赏大自然的美、可以休息、可以看书。在伟大卫国战争年代里牺牲的烈士们的子女经常到这里来。儿女在这里向父亲俯首致意。父亲的墓可能在某个遥远的地方，在北冰洋岸边或在喀尔巴阡山脉。关于英雄的故事代代传颂着，英雄们用自己的生命为苏维埃人民保住了阳光、鲜花和自由的劳动。

小橡树在山岗上长得越来越高。成年人看到小树骄傲地把繁茂的枝叶伸向蓝天，心情十分激动，祖国对他而言会变得更加亲切、更加宝贵。

几十年之后，历史上前所未有的战役的参加者将离开人世，代代新人将怀着惊异和感激的心情缅怀那些从法西斯奴役的威胁下拯救了人类的人们。我们永远不能忘记战争的无尽苦难和灾祸：熊熊烈火、炸弹爆炸中人们的呻吟和哀号，被驱赶到法西斯德国服苦役的人们的哭泣、开往前线的父亲们难舍的拥抱、接到丈夫或父亲英勇牺牲通知书的妇女的号啕大哭……，青年一代应当给烈士们建立永久性纪念碑。在这里，就在我们学习的这个学校里，法西斯分子占领时曾设了一个转运监狱，负责遣送苏联男女青年去服苦役。孩子们，你们永远不能忘记这一切。你们将要长大成人，你们也将有自己的孩子，要像传递接力棒一样，把对敌人的深仇大恨传给他们。

战前我们村子的居民有 5100 人。我们有 837 名同村人在卫国战争中英勇牺牲，其中男子 785 人，妇女 52 人。除去 837 名同村人未能从前线返回之外，我们村里还有 69 人死在了法西斯的集中营里——他们死于饥饿和非人的残酷折磨。法西斯分子折磨和杀害他们，然后在火葬场上烧掉他们的尸体，并出售他们的骨灰。孩子们，让你们兄弟姐妹的骨灰、父亲和祖父们的骨灰敲击你们的胸膛吧。让它敲击你们的孩子们和孙子们的胸膛吧！永远不要忘记，有 276 名少年、青年男女从我们村子里被赶到德国受法西斯奴役，其中 194 人被杀害、被整死在死亡营里，其余有些人死于饥饿和无法忍受的繁重劳动，有些人在火葬场活活被烧死。被押送到博胡姆市（德国城市）去的巴维尔的兄弟因为抵抗，被法西斯刽子手用烧红的铁烧他的眼睛，然后用钉子钉在木桩上。丹娘的姐姐由于宣传共产主义，被纳粹分子活埋了。柯斯佳的叔叔被抛进铁笼子里，他赤身裸体地被关了几个昼夜，受尽折磨而死。尤拉的堂兄弟由于想逃出虎口而活活被狼狗撕碎。法西斯军官从瓦利娅堂姐的怀中夺过吃奶的婴儿，当着孩子妈妈的面把婴儿的头砸碎。柳霞的姑母、一个 26 岁的妇女和两个小孩子——一个 4 岁的女儿和一个 3 岁的儿子——一起被遣送到奥斯威辛（波兰城市）集中营。在集中营里，妈妈和两个孩子被分开了。她对法西斯军官说："他们病着，请允许他们留在我身边。"法西斯分子狂叫道："如果他们病了，我们会给他们治病……"当着发狂的妈妈的面，他们把裸体的孩子们摔在石头上，用钉着铁掌的皮靴把孩子们的躯体踩得粉碎……

我对孩子们讲："我们不但自己永远不能忘记这一切，而且要像传递接力棒一样，将人类良心的记忆传给后代。"同时，我们决定建立我们村的英雄公墓，也就是那些为了苏维埃祖国的自由和独立而牺牲了的英雄们的肖像陈列馆。在第三学年末和第四学年初，孩子们访问了村里每个家庭。

母亲们把在战斗中牺牲了的英雄和死亡营蒙难者的照片交给我们。我们把按照小照片画成的肖像陈列在"光荣与哀悼室"中。这将是公墓的基础，公墓的全部陈设将由一批批新学生逐步完成——我们给自己提出这样的目标。这是我们的义务，为了地球上永远不再发生战争，为了各民族兄弟般的情谊，为了使孩子们为和平和幸福而生，而不为战争和死亡而生，我们应该完成这项任务。这是我们对全世界各国人民应尽的义务：为了不使法西斯主义的灾难重演，我们丝毫不应该忘记和宽恕这一切。

有一次远足行军，我们在第聂伯河峻峭的河岸上露宿。孩子们多次到山谷的泉边去取水，每次不得不兜一个圈子，绕过小路上的一块大石头。

"大石头为什么摆在这里？"孩子们感到诧异，"人们为什么绕着走而不把它推到树丛中去？"他们出于好意，把大石块推开，使小路畅通了。而第二天早晨一位老渔夫来到我们这里。他问，石头在哪里。孩子们期待着受到他的表扬。而老爷爷却摇摇头说："这块石头在这里已经多年了，它就该摆在这儿……"接着他向我们讲述了三个苏联侦察兵的事迹。他们在伟大的第聂伯河保卫战中渡过河来，带着冲锋枪隐蔽在大石头后边，和敌人进行了整整一昼夜力量悬殊的战斗。法西斯强盗在战斗中使用了大炮和迫击炮，炮声轰鸣达数小时之久，这石头依然是坚不可摧的堡垒。夜里，我们的战士渡过河，救出了侦察员。三名战士躺在石头后面，被子弹和弹片炸伤，浑身是血，但没有死。侦察员被送进第聂伯河附近的军医院，但谁也不知道他们的名字，现在只有这块花岗岩保留在这里作为英雄们的功绩的纪念碑。孩子们跑到石块旁，久久在石块前肃立。孩子们把石头从灌木丛中推回来，摆在了原来的地方。他们这时候才注意到，大石块布满了子弹和弹片留下的痕迹。我们在地上找到许多石块碎片，每个孩子拿一小块留作纪念。

从此以后，少年旅行者们行军总要从这块有纪念意义的石块旁经过。如同山岗上的橡树和"烈士公园"一样，这块灰色花岗石对孩子们来说，便成了功勋美的标志，在少年的心中激发着高尚的爱国主义情感。

一个人在童年怎样对待自己父辈和祖辈的英雄业绩，决定着他的道德面貌、他对待社会利益的态度和对待一切为祖国谋福利的劳动的态度。我力求使孩子们想到，就在我们今天劳动着的这个山岗上英雄曾洒下了自己的鲜血时，能为之心情激动。这种感情在树立一种信念，这就是：为了祖国的利益在自己故乡的土地上劳动，这是莫大的幸福，为争取这个幸福，人们进行了殊死的战斗。孩子们的心灵深处产生了良心的声音：你走在灿烂的阳光下，你看到晴朗的天空，这是因为在白杨树和白桦树下、在橡树和苹果树下埋葬着为你保住了光明和生命的人们。

这个声音提醒少年列宁主义者们，他们是祖国土地未来的主人。对前辈们所创造的物质和精神财富的主人翁感，是公民成熟性的根本。我和奥利娅曾考虑过，怎样鼓舞孩子们以出自对那些为我们保住了灿烂阳光和蔚蓝天空的人们的责任感而进行劳动。

有一次，孩子们来到了自己的庄稼地。为了让那土壤贫瘠、什么都没长过的地块上能长出麦穗来，要给这小小的地块里送好几公担的腐殖质肥料。这活又繁重又单调。在工作开始前，奥利娅给孩子们讲了，在伟大的伏尔加战役那些严酷的日子里，乌克兰共青团员米海伊尔·帕尼卡霍的英雄事迹。

十九岁的青年站在位于法西斯坦克前进路线上的掩体里。敌人的坦克驰向掩体。战士决定把一瓶混合燃烧液抛向坦克。在这一瞬间，子弹打碎了手中的瓶子。液体燃烧了起来，火焰沿着衣服烧到战士脸上。英雄好似一具活的火把，拖着浓烟烈火，毅然跳出掩体，扑向坦克。米海伊尔手中握着最后一个燃烧瓶。转眼间他已经跃上敌人的坦克，用瓶子敲击坦克的炮塔，坦克冒出烈火团团转了起来。就在坦克爆炸前的一刹那，米海伊尔挺身而起，举起燃着火焰的手臂高声疾呼。战友们应着战斗的呼唤，冲出掩体，消灭了敌人，夺回了街道。

故事使孩子们非常感动。这个时刻，英雄和孩子们站在一起，活在一起，这位永垂不朽的战士好像在说："我就是为了保卫我们神圣领土的这样一小块土地，献出了自己的生命，难道能对这块土地上是长野草还是种小麦无动于衷吗？"在这一瞬间，孩子们心里响起良心的声音——不能无动于衷。

我绝不是说，每当孩子们劳动之前，都要给他们讲述英雄事迹。不能老是这样去提示孩子：如果你偷了懒，没有像应该做的那样完成某件事，你就是没有很好地尽到对祖国的责任。责任感是神圣的感情，孩子应精心珍藏在心里。同时，重要的是要用英雄事迹教育他怎样生活，在孩子意识中唤起作为一个公民的最初的信念。我建议奥利娅只是讲一讲米海伊尔·帕尼卡霍的英勇事迹，而不要联系眼前的劳动，不去强求孩子能像一个公民一样来看待故乡的这一小块土地。

孩子们加入少年列宁主义者的组织

1955 年的春天，三年级结业前夕，孩子们加入以列宁命名的少先队的组织。共青团委员会委派奥利娅担任少先队辅导员。她当时在八年级学习。

以卓娅·科斯莫杰米扬斯卡娅命名的少年先锋队大队的隆重集会，按照传统是在 4 月 22 日列宁诞辰纪念日举行的。这一天之前的很长一段时间里，奥利娅和她的同学一起，就开始了孩子们入队的准备工作。八年级学生给孩子们讲了列宁的党、共青团和少先队组织的光荣历史。

奥利娅对孩子们说："谁的事迹对你们的鼓舞最大，就以谁的名字命名你们的中队。"孩子们一致决定：我们中队将以斯大林格勒保卫战中的英雄米海伊尔·帕尼卡霍命名。我们中队的口号是：像列宁一样战斗和胜利。我们中队的标志是橡树叶和橡实，这意味着我们要为祖国的富饶而斗争。

来参加少先队集会的，不光是学生，还有家长，以及伟大十月社会主义革命的参加者、游击运动和国内战争中的老战士、1919年村子里建立的青年共产主义者组织的最早的共青团员。

集会在一大片绿草地上举行。八年级的少先队中队和三年级同学——未来少年列宁主义者，面对面排成两列。八年级中队委员会的主席宣布，今天他们的中队停止活动，把接力棒传给三年级的少年列宁主义者们。

授红领巾的庄严时刻来到了。按学校的传统，将停止活动的少先队中队把红领巾授予加入少先队的"十月儿童"。于是男生和女生摘下自己的红领巾，把它们给少年朋友戴上。每一个学生都把红领巾授给与他友好的孩子。八年级和三年级的同学有的是兄弟和姐妹，大孩子把红领巾作为最珍贵的传家宝传给弟弟妹妹。接受了红领巾以后，孩子们宣读了少年列宁主义者庄严誓言。他们宣誓做米海伊尔·帕尼卡霍那样坚强英勇的爱国主义者，实行"像列宁一样战斗和胜利"的口号。为了纪念参加少先队组织，每个孩子得到一份礼物：一本关于杰出人物生平和斗争事迹的书。

这个集会会永远铭记在我的学生的心中。在入少先队的庄严仪式中，最主要的是一代少年列宁主义者把红领巾传给下一代。红领巾，这个革命斗争的标志，不是买来的，商店也不出售，而是授予的，要小心保存。孩子们不经常戴红领巾，只有在节日、庆典中或少先队集会的日子才戴，这是我们少先队大队的传统。

要像列宁那样斗争和胜利

列宁教导我们：为共产主义而进行的斗争，体现在每一件平凡的工作中，体现在日常的平凡劳动中。[14] 我和奥利娅考虑，怎样才能使周围发生的一切，都能引起孩子们由衷的兴趣；怎样才能使他们关心属于人民的物质财富。奥利娅在少先队中建立了一个少年自然保护小组。孩子们担负起了看管学校附近护田林带的责任。他们沿林带巡逻时发现，有人剥去了几棵树主干下部的皮，显然，这是要让这些树干枯，那样就有理由砍伐了：这些树都枯死了，还让它们戳在这儿干吗？孩子们非常气愤：这是怎么搞的？我们在种树，培植树，可有人在毁坏它们！一定要查清楚是谁干的。

从那天起，自然保护小组的队员开始了监视巡逻。晚上，队员们到护田林带去巡查，等待那个不速之客。过了几天，肇事者被当场抓获，两个集体农庄庄员带着锯来锯树。孩子们把毁坏树木的人报告了集体农庄管理委员会。结果决定犯事者要为毁坏的每棵树补栽十棵树。孩子们很高兴，正义取得了胜利。这是道德教育的必要的条件。只有在少年列宁主义者能看到正义获胜的情况下，为共产主义理想而进行的斗争才会成为高尚情操的源泉。胜利会激发和产生新的力量去克服新困难。

这项有趣的活动吸引了大自然的少年保护者，它的基础所在就是为优美和勤劳而斗争。在一次小队巡逻中，他们看到个别庄员的宅院里长满杂草。孩子们给这些庄员送来了苹果树的树苗，建议他们除掉杂草种上果树。有三家懒懒散散的人家懒得这样做，少先队员们写了《大自然少年保护者的警告书》，内容是对懒散者发出的呼吁："我们，大自然的少年保护者，看到您的院子已成了培养杂草的苗圃（温床），十分难过。院里的飞帘丛中，可能不久会有野狼来栖息了，您怎么能在这个'森林'中生活？我们请您，除掉杂草，栽上苹果树和葡萄秧，种上鲜花。这里，在您的住房旁边，我们埋下了五棵树苗和三株葡萄秧，明天就应把树栽上，栽种以后，还要好好浇水。如果您懒得这样做，那就我们来，我们挖好坑，除掉草，栽上树。这里就变成一个果园，但不是您的，而是我们的——少先队的了。"

警告书是用特殊方式递送的：从通风窗投入，或摆在桌子上。为了不让人看见，树苗是在晚上去埋的。这一切都是游戏，给孩子们留下了深刻的印象。孩子们焦急地等待着第二天，看懒散的人将如何行动。下课后孩子们走在街上，已经认不出原来那些荒芜的院落了，杂草丛生的那些地方都已栽上了树苗……。少先队少年自然保护小组的消息很快就传遍了全校。我们中队成了少先队大队的少年自然保护小组的组织者。集体农庄委员会请年纪较大的少先队员负责保护桑树栽培区：因为个别庄员常常毫无顾忌地攀折桑枝。少先队员们进行了几次巡查，折枝现象被制止了。

夏天，中队承担了为新品种试验田备好二十千克精选麦种的任务。孩子们选了最好的麦穗，为了在冬季保存，从校舍里找了一个干燥的地方。春天脱了粒，把种子交给了农艺师。孩子们为这项任务操了很多心也担了不少心，因此当小麦开始播种的时候，孩子们（他们在四年级已学过了）来到地里，为的是亲眼看看他们的种子是怎样播下去的。麦苗出土了，小家伙们又被吸引到麦田里来。到了收割期，少先队员决定帮助高年级同学去收庄稼。我高兴地看到，由于孩子们为别人效了力，他们便对周围发生的事情变得更敏感了。我们从田里回来，小家伙们非常兴奋——我们的种子出苗很好。我们走过农庄的果园，看见小苹果树上生了小毛虫。孩子们的心又为之不安了。在这种时刻，少先队员们想的不是自己对社会的义务，不是的，是他们无法从正在受到死亡威胁的生物旁边无动于衷地走过。孩子们进了果园，消灭了小毛虫，拯救了苹果树，并查看了周围的树，看看有没有虫害。

对故乡土地的主人翁感是最重要的爱国主义感情，我们要在少年心灵中培育这种感情。一个人在童年、少年和青年早期，如果能对公共田地里的每一个麦穗、对公共果园里的每一棵树、对农庄打谷场上的每一把谷粒的命运，都像对那些能给自己带来很大快乐的个人的东西（如妈妈或爸爸送的玩具、带插图的心爱的图书、冰鞋和滑雪板等）一样珍惜的话，他会成为一个真正的爱国主义者。只有当孩子在为别人有所创造的劳动中也付出了自己一点心血的时候，当他用自己的双手创造出能给自己带来极大快乐的某种物质财富的时候，当这种快乐要经历忧虑、担心和挫折才能取得的时候，快乐才能变成他自己的东西。我一直都很关心孩子们产生痛苦和烦恼的根源。孩子们最关心什么：是只关心与他个人幸福有关的事，还是也关心与他人利害相关的事？对这个问题的答案，一向都是我衡量孩子道德品质的尺度。使我很满意的是：柯利亚和瓦利娅看到暴雨弄弯了教学试验田里的小麦时，感到很伤心。当教育者还没有看到孩子会因这种不幸而难过的时候，当孩子还没有经受过烦恼和痛苦的时候，教育者就不能高枕无忧。因为他的学生走向生活时，可能是一个冷漠无情的旁观者。

个人主义者和利己主义者正是从那些在童年就不关心别人，只知享受快乐的人中发展而来的。我忧虑地看到，这种危险正威胁着我的学生沃洛佳和斯拉瓦。家里为了使两个孩子尽情"享受"快乐而竭尽全力。只有父母没有给他们买什么新的、好的东西这种事，才会使他们烦恼。一定要以另一种性质的忧虑和苦恼——即为别人的物质和精神利益而担忧——来抵制这种个人主义性质的忧虑和烦恼。

在夏天酷暑时节，我看到我们还在"快乐学校"时栽种的那棵小菩提树干枯了。"我们的朋友缺水了。"我对沃洛佳和斯拉瓦说。我带领孩子们到花园，答应给他们看一样有趣的东西，并把注意力引向因天热而晒得干枯的小树，"小菩提树正在等待我们的帮助，如果我们愿意的话，我们是能够帮助它的。"我对孩子们说，"这种树，特别是幼树，喜欢潮湿空气、湿润、阴凉。孩子们，我们就来帮助一下我们的朋友吧！我们从自来水管道引一条细管子来（这并不远），把它对着小菩提树来造雨，树就会经常感到凉爽。"开始孩子们对我的话表现得很冷淡，但当我给他们讲了人工造雨之后，他们眼里便闪射出好奇的目光来。这个活对于他们来讲如同有趣的游戏，难道有不愿意玩游戏的孩子吗？于是他们便玩了起来。我们把水管引到树旁，装上了喷头，于是菩提树上面出现了隐约可见的水雾。晌午小家伙们"拧开"雨，而到傍晚他们就"关"上。孩子们逐渐对树的命运产生了关注之情：在人工雨下，它感觉怎么样？当孩子们发现小菩提树树枝重新伸展了起来，枝上出现新的嫩叶时，他们高兴极了。就这样，孩子们的生活中产生了与个人幸福无关的情趣。

但这仅仅是开始。如同珠宝匠琢磨金刚石时，为了磨成一块钻石，要仔细端详这贵重石块的每一个面，考虑从何处下手那样，教育者也要思考，怎样去接近孩子心灵里最隐蔽的那些角落。我和沃洛佳到树林里去了好几次，为的是寻找和采集野蔷薇的最大个果实，然后把它们播种上，并给幼苗浇水。待到该进行嫁接的时候，我们找来了白玫瑰的幼芽，把它接在野蔷薇上。这并不是单纯的劳动，而是对孩子心灵的审慎接触。我逐渐做到了使这个孩子的喜忧之源不只是个人利害，还是周围世界。

对斯拉瓦也给予了较多的关注。小男孩和奥利娅一起在畜牧场照看病羊羔。对这个小生命的关照，起初好像一场孩子式的游戏，这种关怀之情随后逐渐发展为对劳动的喜爱，孩子也逐渐变成一个勤奋的少年畜牧员。我永远不能忘记，在一个寒冬的日子，他含着眼泪来找我。男孩子埋怨说：他心爱的小牛喜欢吃燕麦幼苗，而温室里培育的全是大麦，叫他怎么去喂小牛呢？从此我们也种燕麦了……

关心与个人需要没有直接联系的事，是克服儿童个人主义的良药。如果孩子产生了关心社会利益的个人兴趣，那么只知关心自己的那种恶习，任何时候也不可能在他心中生根。只有生活中的快乐和苦恼只是围绕一个"我"字打转的那种孩子的心灵里，才会充满这种利己主义情感。

"勇敢无畏者"小队

我的学生在体力和精神的发展上进入了那样一个时期：孩子们的精力不可遏制地要往外冲，表现出来是做一些乍看起来无法解释的古怪行为。我眼看着发生了某种飞跃——羞怯的变成了大胆冒险的，怯懦的变成了勇敢和果断的。

有一次，我们到田间去看庄员和高年级同学怎样垛麦秸垛。男女生都很有兴趣地看到拖拉机手怎样把一根钢缆固定在自己的机器上，怎样把整捆麦秸拽上高高的草垛。钢缆拉紧，把整捆麦秸举到十五米高。看过麦秸垛之后，我们又去看联合收割机。这时我从远处看见一个男孩子用手把着缆绳越升越高。我一查看，舒拉不在。肯定，这是他吊在十五米高空中。孩子们看见舒拉向麦秸垛跑去，高兴地欢叫着，看来，每个人都想享受一下升到令人头晕目眩的高度时的快乐。我好不容易等到舒拉像坐雪橇一样从大垛上滑下来。我当时真是不知所措了——不知道是该为这次非同寻常的登高活动的平安告终而高兴，还是尽快把孩子们从这里带走。

费了很大的劲才使孩子们安静下来，才阻止了他们也去做这种尝试。但是我看出来，他们对我的谨慎很不满意。感情提醒了我，应该把登高活动搞安全，而不是去制止。于是，我们在缆绳下铺上了麦秸，先是男孩子，然后是女孩子，一个接一个做了攀缆绳登高的活动。

那些年我们还没有能经常供电的电源，为了给电池充电，高年级学生建造了一座风力发电站。风动机安装在十二米高的高塔上。塔顶上是一个木制平台，中间有一个小天窗，供电工通过它去接触发电机。有一天，刮着大风，孩子们去放风筝。每个人都想把风筝放得尽可能高些。万尼亚说："我的风筝要飞得比其他人的都高。"这孩子爬上电站塔，俯身贴着平台的木围栏，放起线来。当我发现窗孔是掀开的，孔盖被挪到一边从上面滑落在地上的时候，我惊呆了。小家伙在绕着敞着的孔口跑动，脚下的情况什么也没看见，他两眼只知盯在风筝上。只是由于侥幸，才没有发生任何不幸。

高空对孩子总是有难以抗拒的诱惑力。登高的满足感总会给孩子们带来巨大的乐趣。可是孩子们的这种冲动，却给我们教师增添了不少忧虑。孩子们引起我很大不安，所有行为几乎都与高空的魔力有关。

离学校不远有一座古老的教堂。二十米高的钟楼上面，是坡型圆顶。春天，在一个阳光明媚的日子，我向钟楼顶望去，看见楼顶上的十字架旁有三个孩子的身影，定睛一看，那是谢廖沙、柯利亚和舒拉。我的心几乎都要停止跳动了。孩子们发现了我就要躲藏，从圆顶这一边跑向另一边。这时招呼他们是不明智的，定会有害无益。我跑到学校，让老师们不加声张地把所有的孩子们都带出去。有的到树林里去玩，有的去野外散步，年龄大的先回家；总之，使谁也注意不到那三个孩子，也不致引起他们的骚动。而我自己则钻进了工作室，从那里能很清楚地看到钟楼，我两手抱头，坐在窗前。也许，这是我在麦秸垛那里兴起的那场游戏，引起了孩子们享受登高之乐的愿望吧！随后我又看到，孩子们怎样把着已锈蚀了的破旧管子从圆顶往下爬，这些管子有些地方已是勉强支撑着……

夏天，一场暴雨过后，横跨池塘的桥下形成了一处瀑布。集体农庄的一位老大娘跑到学校里来告诉我："您去看看吧！您的学生们在干什么？"我到了池塘，在拦洪坝上一个人也没看见，可是从桥下传来孩子们的欢叫声。原来是托利亚和维佳在桥栏杆上拴了两条长绳，做成秋千，在水势汹涌的瀑布上面打着秋千，正在开怀欢叫……

佩特里克、维佳、柯利亚不知从哪里把一个掉了半边底的不大的木桶拖到了池塘高高的岸上来。每次都由一个人爬到桶里，（按严格顺序轮流而上，互不相让）另外两人则轻轻推一下木桶，让它顺着斜坡滚下去。木桶滚向池塘，在离水边几米的地方便停下来。至今我也无法理解，这种娱乐是怎么会幸免出事的。在这种情况下，结果能平安无事，恐怕只有孩子们才有可能办到。

在森林里散步时，我们观察了伐木工人为集体农庄采伐建筑材料的劳动。孩子们目不转睛地看那些锯断的树怎么倒下去。回家时，孩子们没有注意到舒拉和丹卡掉队了。我们在林中空地上休息时，一位老伐木工向我们走来，并把两个男孩领来。老人说，舒拉和丹卡想爬到树上去，为的是等树向下倒的时候，能坐在树杈上飞下来。

所有这些事都是在三、四年级期间，在十六个月左右的时间内发生的。我感到，去制止孩子们的这些行为，去为避免发生不幸而操心，不是出路。孩子精力的蓬勃发展要求的不是一般的积极活动。孩子们总想在危险面前证明自己的无畏。对大胆行动的渴望，在说明英勇无畏的气概已在冲击我的学生的生活之门。应当把孩子们的精力引向正确轨道。

想必读者已察觉到，那些乍看起来像是鲁莽的行为，主要是男孩子们干的。没有一个男孩子不曾引起我的深思。甚至，连我一直认为是优柔寡断、胆小怕事的丹卡，在 1955 年的深秋也使我大吃了一惊。他踩着非常薄的冰面走过了池塘。为了减少冰面破裂的危险，小家伙把书包放在自己前面的冰上推着走。冰咔嚓咔嚓作响，向下陷，最深的地方已经漫上水来了，但奇怪的是并没塌陷，小家伙平安无事地走到了学校。跟在他后面的两个三年级学生，也试着从冰上走过去，但是冰在他们脚下塌陷了，幸运的是紧靠岸边塌下去的。

要防止发生不幸？当然，这是很重要的。但问题并不只在这里，也还要迎着危险上，要去战胜它。

于是我们建立了一个"勇敢无畏者"小队。所有的男孩子都包括在内了。我想出了一些需要有意志力和勇敢无畏精神的游戏和娱乐。我们在池塘岸上找到了一处高高的悬崖，探查水底情况，弄清这里没有危险。在一个炎热的七月天里，小家伙们到这里来游泳。我给孩子们做了示范，做给他们看怎样从悬崖往下跳和怎样在空中控制身体。舒拉、谢廖沙、柯利亚、维佳和费佳立刻跟着我就跳。第二天，尤拉、柯斯佳和佩特里克也第一次有了从崖上跳水的勇气。第三天，托利亚、米沙、萨什科、万尼亚也都跳了。下不了决心的只剩下帕维尔、沃洛佳、丹卡和斯拉瓦四个人了。

同学们逗弄他们。在下面游泳的女生也在激励这几个男生。季娜也爬上我们这个悬崖顶上来了，她也想跳。结果跳了，而且姿势很美。拉丽萨和瓦利娅也学着她的榜样。四个男生不好意思了。终于帕维尔、丹卡和斯拉瓦三人也克服了他们的胆怯。

只有沃洛佳一个人怎么也下不了决心。我看得出，他在为自己的胆怯难过，但他怎么也越不过那一条界线，那条界线一旦越过，他就会由于做出勇敢行动而产生自豪感。因此不得不为沃洛佳找一个低一些的断崖。他和女生一起在那里跳，但还是没敢从高崖上跳下来。为了鼓励他去完成勇敢行为，我不得不在日后很长一段时间内在他身上做工作。当春天孩子们四处悬挂椋鸟笼时，我终于劝动了沃洛佳爬到一棵较高的树上去。这是他战胜恐惧的第一次胜利。孩子们偷偷告诉我，沃洛佳一个人去过悬崖。在那里脱了衣服之后坐了很久，几度起跑，但还是没敢跳。

跟着头三个最勇敢的小姑娘从高崖上跳下来的是瓦利娅。谁也没有料到她会去跳。瓦利娅的行为使沃洛佳感到很狼狈，他两眼一闭就跳下了水。在瓦利娅之后鼓起勇气跳的还有尼娜、加利娅、柳霞、吉娜、卡佳和萨莎等。跟着所有的女生都跳开了。我发现，女孩子的意志力比男孩子强得多，她们能以更大的毅力克服恐惧和犹豫不决，而且在做出果敢行为之后，表露出的欢乐也不像男孩子那样强烈。

三年级结业以后，当我们在野外休息的时候，孩子们想出个做极地探险游戏的主意。按照游戏假设的条件，在一个杂草丛生的偏僻小岛上，即四周环水的"浮冰"上，有几名探险人员因船遇难而被困在上面，我们这里是"大陆"。必须给"受难者"运送给养——面包、土豆。在"浮冰"和"大陆"之间隔着一个不大的湖。按照游戏规定的条件，运送给养必须在严寒的夜里进行。

于是"勇敢无畏者"小队里有人自愿前往。孩子们有点害怕：据说，在岛上有人曾看见过狼窝。但舒拉和谢廖沙敢在夜里去运送。他们把装着面包、土豆、火柴和油脂的包裹绑在厚厚的松木板上。我们把两个打好气的橡皮内胎放在水里，在游戏中这就是快艇。太阳落山了，雾笼罩着湖和岛，天空出现了星星。两个男孩脱了衣服，把衣服也绑在木板上，悄悄地游走了。一会儿就看不见了，有几分钟还能听到微弱的划水声，然后就连水声也听不见了。"勇敢无畏者"小队的人都坐在岸边，还有小狗特拉夫卡和我们在一起。过了一小时，夜变得漆黑，看不见岛，也看不见湖。忽然在黑暗中出现了微弱的火花，这是少年极地探险者到达"受难者"那里后发出的信号，意思是可以让下批的两只"快艇"启航了。

我们又把面包、土豆、脂油绑到木板上，把两只汽车内胎放下水。维佳和尤拉脱掉衣服。一个女孩子说，传说古时候这个湖里有很大的梭鱼，可能，现在这里也还有……。故事显然是故意来吓唬维佳和尤拉的。当然，孩子们下到漆黑的水中去是挺可怕的，但现在他们不管怎样也不会不去泅渡。就在尤拉和维佳把脚伸到温暖的水里的一刹那，听到了前边浪花飞溅的声音。这个，当然，是鱼儿在跳跃，但男孩子们还没有忘记关于梭鱼的故事。又过了一小时，岛上燃起了第二团火，接着两团火都熄灭了，这是两批少年探险队员业已会合的标志。我们躺下来睡觉，但谁也睡不着。

岛上生起了篝火，那几个男孩子将在那里过夜，大概通宵都不会合眼。他们将紧紧地挤在一起，怀着急切的心情瞻望东方，看天是不是快亮了。到明早，当太阳最初的金光刚刚在树梢露头时，小家伙们就要往回游了。那些还没有尝到克服恐惧的乐趣的孩子们将会羡慕他们。而他们这些战胜了恐惧的人，则像男子汉应有的那样矜持地回答说："一点也不可怕。"

我们把所有的男生都排好顺序依次做这种神秘的夜晚泅渡，沃洛佳也包括在内。当游戏兴致达到高潮的时候，连女生也提出请求说：为什么男孩子能去，我们就不能？我预料会有这请求的。季娜由柯利亚陪伴渡湖，瓦利娅由托利亚陪伴。男生在岛上找来干草，为女生安排好睡觉的地方。

夜晚，寂静独处，所有这些都吸引着孩子们，他们把这一切都看作是克服困难的浪漫主义情趣。孩子们又想出一个有趣的游戏——扮演地质勘探队玩。在森林深处离林边空地约5000米的密林中，女孩子们搭起了窝棚，白天就在那里做了安营扎寨的工作——这里是地质勘探队的大本营。地质队员们的背囊中装着矿石标本。天黑时，孩子们就从学校出发，一小时后到达林边空地。在黑暗中要准确辨别方向，除此而外，还要蹚水走过湍急的林中小河，翻越一座山岭。不许女生给他们发任何信号。穿越森林的路要走两小时。男孩子们要在午夜之后才到达营地，他们会很疲倦，但是会快乐而又兴奋。

在八月的一次大暴雨中，集体农庄的畜群丢失了14头牛犊。牲口不知跑到被水淹了的牧场的什么地方。大人们寻找了很久，但没有找到牛犊。"咱们去找吧。"舒拉和维佳提议。"勇敢无畏者"小队里的9名队员（6名男生、3名女生）和我一同出发去寻找。我们带了备用的食物、帐篷、指南针和2个渡湖用的汽车内胎。孩子们情绪高昂。我们一块一块地巡视了被水淹的牧场；在某些地方我们不得不两三人一组分头去找。过了4天，我们找到了11头，牛犊正在林间空地上吃草。其余几头大概淹死在下暴雨时汇成的激流中了。寻找牛犊的这些日子永远留在了孩子们的记忆里。加利娅、柳霞和萨尼娅的印象尤其深刻——这3个女孩子怕黑、怕青蛙、怕赤练蛇，可是这里还遇到过猫头鹰和狐狸。

四年级结业的那个暑期，我们玩登山游戏。我们从断崖上往峡谷里挂了一条绳梯，事先把它固定好。下面就是我们的高山营地，我们是登山队。我们的任务是，把着绳梯攀登几乎呈垂直状态的峭壁，爬上断崖，然后再下到谷里。多数男生这时已经不畏惧登高了，但最初还是有些怕。第一个到达顶点又返回原处的是维佳，接着攀登的是舒拉和谢廖沙。尤拉登了一半就下来了。我们只好另找了一处不太陡的断崖，在那里我们玩了好几天。女生和男生还进行了比赛。结果季娜、拉丽萨和柯斯佳表现得最勇敢大胆。他们还激发沃洛佳和斯拉瓦去登，可是这两个孩子到 3 米高时就开始头晕。最后，所有的男生和女生都征服了断崖。

表现出勇敢无畏的孩子都会感受到由衷的快乐。英勇果敢，这是每一个人不仅在非常情况下而且在日常生活和劳动中都必须具备的精神的和意志的品质。

小学结业之日越临近，孩子们很快就要成为少年的念头就越使我心绪不安。关于自己的一些想法已经惊扰他们了，男孩子和女孩子已在思考："我是怎样一个人？我的优点是什么？缺点是什么？同学们怎么看我？"

少年期临近了，这是该有自我教育的年龄了。思量未来，到那时孩子的意志力和坚毅精神将成为最重要的教育力量，我从现在，从孩子们的童年时代起，就在努力唤起他们自我教育的要求。每个孩子都有一个作息制度。孩子们早晨六点钟起床，做早操、冲冷水澡、吃早饭，然后做功课。在去学校之前每个人都要念一小时以上的书。我力求使遵守制度成为自我教育的课题。沃洛佳和斯拉瓦很难坚持早起。父母舍不得叫醒孩子，他们也没办法让孩子们早睡。我不仅和两个孩子，也和他们的父母谈了话。结果，自我教育的美好远景吸引了斯拉瓦。他学会了约束自己。但暂时还没能使沃洛佳做到这一点。家庭给他养成了懒散的习惯。

我们和夏天告别

四年级结业以后，我所有的学生——16 名男生和 15 名女生——都升入了五年级。其中 12 名学生各科成绩全是优秀，校务委员会给他们颁发了奖状。13 人获得良好和优秀的分数。6 个孩子的成绩有"3"分、"4"分和"5"分。

我认为自己教育工作最主要的成绩在于，孩子们上过培养人道主义精神的学校，他们学会了体察人，会把他人的快乐与痛苦放在心上；学会生活在人们中间，学会热爱自己的祖国和仇恨祖国的敌人。他们懂得了劳动的变革作用，很好地掌握了祖国语言，学会了五种技能——观察、思考、读、写和用语言表达思想。已证明，在七岁之前，实际上也就是在上一年级之前就可以教会孩子读和写。如果能做到这一点，孩子们的精神力量就能解放出来去进行思考和创造。

我认为同样重要的一点是，孩子们从道德和精神上都做好了进入麻烦的年龄期——少年期的准备。在低年级，我就想到了这个时刻，那时，孩子们正在接近划分童年与少年的那个无形的界线。有人已经越过了这个界线。少年时代的麻烦事实际上在四年级就已经开始了。

初秋一个恬静的黄昏，我带着孩子们来到了我们的"美角"和夏天告别。

夕阳的余晖在高高的树梢上闪烁。四年前我们亲手栽种的苹果树上挂满了即将成熟的累累果实。野蜂在一串串葡萄之间飞舞，田野里传来阵阵拖拉机的隆隆声。女孩子们抱来一捆麦子，她们把绣球花的果实和麦穗编在一起。大家唱着歌，赞美这静静的夏日黄昏。歌声沉寂了，孩子们抬头仰望黄昏时分的天空。大自然的美妙乐曲以及有关我们今天来与之告别的夏日种种回忆，都在孩子们心中引起强烈的反响。周围的景色：黄昏的天空、红色的晚霞、琥珀般的苹果、一串串的葡萄、绿色屏障般的啤酒花、白色的秋菊，还有那蜜蜂儿的嗡嗡叫声，整个世界在我们面前犹如一架奇妙的竖琴。孩子们轻轻拨动根根琴弦，它奏出神秘的音乐——语言的音乐。这是既有快乐又有感伤的乐曲。我也是既感到快乐也有几分伤感。孩子们啊！转眼你们已经都是少年了，你们将来的前程如何呢？今后我还会天天和你们在一起，带领你们度过青春年华直到你们长大成人。五年来，我拉着你们的手一步一步向前走，我把整个的心都给了你们。诚然，这颗心也有过疲倦的时刻。而每当它精疲力竭时，孩子们啊，我就尽快到你们身旁来。你们的欢声笑语就给我的心田注入新的力量，你们的张张笑脸使我的精神重新焕发，你们那渴求知识的目光激发我去思考……。我遐想未来，仿佛看到你们都已长大成人。我亲爱的孩子们：我看到你们一个个都成长为英勇无畏的苏维埃爱国者，都怀有一颗赤诚的心，都有一个聪慧的头脑，都有一双灵巧的手。

公民的诞生

黄之瑞　张佩珍　姚亦飞
章昌云　杨季舫　王家柚　译
倪家泰　校

如果缺乏科学远见，如果不善于今天就在少年的心中撒下数十年后会发芽成长的种子，教育就变成一种最原始的照料，教育者也就成为没有文化的保姆。

1

少年期孩子身上发生了什么变化

"仿佛有人给少年们注入了新的心灵……"

"少年"，母亲和教师们在说到这个词的时候，是多么惶惶不安！多少部书里写了少年隐秘的心灵！图书馆的书架上放着多少篇研究少年期的论文！

我仔细倾听教师们所表现出的忧虑和关切，留心观察少年们的成长过程。我翻阅了许多有关少年的书籍。年复一年，我积累了几十个本子和笔记；每个本子都是记述某个小公民生活的别具一格的编年史，从他进校的最初日子起到长大成人——逐年记录了他的成长过程，往往一直记载到这样一个激动人心的时刻：一个过去顽皮的孩子、淘气大王，现在把他的儿子或者女儿领到学校里来说："请收下这个孩子吧，这就是我，虽然样子不同，但实质上大概还是当年那个我。"

最令人焦虑不安的问题是人在少年期的精神生活问题。对学生集体的生活和工作所进行的多年观察，使人们得出结论：在少年期一个人的精神生活发生了极其深刻的变化，因而在他的认识能力、脑力劳动、行为、与其他同学的关系等方面，在他的情感发展、美感发展、道德成长等方面的许多事实，都使教育工作者感到不可思议。有经验的教育者往往抱怨说：很难对少年们进行工作，他们身上正在产生某种神秘莫测、不可理解的东西。

男孩子在三、四年级的时候是再好不过的了，他文静、沉稳、和蔼、敏感，能够领会人在这个年龄所能理解的崇高感情；可是当到了五年级，特别是到了六、七年级的时候，他似乎完全变了一个人：他变得任性、缺乏自制，时常粗鲁无礼，极度自尊，对待教师的要求和同学的缺点十分急躁，在评判周围世界，特别是评判长者的行为时尖锐而直率。

有时候，我们能明显地感到：在童年期能触动他心灵的那种感情似乎逐渐地根本不能使他动心了。如果说亲人或不熟悉的人的痛苦以前会使儿童感到非常难受，那么一个少年有时竟会对人们的痛苦毫无觉察。

"仿佛有人给少年们注入了新的心灵"，六年级学生维塔利的班主任在教务会议上说。（可我边听边想：难道过两三年之后，维佳或者沃洛佳也会变成这样的人吗？维塔利在三、四年级的时候可是个品学兼优的模范生啊！）"而现在，"班主任继续诉说，"学季结束了，……我召开了家长会议，谈了学业成绩。我决定谈一谈维塔利不遵守纪律的问题。我以为，家长们在场会对这个孩子起些作用。我边说边用眼角瞧维塔利。他镇定地坐着，毫无惊恐或懊悔的表情。我突然看到他翻开了我教的这门课的教科书，拿起铅笔在书的扉页上画着什么。他的眼睛里闪着幸灾乐祸的神情。他坐在最后一排的课桌后面，谁也看不见他在做什么。我满腔怒火。怎么办？我知道，现在当着家长的面，是不能谈论这个新的脱离正轨的举动的，因为我担心这会惹恼小伙子。我意识到他是在有意引起我的注意。他故意污损我教的这门课的教科书，是为了激怒我。我把话题转到了别的方面，可脑海里却浮现出几天前我与他——维塔利之间的一场冲突。"

那一天，我们正在举行时事报告会。一个十年级的女共青团员讲述了发生在国内外的一些情况。她讲到了邻近的一个集体农庄的庄员们如何忘我地劳动，妇女们培育甜菜获得了大丰收，荣誉和光荣属于以共产主义态度劳动的人们！这时，维塔利举手说：

"我想发言。"

"说吧。"我同意了他的请求。

"我妈妈坐在泥地上清洗甜菜一个月了，"维塔利激动地说，"她生病了，现在躺在医院里。为什么把最重的活给了妇女们？"

"你想过吗，你说了些什么？"我勃然大怒，甚至没有考虑，这个孩子说出了痛苦的根源。"你算什么少先队员？"说了这些话之后，我就感到自己使他受了很大的委屈。但是已经晚了……

"可您算什么教师？"维塔利用颤抖的声音轻轻地说，"难道一个人可以整整一个月坐在潮湿的泥地上吗？是您教导我们要为真理而斗争。"

"维塔利的这些话使我惊呆了。"班主任在结束自己的叙述时说，"他说的话是什么呢？是蛊惑言论还是追求真理？可能，我们教给少年们的东西太多了，而向他们提出的要求却太少了？也许，在我们现在这个时代，人们观察世界的心灵具有某些我们所不了解的特点？也许，少年们观察到的世界的某些方面与我们观察到的不一样？该怎样做才能使现实存在的个别阴暗面不再被少年们无可奈何地接受呢？"

接下来是一番热烈而直率的议论，通过议论得出了一条使我们全体教师都很激动的真理：是的，由于我们有时候忘记了某些东西，我们往往没有努力用我们的教育对象的眼光去看世界；我们有时会陷入令人惊讶、不可原谅的矛盾之中——既要教育学生做老实人、说老实话、只说老实话，又要去扑灭年轻的心灵因对欺骗、恶行和不公正现象势不两立而迸发出来的怒火。少年不同于儿童，他开始对善与恶进行概括；他通过某些事实看到了一种现象。至于这种现象在他的心灵中会产生什么样的思想和情绪则取决于他的信念，取决于他对世界的看法和对人们的看法。少年期与童年期的不同之处还在于，人到了少年期就不像童年时期那样来观察、感觉、感受事物了。

多年来我一直在思考：少年观察世界与儿童观察世界有什么不同之处？我力图使自己站在自己的学生的角度进行教育观察，并把它记在单独的本子里。本子里有专门的一个部分叫作"我用少年的眼光观察事物"。我设想自己处于维塔利的地位，用他的眼光来分析、评价自己的行为；我试图使自己也毫不怀疑，我是这样一个人：既是那个细心、好学、沉稳、要求严格的学生，也是那个缺乏自制、任性、蛮横无理的少年——仿佛初次遇到的人。

在过了很多年以后，我再翻阅这本不平常的日志的时候，又重新感受到过去感受过的那种惊讶感。我"创造"的那个要求苛刻、蛮横无理、倔强、做出判断时尖锐而直率的少年在现在的我身上发现了大量缺点，竟比我自己想到的多上 100 倍——这是多么令人吃惊和不可理解的啊！我情不自禁地要引用资料中的几段记事，这份资料也许会使我的某些教育同行们发出会心一笑。

（1）我的老师在感知周围世界的现象时，表现得"冷酷无情"。他亲眼看到一个男孩子在欺负一个女孩子却只是平静而冷漠地看着那个欺负人的家伙。他对女孩子说："我要跟这个男孩子谈一谈。明天跟他谈。让他把欺负你的那些话再对我说一遍。"一天过去了，两天过去了，在老师的意识深处还保留着一个想法：需要跟那个欺负人的家伙谈一谈。但这只不过是一个像昏睡的公猫一样的懒惰的想法。而那个欺负人的家伙这时却对女孩子说："我没事的。老师会把自己学生的行为忘掉的。他们老师们跟我们打交道打腻了……"

（2）我的老师在一个星期之前把一本他需要读的书放在桌子上。他每次坐到桌旁，总要对书本看上一眼，然后就去做别的事情了。而昨天他把这本书又放回到书架上去了。

（3）我的老师心里装着一块冰。他给畜牧人员上完课以后，有一位集体农庄庄员向他讲述了自己的一项发明。这个庄员对于如何减轻劳动强度的问题已经考虑一年多了——在不建造巨大而昂贵的装置的条件下使收集畜粪机械化。老师本来打算明天到区里去，向区党委汇报一下这项有价值的发明，请工程师到这儿来帮助这个庄员把想法变成并不复杂的机器。一天、两天、三天过去了，老师到区里去一趟的热情冷下来了。一个星期之后他偶然碰见了区委书记。确实，他谈到了这位发明家有意义的想法，但他是怎么谈的呢？他不是充满热情、心情激动地讲这件事，而是轻描淡写、慢条斯理地唠叨：假如这样办的话挺好，假如能考虑一下减轻畜牧场人员的劳动强度挺好……

在记载难对付的少年的观察日志中还有一些奇怪的东西，这并不是对他们行为的记录，而是少年眼里看到的世界。当我设想自己处于这些男孩子和女孩子的地位，用他们的眼光看世界时，我处处看到令人惊奇的、有时甚至是不可理喻的东西，这些东西不仅使人惊讶，往往还令人气愤、怒不可遏。少年能看到儿童未能看到的东西；少年还能看到成人往往**已经**看不到、确切地说是不再注意的东西，因为成年人对于很多事物早已习以为常了。少年观察世界是人的一种绝无仅有、异常特殊的状态，我们成年人往往因为根本不理解这种状态而处之泰然。

少年对看到的东西都非常关切。看见苹果树叶上有一条毛虫时，他就会思考：为什么校园里（或集体农庄的果园里）有很多毛虫？不消灭害虫会有什么后果？为什么谁也没有注意到有毛虫在毁坏我们的物质财富？少年是对眼前看到的坏事感到愤慨、对好事感到高兴，还是他对善与恶都无动于衷，这取决于少年在什么环境中受的教育，取决于在童年期培育他思想、认识、思维和观察世界的源泉是什么。

我对这些尖锐、棘手的教育问题进行了艰苦的思考，终于在我从事教育工作的第 34 个年头得出了一个结论：少年期教育的困难就在于，人们很少教育儿童把自己看作、理解并感觉为集体的一分子、社会的一分子、人民的一分子。这就是为什么经常听到人们说：一个学生在童年期是好学生，可是到了少年期因为受了坏影响而成了坏人。坏影响究竟是怎么一回事？它是从哪儿来的？教育工作的基础、主要内容，并不在于保护少年们完全不受坏的影响，而是要使他们对坏的、不道德的东西具有免疫力。怎样才能做到这一点呢？教育的技能和艺术就在这个**怎样**之中。

一位低年级的女教师四年来对自己的学生们一直赞不绝口。但在过了一年到一年半的时间后，她竟含着眼泪诉说自己的学生（他们现在已经是六年级的学生了）：他们在电影院门口差一点把一个老太太撞倒在地。

在听这位勤奋的好教师说这段令人痛心疾首的话时，我在想：她的学生过去确实是一群善良、有礼貌、勤奋而又能克制自己的人。但这些品质也不是与生俱来的。这是耐心细致的教育工作带来的结果。那么该怎样解释少年期这一年龄段所特有的教育上的困难呢？也许，这不过是用老眼光把少年期看成不可避免会发生灾难的时期，从而出现这种所谓困难的说法？我开始研究 12—30 岁这个年龄段的人的违法和犯罪行为，起初是在一个区的范围内，后来扩大到一个州。事实总是最公正的。了解的结果是：在 12—15 岁的人中间，违法和犯罪分子比 15—18 岁的男女青年中的违法和犯罪分子多一倍。

我研究了 460 例刑事案件的侦讯材料。每一个给社会"提供"违法分子或犯罪分子的家庭，总是存在着某种缺陷的。有时候父母本人并不是坏人，但是他们不知道自己的孩子是怎样生活的。很多家庭对人与人的相互关系的认识非常贫乏，而在这些少年学习的学校和班集体里，谁也不去关心他们对什么感兴趣，他们需要些什么，他们把什么当作生活中的乐趣。

我举一个惨痛的事例，这件事发生在一个平静的小城市里。一个 14 岁的少年在滑冰，他看到一个 8 岁的小男孩，就把小男孩叫到身边，朝着有个冰窟窿的方向指了指，对小男孩说："到那儿去滑，那儿的冰面又平又好。"小男孩不小心掉进冰窟窿死了，而那个少年又滑了个把小时才回到城里，他还向同学们讲述他怎样使那个小男孩上当。死去的小男孩的父母悲痛万分，他们问这个少年："你是知道那里有冰窟窿的，却还把小孩子引到那里去，难道你的心都没有颤动一下吗？"少年平静地回答说："我又没有把他推到冰窟窿里去，他自己滑到那儿去的。我只是劝他到那儿去滑冰——那儿的冰层平滑……""那你为什么不马上跑来告诉我们？可能小孩还有救……"对这一点，少年回答说："我可用不着跑回来，关我什么事？每个人都只对自己负责……"

我和这个少年谈过话，和他的父母、老师、少先队辅导员也谈过话。我看到的是一幅令人不快的景象。父母和他们的独生儿子都没有任何精神上的爱好。这孩子只有两种感情：满足或是不满足。这个家庭里高于一切的是两种需要：吃好、睡足。这个少年不理解一个人多么需要在与别人的交往中得到快乐，不懂得为别人做好事、创造幸福的快乐。只要这个男孩子学习成绩不少于 2 分，只要他不破坏纪律，学校也就满足了。我问一位女教导员，她在这个少年身上已经培养或者准备培养他什么样的精神需要时，她什么话也答不上来。对于这个人在童年期和少年期把全部精力灌注到什么地方，耗费在哪个方面这些问题，我没有听到过任何回答。实质上，学校没有考虑在一些最主要、最根本的问题上对孩子进行教育。

一切都取决于童年期的教育

我对少年期教育中的困难分析得越多，就越是对这样一条简单而重要的规律的正确性深信不疑：凡是童年期教育搞得很马虎的地方，也就很难对少年们进行正确教育。我研究了 460 个违法少年和犯罪少年的家庭，发现了这样的情况：罪行越重，犯罪手段越是惨无人道、残忍无情的犯罪者，其家庭也越是缺乏智力上、美学上和道德上的追求。在犯罪少年或违法少年的家庭中，没有一个家庭是有家庭藏书的，即使是少量的藏书也没有。我上面讲过的那个犯罪少年的家里，除了教科书之外，别的书一本也没有，而且那几本教科书也是又脏又烂。在犯罪者或违法者中间，没有一个人能说出一部交响乐、歌剧乐曲或室内乐的名称；没有一个人能举出一位古典作曲家或现代作曲家的名字。我们给全部 460 个少年听了两部音乐作品：彼得·伊里奇·柴可夫斯基的芭蕾舞剧《天鹅湖》中的《四小天鹅舞曲》和爱德华·格里格①的《精灵之舞》。理解和感受这两个音乐作品的美，是少年具有起码的美学素养的标志。这些少年中，没有一个人能够说出，作曲家通过音乐形象创造了什么样的意境。我从少年们的眼睛中看出：音乐的旋律并没有使他们中间的任何一个人激起某种感情，也没有勾起任何回忆。

在研究少年违法分子和犯罪分子的精神世界的时候，我对以下问题也进行了探讨：这些少年有没有最亲近的人们（或人）？让少年们可以把自己的一部分心灵献给这些人，把他们作为一面镜子，从中看到自己的内心冲动。我分析过，在难教的少年（确切些说是童年期和少年期精神贫瘠的人们）学习的学校里，是否还存在这样的相互关系，这种相互关系的本质和内容是把自己的精神力量贡献出来，为别人创造幸福，为别人的命运担忧，用理智特别是用心灵来理解人的最大欢乐——把幸福送给别人。我发现，在这些少年的家庭和学校里，都没有这种最重要的东西，没有明确教育每个人在

---

① 爱德华·格里格（1843—1907）：挪威著名作曲家，民族音乐学派创始人。——译者

童年期就要为别人尽力，把自己心灵的财富献给别人，用理智和心灵来理解（从而能深刻地感受，热忱地关怀）别人内心世界最细微的活动——痛苦、欢乐、担忧、绝望、悲伤、慌乱……。我怀着忐忑不安的心情越来越确信，童年期的人（受教育者）在很多教育者面前，甚至是优秀的教育者面前，总是表现得非常片面的，因为教育者总是只根据儿童是否遵守制度和要求来判断受教育者的好坏，即是否听话，是否有越轨行为。很多教育者把儿童的听话和顺从看作是内心善良的表现，实际上远非如此。一个人到了少年期就不能满足于如此贫乏地表现自己：他渴望在复杂的公民活动和积极的社会活动中表现自己。由于没有教会他把自己的精神力量献给别人，由于他没有学会自我理解、自我感觉和自我评价，没有学会如何献出自己的力量为别人造福，到了少年期他似乎就不再能觉察到自己是生活在人们中间的。

读者可能会想：为什么作者要研究未成年的违法分子和犯罪分子的精神生活呢？这对阐明少年期教育的本质和规律性有什么帮助呢？事实是，违法和犯罪行为能最鲜明地反映出因果关系。我的夙愿始终是不再使任何一个少年成为违法分子和犯罪分子。

有人说，由于少年期具有某些天生的、不受教育支配的年龄特征，在少年身上所特有的种种教育困难是注定要发生的，现在这种无稽之谈的实质就越来越清楚了。我日益深信，少年的道德面貌取决于童年期怎样对他进行教育，取决于从出生到10—11岁在他心灵里灌输了一些什么东西。从本质上来说，童年期不可能给家长和教师带来少年期所遇到的那种困难。形象地说，少年是一朵花，它的美丽与否要看人们对这株植物养护得如何。应当早在花朵怒放之前就要设法使这朵花开得美丽。如果在少年期那种"不可避免的""注定要发生的"现象面前惊慌失措、惊奇万分，那就像一个园丁那样：这个园丁在地里种了一颗种子，但他并不确切知道这是一颗什么种子，是玫瑰还是飞廉①。几年之后他来欣赏花朵时，如果开的不是玫瑰花而是飞廉花，就会表现出这种惊奇万分的神情。如

---

① 飞廉，植物名，菊科。二年生草本，形似蓟。我国各地均有野生，俄罗斯西伯利亚一带也有分布。——译者

果人们看到这个园丁还给飞廉花涂颜色、画彩条，想使飞廉花变成玫瑰花；如果他给飞廉花洒香水，想让飞廉花发出玫瑰花的香味，那么他的这种做法就更显得幼稚可笑了。看来这样的园丁只会引起人们的愤慨。可是，有成千上万这样的园丁，他们给人以生命之后就认为已经完成了自己的使命，至于这个人将成为怎么样的人，就让别人去关心吧，让大自然去关心吧。为什么这样的情况竟没有引起人们的愤慨？

花朵的美丽不可能从天上掉下来，而是需要多年的努力才能创造出来——培育，防酷暑、严寒，注意浇水和施肥。在塑造大地上最美、最崇高的东西——人的过程中，单调的、使人疲劳不堪的劳动，远比那种给人们带来愉快的劳动艰辛。"孩子是生活中的欢乐"这条真理具有深刻的含义，但也有深刻的矛盾。孩子本身不可能是欢乐的源泉；孩子是一个在新的基础上再现其父母品质的人，对父母亲来说，从孩子身上得到欢乐的真正前提首先是他们能够把好的品质灌注到孩子身上。在对孩子的爱中展现出人最高尚的品质——自尊心。

随着我对少年期令人担忧的种种表现的日益关切，我越来越清楚地感到，童年期的教育不能草率，不能怕麻烦。童年期是一个人打基础的关键时期。大自然不会去雕琢人的任何一个特点；应该去做雕琢工作的只能是我们——父母、教师、社会。少年期的危机现象——道德缺陷、违法、犯罪……，所有这一切现象，如果用列夫·托尔斯泰的话来说，是"恶行的放大镜"。一些我们难以觉察的坏事，一些初看起来似乎是天真的、微小的坏事，实际上却是很危险的，因为在一个睁大了眼睛看世界却又不知道应该如何生活的人的心灵中，这些微小的冰凌会变成巨大的冰块。

当我准备在自己这所蓝天下的学校里、在低年级的教室里对孩子们进行教育的时候，我总是怀着不安的心情思考着我的学生们快要到达那条标志着童年期结束、少年期开始的分界线时的情况。鉴于同事们和我本人的痛苦经验，鉴于所犯的大量错误，我深信，学校教育工作中最大的问题之一是忘记了这一点：现在是儿童，将来就不是儿童了。

教育者必须注意的是孩子到了某个时候会成为丈夫或妻子，他将通过一个新的人来再现自己。我注意到了这一点，虽然很少在儿童们面前说起，他们终将成为父亲和母亲。仔细读过我的第一本札记①的人，就不会不注意到，我们对童年期的孩子进行了大量的工作，从而在儿童身上形成感知周围世界的细腻感情和情感素养——能认识别人、有感受能力、情感敏锐、亲切诚恳，同时还具有自尊心和人的自豪感，不去侵犯任何私人的和隐秘的事情。为了使儿童处于集体的各种劳动关系、道德关系、智力关系、美学关系之中，我们也进行了不少工作。这样做不仅是为了今天，也是为了将来。

儿童是绝不可能成为犯罪分子的，是决不会有意识地去犯罪（对病态的情况需要进行专门研究）的，但我尽力做更多的工作，务必使我的每一个学生在成为少年之后，也决不允许自己去犯罪。在教育工作中有很多专门建立的、人为确定的、"构筑起来的"人与人之间的关系，其目的是在学生们的心灵中确立起像对待最珍贵的宝贝那样来尊重人的观念，使一个人从小就成为别人的朋友、同志和兄弟。

第一，儿童为别人创造欢乐，并由此而感受到幸福和自豪。我努力使每个儿童都从心底感到，最值得欢乐、最珍贵、最神圣的是自己的母亲、父亲、兄弟姐妹和朋友。要让儿童准备为自己最亲爱的人的幸福和欢乐献出一切，要使这种献身精神和为别人造就幸福的精神成为儿童最主要的精神需求。我竭力想使儿童与他家里和学校里的其他人之间的关系建立在义务感和责任感的基础上。使儿童意识到并感受到自己对母亲、父亲、老师应尽的职责——正是这一点应该成为儿童认识人的世界的起点。

第二，在表现美的各个方面创造并保持美。一个人进行积极活动的精力和可能性越大，他对美的态度在形成其道德面貌方面所起的作用也就越显得重要，这里包括创造美，热情地关心美，特别是关心人们相互关系中的美、为崇高理想而服务的美、思想生活中的美。

第三，儿童在集体活动中所表现出的作为公民的思想财富和儿童们与其他非学校集体之间的相互关系中所表现出的作为公民的思

---

① 指苏霍姆林斯基的《我把心给了孩子们》一书。——译者

想财富。务必使学生从童年期开始就十分关心祖国的现在和未来，这是防止少年期产生道德缺陷最重要的前提之一。公民的思想、公民的感情、公民的忧虑、公民的义务、公民的责任感——这些是人的尊严的基础。如果您在某个人身上培养了这些品质，那他就不会表现出不好的品质，相反，他将努力只在好的方面表现自己，以无愧于我们的思想，无愧于我们的社会。

第四，培养和发展对一切有生命的和美的东西的同情心和怜悯心（我们不必害怕怜悯这个词和它所包含的高尚感情！），发展对大自然中的一切美好事物的热忱以及关切的态度。归根结底，也就是培养对人的怜悯心。我们牢记着高尔基的话："怜悯损害人的尊严。"[1]但是，在我们这个现在已经没有任何理由出现社会祸害和与之相联系的痛苦和灾难的社会里，怜悯是被需要的，它恰恰能使人品德高尚，在道德上支持人。只有那种瞧不起人的怜悯才会损害人的尊严。而当一个学生出于怜悯而渴望帮助别人的时候，这样的怜悯会使他变得高尚，所以必须教会学生学会怜悯人。

第五，发展崇高的智力素养——思想、感情、感受。当一个人充分认识周围世界，认识人类的过去和现在，认识祖国的物质财富和精神财富，认识本国人民的内心世界、艺术珍品特别是文艺作品的时候，其引发的思想、感情、感受会使他内心激动不已。我坚信，一些人在少年期和青年早期之所以头脑简单、情感贫乏、道德不坚定，其最主要的原因之一是知识有限、思想修养低，不会从书籍中寻找满足自己精神需要的东西。现在，我们即将实现普及中等教育，工人和农民接受中等教育并不是为了上大学，而是为了成为一个真正的人。因此，他们的智力素养问题，以及使他们具有高度的智力素养的问题已具有特别重要的意义。吸引青年人的不应该是酒杯而应该是书籍。书籍具有一种强大的力量，它能战胜酒杯的罪恶力量，而酒杯是巨大的灾难，它像虱子一样总是叮在精神空虚和兴趣贫乏的人身上。

儿童将来就不是儿童了，他将变成少年、男青年、女青年、父亲、母亲……。但是，如果到了少年期和青年早期，一个人的心灵中仍然能保持着儿童的某些特点——直爽，对周围世界的各种事件和现象有鲜明的情感反应，对一起工作、学习、患难与共的人们的内心精神活动表现出热情的关切——那样就很好。

我以后还将多次提到这个最重要的教育问题，现在我只着重指出这个问题的一个方面，即与保持和发展童年期所获得的一切美好的东西有关的那个方面。我要谈的是儿童精神世界的细腻性和复杂性。细腻不是天生的，只有通过培养才能够获得。我在第一本札记中用了大量篇幅论述如何培养细腻的感觉：感觉语言的美、音乐旋律的美、文艺形象的美，感觉各种生活现象的崇高和优美，或者造型艺术作品中和文艺作品中思想的崇高和优美。家长和教师们的议论使我很不安，他们说：少年期的人必然会感觉迟钝，必然会出现某种莫名其妙的情感——"冷漠"；少年从树上折了一根树枝，立即就会把这件事忘了；他会同样冷漠无情地用弹弓瞄准玻璃和麻雀，在课桌椅上刻上自己的姓名和整句的格言。于是，我仔细观察了犯这类过失的少年。结果发现，他们在童年期虽然都参加过周末集体植树义务劳动，但他们中间没有一个人把树栽培大，没有一个人感受过劳动创造美的欢乐。

生活向我们证明：如果一个儿童对为人们创造出美这一崇高思想的劳动不理解，那么他的内心就不能用细腻、体贴和容易感受的态度去对待那种细致而又"温柔的"教育方法，他会变得迟钝，只能领悟原始的"教育方式"：大声呵斥、强制、惩罚。由此，少年们形成了粗鲁无礼和无意识的破坏性倾向。正因为如此，我要努力使我身边的未来少年们，在童年期就能体验到美的激励和对美的赞赏，使他们的个人劳动成为产生这种情感的源泉。那就是关心培养（后来我深信我的期望是有充分根据的）少年、男青年、女青年，使他们能够敏锐地、反应迅速地去对待**教育者的话**——他的劝告和婉转的责备。童年期情感细腻而又丰富，赞赏自己亲手创造的美，对粗鲁、庸俗、破坏美的行为毫不妥协，这就是少年们情感素养的基础。

我特别关心的是，务必不能让儿童的心灵因受到体罚的——用皮带抽、打后脑勺、拳打脚踢——而变得迟钝、凶狠，变得冷若冰霜和残酷无情。我总是没法使家长们相信，体罚不仅标志着家长的软弱无能和惊慌失措，也标志着他们的教育方法极端不文明。皮带和拳头会扼杀儿童心灵中细腻的敏锐的情感，培植愚昧的本能，起着腐蚀人的作用，最后导致儿童用撒谎和奉承这个毒药来麻醉自己。用皮带培养出来的儿童会变成麻木不仁、没心没肺的人。动手打同学的人，只能是那些过去尝到过而现在继续在尝宗法式教育的"美味"的人。少年的违法行为和犯罪行为在很大程度上也是"拳头教育"的结果。

教育中的皮带、拳头……是我们教育工作者的耻辱，它之所以是耻辱，是由于儿童往往怕到学校里去，怕到这个意味着人道、善良和真理的神圣场所去，因为他们知道：教师会把他们的不良行为或者不佳学习成绩告诉父亲，而父亲就要打他们。这不是抽象的图解，而是痛苦的事实；母亲们以及孩子们本人都经常在来信中写到这一点。如果教师经常在学生手册里写上"你们的儿子不想学习，请采取措施"，这实质上就是教师经常把一根鞭子放在学生的书包里，而父亲就用这根鞭子来抽打自己的儿子。让我们设想一下这样的情景：一场复杂的外科手术正在进行，一位技术高超的外科医生俯身在露出的伤口上动手术，突然，一个腰插斧头的屠夫闯进了手术室，他拔出斧头就朝伤口砍去。这把脏斧头就是教育中的皮带和拳头。

教师，请您记住，如果我知道我的学生格里茨科或者彼得的父亲是一个只会生孩子的人，却仍然把这位家长叫到学校里来对他说："您的孩子格里茨科是个懒汉，他不想学习。"这样就会导致最简单的后果——我用他父亲的手来打格里茨科，我伤害了人的尊严，我成了从犯。

儿童仇恨打他的人。他非常机敏地懂得并感觉得到，是教师在牵动他父亲的手。他开始仇恨父亲和教师，仇恨学校和书本。

我认识一些儿童，他们甚至不能想象，一个人可以打另外一个人。在他们成长的家庭里，人与人之间的关系都是细致入微的精神心理关系，大人和孩子之间充满了相互信任的气氛。这些儿童都具有对教育者的话非常敏感的特点。我要使每个儿童都不知道，什么是体罚的"教育"方法，这始终是我的理想。在学校的范围内，我已经做到使每个家长不会再打我的学生。我相信，我们会培养出这样的后代：当他们读到过去的书中描述某个时候人打了人时，他们就会感到非常痛心。如果在最复杂的环境里（在生活中，在家庭里）消除了人对人施加暴力的现象，让儿童们在没有体罚的情况下接受教育，那么我们将更快地达到实现共产主义教育理想这一伟大目标，到了那个时候，社会上将没有犯罪，没有凶杀，现在仍然需要的监狱和其他的惩罚手段也将随之消失。

但愿读者别把我看作一个鼓吹抽象的仁慈和宽容无比的人。这里说的是在一个正在建设共产主义的社会里对儿童进行教育的问题。我们的儿童应该做好一切准备：既要准备与敌人在战场上相见，又要准备经受艰苦斗争的考验。共产主义教育不会使我们社会公民的心肠变得温情脉脉和软弱不堪；相反，共产主义教育应当在体力上和精神上使人得到锻炼。我们不仅应当教导人们去爱，而且应当教导人们去恨，教导他们成为既多情善感同时又毫不留情的人。不仅要教会人们欣赏美、创造美，而且教会人们对蓄意侵犯我们祖国的自由和独立的敌人进行打击。一个对任何暴力行为都毫不妥协的新人必须具有细腻的情感和富有同情心的内心世界，这一点与上面的教育目的不仅不矛盾，反而更强调了这两方面共存的必要性。只有精神境界极其高尚的人，才能够真正憎恨敌人并对其毫不留情。

某些教育工作者会问："究竟该用什么东西来替代惩罚呢？"不能这样提问题，这无异是在问："该用什么东西来替代人对人使用暴力呢？"惩罚并不是某种不可避免的手段。在充满相互信任和热诚气氛的地方，在儿童从小就深深地感觉到他与身边的人思想相通、苦乐与共的地方，在儿童从他开始懂事的时候起就学着控制自己的愿望的地方，惩罚没有必要存在。对个人愿望具有高度的素养——这是根本不需要惩罚的必要前提。

童年期和少年期教育的两个源泉

教师们被下面这件事惊呆了：柯利亚·兹是大家公认的一个文静谦逊的少年，是文学教师的骄傲（柯利亚·兹作文写得非常好），可是他突然做了一件可耻的事情。夜间，他打开了物理专用教室的窗子，爬进去从录音机里偷走了电动机，同时还弄坏了一些零件。

柯利亚·兹的家庭似乎是没有问题的：他的父亲是一家工厂的工作人员，一位很好的家长。大家都还记得起他在家长会上做的有教益的充满智慧的发言。他时常说："如果父母热爱劳动，即使他们一句话也不说，家庭也已经在用实际行动来教育孩子们热爱劳动了。"

可突然发生了这件令人懊丧的事件，这是在战后的几年发生的，物理专用教室还刚刚在筹建。录音机是学校的校友、一位军官送给学校的礼物，它是集体的骄傲。教师们在思考："人身上的坏东西是从哪里沾染来的呢？"大家开始深思关于培养道德信念和习惯这个复杂过程的问题。教师们仔细地观察了柯利亚·兹的家庭情况，他们发现了初看起来并不显眼、但是非常令人不安的现象。柯利亚·兹的父亲每天下班总要带一点小东西回来：时而是几段电线，时而是几块金属片，时而是一根小管子，时而是一只轴承。儿子帮助父亲把这些小零件放在家庭工场间的许多小架子上。儿子从未问过这些东西是从哪里来的——因为这是明摆着的事。父亲并不认为这样做是可耻的，他没有想到他的行为会对儿子产生极其有害的影响。父亲从未拿过邻居一根钉子——他认为这是偷窃行为。我们对这位父亲说了使他难受的话，提醒了他对别人说的关于父母榜样作用的那段教诲。

这个事件促使人们思考道德教育的两个源泉的问题。第一个源泉是预先计划好的教育工作，即集体中多方面的道德、劳动、创造和公民政治的相互关系，专门建立这些相互关系以达到教育的目的；教育者的话；把老一辈创造出来的、努力获得或斗争得来的宝贵财富传给青年一代。这一切都是由教育者事先计划好规定好的。

但是还有另一个也相当重要的教育源泉在童年期起着特别重要的作用，那就是儿童周围的复杂**关系**。这些关系对儿童来说是所处的环境，它在给儿童们上着揭示各种道德概念内容的直观课。谁也没有意识到这些关系是一种专门的教育方法；但是，成年人越是不把这些关系看作一种能对儿童的精神世界起影响作用的力量，这个力量的教育作用就越显著。这里必须再一次强调一下"**关系**"这个词，因为儿童把自己周围的一切人（不仅是人，还包括事物和现象）都看作具体化了的人的观点、判断、习惯和意向。

长日制的教导员把儿童们带到了学校食堂。他当然没有忘记在吃饭的时候要让儿童们遵守文明行为的准则，使他们在满足自己需要的时候进一步巩固道德的和审美的日常生活习惯。但是，他把儿童们带到食堂去并不是为了对他们进行教育，而只是为了让他们吃饱肚子，这变成了最主要的目的。然而，在食堂里，儿童不仅吃饭，还会看见许多情况。看到好的，也看到坏的。

瞧，一个七年级的学生把一个一年级小学生从餐品柜台边挤开，自己买到了需要的食品，而那个小男孩却被挤到队伍的末尾去了。瞧，学校食堂的女工玛莎——一位接近老年的妇女提着一桶脏水朝院子另一头的水坑走去。迎面走来两个十年级学生，他们比玛莎阿姨高出一个头，力气比她大得多，却都闪到一边，让玛莎阿姨走过去，生怕她把脏桶碰到他们的衣服上，他们皱起了鼻子，因为桶里有些不干净的东西。他们朝食品窗口跑去，从那儿传来了他们的声音："为什么没有干净的大碗？"瞧，两个小姑娘走到餐品柜台跟前。一个小姑娘买了一块巧克力糖，另一个买了一碗汤。一个小姑娘在吃巧克力糖，她的朋友忘了买面包，又朝餐品柜台走去。在忙乱之中似乎谁也没有看到这一切，这个孩子也没有对他眼前发生的事情思考一番，但是任何一件事情都不会消失得无影无踪，他眼睛所看到的一切都在他的脑子里有反映。瞧，这个孩子已经注意到一件不寻常的事情了：在忘记买面包的那个小姑娘旁边，坐着一个顽皮的男孩。他绷着脸，看来有什么事情惹他生气了，他面前放着一杯牛奶和一块白面包。他咬了一口面包，就把它放到桌子上，又跑到餐品柜台，买了一些饼干，回来把面包推到桌子边上。洗脸盆那儿挂着一块脏手巾，谁愿意洗手就洗手，谁不愿意洗就不洗，但是，由于谁也不想多此一举，谁也没洗手。窗台上放着一盆玫瑰花，花盆里扔了一些咬剩下来的苹果心。玻璃窗被苍蝇弄得很脏。厨房里传来一阵发脾气的声音，一个男人在骂人，说他们没有把窗子擦干净，没有把洗脸盆下面的墙壁刷白。

这一切似乎人人目睹，这一切都从孩子的意识表层滑过去了，教导员只关心不让任何一个人提早离开桌子。孩子们吃完饭，站了起来（他们想快点跑到运动场去），在教导员的指挥下喊了一声："谢谢这顿午饭！"（这是教育工作计划预先规定的）；这些话本来应该是对女厨师和玛莎阿姨说的，但她们现在没有工夫来接受谢意，恰好卫生检查员在斥责她们，威胁说要把什么事情写进卫生手册。

　　人们的生活一幕幕越过儿童的眼帘，生活的一点一滴都反映到儿童的记忆中，有时似乎绕过意识，不知不觉地就进入记忆深处。生活不但反映到意识中，也反映到下意识中。记忆是自动工作的，来自周围世界的信息进入下意识的要比进入意识的多。在那里，信息不是杂乱无章地堆积在一起，而是分门别类、有系统地排列在一起的，表现出来就是人的**各种社会本能**。如果一个儿童吃完了苹果，手里拿着剩下来的苹果核在寻找扔的地方，但是他找不到垃圾箱，就把苹果核藏到自己口袋里去了——这是人的社会本能在起作用，这种本能是通过信息长期积累起来的下意识而形成的，这种信息能产生强烈的教育作用。如果没有这种信息，一切对儿童善良的劝导都是徒劳无功的。

　　儿童在学校食堂的 20 分钟里所看到的一切事物中，有很多好的东西反映到他们的下意识里，但也有一些与他们平时经常从教导员那儿听到的教导截然相反的事实同时反映到下意识里。这些事实初看起来完全微不足道，然而从教育角度来看是很危险的。这种实质上与教育者的教导相矛盾的信息在儿童的意识和下意识中反映得越多，作为人的主要守卫者和行动主宰的理智就变得越软弱无力。有计划、有目的的教育方法和没有计划的教育方法（这是形成人的各种社会本能的介质）之间的差异越大，就越难以培养和形成实践中所说的**良知的呼唤**。良知的呼唤就是内心驱使自己做出有益的、必要的和美好的行为。良知的呼唤只有在有计划和没有计划、有目的和没有目的的教育方法协调一致的情况下才会形成。良知的呼唤是一种力量，它会促使儿童在没有找到垃圾箱的时候把苹果核藏到自己的口袋里。这是一种力量，它会促使一个人礼貌地夺过妇女手里的脏水桶，把脏水倒进水坑，把桶还给那位妇女而不要人们对他的行动表示谢意。这些看来都是很重要的。

　　如果没有在下意识中经常不断地积累起各种信息，良知就是不可思议的。这些信息中包含着人的高尚行为：对人的热爱，努力去互相帮助，对施暴力于人的现象表示极端厌恶和毫不妥协，对集体和社会的责任感，对饱食终日却无所事事、怠惰懒散和对寄生虫生活的不能容忍，崇敬老人，扶持弱者，富有同情心。良知服从于意识和理智，即服从于人民的智慧所声称的"脑袋的主宰"。假如没有人受这个"主宰"的管辖，假如人的高尚行为的各种实际表现并没有使机械的、逻辑的和情感的记忆丰富起来，那么这个主宰就丝毫不起作用了，因为人的高尚行为是人类自古以来积累的经验，现在它又被道德修养的最高成就——共产主义理想，即用共产主义方式使人在道德上得到完善——照耀得光彩夺目。

要使第一个教育源泉与第二个教育源泉协调一致，就必须把受教育者的积极活动引导去建立一种能强化有目的、有计划的各种教育方法的效能的环境之中。

马克思写道："……但是，人不是抽象地蛰居于世界之外的存在物。人就是**人的世界**，就是国家，社会。"[①] 教育人的工作只能在人中间进行，教育者有计划、目标明确的努力的效果，取决于人类的道德成就、**人的世界**、社会和国家的思想在人中间反映的深度如何。道德教养归根结底就是指一个人努力做好事，不去做坏事。在我们社会里，**善**这个概念具有深刻而多方面的含义：为确立共产主义理想而积极工作，为人民忘我劳动，巩固祖国的强大威力，为祖国赢得荣誉、增添光彩，爱劳动，爱人们，诚实，正直，谦逊，与一切坏人坏事、特别是与祖国的敌人势不两立。人的行为的最大动力是深信善良是道德财富的巅峰。

这种信念也就是人民的智慧所产生的、人类和**人的世界**所创造的"大脑的主宰"。但是，人类世界的智慧只有在下述情况下才能够驾驭意识：人除了懂得从逻辑上分清善与恶之外，还要有善与恶的**感觉**，这是一种本性上的感觉，它已经成为个人的良心和个人的观点。

一个有道德教养的人看到妇女拿着力不胜任的重物，就会感到身边发生了某种不好的事情，如果他不去帮助这个妇女，就会感到自己很可恶。这时候，内心深处的良知的召唤就会立即提醒理智："快行动吧！下命令吧！"理智马上就下命令，让双手伸向那个妇女拿不动的重物，而人也就对此感到自豪。这种良知的召唤是靠个

---

① 中共中央马克思恩格斯列宁斯大林著作编译局.马克思恩格斯选集：第一卷 [M]. 2 版.北京：人民出版社，1995：1.

人记忆中积累了大量的来自道德上确立的崇高思想的实际体会而形成的。

我对未来教育的前景和方向考虑得越多，就越是深信：道德上的纯洁、精神境界的崇高、人与人之间关系的和美，形象地说在很大程度上取决于那一根连接童年期、青年早期（特别是童年期和少年期）的红线的牢固程度，这段时期是在年轻的心灵中确立观念、真理、思想的时期，对他们个人来说，观念、真理、思想是不可动摇的、无限珍贵和神圣的东西。

我认为教育的最主要任务之一，就是要使少年对**世界的观察**和对现实环境各种现象的态度能适应他身上的潜力、各方面的才能和具备的条件。少年道德教育和道德成熟的基础是对祖国这个观念的理解和认同。人在少年期的道德修养和高尚情操，是通过他怀着自己对祖国的责任感来观察世界才获得的；对他来说，最珍贵最神圣的东西是祖国的荣誉、光荣、强大和独立。从一个人对人民最珍贵的圣物的态度就可以判断他的日常行为（对人们态度友好、帮助弱者、爱劳动、谦逊）。我们的学校集体首先关心的是，要使少年在认识共产主义建设者的过去和现在、生活和劳动的时候，感到自己是一个公民；要使我们努力在每个少年的心灵中激发起来的那种人类的美，首先被他们理解、感受为一个公民光辉的、有意义的、精神丰富的生活。公民的思想、公民的信念、公民的劳动……这些是少年期精神生活的各个方面，这些方面的精神生活构成了高尚的、敏感的和严于律己的良知（人的良知的召唤）的基础。为了使我们的少年珍惜最宝贵的珍品——人民的圣物，少年就应该尊重自己作为一个公民的身份。少年期的公民生活是教育工作的一个重要部分。我总是力图使公民的思想、情感和活动有机地统一起来，从而使情感和感受通过高尚的行动表现出来，通过为人们、社会和祖国而劳动表现出来。

教育最细致的方法是表扬好的行为，赞扬好人好事，鼓励人们做出从本质上表现人类高尚情操的行动。形象地说，表扬就像教会儿童去读那些叙述人类基本素养的书籍。家庭和集体的赞扬能够在儿童心目中提高他自己的地位，确立他的自豪感。但是，如果只有表扬才能够给儿童带来欢乐，那就潜伏着一种危险。真正的教育技巧是使人们做好事而不指望表扬。

不能不忧虑的是，有的学校对儿童的一些理应作为日常行为准则的行为过分夸奖。例如，一个孩子捡到了一个卢布，把它放在教师休息室的桌子上，墙报上就表扬了他的这一行为。这是以人情为儿戏。这种儿戏会使人养成道德上的不求整洁：他洗手是因为人们看得见他的手，可他的脚仍然是脏的，因为反正穿着鞋，人们看不见。在人们面前，他竭力表现得循规蹈矩，可单独一个人的时候却不守规矩。单独一个人的时候诚实，是对人们、对社会尽责的表现，这是在童年期和少年期必须形成的重要的道德特征。

2

纪律和自律

——集体责任感与个人责任感

让人学会用他人的眼光来看自己

遵守社会和集体已确立的道德准则，是社会教育最迫切的课题之一。和谐的教育是指把纪律教育和对集体、对社会、对自己（即对自己的良心）负责的教育同时开展起来。

几年前，在第聂伯河西岸的乌克兰地区的一个村庄里发生了一件事情。在一个炎热的夏日，一个健壮的青年男子坐在池塘边钓鱼。附近有一个男孩在游泳，这个孩子突然往下沉了，他大声呼救、喊叫、哭泣。那个青年男子看到了这一切，却无动于衷，完全是铁石心肠。从此大家再也不理睬这个人了，看见他就绕道而行，妻子和儿子也抛弃了他。这个人尝到了集体的谴责和孤独的滋味。他感到痛苦，但从他自己身上找不到回到人们中间的力量——他自杀了。

我们可以看出，对集体负责与对自己的良心负责融合成一体。在对集体不负责任的地方，人就听不到自己良知的召唤。如果一个人能意识到对自己的责任感，他就能更深刻地理解并体会到集体向他提出的规章和准则。

在我们的教育工作中要找出评定教育和自我教育成果的标准是不容易的。这方面的标准首先是：学校造就的是**什么样**的公民，他们的政治觉悟水平**如何**，他们通过自己的劳动和行为确立了**什么东西**，他们赞成什么、反对什么，爱什么、恨什么。人们的公民政治觉悟的一个表现，是他对自己良心的责任感。这一点同时也是他有无教养的标准之一。如果您能做到使儿童单独一个人的时候也会为自己不道德的行为而感到羞愧；如果儿童渴望成为一个比现在更好的人，如果什么比较好、什么比较坏这些概念不仅存在于他的意识中，而且成为他个人的信念，这就意味着您看到了自己教育工作的成果。

为了使理智能有一个像敏感的良心那样灵活而又严厉的捍卫者，我们还需要做些什么呢？怎样才能真正达到下列要求：要使儿童单独一个人的时候也会脸红，要使努力成为一个更好的人成为他最强烈的愿望之一，而这一愿望能鼓舞人上进，使人变得高尚，使集体中的相互关系富有生气。儿童需要做出善良的、高尚的行动，但儿童不应当把这样的行动想象和看作是建立了功劳或者是可以取得某种特殊的幸福和欢乐的权利。我们在为争取人类从社会压迫和精神压迫下解放出来的斗争中创造和获得了许多道德财富，儿童应该处在将这种道德财富具体化的环境之中。**环境**这个概念的含义不是一成不变的，而是包含着受教育者本人不断创造、更新和完善的东西。道德财富具体化的意思是：学生跨出的每一步、他所做的一切事情、用来满足他需求的全部行动，都在别人身上得到反映——他给别人带来好处，减轻他们生活中的困难，使他们的精神生活丰满而有意义。

要使学生与周围世界的关系在道德上得到充实，初看起来是一件简单的事情，实际上却很复杂。这是一项经常不断的、需要耐心细致的工作。假如这项工作中断一星期，一个最有组织的集体也会变成一群受本能支配的人。

这项有意义的复杂工作的实质，就在于学生经常不断地在创造物质、财富、环境和各种依存关系，其目的是给人们带来欢乐、带来好处、带来美、带来幸福，然后才是自己得到欢乐、自己得益、自己美、自己幸福。如果一个人不亲身去做好事，那么在他的意识中就不能积累起，也不能确立起善的观念。生活千百次地向我们证明：在训练儿童过渡到少年期和青年早期的工作当中，没有劳动是不行的，但这里的劳动应当是一种特殊的劳动——它要使心灵最细微的活动具体化。这就是为什么我在书的第一部分大量论述花、葡萄树、其他各种果树和供人游憩的花园的原因。我努力使每个人都在**为别人**创造欢乐、福利、美、幸福，并在此基础上为自己创造这一切的时候，都能深刻体验到作为创造者的欢乐感，并把这种感觉上升为灵感。劳动中以及和集体成员的相互关系中所表现出的高尚风格和道德美的具体化，是被我们称作公民性的这棵大树的最重要的根基之一。务必使这个根深深地植入童年期去，这是十分重要的。

当一件不属于儿童本人的东西变成他所珍惜的东西，而且比原本属于他本人的东西还要珍贵无数倍的时候，儿童身上就产生了灵感。如果到少年期才开始培养这种心灵的复杂活动，那灵感是永远也培养不起来的。我认为我的学生已经做好了跨越童年期和少年期之间的那条分界线的准备，之所以说做好了准备，那是因为，当那些为了人们的欢乐和安宁而创造的物质、财富受到某种威胁或遭到某人破坏时，他们每个人都多次感到了痛苦、忧虑和激动。如果一个人在童年期对周遭事物漠不关心，他在少年期就不会体验到这**最初的感情**。

忧虑，激动，关心人们和社会的福利、幸福、美、欢乐——这些感情越深入儿童的心灵，儿童对自己的行为所流露出的敏锐的感情就越细腻。于是，道德教养的第一个源泉和第二个源泉就融合在一起了。如果一个人感觉不到在他周围的人和他本人身上什么是比较好的、什么是比较坏的，如果他没有竭力想使自己成为一个比现在更好的人，那么他就会对来自教师、父亲和有益的书籍中最正确、最富有情感表达力的教诲和劝告置若罔闻。情感上的自我评定是使道德教育的种子健壮萌芽的适宜的土壤，如果没有那些受人尊敬和有先见之明的人们的教导，就不可能进行道德教育。

如果能使人与人关系中的道德财富具体化，并通过这种具体化使学校生活得到充实，儿童就能学会用别人的眼光来看自己，他就能对自己所见到和听到的东西看得清楚、听得明白。道德教导对他来说就不是抽象的东西，而是与他切身有关的真理。单独一个人的时候他也会为自己的不道德行为感到羞愧，因为在他的感觉、想象中都意识到，别人会怎样看待他的不道德行为（或者即使是不道德的打算和想法）。他可以在独处的时候扪心自问，但是他不能与**人的世界**隔绝——不能与集体和社会隔绝。他根本不用去考虑，是不是有人看见他在帮助一位老大娘或者在保护一个小姑娘不受别人欺负，而是他在本性上感到不能不这样做，这已经成为他深刻的个人需要。就像为了给人们带来欢乐而去关心培植"玫瑰园"一样，也像惦记他那些学龄前小朋友独特的儿童小花园——葡萄园一样，都成了儿童深刻的个人需要。

使人们关系中的道德财富具体化对于处于童年期和少年期的人具有特别重要的意义。少年期的人其本性中就隐藏着某种困难、复杂性和矛盾。下面我们就来谈谈这些问题。

少年时期是通向道德成熟期道路上一个新的、特殊的阶梯。当一个人快要到达童年期和少年期的分界线的时候，他应该像照镜子一样，在他亲手创造出来的珍品中照见他自己，因为这些珍品中有他个人的一份心血——对人们的爱、从劳动中获得的灵感。让心血化成一棵果树或者一个小的葡萄园、一丛玫瑰或一束丁香——儿童是用自己的尺度来衡量世界的。归根结底，最重要的是要使小孩子产生自豪感。只有这样，他才会希望自己成为一个更好的人。而这个希望也就是公民良心的基础。

当代人的精神世界与童年期、少年期学生的教育方法

苏联著名的精神病专家班希科夫写道："几千年来，人在争取生存的斗争中获胜，基本上是靠了肌肉力量和诸如勇敢、残酷、顽强这样一些神经系统的粗野的特性。但到了最近两三个世纪，人的生存能力几乎完全依赖于神经系统各个最精细、最复杂的机构。而这些机构恰恰是最脆弱的。"（《知识就是力量》，1965 年第 11 期）这位学者的思想能帮助我们理解在这个时代教育者对受教育者施加影响的这一过程的特点。

世界和人之间的相互关系越往后越复杂。在社会主义社会里，**"世界—人—世界"** 这个体系的特点是：个人在社会生活一切领域中的作用不断增长；科学逐渐成为社会的直接生产力，而社会的最高目的是人——这一情况深刻而多方面地反映到了个人和集体的精神世界中。人不再单纯是物质财富和精神财富的创造者。为了替社会和个人谋求幸福、福利、欢乐，人用自己的创造性劳动为社会创造荣誉的同时也为自己创造荣誉。

创造性活动逐渐成为人的需要，满足这种需要人就会感到最大的愉快。H. H. 谢苗诺夫院士写道："人们——从天才到最普通的劳动者——的生活经验表明，对劳动或生活的其他方面的创造性工作感到愉快，是最大的愉快。……要创造人类的幸福生活，主要的是要使精神的创造性活动在某种程度上成为每个人都必须承担的工作。"（《消息报》，1961 年 7 月 13 日）

要使人们体会到，从各个不同方面来满足创造性活动的需要是一种美德，要使他们在少年期和青年早期为社会工作的时候就感觉到自己具有公民的积极性，这就是教育工作的目的和内容。

在我们社会里，人们所看到的个人生活面貌就是人所表现出的素质、能力、爱好和志向以及这些方面的发展情况。人的创造性劳动、创造发明、劳动生活中积累的智力财富、不断努力去掌握越来越新的知识——这一切在我们社会里已经成了人的公民自尊感的显著标志。人们越来越深刻地体会和感受到这一条真理：集体劳动首先是一种精神上的交流，在集体劳动中人们互相交换精神财富。马克思所说的那种体力和脑力劳动，在现代人的日常生活中表现为人的个性。人主观上把这种活动看作是创造能力的竞争，在竞争中希望夺取第一名，希望比别人强，比别人好。

那些并不直接与劳动、与物质生产相联系的个人精神生活的方面变得越来越多。这方面最主要的一个需求就是需要人。用马克思的话来说，劳动者始终感觉到"需要的最大的财富即**别人**"①。在我们社会里，人的个性得到了充分的发展，证实了这个多方面的需要是个人幸福的基础。假如这个需要得不到满足，人就不可能成为别人的朋友、同志和兄弟。

人的全面发展，人对自己在社会中的作用的深刻认识，人的多方面的需求、兴趣和相互关系——这一切都发展和丰富了社会主义社会的公民感情。按照马克思的说法，情感生活是**人的世界**的最鲜明的表现之一。² 人的社会活动的范围越大，人的需求和兴趣的面越广，人在劳动中的创造性越多，共产主义道德准则的高尚风格在

---

① 中共中央马克思恩格斯列宁斯大林著作编译局. 1844 年经济学哲学手稿 [M]. 3 版. 北京：人民出版社，2000：90.

人的相互关系中表现得越鲜明，那么**情感素养**在人的生活中的作用就越大，情感生活与公民的活动、行为、个人生活的联系也就越紧密。情感素养日益成为人的精神生活的一个特殊范畴。

情感生活的丰富程度并不总是与智力发展、文化修养和知识水平直接有关。使文化修养与情感素养协调一致，是现代苏维埃学校中教育工作最细致的任务之一。感情素养落后于智力是很大的危险，它往往是某些青年和少年沾染上不良行为的原因。如果深入思考一下这种行为的实质，就会明白，我们当代人意识中的所谓旧时代的残余实质上是智力生活和情感素养的协调一致遭到了破坏。在某些情况下，这一点与智力兴趣贫乏、范围狭窄有关，在另一些情况下则与"有文化知识的"人却毫无素质有关。现代苏维埃人的精神生活具有自己的特点，它促使人们去考虑教育的本质和方法。在教师中间经常可以听到这样的抱怨："我们现在很难对人们进行教育，特别是对少年。难就难在他们除了学校之外，还能通过其他的途径获得很多知识，所有这些东西都需要被少年理解、'消化'。很难对少年进行教育还有一个原因，就是他们极其敏锐地注意自己的精神世界。"

也许，我们需要把这些因素转化为教育者的同盟军。少年能大量认识事物。因此，我们需要利用精神生活的这一特点，使少年认识周围世界的过程同时又是道德成长的过程。教育少年的效果在很大程度上取决于他们对人的认识程度，取决于这些认识如何变成了信念，而这些信念又如何在实际行动中得到巩固。建立在我们生活的这个社会基础上的自尊感，对每个人来说仿佛是一道探索个人心灵的光，我们必须使这道光永不消失。这就赋予教育者重大的责任，要求他们在人类学这个领域表现出特殊的本领。现在，教育者不仅要敏感细致，而且要了解每个人对自己的精神世界的看法。因此，完全有必要让每个人都对自己的精神世界具有某种**正确**的、具有高度思想性的看法。我经过多年的努力才懂得，应当如何才能使少年常常反省自己，思考自己的命运。

一个人如果没有自尊心，就不能成为一个道德上纯洁和精神上丰满的人。我们重要的一个教育手段之一是十分尊重自己学生的人格。我们的使命是用这一手段去培植学生一种非常细腻而又精致的想法——希望成为一个好人，希望成为一个今天比昨天更好的人。这种愿望是不会自发产生的，只有经过教育才能够培养起来。我们社会的性质和基础提出的要求是：让这种真诚的愿望（受教育者希望自己成为一个更好的人，教育者希望看到受教育者成为一个比现在更好的人）成为联系教育者和受教育者的主要桥梁。尊重受教育者的人格，是集体和教师对受教育者提出严格要求时最主要的前提，是实行真正的共产主义纪律的前提。如果一个人不善于去做正好是社会所需要的、对社会有益的事情，那就不可能有真正的共产主义纪律。只有当人们感觉到自己是个人精神世界的主宰，只有当他的精神世界中有一条谁也无权逾越的明确的界限的时候，他才能够培养起自尊心、荣誉感和自尊感。

有一次，六年级学生季娜的母亲来找我，对我谈了家里的私事。最近以来，他们家里的气氛非常紧张：父亲做了不应该做的事情。季娜对此非常痛心，但她主要是怕别人知道父亲的不体面行为。她的母亲求我说："请您帮助、支持小姑娘，但务必严守秘密……"是的，教师经常要当外科医生，他既要触及最痛的部位，但又不能使人们感觉到。我思考着：怎样帮助小姑娘呢？于是，我给她讲了那些道德坚定、勇敢刚毅、有自尊心、心灵美好的人的故事。我主要的努力是培养小姑娘对邪恶不妥协，不采取视而不见的态度；纵然是在没有别的斗争办法的情况下，也得在她身上焕发出对邪恶不妥协和痛恨的感情。我高兴地看到，一种非常美好的情感在小姑娘的心灵里树立起来了。以上是我和她两个人的个别谈话。多年的工作经验使我深信，在少年期这样的个别谈话也是需要的，就像需要集体对个人的精神世界产生影响一样。

保护少年精神世界的隐秘性并使它不受侵犯，是教育的重要任务之一。如果有什么旁人去干涉少年所想、所感受的一切，干涉少年不愿让别人看到的一切，那就会影响少年情感的敏感性，使他性情暴躁，并变得"冷漠无情"，而"冷漠无情"最终会导致情感上的麻木不仁。

把少年内心深处最敏感的东西公布于世，用冷漠无情的双手去干涉他想自己决定的事，企图用形形色色强加于人的做法去"触及"少年的"痛处"，使之"激动不已""十分震惊"……都是教育上无知的表现。如果您要少年愿意向您请教，向您倾诉衷肠，那您就不要去触碰他内心深处的东西，因为触碰了这些东西会使他感到难受。我们教育者的使命是培养人们从开始独立生活的时候起就具有公民的品质——坚强、勇敢、坚韧不拔，而这些品质的培养在很大程度上要看儿童毅力的发展和巩固，要看他们在童年期和少年期的独立行动的表现，要看他们表现出的崇高的品德和独立的意志。

尊重学生的人格，当然会扩大他们个人的那些隐秘的不能触碰的内心世界的范围。现代人的精神生活的逻辑要求把一切与儿童、少年、青年和家长的相互关系有关的东西都囊括进这个范围内。在我们这个时代，家庭里的精神心理关系和道德伦理关系变得越来越细腻，越来越丰富了。遗憾的是，往往有这样的情况：教师向学生提出的问题和建议，常常是要求学生把个人隐秘的东西亮出来，把内心"全部摊开来"。有的孩子对自己的精神世界很敏感，可能会把别人的意见理解为不仅是对他本人，而且是对他的父母亲的侮辱。偶然脱口而出的话往往会在年轻人的心灵中引起极大的风波，使孩子对所受的侮辱终身不忘，而教育者却一点也没有注意到……。一位女教师问一个五年级的学生，上星期六他的母亲有没有看过他的日记。男孩回答说："没有，她没有看过。""哦……哦……，她没有时间看你的日记，这我知道……"女教师说，她的话里满是讥讽的味道，男孩气得眼泪夺眶而出。那个男孩猜出女教师已经风闻一些心地不良的人传播的流言蜚语，说他的妈妈似乎行为轻佻。男孩听出了女教师话中的含义，变得郁郁寡欢。他的心肠变硬了，他一次又一次地找女教师的麻烦，直到毕业他也没有忘掉所受的侮辱。而另一个学校里发生的情况更令人不安：同班的同学们对一个小姑娘说，她的父亲是个"没有出息的人"，而这个小姑娘竟无动于衷。这太可怕了，这说明儿童已经丧失自尊心了。

有时候，把一些只能和家长们个别谈的情况拿到家长会上来讨论了。这不仅伤了某些家长的感情，也伤了孩子的感情，因为母亲和父亲所听到的一切都会不知不觉点滴不漏地传到孩子们的耳朵里。

托马斯·曼说过，人介于野兽与天使之间。一个人将成为什么样的人，则取决于教育。凡是人的本能变得低下的地方，人面临的最大危险就是向野兽靠拢而远离天使。人具有多方面的本性，从而使人类种族延续的本能比较高尚，但是还必须有一整套使"血的召唤"变得高尚的专门方法。依我看，在这一整套方法中最主要的是两个东西：崇拜母亲和保持贞节。没有这两点就不可能对少年进行真正的教育。

我总是力图使母亲的名字成为每个学生最神圣的东西。人们从母亲那儿获得一切最美好、最纯洁的品德；母亲的精神财富对少年期和青年早期的儿女所起的影响特别巨大。我竭力使我的每一个处于少年期和青年早期的学生都为母亲的幸福和欢乐而贡献出巨大的精神力量。

小丹卡与母亲的关系有点儿异常。他的母亲在很远的田间宿营地干了三天的活之后回到了家里，小丹卡听到了这个消息后竟无动于衷，他的这种冷漠态度使我感到不安，而这位母亲也不善于在儿子的心灵中唤起激动、不安和关切的感情。他们家里的感情关系非常粗俗（这一点使我感到特别不安）。怎样才能使他们的感情关系变得高尚而丰富呢？怎样才能使这个男孩不至于成长为一个冷酷无情的人，怎样才能使他长大以后具有一个正常小伙子爱慕姑娘的感情呢？于是我进行了长期的、耐心细致的工作，即非常细致地去触动母亲和儿子的心灵。终于出现了这样的进展：儿子用自己的精神力量使母亲感到了安慰。夏天，他在集体农庄劳动，我向他建议说："用你第一次的劳动所得给母亲买一份礼物吧。"小伙子高高兴兴地买了一条丝绸头巾送给了母亲。几个星期之后，他母亲的生日到了。我又对他说："你不但要在母亲生日那天送给她礼物，还要代替她工作，让她休息几天，你到畜牧场去代替她劳动吧。"善良是一种伟大的力量，它会在人们的心中激发起纯洁而高尚的感情。小丹卡与母亲的关系中那种曾经使我感到不安的冷漠态度，通过母子之间的互相体贴逐渐变成一种温柔的感情。

年复一年的学校工作使我确信，在复杂的少年期要使孩子在自己的母亲身上发现和体验到爱、人的自尊感、正直和对邪恶毫不妥协的精神，这具有很重要的作用。

只有在童年期和少年期就具有高度的人道主义精神——学会做一个忠诚于父母的儿子或女儿，这样的人才能成为一个真正的公民，成为为崇高的理想而奋斗的坚强战士。忠诚并不是俯首帖耳，而是在家庭里建立起高尚的相互关系，为母亲和父亲带来欢乐。

贞节，这是建立纯洁而高尚的爱情的道德前提。有人认为，只要把男孩子和女孩子在性成熟期所发生的一切变化向他们解释清楚，就会平安无事、一切顺利了。（这也反映在教育工作的实践中）于是他们就反复地做解释、组织辩论，在青年的报刊上登载 14—15 岁小姑娘的公开信《怎样才能找到生活中的伴侣？》《我向一个男青年表白了爱意——这样做对吗？》。在共青团（14 岁就能参加共青团），甚至在少先队的会议上，人们常常用谈论一般工作的口吻来谈论爱情和友谊，就像在谈论收集废钢铁一样。这一切使少年之间的精神心理关系和道德审美关系变得粗俗了，使纯洁和崇高的感情庸俗化了，在年轻的心灵中撒下了冷漠的种子。性教育中的这类缺点和错误不仅使人们关系中涉及这方面的问题显得庸俗，而且还会在人们心灵中留下粗俗的痕迹、气恼和伤痛。

小伙子和姑娘之间、男人和女人之间的相互关系中的高尚情操就像是一棵树，要使它枝叶茂盛，就要通过人的尊严、正直，尊重别人也尊重自己，对丑恶的、使人丧失自尊的现象毫不妥协这些很深的根系来吸收营养从而保持它的秀色。教育的技巧还表现在，务必使学生在漫长的成长道路上（从儿童跨进校门的第一天起到他开始独立生活）感到自己作为人的尊严从未受到过侮辱，务必使确立个人荣誉感和自尊心的努力成为促使品德更臻完美的最重要的因素。如果一个少年在这条生活道路上遇到冷酷无情、蛮不讲理、被肆意凌辱的情况，那也是危险的，因为这些都会使年轻的心灵变得粗暴，会摧残他心中的自尊心和荣誉感，会使人变得冷酷和残忍。

粗暴会唤起人们内心深处的低级本能。我们在分析导致个别少年违反我们社会的道德准则，甚至导致他们道德堕落的原因时发现：人们在童年期、少年期和青年早期的情感方面和美感方面的活动往往过于贫乏。如果高尚的精神冲动不与坚韧不拔的努力相结合，如果不提倡人们去为他人做好事，为别人创造幸福，不号召人们与邪恶、与伤害人的尊严的现象做斗争，就会出现缺乏情感教养的情况。少年期和青年早期最可怕的敌人就是情感和美感生活的庸俗不堪，是内心精神世界的贫乏。我一直很注意让我的学生能从各个方面去感受各种高尚感情的多方面的表现，比如为别人的善良、幸福和欢乐而表示出同情和怜悯，或者是忧虑和不安，或是对怀疑的谴责。我一直担心的是：我的学生接触某人的时候，是否能**察觉到**某人现在心神不宁，某人的内心深处非常痛苦？少年是否善于从人们的眼睛中看出痛苦和绝望来？我认为，情感素养的这些基本要求同时也是品德高尚的最低标准。没有高尚的品德，就不可能有人们之间真正的兄弟般的团结，也不可能有与邪恶势不两立的态度，不可能有对友谊、幸福和对崇高理想的忠诚。

为了使男孩和女孩了解基本的情感素养，我让他们去认识很多周围的人。我们在田间、牧场与许多人接触。我教男孩和女孩仔细听长者说话，从长者的眼睛中看出他们的思想和感情；我教孩子们对一切使人们激动、忧虑、不安的现象都表示关切。孩子们为认识人们的心灵做出了努力，从而使他们的感情变得更高尚了，这给我带来了很大的安慰。少年们的心越能体会人们内心的痛苦、悲哀和沉重，他们的心灵就变得越细腻、越敏感、越高尚。有一次，我向六年级的男学生和女学生讲述了一位母亲所遭受的极大痛苦：不久前她年幼的儿子因耍弄从地下挖出来的子弹被炸瞎了眼睛。我们和被炸瞎了眼睛的男孩会了面，这使少年们大为激动。几天以后的一个晚上，浅色头发梳辫子的小姑娘柳达来找我。她眼泪汪汪地说："母亲今天很伤心，一整天都坐在桌子旁边，低着头，捧着脸。我叫她，问她：'妈妈，你怎么了？'可她一声不吭，就像没听见似的。您帮帮忙吧，给我出个主意，我该怎么办？"

至于我如何帮助柳达和她的母亲的情况，有很多东西可以讲，可我们现在讨论的是培养每个学生的同情心和高尚的情感素养问题。为了使我们培养的人的生活变得丰满充实，无疑需要使他们具备同情心和高尚的情感素养。情感素养，形象地说，好比是调正了弦的小提琴，只有调正了弦的小提琴才可能演奏。只有当一个人懂得基本的情感素养，才能对他进行教育。没有情感素养，根本谈不上形成和确立高度的公民感情，谈不上培养信念以及生活和劳动中的审美观。

在提高教育者和集体之间、教育者和每个学生个人之间的道德情感关系的素养方面，现代人的精神世界对教育过程的改进提出了新的要求。教育者的使命是发展和完善童年期和少年期的学生那种极为精细的精神系统、心脏系统和神经系统，人与人的世界之间的关系是通过这些系统才建立起来的。这些系统在童年期和少年期是非常敏感的，必须很好地加以保护，不能让它们变得粗鲁、简单，不能导致道德情感空虚。

我认为，影响少年心灵最细腻的方法是语言与美。有一段时间曾经存在批评学校的教育"染上"说空话的毛病的情况。这个批评（它的余音至今还在耳边萦绕）是一种误会。用语言进行教育，是现代苏维埃学校致命的薄弱环节。有些学校没有用语言来进行正确而有效的教育，导致出现了许多重大的弊病。我认为，用语言进行教育这个课题，是需要从理论上和实践上加以研究的最重要、最迫切的课题之一。不掌握语言教育的高度素养，就无法培养人们具有细腻的内心世界和确立高尚的道德情感关系。多年的经验证明，教师的话会在幼儿、少年少女和男女青年身上激发起**人的感情**，他们能深深地感受到身边的人都有自己的欢乐和悲伤，有自己的志趣和追求。

如果你对人没有眷恋之情，不赞赏人的美、勇敢和英雄主义精神，你就不可能激发起并经常不断地培养**人的感情**。我的学生在童年期听了关于人的高尚品德的故事，他们为人们所表现出的伟大卓越和英雄主义精神，为他们对共产主义理想的忠诚而深深地感到自豪。我写了一部中篇小说，它是以克拉符吉娅·伊里尼契娜·阿勃拉莫娃的英勇事迹为蓝本的。阿勃拉莫娃在反法西斯斗争中表现得十分勇敢，在不幸落到盖世太保的魔掌中后，她高傲地对敌人说："我决不苟且偷生，决不当叛徒！"她吻了一下自己的两个女儿，和她们一起走向刑场。在这个英勇牺牲的事例中充分揭示了这样的意义——人是最宝贵的，祖国的美好和伟大是通过英雄的生和死衡量出的。

经验使我得出一个结论：为了培养高尚的情感素养，为了确立起人的感情，我们必须创作出用鲜明的形象来揭示人要富于同情心和亲切热情这一思想的文艺作品。我写了一本小说选《对人的思考》，里面收录了一些很短的小说和童话，它们会促使儿童对人进行思考，对人的痛苦和不幸表示同情。下面就是其中的两篇。

为什么爷爷和奶奶掉眼泪了？

桌上一只小小的收音机正在播放乐曲。爸爸和妈妈坐在桌子旁边，爷爷和奶奶坐在隔壁房间的沙发上。阿连卡在地上玩长毛绒做的小熊，并且看着爸爸、妈妈、爷爷和奶奶是怎样听音乐的。

这首乐曲异常优美：阿连卡仿佛看到一朵朵硕大无比的奇异的玫瑰花低垂在敞开的窗口上，一只蜜蜂在花朵上飞舞，天际阳光灿烂，远处的草原隐约可见。

阿连卡发现，爸爸和妈妈的眼睛里迸射出柔情的目光。爸爸用手抚摸了一下妈妈的手指，妈妈的脸上顿时露出了幸福的微笑。

但是，为什么爷爷和奶奶却这样悲伤呢？为什么他们掉眼泪了？难道他们是为了玫瑰花、蜜蜂和太阳而哭泣吗？

难道我们的奶奶是个孩子吗？

6 岁的喀秋莎有两个奶奶——卡捷琳娜奶奶和玛林娜奶奶。但实际上她只有一个奶奶——卡捷琳娜，而玛林娜是卡捷琳娜奶奶的母亲，即喀秋莎的外曾祖母。她们都年纪很大了，都很善良，因此对于喀秋莎来说她们俩都是奶奶。

卡捷琳娜奶奶在春天生病了。她病了很久，后来就去世了。

喀秋莎哭着跟在卡捷琳娜奶奶的灵柩后面，她去给卡捷琳娜奶奶送葬。走在喀秋莎旁边的是玛林娜奶奶。玛林娜奶奶一边哭一边诉说：

"我的孩子，究竟要把你抬到哪儿去啊？我该盼着你从哪儿回来，在哪儿看到我的金头发的孩子啊？"

喀秋莎问妈妈：

"妈妈，难道我们的卡捷琳娜奶奶是个孩子吗？"

"孩子，亲爱的女儿，孩子……每个人到死都是个孩子。"

喀秋莎悲伤的眼睛里露出了不解的神情。

"文学就是思维的艺术"，Л.列昂诺夫 [1] 这样写道。为了培养起高尚的感情，必须创作出能激发儿童把人看作是世界上最宝贵的东西的文艺作品。

如果没有同情心和共同的感受，没有体验别人心灵中最细致的活动的能力，就不可能激发出人的情感。我写了一篇小说，取材于艰苦的 1941 年发生在伏尔加河畔的一起事件：母亲带了两个幼小的女儿——一个 1 岁半，一个 3 岁——向后方疏散，她把两个女儿放在火车站的候车室里，自己则出去盛水。那时候敌机来空袭，母亲被打死了，两个孩子成了孤儿。她们躺在长凳上，用悲伤的眼光仔细端详着每一个走进候车大厅的妇女，问道："我们的妈妈在哪儿？"

语言是一种微妙、细腻的工具，用这个工具可以培养孩子们从人们的眼睛里看出各种最细腻的感情：痛苦、不安、委屈、失望、悲伤、绝望、孤独。在小说中，我用了整整一页来描写这两个成了孤儿的小女孩的眼睛。我高兴地看到，孩子们读了这篇小说后，开始仔细观察他们周围人的眼睛了。

这样做并不是为了培养学生悲悲戚戚的多愁善感，不是的。没有丰富的情感，就不能成为一个合格的人。学校里最重要的教育任务之一就是培养学生做好精神准备，为共产党的事业进行意识形态领域的斗争。在这个斗争中最重要的是阶级兄弟的感情，即与自己的同志和战友在斗争中保持思想上团结一致的感情。同志的友谊和兄弟般的团结——这是共产主义道德的神圣准则。我们在青少年的心中确立这些准则并不是为了某种抽象的东西，而是为了使人与人在任何时候都能互相帮助。这里说的帮助，也不是指帮助某一个抽

---

① 列昂诺夫在全苏青年作家第三次会议（1956 年）上发言说："要知道文学就是思维的艺术；因此，作家就是思想，而思想是从理智和公民的良心中产生的，这是对自己祖国的巨大的爱，这是一种希望，不是希望取得一些什么，而只希望有所贡献……"——作者

象的人，而是帮助自己的同胞。

引导少年们去体验微妙的人与人之间的相互关系是十分重要的。我设法使每一个少年都能遇到一个需要帮助、需要同情的人。任何集体性的措施都不能代替人的心灵中这种纯粹的、个人的活动。我终于使每一个少年不仅遇到一个需要帮助的人，而且使每个少年都来分担别人的痛苦，帮助别人摆脱不幸，而且使他认为做了这些事并不需要把这告诉同志们（这一点可特别重要）。我看到，这种行动使少年们的行为高尚起来。

费佳和帕维尔从 90 岁的集体农庄庄员马特维爷爷那儿回来时眼睛里总是显露出高尚的神情。马特维爷爷孑然一身，家里的人都去世了，孤独成了他最大的痛苦。费佳和帕维尔经常带着书和杂志到马特维爷爷那儿去，向他讲述许多有关科技成就方面的很有趣的事情。很难用言语来表达这两个少年给老人带来的欢乐。而对这两个少年来说，这是真正的道德教育和情感教育。他们从内心深处理解了我们生活中的伟大真理：在我们中间不能有，也不应该有**孤独的人**。当费佳和帕维尔得知马特维爷爷孑然一身，孤独地生活时，他们非常不安。我还记得那个夜晚，我们谈论人生的目的、意义和价值，几乎一直谈到黎明。对我来说，最大的幸福是感觉到在这段时间里我一直在培养我的学生，使他们具有最细腻的感情。

除了语言之外，另一种影响少年心灵的微妙而又细腻的手段是美。理解和感受美，为掌握和创造出美的东西而感到欢乐，用马克思的话来说，这是使人在他所创造的世界中直观自身[3]。在少年时代，人们仔细地观察自己，感到自己正在形成积极、活跃的个性，并且把自己与自己的父母作比较，与教育者作比较。这个时期的关键是要使少年发现、感觉到并理解自身的美，体验到赞赏自身美的良好感情。但是，如果没有掌握人类所创造的美的珍品，没有建立**起人对大自然的感情**，集体中的生活没有形成和谐的体系，那就不可能在自己身上形成美。学校的任务就是要使人们在少年期就**生活在美的世界之中**，这是进行自我教育和自我完善的一个决定性的前提，也是用理智、智慧和高尚的道德来支配本能的一个决定性的前提。这里的本能是指人类种族延续的本能，它是要经过长期努力才能够变得高尚的。

务必要使人们在一些人为另一些人所创造的东西和珍品中看到和感觉到人的美、人的劳动和人的尊严，这是十分细致和意义重大的一个教育课题。为此，人必须能够赞赏多种多样而又包括各个方面的劳动的美，要深刻地体验这种感情。人们尊重自己和尊重劳动的感情是同时形成和确立起来的。如果你体会不到你正在从事的事业的美（要达到目的的美和劳动过程中所表现的美），那你就不可能尊重你自己。我深信，这些感情和能力合在一起就形成了创造力，也就是对劳动的创造性态度。

哲学家、教育家、心理学家现在正在思考社会的共产主义改造中最复杂的问题之一：劳动将怎样成为人的天然需要？只有当每个人都在人们所创造的世界里看到和感觉到自身美的时候，我们的社会才会上升到共产主义的道德发展阶段。

美作为道德教育、情感教育和美学教育的一种方法，要使学生在认识美的珍品的时候，为人作为一个创造者的智慧和才华而感到骄傲。对美的享受能使人了解到人类所创造的一切珍贵和美好的成就。

教育的技巧和艺术就在于，要使美的珍品在童年期就成为受教育者生活中重要的部分。

必须培养现代人用细致、同情和敏感的态度去对待人类的智慧这一能力。仅仅靠上课、掌握必要的知识、完成家庭作业、回答教师的问题等方式，是不可能培养出这些品质的。求知欲、认识事物的热情是人类自古以来根深蒂固的需要，是人类通过几千年社会劳动和认识世界的实践所形成的需要。但是，如果把满足这些需要变成仅仅是尽到责任和义务，那么求知的热情就会熄灭而代之以用冷漠的态度来对待知识。智力上的冷漠态度、缺乏热情和精神贫乏——这一切都会使人们对智慧、新事物、知识财富和知识美的反应迟钝，这对于少年的脑力活动是十分有害的。如果教师讲解之后学生提不出任何问题，觉得自己一切都懂，那就不好了。这是一个征兆，说明满足智力需要已成为令人讨厌的苦差。

教师作为教育者（每个教师首先应该是一个教育者），他的任务就在于使每个学生的意识中渴望获得知识的星火永不熄灭。这些星火照亮了人们，帮助人们理解和认识自己，使人们互相关心。这是人们相互进行精神上的交往这一复杂过程的起点。我努力使学生们在童年期，特别是在少年期就能相互交流自己的思想：他们在思考的时候由于什么而激动，有哪些感受，在感受的时候他们又在思考些什么，最主要的是他们在争论些什么。思想不表达出来，就不可能有什么相互间的精神交往，也就不可能树立起"需要别人"这一思想。我努力使每一个少年都能找到一本使他开窍的书，使他经常不断地去寻求这样的书，以解开使他激动的各种各样的秘密。在少年的生活中，书是教育的一个重要方面，可惜这个领域还很少被人们所研究。

多方面的广泛的美的要求、美的兴趣和美的需要同样也能促使人与人之间相互接近。个人的美感生活贫乏，就像一堵石头砌的、使人们互相分离的墙；这堵"墙"是成年人之间精神交往的基础不深厚的根本原因之一，也是人们对彼此的严格要求受到限制的原因，特别是在一个人建立了家庭之后尤其如此。因此，要关心个人，并使之有丰富的美感，形象地说，即创造一个能使人与人相互接近的磁场。

特别重要的是要使男孩子和女孩子之间、男女青年之间的关系中具有丰富的美感。一个男青年在受本能的支配把一个姑娘当作异性来爱之前，在把这个姑娘当作女人来追求之前，应该首先把她当作人来爱。丈夫和妻子之间相互关系的高尚、纯洁和细腻，取决于我们的受教育者对这个巨大的创造——把一个女人首先当作人来爱——所做的精神准备。总的来说，这就是道德素养、情感素养和美学素养的根源，也是向人的世界这棵大树提供一辈子营养的根源。如果说少年之间交流精神财富对树立高尚的情操、培养个人精神世界的素养方面起着巨大作用的话，那么在男孩子和女孩子之间、青年男女之间、成年男女之间交流精神财富就起着特别重大的作用。要使男孩子与女孩子之间的关系在少年时代就建立在共同的精神爱好和需求的基础上，这是十分重要的。个人的道德面貌、智力表现、情感和美感生活的丰富、精神财富的交流——这是人与人之间相互认识的基础。我们的道德理想要求我们在学校里就从这种**相互认识**、相互深入了解别人的精神财富开始，来培养成年男女相互关系中的纯洁与美。我一直认为一个很重要的教育任务是：要使男孩子在童年期和少年期就能赞赏女孩子的智慧美、精神美、意志美和性格美，这样的赞赏会使男孩子本人的感情变得细腻起来，并希望自己变得更好，而这一愿望也能激励他去好好劳动并促使他去努力提升自我道德水平。

这里可以回顾一下席勒的一个卓越的思想，他认为，有一些精神力量的紧张能创造非凡的人，但仅仅在它们是互相均匀地配合时才能创造幸福完美的人。关心道德、智慧、感情的和谐发展，注重培养高尚的心灵，使一切精神冲动和意向保持纯洁，这是培养新人最根本的要求。

3

少年期的矛盾

少年有时会像有了一个新的发现那样，产生一种想法："我是一个像我父亲、母亲、教师以及任何一个成年人一样的人。"这种想法往往会在少年的头脑中产生大量激烈的矛盾。少年往往会把周围的一切事物以及所有他们在生活中所遇到的人鲜明地划分为善的与恶的。少年还不善于深入思考一些事实和现象的本质。他对善恶的评价是直率的、充满激情的——强烈、公开和生硬的。他往往会仓促地做出结论。

我在自己笔记的开头部分记录了一个少年，他在教师指责他不尊重人的劳动之后，突然发起火来。为什么他竟会对教师出言不逊呢？（如果把那些语气生硬，然而在少年看来是正确的一些俏皮话看作是粗暴无礼的话）这是因为他已进入那样一种精神发展时期：对周围所发生的一切都会感到激动不安并且兴致勃勃。他似乎觉得，他所听到的和在生活中所见到的事物之间有一种相互抵触的东西，这使他感到惊讶。少年突然发火正显示出少年期精神发展的一种矛盾，即一方面对邪恶和说假话毫不妥协并准备与那种稍微偏离真理的现象做斗争，另一方面却又不善于理解生活中的一些复杂现象。

对少年精神发展的这一矛盾必须注意。少年期的这一矛盾有好的一面，也有坏的一面。好的一面是对邪恶的不妥协。这是对邪恶的一种非常强烈的情绪——对一切贬低少年关于真善美概念的现象表示仇视与厌恶。要像珍惜无价之宝那样珍惜少年心中这种对邪恶不妥协的火花，不要去扑灭少年不妥协的冲动，也不要要求少年做到在生活的一切场合，凡事都首先进行周密的思考与权衡，然后再决定他自己应该做什么。记得乌申斯基说过这样一句话：一个人的性格是在青春烈火之中铸造的 4。千万不要去压制少年对他见到和知道的丑恶现象的那种急躁和充满强烈感情的反应。当您看见少年冲动的时候，当少年对我们生活中的不良现象说出自己看法的时候（当然，他的话里也会有错误），千万不要忘记，我们见到的正是人的性格的形成过程。心灵之火，假如不去刺伤它的话，是不会熄灭的。只要心灵之火在燃烧，就是莫大的幸运。请支持少年，帮助他理解他自己的各种想法和疑难问题，这是最重要的。如果真理在少年一边，教育者自己也会充满一种崇高的激情，他就会成为少年的同伴、朋友和同志；而这在教育工作中是一种多么巨大的力量啊！当然，事先规定的感情是没有的，教育者不可能预见到自己内心的冲动，然而他的感受应该是他真正的精神世界的反映。

如果教师力图扑灭那种希望战胜邪恶而点燃的情感的火花，就会使少年养成冷漠和伪善的性格。一个孩子或一个少年，当他看到邪恶与欺诈行为后，只是无动于衷地瞧上一眼，然后走来向您请教他该做什么，如果这样的话，那么，但愿您不要以为，您在教育的田地里培育出了好庄稼。这样的庄稼里长的可不是小麦，而是飞廉。冷静地审视和预见只能培养出胆小鬼和对周围所发生的一切漠不关心的庸人。

只有当狂热的激情使少年的心灵激动不安的时候，教育才能真正成为一种塑造人的工作。少年们还缺乏经验，他们难以找到一种抒发自己心灵之火的途径；应该使少年在接受周围一切事物时，在他们的心田留下一个不平静的角落。少年教育工作中最大的危险是感情上的沉睡状态。如果一个少年的心处于沉睡状态，那么任何崇高美丽的话语对他来说只是一种空话。如果一个人的心处于睡眠状态，则真理只是可以被其理解，却不能成为他的信念。在认识事物的过程中，如果没有情感的参与，少年是不会把教育者揭示出的真理运用于自身的；这样，教育就不能成为一种自我教育，因而也就不能算是真正的教育。

如果您想要使自己的话始终为少年所理解的话，那么就请您点燃对周围世界进行情感评价的火花。请仔细倾听那些使少年感到激动和不安的东西。不偏不倚是无能的教育者的表现。但愿"偏袒"会使教师所说出的话充满生气和有血有肉的思想性。

当一种思想在少年的心底里确立的时候，它就会成为一种十分可贵的、神圣的准则，所以应该使少年的心灵充满丰富的思想。表明一种思想不可能不带感情。我们心爱的共产主义思想就包含着为全世界劳动者造福的最崇高的关切和对共产主义、民主、和平以及正义的敌人的仇视。教育的艺术在于要使每个人的心里都有一个小型的斗争领域，也就是唯一真正的善——共产主义与最可怕的恶——仇视人类的世界观和人压迫人的资产阶级思想的斗争领域。当善意味着只是斗争、只是勇敢、只是工作和只是鼓足干劲的情况下，少年教育的艺术就在于使每一个开始踏上社会的人都能正确地确立自己的立场。一个真正的教育者不仅要有一颗燃烧着高尚火焰的火热的心，而且还要有智慧与能力。要指导青年生活，首先要教育他们永远不要做一个"心安理得"的人，还要教导他们在地球上、在自己的周围发现这样一块土地：年轻人在开垦与耕耘这块土地的同时，树立起一种真正的善，即共产主义思想。您要为少年的心灵之火未能迸发而感到不安。只有当受教育者在您的帮助下，找到了一条确认自己是个公民的正确的斗争道路时，他才会倾听您的有益的劝告。

少年期的第二种矛盾：**少年想要成为一个好人，追求理想，但同时他不喜欢别人对他进行教育，不能容忍赤裸裸的思想和倾向。这种赤裸裸的思想和倾向有时会成为学校教育的真正灾难。**恩格斯说过：倾向应当从场面和情节中自然而然地流露出来[5]。这种思想对教育工作来说是十分重要的。假如一个人像发现真理那样为认识真理而竭尽自己的全力，那么这个真理对他来说就会是十分珍贵和亲切的，尤其是在一个人的少年时代。您应该找到一条通向少年心灵的途径，使少年的心对真正的道德美的榜样钦羡不已，并产生一种惊叹和景仰的感情。如果少年有了这种感情，那么概括道德原则的思想就会成为一种个人思想上的收获与个人所获得的精神力量。

在谈到我们心中最珍贵的东西——对祖国的爱和准备为祖国的荣誉、光荣与强大而献身时，教育中那种赤裸裸的偏见尤其不能容忍。崇高的言辞只有当它们埋藏在心灵深处不受侵犯的时候，只有当个人的思想渗透到自己最珍惜的领域中去进行自我反省并提出"我为什么活在世上？我应该为祖国做些什么？"等问题的时候才会激动人心。

我对少年们讲述过有关谢尔盖·拉佐的故事，我的主要目的是要使我的学生人人都能做自我反省，把自己的力量、自己的命运和自己想做好事与建立功勋的意愿看作是祖国的一个小小的组成部分。我坚信，集体的教育作用是以自我反省和自己想对祖国的宏大事业有所贡献的想法作为起点的。更确切地说，一个少年在考虑了自己的生活目的问题之后，就会产生另外一种想法："人们对我是怎么想的？是怎么看的？"只有当刚刚被您引上艰难的生活道路的那个人把他自己与他所向往的和受到鼓舞的道德理想进行比较的时候，教育才会产生预期的结果。

当一个集体里的成员都能进行这种内心比较时，这个集体就能成为一种强大的教育力量，因为集体中的每个成员都向自己提出较高的要求，因而对同志们也提出同样高的要求。教育者仅仅在我们社会的基层组织中把一个集体划分为"纯的"与"不纯的"两类人，把好学生与坏学生加以比较，这样的教育是极为简单和软弱无力的。集体对个人施加影响是一种非常细致的教育方法。可以毫不夸大地说，这是一种存在于人们相互精神关系中的最为娇嫩与脆弱的东西。只有当一个精神脆弱的人从自己绝大多数同伴的眼神里看到一种对道德理想的向往，看到他们一定要攀登道德美的顶峰的强烈愿望时，集体才能成为一种真正使人上进的力量。要建立一个作为教育力量的集体，就必须从形成思想观点与思想信念着手做起。

在许多学校的集体中，我们常常会看到一种不能不令人感到担忧的现象：一个被叫来参加整个集体"讨论"的学生往往会感到，别人对自己施加影响与其说是为了他好，倒不如说是为了教育别人。在那样一些场合，对精神生活的各种复杂现象进行集体讨论不可能是富有同情心的和诚恳的；少年往往要经受一种"掏心"的痛苦，而他变得"桀骜不驯"，拒不回答或者对那些"忏悔"和"保证"之类千篇一律公式化的东西嗤之以鼻，并不能说明他道德败坏；恰恰相反，这证明他的精神冲动是纯洁而高尚的，他对虚伪是毫不妥协的。

对少年和孩子的教育，像对成年人的教育一样，只有在自我教育的基础上才能进行。而自我教育是人的尊严的具体体现，是推动人类尊严的车轮前进的强大动力。教育少年的真正艺术就在于给少年提供一种机会，让他自己去思考如何教育自己、如何变好、如何在克服困难和感受胜利喜悦的过程中进行自我奋斗。如果想"迫使"他做出改正错误的许诺，强迫他说出"坚决改正"的话，那么他至多不过感到这是一种骗人行为，因为他并没有想过应如何改正错误以及在这件事情上对他有些什么要求。如果谁也不想去深入了解产生不道德行为的那些个人的原因，那么小孩子往往会感到自己只不过是一个无话可说的教育对象而已，当着整个集体的面是很难让他说出自己心里话的。在学校工作的 30 年中，我分析了 100 例几乎完全相同的过错：少年对家长隐瞒了教师打的不及格分数，然而每次都有着不同的原因、不同的道德和感情动机。重要的是：假如教师不是在学校—家庭联系册上打上不及格分数（这是专门给家长看的），而是和这个少年谈一谈，给他布置个别作业，约定好个别谈话的时间，这个少年就会有较多的自信心和自尊感，而这对教育工作来说就算是取得了一半的成绩。

令人十分痛心的是我们看到的不是对人的精神世界深入的研究与探索，而是刻板的、公式化的决定：有过错或没有过错。可是在生活中往往会有各种各样迥然不同的情况，在这种时候是根本不能从一种角度来做出判断的。教育者应该从发展的观点来看少年的思想成长，最主要的是应该看到，少年在确立公民的尊严感与自尊心的过程。

如果缺乏科学远见，如果不善于今天就在少年的心中撒下数十年后会发芽成长的种子，教育就变成一种最原始的照料，教育者也就成为没有文化的保姆，而教育学就会成为一种"巫医术"。必须有科学的预见，教育过程的技能主要实质就在于此。细致的、深思熟虑的预见越多，则意想不到的不幸就会越少。在作为意图基础的思想与使这个思想变为现实的具体的人与人的关系之间有一个活生生的人，他有他的思想、感情、感受和意愿。我从不召集家长来讨论某个学生内心世界的一些细枝末节。我曾对少年们说过这样的话："我们将花一年的时间准备家长座谈会。谁愿意，就让谁朗读自己的作品。让家长们听一听。"少年们被创作竞赛的气氛给吸引住了，人人都想露一手，连一点儿奖励好的和批评坏的痕迹都没有。而集体教育的力量恰恰就在于使每一个人都想要别人对自己有好的看法和好的评价。要努力做到，使您的每个学生在少年时代渴望在集体面前显示自己的长处，并努力让那些因为人们对自己有好的看法而受到激励的感觉长久地保留在少年的心中。

现在我们来看少年时期的第三个矛盾：**希望自我肯定但没有能力做到这一点**。少年有个重要的发现：一个人的道德尊严、他在社会中的地位及在工作中的成就表现在社会的好评上。

大家以尊敬的态度谈论某一个人，以鄙视的态度谈论另一个人，而对第三个人却什么也谈不出，就像世界上没有这个人似的。少年想要成为一个真正的人。在少年期的这几年中，他们的心对一切英雄主义、浪漫主义以及不寻常的事物表现出如此强烈的关切，这并不是偶然的。

对自我肯定的渴望，想要成为一个真正的人并获得社会好评的愿望激发了少年内心的精神力量。他感到必须有所行动。但是，要行动就必须要有目标。共产主义式的自我肯定乃是教育的理想境界。一个人，我们引导他走上生活的道路并为他准备了走上工作岗位为祖国服务的漫长道路所需要的一切，他就应当像一个为全国人民的利益而去创造物质与精神财富的人那样、像人民的忠实儿子那样、像反对我们的思想敌人的坚强战士那样来表现自己。人们只有在少年时代经常去克服困难与障碍，才能形成这些品质。只有那些来之不易的东西才能成为一个人的珍贵心爱之物。

真正的自我肯定只能在**精神斗争**中产生，也就是在一个人集中意志力并将次要的行为动机服从于主要的、起主导作用的行为动机，同时感受到战胜困难的喜悦和激动人心的自尊感并亲眼看到自己成长的时候产生。

应该把少年的精力引向何方？应该用什么来考验他们克服困难的志向呢？这些是少年时代教育实践中的重要问题。斗争应该表现在哪里？少年应该反对什么？不能片面地来对待这个重要问题。也就是说，在我们的社会里，如果一个人的信念没有经受过考验，没有在克服困难与障碍的过程中得到磨炼的话，那他就不能成为一个真正的人——一个公民、劳动者、继承人类创造的精神财富的全面发展的人和自己孩子的教育者。这种信念的考验，就像我多年经验证明的那样，乃是少年时代和青年早期的人的自我肯定的实质。

应该把精神斗争理解为一种世界观的斗争，一种为自己的信念而进行的斗争。为共产主义理想而斗争的杰出战士谢尔盖·拉佐这样认为，信念应当通过饱经忧患、痛苦的途径获得，应当检验其生命力。一个人与其放弃自己的信念，那还不如早点死去的好。[6]人类在不断完善人的精神面貌的漫长而又艰难的道路上迈出了第一步。

世界上还存在着一种最大的恶，即资本主义和人压迫人。世界各国都在为争取人们的心灵、信念、人生观以及各种情感而进行着斗争，资产阶级的思想家们却竭力在苏联青年中散播冷漠与不问政治并煽动起不信仰共产主义理想的情绪。我们社会里的每一个男女青年都投入了反对这种精神邪恶传播者的斗争，投入了为争取共产主义的信仰，为对世界上唯一的真理——共产主义思想的真理坚定不移的信心而斗争的行列。当前，教育青少年的艺术就在于用浪漫主义的斗争精神来吸引他们，使每一个人都希望成为一个对敌人进行不屈不挠与毫不妥协的斗争的真正的战士。

今天，走向生活的一代代人的身上还存在着很多恶习：懒惰、无知、感情粗野与浅薄、缺乏美感、迷信、自私以及把本能的冲动凌驾于崇高的责任感之上——很遗憾，所有这一切在我们周围还比比皆是。但是现在，在人类面前，在研究和利用自然力量以及智力向自然界奥秘渗透的范围内，正展现出一个高尚的、波澜壮阔的精神斗争的场面。

教育者的任务就是要教会青少年肯定自己。我们的职责，形象地说，就是要把少年引导到使他能够看到敌人的环境里，使他产生要与敌人进行决斗的强烈愿望，使他能够认识自己，就像谢尔盖·拉佐说过的那样，只有通过饱经忧患与痛苦的途径才能获得自己的信念和坚定的信心。真正的教育大师只会为走向战斗的学生祝福，而不会担忧他的学生会干出什么不体面的勾当和越轨的行为。不道德的和卑鄙的东西是永远无法进入一颗受到高尚激情鼓舞的年轻人的心中去的。应该在年轻人的心中激发起为别人做好事的愿望，以此来防止邪恶的侵袭。一个人只有在与邪恶进行斗争时，才能成为一个善良的人。

在我们这个时代，善的标志不只是要为自己亲近的人创造幸福与欢乐，而且还要对邪恶毫不妥协以及与思想上的敌人进行无情的斗争。

教会少年肯定自己，不应当寄希望于找到一种万能的方法。自我肯定的过程对少年来说应成为他生活的真谛。在学校里学习的少年的生活首先是一种智力生活。我们应力求使学生丰富多彩、内容充实的智力生活成为一种思想领域的生活，力求在我们学生年轻的心灵中锤炼出锋芒指向资本主义意识形态与道德的武器。我想，对少年的精神生活及其内心的精神斗争进行指导，这就是锤炼思想武器的过程。当青少年自己的观点与他人的观点发生冲突时，照谢尔盖·拉佐的说法，青少年往往会用自己的见解去与敌对思想进行单独的决斗，在年轻的心灵里燃烧着对敌对思想势不两立的熊熊烈火。那些被资产阶级宣传家们撒播到我们土地上来的思想上的飞廉种子会被年轻的心灵之火烧为灰烬。少年只有处于一种自己的见解并不是背诵真理的产物，而是思想冲突和意识形态斗争的结果的环境中，他才会做出这样的结论："我是对的，而我的敌人是错的。"

要使每一堂学习社会问题的课都成为青少年进行精神斗争和自我肯定的场所，这大概是表现教育技能的一个最复杂的方面。帮助学生做出自我肯定正是在智力生活领域中开始的，少年想"表现自己"的最初萌芽就是在这儿破土而出的。人们的思想和精神生活是构成他们的品行与活动的内核。对少年缺乏思想性与不问政治的倾向应当十分警惕，产生不道德行为的根源就寓于这类不幸之中。少年的鲁莽、不听话、用巧妙的方法博得同学们赞赏以及忽视对他们提出的要求、义务与纪律——这一连串的"反抗精神"正是一种缺乏坚实的自我肯定过程——丰富多彩的思想生活——的基础的表现。

我们的少年在成熟之前的很长一段时期都要受到社会观念与社会意向的影响。教学过程中真正的公民教育是在少年对道德理想的追求受到某种思想的鼓舞、激励和肯定的时候开始的。人类的知识是在艰苦的、常常在流血的斗争中获得的。知识是人类自我牺牲、建立功勋的精神美的标志。在通向幸福的顶峰——共产主义的道路上的人类斗争史上的每一页都像烧红的铁块那样热烈而激动人心，这部历史的每一行字都为少年燃起了永不熄灭的激情的火焰。培养满怀激情的共产主义战士，这就意味着要使年轻的公民把自己的心与伊凡·苏萨宁、谢尔盖·拉佐、费利克斯·捷尔任斯基、亚历山大·马特洛索夫等剧烈跳动的心紧紧地贴在一起，使那些火热的历史篇章激发年轻人的心，**教导他们**生活并鼓励他们去努力创建英雄业绩。

一个人在少年时期比一生中任何其他时期更需要别人的帮助与建议。聪明而敏锐的教育家往往能成为少年的精神导师。那么为什么在实际生活中还会遇到这样一种少年期的矛盾：**一方面非常强烈地需要别人的帮助和建议，一方面又似乎不愿意向长者请教**。在这样一个初看起来令人奇怪的矛盾中隐藏着一种少年想要独立行动和表现自己的愿望。

怎样才能克服这一矛盾呢？教育者要成为真正的精神导师，一个重要的条件是教育者与被教育者在思想上的一致。教育的不幸就是因为缺少这种一致性。一个少年做出了不体面的行为，教师就会严厉批评道："难道你在家里看到过这样的事吗？"然而，不幸的是少年有时候会感到孤独，虽然他处于人群之中。处于人群之中仍然感到孤独，那是很危险的。因为不管是谁——教师还是家长——都不知道少年的精神寄托是什么。特别不能允许的是教育者不了解少年有哪些精神需要，不了解脑力劳动、书籍和艺术在他的生活中占有什么样的地位。如果一个少年感兴趣的只是电影、电视、晶体管收音机和磁带录音，如果这个少年不知道他费劲攻读的那本书并不能激发他去对自身命运做什么思考的话，那么不管你为他操多少心，他仍然会感到孤独。

教师应当是一个能够懂得和觉察少年思想和情感脉搏的人。当然，如果教师走到少年身旁询问："喂，你在想些什么，请谈谈吧。"这样做是会把学生给推远的。只有那种能与学生思想感情一致，共同关心社会利益并与其休戚相关、苦乐与共的人才能成为少年的导师。只有当我和学生感受着同样的思想和感情的时候，当我能够把自己心灵的一部分灌注到学生心灵中去的时候，我的心和学生才能彼此了解。精神上的一致就表现在从自己的学生身上看到自己，看到自己的愿望与理想。如果我能够把自己心灵中的东西倾注到学生的心灵中去，那么学生就会来向我讨教并要求帮助，就会来向我倾诉衷肠。

一方面是数不尽的期望，一方面是实现这些期望在能力、经验与条件上的限制， 这两者之间的矛盾也是少年期的一个复杂的自我肯定过程。少年时代的认识特征可以概括为：他们以关切的眼光注视着人们。少年对那些建立了功勋以及在劳动、科学和艺术方面做出成就的人颇感兴趣。无论是能工巧匠的作品，或是演员的创造性劳动，或是运动员的成绩都能使他们感到激动。因此，少年的爱好是多方面的，其兴趣是经常在变化的。他昨天迷恋技术创造，而今天却醉心于绘画了；昨天他感兴趣的是少年自然科研组的工作，今天却是摄影，到了明天可能他想的只是足球了。而当长者对他们说："别贪多嚼不烂，考虑考虑学习吧。"他就会觉得成年人的要求过于苛刻。这就是产生"违拗症"的原因之一，即总是竭力违背别人对他提出的合理的要求与劝告。

用禁止的办法是不能在少年的愿望、兴趣、志向与其力量、能力、爱好之间建立起协调一致的关系的。少年有各种各样的愿望，在这些大量的愿望中他们表现出一种自己也感到莫名其妙的想试探自己的力量、条件与能力的渴望。他们的爱好经常在变化，这本身就是一种探索。我们应当帮助少年进行这种探索，然而也应当注意，少年对别人对其活动进行过多的干预是持怀疑态度的。如果教育者不了解少年的精神世界，那么即使是善意的劝告也会被理解为禁止他做这件事或者命令他去做那件事。少年有时也会感到迫切需要明智的劝告以及选择活动方面的建议，但他同时也害怕承认这一点。他害怕自己会给别人留下一种不全面的印象。他不能容忍带有倨傲语气的劝告，常常反其道而行之，从而用故作姿态的信心来对抗对自己活动的干预以及用坚定果敢的表现来掩饰自己的束手无策。教育者的任务是要使少年的许多爱好中有一个比较坚定的爱好并使这种爱好成为他自觉的志向。在少年时代，尤其是到他们年岁较大的时候，合乎规律的一般情况是他们不再沉湎于抽象的对未来的憧憬，而是有意识地估量自己的力量与能力以及考虑自己将成为怎样的人和自己能够做些什么。我们教育工作者必须保护这种爱好并使那种更加符合少年力量与天赋的活动成为他们长期从事的活动。重要的是不要有那种将来一事无成的轻率的爱好。爱好劳动与创造——这是做人的根本。

不热爱事业，在事业中没有取得出色的成就，没有自尊感，也就失去了做人的意义。如果一个人在少年时代不能在劳动中找到自己的位置，那他长大后就可能会一事无成。教育不应该归结为只是寻求一种手段来防止懒散以及为使少年不入"坏团伙"等而随便用一些什么东西去填补他的心灵。愿望与爱好的培养是教育过程中最细致的一部分工作，在这方面只注意表面上的平安无事是十分有害的。大多数少年都已有爱好了，但愿这不会使教育者感到高枕无忧。主要的是要注意他们每个人爱好什么，应当看到每个少年的愿望与兴趣都是在发展变化的。最后，应当把少年所必需的东西变成他的愿望。不要把一些任性的念头当作愿望。假如教育者允许少年们每天在体育室玩几小时的话，那他当然会使少年们感到满意的。К.Д.乌申斯基写道：如果教育希望一个人获得幸福，那它就应该不是为幸福，而是为劳动在对他进行教育。幸福不可能是无忧无虑和无所用心的。

故意否定权威、向往理想的东西，但又怀疑我们日常生活中是否可能存在理想的东西——少年时代的这种矛盾心理是以反映个性的自我肯定过程的复杂心理现象为基础的。

如果失去了对理想的道德目标，也就不可能对少年进行教育。脱离生活，脱离"罪恶的土地"是有害的，可是把对理想的热望"具体化"，其危害也不亚于前者。不能把小学生守则中的每一个细节和道德标准相提并论。一个少先队员没有戴红领巾，就马上责备他："你忘了我们中队是以谁的名字命名的吗？是以一个英雄少先队员的名字命名的。他为了红领巾献出了生命，而你这是在干什么呀？"一个教师发现少年顽皮淘气，立即来一段关于英雄与理想事迹的冗长的谈话："我们昨天谈过一个为抢救社会主义财产而献身的拖拉机手的故事，而你这是在干什么呀？在课桌上乱画乱涂……。难道奥列格·柯舍沃依是这样对待公共利益的吗？难道卓娅·科斯莫杰米扬斯卡娅在课桌上乱画乱涂过？"

教育者的任务是要牢固地树立一种对理想的纯洁而崇高的想望。不要贬低这种想望，不要使年轻人的心中对有可能接近理想这一点产生怀疑。不要把神圣的真理与神圣的名字变成零星的小铜钱和浇在少年火热的心上的一瓢冷水。对理想的纯洁而崇高的热望是人的一种巨大的内在精神力量，对它应十分珍惜、十分爱护。在日常的教育工作中一般不需要讲很多关于理想的话。关于少年对理想的信仰和希望成为像理想人物一样的人的愿望，这些都要他们多在心里思考，而少在口头上念叨。不能在孩子的淘气行为与对理想道德的要求之间画上等号。淘气鬼也能够成为真正的英雄。理想的人就是一个具备一切他所特有的感情、意向和爱好的人。

为了认识和确立道德准则的理想而在思维与心灵的内部所进行的活动是一种初看起来不易察觉的但又非常复杂的教育过程。它要求教师具备巨大的精神力量与高度的文化修养。照马雅可夫斯基的说法，应该教导学生"照谁的榜样来生活"，但是要教得得法和关心体贴。在这种情况下，教育与自我教育往往是融合在一起的。而这种融合越是自然紧密，就越能通过内心和感情来影响智慧。

少年鄙视利己主义、个人主义，同时具有**敏感的自尊心**，这种少年时代的矛盾要求教师掌握严格的分寸和尊重学生的个性。对少年的教育工作应当着重于发展其健康的进取心，即自重与严于律己。多情善感、禀性聪颖以及对语言与美的敏感，是影响人的心灵的最细腻的因素。所有这一切都取决于教师如何巧妙地和恰如其分地肯定少年心灵中那种他们应当感到自豪的以及被社会看作是美德的东西。同时，十分重要的是要做到：社会对个人的优点的好评不是通过奖金、奖励等方面反映出来，也不是通过用一个人的优点与另一个人的缺点相比较的方法反映出来。因为这样的评价方法只能培养儿童的个人名利主义，而不是集体主义。这种做法的危害性在于它会使少年把精神的炸药一辈子隐藏在自己的心中：从一个小小的功利主义者成长为一个大坏蛋。

这种建立在比较基础上的美德教育，比如说教育孩子要做像瓦尼亚那样的好人，而不要做像彼契卡那样的坏蛋，这样的教育会把年岁还很小的孩子引入歧途，它对少年来说是一种精神毒药。要让小孩子为自己的长处感到自豪，而且并不因为自己有这些长处而期待任何奖励、好处和奖品。我了解到这样一件事：在六年级曾经有个很有数学才能的学生。每次测验总是只有他能得 5 分。

可是有一次测验的结果却使大家感到惊奇：得 5 分的不仅仅是那位天才的"数学家"，而且还有 4 个学生也得了 5 分，不及格的一个也没有，绝大多数学生得 4 分。那位天才的"数学家"就不高兴了，并且还大声地哭了起来……。教师对此感到奇怪，他不明白究竟是怎么一回事。可是孩子们却是明白的。有个小女孩就说："他之所以哭是因为得 5 分的不只是他一个人，而且还因为不及格的一个也没有。"

这种建立在对比基础上的教育往往造成这样一个结果：教师总是把优秀学生的才能与平庸的常得 3 分的学生作比较。于是这样一种思想就在少年的头脑里深深地扎下了根：我之所以是个好学生是因为有差学生。要使每个人都能有引以自豪的东西。如果一个教师不轻易责骂学生，能够经常发现学生工作中好的方面，那么教师偶尔对学生的夸奖就会被看作是一件难能可贵的事。自尊感是一种高尚无私的感情，它能表现出人们之间细致的、美的和崇高的相互关系。当一个人仿佛照镜子一样在另外一个人身上看到了自己的时候，也就是当他把那种存在于他身上善良的东西灌注到另一个人身上去并在另一个人身上体现的时候，就感到有一种特别纯洁而高尚的自豪感。我总是力求让少年把自己点点滴滴的精神财富赠送给别人，从而使友谊、同志情分和兄弟关系建立在紧密地相互交织在一起的人的精神交流上。

精神财富的交流，把这些精神财富从一个人的脑海转移到另一个人的脑海中，从一个人的心中转移到另一个人的心中（这也是个人生活中很细腻的一个方面），构成了集体关系的一部分。防止孤僻和个人精神世界的隔绝乃是避免利己主义和自高自大的方法之一。要达到这样一个教育目的并不像原先想象的那么轻而易举。教学过程的内在规律本身就包含产生孤僻与隔绝的危险性，因为在学校里总是不断强调（别无他法）："要用自己的努力去获得成功，别指望别人，因为对脑力劳动的评价总是个体地进行的。"为使学校生活充满集体主义精神，就不应该只局限于课堂教学。丰富多彩的课外智力活动是交流精神财富的重要条件。

一方面是面对浩瀚的科学所产生的惊奇感、强烈的求知欲、灵感的闪现和智力劳动的喜悦，另一方面是对学习和日常作业抱不踏实的甚至是轻率的态度——少年期的这一矛盾反映了少年在智力活动范围内的自我肯定的矛盾。要使一个人在少年时代第一次感觉到学校教育只不过是科学知识海洋中的一滴水，只是科学巨著中的第一页。集体的智力活动越丰富，科学的地平线就延伸得离学生的视线越远；一个少年知道得越多，就越深刻地意识到自己知识的贫乏。

因此，教育的艺术就在于使少年的智力兴趣在掌握科学财富中得到满足。在思想和智力活动范围内肯定自己，就意味着把日常的、单调的学习劳动不仅看作是一种义务，而且看作是一种精神需要。这完全取决于教师。真正的教育者永远不会忘记，自己正在对少年智力的自我肯定做引导工作。他善于把学校知识与科学相结合，努力使学生觉得自己不是一个听话的"知识购买者"，而是一个有求知精神的研究者。在对学生的智力活动进行引导的时候，要注意他们的个性特点，这在教师的创造性实践中有着很大的意义。在准备给二、三年级学生上课时，教师可以较少考虑具体的孩子，较多考虑智力劳动总的内容。可是在准备给六、七年级学生上课时，教师首先要考虑少年们的个人特性：应该如何引导才能使他们每一个人都感到，他们在掌握学校知识的同时正在接近（虽说是缓慢地）科学的地平线。

少年期的这种矛盾在很大程度上是由于这一时期思维方法的改变所决定的，因为儿童的具体的形象思维正在让位于抽象思维。少年开始用概念来进行思考，而这仿佛在他面前展现出了一个新的、陌生的世界。他力图用逻辑思维的方法来认识生活现象，但是很难把多种多样、错综复杂的世界纳入形式逻辑。由于对某些现象的分析缺乏经验造成了判断的片面性，因而产生了一些少年所特有的错误、仓促的结论与总结。可是由于少年关注的对象不仅仅是他的周围事物，同时包括他自己，他对他自己也做出了片面的与仓促的结论：时而夸大自己的优点，时而又夸大自己的缺点。由此产生了那种一方面对自己力量充满信心，另一方面又不满意自己的两种心情奇怪地交织在一起的现象。我最机灵的学生尤尔卡，在五至七年级时曾经被认为是个杰出的"数学家"。在集体中形成这样一种对他的评价：尤尔卡任何题目都能解答出来。有个女孩在每次测验前总是"丧失信心"，尤尔卡以自己的信心与朝气从精神上支持了意志薄弱的同学。可是，同学中谁也不知道他的这种信心是靠什么力量来支持的，以及他单独一个人时内心有什么感受。他对我说，代数对他来说是门最可怕的课程。"我怕做习题。"尤尔卡把自己的秘密告诉我，"可是，为了不让别人以为自己不行，我做起习题来往往一做就是几个小时。我挑那些最难的题目一个劲地做呀，做呀……，可是临到要去测验的时候就像上刑场一样。然而我却装出若无其事的样子，以便同学们，特别是女孩子们，以为我什么也不怕。假如他们在我的眼神中看到了恐惧，那么他们就会惊慌失措，解不出题目。"

思维的特殊性中包含着少年的逆反心理。逆反心理往往是从反对或者否定学校布置的作业开始的。作业是每天都有的，对少年来说往往是十分单调的工作，他觉得这种工作与宇宙飞行相比，就像是蚂蚁在忙忙碌碌地搬东西——舒尔卡（六年级学生，也是最好的"数学家"之一）就是这样把学校的学习与科学的发展作比较的，其对学习的轻率态度就是因此而产生的，由此也形成了少年反对成年人"侵犯"其独立性的"保护性反应"。

"老师问我有关南美洲某个地方的地形，可我却认为：这有什么意义呢？现在人们已经发射了人造地球卫星，难道还能够认为这些山谷与盆地有什么重大的意义吗？"尤尔卡说道。

要克服这一矛盾，教师就必须在指导智能劳动过程中掌握高度的艺术。这不仅是教学论方面的问题，而且是一个普通教育学方面的问题。不要把现成的知识教给少年，只把他看作一个记忆的个体，而是应该在学生面前展现思维的过程——这是使少年的思维协调发展的重要条件。一个懂得少年精神世界的有经验的教师就好像是在号召少年向科学的地平线进军一样。他把点滴的科学知识和科学真理用到自己所教学科的基本课程中去，于是少年就忘记了他离那些使他如此激动的"高级问题"还远着呢。他会觉得自己是一个研究者和思想家，会把课堂教学、课外阅读和阅读其他书籍连成一条线。少年从智力劳动中得到了快乐，这不仅使少年对课外阅读材料产生了兴趣，也使他对课程本身有了很大的兴趣。

我把造就思想上的劳动者和使列宁的形象成为少年们仿效的榜样看作是教育者的使命。像列宁那样掌握知识，像列宁那样珍惜知识，这是在课堂上进行公民教育的主要基础之一。优秀的教育工作者总是善于这样来阐明材料的内容：务必使学生十分重视科学的真理，这个真理是在科学与愚昧无知、进步与反动的斗争中产生与被确认了的。

浪漫主义的热情洋溢与粗野的举动，道德上的无知，对美的赞赏与对美的嘲讽——少年期的这些矛盾往往会给教师们与家长们招来许多不愉快的事情。克鲁普斯卡娅曾经写道："常常会有这样的情况：一个文静的孩子突然像脱缰之马那样出言不逊和恣意破坏等。"① 有些家长和教师认为，似乎那种想折断、毁坏东西和想要打人的冲动是少年天性所固有的特征。这是非常错误的：残暴行为从来就不是**人类天性**所固有的特征。

少年时期智力与感情领域的相互关系发生了质的变化，而这些矛盾就隐伏在这一变化之中，但这种变化往往不被教师和家长注意。对这一变化研究得还很不够，而教师们由于对此缺乏准确的科学认识，在自己的工作实践中往往只是根据猜测和少年对一切涉及其个人的事物反应总是异常强烈的一般推论行事。

智力与感情领域的相互关系的变化是以解剖生理过程为基础的，这种过程使少年的思维产生了质的变化。他一边进行抽象、概括的思考和好奇地仔细观察周围世界和自己本身，一边思索着人的精神世界的复杂现象——思想坚定、刚毅、勇敢、忠于信念、大胆无畏、渴望认识和洞察大自然的奥秘以及决心为崇高的理想而斗争。追求浪漫主义就是认识过程的一个新的质变阶段的结果。

对人的精神世界的认识为浪漫主义精神增添了双翼，也是少年进行道德上自我肯定所必不可少的动力。做少年的导师首先就要让他们用好奇的眼光看到人类的思想、爱好与理想的世界。这就是说，要在少年的意识中树立起关于生活的崇高目的和人民理想永垂

---

① 克鲁普斯卡娅. 克鲁普斯卡娅教育文集：第三卷 [M]. 莫斯科：俄联邦教育科学院出版社，1959：343.

不朽的思想。浪漫主义的热情奔放和对人的伟大精神的赞叹能使少年的感情变得高尚，感情变得细腻。没有浪漫主义精神就不会有感情素养。

可是，少年的浪漫主义的热情奔放似乎与其智力活动产生了矛盾。浪漫主义精神受到了思维的剖析。少年力图在理解周围世界种种现象的同时，也了解自己的感情。但他有时会为自己的感情感到羞愧，怕别人把自己看作是个过于多情善感的人。他觉得那些细腻、善良和仁慈的感情是儿童所特有的，而他希望尽快地与儿童时代的一切东西一刀两断。他不善于在人们的精神现象中发现细腻的感情，这些现象只能使他感到惊奇并为之神往。少年感到精力旺盛，他靠自己体格上的健壮有力能够吃苦耐劳，希望通过有关的活动来表现自己的能耐。如果教育者对少年的感情素养的教育有片刻的忘怀，那么少年就会很快丧失在儿童时代所获得的那些东西。

我想起这样一件事。我曾经与一些七年级学生在第聂伯河沿岸旅游，在夏季一个温暖的傍晚，我们不知不觉地走到了一个荒僻的、仿佛是与世隔绝的地方：一座古老的公墓，它的一边与一个不大的沟壑相邻。在沟壑的顶端长着一棵不高，但相当挺拔、枝叶茂盛的杨树。我们就在离它不远的地方停下来休息。当我在朦胧之中听到我的学生纵声大笑的时候，夜幕已经降临。我站起身来，看见男孩子们站在小杨树的周围，其中一个男孩维加正在拼命地想把这棵小杨树连根拔起。杨树已经弯倒在沟壑上，眼看就要折断了。我走到孩子们跟前，他们感到很窘，都回到帐篷里去了，而维加则低头站着。我找他谈了话，我们谈了生活与理想，一直谈到深夜。我发现了少年精神世界的新的境界。维加钦佩一些大胆、勇敢的人物，但他只看到他们力量的外部表现。他读了很多关于斯巴达克的书籍，留在他记忆中的斯巴达克是一个力大无比的人，而斯巴达克高尚而细腻的情感和内心活动却没有引起这位少年的注意。

如果要培养一种可以称作**没有旁人在场的个人诚实**的品质，就需要对自己的行动实行感性与理性统一的监督。这种监督是自律的一个重要方面。

以上就是少年期的矛盾。这些矛盾并不是不可避免的，然而要绕过它们或者完全把它们给推开是不可能的。高水平的教育工作可以使这些矛盾得到缓和与减轻，而笨拙低能的教育工作则会使这些矛盾更加激化并导致冲突。希望和努力达到自我肯定与实现这种愿望的能力之间的不相适应是这些矛盾的共同特征。为了使少年时期这一矛盾不导致冲突与破坏，应该把年轻的公民培养成具有成熟的思想、刚毅顽强的精神的人和思想上坚定不移的人。

4

少年的身体发育与心理素养发展犹如一个人再生

个性的形成

我仔细端详少年们的眼睛，希望找到答案：为什么在少年——10—15 岁的人的本性中会发生令人惊奇的飞跃？在少年的身上我往往已看不到昨天的儿童的样子：眼神变了，嗓音也变了，对周围世界的看法（这是最重要的）也和以前不一样了，待人接物的态度，要求、需要与兴趣……一切都发生了质的变化。

晚上，每当我思考学生的命运的时候，我常常这样想：进入少年时期仿佛就是一个人的第二次诞生。第一次诞生的是一个活的生物；第二次诞生的则是一个公民，一个不仅看到周围世界，而且也看到自己是一个积极的、有思想的、正在起作用的人。第一次诞生的人是用叫喊来显示自己的："我出生了，请关心我，要为我操心，我是软弱无力的，一刻也不要把我忘记，要保护我，屏息静气地坐在我的摇篮旁边。"第二次诞生的人就用完全不同的方法来显示自己："别照看我，别总跟在我后面，别束缚我的手脚，别用监督与不信任的襁褓把我捆起来，千万别提起有关我孩提时的事儿。我是个独立自主的人，我不要别人搀着手走路。在我面前有一座高山，这是我生活的目标。我看见它，想着它，我要爬上这座山，可是我要独自攀登顶峰。我已经在攀登了，正在迈出第一步；越往高处走，我的视野就越宽广，我见到的人就越多，我对他们的了解也就越多，见到我的人也就越多。由于我看到了事物的宏伟与浩瀚，我简直感到害怕起来，我需要年长朋友的帮助。如果我能依靠在一个坚强而有智慧的人的肩膀上，我就一定能达到自己的顶峰。可是我又不敢，并且羞于说出这一点。我要使大家都认为，我能独立地，用自己的力量登上顶峰。"这就是一个少年所要说的话，假如他能够把使他心神不宁的原因坦率地说出来的话。

在 10—15 岁这个时期（男孩有时到 16 岁），少年的身体发育会有一个迅猛的飞跃。首先是身高的急剧增长。大自然仿佛急于要完成自己的作品，而且在匆忙中没有发觉它所雕刻的那尊塑像还存在着许多疏漏之处及凹凸不平：人物的特征是粗线条刻画出来的。然而大自然很忙，它没有工夫对自己的创作进行一番研磨加工。骨头生长的速度是如此之快，以致肌肉组织赶不上骨骼的生长。因此，少年往往会患肌肉疼痛的毛病，这种情况既使少年也使家长感到惊讶与害怕。少年的整个外表也发生了明显的变化，尤其是那些十三四岁时期的男孩：他的体形变得很不匀称，又高又瘦，四肢细长，他不知道把手脚往哪儿放才好。如果注意到这一时期的少年，特别聚精会神地进行自我观察的话，就会明白，他的那些对自己的不满情绪、神经过敏以及好动肝火的性格是从何而来的了。

少年身体内部进行的生理过程有其内在的矛盾。少年在体格的生长上要消耗大量的能量，致使他经常感觉疲劳和需要补充休息、需要专门的营养与睡眠制度。少年在发育期心脏的体积会明显增大，可是血管的容量却依然像一两年前一样。由于这个原因少年往往会有血压升高的现象（尤其是在男孩十二三岁，女孩 10—12 岁期间），血压可达 140mmHg，有时还可达 150mmHg（9 岁时是 90mmHg）。这种血压升高是暂时性的，可是少年的机体很难适应这种情况，所以他会感到头晕、消化不良，还常常腹痛。

少年常常惊恐不安地感到自己遇到了某种不愉快的事，然而他不清楚这种感觉究竟是什么？他怕难为情，不肯说出这种自我感觉，企图通过运动逐步摆脱这种令人不快的感觉；而剧烈的运动却再次使他疲惫不堪。身体各部分生长的不相称还表现在胸围与肺活量的增长缓慢。这种情况再加上血压的明显增高会产生一种特别不舒服的感觉：少年感觉胸部窒闷，出现心悸的症状经常久久不能成寐，由于猛烈的心脏搏动使他从睡梦中惊醒；在某些情况下还会出现心律失调。

开始性成熟之类的生理过程对少年有着特殊的影响。这一过程对少年的思维、情感以及对他们与成年人和同龄人的相互关系方面都会产生巨大的影响。遗憾的是，几十年来性教育问题一直被看成是次要问题，关注得很不够，也导致对少年时期的一些复杂而又相互矛盾的现象了解得很不够。

一些深刻的生理变化过程也会影响少年的神经系统，大脑半球的皮层里发生着剧烈的变化。大自然这时正使出浑身解数，使一个人能够从儿童时期的形象思维向抽象思维过渡。通过 20 年的观察，我得出结论，在少年身上（女孩稍早些，男孩则晚些）会出现一个非常重要的思维特点：他们总是力求把周围世界所发生的、在学校里所学到的、在书本里所读到的一切东西与自己本人以及自己的思想、情感和感受的内心世界进行对比。少年既考虑他周围发生的事情，同时又考虑自己本身。他从自己所听到的（尤其是读到的）事情中挑选出与他个人的兴趣、需求和观点有关的想法。这种选择自己所关注和感兴趣的事的做法随着他的成长还会进一步加强。

在思维过程中能分别注意到周围世界的客体和自己本身的这种能力，依我看，是在心理学上称为"少年的自我肯定"的重要组成部分。少年精神发展的这一特点——自我评价、自我表现、自我检查和自我教育，同时也是产生一系列相互矛盾现象的原因，这些矛盾使家长和老师都感到非常担忧。少年的头脑里产生一种想法：我是个像我的父亲、我的老师以及每一个成年人一样的独立自主的人。这种想法来得很突然，像一种新发现一样，它使少年深感惊奇并产生了一连串新的想法。一个人在童年期从来不会像在少年期那样，在心里暗暗地把自己与父亲、老师进行比较。少年认为自己是个像任何成年人一样的独立自主的人，这种想法仿佛把父亲与老师的地位一下子都降了下来。少年开始对成年人进行仔细的观察，发现他们身上有许多缺点。他阅人越多，对自己本身的观察也就越细致。然而这样一种对**自身的观察**并不是总能产生一种向上的愿望的。能否使少年产生向上的愿望取决于环境的教育力量和集体的影响，取决于我们在上面谈到过的那种精神财富的具体化。

幼儿毫无保留地信任自己的教育者：这行，这不行，这样好，这样不好。就连教师信口说说的事情对幼儿也是一种真理的依据。如果教育者没有觉察到，少年身上已经产生了一种他与成年人是平等的思想，少年认为自己也像成年人一样，有自己支配自己的权利；如果教育者没有觉察到，少年看到的不仅仅是世界，而且也看到了他自己，并且把自己与成年人加以比较，总想证实自己是有创见的、明智的和具有杰出的力量的。如果看不到这些情况，教育者往往会用对儿童使用的那种命令的口吻，把命令机械地照搬到少年身上去。教育者往往觉察不到一个真正的人诞生的时刻，这是教育工作的一个很大的缺陷。善于思考的教育者会在少年的举止中发现一种转变：对成年人说的话抱警惕和批判的态度，心情急躁、态度生硬，有时还容易激动发怒和粗暴无礼。

几年前，有一位现在当了农艺师的从前是我们学校的学生交给我一个本子，这是一个从他少年时代起就奇迹般地保存下来的本子，这是一部极其珍贵的文献。这个少年给每个教师和自己本人都记了一页纸，他记录了他在教师们和自己身上所看到的所有优点和缺点（我们是这样教导少年的：要自己教育自己）。这本笔记就摆在我的面前。它使我看到了一种令人惊奇的情况，这种情况不可能不在少年的头脑中引起矛盾的想法：每个教师的缺点并不比少年本人少，而某些教师的缺点要远远超过他们的优点。

这个事实启发我思考少年时代的教育与自我教育的相互依赖性以及少年观察世界的能力。少年发展出"用自己个人标准去衡量"他在自己周围所看到的一切事物的能力，尤其是衡量一个人的能力的过程——这是一个使教师与家长都感到突然的，在更大程度上形成了少年新的思想、感受、彷徨和忧虑的发展阶梯。每当少年阅读小说遇到了要思考生与死的问题，于是"我也会死去"这样一种念头就会像闪电一样地注入他的意识。这种念头往往会使少年感到惊慌失措，使他感到痛苦。我认识一个男孩子，他在发现了这一实情以后，精神受到猛烈的冲击。很多天他在课堂上对一切都漠不关心。他觉得奇怪而又不可思议：人们怎么能忘记，他们有朝一日都会死去？他们怎么能如此坦然地工作、娱乐以及对那些生活琐事念念不忘呢？

这并不是一种病态的现象，因为每个少年总要有这种经历；无视这种复杂的心理状态（其根源就是关于生与死的想法）是绝对不行的。尽管，在这个时期一些重要的唯物主义思想正在开始被学生理解，他们的头脑里正不断地在充实科学知识，但他们还是容易受到宗教思想、教规和宗教训导的影响。我永远不会忘记 9 月的一个寂静的早晨，柯斯佳在上课之前到学校里来找我（当时我教的是八年级学生）。在小伙子深邃而又显得慌乱的眼神中，我感觉到了某种痛苦。"发生了什么事，柯斯佳？"我问道。他在长凳上坐了下来，叹了口气问道："怎么会这样呢？过 100 年之后谁也不会再存在了——无论是您、我还是同学们……无论是柳芭、丽达……大家都会死去。怎么会这样呢？这是为什么？……"后来，我们进行了长时间的谈话，谈到了生活与劳动、谈到了创造的喜悦与人们在世界上留下的痕迹。谈了这些之后，柯斯佳对我说："大概，那些信神的人是比较幸福的，他们相信永生。可是有的人却喋喋不休地对我们说，人是由某种化学物质组成的，不存在什么永生，人是一定会死的，一个人的死与一匹马的死是完全一样的……。难道可以这样说吗？"

在那一瞬间，我又一次感到了我们对人的心灵所负的重大责任。我觉得，我们在对一些最重要的问题所做出的解释中，在所有我们涉及人本身的谈话中，有着许多肤浅的看法。难道真的可以把那种只是喋喋不休地反复强调——不存在什么永生，我们大家都会化为灰烬，就像我们那些动物界的其他亲族一样——算是在进行无神论教育吗？为什么不能号召每个受教育者在某种永恒的事业中肯定自己生命的价值，号召他们创建一项流芳百世的事业以使自己永垂不朽呢？为什么不能根据这一点肯定地说：人与马的不同之处在于人的精神是永存的。当然，这里说的并不是像牧师们传道时所说的那种意思。通过与柯斯佳的谈话，我坚信，我们正需要通过这样的途径来进行教育。

不能忘记，现代人精细的神经机构一代比一代更为发达，他们的道德、智力和美感的发展取决于他们的思想和心灵的敏锐、细腻和朝气蓬勃。发展人的细腻的精神世界乃是教育的首要任务之一。而且，学校对这一课题解决得越好，学生就能更多地思考有关生活的意义、理想、永生与死亡、宇宙的无边无际、物质的无穷无尽以及其他一些问题。关心儿童和青少年的精神世界是一个教师具有教育技巧的重要特征之一。我最担心的是自己不能察觉、理解和真正感觉到学生从儿童变成少年的那一时刻，那一短暂的时期。

下面这件事发生在 4 月的一个凉爽的傍晚。我到校园中去观赏日落时殷红的天空（明天要起风）与苹果树上初绽的花朵。这时在林荫道上我遇见了瓦里娅。她一边走着，一边胸前紧紧抱着列夫·托尔斯泰的小说《复活》，显得若有所思和聚精会神。瓦里娅一直是个面带笑容、乐于向人倾诉衷肠的女孩子。我预料她会走到我跟前叽叽喳喳地讲起来，把自己的秘密讲给我听。可是，结果并非如此。她把书抱得更紧、显得很窘、神情紧张。她好像怕我会窥见她的思想似的。我感觉到，她以极大的自制力抑制住了自己眼睛里的微笑。瓦里娅的目光变得更深邃、更富于沉思和更忧郁了。她不想和我讲话，女孩子想自己单独待一会儿。我的心高兴地跳了起来：多好啊，瓦里娅，我觉察到了你由女孩子成长为姑娘的那一时刻……

一个男人的诞生，一个女人的诞生

人的第二次诞生指的不仅仅是人在自己的精神世界的成长中攀登的最艰难和最重要的一个阶梯，而且也指具体的人——男人和女人的诞生。

在童年时代，我们还看不到这样一个具体的人。我记得有这样一件事。有个母亲把 6 岁的小男孩带到理发店去。他的头发理得很短。他 5 岁的小妹妹哭得很伤心，她向妈妈请求道："把我的头发也剪得像彼得里克一样吧。"

少年成长为男人或女人，这是个人生活中的一件大事，以致少年由于诧异和惊讶，用完全不同的眼光来审视周围世界、人们以及自己本身。抽象的少年（人们通常习惯于称这种年龄的人为"少年"）已不复存在，只有具体的人——在我们眼前诞生的男人或女人。

男人和女人的诞生是以复杂的生理发展过程为基础的，这种过程是在机体中进行的。性成熟往往同时伴随着身高的猛增。20 年中，我们学校为 1660 名 9—15 岁的男孩和 1810 名同样年龄的女孩进行了身高测量。身高的增长有一些个体的差异，但是几乎所有的人的身高增长都有个规律：身高增长最快的时期也就是性成熟最迅速的时期。

近几年来，科学家们对所谓的身高增长加速的现象表示忧虑。这种现象指的是人的身体（同时也是性的）发育过程的加快。许多资料证明，在近七八十年中，世界各国人的身体和性的发育过程加快了 1 年半至 2 年。这种加快过程主要是在少年期与青年早期进行的。

现在 14 岁的女孩子已经达到几十年前一个 16 岁女孩同样的体格和性成熟的发育程度。对这种加速现象的原因科学家们众说纷纭（营养与生活条件的改善、文化水平的提高、体力劳动作用的减少等）。

男孩子 13—14 岁是身高增长最快的时期，这时他们正在七年级学习。女孩子身高增长最快的是 10—11 岁这个时期，也就是比男孩子要早两三年。女孩子身高的增长开始时比男孩子要来得快些，后来就慢下来了。与身高的增长同时进行的复杂的性成熟过程往往会影响心理发展，而同时又取决于心理发展。男孩子意识到自己是个像父亲一样的男子，这一点对他来说是个巨大的启示。他开始用新的眼光来观察父亲与母亲的关系，从中看到了自己以前没有看到过的东西。

女孩子的性成熟期要比男孩子早得多。女孩子成长为女人要比男孩子成长为男人早 2 年，有时甚至早 3 年。这并不是一种可以用强大的教育力量所能"延缓"或"加快"的自然界的"变幻"。教育只有在考虑自然界最细微的"变幻"时，才是强有力的。而如果自然界的规律性遭到忽视，就可能发生不幸。几年来有个想法使得我坐卧不安：11—14 岁的男孩和女孩在五至七年级学习，这些年级的教师实际上是在与处于不同的（有时是差距很大的）生理与心理发展阶段的人打交道。我不知道我的这个猜想究竟对不对。

舒拉和卡佳从二年级起就是好朋友了，他们的友谊曾经是牢固和感人的。有一次，卡佳在与全班同学一起到森林里去远足时，脚部受了伤。当时没有水清洗伤口，舒拉就跑到 2000 米外的地方取来了水；为了给卡佳包扎伤口，他撕开了自己的衬衫，还抱着她走了两千米路，把她送到了村里。舒拉常常到卡佳家里玩，卡佳也常常往舒拉家跑。他们有自己的秘密。四年级以前的情况就是这样的。可是，有一次舒拉来找我，神情十分激动。他含着眼泪向我诉说了自己的痛苦：卡佳不要他到她家去，也不要他把玩具带去……。对这种不幸我能帮什么忙呢？

教育家们早已注意到，处于向成年人过渡的这个年龄的女孩学习起来要比男孩更认真，更努力，也更能聚精会神地工作。这一般说来被认为是女性所特有的长处。如果是这样，那么又是为什么呢？在低年级，大约在 10 岁之前无论是男孩还是女孩学习起来都同样勤奋。可是女孩子到了 10—11 岁这个时期，会常常沉思默想，不能集中精力做功课；有时精神涣散，不能有条不紊地从事脑力劳动。如果放松教育，女孩子智力发展中的这些特点就会明显地影响她们的学习成绩。不过，这个时期并不长，往往只延续几个月，过后就会有显著的变化，女孩子在智力上会变得出乎意料的"老成"：她们在学习上变得爱思考、态度认真、能够长时间聚精会神地进行工作并乐于帮助同学。这种情况往往出现在小学学习结束阶段和八年制学校学习的第一年。

在女孩子的智力发育过程中，在她们的精神和心理以及道德和美感的关系中，那些"危险"的和令人不安的现象要比男孩子少得多。在进行正确的教育工作的情况下，性成熟期对她们的心理能产生良好的影响——能大大加速与加深**她们智慧的增长**并促使她们对未来进行认真的思考。因此，必须使集体中的每个成员从他们的童年时代起就树立起对同志和对自己本身的责任感，要使那些集体成员的相互关系充满关心人的精神，要在集体成员的活动中培养对他人内心世界的关切心情。性的发育对精神和心理关系能否起到良好影响，主要取决于能否在童年时代就用相互帮助、关怀和体贴同情来使集体与个人的精神生活丰富多彩，能否理智地、有策略地防止利己主义。重要的是要使每一个学生把自己的同学首先看作是一个具体的人。

性的本能、传宗接代的本能是一种非常强烈的自然现象。这种本能需要通过一些细腻的关系使之变得高尚，所以必须在出现这种本能之前，早早开始这项工作。如果在童年时代，男孩子与女孩子的相互关系中热诚的关怀越多、感情越亲切，那么性本能就会变得越高尚纯朴。良好的、正确的教育和对男人与女人的诞生做好充分准备就在于建立起热诚与亲切的关系，在这样的关系中一个人会把自己的精神力量灌注到另一个人身上去。我认为，教师的最高艺术就是善于引导孩子把自己的精神力量用来为他人创造欢乐。

在受过良好教育的儿童集体中，女孩子能牢记教育者的话："你是未来的母亲，自然界和自古以来人类的经验要你肩负起整个人类繁育的责任。"必须用简单明了、纯洁高尚的话对女孩子讲清楚这层意思。对这个问题的思考能使女孩增长智慧。如果在家庭关系中存在着卑鄙龌龊、欺骗与虚伪的东西，那么教育者要进行自己的工作是很困难的。

我曾经多年思考这样一个问题：男孩子与女孩子，比如说六年级的男孩子与女孩子，在对待友谊和同志情谊的看法上存在着怎样的差别。六年级的女学生在阅读有关忠实的爱情、舍己为人的英勇行为的书籍时，对主人公的命运往往会寄予深切的同情，会热泪盈眶；可是男孩子对此却往往表现得无动于衷。在体格与智力发展的某些时期，男孩子与女孩子有时会相互不能理解，因为女孩子机体中所进行的复杂的生理和心理变化过程遥遥领先，并且影响着她们对周围世界的态度；然而在男孩子的机体中这些过程却还未开始或者刚刚开始。这种不平衡的状况是怎么产生的呢？原因是什么呢？

大自然是英明的。它赋予人类这种不平衡的状况，仿佛已经预见到，在未来人们传宗接代的本能将不再只是一种本能，母亲将不仅是当奶妈，还要当教育者，教育一个人需要花费许多年。到13—14岁时，女孩子开始发育成为女人，而男孩子则还远未到达那种能够理解生儿育女和传宗接代的奥秘的阶段。

在13—14岁时，尤其是在12岁时的男女孩子之间常常发生冲突，其根源就在于他们处于不同的发育阶段。六年级和七年级女生突然有了九、十年级的男朋友（或者是年轻士兵）。教师对此感到震惊："这是怎么回事啊？为了巩固学生集体我不是做了很大的努力了吗？"如果你忽视了那些人的意志所无法改变的东西，如果你忘记了男人与女人诞生的那个时期，以及人的机体发育的自然规律的话，那么你将一筹莫展。

男孩子迅猛的性成熟时期，正如我们已经指出过的，是从13—

14 岁（个别可能会有差异）这个时期开始的。生理发育过程对男孩子的心理与行为所产生的影响要比对 10—12 岁的女孩子更为强烈。一个男人的诞生比起一个女人的诞生，形象地说，要经历更多的痛苦，虽然似乎情况应该相反。问题在于，这时候男孩子智力的发展程度与社会见识比同一时期的女孩子要高和丰富一些。男孩子区别于女孩子的特点是：性格比较急躁、直爽，对周围世界的一些现象的看法比较偏激，能比较敏锐地做出判断和决定。而女孩子则遇事多持不偏不倚的态度，依我看，这就是未来母性智慧的幼芽。大自然加快女孩子的身体发育并不是偶然的，因为女人热烈的情感必须与母亲冷静的理智结合起来。

怎样才能在教育工作中把所有这一切都考虑周到呢？在五、六、七年级的学生集体中我看到令人惊奇的两种因素相互交织在一起：男孩子急躁而狂热的激情与女孩子的稳健和聪慧。当然，别以为女孩子所有的这些性格特点生来就是如此的：只有一开始就教育孩子不要消极地贪求欢乐，而是要首先为别人，然后也为自己创造欢乐，只有在受到这种教育的集体中才能发展这种性格特点。教育的艺术就在于使这些因素能相辅相成。要使男孩子的激情在女孩子细腻的感情的影响下变得高雅起来。我从来不喜欢有些女孩子过于勤奋、过于精细，而缺乏主动性、独立性和果断精神。必须使未来的母亲养成公民的刚毅性格与自尊感，而不是默默地顺从。片面的教育（这样做可以，那样做不行）所养成的顺从会导致思想上的无原则性。应当这样来组织集体的活动：要使男孩子与女孩子所从事的一些积极的活动充满激情，并能激起女孩子对其周围的事物以及她们自己所从事的工作做出鲜明的感情评价。一个未来的女人、母亲、妻子的尊严只有当她以一个公民的身份对集体的利益以及大家所关心和忧虑不安的事情充满崇高精神的时候，才能形成。不是要去做什么抽象的好事，因为这样的好事是不存在的，而是应当为了社会的利益、为了人的荣誉与尊严而进行积极、顽强和目的明确的斗争——这就是对女孩子进行思想上的锻炼。

我总是尽力使集体首先把每一个女孩子作为人来对待，尊重她们，以她们作为与自己思想上的志同道合者而感到自豪，并时常在她们身上发掘那些能够对集体和个人起到良好作用的品质。女孩子们应当积极参加社会生活。如果过多地把注意力集中在自己个人身上，深深地钻到自己内部的精神世界中去，而对**人的领域**，对为共产主义理想而进行斗争的领域在理智上和感情上缺乏充分与深刻的认识，如果没有在个人的需求与兴趣中反映这一领域的情况，就会导致感情上的贫乏与空虚。而感情的贫乏会导致女孩子在青年早期需要捍卫自己的荣誉与尊严的时候，变得无力自卫。因此使集体的活动充满具有高度思想性的高尚情感是少年教育的一个大问题。

男孩与女孩——男人与女人

女孩子的性成熟期在四年级时就已开始。10—11 岁的女孩子在高度上"跳"得如此迅猛，以致她们都变得使人认不出来了：长长的手脚，瘦长狭窄的胸脯，瘦削的脸盘。所有这些变化都在提醒人们：一个女人诞生的神秘过程开始了。这时，女孩子的一双眼睛就仿佛是在性成熟影响之下开始进行的内部过程的一面镜子。女孩子的目光变得好奇、警觉、不安和惊讶，仿佛在问："我这是怎么啦？"

女孩子从 10 岁开始发育乳腺，到 12 岁末就已经具备少女的乳房了。对女孩子和对教育者来说，这一时期是一个发育最快、极为重要的女人的形成时期。由于女孩子比男孩子的成熟要早得多，所以她们往往觉得似乎自己成为女人为时过早，并为此而感到惴惴不安。男青年一看到女孩子极不匀称的身材，会惊奇地想到：这就是变成女人的过程；而女孩子也已感觉到男青年在想些什么。在男青年目光的注视下，她仿佛感到极不自然，这种目光使她感到惊奇和不安，并引起一些神秘的愉快的想法。我必须奉劝父母与教育者：要注意保护这一时期的女孩子不受成年人那种不体面的、过于好奇的，有时甚至是淫荡的目光的侵犯。女孩子觉得，成年人那种不体面的、"鉴赏的"目光仿佛是一种奇怪的、不能理解的东西，然而同时她又猜到（感觉多于理解）了人家把她看作什么样的人，他们对她仔细地打量，开始时会使她感到心慌意乱，继而则会使她产生有关两性关系的一些想法。我们要求男青年和成年男子具有一种道德修养："不去注意"在姑娘身体内所进行的那些变化。尽可能少进行一些有关爱情、性生活和两性关系的谈话，尽可能不要过分注意女孩子的性成熟情况，在集体成员的相互关系中尽量多一些人道主义、诚恳相待、互相同情与关心——这是进行正确的性教育的前提。

在学校里应提倡崇敬母亲，这是对待妇女（人类生活和美的源泉）的一种崇高而又纯洁的精神。这可以使人的自然的性欲变得高尚起来，消除掉人类心灵中那种兽性的、粗野的本能。凡是受过教育的人，知道应当尊重、崇敬母亲的人是永远不会用淫荡的眼光来瞧女孩子和姑娘的，他的眼神不会使女青年瑟缩和警惕。培养对母亲的崇敬必须紧密联系形成个人与集体的精神面貌的有关问题，并综合起来进行专门的研究。

男孩子的性成熟期要比女孩子迟 2 年左右开始。男孩子的大脑垂体和体内激素引起性腺活动的甲状腺的最剧烈活动是在 13 岁，尤其是在 14 岁时进行的。这个时期大部分女孩子的性成熟即将完成，而男孩子却刚刚开始。这加重了教育工作的困难，但同时也使它变得简单了，因为女孩子由于性成熟所引起的兴奋状态和对外部影响的强烈反应因她们觉得自己身体发生的变化是异乎寻常的和具有巨大的隐秘性而极力掩饰自己变成了女人，从而得以缓和和消除。女孩子身体内部的兴奋状态仿佛被一些次要的性特征，特别是对乳腺发育的想法所遏制。这些特征提醒女孩子们：她们正在变成未来的母亲。这个想法在很大程度上使少年时代的矛盾得以缓和。男孩子与女孩子之间，以及日后的小伙子与姑娘之间关系的纯洁性取决于集体和个人受到多少尊敬母亲的崇高精神的鼓舞。**人类的母性**不仅仅是对种族延续的关切，更是数千年来形成的最巨大的精神财富。它是一种强大的精神力量。它把男孩培养成这样一些丈夫和父亲：他们由于能够把女孩子看作是未来的母亲来尊敬，像珍惜家庭的荣誉那样珍惜她们的尊严，所以也能尊重自己，珍惜自己人格的尊严。

除上述情况外，男孩与女孩性成熟开始的时间不同，使女孩子见到男孩感到害羞，这也使得教育工作易于进行。低年级的孩子们夏天在一起游泳：他们兴高采烈地在池塘边奔跑，用潮湿的沙子建造各种各样的建筑物，在水中互相泼水嬉戏。可是到三年级结束之后，女孩子就开始喜欢单独活动了。男孩子不明白，为什么女孩子不愿意和他们在一起游泳了。尤尔卡对女孩子们说："你们都是些个人主义者。"可是女孩子什么也不回答，只是莞尔一笑。看来，她们已经懂得那些男孩子还无法理解的事物。在女孩子身上显露出来的这种母性的聪慧恰恰给教育工作带来了方便。

但是有许多情况也会给教育工作带来麻烦。对于少年不能理解的一切与性成熟有关的现象，都必须与男孩和女孩单独地进行谈话。这种极为隐秘的谈话（与男孩的谈话由男人进行，与女孩的谈话则由女人进行）应该不致引起孩子们对性成熟更多的兴趣，而恰恰相反，是要减弱这种兴趣，并使其变得高尚起来。

我还要再一次地强调：只有学校里充满了崇敬母亲的高尚精神，有关性成熟的谈话才不会引起不健康的好奇心。有关人的修养的每一次谈话都应该含有道德意义，这一点很重要。我曾对男孩与女孩们说："你们都是未来的父亲与母亲。若干年之后，你们都会有孩子，你们也会像现在你们的父亲与母亲对待你们那样的来考虑对孩子们的教育。要记住，男人与女人之间的相互关系会导致一个新人的诞生。这不只是一种生物的行为，而应该首先是一种创造人类的伟大壮举。只有坏蛋和恬不知耻的鄙夫才会把这些相互关系看作是一种污秽的事。"

这几年我编了一本文选读物——《母性的美》。书里收集了描写母亲的伟大、高尚和美的短篇小说与故事。这里有描写列宁、尼古拉·奥斯特洛夫斯基、廖夏·乌克兰英卡、柯秋宾斯基、塔拉斯·谢甫琴科、果戈里、奥列格·科舍沃伊和卓娅·科斯莫杰米扬斯卡娅等英雄人物的母亲的不朽功绩的故事。书里也介绍了那些在保卫祖国的战斗中英勇牺牲的军人们的母亲。书里还有一篇描写了一个英雄母亲的悲剧命运：在法西斯占领年代，为使自己的家族不蒙受耻辱，她迫使自己一个当警察的儿子用自杀来结束自己的生命。我逐页逐页地在我的学生面前翻阅这本文选读物，目的是使他们对母亲的美与伟大所表现出的敬爱的火花炽烈地燃烧起来。

我努力使我的每一个学生都尽可能多地献出些自己的体力和精神力量去为母亲创造欢乐与幸福、安谧与康宁。要把从树上摘下来的第一个成熟的苹果献给母亲与祖母,这棵树还是在上一年级的学生为了对母亲表示敬意而种植的;要把第一串葡萄献给母亲与祖母。为别人做了点好事不必喧嚷,要更多地关心自己的母亲,这就是我们教育工作的座右铭。

这里有一个从文选读物《母性的美》中选出的故事,这个故事我给低年级学生讲过。

七个女儿

从前有位母亲,她生了七个女儿。有一次,母亲出门到住在远方的儿子那里去。只过了一个星期她就回来了。当母亲一走进自己的屋子,女儿们就一个接一个地诉说,她们是如何如何地思念母亲的。

"我思念你,就像一颗鲜花的种子盼望阳光一样。"大女儿说道。

"我等你,就像干旱的土地盼望甘霖一般。"二女儿说道。

"我想你想得哭了,就像幼小的雏鸟想念老鸟一样。"三女儿说道。

"没有你我感到非常痛苦,就像蜜蜂没有花儿一样。"四女儿叽叽喳喳地说道。

"我梦见了你,就像玫瑰花梦见露珠一样。"五女儿低声说道。

"我望眼欲穿地张望你,就像樱桃园张望夜莺一般。"六女儿说道。

而小女儿却什么也没有说。她替母亲脱下靴子并为她端来了一盆洗脚水。

我努力使我的每一个学生从小就为母亲承担一部分不轻松的、单调乏味的工作。所有这一切都是崇敬母亲的具体体现。

我十分关心使男孩子与女孩子在对待所有与性成熟有关问题——对待自己身体的美和某些身体上的缺陷的态度中树立一种隐

秘的感情。我对少年提出的所有建议几乎都不涉及与性腺的机能有直接关系的生物与身体发育现象；我更关注它们对整个机体，尤其是对身材的长高、对大脑与心脏、对中枢神经与植物性神经系统所产生的影响。我劝说少年不要挑食，因为不挑食是使身体匀称发育，使所有器官发育协调、美观的一个十分重要的条件；我向他们介绍，如何才能养成迅速入睡与醒来的习惯。男孩子与女孩子最终都养成了每天早上按时起床的习惯。几乎所有的孩子都对我说，他们在闹钟铃响之前的两三分钟就醒过来了。有的人甚至没有闹钟也能按时起床。

我给男孩子和女孩子解释，为什么他们这个年龄的人会容易感到疲劳、头晕、心悸和脉搏弱；同时，我使他们相信，这一切都是无法避免的暂时现象；我向他们介绍，如何预防疲劳过度以及如何保护心脏和神经系统。

把在性教育方面的许多重要的内容与关于性教育的一些建议联系在一起是最不相宜的。尽可能少谈有关两性关系中生理方面的情况是进行性教育的正确方法。这里特别重要的是身体的发育要与精神生活协调一致。游手好闲会造成精神空虚，而我们社会生活中存在的一切卑鄙、肮脏的丑恶的东西只要找到一点点微小的缝隙，就会钻进来占据这个真空。这个缝隙首先就是集体与个人精神兴趣的极端的贫乏，以及性成熟时期的男孩子与女孩子之间没有或是极其缺乏在智力、美感和创造性的精神财富方面的交流。如果一个男孩子在女孩子身上发现的只是她外表的变化，如果他看到的只是一些次要的性的特征的话，那么这就是一种缝隙，消极的毒素会侵入空虚的灵魂。因此，男孩子应该首先在女孩子身上看到和感觉到她的智慧、精神需要与兴趣，而最主要的是她对人的高度严格的要求、自尊、自豪和不可侵犯的感情。在男孩子把女孩子当作一个女人来爱之前，他应该把她作为一个人来爱并怀着一种敬佩、自豪和充满高度人类快乐的崇高精神的感情——一种人与人之间在智力与美感方面交流的快乐。

在对少年进行性教育工作时，我们特别注意做女孩子的工作。应该把它称为培养母性自豪感的教育。当女孩子们进入性成熟期的时候，经验丰富的教师 А.И.苏霍姆林斯卡娅①在她与女孩子们进行的一些谈话中首先要让女孩子们想到：我是一个女孩子，也是一个明天的母亲。大自然和社会赋予我一个崇高的使命——在孩子们身上重现自己以及自己所爱的人，并且把人类所创造的一切美好的东西移植到他们身上去。我应该成为一个聪明、严格和谨慎的人。我是一个女人，我与男人的关系会造成生育孩子的结果。爱情是一种伟大而崇高的感情，可是这种感情不应该掩盖关于我与男人会最终建立一个家庭的思想。我应该成为一个骄傲的、严肃的人；我应该比男人——我孩子的父亲高明 100 倍，因为在人类传宗接代、保持和增加人类的精神财富的使命中，大自然赋予我的责任要比赋予他的重大得多。

母性自豪感教育的最终目的是：女孩子、女人应该在某种程度上成为一个青年、男子、未来的父亲的教育者。她应该成为贤惠的家长。只有当女孩子具备了人类足以自豪的精神财富的时候，她心中才能确立起母性的自豪感。为了使自己成为一个自豪、贤惠和严肃的人，她必须具有一个人值得自豪的东西：个人尊严、崇高的生活目的、创造能力、爱好与志向。

所有这一切在女孩子的心中是日积月累地形成起来的。如果女孩子在变成女人之前、在性成熟时期就已获得所有这些财富的话，她就会成为一个具有强大精神力量的人，而这种力量能够影响男人，使他变得高尚。

在七年级结束前不久，瓦里娅与一个 18 岁的青年——一名年轻工人相识了。有一次她与他坐在公园里，谈话不知怎么地总是谈不起来，女孩子已经看出，同这个青年是没啥可谈的。突然，他把她一把搂住，接着就开始吻她。所有这一切意外的情况使瓦里娅惊呆了，一下子感到不知所措，一动也不动地坐在那里。男青年把她的反应理解为同意与其发生亲密关系。女孩子则给了他一记响亮的耳光作为回答。后来，瓦里娅噙着眼泪对母亲叙述了事情的经过。

"我开始打算谈谈文学与音乐，可是他要么闷声不响，要么就

---

① 安娜·伊万诺夫娜·苏霍姆林斯卡娅，苏霍姆林斯基的妻子，帕夫雷什中学的俄罗斯语言文学教师。——译者

讲一些使我听了害臊的话。接着我谈了关于写生画画的事，想找一些他感兴趣的东西，但是我发现，他竟然无知到了令人发笑的程度。我以为，男青年往往对技术感兴趣，于是我就谈'量子发生器'——我们那里的小伙子们一个劲儿谈的就是这个问题，可是他却对此一言不发……。后来，他就挨过来和我接吻……。我揍了他之后，他以嘲笑的口吻对我说道：'别假正经啦，你们全都是这样的……。你以为，我会相信，你到这儿来是为了津津乐道地讨论有关诗歌与其他一些玩意儿的吗？'……可是，在这之前，我是喜欢他的，他看上去很谦虚。我以为，他的沉默寡言是一种羞怯的表现。可是，他简直是个不学无术的人。现在，我一想起他，就不能不感到厌恶。他长得很漂亮，然而却是个傻瓜……"

我感到高兴的是瓦里娅出色地经受住了这样一个考验。我把这种人类的可贵品质称之为女性的，即母性的自豪感。而在这方面美感所起的作用是很大的。每一次，当我的女孩子们遇到粗暴的情欲、鄙俗行为与厚颜无耻的勾当时，她们都表现出了清醒的母性自豪感。我越来越深信：如果美——人的心灵的美、道德高尚的美和忠于伟大理想的美，如果一个人忠诚的美（根据奥列西·冈察尔的艺术定义）已经成为他的个人财富，那么，这种财富就会使姑娘成为一个在道德上不可动摇的、明哲的和目光远大的人。

体　育

体育是一个人全面、和谐发展的重要因素之一。

体育，首先是指注意健康，关心维护作为无价之宝的生命；其次是保证人的身体发育与精神生活以及多方面的活动协调一致。

如果说，儿童的体育主要是表现在执行劳动制度方面，这种劳动制度能够促进机体的正常发育和增强健康的话，那么，在少年的教育工作中执行劳动制度就具有更加深刻的含义。在少年时期，身体发育过程与精神生活以及意识的形成是非常紧密地联系在一起的，并且十分深刻地反映着一个人的未来的，从而使体育已经不可能仅仅局限于锻炼身体与增进健康；它涉及像培养道德尊严、建立纯洁与高尚的感情和人际关系，培养生活的目的、确定道德与审美的准则以及对周围世界做出评价与自我评价这样一些人的个性方面的复杂的问题。

少年时期在人的机体中会产生一种本质上全新的东西，即人的性本能，即具体的人——男人与女人。这在很大程度上反映着人际关系中的道德本质。那个一生下来就具有人的大脑、人的思维和人的感觉器官的生物将成为一个怎么样的人？是成为一个真正的人，还是成为一个由盲目的本能力量支配其行为的人类动物？这取决于少年时期人体自然的发育因素是否变得高尚以及高尚到什么程度。实际上这种因素往往在少年时期才正式出现。如何使这个时期男女相爱的那种盲目本能人性化？这与未来的父亲与未来的母亲之间的关系的道德修养关系紧密。而未来的父亲与未来的母亲之间的关系往往对他们的道德面貌的发展起着决定作用。

少年的身体内发生着复杂、剧烈而又相互矛盾的变化过程。这些变化过程对一些最重要的系统——神经系统、心血管系统、呼吸系统和消化系统——的功能产生终身的影响。这个时期正在奠定一个人的最重要的创造性的精神活动——劳动的身体基础。

人的精神世界的多面性——对提高道德、智力、情感和美感方面的需求与爱好——都取决于身体的发育、健康与劳动的协调一致。今天，人们的劳动要求人体中各个精细的系统与领域（思想、记忆、注意力和创作灵感）协调一致地发挥作用。现代人的劳动每日每时地对身体最灵敏的系统（中枢神经系统、心脏和脑皮下层的神经中枢）产生多方面的影响。这种影响不仅有积极的一面，也有消极的一面：劳动过度会使神经衰竭。善于休息、善于爱护神经力对于一个现代人来说，就像善于工作一样重要。

体育应当保证少年能自觉对待自己的身体、养成爱护健康的本领，遵守正确的劳动、休息和饮食制度，通过体操与体育运动来增强体质、锻炼体格与神经、预防疾病。

我认为，举办一些有关人的问题的座谈会是有重大意义的。这种座谈会是与少年们一起举行的，每两周举行一次。这些座谈会的内容有一定的体系：从一些不太复杂的身体现象逐渐过渡到涉及人的心理形成与发展的一些深奥的、隐秘的现象。例如，某些座谈会专讲肌肉与骨骼的组织、消化器官、呼吸器官、心脏血液系统、中枢与植物性神经系统和感觉器官（视觉、听觉、嗅觉、动作的协调系统和内分泌腺）。有关人的心理和脑力劳动的卫生的座谈会大约每一个半月举行一次。

我力求把理论的论述与直接研究学生的个性结合起来，以便使每一个少年不把我们曾经谈到过的一些生命的过程与现象看作是一种抽象的总结，而是看作发生在自己机体中的活生生的现实。这也说明了为什么少年对有关人的问题的座谈会感兴趣，因为这些座谈会促使他们深思熟虑地进行自我剖析。这样一些目的明确的座谈会要求严格掌握分寸：在分析生理和精神变化过程与现象时，任何时候、任何情况下都不能涉及个别少年的一些具体的身体发育特点。

座谈会大大促进了自我教育的过程。我看到，少年们怀着多么激动的心情在聆听题为"心脏与劳动"的座谈会。这种座谈会在五至八年级每年举行两次。我十分重视这种座谈会。每次进行时，我都要向他们揭示一些新的事实、现象与规律。少年们一边仔细地倾听每一句话，一边变得沉思默想，这说明，他们求知的目光正在转向自己本人。我发现，有一次我谈到关于少年型心脏神经官能症时，我警告说：如果在少年时代对心脏不加爱护，就可能导致永久性的内伤，这使季娜与沃洛佳感到惊恐不安。从与医生的交谈中我了解到，季娜与沃洛佳都有明显的少年型心脏神经官能病的症状；在沃洛佳的心脏里有时甚至还可以听到一种像瓣膜缺损那样的杂音。他们的心脏并没有发现任何器质性病变；可是，如果使心脏负担过重的话，就可能出现这种病变。我的话首先是说给季娜和沃洛佳听的；我还谈到了她们违反劳动、休息和体育锻炼制度的一些做法，但是我并不指名。季娜和沃洛佳在考虑关于自己的事，这点就很清楚了。

每个人是他本人的最敏感、必不可少的医生。我在教育儿童、少年和男女青年时，深深地确信这一真理。众所周知，在少年中抽烟的坏习惯是多么根深蒂固。抽烟会给心血管系统、大脑和消化器官带来巨大的危害。由于大脑垂体与甲状腺活动增强，提高了神经系统的易激性与易怒性，导致这个时期抽烟成为一种特别可怕的灾难。

我深信，正是因为吸烟，才使许多少年本已兴奋的神经超出了极限，使他们做出了一些不良的和应当受到谴责的行为。尼古丁在毒害神经系统的同时，使人的脑半球大脑皮层的某些细胞群在少年时代就已经丧失了工作能力。凡是从少年时代起就开始抽烟的人，到 40 岁往往已经能感觉到脑硬化的早期症状。我一再向青少年提出警告，向他们讲述吸烟这种习惯的严重后果。我的努力取得了成效：我的学生中没有一个人在学生时代抽过烟。这句教导起到了主要作用："每一个人都是自己本人的医生，每一个人都应该与自己的不良嗜好做斗争。"

体育与德育、美育密切相连。在关心自己健康的同时，少年往往会为他人的健康、休息与美满的生活去创造必需的环境并爱护这种环境。对自己的关心不应该建立在对他人漠不关心的基础上。

饮食制度、劳动制度和休息制度

少年的机体中，一切都处于形成与变化的过程中。复杂的生理变化过程往往会引起旺盛的新陈代谢。消耗在身体生长上的能量是十分巨大的。我们所有的女孩子从十二三岁时起就不像她们在三至四年级时那样，像一些圆圆的、胖乎乎的"小面包"了。有的人还具有消瘦、胸部扁平、容易疲劳、头晕与心悸等特征。这多半发生在一些好动、容易冲动、活跃的男孩子与女孩子的身上。

在这一时期，教育者应当非常注意方式方法，要能够洞察人的心灵。在少年的生活中，我们往往会碰到不能叫他们站起来回答问题的时候，这是因为他们的神经系统与心脏过分紧张了，要是教师不能洞察他们的心灵的话，就不可避免地要发生冲突。

旺盛的新陈代谢需要正确的饮食安排。饮食必须简单（这点很重要），必须定时和有足够的卡路里含量。如果学生在儿童时代就已养成遵守饮食制度的习惯，就能减轻在少年时代教育工作的负担。我与家长们一起为每个少年制定了劳作与休息的制度。男孩子与女孩子通常在六点起身，有些人在五点半起身。起身之后就做早操、用冷水淋浴，然后到小花园和葡萄园里劳动（冬天就到院子里铲雪）。这对所有男孩与女孩来说都已经习以为常了。在有关人的问题的座谈会中我特别强调做早操和用湿毛巾擦身。我使少年们相信，一个人的自我感觉的好坏、劳动能力的大小和是否具有清晰的思维能力与他如何开始一天的生活、他从睡梦中醒来时的头脑情况如何以及身体对一天的劳动的情绪如何有关。

我们与家长们进行了一些专门的座谈会，主要讲下面一些问题：少年们每天早晨、早餐之前和上午、下午应该从事什么样的体力劳动；少年们应该吃些什么样的食物和应该怎样安排饮食。如果一个少年早晨没有搞体力劳动，我认为整个教育的环节是不完整的，我要努力使他去从事这种劳动。

我与家长们商定，给少年提供简单的饮食：足够数量的黑面包或灰面包、红甜菜汤或肉汤、蔬菜、乳制品和水果。我注意使少年们的食品中不含有过多的高热量蛋白（肉、干酪）和不加辣味、带刺激性和辛香的一些作料。我建议少年们吃煮水果而不喝茶；不要单纯吃肉，而是要放在蔬菜里一起煮。不让少年们吃砂糖、糖果，或者其他甜食。根据我多年来的观察，过多地食用提炼过的、含热量高的碳水化合物是有害的，它会引起食欲不振和肠胃病。如果您想让儿童和少年身体健康的话，那么就请给他们简单和普通的食物，糖果只有在过新年时给一点。

在性腺剧烈活动的时期，特别要注意饮食营养均衡。食用含蛋白质过多的食物、辛香作料和过多地食用甜食会更强烈地刺激大脑垂体和甲状腺，而它们分泌的激素会刺激性腺。

在少年时期必需的热量吸收要与足够数量的细胞组织相结合，这是十分重要的。尤其不能允许把含有高热量的蛋白与大量的精制糖、蜂蜜一起食用，这种饮食会引起性成熟的加快：女孩在12—13岁时就能发育成女人，男孩在14—15岁时就能发育成男人。此外，少年在性成熟时期还会对成年人的私生活产生强烈的不健康的兴趣。如果在儿童期与少年期采用高热量饮食，而没有通过体力劳动把能量消耗掉的话，甚至还会引起一些病态现象。

我在和家长们、少年们的座谈会中常常举一些有说服力的事例来证明：饮食简单、有节制、不食用营养过多的食物和不挑食对一个人的健康、自我感觉、劳动以及整个精神生活都会产生极为良好的影响。

在教育计划中，我们对劳动很注重。不是一般的劳动，而是到室外去劳动，一年四季都在野外劳动。这样的劳动对少年来说恰恰是很重要的。它是使身体发育和精神生活的发展协调一致的重要因素。当少年感到精神上的快乐与同学们的支持时，集体劳动就显得特别可贵了。但是，也应当教会少年单独一个人在野外进行劳动。在父母住宅旁的自种园地上，每个少年都应该有属于自己的一块种植园地。

下午，少年们在学科小组里活动、阅读文艺和科普书籍以及从事体力劳动，而不是进行紧张的脑力劳动。我与少年们及家长们进行过多次座谈，希望男孩与女孩的就寝时间不迟于晚上 9 点钟（如果 6 点钟醒来的话），或不迟于晚上 8 时半（如果 5 点半醒来的话）；八年级学生可以晚睡一个小时。少年需要提醒和监督。然而，如果没有自我教育的话，则任何提醒与监督都将无济于事。我使男孩和女孩们相信，养成早睡早起的习惯，养成在早晨上学之前做家庭作业，下午的时间主要用于体力劳动、学科小组活动和诵读（不是为了死记硬背，而是为了全面的智力发展）的习惯好处很大。

在身体蓬勃生长的时期，每年要给少年量几次血压。身体长得越快，血压升的速度就越快，并且血压跳跃的现象也出现得越多：早晨血压接近正常，而将近中午时就明显地升高了。我对少年们谈了在他们身体里进行的一些变化过程，并给了他们一些在这一时期应该怎样保护心脏和血管，尤其是脑血管的建议。某些女孩子需要特别注意。一发现女孩子由于悲伤、惊慌和激动而引起的某些不易察觉的自我感觉恶化，我就想办法使她们摆脱抑郁状态，使她们乐观起来。乐观的情绪是预防疾病和健康状况反常的最好方法。

所有少年都需要在户外休息。我建议他们在天气暖和的日子里（春天或秋天），午饭之后，躺上半小时，在小花园里休息一会儿。我告诉他们，在休息、劳动、走路和做课堂作业时，应怎样正确地进行呼吸。要知道，少年对氧气的需要大大超过成年人。我教会少年们在花园里休息时做呼吸练习。教师们做课间操的时候，对呼吸练习也十分注意。在教室里安装通风设备，窗外种植大量花草树木，都能保证良好的空气条件。

我们在假期里的劳动与休息

一个学年结束之后，我们到野外去劳动和休息。我们有自己办的少先队夏令营。每年我们都会提前准备好自己需用的物品：行军与游览用的装备、劳动工具。考试完毕后，我们就在森林里架设帐篷，建造伙房。

由少先队中队委员会分配假期任务。每天指派 4 名值日生负责我们"欢乐的阔叶林"（少年们这样称呼自己的夏令营）里的日常事务。昨天还需要炊事员玛莎阿姨照料的五、六年级学生，今天已经是七、八年级的学生了，他们已经能够自己照料自己了。

大家都学会了做饭、保管食物、建造与修理砖木结构的伙房，不管在什么天气条件下都能迅速点燃篝火，学会了找到林泉、收集和保存雨水以供饮水和烧煮食品之用，学会了洗刷碗碟、洗衣服、架设帐篷、挤奶、保存牛奶、用牛奶制成黄油和乳酪、给马和牛喂饲料、照料牲畜、收集并晒干森林里的果实和各种药用植物，以备患病和身体不适时使用。大家每天做三顿饭，伙食完全符合营养要求，同时又很简单，菜肴里没有任何辛辣的东西。

在少年的大脑快速发育和变化的时期，要使少年的食物具有丰富的铁和磷，这一点非常重要。在七、八月份，少年们每天大约吃两千克苹果，每天吃新鲜的蜂蜜和西红柿，西红柿富含多种维生素，它对于消化食物以及中和对性腺有刺激影响的肉类和其他含有高蛋白的食品是必不可少的。就寝之前，我们是不允许学生吃含有高蛋白的食品的。

男孩们与女孩们朝夕相处，天气炎热，大家穿得很单薄，每天要洗漱三四次——所有这一切都要求我们尤其关心集体中精神生活的丰富多彩，注意各种活动在身体与精神方面的协调一致。劳动与休息的制度是建立在自我教育的基础上的，也就是以克服困难、进行身体的锻炼和毅力的训练为基础的。经常让孩子们晒晒太阳，这特别重要。少年们逐渐习惯了灼人的阳光，在行军与游览期间，他们能够在酷暑中晒上几个小时的太阳，当然头部是要保护好的。夏天，少年们一个个都变黑了，晒得黝黑黝黑的。

每年夏季，我们都要到第聂伯河沿岸行军——研究我们的故乡。苏联红军抗击法西斯占领者英勇奋战的那些地方，给人留下深刻的印象。在寂静的夏天的傍晚，男孩和女孩们屏息静气地聆听参战者和目击者们讲故事。

行军期间，我们经常在野外过夜——在草垛底下、在田野里、在林中空地上。新鲜的空气、良好的营养和丰富多彩的精神生活——这些都是使身体与精神生气勃勃地健康发展的源泉。不管少年们在什么地方——在夏令营，或是在行军中，我总要想办法让男孩与女孩们的心脏得到充分的休息。少年们在"欢乐的阔叶林"里度过假期的时候，白天要休息两次。在家里度过假期，也要保证这样的休息制度。在小花园里、在宅边自种地上，每个少年都有一只板凳，以便能够坐一坐和歇一歇。

在"欢乐的阔叶林"里度过假期不仅仅只是休息；在这里，少年们也参加劳动、研究故乡的资源、观察大自然和组织军事游戏。在学生时代，尤其是在少年时代和青年早期，都不应该有"单纯的休息"。如果没有创造性的精神生活，如果思想、感情与愿望不体现在具体事物中以及在这些事物中人化，如果劳动不能创造人的世界、不能使感情和兴趣变得高尚起来，那么休息就会变成一种令人生厌的无聊。而在无聊中，一个人的性情会变得粗野，就会产生道德上的麻木不仁和缺乏公民责任感。

当少年变成男人与女人之时，身体与精神状态的一致尤其显得重要。在树立纯洁、高尚的道德伦理关系中，个人的尊严感和自尊心起着特殊的作用，只有当一个人在别人身上不断发现道德上完美纯洁的东西的时候，才会形成这种尊严感和自尊心。也只有在这种情况下，人才会有一种不断向上的愿望。

在寂静的夏季早晨，我们到田野里去寻找最大的麦穗，找些种子做试验。在这种劳动中，大家的体力与思维都调动起来了。特别重要的是，女孩子们在这个过程中成了善于思索和聪明能干的劳动者。

五年级结束后，木刻成了女孩和男孩们喜爱的活动。成年人帮助我们在橡树的树荫下摆好几张小桌子，在临近傍晚的时候，我们手里拿着小小的木刻刀坐在这些小桌旁边。我们用木刻刀雕刻出别出心裁的木刻画——一些飞禽走兽以及一些只在神话中才有的幻想出来的事物的雕像。这是一种艺术创作，每个人的思维与创作构思的特点就是在这种艺术创作中展示出来的。大家雕刻出的童话中的一些形象栩栩如生——欢乐的巨人铁匠、和蔼可亲的苏姆拉克爷爷、瘦骨嶙峋的妖婆和小云雀。孩子们还兴致勃勃地雕刻出一些军人，他们听到过关于这些军人所建树的丰功伟绩。有些少年一心埋头于这种创作活动，然而，它并未能引起另外一些人的特殊兴趣：怎么也不能使佩特里克、瓦里娅和尼娜对木刻产生兴趣。在仔细地观察了少年们的活动过程之后，我确信，在智力发展、智能和手的操作技巧之间存在着相互依存的关系。

我们还组织学生参加了在集体农庄的果园里采摘水果，消灭护田林带上的害虫并为新的果树苗圃收集种子等活动。

在众多活动中，军事游戏使孩子们感到莫大的愉快。男孩与女孩们不止一次通宵达旦地去侦察，在假想的湍急的河口，在"敌人"的火力下建立抢渡点……

冬天，我们在户外工作。碰到不刮风不太寒冷的日子，男孩与女孩们就在果园中堆雪，保护树木不受兔子破坏，同时为夏耕和农田积雪而刈席草。

每个冬天，我们都要在树林里工作几天——在风和日丽、气温为 -10℃——-5℃ 的日子里，我们用干树枝制作积雪的挡板。五年级的少年在森林里工作 3 天，每天 6 小时；六年级的少年工作 3 天，每天 7 小时；七年级的少年工作 4 天，每天 7 小时；八年级的少年工作 4 天，每天 8 小时。

这是一种非常好的锻炼体力与精神的方法。少年们穿得不多，可是要穿暖和。黎明时分，我们就来到森林，在一块林中空地上安营扎寨，煮好热气腾腾的食物，坐下来吃早饭。吃过早饭，我们活动 3 个小时。3 小时之后，大家都想吃东西了，又得生火做饭，吃午饭。在这里人人都食欲倍增，有些人的食量甚至比在家时多两倍。谁也不觉得寒冷，从未有人在活动时或回家的路上冻坏过，也没有人生过病。吃过午饭，男孩子们就到森林深处去取洁净的泉水，大家都想喝"森林之水"。午饭后，我们再活动几小时，结束后大家又想吃东西了。我们再熬煮肥肉稀饭，它仿佛是世界上最美味可口的饭菜。吃过晚饭，我们欣赏晚霞，在暮色苍茫中踏上归途，有时候来森林接我们的不是汽车，而是雪橇，这对大家来说是件大喜事。

我并不了解那充满针叶味的、洁净的寒冷空气对人体所产生影响的全部奥秘，但是从一些观察中可以得出这样的结论：冷天在森林里活动，在2月的明媚阳光的照耀下活动，是增强体质、培养沉着镇静与顽强不屈精神的最好方法。

每年冬季，在校园里也能开展活动：我们为葡萄园和果园收集积雪，保护树木不受严寒与兔子的侵害；为冷藏库采集池塘中的冰块。

每年冬天，少年们都要在森林里休息几天。我们就像在儿童时代那样，大清早就来到森林，迎着朝霞，搭起窝棚，建好行军灶。我们乘上雪橇到森林深处，取来了泉水。吃过早饭，我们就开始建造雪城堡，里面有各种宫殿、地下密室。进行有趣的、引人入胜的军事游戏……。午饭之后，我们就分散在林间空地里走走，听着冬季鸟儿的歌唱，欣赏披着银装的树木。然后我们回到雪城堡，在冰冷的炉子里点起火来，一边烤土豆，一边听故事。这些日子将永远留在少年的记忆中。

每年冬季，我们都要挑个好天气，到一个遥远的冰封湖面上休息，那个湖泊景色秀丽，遐迩闻名。我们在这里待两天，在帐篷里过夜。我们用冰块建造起水晶宫殿，阳光照射在宫殿晶莹透明的壁上，闪现出一种很难用言语表达的奇异景象，令人感到惊奇和神往；每个人都想在水晶宫殿里坐上一会儿，幻想一阵，听一听有关到远方旅行和善良战胜邪恶的神话故事。

冰晶体中光线变幻这一神奇的美景使人们浮想联翩并鼓舞人们去进行创造性的想象。我们坐在冰台阶上，我们的头顶上是宫殿的拱顶。在冰块连接的地方，每时每刻都迸发出各种新的色彩，这些色彩闪耀着、变幻着，交相辉映。在白天的某个时刻，太阳降临到森林上空，这时候，水晶宫殿里笼罩着一片朦胧的绿色，置身其中，就像在海底深处一样。接着它变幻为像晚霞那样的玫瑰色闪光，最后，又散射出紫色的光辉——那些独特的色彩和色调的变幻是如此令人神往，令人精神振奋，大家坐在那里像是着了魔一样地欣赏着。

于是，在暮色降临之际，一首关于冰魔术师的诗产生了，这是我们集体编写的诗。下面就是这首诗：

蓝色的波浪荡漾在森林湖上，
冷飕飕的风在游荡。
浪拍阴沉沉的湖岸，
风在空枝残叶的林中喧响。
太阳刚要落在山后，
冰魔术师就来到湖岸旁。
用冰冷的寒气吹拂着水面，
那蓝色的波浪不再动荡。
冰魔术师站在林边，
那里有彩色晚霞映着的光亮，
他挥着手，呼着冰冷的气，
看向冻僵了的波浪……
晶莹的冰中，
宛如蓝色的、红色的、蔚蓝色的、玫瑰色的、绿色的、黄色的、紫色的细针在闪闪发光。
冰魔术师把太阳之光
注入冻僵了的蓝色湖波里……
点点光芒在冰的深处休憩，
期待着春天的到来，
能在潺潺的小溪中嬉戏欢唱……①

这里，在水晶宫殿里，一种有力的、充满激情的思维刺激因素在起作用：奇异的美景孕育出鲜明的形象，激起了充满灵感的幻想突然迸发。在湖面上休息是一种增强与活跃一些"难教育"孩子的思维能力的好方法，比如佩特里克、瓦里娅、尼娜和斯拉夫卡。

————

① 此诗在原译稿中漏译，现在补上。此诗由蔡汀同志译出。——译者

我们有时还到离村不远的那个积雪很深的山沟里去休息，那里曾是一个山洞，它与我们童年时代许多令人难忘的回忆联系在一起。我们往往在严寒的天气，或是暴风雪来临之前来到这里，打开只有我们才知道的山洞入口，把炉子生旺，煮起了稀饭，然后在寒风凄厉的呼啸声中阅读有趣的书籍。在这里，我们读完了杰克·伦敦和斯坦纽科维奇的一些短篇小说以及宙里·维尔和奥勃鲁切夫的长篇小说。在这里，我们还读了许多有关飞往外星球的幻想故事，读得简直入了迷。

冬季的劳动与休息是使体力与精神协调的源泉。我关心少年的身体健康，尤其是他们的心脏。在空气新鲜的野外工作与休息、在集体的精神交流中所获得的欢乐以及对生活美景的欣赏——所有这一切，对于强壮少年的心脏是极为必要的，因为他们的心脏正处于发生激烈、深刻的内部变化的过程之中。现在，有半数以上的人死于心脏疾病。为什么总有人患这样的疾病呢？为什么有些人到了四五十岁，他们的心脏就会变得衰弱无力、功能不全了呢？这是因为，在心脏迅速发育的少年时代，没有好好对其加以保护、爱惜与锻炼。在这个时期，心脏对许多刺激因素的反应迅速并容易接受，它是一些敏感神经的集中点。正是在这种年龄，心脏会由于体力活动与精神生活的失调以及由于抽烟、伤风感冒、喉头炎、流行性感冒和鼻炎（这些对少年都是非常危险的疾病）而遭受损伤。

我们预防伤风感冒、锻炼身体、增强和保护心脏，就是在延长寿命。我的男学生与女学生从未患过伤风感冒，这就是在童年进行长期的身体锻炼的结果。男孩与女孩从幼年时起就严格遵守对他们提出的许多要求，这些要求已成为习惯：夏天锻炼双脚（在任何天气都赤脚走路），睡觉时打开通风小窗，用湿毛巾擦洗身子和做早操。

动作的灵活与优美

在少年时期，尤其是那些力气大的男孩子，动作笨拙而又生硬是他们的典型特征。这样的学生，在我这里居多数。少年的力气总是无法遏止地想脱颖而出，因此使学生学会让一些复杂和细腻的动作与体力互相配合是十分重要的。不正是由于这样一个原因，少年才会做出这么多轻率莽撞的、冒昧的举动吗？不正是由于这样一个原因少年们才会经常折断和损坏那些他们根本不想要折断、损坏的东西吗？

有一次，尤尔卡本想把球往网里抛，可是却命中了窗户，打碎了玻璃。要不是我亲眼看到他是那么不善于估计自己用的力量，我就会认为他是在恶作剧了。我还看到过帕夫洛在搬床时竟弄断了一只床脚，这一点成年人恐怕也未必能够做到；舒尔卡在关闭书桌时，用劲碰了一下书桌盖，使固定桌盖的螺丝脱落了。我发现，少年受集体精神生活中各种事件所引起的刺激越多，他们行动的目的与他们在这个动作中所费的体力之间的不协调就越大。生活告诉我们，训练动作的灵活、轻巧和优美是必要的，这是协调体格与精神发展的极为重要的组成部分之一。我训练少年做一些复杂而细腻的动作，这些动作要求技巧与体力的结合。我首先关心的是要使少年的双手成为他们灵巧的、技艺高超的、与大脑有着千丝万缕联系的劳动工具。自觉而又灵活地指挥全身的运动，首先是从指挥手的动作以及手对大脑的反作用开始的，通过这种反作用就能够训练出各个系统优美、敏捷的协同动作：手——大脑，身体——大脑，劳动——大脑。

手的细腻、敏捷的动作以及它与大脑的联系首先是在劳动中训练出来的。在少年的劳动中，我注意不让他们多做那些只需要体力的粗野单调的动作，以防止这种工作造成的疲乏使他们对自己身体及对周围世界的敏感变得迟钝。经验使我深信，如果在少年期单调粗野的动作训练占了多数，即在这些动作中取得成功的唯一条件就是巨大的体力，这会给人的体格发展，以及人的智力、情感和美感的发展打上烙印：他不仅笨拙、迟钝，而且不能理解思想与感情上的一些细腻的东西。少年在实验工场、小组工作室、实验室、试验田和果园中主要是从事动作灵巧、需要高超的技巧和精巧细致的劳动，它要求计划好体力与智慧的协调一致和进行经常性的自我检验；要了解自己做了些什么，完成的质量如何。正因为如此，我们十分重视木刻这一活动。少年们在实验工场从事对木材和金属进行精细加工的劳动。在生物专用教室里，他们把小麦种子的幼芽移植到黑麦的种子上。男孩子在果园里工作的时候，学会了使用园丁的万用工具——接芽刀，他们把培育出来的幼芽嫁接到野生树苗上——这是一项精细的农活，它能培养人的灵巧力、实践能力和美感。在机器上操作同样具有很大意义，少年们可以学到同时完成几个在劳动过程中所必需的动作。有些农活做起来要求整个身体协调活动，而且如果没有驾驭全身活动的本领，就很难使灵活、轻巧的动作与体力配合起来。七年级或八年级结束后，男孩们非常高兴从事刈草劳动。在这种劳动中，体力与轻巧、灵活、优美的动作极为协调地结合在一起。凡是爱好刈草劳动的人，他的体格一定匀称而优美，也善于在劳动和体育运动中驾驭全身。

我们很重视骑自行车、溜冰、滑雪以及游泳等运动项目，这些运动项目也能培养与锻炼一个人动作的协调、轻巧和优美。男孩与女孩们自行车骑得如此熟练，拐弯时甚至可以不必扶车把。在组织溜冰比赛和游泳比赛时，我们制定了一些要求，首先要求动作轻盈与优美。

夏天，在"欢乐的阔叶林"里有三匹马拨给我们使用。在离我们宿营地不远的地方，集体农庄庄员造了个夏季用的马棚。男孩与女孩们高高兴兴地储备干草，到村里去取燕麦。六年级结束后，他们还在晚间放马，这使他们感到特别快乐。每天都有三个男孩去值晚班。有时候，给我们几匹马，我们就骑着马，到遥远的草场去，直到第聂伯河附近的一个湖岸边。我们在这里听到了有关奇异的生物和遥远的外星球的一些令人惊奇的神话故事。

男孩们酷爱打排球与篮球，女孩们则迷恋乒乓球与篮球。女孩们在家里也打乒乓球。整个少年时代，男孩与女孩都参加体操组的活动，体操是我们全校学生都特别喜欢的运动项目之一。劳动与体育运动把男孩与女孩们的体形美渐渐塑造出来。

爱护少年的神经系统

少年期是大脑发生深刻质变的时期。在额叶、颞叶以及顶叶部分，正在进行着树突快速发育的复杂过程，这些过程促使人类特有的认识、思维和创造功能逐渐形成。这一时期，把神经元和某些质点以及把大脑皮层各区和皮层神经中枢联结在一起的联想神经纤维的数量正在增加。

形成抽象思维的生理变化并不是一种平稳的、没有痛苦的过程，这一过程涉及少年精神生活中表现自我肯定、自我认识、自我监督和自我评价的各个范畴。少年的神经元与大脑皮层下中枢在这一时期变得特别敏感，在一定条件下会变得近乎病态地容易受刺激，这是因为来自周围世界的任何一个信息不仅被大脑"破译"，被加以系统化并与早先获得的信息联系起来，而且与思考者本人的个性也有关。少年仿佛是把周围世界和他本人放在一起考虑的。从一个神经元到另一个神经元的神经脉冲的转换变得很快，快到不仅能够在意识中，而且也能在下意识中积累和保存信息。

能善于考虑因生理过程的急剧变化引起的少年思维的性质上的新特点，对于教育工作来说意义特别重大。少年的神经系统有时会出现极度的紧张：只要稍有不慎或不适当地触犯，少年就会"暴跳""发火"。因此，教育者必须首先对少年的思想与感情领域，对思维与情感复杂的相互作用过程以及意识的和下意识的领域采取非常谨慎和敏锐的态度。应当注意到，在这一时期，在大脑皮层下的神经中枢内特别强烈地印下了认识和自我认识的情感痕迹。

柯利亚、米沙和托利亚有时在自己的家里目睹了人与人之间的不公正与冷漠无情的现象。当男孩子们来到学校时，他们看到的一些事实与情况似乎在记忆中已经淡薄或者消失了，可是认识的情感痕迹却铭刻在他们的行为和自我感觉上。假如我向他们中的某个人问起："你们家里情况怎样？"那么回答我的往往是勃然大怒。在男孩们那种急躁的、求知心切的，仿佛要刺穿人的心灵的目光中，或者在沉默寡言的孤僻中，我察觉到了他们内心紧张的精神状态。我猜度，少年在这时候正需要帮助和忠告，可是如何来体察他们敏感的内心世界呢？我并不会把帮助与忠告强加于人，我力求使一些骄傲的、自尊心很强的少年向我倾吐自己的衷肠。要做到这一点，就需要有精神上的一致，使我和我的学生都忘记，我们是师生。

正是在这个少年时期，在神经系统产生重大变化的同时，他们的内心深处进行着自我肯定与自我认识的最初过程。让少年感到与自己在一起的不是一个用教育家的自作聪明来对他人行使"巫术"的教育者，而只是一个富有同情心的、诚挚的朋友，这是多么重要啊！一个教师，他越少摆出教育者的架子，越少一本正经，他就越是个优秀的教育者，少年们也就越喜欢接近他。

兴趣与爱好的一致仿佛是一种能将少年拉向教育者的力量，由此而形成精神状态的一致，首先是道德情感状态的一致，表现在对邪恶、不公正和轻视人的尊严的毫不妥协。当我对米沙的父亲对家庭所做的坏事表示憎恨的时候，当我怀着不安的心情看着凝神沉思和存有戒心的米沙的时候，他开始对我倾吐自己的心里话。对痛苦的共鸣战胜了残忍，而残忍则是少年敏感的心对邪恶、谎言与不公正行为的最激烈和最危险的反映。残忍不仅会使少年的心灵变得粗鲁，而且还会影响神经系统，破坏体格与精神发展之间的协调一致——使少年的身体与精神受到压抑。

少年仓促地做出错误的结论，把疾恶如仇的感情从对个别人扩大到对所有的人上。有时他还会对世上的一切都变得残酷无情。他觉得，所有的一切都是凶恶的和与自己格格不入的。

让我们仔细想想伟大的艺术家和教育家列夫·托尔斯泰所说的有关自己少年时代的一些话吧："是啊，我在对我一生中的这一时期的描写中越往前走，越觉得吃力和困难。在这段时期的回忆中，我极少能够找到那种能如此明亮地和经常地照耀着我的生命开端的真正温暖的感情。我不由自主地想快些越过少年时代的荒漠，达到一个幸福的时期。在这个时期，真正温柔而高尚的友谊感情以明亮的光线重新照亮这一年龄的结束并开创一个新的、充满美好和诗意的青年时期。"[7]

为什么列夫·托尔斯泰出乎意外地把少年期称为荒漠呢？因为人在少年期对他看到的各种事情总是反应尖锐、激动不安的，最微小的忧虑不安也会在他心中留下很深的创伤。因为人对世界在感性上极其敏锐而又清晰的认识是从少年时代开始的。而少年这时的心往往变得敏感与易受伤害，对那些使他精神受到压抑的见解特别敏感。少年只要一想起那些在一天、两天、三天，甚至一个星期以前使他惊讶和激动不安的话，他的心就会不安地跳动起来，血压就会"突然升高"，浑身上下忽冷忽热，脸上红一阵白一阵。如果在这个时候少年开口说话，他的嗓音往往会由于极度紧张而打战和断断续续。教师要善于注意和理解这种精神状态，不要去问："你怎么啦？"一般来说，这种对学生的"掏心术"是不适当的。人在少年期的内心生活比任何其他的发育成长期都更为丰富，而这种精神生活会影响他的身体健康，影响他的思想和行为。内心的震荡会引起少年机体各部分普遍的不协调。我遇到过这样一种情况：少年对邪恶与不公正表现出了愤怒，过了几分钟之后，这种情绪就引起了体温的急剧升高，然后就产生了长时期的神经系统问题。在强烈震荡的影响下，少年往往还会出现消化功能的紊乱。

保护少年的中枢神经系统，也就是爱护他的心脏和整个机体。教师应该掌握一种隐含着同情心和对少年短处的宽容态度的最巧妙的工具——语言。教师要小心谨慎，别使你的话成为一根灼伤娇嫩的身体并使它永远留下难看的伤疤的鞭子。正是由于这样的伤害使少年时代显得毫无生气。富有哲理和同情心的话语，就像是一种活命的水，它能使人得到安慰，使人对一切都表现乐观并激发起正义必胜的信念。

只有当教育者说的话是真诚的，是发自内心的肺腑之言，话里不掺虚假、成见以及要对学生进行"严厉责备"和"痛骂一顿"的愿望时，这样的谈话才能起到保护和爱惜少年的心灵的作用。为了要使少年心灵中产生强烈感受而特意去挑选一些尖刻的字眼，这是一种缺乏最起码的教育常识的标志。如果少年处在心情紧张和异常激动的状态中，当他的大脑与心脏之间的感受之弦拉得很紧的时候，他是永远不会感到自己有过错的。只有在平静下来之后，少年才会体会到自己的过错。因此，教师的话应该首先使少年平静下来。如果我们说，教师的呵斥在教育工作中是一种毫无用处的方法，那么把这种方法用来对待少年，就是教育上的无知。因为呵斥本身——不管少年有无过错——在他们看来就是一种不公正。想用呵斥来压制少年的倔强，迫使他们处于一种战战兢兢地听话与服从的状态，这好比是挤压弹簧，我们越是用力挤压它，危险就越大，因为它会压断甚至是弹出来击中那个挤压它的人。

每次，当您努力设法使少年处于不敢说话的顺从状态时，您就像是在激怒和过分地刺激那个本来就已经很紧张的心脏。当教师在大声呵斥的时候，少年的心脏，形象地说，就像是着了火一样：紧张的神经敏感地、近乎病态地把信号输送大脑，而大脑一次又一次地刺激心脏。

我曾见过一些心情十分容易激动的少年，特别是尤尔卡、维克多和舒尔卡。这点始终使我感到很不安。少年们好像在等我谈论有关他们的一些事情，可是只要我一提高嗓门说话，他们就会面红耳赤，全身瑟缩。这时候，我就竭力保持镇静。我尽量轻声地，然而有表情地、饱含热情地说话，仿佛我并不是有意地在缓和他们的情绪一样。少年（有时候两三个人在一起）注意听我说话；他越是全神贯注，我就说得越轻。过了一两分钟，紧张气氛就消失了，危险的激昂情绪的火苗熄灭了。我看到了一颗平静的心。如果对话是在全班面前说的，教室里就会一片肃静。在这种情况下，就可以控制对少年说话的口气：略微提高一下嗓门，可以使他们觉得是一种要他们注意听讲、勤奋学习和明白事理的合理要求。

用断然命令、不容反驳的语气说话往往会使少年的神经系统极其疲劳、衰弱或过度的兴奋，而后又感到压抑。少年的智力活动就其性质与功能来说是有独立的要求的。真理只有在少年对其正确性仿佛产生怀疑，从而对它从各方面进行仔细观察，检验并独立地得出应该按教师建议的那样去做的结论时，才能变成他的信念。少年不仅研究自然界各种现象与规律，也研究道德真理，研究人。他们特别注意研究教师。教育者与少年们的谈话不应该是绝对的命令，而应该是一种发人深省的话；在这种条件下，少年才会发现您身上一切美好的东西，您思想的一些细枝末节才会清晰地呈现在他们面前。

当绝对命令和不容置疑、不许反对的精神占统治地位的时候，就会出现一种教师常常觉察不到的危险状况：绝对命令往往会在少年的意识中激起内心的反抗。由于少年期控制情感的大脑半球皮层的作用增强了，少年几乎从不公开表示自己的反抗，可是他的感触却更深刻了。一方面是不耐烦和不能容忍，另一方面又要默默无言地顺从，这些感受使少年的心脏经常处于紧张的状态。在强大的情感刺激下，大脑皮层下神经中枢开始发生作用，它们仿佛对理智提出警告：别屈服，你自己肩膀上也长着个脑袋。这些来自大脑皮层下神经中枢的信号是如此之强大，以致少年虽然听到了您说话的声音，但却没有深切地注意到这些话的意思，它们仿佛只是在少年意识的表面略过了。接着抑制过程就开始了，心脏不再紧张，它变得软弱无力。可是，当教育者说出某个想法时，又会重新激起少年剧烈的反抗（当他感到，教师言行不一，或者感到教师所说的与他在实际生活中见到的现象有矛盾时），少年的心脏会重新紧张起来，来自大脑皮层下的信号又重新送入大脑皮层。

有些教师总是没完没了地在折磨着少年的心，他不让少年有边思考边认识和边认识边思考的机会——而这种认识和思考的过程正是少年自我肯定的开始。少年的心经过若干年这样的折腾之后，会变得粗野与冷漠无情。对具有这样一颗心的人来说，往往是不存在什么神圣的东西的。他们会下意识不再成为良心的敏锐的卫士。这不仅造成道德的沦丧，还会给健康带来巨大的危害。用默默无言的顺从精神来教育少年必然造成感情上的压抑，他们不可能具有乐观愉快的世界观。

尊敬的读者，请不要把我的意思理解成我反对教育工作中的命令、要求与秩序。假如没有教育者合理地显示自己的意志、没有集体与社会的要求，则教育将变成一种自发力量，教育者的话也就成了抽象善行的"玉露琼浆"。然而，真正的教育是要培养一个人对他人、对社会和对人民的一种责任感，如果没有坚强的意志，没有严格的要求，没有断然的命令，没有合理的教导；如果不善于把自己的个人利益服从于多数人的利益，服从于集体、社会和人民的利益，责任感是不可能产生的。少年往往尊敬、爱戴和重视意志坚强的人，而不能容忍优柔寡断的人以及空洞无聊的废话，这是我们教育体系中极其宝贵的真谛和准则。大家应当防止那种除了命令与要求之外别无他策以及不尊重少年个人意志的现象，这种现象是令人厌恶的，在教育工作中是不被允许的。教育者对少年的心灵施加意志影响的艺术在于，要使少年在了解自己职责的同时，愉快地自己对自己下命令，自己对自己提出要求；要使您，一个教育者，用人的责任感的道德美来吸引和鼓舞少年；要形成一种严厉的、必须无条件服从的纪律，这种纪律与鼓吹宽恕一切的抽象善行是势不两立的，并且要使这种纪律成为少年的自我肯定和他本人的道德力量的一种表现。

如果人们相互关系中的道德对于儿童来说，主要是在一些鲜明的事件和成年人的行为与品行中展示出来的话，那么少年则已经可以通过言语来认识道德领域了。他往往仔细地倾听别人说的话，成年人的话对他来说就成了一种道德鉴定。少年敏锐的意识与下意识不仅能听出别人说话的内涵，而且能看出一个人的言行是否一致。对于少年来说，言语的教育力量与其说是取决于言语本身的正确与否，倒不如说是取决于教育者是否言行一致。一些漂亮话会被他们看作是谎言与欺骗。如果说话者说的这些话并不代表他个人的信念，而只是一种职务上的需要；如果这些话出自一个只会讲漂亮话，但是过去和现在都没有能够做出什么漂亮事的人之口。在这种情况下，话说得越漂亮，话里虚假的激励越多，就会激起少年更为深刻的内心反抗，对其心灵的压抑就越大。

给少年讲道德真理的深刻含义的人，本身一定要具有高度的道德修养，以此作为他说这些伟大而又神圣的话的基础。这对于少年的精神与体格的协调发展是非常重要的！

在对少年的教育中，十分重要的是要设法使少年的神经系统与心脏不受到伤害。多年的观察证明，当少年在课堂上等待教师提问的时候，他的心情特别紧张。当教师的眼睛在名单中选择向谁提问的那一瞬间，孩子们敏感的心会紧缩起来，几乎停止跳动。当全班学生终于（有时经过长久的思考之后）听到了被叫学生的名字的时候（假如这时测量一下血压的话，就可以看到指针突然抖动了一下），往往会如释重负地松一口气：叫到的不是我。（当然，只有那些从小受到的是循循诱导的教育，没有听到过恶言恶语，没有亲身体验过"强烈意志"教育方式的人，才会有这种灵敏的反应。而对习惯于粗暴的教育方式的少年，则无所谓，叫谁都行。）由于经常经受这种考验，一些少年的心会变得不灵敏了，而另一些少年则还会患上一种学生所特有的神经官能症。当我的学生升到五年级时，我在瓦里娅与柳霞的身上看到了这种神经官能症的一些最初的征兆（顺便提一下，女孩子们学习异常勤奋，原因就在于她们由于生理上的特殊性比较早地表现出意识与下意识对言语的敏感性）。我们这个教师集体考虑了这样一些问题：为什么要使少年经常受到这样一种神经紧张的考验呢？如果上课一开始，教师就在谈话中不知不觉地说出，今天将由谁来回答问题，这岂不是更好吗？事实证明，这样做要好得多。少年们不会激动不安，他们心里已经准备好教师的提问。而这并不影响学生的勤奋，也不会影响他们学习的积极性。

实践证明，为了不使少年的神经系统过度兴奋，需要采用一些特殊的教育方法。其中首先是到野外单独一个人劳动，听不到喧哗声与叫喊声。每个少年在一天的紧张学习之后，在果园里劳动半个小时，让自己的精力转向体力劳动，从而使神经系统平静下来。使神经与心脏平静下来的最好办法就是进行一些单调的体力作业，这种体力作业是达到考察目的的一种手段（如用铲子或切菜刀整理土地、施肥、浇水、剪枝等）。这种劳动就像"充电"一样，对于神经系统和心脏是十分有益的。

对于神经与心脏来说，最好的休息是到田里去劳动一整天，或者就像上面讲过的那样，到森林里去进行劳动。那一望无际的秋季草原、洁净无尘的空气、蓝蓝的天空以及在马铃薯田里就地烹调的美味可口的饭菜——所有这一切带来了身体与精神的协调一致。在这样的劳动之后，就可以同全班学生进行那种将会引起惊慌与不安的谈话了。

在集体中待的时间长了，就需要换换环境——一个人单独待一会儿，保证充分的休息以消除那种因精神交往而引起的紧张。在课堂里进行紧张的脑力劳动之后，不宜举行会议。因为这样做，会使神经系统疲劳、衰竭，尤其是当大家在这种会议上谈到个别少年精神生活中某些细腻、敏感和脆弱的领域时，更是如此。如果需要集中精神力量（当谈话会引起大家的不安时），我总是在体力劳动之后把大家召集起来（特别是在需要谈到一些会引起少年们的愤怒的事情时）。明哲的思想会使易动感情的直率和高尚纯洁的情感火花变得更加高尚，而对于一个少年来说，只有当他的心在谈话之前没有因许多令人不安与操心的事情而变得激动的时候，他才能保持一个清晰的头脑。

在长时期的学习生活之后，需要有一个离开集体的较长时间的休息。在每个学季之后，少年应该一个人单独待一阵子，比如在家里住上几天。这是完全必要的，就像他们需要集体的丰富多彩与生气勃勃的精神生活一样。我也与家长们商量过，在家里的这段时间应该给少年找哪些他们所喜爱的工作。

◇ 心 理 素 养

令人感到奇怪和费解的是，为什么在一个人进行自我肯定的关键时期，学校并没有给他有关自己和有关人的任何知识，特别是没有给他关于人之所以能高于一切动物的特殊的知识：有关人的心理、思维和意识，以及人的精神生活、感情、美感、意志和创造方面的知识。人对自己的实质一无所知，这一事实常常是造成巨大的不幸的根源，社会往往不得不为此付出昂贵的代价。没有心理的修养，精神与美感的修养是不可想象的。我努力授予少年一些专门有关人的最基本、最必需的知识，以及在生活、劳动和与别人的相互关系中使用这些知识的本领。

心理素养的知识并不是一个简短的心理学提纲。我把这些知识称为自我认识与自我肯定的入门和个人精神生活的素养。在传授这些知识时，我力求做到，使少年不仅仅只是懂得有关身体与精神的统一和心理的物质基础的科学唯物主义的观念。复杂的生化过程是精神的物质本体，任何脱离了肉体的灵魂是不存在的，像世上所有的生物一样，人是必定要死的。要使少年相信并反复确认这样一些观念并不困难，但这样做，就意味着把人与动物等量齐观了。所以与此同时，还需要让少年在思想上明确：人是充满崇高理想的创造者。

要用心理素养的初步知识来鼓励少年，使他树立起乐观主义的精神以及对自己力量的信心，这是十分重要的。首先我确定了心理素养基础知识的内容，就从感觉的基本概念讲起。五年级学生掌握了各种感觉的概念，便兴致勃勃地观察起自己的感觉来了。我们还进行了提高视觉清晰度与听觉灵敏度的专门训练，这些训练在形成感觉素养中起了巨大的作用。

在游览与远足时，少年们常常去识别树叶、草和天空颜色的各种色调。他们能够看出由于季节变化、阳光照射以及其他一些因素而形成的蓝色苍穹的 10 种以上的色调。在森林里、在河岸上、在海边训练少年鉴别各种不同的声音，这些训练在对本民族语言及其发音的细微特点的敏感性的培养中起到了巨大的作用。我们全体教师都坚信，语言素养在很大程度上取决于声感的素养，声感的素养还决定着美学素养的形成。男孩与女孩学会了区分 40 多种玫瑰花颜色的色调。由于在语言中找不到能够对应所有色调的词语，少年们还想出一些自己独创的富有诗意的名称。

为了发展嗅觉素养，我使学生们养成了一种不能容忍发霉气味的习惯：他们无法待在一间空气混浊的房间里。他们在做任何一项工作之前，首先要给房间通风。①

培养知觉素养的工作在五年级就开始了。我用明显直观的例子给他们讲授了感知周围世界的事物与现象的概念。我特别注意培养他们对事物的协调一致的认识能力，进行了提高空间的知觉素养的训练。我们在位于高处的草原墓地上，在不同的季节里，观察物体的轮廓是如何因远近距离的不同而发生变化的。少年们对做这样的训练都很感兴趣。我用几句话描绘出某个事物的外部轮廓，少年们仔细地倾听我说的每一个字，考虑一番之后，就打开绘画簿，根据自己对所听到的话的理解，用图画表达出来。这种训练的目的就是发展一种综合的，即视觉—听觉—动觉的理解形式。

少年们渐渐地进入了思维领域。在野外，我用明显的例子，向他们介绍了有关思维及其过程的知识。对思维修养问题的实质的讲解具有很大的意义，因为在少年时期，抽象思维的比重越来越大，我们的一些课与练习多半是用来培养抽象能力的。我们对周围世界的一些事物与现象进行分析、对比并进行推论练习。在观察周围世界时，少年们不仅找到了因果关系，而且对自己的发现感到惊奇：同一种现象在一种情况下是结果，在另一种情况下则是原因。这些发现丰富了智力的感受。

---

① 有关感官教育中的嗅觉素养将在"情感教育与美感教育"部分具体叙述。

在讲授语言的心理素养课上，我对少年们讲了语言的起源与发展，语言与思维的统一以及语言的表现力、感染力和形象性。学校教育一个严重的缺陷就是语言素养的教育与思维素养的教育相脱节，我把防止这种脱节看作是一项非常重要的教育任务。多年来的观察证明，少年的精神生活是如何因死记一些他不太理解或根本不理解的词句而变得空虚、迟钝的。心理素养的一个重要特点是要使学生把语言作为现实生活的生动而鲜明的反映接受下来，要在概括和抽象的概念中贯穿着明确的含义，使语言的相互联系反映出思想的相互联系。

自我观察在语言的心理素养教育中占有重要的地位。少年们在学着进行自我检验：我是否明了我自己所说的话的意义？我能否正确地用语言来表达我所想的东西？为此我们进行了一些练习：少年对自己的所见所闻做口头描述，同时力求表达一些最细微的差别（颜色与声音的），经验证明，这些练习对于形成内部语言修养是很有价值的。

课堂上，少年们学习在叙述、讲解与谈话的过程中进行自我观察与自我监督的能力。在开始学习新材料之前，我提出了一个任务：不仅要理解意义，而且还要做出逻辑分析（如列出主要的组成部分和判明概念之间的依从关系）。

关于感情的生理基础的概念，关于高尚与卑鄙的感情、情绪和感情冲动的概念——所有这一切，六年级学生已经能够理解了。我认为发展高尚感情与预防卑鄙的感情是一项重要的教育任务。在说明某种感情的性质时，我力求向他们说明感情范畴与道德范畴的一致性，使他们相信，只有高尚的思想与行为才能产生高尚的感情。于是，男孩与女孩们都学着发展自己的高尚感情了。

少年精神生活的一切是与意志素养的教育紧密相连的。刚强的意志比心理修养的任何其他方面更能深刻影响他们的精神生活。这种精神生活就是自我观察与自我教育的广阔的领域。我给学生们讲述一些意志坚强的人的故事，用这种方法教他们提出目标，做出决定和克服困难。我对一些意志薄弱和优柔寡断的学生进行了个别的工作：我教他们先给自己提出一些困难不大的工作，克服它们，然后再过渡到一些困难较大的工作。

记忆力的培养与自我锻炼在心理素养中占有特殊的地位。我逐渐地发展与加深有关记忆力生理基础的概念。我根据少年的年龄特点使他们懂得：在脑力劳动过程中，他们的头脑里发生了什么变化；什么东西决定着他们努力的成果。通过多年的观察，我得出结论：在有意识记与无意识记接合点的某个地方隐藏着培养记忆力的源头，因为学生越是深入思考他所学习的东西的意义，事实与现象的本质在他的思想中浮现得越清晰，这些事实与现象就记得越牢固。少年们掌握了认识的研究方法。大量的事实证明，如果学生的知识是通过对日新月异的实际情况进行研究分析而获得的话，那么这里进行的就不仅是有效的识记，还有记忆力的培养。这是一个需要进行专门研究的少年时代精神生活的大课题。

为了使少年很好地了解自己，我对他们谈了有关气质与性格、神经系统的类型与思维的类型的内容。在这些谈话之后，少年的自我观察明显地得到了加强。

少年们逐渐地懂得了诸如才能、嗜好、兴趣以及志向这样一些概念。精神生活的这样一些方面的心理素养与一个人的道德素养以及社会政治积极性是不可分割地联系在一起的。我教导少年们："在从事任何一件工作的时候，要专心致志，把智慧与感情灌注到工作中去，只有这样，才能认识自己和找到与自己的志向相宜的事业。"

"这些有关心理素养的谈话应在何时何地进行呢？"一个教师同行向我问道。"要知道，在教学计划中并没有安排进行此项工作的时间。"如果学生与教师没有共同的精神生活，就不可能进行教育。我们把关于少年心理素养的一些谈话称作"关于人的故事"。在我们长时间的精神交往中，这些故事引起了我们极大的兴趣。在行军休息的时候，在我们"欢乐的阔叶林"的寂静的傍晚，在暮色苍茫的教室里，我都讲"关于人的故事"。当少年们为了要我给他们讲点有趣的东西而特地来到学校的时候，我也会讲。世界上再没有比人更有意义的东西了。

今天，当人的生命活动中细腻的神经系统的作用一代比一代增强的时候，心理素养的培养就成了人的全面发展的主要因素之一。

5

少年的智育和教学

教师们的各种教育观点和信念的统一

在担任五年级教学工作的前一年，我就开始根据学科的教学特点准备大幅度改变教学上的做法了。除我之外，到这个年级任教的还有八位教师。这就要求班主任倍加操心，他首先要注意教师的各种教育观点和教育信念的统一。

我教授的是本民族语言、俄语和历史三门课。我认为这样做体现了一条极其重要的教学和教育统一的原则：班主任（教导员）应尽可能担任从学生开始学习到毕业一直开设的课程的教师。

作为班主任和校长，我认为自己的使命是使教师们在教育和教养的一些最重大的问题上具有统一的观点和信念。观点的统一能使每个教师的个人创造性得到充分发挥。任何一位教师都不可能全面地（而后是抽象地）体现出一切优点。每个人身上都有某一方面的优点，每个人都具有独特的活力，都能在精神生活的某个方面比别人更鲜明、更充分地表现自己。每个教师正是通过发挥个人的长处对教育少年这一复杂过程做出了自己的贡献。但同时，每个教师都应当是统一整体的一分子，这个统一的整体就是智力素养、道德素养、美育素养、体育素养、心理素养和情感素养的源泉。

我们的教育观点和教育信念是在工作过程中形成的，包括下面几方面的内容。

1. 每个教师不仅是个教学工作者，而且是个教育工作者。由于教师和少年集体在精神上是一致的，因此教学过程就不仅仅是传授知识，而且表现为一种多方面关系的形式。在智力方面、道德方面、美育方面和社会政治方面的共同志趣把我们每个教师同少年联系在一起。课堂教学就是点燃少年求知欲和道德信念火炬的第一束火花。

2. 我们每个人都应当对每个具体的学生施加个人的影响，用某种方法去引起少年的兴趣，使他专心致志并受到鼓舞，激发起他特有的个性。我们每个人都不应当只是教育智慧的抽象体现者，而应当帮助少年去认识世界、同时认识少年自己。少年把我们看作什么样的人，这一点具有决定性的意义。对于少年来说，我们应当是具有丰富的精神生活的榜样，只有具备这一条件我们才有权在道德上教育少年。世界上唯一能吸引少年、使他们感到钦佩、能有力地启发他们积极向上的是那些智慧过人、见识丰富而又慷慨大度的人。我们的学生既具备未来的数学家、物理学家、哲学家、历史学家、生物学家和工程师的素质，同时也具备创造性地在田间和车床边劳动的能工巧匠的素质。只有当每个少年从教育者那儿得到"活水"时，他们的才干才能发挥出来。没有"活水"，素质就会枯竭、衰退。智慧才能培养出智慧，良心才能培养出良心，有效地为祖国服务才能培养出对祖国的忠诚。

我们的学生把自己的命运托付给教师，我对这些教师已经有了多年的了解。这是一些聪明、诚实的人，他们热爱孩子、热爱科学、热爱书本。渴望获得知识和认识事物——这股强大的力量使我们大家亲密无间，把我们联结成一个集体。我们每个人都觉得自己是个学生，每个人在智力生活方面都有某种爱好：奥·皮西缅娜娅精通法文和德文，还自学了英文和拉丁文；玛·雷萨克有一个设想，认为必须从五年级起开设代数课，他自己编出了算术习题集；阿·菲力波夫制定了五年级的物理导论课的大纲，并且深信，这门课的开设将为孩子们的智能教育创造有利的条件，他同时制定了物理课外作业的大纲；奥·斯捷潘诺娃研究了土壤中的生化过程并进行了有趣的实验，在她教过的每个年级里都有两三名学生立志献身于农业劳动；玛·司罗瓦塔柯研究了家乡的自然财富，绘制了几幅地图；阿·伏罗希洛努力要在实践中证实自己的信念——一个人的智慧就在他的手指头上，劳动不仅能培养实践的熟巧和习惯，而且能培养好学不倦地进行创造性劳动的智慧；格·扎伊策夫一直在考虑，该怎样把图画课和思维修养的培养统一起来；斯·叶弗烈缅科认为在自己的课上主要是培养音乐修养，他制定了欣赏音乐作品的大纲。

3. 我们认为，完备的智育只有在集体和个人丰富的智力生活环境中才可能进行。一个人在少年期的智育中出现的崭新的飞跃阶段，不仅反映在从形象思维到抽象思维的明显过渡中（过渡这个概念是假定的，因为小孩子有抽象思维的因素，而少年还保持着形象思维的因素），而且表现在少年智力生活中的自我肯定：在正确的教育下，他感到要把自己的智力财富贡献给别人，同时从别人那儿获得智力财富的这种精神上的需要。课堂教学，课上获得的基础科学知识，教学过程中对智能、劳动素养的培养——所有这一切在智能教育中具有很大的意义，但是所有这一切都不过是涉及面很广的智力生活的一个组成部分。集体中应当经常跳动着爱好钻研的思想脉搏，跳动着渴望科学知识、渴望解决有趣且引人入胜的课题及获取书本知识的脉搏。

教师又是集体智力生活的源泉、引路人和第一个动因。智力生活能否存在，这件事本身就取决于教师的知识、思想、志趣的丰富程度和是否博学多才。对于童年期的孩子来说，教师是事物和现象世界的开拓者；而对于少年期的孩子来说，教师是思想世界的开拓者。而青年精神意向的纯洁、高尚和无私，在自我肯定期所表现出的刻苦钻研和强烈的求知欲，教师和学生之间亲密无间和富有人情的关系都取决于集体的智力生活的丰富程度。要防止学生在少年期和青年期出现内心空虚这种巨大的不幸，这种不幸还表现在糊里糊涂地消磨时光、对长辈的漠不关心、甚至沦为罪犯。防止这种不幸的办法首先是要使一个人在少年时代就体会到智力生活的丰富多彩，美不胜收。知识会使人的心灵变得高尚，不仅因为知识所反映的是真理（苏联学校中道德教育是以真理为依据的），而且事实上知识能提高一个人在社会里的价值。

4. 我们相信，世界上每一个神经正常的人都能分享智力的财富，都能分享生气勃勃的智力生活所提供的幸福。在课堂上，不管采用怎样完善的教学方法，都不能保证十全十美的教育。对于课堂上各门学科基础知识学起来都非常困难的人，就更不能把他的智力生活只局限于基础知识。一个人只有当他知道的东西比要求他知道的东西多得多的时候，他才能感到获得知识的快乐。要防止学生学习成绩不好（包括学习掉队，对知识、科学、书本、学校都表现得很冷漠），不能只是无止境地督促和挽救成绩不佳的学生，而是要把他们中间的每一个人都引导到丰富的集体智力生活中来。某些少年由于生活中遭受到了无数的挫折和不正常的情形，使他产生了痛苦的想法，使他只看到一个方面：我什么都不会，我在学习上毫无希望，别人能够学会的东西我学不会。如果一个人在需要自我肯定的时期面对的是这样一种严酷的现实，就可能会酿成悲剧。他可能会失去做一个好人的信念，感觉不到集体对自己的良好影响。因为有了这种想法以后就不存在真正的集体了。他会变得孤僻、多疑、恶毒。要是还有人常常指责他是懒汉、二流子的话，他就会变得更加冷酷无情，并且真的成了懒汉、二流子，他就会彻底地堕落沉沦。书本对他来说是苦难，而不是快乐的源泉。

少年的内心空虚，这是很大的不幸。

5. 我们确信，少年期的智能教育和教学完全不同于童年期。我们不仅向少年展示了自然和社会以及它们的发展规律，而且指出了少年本身的情况。这里指的不仅包括少年的心理修养，而且包括所有课堂教学的智力劳动的性质和目的性。少年在认识世界的同时认识了自己本人。少年在认识自然规律和社会规律的同时，应当确立这样的信念：他的进步不仅是因为知道了某一点新的东西，而且是因为自己真的变聪明了。少年在学习任何东西时都应当看到思想上的斗争，并且在这场斗争中始终有坚定的立场和个人的见解。

我记得开学前夕同五年级教师们的一次谈话，我们设想了我们学生的未来。我们教师中未必有人能活到公元 2000 年，但学生们将在创造力旺盛的时期迎来 21 世纪。他们将是世界的主人——工程师、农艺学家、医师、教师、建设者。但是，他们每个人首先都应当成为一个热爱自己祖国的爱国主义者和一个真正的人，成为一个头脑清醒、品德高尚、意志刚强、心灵手巧的人。他们前面横着数十年创造性劳动的漫长道路。在这期间，科学将会有很大的发展。如果把我们的学生走上工作岗位时的知识水平作为一个单位，那么，在劳动生活的漫长过程中，他们每个人都要给自己的精神财富再增加五六个单位，否则他们就会落后于生活，不能有效地开展工作。生活越来越要求人们不断更新知识。没有对知识的渴望不可能有十全十美的精神生活，也就不可能有劳动的生活、创造性的生活。因此，我们必须培养学生具有进行自我教育的自觉要求。

我们得出的结论是：像布置多少家庭作业这类事不可能每天都在一起商量（我们主要是根据合理的工作定额，同时注重充实集体的智力生活）。我们每个人都将在少年身上寻找发挥他们的长处和才干的素质，我们将在吸引少年的智慧和心灵方面展开竞赛。

世界观与信念

教学计划中任何课程都在一定程度上涉及世界观的问题。某些真理和规律（比如数学概论），看起来似乎与科学唯物主义世界观距离甚远，但它们对于形成科学信念起着很大的作用。因为一个人在认识这些真理和规律并用实践来检验它们的正确性时，就在做出自我肯定，从而感到自己是一种积极的力量。数学用真理来教育人们，因为真理是通过劳动才得以验证的，多年来的学校工作证实了这一点。

人的世界观——这是他个人对待真理、规律、事实、现象、规则、概括以及思想的态度。培养科学唯物主义世界观要求教师深入体察学生的精神世界。教师作为一个教育者，他的工作就是从培养学生的世界观开始的。

一个人在少年时代总是努力去认识和概括很多事物。当一个人开始观察周围世界，同时感到自己是世界的一分子、是一份积极的创造性力量的时候，他就达到了这个思维阶段，他的世界观也就开始形成了。我们认为教育的任务就在于帮助少年在自己的智能劳动中、在学习中把自己提高到形成世界观的高度。决不允许死记硬背和机械式的识记，这一点十分重要。死记硬背不仅是智力的大敌，而且是道德的大敌。当出现死记硬背的情况时，作为积极的创造力的个性就渐渐消失了。

学生从五年级开始系统学习关于自然、社会和人的基础学科。我们力求使教育的这三个部分有机地融为一体，不仅要在少年的意识中形成一幅关于周围世界的图画，而且要帮助他们对世界、对人类的过去现在和将来以及对他本人都有自己的看法。我强调一下，把教育的三要素和谐地结合起来具有特殊意义：如果拿掉了关于人的知识，教育将是不完整的，这就是我对心理修养很重视的原因。

如果少年缺乏有关宇宙的最基本的知识，就不可能完整地认识世界。从五年级起到中学结业之前，我举办了一系列关于宇宙的讲座，讲了地球和太阳系、银河系的关系，世界在空间和时间上的无穷无尽等。讲座一结束就在毕业班上教授天文学的基础原理课。

我认为，心理素养基础课和宇宙知识基础课由同一个教师讲授，这一点很重要。教学上的协调一致能使自我认识和自我教育在认识自然界的普遍规律的广阔背景上进行。这种协调一致也是形成科学唯物主义观点的实质。我们的生物教师、物理教师、化学教师、数学教师、自然地理教师，在揭示关于自然界的科学知识原理时，都要努力达到这样一个要求：把大自然当作人们认识世界和做出个性自我肯定的广阔天地。

恩格斯把大自然称作辩证法的试金石[8]。从这个意义上说，大自然是产生深刻的教育思想的源泉。我们在实行这种教育思想的时候，努力使人们在认识大自然和掌握辩证思维的同时，确认人的伟大作用。

生机勃勃的世界观是个人精神世界丰满的基础。没有丰满的个人精神世界就不可能有生机勃勃的集体智力生活，就不可能有学习的愿望和探求知识的兴趣，也就不会去热爱知识、书本、学校和教师。我们教师只有在少年思想上提高人的价值，通过认识世界激发少年的自豪感和自尊心，我们教师也就成为真正的教育者。因为只有这样才能把学生吸引过来，而我们的知识在少年的眼中才能不再是按次序发到的一份材料，而是我们慷慨地与他们一起分享的精神财富。

要做到通过认识和探索世界的奥秘去提高人的价值，必须具备伊·乌里扬诺夫在自己的书信和报告中多次提到的一个条件：教师应该知道的东西要 10 倍、20 倍于他给学生的知识[①]。这样一个教师在传授知识时，只要拿出他知识财富中的极小一部分，他就能把关于世界的知识讲得更加深入人心。少年在听了关于绿叶中发生的复杂的生化过程之后，不仅认识到这一过程是不以人的意志为转移的，而且认识到人为了探索大自然的奥秘已经做了些什么。如果一位教师认识到，他需要讲些什么才能使学生通过认识世界提高对自己作用的认识，同时帮助学生了解人类文化和激励他们去渴望认识真理时，那么，这样的教师在知识的宝库中找到的正是鲜明地反映人的伟大的那种光辉形象和思想。

女教师奥·斯捷潘诺娃给学生讲了绿叶是有机物的"实验室"，是地球生命的源泉；同时，她在少年的脑海中塑造了季米里亚捷夫的形象。季米里亚捷夫为造福人类而从事鼓舞人心的劳动，他在劳动的激情中不仅看到了肥沃的土壤，也看到了饥寒交迫的贫困的农民；他不仅看到了明亮的太阳光，看到了在大气层和太阳内部发生着的巨大反应，同时也看到了无数极微小的细胞。

当一个人处在这样一种年龄：他想知道世界上的一切，他想要把无数事实、事物、现象都进行概括，这种竭力想把全部知识为人类所掌握的努力起着很大的作用。这也就是教学与教育的结合。少年感觉到并亲身经历着参与人类的智慧活动，卷入一切都想知道的不可抗拒的潮流中去。大自然给他打开了发挥创造力的无限广阔的天地。我们总是努力使认识的过程成为获取知识的过程。在生物课、物理课、化学课、数学课、地理课上，在关于宇宙的讲座上，少年都是以积极研究者的姿态出现，去分析事物和现象。教学中要有能引起学生研究兴趣的内容，这是使一个人获得荣誉的十分重要的条件。没有智能力量的表现，没有思想的集中，不可能有个人和集体的智力生活，也不可能有精神财富的交流。在获得知识的过程

---

① 伊里亚·尼古拉耶维奇·乌里扬诺夫（1831—1886）：俄罗斯民主主义教育家，列宁的父亲，辛比尔斯克省国民学校校长。这里是指玛·夏金娘写的纪实小说《乌里扬诺夫一家》中引用的乌里扬诺夫在一次教师联合会议（1865 年）上的发言记录。他在发言中谈到了教科书以及教师怎样使用教科书的问题："使用教科书只是为了要引出思想来，正像跳跃需要跳板一样，……教师应该知道的东西要 10 倍、20 倍于教科书中所包含的内容，——使他能在课堂上自由超出教科书的范围……"——译者

中有一个十分重要的特点：人们不仅在认识某种现象，而且也在证明某种现象。人们在肯定真理的同时，也在肯定自己。

掌握知识过程的特点是从具体的事物过渡到反映普遍规律的抽象真理，在这种情况下，完全有可能使学生以研究的态度来对待知识。在生物课、物理课、化学课、数学课上经常有这种从具体到抽象的过渡。我们每个教师都认识到，启发学生的天资和使学生喜爱自己上的这门课的艺术就在于引导学生积极钻研知识，努力研究各种事物、事实和现象。

我们的学生课内和课外都在完成作业，这些作业使他们有可能发现真理，并从观察到的各种现象中进行概括。我们认为进行智能教育，特别是培养科学唯物主义世界观和信念，不是靠分散的各堂课的轮番教学，即由许多小道理产生出大道理来，而是一个统一的、不间断的漫长的过程。我们认为，要使少年对课堂教学感兴趣，必须把这些课在少年的意识中联结成一条认识世界的通道，而联结的起点是研究。我们每个教师都要给少年提供需要不断探求的作业。研究一方面是进行观察，另一方面是人们要深入现象中去。下面是生物课的作业例子。

1. 观察各种植物的开花、结果，试分析下述结论：果实的特性与植物生长条件和植物繁殖特点的关系。

2. 分别施有机肥料和矿物肥料，观察各类作物的生长和成熟的速度。总结穗和谷粒的大小与施肥之间的关系。

物理教师给五年级学生布置预习作业：观察自然现象和劳动过程。我们认为，这些观察也就是积累问题的过程。这样的做法用意在于使少年在进行观察的时候，思考因果联系的实质，从而使他感觉到，周围有这么多的问题。比如，学生们观察花岗石如何因环境影响而发生变化。在农场、打谷场和机械工场里学生们看到一种机械运动怎样转换成另一种机械运动。曾经布置过这样的作业：描述一下在生产场合看到的从一种能量转化为另一种能量的所有情况。观察的次数越多，发现不懂然而有趣的东西也就越多。观察的记录本上打满了问号。观察是任何东西都无法替代的思维的源泉。我们得出了这样的结论：在智力劳动的性质方面，家庭作业与课堂作业应当有所区别。要求经过细致周密而又较长时间的思考才能认识许多事实和问题——这类智能活动应当作为家庭作业来完成。

学生的年龄越大，抽象思维的能力越强，研究工作在他们的精神生活中起的作用也就越大。在研究工作的过程中他们不仅去认识某种原理，而且会坚持并证实这种原理。我们认为，对个人信念最精细的琢磨就是从这里开始的。我们注意察看每个学生。有一种情况使我们非常担心：个别男孩和女孩的精神生活中出现了某种无个性的现象——没有自己的想法，也没有自己的观点和立场。这是危险的，因为这会导致不讲原则，有时甚至会导致阿谀奉承。消除小孩身上的无个性现象要比消除成年人思想上的无原则性容易得多。

我们努力把学习同教育结合起来，促使每个少年都去坚持和证实科学唯物主义真理的正确性。把科学真理内化为学生活生生的热情、惊奇、激动、争论——这就是形成世界观和做出个人自我肯定的基础。我们认为，教育的力量就在于使每一个少年都成为为争取科学真理的胜利而斗争的战士。为科学真理的胜利而做的精神上的斗争构成了少年时代教育的实质。

萨莎是个沉默寡言的女孩。她好像老是在克制自己，不要过分坦率地说出自己的想法。使我们担忧的是这个女孩对坚持自己的信念缺乏坚强的思想准备。她有一个重病的母亲，几年来她的父亲像照料婴儿一样服侍着病人。有一次，萨莎听到了这样的话："要是一个人生了病，就没有人需要他了，这是生活的规律；为别人谋福利而献身的人，只有在书本上才能看到。"一个男青年同萨莎谈话时说了这些话，他对萨莎的父亲和母亲的情况一无所知。萨莎反驳说："有这样的人。我的父亲就是这样的人。"当她还在小学学习时我就多次考虑过，如何坚定萨莎的信念。但是那时候她的视野比较窄，她还不能够概括周围世界的事物和现象，同时当时的处境使她预感到母亲的身体肯定不行了，这给她幼小的心灵蒙上了一层孤僻和孤独的阴影。现在小姑娘知道的东西更多了，能比较深刻地思考现象的本质，这是就可以去磨炼她思想深处的个人信念了。我们委托萨莎一项工作，让她在自然园地当生物教师的助手。生物教师奥·斯捷潘诺娃善于启发女孩子对实验的兴趣，萨莎准备好了栽培植物的土壤，她为自己所做的一切感到自豪，她用工作证明了自己在她那忧郁而又惶惑的眼神里燃烧起充满生机的思想的火苗。萨莎自豪地把她培植的那块田指给女同学看，那块田里长满了结穗的小麦。当一个人意识到他能用自己的知识、智慧和意志来影响生活的时候，也就能大大提高他对自己的评价。从此，萨莎有了想知道得更多的愿望，她的思想渗透到了未知的领域，她想知道有益的微生物是怎样创造有利于植物生长的条件的。她懂得了更多的东西，这些东西超出了基础学科大纲的范围。她饶有兴趣地开始阅读科普书籍。通过两年在自然园地的工作，女孩子变化很大：现在她不再默默地赞同她所听到的一切；她确立了自己关于同志间道德关系的观点；她有时还和别人争论，捍卫自己的信念。

积极认识大自然和劳动对少年形成科学唯物主义世界观和信念起着非常重大的作用。研究植物界和动物界的现象——这不仅仅是培养少年对农业劳动的感情、爱好和志向的手段。并不是每个少年都想当农民、牧民、农艺师，而自然界的工作需要每一个少年的参与，因此首先必须培养世界观，提高少年对自己的评价，自己尊重自己。

教学同生活的联系，不在于机械地用体力劳动来补充脑力劳动，而在于把用双手来创造世界和用智慧来创造世界统一起来。在大自然中进行劳动（如学校试验地、温室、农场）是一个人自我表现的重要源泉，没有这样的劳动就谈不上世界观的形成。这首先是思想上和社会生活中的自我表现；从为他人而劳动的过程中，一个人看到了自己的创造力。在大自然中间进行劳动，不断地进行从具体思维到抽象思维的过渡，这也是形成抽象思维的源泉。绿叶、根、土壤、腐殖质、水这些都是到处可以见到的东西，看来似乎又简单又熟悉。但正从这些东西中间流出了闪耀着智慧的世界观真理的涓涓细流；正因为这些真理是通过劳动认识到的，才造就了一个认识自然界的人所需要的那种个人情绪的、智力的、意志的和道德的环境。

我们设法使学生在野外进行那些细致、琐碎的劳动时，充分开动自己的智力和智慧。如果一个人能用双手丰富智力或者能用智力来指挥双手，他在这方面表现得越是明显，那么，他对世界观真理的感受也越深刻，他对所认识的事物越是容易接受。只有当一种思想吸引了整个心灵，激发起感情的时候，世界观的信念才成为个人的精神成果。冷酷的心不可能产生崇高的情感、志向和理想。我们给学生布置研究自然的作业，目的是让世界观的真理去影响青年人的想象力，使他们惊讶的正是这样一种情况：原来真理的源泉就是他们天天碰到的这些简单的事物。如果一个人在少年期没有经历过从具体的事实过渡到意义重大的世界观的真理这条道路，他就不会有正确的科学唯物主义信念。他会轻易地改变观点。为了不致出现精神上和思想上的无原则性现象，我们对学校进行的使智力活动更加充实和更加完美的一切措施都十分注意。自然角（后来是自然专用教室）、绿化实验室、温室、绿色小房子、果园、葡萄园、工场、物理专用教室和化学专用教室等这些地方都是启发求知欲的源泉。我们还建立了一个中心，在这个中心里，通过展示生活中经常碰到的最简单的事物把学生引导到认识重大的世界观真理上去。这个中心就是"知识之源"专用室。

对社会的看法在形成科学唯物主义世界观方面起着很大的作用。在正确进行智力教育和公民感教育的条件下，少年们对下列世界观方面的问题产生了很大的兴趣。比如：人与社会，个人与集体，各族人民与人类，物质生产与精神文明，善与恶的斗争，正义与非正义的斗争，光荣与耻辱的斗争；从历史和现状两个方面看社会进步和道德水平的提高；人类幸福的理想，共产主义是人类的最高目的，共产主义社会关系的形成和培育一代新人。要使少年用脑子来理解这些思想并唤起他们的兴趣，就必须在教育者和被教育者之间建立起具有特殊性质的智力关系。历史教师、宪法教师、社会学教师、文学教师都要成为教育者，也就是说，他们不但要揭示真理，而且要直接面向被教育者的精神世界，触及人的敏感的心弦，这心弦对社会生活的各种事件做出反应，要使人信服，他是积极的创造者。

使我极其不安的是，许多学校把研究历史和文学变成了使学生厌烦的死记硬背；教师似乎只是在对抽象的学生讲授概念。教师对学生缺乏教育者对被教育者所应有的那种生动、热情和直截了当的态度。历史人物的姓名、所处的历史时期像排山倒海一样涌入学生的脑海，掩盖了世界观的真理，使学生丧失了思考的可能。

我把每一堂历史课和文学课首先看作是同被教育者的谈话，看作是同他们交流思想和心灵活动的手段。如果我不了解我的每个学生的心灵，我就不知道怎么备课。比如，我在准备讲述斯巴达克的勇士们在温泉关下的英勇战斗事迹时，讲述布鲁诺、伊万·苏萨宁，或者讲述斯大林格勒不朽的保卫者时，如果我不知道柯利亚、萨什柯、托利亚、尼娜、佩特里克和瓦里娅他们这几天在想些什么，我就无法把这些知识传授给他们。课堂教学是对年轻人心灵的召唤：不要做冷漠的旁观者，也不能对所讲的事件采取不偏不倚的纯客观态度。历史和你们——这不是两个各不相关、互相分离的东西，而是一个统一的整体。人——是历史的创造者。你们亲身经历着历史的进程——正在建设着世界上第一个共产主义社会。一个人如果作为一个观众来度过自己的一生，这种人是很不幸的。在我们祖国面临生死存亡的时期，伊万·苏萨宁和亚历山大·马特洛索夫做到了一个真正的爱国者在那种年月所应当做的那样。你们生活之幸福就在于当一个积极创造生活的人。每个人只要有这样的愿望和决心，同时又有创造的激情，都能够成为一个出类拔萃的非凡的人物。

非常重要的是，不要让历史发展的客观规律在少年的头脑中产生这样的想法：一切听任自然，人只是壮阔无比的历史大海中无能为力的一滴水。这是少年精神发展方面的一个关键，特别对那些已经看到或亲身感受到邪恶，而且对善最终会战胜邪恶缺乏信心的人来说尤其重要。少年对世界的认识同自我认识紧密联系在一起，少年总是想把有关人和社会的知识去同自己的生活相比较。

必须让学生用心灵和智慧去深刻理解历史事件的客观规律性这一真理。然而，人是历史的创造者，是自己命运的主宰。关于人是创造者的思想感受在少年心中已经形成，这是因为他们看到历史并不是一成不变的、事先确定的进程，而是人类欲望的斗争，是善与恶、进步力量与反动势力的斗争。柯利亚、萨什科、托利亚在自己家里看到不少在他们看来是必然的、不可避免的现象，这在他们心灵上留下了某种冷漠无情的烙印。但是我在尼娜和萨莎身上看到的冷漠无情是由于别的原因（母亲病重）。向这些少年传授知识并不意味着要把概括历史过程的真理同这些少年的个人生活通过某种方式联系起来。我认为我的任务是把少年心灵中的冷漠无情驱散和消除干净。

究竟怎样在实践中做到这一点呢？从有关人和社会的知识中总结出来的真理是人类饱经痛苦才认识的真理。只有当少年的心灵体验到即使是微不足道的一些激情，这种激情已经化为现实生活中的美，化为为社会正义而斗争的战士的功勋时，我的话才能为少年所接受。我力求使每个少年都明确地肯定自己的立场，使他意识到自己是人民的儿子——共产主义的建设者而感到欢欣鼓舞和自豪，与社会上的不公正现象势不两立。课上讲到斯巴达克时，我只字不提这几天折磨着托利亚内心的痛苦（他的母亲降低了自己的人格，人们说：她反正把自己的命运同谁合在一起都无所谓），但是我在课上的一段话是针对着他讲的。我努力用在战斗中为自由而牺牲，决不愿屈辱贪生的人的崇高思想来鼓舞青年。我在想着斯巴达克的同时，希望这位少年在我故事的字里行间读到这样的呼吁：做一个真正的人，做一个男子汉，敢于对母亲说出使她节制轻率行为的话！每当讲到那些在与邪恶做斗争的具有勇气的人们时，少年一次又一次地听到了这样的呼吁。即使在生物园劳动的时候，托利亚也体验到了自豪感，因为在生物园他不仅认识了世界，而且证实了人的创造力。通过大家的努力，我们成功地达到了目的，托利亚向母亲说出了唤起她自尊心的话，迫使她考虑人们和儿子对她的看法。

我十分重视有关人和社会的问题。我让少年们知道，为了获得自由，人们同不公正的社会制度做了千百年的斗争。没有这种斗争就不可能有个人的幸福。社会主义社会完全是另一种情况。在社会主义制度下，人和社会是和谐的统一的力量。我希望少年们用一种与祖国的发展、繁荣和强盛休戚相关的公民的眼光来观察自己祖国的生活。

用公民的眼光来观察世界，是决定教学和教育能否取得一致的问题之一。在研究我们祖国的过去和现在的各堂课上，我都设法激发起学生这样的感情：祖国就是自己的家，祖国的幸福就是我个人的幸福，祖国所经受的苦难也就是我的苦难。我们祖国的历史上有着无数光辉灿烂、英雄辈出的篇章，它们使我们的人民成为伟大的人民。我激发学生为祖国光辉灿烂、英勇奋斗的历史而感到自豪的情感，在他们年轻的公民意识中确立起继承先辈们的光辉业绩的思想。但是祖国的历史上也有过黑暗、沉痛的记载，我力求让这些沉痛的记载在年轻人的心灵中激起痛苦的感情。

通过艺术手段来认识世界，这在智能教育中占有特殊的地位。在文学课上起很大作用的是与思维同时产生的那种对周围世界各种现象的强烈感受和情绪洋溢的反映。文学即人学，同时也是自我认识、自我教育和自我肯定的最细腻的手段之一。要是一个人不把探究问底的目光转向自己本人，要是他不对自己道德以及审美的标准进行评价，文学也就失去了教育的作用。

这种评价并不表现在对自己的行为做某种自我鞭挞和"扪心自问"上，也不表现在能言善辩上。这种评价应当表现为对人身上一切美好的东西有强烈的感受，而对贬低人的价值的一切丑恶的东西毫不妥协。文学课上在分析人的内心世界时，要求教师有高度的教学素养并讲得恰到好处。这里所说的"作多余的卖弄"——不仅会使有价值的文化成果庸俗化，而且也降低了人的品格。讲授文学的世界观的意义在于提高人的品格，帮助人们肯定自己身上表现出的道德美，把他们提高到我所赞扬的精神美的高度。一个少年要成为真正的人，他就应当尊重自己，没有自重就谈不上人的修养，也就不可能对一切降低人的品格的做法持毫不妥协的态度。

要是没有心灵的参与，一般来说，是不可能形成个人的信念的，那么在文学课上的就将是一颗颗冷酷的、淡漠的心——他们智慧还处于朦胧的状态，思维只是在表面爬过。因为真理还没有被心灵所接受，心脏还没有给头脑传递这样的信息：想一想吧，这关系到你本人！不应当根据学生对教师所提问题的回答来判断学生的观点和信念。（如果靠背诵一些道理就能形成世界观的话，教育就会变成非常容易的事情）更不应当只依据文学课上学生的回答得出学生的观点如何的结论。我时刻记住这样一个重要的道理：学习文学完全不是为了让一个人在毕业以后若干年再去复习他过去背诵过的东西。生活时时刻刻在给人安排考试，人们以自己的行为、自己的活动通过了考试。人的内心世界——道德、素养和美感的形成是学习文学的最终目的。我看到少年被文艺形象所激动、震惊，他们听作品朗诵时也在思考自己的命运，这时候我感到，这比起要求少年对问题做出正确的回答不知道重要多少倍。

也许这种说法在某种程度上是一种夸张。但是这种想法已经使我不安了 30 年：读完文艺作品之后就向学生提问是不妥当的，正像听完音乐作品之后就要人讲出这个作品的内容来一样。

在学习文艺作品的过程中，要通过培养学生的感情形成高尚的素养，使世界观的真理能为个人所接受。道德所涉及的广阔领域应当适应情感所涉及的广阔领域。我力求做到，使少年们在艺术语言的影响下体验到各种丰富的感情——从对祖国、自由、和平、社会主义的敌人的无比痛恨的情感，到对人的心灵深处的活动表现出亲切的柔情，再到内心的敏感和细腻的同情。我评定学生的世界观主要不是根据他们如何讲述《流动的草地》和《卡杰琳娜》，而是根据儿女们是怎样对待父母亲的、孙儿女们是怎样对待祖父祖母的、男孩子是怎样对待女孩子的。生活——不仅是衡量知识正确性的最好的标准，而且是判断信念是否坚定、思想和感情是否统一的最好准则。

语言素养在智能教育中起着很大的作用。我并不想对这样的说法直接下结论：丰富的辞藻能表现出丰富的精神世界，说明对语言有丰富的美感，这是高尚的精神素养的表现。应该说，一个人的语言素养只有同道德感、道德关系和道德行为的修养保持协调一致的时候才能对世界观的形成起到作用。但是语言本身影响着智力的形成和发展；如果我们说：人是有天赋才能的生物，这是指人具有积极认识和积极参与社会生活的能力，而没有高度发展的语言素养是不可能有这种能力的。

言语越来越成为丰富人们关系上的文明的必要手段。如果对语言的细微差别缺乏敏感，那就不可能对那些不断影响人们细腻的心灵的手段有敏锐的感觉，而世界观正是通过这样一些影响得到磨炼的。

如果我们的学生对语言缺乏敏感，他们就不可能意识到我们针对他们智慧和心灵所说出的潜台词。对语言细微差别的敏感是通过眼睛和耳朵来达到的。没有眼睛和耳朵就不可能观察世界，也无法理解别人的心灵。许多教师大概都遇到过这样的少年：他听您说话的时候态度冷漠，您从他的眼睛里看不出他的思想，您感到吃惊且难以理解：这是什么样的人啊！这个少年听到我说的话了吗？他有没有理解我话里的意思？这种可悲的现象迫使我们去思考教育的最本质的东西。要知道我们是用语言，也只能用言语去教育人的。所有其他的一切——训练、培养、习惯、劳动——都要通过语言才能实现。对语言所表现的情感—智力的敏感性——这是教育上的处女地。这个问题我将在"情感教育与美育"一章里论述。

我们是怎样指导课上的智能劳动的

我们教师对课堂教学中智能劳动的培养问题有过热烈的争论。我们明确了少年学生和教师之间在进行智能劳动时的相互关系，明确了有关培养兴趣、知识的应用、少年期智能劳动的特点和知识的巩固等问题。生活还给我们提出了这样一些问题：智能劳动的共同性与发展个人的爱好和才能；课堂教学和少年广泛的智力生活之间的相互联系；理智和动手能力之间的协调一致。我们认为，不应该离开教师的一般素养和知识面以及教师本人的智能劳动的素养来考察少年学生的智能劳动。少年的劳动素养是教师素养的一面镜子。

教师在进行课堂教学时，他注意的范围应当不仅仅是所教的课程，而且还要注意到学生：学生的知觉、思维、注意力和对待智能劳动的积极性。如果教师的思想少集中一些在教材上，那么学生的智能劳动就能取得较好的效果；要是教师一头钻在自己的思想里，学生们就很难接受所教的内容，甚至听不懂教师所讲的东西。这是因为少年的智能劳动有自己的特点：抽象化已逐渐成为少年思维的特点，他在集中注意力去接受新的信息，同时紧张地去理解并整理加工已经接收的信息。这就对新信息的质量提出了更高的要求：信息应当是明确的、清楚的，它不应当破坏对知识的理解以及使之系统化所必需的紧张的智能劳动。

为了让少年们能专心听讲，我们把教师的思想整理得十分明确。这对思维过程比较慢的少年来说是很重要的。现在我才明白，为什么有些学生在低年级比较容易克服学习上的困难，但到了五、六年级学习成绩就开始急剧下降，那是因为他们不能适应思维过程与过去完全不同的新阶段。如果一个教师讲课非常清楚，而少年对另一个教师的讲授却一点也没有听懂，这就使情况变得很糟了。

因此，教师知道的东西必须是他在课上讲授的东西的 10 倍、20 倍。只有这样，教师才能对教材运用自如，才能在课堂上从大量事实中选取最本质的东西来加以说明。要是我知道的东西比传授给学生的东西多 20 倍，我在课上表达的思想和语言就在学生不知不觉的情况下形成了。学生没有感觉到教师"创作的痛苦"，他们才能轻松地接收材料。我注意的中心不再是自己的叙述，而是少年的思维：我从他们的眼睛里看出，他们懂了还是没有懂；如果有必要，我就再补充新的事实。教学的艺术不在于预先规定好课上的一切细节，而在于巧妙地，对学生来说是不知不觉地根据情况做出调整。一个好的教师，尽管他不知道他的课将怎样展开的各个细节，但他却善于按照最必要的方法去进行教学，这个方法就是从这堂课本身的逻辑和思维规律出发。这种方法对教育少年有着很大的意义。少年正向着复杂的思维过程过渡（由接收信息到整理信息的瞬时转变），这就要求教师对此高度重视并采用灵活的教学方式。学校里不允许存在刻板的公式和桎梏，它们对学生来说是极其有害的。

需要进行抽象思维，需要不断地由具体事物过渡到抽象的概括——这是少年精神上本能的需要。我们不仅是传授基础学科的教师，而且是思想的培育者。当我们越来越多地接触到科学上的问题时，就越容易观察到少年们是如何思考的。为了满足少年进行抽象思维的精神需要，我们不惜引用大量事实，而少用概括。对于少年来说最感兴趣的是对他们讲述尚未全部证实的东西：我们讲一些事实，要求少年对这些事实进行分析、概括。如果少年在对事实进行概括的过渡中感觉到了脉搏和思想的跳动，那么这种过渡也就是思维最活跃、感情最充沛的阶段。我们备课时总在考虑，怎样引导少年达到这个别具一格的思维的顶峰，怎样帮助他成为善于思考真理和发现真理的人。

数学课上，教师叫学生记下计算三角形面积的公式。虽然学生们还有许多不懂的地方，但是他们已经画出了表现理论概括的外形。教师逐步让少年们去独立地开辟道路，探索通过什么方法可以计算出三角形的面积。他们正是在确定具体事实同概括之间的思维联系时感受到了发现新事物的愉快。这能使学生通过切身体会来丰富知识。少年的思维一下子就从抽象概括集中到具体事实上去：他想把知识应用于实践（解题）。

考虑到少年思维的这些特点，因此我们努力在教材内容中找到可供思考、概括的养料。我在历史课上介绍具体国家时，会一步步地引导少年掌握关于国家的一般概念。少年一旦经过自己的努力领会了这一概念后，他们似乎就想离开具体事件独立做出判断。当少年们对国家的产生和发展有了相当丰富的知识以后，他们就开始以很大的兴趣探讨在强制劳动占统治地位的国家的衰落和迅速崩溃的原因。少年要求从思想上掌握大量的事实，满足他们的这个要求是十分重要的。如果没有体验到作为一个思想者的自豪感，智力劳动将是痛苦的和单调乏味的。相反，如果体验到了这种感情，少年就会以充沛的精力去研究新的事实。

为了满足少年对发展抽象思维的要求，我们十分注意推理能力的训练。少年对这样的课很感兴趣，每个学生都被掌握知识的过程吸引住了，从而激发起他们探求真理的细腻的智力情感。

大家特别感兴趣的是自然课、历史课、物理课、生物课、数学课上的推导练习。女教师奥·斯捷潘诺娃在介绍了几种有代表性的动植物的新品种之后，要求学生思考一下：是什么把它们联结为一个统一的整体？现在学的新品种同以前学过的品种之间有哪些相同之处？有哪些不同之处？我们分析了这种课上的智能劳动之后认为，少年头脑里所进行的过程，要求他们把对事物、事实和现象的简单的描写同研究它们的本质有机地结合起来。逐渐地，我们得出了结论：需要识记的和巩固记忆的东西越多，越需要概括性的研究，越需要离开具体的事物去思考和推理。概括性的研究可以减轻脑力劳动的疲劳。我们不止一次发现：在整天紧张的智能劳动中会出现这样的情况，少年感到再多记一些材料已经非常困难了，这是因为少年的知觉已经变成单调的、机械地"堆积货物"的过程了。

有时会出现这种情况：教师讲解得清楚明了，但是少年却什么也没有掌握；你向他们提问，他们就像根本没来上课一样。在这种情况下要使学生的注意力集中起来，要引起他们的兴趣就显得非常困难。我们还遇到这样一种现象：理解越是容易（比如按照思维过程的复杂性来说植物学要比数学容易得多），少年就越是冷淡地对待这种机械的"堆积货物"。

我们综合考虑了千百位教师在工作中遇到的困难，开始捉摸产生这种困难情况的原因。根据教师的评语，许多在儿童期学习好的学生，到少年期却变得迟钝、无能、冷漠了。他们把学习看作是痛苦而又沉重的负担。产生这种不幸的原因在于，少年的智力倾向于思考和研究，力求摆脱别人的思想；而正是在这个时候，教师在教学上动了很多脑筋，目的是使自己的课讲得更明白易懂，让少年更容易理解。结果却适得其反：按照教师意图本该减轻学生智能劳动的方法，实际上却加重了学生的智能劳动，似乎教师在压抑学生的求知欲，使他们变得智力迟钝。

我们曾经考虑过，**掌握**知识究竟意味着什么？就是要把有关各种事物、事实、现象和事件的知识在某种意义上变成少年自己的东西。如果少年感觉到知识是他智能劳动的成果，说明他已经获得了知识，同时也应用了知识。我给教师们讲了学生佩特里克是怎样掌握"副动词短语"的概念的。开始时，无论我怎么解释副动词同动词谓语之间的相互联系，佩特里克总是搞不懂。他按照范例造了一个句子："我回家以后，头开始疼了起来。"我采用了使他自己去弄清道理的方法。我建议他"思考一下，哪两个行为可以同时进行，其中一个是主要的，另一个是补充的"。通过这样的方法，佩特里克终于懂得了字与字之间微妙的意义联系。

由此，我们得出了结论：对思维比较慢的少年必须特别耐心。不应责备他脑筋迟钝，也不要使他的记忆负担过重，因为这对他丝毫没有帮助；如果一个人不研究，不思考，他就会头脑"空空"，什么也记不住。记忆力的衰退恰恰会发生在少年时期，出现这种现象的原因是：当个人需要尽可能多地思考的时候却不想去动脑筋。要引导那些接受能力差的和思想不灵敏的学生去自己弄懂道理，直至恍然大悟。这种醒悟不但对领会具体材料来说是必要的，它也是智能发展的特定阶段。一个人从弄懂道理中得到了快乐，通过自己的努力获得的真理使他感到惊异，这使一个人增强了自信心，感到自豪和自尊。

数学课为进行完备的智能教育提供了最广泛的可能性。学生独立完成数学作业需要耐心细致的工作，这种工作可以称为少年做出自我肯定的入门。在开始担任五年级数学课的教师之前，我给教师们分享了我在数学课的课堂教学和课外工作中关于智能培养方面取得成功的经验。孩子们学会了一般的解题——不做数学运算。他们看懂了题目，把它看作是统一的整体，也看到了其间的相互联系和相互关系。我花了几节课的时间专门讨论设题的条件，孩子们说了自己的思考过程，比如：第一个数和第二个数相加之和乘以 2，从所得的乘积中减去第三个数就得出所求的数。当孩子们还没有学会一般的解题方法时，教师要想顺利地进行数学教学是完全不可能的。我一步步给他们出示表示的字母符号，这样在研究算题时就更加有趣了，最后由数字公式转到了字母公式。在四年级里，班上接受能力最差、思维最迟钝的小女孩瓦里娅身上迸发出智能劳动的突然醒悟。我注意到：在单独思考习题时，女孩子的眼里射出寻求知识的目光。瓦里娅完全能独立地分析数与数之间的相互关系，并且能用一般的方法解题了。这是自我肯定过程中最重要的环节之一。过去她身上的智能积极性长期受消极性的压抑而不能发挥出来，某些内因压抑了思维。我相信，不久的将来这个女孩子的智能发展的进展过程会更快。

　　这种信念得到了证实。数学教师继续进行着从低年级就开始的教育工作：智能劳动的基本形式是独立解题。教师为每个学生挑选算题。教师并不催促学生，也不追求解题的数量。每个学生都能集中注意力深入思考自己的题目。第一个学生一堂课解了三道题，第二个学生只勉强解了一道题，第三个学生连一道题都没有做完。瓦里娅往常是在最后几个里面的，但她逐渐能适应要求了。到了六年级，即当她十二三岁时，她就从偶然性的成功发展到经常性的成功了：习题集中没有一道题她解不出来。我们研究了她练习的过程，发现在她的思想里有一种强烈的个性特点。瓦里娅对相互依存性本质的认识似乎是分阶段的：最初她思想上抓住了总的方面，因此把注意力集中在总体上，后来再转到细节上去。我们逐步把最难的习题给瓦里娅去解，她也能顺利地解出来。到第六学年末，瓦里娅成了年级里数学最厉害的学生之一。教师能细心地对待她在智能劳动方面所表现出来的反应迟钝起到了很大的作用。我们感到高兴的是，瓦里娅在数学上取得成绩以后，更加强了她对自己的信心，她具备了独立思考的能力。现在她学习其他课程的时候，其中包括语法，也不像以前那样感到吃力了。

在指导智能劳动中我们还考虑到少年思维过程的这样一个特点：学生对具体事物和概括之间的关系理解越清楚，他主观上的感受就越深；研究真理，发现真理也就成了他精神上的收获。正因为如此，我们在安排课的时候，务必使少年从对具体的、明显的事物的认识上升到对理论的规律性、依存关系、规则和法则的认识。制作并在课堂上向学生展示几何图形的模型，机械的模型，动物、植物和器官的模型，这不仅仅是为了向学生展示一下已经存在的道理。具体的东西可以用来作为进行论证和研究的对象。这对于思维迟钝的佩特里克、尼娜、斯拉瓦来说尤其必要。

我们努力把数学思维的特点推行到所有其他的课堂教学中去。少年时期抽象概念的加速形成不仅是智能发展的表现，而且也是生理发展非常重要的前提，是大脑思维能力强化的重要前提。思维和劳动创造了人脑。思想是和人的劳动，和人的积极活动紧密地联系在一起的，思想的这种创造作用在少年时期表现得特别明显。正是由于形成了抽象概念，从而加速了神经元分支的形成，也加强了神经元之间的联系。30 年来我一直在研究这个复杂的问题。根据许多事实我提出下面的结论：如果少年时代缺乏应有的思维素养，如果抽象概念没有成为思想的基础，如果反馈联系不是从抽象概念即从信息系统中心通向形成概念基础的事物，人的生理发展的规律性过程就遭到了破坏——即由信息中心同周围神经之间的联系微弱，导致思维的极端简单或紊乱。要是少年的大脑没有能随着抽象概念的形成而发育长大，这样的少年在智能发展方面似乎就停滞不前了，他们不懂得概括事实，讲起话来口齿不清，想象力贫乏，一双手不会从事复杂的、精巧的劳动。如果一个人在儿童期能胜任智能劳动并从中找到了乐趣，可他到了少年期却感到学习是一种难熬的痛苦，那就是因为他的脑子未能发育成抽象思维而造成的可悲结果。孩子的求知能力似乎在少年期逐渐地消失，变得迟钝了，这种情况十分令人担忧。

忽视思维培养潜伏着多么大的危险！我懂得了这一点之后，决心把"数学思维"概念所概括的思维特点贯穿到全部课堂教学的智能活动中去。不经过理解的过程，任何一个概念、判断、推理和定律都是记不住的。不理解的识记在儿童期会带来害处，而对少年来说，也是一种可怕的危险，因为少年期学生的生理在快速地发展，这个时期柔软的思维物质的可塑性最大，能最敏锐地对抽象思维产生影响。如果一个学生在少年期在智能劳动方面得不到循循善诱的指导，他永远也学不会很好地进行思维活动。

考虑到这些后果，我们总是努力使少年对概念的理解在其智能劳动中占有比较大的比重。我们根据少年的眼光来观察他头脑里在想些什么。我们努力让少年掌握好概念，作为进行思维的第一批"建筑材料"，成为进行积极的认识，获得新知识的工具和手段。

培养兴趣和集中注意力的问题在我们的教育工作中占有重要的地位。我们曾经考虑过这样一个问题：少年表现出感兴趣或不感兴趣时，他脑子里在想些什么？感到有兴趣的这种主观感觉是头脑"情感区域"即脑皮层下产生兴奋，再由脑皮层下发出信号给大脑皮层的过程，这时候人就会有意识地把注意力集中到被认识的客体上，或者是教育者的有力助手——无意的注意力在起作用。多年的观察告诉我们：如果少年的"情感区域"长时间处于兴奋状态，兴趣就会消失，变得疲劳和淡漠。教师的话似乎不能唤起他们的知觉，他们听到的只是声音的外壳，并不能理解这些话之间的相互联系。这种情况常常出现在教师的讲课中放了过多的新材料，而且力求用大量新奇的事实、现象和事件使少年大吃一惊的时候。所有这一切作为启发兴趣的一种方法，看起来似乎很吸引人、很新鲜、很不一般，但如果教师应用不得法就会产生相反的效果。

教师必须非常谨慎地对待大脑"情感区域"所引起的兴奋。在少年期进行的生理发育过程本身的特点要求学生通过概念的思维来促进抽象思维的。当然，鲜明的直观的形象会启发少年的兴趣，但是主要的不应当只是鲜明的、直观的形象。我们激发"情感区域"首先是通过具体事物和抽象概念之间的一定的联系。惊奇感的引起是由于在那些最一般的、没有任何特点的事物中包含着意义重大的世界观真理的源泉。少年感兴趣的不是什么专门的或辅助的东西，而是材料本身的内容。一旦引起了少年的兴趣，我们就没有必要经常地去激发"情感区域"。

要善于引导少年不再中断自己的思路，要引导他们一步步地去认识事物，这是教育素养中十分重要的。我们认为，当课堂上出现"明显的安静"，即少年们专心地听每一句话时，您可以逐步放低声音，不必用专门讲课的声调对他们说话（顺便说一下，这种讲课的声调很容易引起学生的疲劳），而是用一般的人们谈话的语气；在这种情况下，激发兴趣这个目的就达到了。

经验证明，大量借助于吸引人的、鲜明的和形象的事物会导致过分地激起少年的兴奋情绪（引起喧嚷和骚动），于是教师不得不提高嗓门去压制喧嚷声，而这样反而会更加促使少年情绪激奋。用足力气提高嗓门说话会使脑半球的大脑皮层处于某种麻痹状态：少年什么话也没有听见，教师不得不大声喊叫，甚至还要敲敲桌子。一堂课上"装好的火药"可能使几堂课无法正常进行。如果连续有几堂这样的课，少年处于极其兴奋的状态，他们就可能对教师说出无礼的话；他们回到家里就会头昏脑涨，火气很大或者愁眉苦脸，谈不上什么正常的智能劳动。因此，用这种简单粗糙的方法来激发学生的兴趣，在这样一种细致的工作中缺乏教育素养，这就是把少年变成是"难弄的人"的重要原因之一。

启发兴趣的素养越来越引起我们的重视。我们举办课堂心理学讲座，讨论个别学生的心理—教育特点，报告调查观察的结果。我们力求了解最重要的情况：当少年在思考的时候，他头脑里在进行什么样的过程？已知的和未知的相互关系这个课题使我们很感兴趣。实践证明，当一堂课的材料中已知的材料和新材料都占有一定的"比例"时，才会激发起少年建立在思维本质基础上的持久的兴趣。如果讲课内容中只是塞满了新材料，少年无法把新材料在自己的思想上扎根，就会导致教师十分珍惜的那条思路断了，学生感到学习很吃力，无能为力。启发兴趣的秘诀在于揭示未知的东西同新材料之间内在的深刻的联系。我们希望：学生从教师那儿拿到了思想的砖头，把它们堆砌在新的大厦上的时候，他知道该砌在哪里，他能看到整个大厦，能用他的思想去理解，从而站得更高、更远，以便看到他同教师一起建造起来的建筑物的全貌。亲身体验掌握知识的感受是启发少年对知识的特殊兴趣的十分重要的条件。这种兴趣是在一个人不仅认识世界，而且认识自己本人时形成的。没有自我肯定就不可能对知识有真正的兴趣。

我们不让少年去"感受"他已经很熟悉的东西，目的在于避免少年变得冷漠无情，目空一切。因为他们希望自己是个思想家，而不是一台复制知识的机械仪器。要是你深信全体学生对某一个问题都已经了解得很透彻了，那就没有必要再提出这个问题，也没有必要再用其他方法去重复这个问题。顺便提一提，我们检查家庭作业时之所以常常会感到兴趣索然正是因为在机械地重复已经重复过多次的东西。

这里我们来讨论一下知识的应用问题。这个问题对于少年的智能教育格外重要。少年大脑的发展要求其思维过程灵活机动，有可塑性。他们头脑里的神经元之间的神经联系在发展，在牵动越来越多的新的神经元。少年已经掌握的东西应当是建立新的联系的内部刺激因素和推动力。这一切要求少年不断地应用知识。有人认为，应用知识就是不断去完成一些实际任务（搞些测量、计算等）；但其实，运用知识应当是智力劳动的一种方式，是传授新材料的主要目的。我们力求在教学中带着问题去研究事实和现象，使少年通过自己的思考，从自己意识的深处找到理解新知识的工具。

我在给少年叙述历史事件，讲解语言规律性的本质时，有时候我会原原本本地把一切都解释得很详细，而有时候我会留一点东西让学生自己去证实，这是一些用他们过去获得的知识可以得到解释的问题。结果表明，无论对于理解思维很快的少年还是对于思维迟钝的少年来说，这种方法总能促使少年迅速发展积极的思维。他们的眼睛里闪烁着喜悦的火花，大家都想回答教师讲解中没有阐明的问题。在我面前似乎展示出一幅表现少年头脑里在想什么的清晰的画面：少年不仅从我手中接走知识的砖瓦，不仅在思考着把这些砖瓦放在哪里，而且仔细地端详着，这是些什么样的砖瓦，它们是不是建造坚固的大厦所需要的那种建筑材料。

我们努力这样来组织少年的智能活动：使思维过程，掌握知识的过程同知识的应用紧紧地结合在一起，使一部分知识成为去掌握另一部分知识的手段。兴趣、注意力的培养和知识的巩固最终也与这种方法有关。我们在课堂教学中抽出一些时间用来让学生对一些事实及其相互关系、各种现象和事件进行深入的独立思考，这就是在实践中进行巩固的过程。巩固不应当只理解为在教师讲述以后马上提问学生并由学生回答问题，在这种情况下往往只有最有才能的学生能回答问题，而能力中等的和思维迟钝的学生则需要对事实做进一步的研究和思考。能力强的学生也有这样的需要；如果他们长期以来学习都很轻松，他们的智能就会衰退。我们在进行这一工作时，不把识记作为首要目的。如果我们把学生学习的精力引向深入思考，这也就是让学生进行无意识记。要是长时期把全部精力都花在死记硬背上，学生的智能就会衰退。死记硬背是会损伤大脑的，会使许多神经元长得过大，信息过分饱和，可是保证经常联系的联想纤维却衰退了。

我们不允许死记硬背，而是帮助少年掌握识记的最合理的方法：教育他们把听到或读到的东西进行逻辑分析。许多课我们在课前就给少年提出了目的——思考教材中逻辑的组成部分，不要求把一切都记住，而只要记住主要的东西。学生以很大的兴趣对待这项工作，因为这符合学生成为一个"思想家"的要求。少年可以逐渐地过渡到去完成最复杂的任务：一面听一面把教材中最主要的逻辑组成部分按先后顺序记录下来。

手 和 理 智

恩格斯曾经赞颂过人的手[9]，说它是最完美的，它用自己魔力般的力量产生了拉斐尔的绘画、托尔瓦德森的雕刻以及帕格尼尼的音乐[①]。运用自如的手能培养意识，创造理智。遗憾的是，我们对手在智力教育中的作用，尤其是在儿童期和少年早期蓬勃生长的生理过程中的作用，研究得太少了。直到最近一些理论还把吸收学生参加劳动这件事解释为克服学校偏重智育倾向的需要，这一事实使我

---

① 拉斐尔（1483—1520）：文艺复兴时代意大利画家、建筑师。托尔瓦德森（1770—1844）：丹麦雕塑家，新古典主义巨匠之一。帕格尼尼（1782—1840）：意大利小提琴家、作曲家。——译者

感到惊讶。手不参加工作似乎会产生智力过多的危险，这是何等的荒谬！

事实上并没有这种情况，也不可能有。一个人闲着或是不动脑筋地拼命干体力活（就是不让他闲着）对少年的智能发展都是同样极其有害的。我在 10 年中观察了 140 名学生（8—16 岁）的智能发展，发现这样的情况：他们每年有几个月的时间干着单调、疲乏而又不需要任何技能的体力活。他们的双手与其说是进行创造的工具，还不如说是表现体力的器官。少年在其生理发展过程加剧的时期被迫去干特别使人疲劳、单调和时间拖得很长的体力活。在他们就读的学校里，脑力劳动的面很窄，而且非常单一，他们智力上的兴趣和需求没有得到培养。特别令人担忧的是，这些学生的手在儿童期和少年期没有接触过复杂的事物和细致耐心的智能活动。这对该校许多学生的智力面貌有着深刻的影响：16—18 岁的男女青年在同最简单的机器打交道时还表现出无能为力、畏首畏尾的神情。这个学校没有一个学生能考上高等学校，这是整体的智力贫乏的可悲结果。在这整体的智力贫乏的背景上突出显示出很低的工作能力。大脑中有一些最积极、最具有创造力的特殊部位，通过抽象思维过程和手的细致而又**灵巧**的工作的结合，这些部位就会变得生机勃勃。如果没有这样的结合，大脑中的这些部位就变成死胡同。如果在儿童期和少年期它们不能萌发生机，以后也就再也不会萌发了。

我们从一年级就开始要求学生们用手做一些精确的、有目的的动作。手工课上，孩子们在小组里学习剪纸或者用刀在木头上雕刻精致的花纹。这个活动的主要目的是培养学生的美感与和谐感（对称、成比例）。手似乎在指挥脑子遵守纪律：培养自我监督的能力和思想上对精确、细致、美的敏感性。谁学会了用刀，谁书写漂亮，谁就能敏锐地觉察到微小的不整洁，就会丝毫不允许自己马马虎虎地工作。这种敏感性又传递到思想上。正是手促使思维过程变得精确、清晰并且有条不紊。

我们尽量让少年们干活的时候使用精巧的工具，这样的工具要求手和手指做出复杂的动作。用手工工具对塑料、木头和软金属进行精细的加工对培养少年的智力起着重要的作用。因为学生在干活的过程中，逐渐才能习惯于自己的工具，感觉到它。劳动课教师阿·伏罗希洛教学生掌握手工工具的时候，同时也在完成着智能教育的重要任务。我们一直在担心：什么时候才能使我们那些智力迟钝的学生的手**变得灵巧**呢？终于在六年级的时候，佩特里克干的活不再是马虎粗糙，而是又美又精细了。这是他在思维积极化的道路上迈出了一大步，我们对此感到高兴。往后佩特里克就消灭了 3 分的成绩（有时 4 分也没有了），要不是在这些细小的教育工作上下功夫，他就不可能有这些成绩。

少年逐步转入了设计工作。工场中有一组为绘制各式简图和装配模型用的木制的和塑料制的零配件，有供拆装实物模型和机器用的零配件。少年分析各种零配件之间的相互关系，在脑海中形成简图或模型，进行装配。在这个活动中特别明显地需要手脑协同一致地工作。这里通过两条渠道在不断地进行信息对流——从手通向大脑和从大脑通向手。手在**思考**，就在这个时候大脑的创造性工作区域兴奋起来。这个工作中首先要理解其相互关系和相互作用。思想由整体过渡到局部，由一般过渡到具体，手积极地参与了这个过渡。我们深信，要干好这个工作就必须具备观察力和计算的能力，而这些同数学能力的发展直接联系在一起。瓦里娅比任何一个男孩都更快地学会了分析实物模型的零配件之间的相互关系，这促进了她思维的觉醒。

我连续几年观察青年工人班的学生是怎样学习的。许多学生虽然没有时间完成家庭作业，也很少听课，但他们掌握数学、物理、化学方面的知识比日校的学生深刻得多。激发智能的强大动力是他们的动手能力强。夜校班中数学好的学生都是些有文化修养的、有才干的机务人员，人民把他们称作自学成材者。他们是通过细致琐碎的创造性智力劳动自学成材的。我们认识到这种来自实际生活的经验，因而在劳动课上和其他形式的活动中力求用学生的手来激发他们的思维。

"知识的源泉"

我们把学校里的一个小房间称为"知识的源泉"。在这里向你揭开多种事物和现象的本质。其中最主要的是手的智能活动、主动性和创造性。这里就是少年之家。我们要让所有的少年，特别是学习困难的少年都来通过这"知识的源泉"丰富自己的眼界。我们每个教师都是少年之家的指导人。我们经常要想出一点什么新花样来使少年的手和思维合在一起使劲。

"少年之家"里展出了说明各种现象的许多模型，五年级学生在学习物理之前已经对这些现象思考了很久。少年之家里有一台现在使用的谷物清洗机的模型。因为从机器上取走了几个部件，把它们放在旁边，机器就不能运转了。为什么机器不动了？每个部件起什么作用？如果用另一个构造不同的部件去代替其中的一个部件就可以清洗另一种谷物。为什么会这样呢？这是给畜牧场供水装置的模型。要开动这台机器就必须懂得各个组成部分的相互作用；而要弄懂它，就要开动脑筋。

物理教师展出了有特别奥妙的机械模型：这里面有些部件制造得不准确，因而模型不能正确地运转或者完全开动不起来。模型上面写了一句话："为什么这个模型运转不对呢？"从而促使你去探索、研究，这就打开了抽象思维的源泉：从本质上讲，一切引起学生注意的东西都要求分析其相互关系。

化学学科要求少年用心观察某些物质的特性，想一想：为什么它们在各种条件下会起变化（在化合过程中，在温度变化的条件下）？所有这一切也属于研究其相互关系的范畴。

在这里展示的许多事物和现象少年都还没有学到，对此我们并不担心。我们正是要激发他们的求知欲，让他们自己去寻求使自己激动的问题的答案，让少年在完成课上必修的智能活动的同时去完成课外非必修的智能活动。这里也有各种书籍（参考书、工具书），从中他们可以了解自己感兴趣的东西。

系统化在学生的思维中占有重要地位。系统化是思维的母亲。生物教师、化学教师、历史教师、文学教师都会安排本课的作业。少年在考虑事物的特性时，会把它们归到所学的这门课或者纳入某个类别、某个历史时期、某种风格。文件夹里夹着数十种未经分类叠在一起的干叶子。作业：把这些叶子分别归类登记。我们高兴地看到少年们在聚精会神地研究每一片叶子。这时候，书本就是第一个助手。为了分门别类地归在一起，他们取来了各种土壤、肥料的样品和不同种类的树木。历史老师在房间里挂了许多画表，上面画着劳动工具、日常生活用品、武器、家用物品、衣服，要学生识别这些东西属于哪个历史时期。文学老师则提供不写出作者姓名的文学作品片段，要少年根据作品的风格来识别这个片段的作者是谁。

我们有时还布置更复杂一些的作业。比如：按示意图组装目前通用的机器模型。

"知识的源泉"所提供的作业并不是配合课内学习的直观材料，我们的目的不在于此。这里有完全不同的目的：我们希望少年们对尚未学过的东西进行思考。现在我简要地谈谈这些目的。

智育的两个大纲

少年的智能生活，他们广泛而又多方面的兴趣，他们在积极活动中对自我肯定的追求——所有这一切都促使少年感到，如果学校里除了课堂教学以外别的什么也没有的话，他们是无法得到满足的。无论课堂教学如何有趣，无论教师如何努力地把课堂教学组织得尽善尽美，如果少年的智力需求被局限于课堂的话，他们对上课就不会真正感兴趣。对那些课外自然而然得到的知识，少年们都很重视、很珍视；一个人总是特别珍惜通过自己的努力取得的东西。

多年的经验使我深信：一个少年在课外读的书越多，对与课内无关的东西知道得越多（当然这个无关是相对的，因为渴求知识的火花是在课堂上点燃的，能不能用这朵火花燃起少年心中的火苗，这取决于教师的本领），他就越是重视一切知识，越是尊重智力劳动、尊重教师、尊重课堂教学、尊重他自己。考虑到这种规律性，我们认识到课堂教学有两项教育任务：一是传授一定的知识；二是启发少年对知识的渴望，启发他努力跳出课堂教学的范围去阅读、研究、思考。我们说的必须"上好课"，它的含义首先在于使少年的智力生活中不仅只有课内学习。要是做到了这一点，课堂教学就将成为少年精神生活所期望的源泉，教师就将成为这个源泉很好的开掘者和保护者，而书籍也将成为吸收文化的宝库。

这些认识是对少年进行智能教育最基本的教育经验。如果你们希望少年具有丰富的、充满意义的精神生活，希望他们不白白浪费时间和不去寻求一些可耻的强烈刺激的话，请你们把这些看不见的线由课堂教学引到课外兴趣爱好和需求上去。

我们每个教师在备课的时候，都考虑了要在哪一点上去点燃少年渴求知识的火花，如何把火花送到年轻人的心灵中去。这项教育任务能否完成取决于少年是否能深刻地意识到，自己应当去开掘和钻研真理。这种认识越深刻，少年就越渴望知识。如果我们想从另一个方面，即用课外工作来改善课堂教学，要在课外去启发少年对课堂教学的兴趣，这种做法是无济于事的。

每个教师在按大纲规定传授知识的同时，也揭开了第二个大纲——非必修知识的大纲。非必修的知识——这是指学校大纲范围以外的一切知识。非必修知识的范围取决于科学的发展，学生的视野，物质条件，学生所处的周围环境以及他个人的爱好、兴趣、天赋。最后一点尤其重要：对同一门课程，就其第二大纲的广度来说（教学的智力环境），一个学生较宽，而另一个学生较窄。第二大纲知识广度的扩展取决于学生本人的条件，但是作为最初的推动力，点燃求知欲火花的第一颗火星是教师的素养、知识面和学问的渊博程度。我们教师集体都深信，少年的智力教育取决于必修的和非必修的大纲的统一。这种统一的性质是由每个学生个人的许多特点决定的。在观察了思维迟钝学生的智能活动以后，我们确信，为了理解必修教材并记住这些东西，这些学生必须阅读一定量大纲规定以外的科普文艺，不是为了识记而是为了让阅读过的东西通过知觉在思维物质上留下不可磨灭的痕迹，促进大脑对必修知识的理解并记住这些材料。

有一年安排我上物理课。在教授"液体和气体的压力"一课时，我给那些领会教材很困难的学生阅读了有趣的科普小品。课外阅读变成了激发学生智力的一种推动力，学生们很快就理解了其中的因果联系，加强了无意识记的作用。我认为，抽象思维的能力主要并不取决于头脑中积累的"一大堆"知识，而是要看哪些东西经过了自己的深思熟虑和深刻理解。如果对有趣的、想要知道但并不是非记住不可的东西付出紧张的智力劳动，就能增强记忆。

　　掌握第二大纲，实质上指的是少年智力上的自我肯定，集体精神生活的多样化和精神财富的经常交流。

　　独立阅读是掌握第二大纲最重要的途径。

"思想教育室"

　　艺术作品具有强大的教育力量，这种教育力量表现在审美观、道德观和政治思想观都艺术地融为一体之中。我知道，一个人在一生中能读完的书不超过 2000 册，并且其中大部分是在学校学习的几年时间里读的（一半以上的书）。因此，我极其严格地为学生挑选少年时期的必读书籍，并建立了"少年期金色图书室"。这里有专门适合少年阅读的最有趣的书。现在这个图书室里共有图书 360 本。这里不列举书名，我主要讲一讲充实图书室的原则和这些书在少年精神生活中所占的地位。

　　我们为"少年期金色图书室"挑选的都是世界文学优秀作品。经典作家的作品一定要在每个学生的心灵中都留下深刻的印象。我们不能想象少年丰富多彩的精神生活中可以缺少这些作品，学校里如果没有这些书，那也是不能想象的。"少年期金色图书室"中所有的书都有好几个复本（10—15 本），至于塞万提斯、莎士比亚、歌德、席勒、马克·吐温、杰克·伦敦、雨果、普希金、果戈里、托尔斯泰、屠格涅夫、契诃夫、柯罗连柯、陀思妥耶夫斯基、高尔基、赫尔岑、廖夏·乌克兰英卡、弗兰科等的著作则有几十个复本。我们努力使书籍成为少年的精神生活中最重要的智力需要和审美需要。我们的理想是使少年感到有必要重温并反复阅读许多经典书籍，就像一个有音乐修养的人反复听经典音乐那样。"少年期金色图书室"成了充实家庭图书室的样板。

　　少年期是树立理想的时期。应当让那些伟人的形象铭刻在每个少年的头脑和心灵中，让那些人所经历的生活成为少年效法的榜样。这是非常重要的。因此，在"少年期金色图书室"中有关于无产阶级领袖马克思、恩格斯、列宁的生活和斗争的书籍，有关于他们的战友和继承者的书籍，有关于科学和文化方面天才的活动家的生活和斗争的书籍，有关于十月革命、国内战争和伟大卫国战争时期英雄的书籍。

学生需要熟记的东西越多，他就越需要多读一点不一定要记住的东西，越需要从中了解、体验一下认识的快乐。在需要进行识记的学习最紧张的时期，我们用这样一些图书来充实"少年期金色图书室"：在这些书里，重大的学术问题用鲜明的形象和充满激情的语言来表现；读了这些书，年轻人的心灵受到了鼓舞，了解了关于人民的过去和现在，有关宇宙的几种最主要的正确观点，人类为争取幸福的未来而斗争的规律性。这一切在"少年期金色图书室"中都有反映。这里还有表现道德思想的优秀作品，作品里介绍了忠于人民——为人民的幸福准备献出自己的生命，忠于信念——在经受各种考验时坚强不屈的思想。我们认为，"少年期金色图书室"是个人生活的起点，在这个起点上进行着形成年轻心灵的最细腻的过程：一个人触及人类所创造的、经历了痛苦的过程才获得了那些最宝贵的、最神圣的东西，他自己也逐渐成为一种积极的教育力量，因为人类的道德财富已经为他个人所获取。我们为"少年期金色图书室"挑选了有关自然现象，各族人民的生活、风俗习惯及其文化的书籍；个别书架上还陈列着供集体朗读的书籍。

真正地读书——这是一个积累智慧和净化心灵的过程，它能激发一个人对世界和对自己本人的思考，促使少年认识自己并思考自己的未来。读书不可能使人精神空虚，没有什么东西可以代替书籍。为什么一个少年在他做完功课或者下班之后的很多情况下总是想到外面去溜达？为什么少年不愿意单独同人们的良师益友——充满智慧的书籍在一起度过几小时呢？为什么少年想一个人单独待一会儿的愿望没有像他们迫切希望到人们中去那样，成为一种自然的愿望呢？为什么读书入迷，为时间不够而感到遗憾希望能有时间尽量多读些有益的书的少年那样少呢？

必须教会少年读书，并且使他们在阅读中认识自己，教会他们用书来进行自我教育，使他们生活在书的海洋中。

"少年期金色图书室"放在"思想教育室"里，我们称它为"思想教育室"是为了强调书籍巨大的精神力量。

"思想教育室"的开办是在大家读了我写的一篇短篇小说以后

发起的。短篇小说写的是关于穆齐·斯采沃拉——拿破仑入侵时一名被法国人俘虏的俄国士兵的故事。当敌人在他左手烙上字母"N"的印记时，他充满着对敌人的鄙视和愤恨，抓起斧头，砍断了这只被"弄脏了的手"。故事深深地感动了少年们。我建议每个教育者：如果您想在年轻心灵中唤起崇高的爱国主义感情，就给他们读一读这样的书吧，其字里行间洋溢着伟大的思想：人最宝贵的是祖国；你首先是个公民，是祖国的儿子，祖国的荣誉也就是你个人的荣誉。

第二天我给少年们讲述了关于谢尔盖·拉佐一书的内容。谢尔盖·拉佐是国内战争的英雄，被白卫军烧死在机车炉膛里。我拿出自己写了数十年的读书笔记。我努力给少年描绘他们想象中的作为一个文明人最幸福的情景——与书本交朋友所感受到的幸福，智力和美的享受的幸福。

少年们爱听表情朗读，但是对作品的领悟程度与听众的数量和朗读的时间有关。听众必须不超过一个班级，他们必须有共同的精神需求。宽敞明亮的教室坐落在积满雪的花园里，暮色苍茫，一片茂密的树林和如茵的草地，树叶在窃窃私语，晚霞夕照——所有这一切都增强了感觉上的美感，也增添了言语的美感。

开始时，被"思想教育室"吸引的少年不多。他们各自挑选书籍，在"思想教育室"中安静地阅读。使我十分高兴的是少年们在读书时眼睛里闪烁着那种反映思想和感情变化的内心的火花。

费佳在读一本有关"宇宙"的书。值得高兴的是他对这本书感兴趣了！教师在费佳身上费了不少心血。以前怎么也激发不起他的求知欲，他的思想上有一种不知从哪儿来的自以为是，取得小小的一点成绩时他就以为已经到顶了。让书本开阔他的眼界，就必须要告诉他这样一个事实：那本伟大的认识世界的书的第一行他都还不懂。

如果少年和充满智慧的书本交上了朋友，那么他书读得越多，就越加深信：需要多多钻研，才能获得更多的知识。

我多么希望所有的少年都能熟悉描写优秀人物生活的书籍！我这里有几十本书，都介绍了优秀人物的勇敢和坚韧不拔的精神。他们宁死不屈，坚决捍卫真理和自己的信念，他们是康拜涅拉和亚历山大·乌里扬诺夫、尤利乌斯·伏契克和谢尔盖·拉佐、穆斯·查利尔和卡尔贝舍夫将军、耶奴什·科尔查克和尼柯斯·别洛亚恩尼斯。介绍这些人物的书籍也就是少年进行自我教育的百科全书。如果少年的面前没有点燃起忠于崇高理想并为许多代人照亮前进道路的明灯，他就没有真正看见自己。没有理想就谈不上个人的精神基础。我们力求使这种理想成为一个人的精神成果，成为他自己的思想，从而使他对自己本人和自己的生活有明确的打算。

充满政治——道德理想的知识首先是历史知识。正是历史知识影响着个人的精神世界，奠定了信念的基础。但只有当人们把充满政治——道德思想的理论材料同自己联系起来的时候，才能使历史知识成为建立信念的基础。少年在思考亚历山大·乌里扬诺夫的勇敢精神时，应当把自己代入进去。

这里有一条必须细心琢磨的心理学规律：那些不一定要记住的东西，不需要进行专门"剖析"的东西以极大的力量影响着个人的精神生活，在同自己作对比。这条规律恰恰反映出了少年期的特点，因为少年的思想正在把周围世界和他本人逐步分开。正是基于这个原因，历史课和其他人文学科的必修知识要求学习者具有特别广阔的智力背景。

我尽量让每个少年都有一本心爱的书，他能反复阅读这本书并思考这本书的内容。他这样做不是因为需要把读过的东西记住，以便以后复述给教师听，而是他为自己的命运而激动不安。我坚决相信，少年的自我教育是从读书开始的，他要用最高的尺度——那些勇敢的、忠于崇高理想的人们的生活——来衡量自己。如果少年的精神生活中只有要求识记的课堂教学、听讲、坐着看书，那他就不可能进行自我衡量和自我认识，只要求识记的心理状况把政治——道德理想降到了次要地位。正如一个解剖人体的医生，他忘记了人的伟大意义，虽然他的劳动最终确认了这种意义；同样，一个少年将理论材料进行逻辑分析时，如果他只以识记为目的，就在某种程度上摆脱了政治——道德思想。对于那些在智能劳动中有一定困难的少年，思想丰富的材料并没有在他们心灵中留下什么痕迹，因为这些少年全部的精神力量都在用于"解剖"。

不管在教室、田野、森林里，还是在其他地方参观游览的时候，我常常给少年们讲述优秀人物的生平事迹。"思想教育室"逐渐成为丰富的思想生活的发源地。我看到男孩子和女孩子都在反复读着同一本书，他们动手做读书笔记。我们的一个"哲学家"和"思想家"尤尔卡（他对一切都表示怀疑，对一切都要刨根问底）已经把亚历山大·乌里扬诺夫在法庭上的讲话读了 5 遍，瓦里娅记下了谢尔盖·拉佐有关思想信念的激昂慷慨的言辞，萨什科多次重读了体现卓娅·科斯莫杰米扬斯卡娅的勇敢无畏和坚韧不拔精神的书。我发现，少年的思想已经不局限于书本，他们在思考自己。我认为这样的时刻是非常可贵的。当在一个人的面前刚刚展现生活道路的时候，他就已经用英雄的眼光、用强者的眼光来观察自己，用英雄人物的尺子来衡量自己，要做到这一点是多么的不容易啊！

同自己说话，对着自己的良心说话——这是真正的自我教育。谁在人类的道德财富中找到了自己的榜样，谁希望为自己的心灵获取道德财富中最宝贵的东西，这样的人才能达到思想生活的这个高级阶段。

道德政治思想贯穿在社会科学、文化和艺术之中。其指的就是忠于信念，忠于劳动人民的理想、毅力，在困难面前不屈不挠。这种道德政治思想不可能通过某一堂课或者某一门课程来"掌握"。只有经过长期的思考才能体验和理解。只有当一个人体验到这种道德政治思想是人的最崇高的美，是一种道德美的时候，他才真正在思考自己本人。读书，和充满智慧的书本交朋友，能帮助人们认识这种美。

我认为，只有当每一个青年男女都找到了一本在他们心灵中终生留下深刻痕迹的书籍时，教育的目的才真正得以实现。我耐心地期待着少年同他的那本书相遇。这种相遇将出现在您给少年揭示出真正的人的美的时候，而且，这种相遇还要求教育者具有高度的素养。

我给孩子们讲述了介绍索菲亚·彼罗夫斯卡娅的那本很有趣的书，我建议他们读一读。有一次我去"思想教育室"，想知道究竟是谁第一个打开了这本书。当知道是季娜时，我非常高兴。这个女孩子 13 岁，最近她变得文静而又事事留神。她刚开始读就被这本书迷住了，好几天都爱不释手，甚至把以前积极参加的艺术语言组的活动也给忘了。关于这件事你不必去提醒她，不应当去破坏使她内心激动不已的那一连串的思想和感情，也不该去问："你对这本书有什么想法？""它在你身上激发起哪些思想和感情？"让她自己去领会思想、体会感情、激动不安吧！过了一两个星期，女孩子重读这本书，开始记日记。这几天不应当劝女孩子读其他什么书，不应当指派她去参加什么座谈会，因为她的思想和情感正经历着紧张的内心活动，她正在认识世界并认识自己。

座谈和热烈的争论都是必要的——青年喜欢思想交锋，寻求真理。少先队组织举办讨论勇敢精神的座谈会，季娜要求发言。她把自己经过反复思考的想法谈了出来：一个普通的、平凡的人能否在他死后给人世间留下痕迹？这个想法像闪电一样使每个少年恍然大悟，意识到一个人有许多精神上的需求和兴趣。应该怎样来回答这个问题，取决于一个人的道德面貌，他的思想倾向和精神财富。

季娜说："关于索菲亚·彼罗夫斯卡娅的这本书使我认识到，人不是飘浮在生活旋涡中并随之而消失得无影无踪的微尘。每个人，只要他热爱祖国并决心做一个真正的爱国者，都可以在他死后留下深深的痕迹。"

几年过去了，不久之前季娜来到学校。这位年轻的妇女是幸福的，她有一个圆满的家庭。她是来请教如何教育孩子们的。我们共同回忆起"思想教育室"，季娜说："那本书①永远留在我的心上。我希望孩子们也能找到自己心爱的书。'思想教育室'——这是十分必要的星星之火，希望它永不熄灭。"

沃洛佳找自己心爱的书找了很久。他是一个很不简单的少年：他的智力发展程度一年比一年更清楚地显露出来，但与此同时，他在道德方面的发展却出现了令人不快的现象。父母过分的溺爱使他懵懂无知，少年还没考虑过自己的未来。要想办法让沃洛佳读到一本好书，这本书能帮助他用另一种眼光看待自己的生活和劳动。后来，沃洛佳终于找到了自己喜爱的书——关于西伯利亚联合收割机手普罗科菲·涅克托夫，一个命运不平凡的人的故事。战争夺去了普罗科菲的双脚，但是他在自己身上找到了极大的毅力，强迫自己学者用假肢走路，后来当上了联合收割机驾驶员。普罗科菲·涅克

---

① 介绍索菲亚·彼罗夫斯卡娅的书。——作者。

托夫曾被授予"社会主义劳动英雄"的崇高称号。我从许多报纸杂志上剪贴汇编成关于他的一本集子。就在这段时期里沃洛佳以巨大的努力在克服自己的惰性。过去他总是做不到用劳动来开始一天的生活。我们同他的父母谈过话，把希望寄托在少年本人身上：要使一个人看清楚自己，然后同不良作风做斗争。沃洛佳终于愿意沟通了，这不仅是同书本沟通，而且是同人们沟通了。我并不认为沃洛佳会一下子变成另外一个人，并以此来宽慰自己，这种情况是不会有的。但是使我高兴的是，他一开始同书本接触，就产生了钦佩的感情。

沃洛佳希望与别人交流自己关于这本书的感受，他对我说："要知道普罗科菲的功绩同密列谢也夫不相上下。"

我回答说："每个人都有自己的心，都有自己的精神，都有自己的建立功勋的道路。"

"每当我重读这本书的时候，总要想一想自己。似乎普罗科菲在责备我：'难道可以把今天需要做的事拖到明天去做吗？'真正的人的勇敢精神开启了我们的心灵。我们也希望做一个真正的人。"

沃洛佳的这些话是发自肺腑的，他的眼中闪烁着光芒。我告诉他说：我在编写普罗科菲·涅克托夫一书时，自己也受到了教育。当时我从沃洛佳的眼神中看出，他想到了自己。我继续观察沃洛佳以后的发展。他把关于涅克托夫的书读了好几遍。逐渐地，精神空虚的眼神从男孩子眼中消失了。

如果一个人只看到对他有利和他所需要的东西，而看不到或者不想去努力看到那些需要他集中精神力量为人民谋福利的事，这是一种十分危险的态度。如果一个人这样来看待世界，他就会逐渐堕落到利己主义的泥坑，对一切与我无关或者对我没有什么好处的事报以个人主义冷漠无情的态度。我发现沃洛佳以前就是这样认识世界的，这种看法就是导致不幸的根源，这使我十分不安。

当然，在教育沃洛佳方面起决定性作用的不只是读一本书。只用一种形式进行教育——这等于是企图用一个琴键奏出贝多芬的"英雄交响曲"。教育要靠协奏的和声。但是，如果没有这样一本少年十分珍惜的书，就不可能有和声。那本以联合收割机手为主人公的书，和另外一本关于尼古拉·奥斯特洛夫斯基的书都进入了沃洛佳的精神生活。沃洛佳从学校毕业以后，经过了若干年，他有一次对我说："我在读那本书时感到羞愧。起初吸引我的只是功勋，但是后来我产生了这样的想法——我算什么？老师布置两个星期写一篇作文，而我总是拖拉，直到要交的前夕才动笔。好像普罗科菲·涅克托夫站在我的面前对我说，'弗拉基米尔，你是懒汉'。我恨我自己——难道我是那样一个意志薄弱的人吗？不知在知觉深处的什么地方响起了一个声音，'并不是所有的人都能成为像联合收割机手那样的英雄'。我想仔细倾听这个声音，但是我惭愧起来了。我自惭形秽，往往随便哪位教师朝我看一眼，我就好像感到他认定我是一个懒惰的、对他人漠不关心的人，似乎在对我低声说着：'不是所有的人都能当英雄的……'在人们面前，我仿佛感到人家都把我看透了。终于有一天，我想做一个真正的人。布置写作文，我回到家里当天就完成。第二天一清早就起床，重抄一遍，并加以补充、修订。我希望别人看到我变好了。我拟了一份阅读文艺作品的单子，并且下决心 3 个月内读完这些作品。这是我读完尼古拉·奥斯特洛夫斯基的书以后的事情了……"

这是一个经过生活锻炼的 22 岁的年轻人说的话。这番话为我们提供了有力的证据，证明读书在自我教育中起着很大的作用。

在"思想教育室"的一些书架上放着关于世界各国、各民族，关于我国和外国各民族的历史以及关于各民族语言的书。为了挑选介绍优秀科学家和发明家的生平和创造性劳动的书籍，我们花了很大的工夫。

我们为"思想教育室"挑选书籍所依据的是：人具有强大的接受能力。我们有科学根据——在大脑半球皮层有 140 亿个以上的神经元。过了几年，我们又获悉了科学家的新发现——单是在一个小脑中就有 1000 亿个以上的思维细胞。在童年期、少年期、青年早期，一个人可以掌握的知识按其容量来说比他以后能掌握的多 10 倍。对掌握一定容量知识的可能性的理解是相对的，一切都取决于智能劳动的素养程度，首先取决于知识的两个部分的对比关系：一部分是必须背诵、识记、保持记忆的，另一部分是只需要思考一下就可以了。掌握知识的容量也取决于智能劳动的情绪是怎样的：如果同书本进行精神交流使人感到愉快，就有大量他原先并不准备记住的事实、事物、真理和规律进入他的意识。

愉快地同书本"神交"所引起的情绪高涨是一个强大的牵引力，借助这个牵引力能举起大量的知识。在这种状态下似乎涌出了一股强大的智能劳动的源泉——本能注意与无意识记。精神上的兴奋和灵感越强烈，进入意识的知识就越多。学年中有些时候，按所学材料的性质需要集中训练学生的随意注意，我们的学生在"思想教育室"花许多时间在读自己心爱的书。我们尤其注意使书本成为智力迟钝学生的精神需要。

对佩特里克来说，通向知识的道路是艰难的。在六、七年级学习比较复杂的归纳和定律时，他遇到了困难，只有书本能帮助他克服困难。因此我们专门为他选择了数学、物理和化学的参考文献。这些书中具有生动的、富有感染力的内容：通过介绍具有强烈求知欲的人们的创造性劳动来揭示抽象真理。对少年来说书本不再是贮存真理的仓库，而是感受的源泉。有时候我们建议佩特里克：把教科书搁在一边，先把这本书读完。这本书给他拓展了新的接受能力。

我们认为，如果少年**不迷恋**科学书籍，如果在"思想教育室"没有他心爱的书籍，教师也就找不到通向少年心灵的道路。少年在"思想教育室"读完几本书并感受到认识的快乐之后，他就会主动在家里读书。

一个人在少年时期和青年早期读什么书，书在他的生活中占据**什么样的地位**——决定了他的精神生活是否丰富，他的觉悟程度以及他对生活目的的感受，他的观点和感情的培养，年轻人对自己应尽义务的态度也与此有关。生活在书的世界里——这不仅仅指细心努力地做好功课。一个人可能以不坏的、甚至是"优良"的成绩毕业，但他对智力生活一无所知，没有感受到与书打交道的深度乐趣。生活在书的世界里——这是进入文化的最细腻的领域，体验人的伟大，认识精神财富的真正价值。

如果在少年的生活中自我教育没有占到应有的比例，一切关于把教学过程变成教育过程的争论和考虑都将是空洞的议论。没有自我教育，没有为了认识和自我认识的需要而去集中智力和意志力，知识教育和教学就不可能具有教育作用。缺乏与书本经常性的精神交往，现代人的生活将是不能想象的。

青少年中的酗酒、流氓行为和无聊地消磨时光这些不良现象越来越引起社会公众的强烈不安。我可以肯定，其最主要原因是这些人在从学校毕业之后的精神生活极其空虚、贫乏和狭窄，而这一切起因于在校期间精神需求的空虚和贫乏。现代人在生活中进行自我教育要求他们经常审视自己最敏感、最细腻的领域，并且要求他们对这些领域进行经常的和十分耐心细致的教育，这种教育要通过极其细致的手段——充满智慧的书本、音乐、其他艺术形式来进行。如果一个人在一生中不持续进行这种耐心细致的理智和情绪的教育，那么与酗酒、流氓行为、违法行为做斗争的任何手段都将无济于事。学生毕业以后只能依靠自我教育来获得进步。一个人如果在校期间爱上了阅读，能够依据书中的道理去认识周围世界和认识自己，那么他从学校毕业以后就有可能进行自我教育。如果一个人在校期间没有打好自我教育的基础，而毕业以后他或者完全不接触书本，或者只读一些侦探小说之类的低俗读物，那么他的内心世界就会变得冷酷无情，他可能会去那些令人失去人格的地方寻求精神上的强烈刺激。我认为，如果一个青年工人每天不读两三小时充满智慧的书籍，他的精神生活不可能是充实的。

我向从事少年教育工作的人建议，要划出更多的学习时间给少年，让他们去从事人最美好的活动——与书本打交道。让书本像人们喜爱的旋律、优美的舞蹈那样令人心醉。如果少年一直把书本看作是新鲜的、不能得到解释的奇妙的东西，如果他们始终努力去独自探索这种奇事的奥秘，如果在青年人中间出现许多迷恋书本的"怪人"，他们把书本看作是高于一切的精神食粮，那么，用任何强硬的手段都无济于事的问题都将迎刃而解。

自 我 教 育

自我教育这个概念包括：（1）充实个人阅读的、配置成套的图书；（2）能够单独进行智能劳动的家庭环境。如果一个人不去刻苦攻读，他就无法了解现代世界的文化，他在智力和情感上就不能达到完善的境界。也许到了共产主义社会，书本的个人所有制将高度发展，人们将把个人所占有的书本看作是自己的一个组成部分。

我的学生们早在童年时代就已经有了个人图书馆。每逢节日、生日送给孩子最珍贵的礼物是有意义的书籍。到小学毕业那年，我的每个学生的个人图书馆都拥有图书150多本，有的孩子个人图书达到400—500本。那些家里没有书的孩子，精神生活贫乏单调，学习上困难很大。为了帮助那些孩子建立起他们的个人图书馆，我们操了不少心。柯利亚和佩特里克的父母亲都没有考虑过给自己的孩子建立个人图书馆。因此，这两个孩子在低年级学习的时候，学校（少先队组织、家长委员会、校长）就送给他们许多书。

我们的目的是让每个学生都生活在**书的世界中**。学校的成年人和孩子们联合成立了"崇尚书籍协会"。协会每周举行读书会。少年们建立了推销书籍的合作社。"思想教育室"成了进行热爱知识教育的场所。每年，每个班级都要举行读书日。我们把所有这一切活动看作是让少年生活在书的世界中的手段。

我们无意让少年在这一时期就最终确定自己的志趣、爱好。志趣、爱好是不断发展的，是精神生活中最容易变化的范畴。但是一个人在少年期就应当深入人类知识的某个领域，而这只有在具有多方面的智力兴趣的基础上才可能做到。

我们认为，没有独立阅读本领的人是不可能自觉地选择生活道路的。为了使一个人兴趣的形成不是一个短暂的过程，不是凭一时的心血来潮，就要让学生在少年时期多读、多想、多探索，让智力生活同创造的、劳动的志趣紧密地联系在一起。自我教育正是把课内学习的知识和课外阅读的独立智力活动所获得的知识统一起来的过程，独立智力活动表明：确立兴趣爱好、培养能力和志向是一个漫长的过程。

如果家里的学习活动仅限于准备功课，学生就不可能有多方面的智力兴趣，就不可能经过深思熟虑再来选择生活道路，也就谈不上对书本和知识真正的热爱。对我们的少年来说，他们自己选择内容的独立阅读占其课外学习的大部分时间，而阅读教科书只占一小部分时间。我们规定五至七年级学生在一个半小时之内完成家庭作业，八至十年级学生在两个半小时之内完成家庭作业。这是必须做到的，因为学生的课外智能劳动不能仅仅是完成家庭作业。另外，课外阅读同准备功课两者都是精神生活的组成部分，具有同样重要的意义。

同在低年级的时候一样，学生的家庭作业主要是在早上，也就是在上学之前完成的（所有学生都是上午上课）。如果学生没有从小就养成这个固定的习惯并自觉遵守，那么从心理素养的观点来看，就不能在实践中坚持这个合理的工作制度。少年期要把儿童期已经做到的一切好习惯都坚持下去。

我们每个教师都会启发学生进行意志锻炼，我们对他们说："你们要强迫自己早上做作业，你们会发现这将减轻智能劳动，你们会有空余时间去阅读课外书籍，参加兴趣小组的活动和进行自学。在你们的精神生活中课外阅读和兴趣小组的活动越多，你们就越容易掌握课内知识。"

下午（午饭和休息之后），学生们也从事智能劳动，但这是另一种形式的智能劳动：他们在"思想教育室"或在家里读书，做语文练习（写作文）。这样，下午学生的智力主要用在他们感兴趣的地方。

究竟怎样才能使少年在早上完成家庭作业呢？因为早上他们一般还要从事体力活动。要在早上完成作业，他们就必须早睡早起。

我们认为必须确认并提高学生对**自学的需求**，这有很大的意义。经验表明，自学的需求只能建立在兴趣和爱好的基础上。著名的苏联心理学家斯·鲁宾斯坦说过，外界对个人的影响只能通过内因才能起作用[10]。对此我做点补充：人的行为中外界的刺激都表现为深刻的个人特点。从被小组活动吸引到被书本吸引，从书本到自己的科学知识领域，从知识到创造性劳动——这就是培养自学需求的道路。

我们逐步而又坚决地做到使每个少年都找到自己心爱的学科。但不是所有的少年都能同时做到这一点。智力灵感的火花在一个少年身上可能早在六年级就发光了，而在另一个少年身上直到八年级才发光。每个少年爱上某个学科都有各自走过的一条道路，但是生活在书的世界和进行创造性劳动，这两者的统一对于确立心爱的学科总是起着决定性的作用。通向心爱学科的道路需要由课内学习走向课外阅读科学书籍，由教室走向"思想教育室"，由唤起兴趣的第一本书走向按心爱学科的需要建立个人小图书馆。每个教师都把启发学生喜爱自己教的学科看作是创造性劳动的竞赛。我们认为，对某个学科感兴趣的最初的火花表现在一个人希望在这方面知道得比大纲规定的多些，并且力求知道得更多的渴望。我重复一下，如果少年的智能生活局限于教科书，如果他仅仅背熟了课文就认为目的已经达到了，他就不可能有心爱的学科。

我们的教师必须想出办法来满足男女学生们的求知欲望。暑假旅行期间，我们为"思想教育室"和自己学生的个人图书馆找到了许多有趣的图书。少年们都迫不及待地期待着我们回来。我们带回的书本成了激发孩子们求知欲的一朵朵火花。

我们并不期望智力上的灵感会最终决定每个学生的生活命运。但是我们把学生心爱的学科看作智力生活的基础。马克思说："如果没有限制，在任何地方都做不出重要的事情。"①

合理限制少年期智力兴趣的范围不会限制他们的发展，而会使他们得到协调的全面发展。我们认为，这种合理的限制是达到自我认识、自我教育和自我肯定的重要动因。

在少年和青年的智力发展中，学科研究小组起着很大的作用。每个教师领导一个学科研究小组，施行上面讲到过的第二教学大纲。学校里不能没有第二教学大纲。高年级学生参加学科研究小组，少年们从六、七年级起也有从五年级起就参加学科研究小组的。我们所有学生都参加了这些小组。这是智力生活的发源地。学校里因此出现了热爱书本的现象和发扬自学的精神。

任何一个少年都不应当感到自己在智力发展上是个不幸者，命里注定要落在别人后面。少年期许多悲剧的根子就在这里。如果一个人总是感到自己不够格，他就不可能是幸福的。而在那种不幸中就形成了孤僻、戒备的心理，甚至对人们怀疑，以致发展到最可怕的地步：不相信别人，残忍无情。当我想到现在许多学校都有一些心情忧郁、时时处于紧张的戒备状态或者对一切都无动于衷的"2分"学生时，我不能不感到痛心。不能让一个学习不好，而且对知

---

① 中共中央马克思恩格斯列宁斯大林著作编译局．马克思恩格斯全集：第二十三卷 [M]．北京：人民出版社，1972：404.

識态度冷淡的人从学校毕业。如果一个学校不去培养学生对知识、教育、科学、书本和文化的热爱，那就算不上是真正的学校。

精神财富的交流

自学——这不是机械地补充知识，也不是与外界隔绝，而是生动的人们之间的相互关系。

一个人作为一种巨大的精神财富展现在人们面前，人们之间的这种关系是很微妙的，没有这种微妙的关系就不可能有学校的智力生活。这种微妙关系的实质在于知识和技能的交流。一个人在把自己的知识传授给人们的同时，既认识了别人，也认识了自己。这种情况下智力感同道德感交织在一起；一个人体会到，他身上出现了对别人的义务感。

课堂教学中已经开始了这种精神财富的交流。少年阅读了文章摘要，在班上讲述读过的书的内容，这时候他就体验到了**贡献**自己精神力量的**快乐**。我们上了这样一些课：朗读根据观察到的材料写的作文；作通过经验总结和观察所得的报告；由我们有才能的"数学家"做怎样解趣味题目的报告；这些课的主要目的是交流精神财富。大家把这一切活动看作是进行独立智能劳动的总结。为了对同学们负责，少年们在做报告以前都会认真地进行阅读、思考。

万尼亚、莉达和萨什科五年级的时候已经学会采置实验标本供显微镜观察用。他们高兴地把自己的技能传授给同学们。万尼亚教同班同学和低年级的同学把果树嫁接到野生树上去的技术。柯利亚、谢尔盖、拉丽莎、尤尔卡、季娜、瓦里娅为课堂绘制挂图。低年级时就吸引了所有孩子们的诗歌创作，到了少年期仍然兴趣不减。我们举行诗歌创作晨会，会上少年们朗诵自己创作的诗歌。

当加利娅进入六年级学习的时候，我建议她去指导二、三年级学生的数学小组。加利娅找来了趣味习题，为小组活动准备了图表。她对自己的要求更严格了。在她的个人图书馆里有了新的数学史方面的书籍。她领导这个数学小组直到毕业。这项工作对其智力的发展和公民观的形成都有着深刻的影响。

帕夫洛、季娜、瓦里娅、谢尔盖、费佳都成了数学小组的指导人。我们原来担心柯斯佳难以领导好一个数学小组，因此没有委托他这样的任务。柯斯佳自告奋勇要求任命他为指导人。柳达和万尼亚成了生物教师很好的助手。在他们的少年科学研究组内，年龄小的孩子们积极参加饶有兴趣的智力活动。组员们进行生物气候观察，保护鸟类和树木。万尼亚小组开辟了葡萄园。拉丽莎、塔尼娅、尼娜、沃洛佳、卡佳、柳芭分别领导了艺术语言组，少年故事员小组，少年艺术家小组。在各个人文学科小组内精神财富的交流极富创造性。

瓦里娅五年级的时候就领导了一年级学生的故事员小组。在冬天晴朗的日子里，孩子们随瓦里娅去到森林里、池塘边、花园里、我们的洞穴（"理想之角"）里。在瓦里娅的脑海里童年期所树立的鲜明形象还记忆犹新。每次去大自然里进行新的旅游都唤起了这些形象，并给这些形象增添了新的感情色彩。瓦里娅对世界的憧憬感染了年幼的孩子们。孩子们构思出有关各种鸟和动物的故事，在他们的想象中，树木和山岭、河流和老橡树桩都活起来了。

我们有好几次同瓦里娅和她的故事员们一起去森林里、田野里、"理想之角"中。我听着孩子们编出来的故事，想起5年前的瓦里娅，当时的她就像现在的她所指导的孩子那样。我仔细考虑了12岁的女孩同7岁的男孩子们之间形成的关系，并且相信，只有当大孩子和小孩子之间有了一种智力上的相互关系，即大孩子的思想在小孩子的思想上有了生动的反映，大孩子教小孩子去认识和理解世界的时候，在学生集体中才可能产生真正的主动精神。只有当大孩子和小孩子之间有了共同的精神需求时，才能建立智力上的相互关系。少年们愿把自己的生活经验、知识和技能传给孩子们，在这过程中有着自我肯定的感受。

传授精神财富时所表现的精神——心理关系越细腻，就越能激发起大孩子的自尊感，因为从这里他感到自己是年幼孩子的朋友和指导人。

对尼娜、瓦里娅、佩特里克和斯拉夫卡来说，与年幼的孩子们之间建立细腻的精神—心理关系具有特别重大的意义。他们认为，他们传授给年幼孩子们的知识和经验都是有益的和被需要的，这种想法鼓舞了孩子们，提高了他们的价值。

从学校毕业几年之后，瓦里娅说："起初我同那些小孩子交朋友，主要是去森林里游玩，到'林深丛密的童话国'去远足。在那里，孩子们听我讲故事，他们自己也编故事。同小孩子们在一起，我感到自己胆量变大了，思想也更明朗了，并且找到了想说的话。我给孩子们出思考题，成立了数学爱好者小组。他们决定每星期集合一次，但是我背着教师把孩子们集合 3 次。我总是兴致勃勃地、愉快地、自豪地上孩子们那儿去。孩子们好学的、信任的目光激起了我新的力量。我不能马马虎虎对付功课，我要取得更好的成绩。似乎有另一个什么人站在我的身边，这个人在严格地对我做出评价……"

塔尼娅、柳霞和卡佳同二、三年级学生交上了朋友，他们开始教孩子们朗读和书写法文单字。这样的小组一直存在到现在。很多读完四年级的孩子已经能用法文阅读。

莉达、萨尼娅和斯拉夫卡建立了少年旅游者小组。他们的朋友们——三、四年级的同学在"故事室"听了关于世界各国和各民族的情况介绍，关于本地名胜古迹的介绍，在"故事室"为小同学们建立了影片库。春夏两季还会进行实地考察，考察孩子们对本地的了解情况。

萨什科、柳达、季娜、万尼亚、佩特里克成了少年大自然考察者小组的指导人。这个小组把实际的考察工作与阅读书本结合在一起，成立了第一批少年机械师小组。尤尔卡和谢尔盖弄到了一台小型内燃机，由四年级少先队员组成了技术研究小组。

少年们如果不去积极交流精神财富，将很难进行充实的智能劳动。建立在智力财富交流基础上的相互关系是实现教育精神需求（即渴求知识）的必要条件。

有一次，六年级学生为居民举办科学知识晚会。晚上在一个农民家里集合了许多农庄庄员。少年们来到自己双亲、爷爷奶奶面前，讲述自然界各种现象，讲技术，讲科学上取得的成就。除此之外，还补充讲了各族人民的历史和他们目前的生活。晚会引起大人们很大的兴趣。每个少年都想参加这样的晚会。全班分成 5 个小组；每个小组都有自己固定的活动地点，农庄庄员在那里每周集合一两次，这就形成了最初的文化基地。这些活动逐渐成为年龄大一点的少先队员和共青团员参加社会生活的重要形式。把知识传授给大人，这对少年来说是同别人进行精神交流的更为复杂的形式，但也是他们最愿意做的工作，比起领导低年级孩子的小组来，这工作要难得多。

同有生活经验的成年人和上了岁数的人打交道，能更强烈地激起少年对书本和科学的兴趣。成人们提出的一些问题打开了通向认识未知世界的窗户。同成人们打交道之后，少年们对书本更加着迷，并产生了新的需求。

记忆、思维和学习能力

教学是从基本的科学原理——基本知识开始的，缺乏基本知识就不可能达到知识的顶峰。牢固地、自觉地掌握基本的科学原理是进行完备的智能教育的最重要的条件。

孩子们在低年级已经掌握了基本的书写知识（牢记单字的正写法），掌握了算术概念、规则和公式；到了少年期仍然要目的明确地继续进行这项工作。如果在记忆中没有牢固地保存最基本的科学原理，自学就无法进行。

在准备给五至七年级的学生上课时，我们每个教师都明确了哪些内容是应当牢记的，哪些内容只要理解、不用识记。我们制订了学习乌克兰文、俄文、法文的最基本的书写知识的3年计划。我们认为，少年的思想应当为创造性的智能工作做准备，这项创造性的智能工作要求学生对事实和现象进行思考、探索。多年的经验使我相信，持续不断的死记硬背是学生智能劳动中的反常现象，只注意熟记的人可能记了很多东西，但是如果需要他从记忆中找出最基本的原理，他脑袋中就一片糊涂，即使面对基本的智能题目也束手无策。如果一个人不会选择去记最需要的东西，他也不会思考。

假如说，一个少年在写作文时，他要考虑怎样写每一个单字；而在解题时，他要冥思苦想简化乘法的公式，这样他是什么也做不出来的。学生应当对许多东西不需要考虑，就能在智力工作中运用自如。正如熟练的钳工拿工具时不需细看一样，因为他熟悉自己工具的每个特征。同样的道理，智能工作熟练的学生从自己记忆的库房中去取出最基本的原理也用不着紧张地集中思想。

这对少年来说具有特殊的意义。抽象思维的蓬勃发展可能使少年对必须牢记的基本原理产生某种轻视心理。（他会想：既然世界在时间空间上都是无限的，为什么要去记某一个公式？）但是进行抽象思维不可能没有对具体事实和具体事物的了解。如果一个人的记忆中没有"随手可取"的基本原理，他在少年时期就会思想**表达不清楚**——因为他的思想很乱，而这对整个智力生活有着深刻的影响。

我们很重视引导学生对最基本的原理进行有意识记和无意识记。"思想教育室"中放着直观教具和仪器，专门用来做自我测验和训练记忆（例如，数学电笔）。每个少年都有一本笔记本"供自我测验"用，学生在笔记本上记着，什么是需要永远保存在记忆中的，例如：代数公式，物理公式，化学方程式。在有关心理素养的座谈会上我教少年们把时间分成几段，每隔一段时间检查一下记住教材的情况。

在低年级我们把很大的注意力放在学会阅读、书写、议论、观察和表达思想上。如果到了少年期这些能力得不到加强和提高，少年学习起来就很困难。

我们每个教师都十分重视提高学生快速阅读的能力。少年期最重要的是训练默读。六、七年级学生应当会抓住长句各个部分的完整意思。不具备这种能力的少年的思维就是迟钝的，其思想仿佛停留在无数死胡同面前。如果抓不住长句中各个完整的，逻辑上独立部分的意思，不能猜出句子某一部分的内容，甚至一个句子读不到底——这一切不仅会影响学生当时的成绩，而且会影响他大脑的发育过程。不会阅读的情况压抑了最细的联想纤维的可塑性，而这些纤维是保障思维器官中枢之间的联系的。谁不会阅读，谁就不会思考。

所有这些事物都不是无足轻重的，其间潜伏着智能局限、智力生活贫乏的可怕危险。对少年进行这种智力训练要求所有教师具备很高的教育素养。我们每个教师都做到了在五、六年级继续训练表情朗读。训练表情朗读是必要的。没有表情朗读就不可能培养出既用眼睛又从意思上抓住长句中的逻辑完整部分的能力，培养出理解并及时转到阅读下面部分的能力。换句话说，需要**教少年在阅读的同时进行思考**。这种能力所形成的心理上的难度是激起大脑内部力量的外部动因。

一定要教会少年阅读！为什么有的学生在童年期思想灵敏、接受力强、好钻研，到了少年期都变得智能平平，对知识冷漠、怠惰呢？**因为他不会阅读**。人脑——这是一个复杂的整体：如果某一部分不够发达，整体的工作就会停滞。脑半球的皮层上有管理阅读的部位，它们是同大脑最积极的、最有创造力的部分联系着的。如果在管理阅读的部位有了死角，皮层所有部分的生理发展就会停滞。还有一种危险性：脑半球皮层上完成的过程是不可逆转的。如果一个人在少年期没有学会既用眼睛又从意思上抓住句子的逻辑完整部分和整个句子，那么他将永远也不会有这种能力了。

我们思考一下这种情况：个别少年很少做家庭作业，却仍然成绩不差。这不一定是因为他们有非凡的才能，这往往是由于他们善于阅读。善于阅读本身发展了他们的智力。

我们也注意培养学生书写自如的能力。每个教师都有自己的一套书面练习体系，规定了少年们每门课程所需要的单字和词组书写练习。我们教少年分头注意听和写的训练。谁在课堂上完成不了这个工作，谁就要做补充练习。

在语文课上，教师要注重发展学生的观察力和正确表达思想的能力。去思想和语言的源泉旅行已纳入自我教育的范畴。

6

道德的形成　公民的诞生

从物质世界到观念世界

如果说童年时期人的精神生活的最重要的源泉是**物质世界**——物质的本质、它们之间的因果关系和依从关系，那么到了少年时期，在他们面前就展现出了**观念世界**。少年们似乎忘记了从摇篮里望见太阳和天空的日子，忘记了哺育他们的母亲的乳房。这使他们的父母感到奇怪和不可理解，而且自尊心受到了伤害。但这里反映出一种复杂的、矛盾的实际情况：在社会生活广阔场面的背景下，家庭、家园、摇篮和母爱对于一个少年来讲，突然变得微不足道，变得渺小起来。他甚至还会感到，像违反行为准则这样一些个人的"小毛病"与那些具有**世界意义**的问题相比，也好像是无足轻重的事。

少年开始议论一些抽象的问题，思考一些具有广泛意义的社会政治和道德方面的问题。世界上所发生的一切事情都和他个人联系起来了。少年的教育者们，但愿这不会使你们感到惊奇：对别人的命运表示深深的关切，这就是少年期的本质。我还记得，我所教的六年级学生是如何怀着激动的心情，屏声息气、全神贯注地听我介绍遥远的阿尔及利亚，听我讲述热爱自由的人民为争取自由而进行英勇斗争的故事。当然，事实也会使少年们受到感动，但是，事实再生动，它也要退居第二位，少年们的全部注意力都被思想和哲学方面的问题吸引住了：为什么，帝国主义国家的统治集团有什么理由去压迫殖民地和附属国的劳动人民？压迫者和被压迫者什么时候才会从地球上消失？我们，世界上第一个社会主义国家的青少年，可以做些什么来帮助那些为争取自由和独立而进行斗争的战士？

作为一个教育者——班主任和人文学科的教师，我力求使少年的**作为公民对世界的观察力**得到发展，并且变得敏锐起来。如果少年们对那些离他们**很遥远的**、与他们个人的命运以及他们的家庭和村庄的生活似乎没有直接关系的人们的命运无动于衷，那么，他们是不可能进入观念世界的。一个人在少年期的道德发展中所表现出来的天性、地位和作用，要求他在登上社会生活的阶梯时，能用思想来审视世界，理解复杂的社会政治现象的含义，看到为实现那些使他个人激动不已的理想而进行的斗争。

一个少年是**怎样**认识世界的；**什么事情**会使他激动、惊奇、关切、感动，引起他的同情或鄙视，激发他的爱和憎……，这一切都取决于教育者。我关心的是如何使少年们逐步进入观念世界。为此，每星期（有时是一星期两次或三次）我都要把世界上发生的事讲给他们听。这不单纯是作时事报告——在学校的实际工作中称为政治报告。这是一种用观念进行的思维。我所讲述的每一件事情，都能启发少年们充满激情地对待它。这样，思想就逐渐成为个人精神上的收获，因为这种思想发自内心。

有些谈话给少年们留下的印象特别深刻，因为这些谈话揭示了这样一些思想，或者可以说是把这样一些思想具体化了：个人与社会，自由与压迫，幸福与痛苦，社会进步与反动势力。孩子们带着极其激动的心情听我讲述：在我们这个时代——人造地球卫星的发射和人类最初飞向宇宙的时代（这真是些难以忘怀的日子，在这些日子里，苏联科学家在宇宙的胜利以一种新的方式为苏联公民照亮了一个属于我们自己的世界，并且也使我们用新的眼光去看待全人类的命运），世界上还有一些国家，把人像牲口那样卖去充当奴隶，那些国家的政府还颁布法律规定"活商品"的价格。我给孩子们看过一些有关在南非贩卖奴隶的文献资料，以及意大利的有些母亲因贫困所迫把自己的孩子卖给美国富翁的材料，这一切在孩子们中间一开始引起的是极度的惊奇，甚至是怀疑，然后是愤怒和对剥削者的仇恨。当我把一张刊登着照片的英国报纸——照片上戴着镣铐的阿拉伯孩子在奴隶市场上等待出售——给孩子们看时，瓦里娅痛苦地说："这是怎么回事啊？在我们这儿，人们向往到遥远的星球上去旅行，而在那儿，却像在古埃及一样，人是奴隶！被国外有些人称作是自由世界的那个万恶的世界原来是这样的啊！在那些什么都可以买卖的地方，人是不可能自由的。"

我把介绍世界情况的课称作"公民观察世界课"。在这些课上，孩子们特别敏锐地感觉到各种生活现象错综复杂、矛盾交织以及共产主义和资本主义的不可调和。在人类为摆脱奴隶制残余、反抗压迫、摆脱一些人在经济上和精神上附属于另一些人的关系而进行斗争的背景下，在各国人民为反对核战争而进行斗争的背景下，我们的苏维埃祖国犹如善良、正义和光荣的实际体现者出现在孩子们的面前。

公民对世界的观察，是道德的具体体现。我努力使学生们不仅了解并懂得区分善与恶、公正与不公正、荣誉与耻辱，而且对社会上一切丑恶的、可耻的、不公正的现象感到势不两立、深恶痛绝。

少年期是一个人火气旺盛、感情较为偏激的时期。丰富的、高尚的情感生活和个人对待重大的社会现象和政治现象的态度，应当是确立和表现出纯洁而又崇高的道德情操的重要条件。多年的经验使我坚信：在青少年中间，不道德行为产生的根源就在于知识浅薄，愚昧无知和感情贫乏。如果一个少年不去憎恶人压迫人的现象，不去憎恶那个一切都可以进行买卖的可怕的世界，而是去憎恶年龄与自己相仿而手表和大衣比自己高级的人，这就种下了恶果。这样的少年所关心的，不是为被压迫人民的自由和解放而斗争的战士，也不是共产党员正在受到迫害，而是他父母从自留地里收起来的葡萄不得不以比预计便宜的价格在市场上出售。

一个处于成熟期的人的心向往**什么**，属于**谁**；有些什么**理想**使他激动不安或者使他受到鼓舞，并促使他去从事劳动和进行斗争……，都取决于这个人怎样在与敌对信念的斗争中不断磨炼自己的信念，取决于他是否在与思想的敌人进行的斗争中形成了自己的道德观。不能把这种斗争仅仅看作是同那些与共产主义世界观势不两立的人的直接冲突。但是，每一个少年都面临着精神世界的斗争，要求他对那些与共产主义、人类、幸福、人道抱敌对态度的思想进行无情的揭露。这些思想并不是什么抽象的东西，它们的背后就是原子弹和其他大规模毁灭人类的手段，它们的背后就是不让黑人的孩子进美国白人学校的警察的棍棒，它们的背后就是迈丹尼克集中营① 和奥斯威辛集中营② 罪恶的焚尸炉，对此我们是决不能忘记的。你的学生能不能成为反对那些与共产主义敌对的思想的积极战士（而共产主义的敌人也就是人类的敌人、善良的敌人、正义的敌人、荣誉的敌人），取决于在少年时期和青年早期他的心向往什么，属于**谁**。

我尽量使我所讲述的那些世界大事不仅为孩子们所理解，而且能启发他们去思考世界的命运，促使他们去思考：我个人和家庭的幸福取决于一种比菜园和自留地，比今年苹果的收成和它们的价格更为重要的东西。当少年独自一人对世界大事进行深入的思考时，他在一段时间里会受到崇高精神的鼓舞；他应当首先作为一个公民，对这些事件表示关切、担忧和焦虑，这是非常重要的！如果在对每个男孩和每个女孩的教育中我还未能做到这一点，我就认为自己甚至还未能使他们达到道德教育和自我教育的第一阶段。我常常以集体或个别的方式与孩子们谈国内外大事。我总是努力使每个学生都在思想上与我产生共鸣。我不是滔滔不绝地对少年讲述那些人人所共知而又无人反对的政治概念，而是去和他们谈论那些使人十分激动、使人不能平静的想法；我的激动心情感染了学生，我和他们受到同一奋斗目标的鼓舞。为了使柯利亚和托利亚憎恨的对象不再是那些微不足道和无足轻重的东西，为了使这两个孩子不致成为只顾自己的利己主义者，我曾做过长期的努力。有好几天趁在校园里劳动的机会，我和柯利亚两人单独在一起，我给他讲了关于阿尔及利亚人民女英雄德贾米拉·波巴查的故事。当我在"知识的源泉室"和托利亚单独在一起时，我就给他讲述关于霍斯罗夫·鲁兹别希的激动人心的故事：霍斯罗夫·鲁兹别希是一个水晶般纯洁的人，他是伊朗共产党的领袖，一个杰出的数学家，他被镇压伊朗人民的刽子手折磨致死。好几个晚上我和这两个孩子一起谈论亚历山

---

① 迈丹尼克集中营：德国法西斯集中营之一。1941 年在卢布林城（波兰）附近建立。1944 年 7 月被苏联红军消灭。在迈丹尼克集中营存在的时期，遇难者达 79000 人。——译者

② 奥斯威辛集中营：1939 年纳粹德国占领波兰后，于 1940 年在波兰奥斯威辛市附近建立的杀人集中营。集中营内设有专供杀人用的毒气室、火葬场和化验室。二战期间，在这里丧生的人数达一百多万。1945 年 1 月，这个集中营被苏联红军消灭。——译者

大·马特洛索夫的功绩。我希望让这个爱国英雄的精神世界成为照亮少年个人幸福之路的明灯。这些故事对孩子们的公民觉悟产生了直接的感召力。我希望柯利亚能懂得，他母亲妒忌那些正直、诚实和勤劳的人，那固然很不好，但世界上还有比他母亲的嫉妒心大得多的恶行。不过，世界上善行无处不在，从这一角度来看，他母亲的缺点就是特别不能容忍的了。我努力使我的学生们能用公民的眼光来看待自己周围的世界和自己本人。在公民观察世界的基础上，才能进行整个道德教育。

精神素养、道德和无神论

一个人对周围世界了解得越多，他对人也就应当越了解。如果忽视这一条极为重要的规律，就会破坏知识和道德之间的协调性。我把这种现象称作道德上的无知。这种无知就在于：有些人掌握了有关周围世界的大量知识，却在历史方面、社会政治方面、精神心理方面和美学方面都不了解**人的本质**。如果不了解、也不去思考是什么使人高于其他生物，那么情感范畴就不能得到发展，就会造成情感上的粗俗。我们的社会公众对于那些受过教育的游手好闲之徒的存在感到不安。我们感到奇怪的是，一个受过中等教育的人，却一下子变成了违法分子，甚至成了罪犯，怎么会发生这种情况呢？这往往是因为一个人脱离了劳动——游手好闲是万恶之源。我对年龄在 16—26 岁的人因犯特别严重的罪行而被判刑的 100 起案件做了分析，发现其中有 88 起案件的罪犯是完全脱离了工作的曾经的年轻工人和集体农庄庄员。

如果一个人不具备作为**道德素养**基础的各种知识，那他的精神素养也将是不完美的。我给少年们描绘了一个人成长的过程，使他们认识到，在社会主义社会中，人是最宝贵的财富，人对周遭发生的一切事情都负有重大的责任。我每两星期安排一次以人为主题的教育讲座。我给少年们讲述，原始人的生活是何等的艰难、何等的痛苦，因为他们不懂得自然界的各种现象和它们所表现出来的力量。格·瓦·普列汉诺夫关于"体力的必然王国"的说法引起了少年们极大的兴趣，在这个王国里，人类的智慧逐步丰富起来。有些讲座则专门讲劳动的问题，因为一个人如果不懂得劳动的作用，就不可能尊重别人，也不会尊重自己。

人类的劳动是一种创造性的劳动，这种认识应当贯穿整个教育过程。人类活动的这一方面，是道德素养的本源，也是精神素养的基础。我给少年们讲述，人是怎样通过劳动工具和劳动资料的创造，逐渐使自己变得高尚起来，逐渐学会克制自己，不仅成为有意识地安排自己生活的理智的生物，而且成为**有个性的人**。劳动对于人的个性的形成具有决定性的意义，一个少年如能懂得这个道理，就会产生一种自尊感，并使这种自尊感逐步增强。

人的异化，用马克思和恩格斯的话说，是自发的社会力量对人进行控制的现象，这引起了我的学生们的关注，并对此激动不已。几千年来，只要世界上还存在剥削社会，劳动者就总是作为"丧失了自我"的生物而存在。假如对"丧失自我的人"缺乏明确的概念并且不从感情上加以认识，那就不可能理解十月革命所带来的世界上最高尚的人道的内涵。有几次教育讲座的内容是揭示这样一个科学共产主义的真理：人的力量的充分发挥是我们的**最终目标和真正的自由**。我认为，把对人是最宝贵的财富的理解作为精神和道德素养的基础，是十分重要的。

宗教是社会意识的一种形式，在我的讲座中，关于宗教史的基本知识占着特别重要的地位。

少年应当把宗教理解为周围世界在人的复杂而又自相矛盾的精神生活中的反映。不了解宗教就不可能有真正的无神论。而没有无神论，没有真正的思想自由，就不可能有共产主义的思想，不可能对人类崇高理想的正确性抱有坚定的信念。如果对人类发展所经历的复杂的历史道路缺乏理解，也就不可能理解宗教。我讲述了有关原始人的劳动生活。经历几千年的变迁，才产生出"类似人的思维"，人本身才成为"衡量万物的尺度"。人们把自然界中一些有生命的与无生命的东西，把家庭、氏族和部落中的各种关系，把自己的激情和弱点等赋予人类所具有的特征，创造出了各种各样的神。当许多部落的首领丧失了力量和权势而由为数不多的君主来掌握政权时，人们就创造了专制君主之神。

当讲述基督教产生时期人的精神生活时，我向学生们揭示了这种新宗教的实质：它不单是一种新的精神上的压迫，同时也是一个叛逆者的大胆的反抗。基督教是人类精神世界中的一种复杂的历史现象。从无所不在的、万能的基督的形象中，奴隶们渴望找到谋求解放的哪怕是虚幻的希望。但是在这个世界上，在现实生活中，要获得解放不仅不可能，而且是不能想象的。新约的默示录中所描绘的火和地狱的形象以及天堂的形象，都是出于遭受深重苦难的奴隶对真理的憧憬。在那充满社会祸害和残酷剥削的世界里，教会的神职人员借这种憧憬编造了谎言，构成了欺骗。基督——天上的帝王——也和人世间的帝王一样，扼杀了人们的自由和思想。

14—15岁的少年喜欢对世界观的问题进行探讨，他们把基督教看作是人们的一种叛逆的志向。为了向少年们证明，宗教是对人们精神的一种奴役，需要**讲述很多材料**。宗教是一种精神上的奴役，因为它使人们不能认识获得自由的真正道路：不**消灭**私有制和剥削，就不可能有精神上的自由和幸福。只要还存在人压迫人的现象，上帝对人的压迫也会一直存在。这种对人的压迫现象不仅仅存在于经济关系的范畴内，它还渗透在日常生活中，渗透在人们日常的相互关系中，其中也包括丈夫和妻子之间的关系。我深信，关于神的思想一定首先产生在妇女的意识中，因为"妇女早在奴隶出现之前就已经成了奴隶"（倍倍尔）。[11]

我的学生们认识到人类精神是经历了充满矛盾和艰难曲折的发展过程的，他们为人类感到自豪，并且对人类思维的最初阶段有了了解。宗教是社会生活和精神生活中一个不可逾越的阶段。正如在社会生活中人们必然走上摆脱剥削的道路一样，在精神生活中人们也必然能摆脱对根本不存在的上帝的信仰。对上帝的否定使人们变得更崇高，更伟大。这个道理中包含了无神论信念的实质，表现出对宗教这样一种在当代对人们进行精神压迫的手段毫不妥协的态度。我努力使我的学生在**对宗教有了了解之后**，再来否定上帝。如果你对所培养的学生的精神世界缺乏深入透彻的了解，也就是说，对他们没有真正的了解，那你就不可能把他们培养成无神论者。

要想成为一个真正的无神论者，一个新大陆的宣告者，就需要亲身体验全部历史。如果把道德的培养设想成这样：教师像个预言家那样宣讲，而学生则把一堆堆知识往脑袋里硬填，把它们"吸收"进去，这是一种缺乏教育素养的做法。应当让学生和我一起去**体验整个历史，首先是体验人类精神发展的历史**。应当让他们和我一起到尼罗河畔去认识古代金字塔的建造者，到那些对太阳顶礼膜拜、创作了关于太阳神的传奇长诗的人们那儿去了解他们。我们应当到古罗马的剧院里去，和第一批基督信徒们一起谛听反暴力、反压迫的愤怒的演说。我们应当到古代的亚西里亚和巴比伦的观象台上去，和第一批献身科学的学者们一起观察各种星辰，一起思考世界的本质。我们应当亲自接触一下那个被人用上帝的名义活活烧死的为科学而殉难的乔尔丹诺·布鲁诺的衣服……。只有这样**深入体验历史**，人们才会懂得什么是宗教，什么是真正的自由思想。

我逐步引导学生得出这样的结论：宗教的教条，宗教的宇宙观和道德训诫，不可避免地要和科学发生矛盾。科学和宗教是不可调和的，是水火不相容的。首先是大量的事实使少年们确信了这一点，这些事实证明，有很多正直的宗教界人士和教会的理论家做出了卓越的科学发明。少年们带着极大的兴趣听我讲述亚述、巴比伦和埃及的科学献身者——最早的一批天文学家和历法创始人的故事。我还给他们讲述天主教神父尼古拉·哥白尼证明了托勒密的地球中心说是不可信的，并创立了新的宇宙观；耶稣教徒成了天体物理学的创始人；捷克的基督教新教牧师扬·阿姆斯·夸美纽斯是全世界公认的现代教育学的奠基人；多米尼克僧团[1]的僧侣乔尔丹诺·布鲁诺因创立了宇宙无限大等学说而被处以火刑；多米尼克派僧团的另一个僧侣托马斯·康帕内拉在宗教裁判所的刑讯室和监狱中受了长达 30 年之久的折磨，但他仍然写下了不朽的著作《太阳城》，这本书成了科学共产主义的先声；虔诚的天主教徒托马斯·莫尔[2]是天才的"乌托邦"的创始人，"乌托邦"成了哲学中一个完整的流派的名称，它促使人类去接近社会主义的理想；法国教士

---

[1] 多米尼克派僧团：13 世纪为了镇压反天主教运动而建立起来的僧团。——译者

[2] 托马斯·莫尔（1478—1535）：英国人道主义者，政治家和作家，欧洲空想社会主义创始人。——译者

让·梅叶①，一个小小的乡村教区的首席神父，身后留下了著名的《遗书》，直到今天，这本书还能使人们激动不已；具有反叛性格的神父托马斯·闵采尔发动了农民战争去和封建王公和主教们进行斗争；奥地利的传教士格雷戈尔·孟德尔②用自己的实验为新兴科学——遗传学奠定了基础。

如果能对这些事实正确地加以分析，就能清楚地看到人们思想上的反抗精神，使少年从心底深信：那种能使科学和宗教一致起来的世界观真理是不存在的。在我学生的心目中，乔尔丹诺·布鲁诺、尼古拉·哥白尼、托马斯·康帕内拉、让·梅叶、托马斯·闵采尔和格雷戈尔·孟德尔已经不是由于偶然的原因而开始研究科学和社会问题的那些主持宗教祈祷的神职人员，而是人类精神方面的叛逆者，反宗教的战士。我向学生们介绍了为获得真正的精神自由所走过的艰难的斗争道路，在这些年轻的心灵中唤起了对那些为取得人类思想自由的胜利而斗争的战士、伟大的人道主义学者、社会主义者和共产主义者的崇敬的感情。

如果不了解为获得思想自由而进行斗争的历史道路，就不可能具有作为一个现代人的真正的精神财富。我努力使我的学生们能理解并直接感受到这样一个真理：是啊，人的精神是永生的！人是永生的。人不是时间旋涡中默默无闻的一粒尘屑，而是一个创造者。人类的精神财富是不朽的，人类的先进思想、人类在为争取解放而进行的长期斗争中所取得的成就也是不朽的。

我对学生们讲述的所有关于人的事例，都始终贯穿着关于人类道德财富的思想，这些财富是人类长期创造积累起来的。正确地理解这种道德财富，是一个人的精神素养和道德素养的重要方面。

---

① 让·梅叶（1664—1729）：法国哲学家，唯物主义者，无神论者，空想社会主义者；在《遗书》中，他对法国封建专制制度做了深刻而全面的批判。——译者

② 格雷戈尔·孟德尔（1822—1884）：奥地利遗传学家，现代遗传学之父。——译者

基本的道德素养

道德教育的过程就是把人类道德的宝贵财富一代一代传承下去的过程。作为共产主义建设者道德规范的道德财富，在苏共纲领中得到了反映。它们是人类道德进步的最高成就，同时也是对子孙后代进行教育的纲领。

幼年时期的道德准则主要反映在具体的、充满情感的行为中，而到了少年时期，逐步形成了一些有利条件，就可以向学生们阐明这些道德准则的思想实质了，促使他们从道德上要求自己做出高尚的行为。因此，我们在解释道德准则、行动守则、信念以及促使人们去进行积极活动时，努力使它们一致起来。

就道德准则问题我组织过几次专题讲座，为了鼓励学生践行正确的、良好的行为并把这作为公民教育的第一堂课，我在讲这些问题时充满了感情。下面就是我向少年们阐明的一些最主要的道德准则，这是道德素养的初步知识。

1. 你们生活在人们中间。你们的每一个行为，你们的每一个愿望，都会对别人产生影响。你们应该知道，在你们想要做的事情和可以做的事情之间，是存在界限的。你们的愿望往往会造成你们的亲人的快乐或者痛苦。用觉悟来检验一下自己的行为吧：你们的某些行为有没有给别人带来不幸、烦恼或不便呢？你们的行动应当使你们周围的人都感到高兴。在对少年们进行这种道德教育的同时，我还指出应该怎样和人们相处。当你们在做一件使自己愉快的事情时，就要想一想，你们有没有给别人带来不幸。例如，你们看到学校的林荫道上盛开着丁香花，就想摘一朵。但是，如果每个人都要满足自己的欲望，那么鲜花盛开的灌木丛就会变成一片光秃秃的树枝，人们也就无法欣赏美了——你们的这种行为就意味着偷走了别人可以欣赏的美。

如果在集体的日常生活中能用人们道德关系的素养来加强这些教导的力量，那么就会培养出一种精神力量，这种精神力量能对人们的欲望起约束作用，不容许随心所欲。而这一点对于培养责任感

（这是公民教育的一个基本原则）是非常重要的。如果一个人不懂得节制自己的欲望，不善于摆正自己的欲望和别人的利益之间的关系，他就永远不会是个好公民。应当使一个人从小就意识到并懂得必须在某些方面克制自己的激情和欲望。例如，你想在这块绿草坪上玩一会儿球，可这是不行的：草地应当保持常绿，因为它能净化空气。如果没有从小就教育孩子控制自己的欲望，就会使他们逐渐养成不守纪律和任性的习惯，他们以为自己什么事都可以做，自己什么都不用怕。

所谓责任心，就是对某些人负责和为某些人尽责。我们努力建立起这样一种工作关系：让少年们去指导低年级学生的活动，为他们做出榜样。

2. **你们享受着别人为你们创造的福利。人们使你们获得童年、少年和青年时代的幸福。对于这一切，你们应当以良好的行为去报答他们。**这一条道德准则是公民义务感的最重要的源泉。一个人应当认识到，他是一个公民，因而肩负着重大的职责，而在没有深刻理解这一真理的全部含义之前，他至少应当知道以德报德，尽自己的力量为他人创造幸福和欢乐。良心不应当允许他仅仅成为幸福和欢乐的享受者。"你们有舒适、明亮、洁净的教室、专用教室、健身房、直观教具，"我对少年们说，"所有这一切都是别人为你们创造的。你们应当对这一切有所报答。黎明前，大地一片寂静，当你们还睡在暖烘烘的被窝里时，挤奶员早就已经在牧场里工作了：她们清扫牛粪，挤奶——为你们准备温热的鲜牛奶。户外天寒地冻，但拖拉机手还是把拖拉机开到地里去收割喂牛的饲料，这是为了让你们在明天、后天……每天都有牛奶喝。在学校的厨房里，炊事员生起了炉子，为你们准备早餐。司炉工把中央供暖的锅炉烧得更旺，以便当你们来到教室的时候，暖气管已经很热了。人们慷慨地向你们提供一切，同时也在期待着你们的报答。你们现在已经有足够的力量来为人们做好事了。"

对人们感恩——这同责任感、义务感和公民自尊感是一致的。要使一个人受自己良心的驱使去为别人做好事，这是道德教养的基础。

这儿是畜牧场的大楼，里面有供牧场工作人员休息的场所。让我们在这儿种几棵苹果树，使这个角落成为你们的母亲和姊妹们享受自然美的一角。这项工作给少年们带来很多的乐趣，因为它受到了崇高思想的激励。接下来少年们又开始为人们做另一件事……，他们就这样沿着培养道德素养的道路一步一步地前进。他们的情操变得高尚了，在心中树立起一种对于长辈们给予他们一切的感激之情。于是在一个儿童或少年的精神世界中，形成了一种为人们做好事——以德报德的习惯。如果在童年期和少年期就形成了这种习惯，那么到了青年时期，这个人就不可能活着而不为人们做好事。他会感到自己之所以在道德方面已经成熟了，首先是因为在进入青年时期之前，他已多次体验到进行创造的乐趣、为社会而劳动的乐趣。

3. 生活中的一切幸福和快乐都是劳动创造的，而且只能用劳动来创造。不劳动就不可能正当地生存。人民教导我们：不劳动者不得食。好吃懒做、游手好闲的人就是把勤劳的工蜂酿成的蜜贪婪地吞食殆尽的雄蜂。学习是你们最主要的劳动。去上学也就是意味着去工作。为了在少年们的意识中树立起人民所要求的劳动观点，我们要求每个人从小就开始培养劳动习惯。学校里形成一种不允许怠惰懒散、无所事事和衣冠不整的气氛。从小偷懒就为以后过好吃懒做的寄生生活种下了恶果。当一个小懒汉长成一个大懒汉的时候，要铲除这种从童年和少年时期就种下的劣根，就非常困难。我们时刻注视着这样一种危险倾向：对长辈们所创造的财富采取无所谓的态度，或者不假思索地任意挥霍，在这样的情况下，就会产生懒汉和寄生虫。要防止这种危险是不容易的，因为乍一看来，小孩子不做事情似乎并不是什么很大的缺点，但实际上是危险的开端。如果家长（有时是教师）希望儿童或少年的生活过得舒服些，把他们庇护起来，不让他们去克服困难，这就隐伏着很大的危险。

劳动是道德之源。集体的精神生活中必须始终贯穿尊重劳动、尊重劳动人民的思想，并在这个基础上树立起自尊心。务必使我们的少年具有明确的公民目标，努力克服一切困难，与集体一起感受斗争的胜利带来的欢乐。在劳动领域有着进行精神斗争的广阔场所，这种精神斗争就是我前面所讲的，是形成人的道德面貌最重要的条件。少年们只有把自己的全部精神都寄托在劳动的乐趣上，他们才能懂得不劳动就不可能生存这个真理。劳动的乐趣是无可比拟的，这种乐趣与其他方面的乐趣不同，因为一个人在劳动时总是尽力去做他应该做的事情，而不是随心所欲地去做事，他就会因替别人做了好事而感受到快乐，就会希望去做为公众谋利所需要的事情。

一个人以乐观的态度对待世界，从而获得了最高的乐趣——进行创造的乐趣，劳动的道德意义就在于此。这实际上是一种自我教育。如果少年们不是从童年起就习惯于劳动，那么对他们来说，就无所谓劳动的乐趣。少年们在道德上的自我肯定只有在劳动中才能成为现实，这是因为我们的学生在童年时期，当他们还在一、二年级学习的时候，就去开辟小花园、葡萄园，为人们培育各种花秧，从而把荒地变成了鲜花盛开的花园。12—14 岁的少年就已经感到自己是一个劳动者，因自己参加了劳动而产生了最初的公民自豪感，因为他们在 9—10 岁的时候就已经看到了自己劳动的最初的物质成果。这是培养初步的道德素养的重要条件。一个 12 岁的孩子看到自己用双手培植的鲜花盛开的花园，他会感到无比的自豪；他会用他为人们创造了多少物质财富来衡量自己走过的道路。这种感受越深刻，他就越能自觉地产生公民责任心。

我们努力使集体中没有一个少年不体验到劳动的乐趣。在集体中不应当没有个性；劳动的愉快不仅使集体受到鼓舞，也使每个人都对自己的优点有深刻的感受。我们注意使每一个少年都能从自己劳动的物质成果中清楚地看到自己，就像照着镜子，看到了自己掌握的技能、工作的坚定性、意志力和创造思想的发挥。只有在这样的情况下，不劳动就不能生存这样一个颠扑不破的真理才能深刻地铭刻在少年的心灵中，成为最神圣的东西。假如你们喜爱园艺，那你们就去培育树木，供大家观赏，使大家都能从中看到你们对劳动的热爱和你们的智慧。假如你们爱好技术创造，那你们就制作一些物理仪器，这些仪器不单单能为你们的小同学这一 "代" 服务。一个少年，只有当他专心地从事劳动，深入劳动，在劳动中克服困难、掌握知识、锤炼意志的时候，他才真正开始进行自我教育。这是教育少年和少年进行自我教育的重要规律。

4. **应当和善地对待别人，关心别人。要帮助弱者和没有自卫能**

力的人。不应对别人做坏事。要帮助陷入困境的同志。要尊敬父母，因为他们给了你们生命，教育你们，期望你们成为社会主义社会中正直的公民，成为心灵纯洁、才智出众、心地善良和双手灵巧的人。对别人仁慈、关切，乐于助人，这是富于人性和作风正派的基本品质，每个学生都应当具备。这些品质要成为他个人的道德财富。我认为学校最重要的教育任务之一就是要培养每个人用仁慈、恳切和同情的态度来对待一切有生命的东西，因为在这些东西身上体现着生命的伟大和美。没有起码的人性，就不可能有共产主义道德；没有细腻的感情、缺乏同情心的人，也就不可能有崇高的理想。而缺乏同情心就会对人漠不关心，并从漠不关心发展到自私自利，再从自私自利发展到残酷无情。

有人认为，既然在我们的时代应当培养能适应各种情况的有毅力的强者，那么就用不着讲什么仁慈、诚恳和同情了。这种看法是非常错误的。诚然，我们最重要的教育任务是要在我们公民的心灵中树立起一种对于祖国的敌人毫不妥协的精神，准备好去和蓄意侵犯祖国的自由和独立的人进行殊死搏斗。但是，谁要是没有受到过关于仁慈、诚恳和同情的教育，他就不会有憎恨敌人的高尚情操。因为勇敢精神是人类高度仁慈的表现，而对敌人的仇恨则是真正的人道主义精神。童年期和少年期应当是培养仁慈，人性和同情心的时期。只有在这样的条件下，人的心灵这一灵敏的乐器才会弹奏出人类崇高感情的最高音阶——对母亲的最细腻、最温存的关心，对敌人的憎恨，对思想上的敌人的毫不妥协。

可惜的是，很多学校都忽视基本道德素养的培养。人们要求少年了解崇高的道德真理，却没有注意到他用弹弓打死小鸟，毁坏树木。人们对少年讲要做一个诚实、正直的人，而他一面听老师讲话，一面却在为即将来临的考试或测验准备作弊用的小纸条。行为不端是造成思想贫乏、心灵空虚的根源。

只有对人民具有强烈的爱，才能激起对敌人的憎恨。为了防止儿童和少年成为冷酷无情和漠不关心的人，我们努力使他们对一切有生命的、美好的东西表现出关切、忧虑和激动不安的感情。如果一个孩子非常关心在严寒中挣扎的可怜的小山雀，把它从死亡的边缘上救回来，如果他能保护小树免受损害，那么这个孩子永远不会变成一个对人残酷无情和毫无恻隐之心的人。与此相反，如果一个孩子任意地伤害或毫不可惜地毁坏一切能给人带来欢乐、一切使人崇敬的东西，那么他就会变成一个惯于侮弄亲人的小霸王。

在生活中我们遇到过多少这样的小霸王啊！有一个 7 岁的小男孩，他准备去上学，但怎么也扣不住大衣的纽扣。他不是心平气和地请大人们帮助，而是干脆把大衣一脱，准备不穿大衣去学校。他希望母亲因为他的不遂心而惶惶不安，甚至哭起来。当把母亲折磨得流眼泪时，他就感到了一种满足。对待这种看起来"无罪"的霸王行为，应当明智地、有分寸地、关切地，同时又是顽强地、严格地进行斗争。

一个进入少年期的人在智力发展方面迈出了一大步，从而在他面前展现了一个观念世界，他的思想会促使他刨根究底地去寻求有关世界观问题的答案。人的生活中的这种合乎规律的质变暗含着情感素养落后于思想素养的危险。为了避免情感素养落后现象的出现，儿童进入少年期后也要和在童年期一样，必须从事劳动，因为劳动能激起并增强善良、真诚、高尚的感情。如果一个 14 岁的少年认为，挽着母亲的手和她一起去俱乐部，或者去关心一下花和鸟这样一些事情会有损自己的尊严，那是很可悲的。关心母亲、祖母、祖父和小弟弟小妹妹，和关心丰富多彩、生机勃勃的集体生活同样重要。少年和家长之间的相互关系，是教育的一个重要方面。很可惜，这方面还没有做过很好的研究。

我们一直注意让少年有更多的时间待在家里，处在家庭的环境中，特别是和母亲待在一起。没有必要老是"抓住"少年们不放，老是要为他们组织集体活动。在节日前或是在节日里，就让少年同母亲、父亲在一起——这样是最好不过的。

5. 对那些总想依赖父母过日子的人不要不闻不问。不应容忍那些对公共利益漠不关心的人。要憎恨那些挥霍浪费和盗窃社会财富的人。这一道德准则能否遵循，取决于为人们而劳动的观念是否深入孩子的精神生活。只有那些能凭良心去**做好事**的人，才能**认清罪恶**并与之势不两立。我们认为，教育公民与生活中的种种不良行为做毫不妥协的、积极的斗争，是学校的一项重要任务。如果孩子们看到了浪费现象和随便对待公共财产的行为，看到了懒懒散散、无所事事、阿谀奉承这样一些恶劣行为，却视而不见、听而不闻，那是不能容忍的。但如果大人们也是用漠然置之的态度对待这些恶劣行为，那就不可能促使孩子们与这些行为进行积极的斗争。我们设立了少先队绿化保护岗。如果少年们看到了成年人在毁坏树木，只用讲道理的方法与这种恶劣行为做斗争就不够了，不给任何处罚或者采取漠不关心的态度，都会伤害少年的心灵。我们要让公众舆论来迫使做坏事的人赔偿损失。

少年们从自身的经验中认识到并确信：做了好事一定会有好的结果，因而以极大的热情参加创造社会财富的工作。假如说一个少年有那么**一次**对生活中所见到的恶劣行为表示愤懑，并采取蔑视和毫不妥协的态度，那么他就会做**十次**好事，从而在生活中把做好事确立为自己的行动准则。要是一个人忘记了这个行动准则，他长大后就会变成一个好说大话、蛊惑人心的人，一个"专爱告发别人"的人，而对于有成效的好事却不屑一顾。

掌握了最基本的道德素养之后，学生们就能认识到，共产主义实质上就是仁爱和道德的最高形式，是吸取了人类最宝贵的道德财富的思想和信念的体系。如果不具备这个最基本的素养，一个人在道德发展方面就会一无所获。对于这样的人来说，共产主义道德的思想和原则——热爱祖国，忠于人民的理想，在为祖国的自由、荣誉、独立、庄严和富强而进行的斗争中所表现的坚韧不拔和英勇顽强的精神……，都将成为不能理解的东西。

只有在学校集体中确立了人们相互关系方面的基本道德素养，才能在孩子们的意识和心灵中培养起最起码的道德素养。这是一个很简单，但同时又是很复杂的问题。说它简单，是因为这些相互关系都是属于同一个公式：每个人都应当真正像对待一个人那样去对待每个人。说它复杂，是因为人们的相互关系涵盖了精神生活的一切方面和集体中的全部成员——既包括教育者，也包括被教育者。我想对做少年教育工作的人提个建议：如果你们希望自己的工作能顺利一些（大家都知道，做少年的工作是很困难的），你们就要使自己与学生们的相互关系充满**相互尊重**的精神。我们都是传授各门基础学科的教师，我们认识到，教育工作的基本点就在于我们每个人（无一例外）都要首先把每个学生看作是应当受到很大尊重的有个性的人。我们用"您"称呼少年。我们认为这种做法具有重大意义，它体现了一种崇高的含义——使少年感觉到，所有的教师对他的能够达到智力、道德、思想和美感发展的最高峰的创造性的个性都非常尊重。在日常生活中同具有鲜明个性的人（包括他的一切长处和一切短处）打交道的时候，我们总是让他懂得并使他深深体会到这样一个重要的道理：年轻人（年轻姑娘），我们不仅看到今天您是一个怎样的人，而且也看到将来您要成为一个怎样的人。我们不仅尊重您在我们的帮助下已经取得的一切，而且尊重您将要取得的一切。但是只有依靠您自己坚持不懈的努力并通过我们的帮助，您才能达到精神发展的最高阶段。我们用简单而有礼貌的"您"这个称呼，表示我们看到了一个人发展的前景；我们使少年懂得并体会到，我们尊重他首先因为他是一个苏联公民，是未来的孩子们的父亲或母亲，是未来的能工巧匠、诗人，是一个有权感到自豪的人。应当找到一种与学生进行精神交流的好形式，这种形式能使学生了解到，你尊重他哪一方面，你注意的是他心灵深处的哪些隐秘的角落，只有这样，他的心灵才会像人们之间的相互信任这样一朵最纯洁的花朵一样，敞开在你的面前。

这里应当注意教育过程的逻辑本身所设置的一些暗礁：在教学过程中经常进行考查（测验），教师会随时把一个学生的成绩和另一个学生的成绩进行比较。这就隐藏着种种危险——产生失望情绪，对自己的力量失去信心，变得孤僻、冷漠和凶狠，也就是说，隐藏着产生这样一些精神状态的危险性，这些精神状态的变化使得人们的心灵变得粗野，从而对影响人们精神世界的一些细致的手段——语言和美感失去敏锐的感觉。教育者常常会感到奇怪，为什么一个少年会用粗暴无礼的话来回答别人的好言相劝，为什么他不懂得别人的情谊？这是因为他的心灵变得粗野了，以致对别人不信任、怀疑，人的心灵最敏感的部分——自尊心经常受到刺激而使他的心灵不断受到"锤打"。有人会这样说：你瞧，你的同学回答问题得 5 分，而你却总是得 3 分，你怎么就不害臊啊？你难道没有一点儿自尊心吗？——话倒不一定这样说，但是话里包含的意思就是这样。如果经常抱怨少年没有自尊心，就会使他变得麻木，以致丧失自尊心，少年的心就会像蒙上一层冰似的。这时候你想要把一些善意的话语印入他的心坎，就会像用温暖的手掌去化开一块厚冰那样：用手掌是化不开的，只有用火加热才能使它融化。

怎样才能绕过教育工作中的这些暗礁呢？我们总是不让少年有这样的感觉：我们不信任他。因为只要他一有这种感觉，他就会用巧妙的办法欺骗教师和家长，而且欺骗手段十分高明。对少年不信任，就会使他的心变得麻木不仁，使他不可能去独立解决问题，不可能用自己的毅力去克服困难，他会习惯于别人抽一鞭走一步。我们寄希望于一个人的内在的精神力量，不能用耳提面命的办法，也不能扶着他走路，而是要为他提供选择的自由，结果他选择的道路正是我们期待的：用自己的毅力去克服困难，从中体验到要看重自己。

我们教师之间说定了（大家从未违反过这个协定）：如果一个少年没有完成作业是因为他有些地方没有弄懂，那就不要马上给他打分，免得他心慌。一般说来，我们不打不及格的分数。"如果你还没有搞懂，那就再去钻研一下，思考一下，独立地去完成那些全班同学都应完成的作业。"——我们对他讲话的意思和语调就是这样的。少年们以真诚的态度和努力工作的精神来回应我们对他们的信任。如果学校生活的**全部精神**不是去培养少年的自尊心，那么要建立这种关系就只能是一种无法实现的幻想。应当指出，仅仅通过课堂教学的形式是建立不起这种关系的。可以这样说，我们每个教师和少年在精神需求方面有着许多共同点：作为一个教育者，每个教师首先应该是个受教育者，教师会在自己的每个学生身上发现一点火苗，从这点火苗可以看出，一个人是绝对不会停留在他今天这样的水平上的。

我们注意保护少年们的自尊心，总是避免做这样的对比：您学得好，而您学得不好。人们的才能各有不同，因此在对他们的智能劳动进行评价的时候，需要非常注意分寸。我们根据每个少年是否有向上的愿望，是否信任我们教师，是否信赖我们，来评定他们的知识掌握情况。如果一个少年在学习和智能劳动方面没有取得一定的成绩，如果他的认识能力和认识条件没有得到发展，那么我们就认为他的精神生活是不完美的。

师生之间具有共同的善良愿望、真诚的同情、相互信任和细腻体贴的关系，这是在我们教育工作中起决定作用的条件，它使孩子们能很好地领会教师说的话，更好地接受有关道德的指导、劝告和要求。少年的精神需求越丰富多样，他从读书中获得的乐趣越多，书籍和一切美好的东西在他的精神生活中所占的地位越重要，那么他就越能深刻地体会到我们的真心诚意和关怀体贴，他的心灵就越能细致地领会我们对他所采取的与人为善的态度和人道主义精神。这是道德教育中最重要的一条法则。不能通过某些外在的手段在师生的相互关系中进行道德素养的教育。道德素养的基础在于人们精神生活本身所具有的深度，在于思想是否丰富，感情是否细腻和高尚。我不但非常注意少年讲话的内容，而且也很注意他和我们教师讲话的语调。如果一个少年表现出哪怕是一点儿粗暴无礼、心肠"冷酷"或者精神"麻木"，都会引起我的重视。

在柯利亚和米沙十二三岁的时候，我从他们身上感觉到了这些令人担心的迹象。我做了很大的努力来"磨炼"这两个少年的感情。为了能在这段时期内用人类不朽的精神财富充实这两个孩子的精神世界，我有意识地给他们看一些书，使他们的心灵更加细腻、敏感；我注意尤其在这段时期提高他们对音乐旋律的敏感。多年的经验使我确信，教师手中掌握着防止粗暴无礼、冷酷无情和缺乏道德素养的有力武器，那就是**音乐疗法**。冬天寂静的晚上，我把柯利亚、米沙以及另外几个和他们一样的少年邀请到音乐室来，我们一起欣赏格里格、柴可夫斯基和西比利乌斯的作品。在这几个晚上，我们很少说话，除非有时要解释一下音乐旋律所表达的意思，把少年们引导到音乐形象的世界中去。我高兴地看到：少年们的心渐渐解冻了，他们的眼神因受到崇高思想的鼓舞而闪现出光彩，充满了细腻而高尚的感情。

道 德 习 惯

道德习惯的源泉，在于把高度的自觉性和个人对各种现象、对人们之间的相互关系以及他们的道德品质的感情评价统一起来。从一个少年的心灵深处所进行的理智和感情的过程来看，道德习惯的培养具有特别重要的意义。道德习惯是确立道德观念和道德信念的基础。道德习惯的形成，是教育者洞悉学生精神世界的一种途径，舍此就不可能对一个人有所了解，也不可能用细腻的手段——语言和美感去影响他。

由于有了道德习惯，社会觉悟和社会道德准则才成为一个人的精神财富。没有道德习惯，就不可能做出自我肯定和进行自我教育，也不可能有自尊感。正是由于人们重视并习惯于这种高尚的道德真理，在他的意识中会闪电般地出现一些情感信号：应当这样做，因为不这样做，自尊心是不允许的。于是，道德真理就成为个人心目中神圣不可侵犯的、极为宝贵的东西。习惯使**良心**的这种内在的**感召力**变得高尚起来，而人的意识总是受感情保护的。这种复杂的过程只有在**少年时期**才能完成，因为一个人正好在这个时期能够领会具有概括性质的道德观念。少年期仿佛对各种思想都敞开了通向心灵的道路。如果作为道德素养的最重要的真理在少年时期没有成为习惯，那么，所造成的损失是永远无法弥补的。

究竟应当怎样在少年时期培养起道德习惯呢？为了提高他们的自觉性，使之掌握对于个人来说是神圣的绝对真理这样一些最重要的道德财富，应当做些什么呢？

在少年时期，自觉性和道德感的统一，在道德发展中具有最重要的意义。道德感是照亮人们行为道路的明灯。苏联心理学家雅科布松写道："如果没有那种促使人们去深入理解社会道德准则的道德感，那么，这些道德准则实质上对他来说就永远是格格不入的。"① 我努力使我的学生对周围所发生的一切事情表示关切和同情，对周围世界的各种现象从感情上表现出明确的爱憎，目的是使少年们对一切事物和现象都非常关心，要求他们不仅从思想上，而且从感情上来理解它们。

少年们和我一起去观察和了解周围世界，而我就好像在把自己对各种事物、现象和事件的看法告诉他们：没有一样东西会使我们无动于衷。我们沿着树林走去，等待着我们的将是有意义的一

---

① П. М. 雅科布松 . 情感心理学 [M]. 莫斯科：俄罗斯联邦教育科学院出版社，1958：210.

天——休息、散步、读书、观察世界、认识世界。在途中我们看到：有一辆载重汽车停在那儿，司机正在翻来覆去地检查发动机。他看到了我们，并且好像问我们能不能帮他一下。我们感觉到这个人不会说一句请求帮助的话，然而他正等待着我们的帮助。在这种场合，就需要对少年们讲几句话，这些话应当促使他们深入思考现象的实质，用道德的真理去激励他们。我找到了这几句话，大概因为它们带有明显的感情色彩，这些话说到孩子们的心里去了。我们忘记了对林中美景的欣赏（当然没有完全忘记，我们还记得它，但是良心告诉我们：袖手旁观是可耻的）。我们派一部分人到村里的机器修理站去，其余的人就留下来帮助司机。

观察各种现象和人们相互关系中的**道德**表现，用心灵去认识世界，是培养责任感的重要前提。公民的责任感是在基本的道德习惯中养成的。在少年时期，通过正确的教育，能在人的心灵中牢固地形成帮助别人的习惯，不管他是否提出要求，都要去帮助他。

要使少年对周围世界的各种现象，特别是人与人之间的相互关系经常感到激动或不安；要促使他去体验各种感情——从亲切的同情到分担别人的不幸，再到对于恶行的愤懑不平，这是非常重要的。我深信，如果一个少年养成了敏锐地关切周围世界的习惯，他就会用别人的眼光来看待自己，就会产生一种使他感到不安的想法：如果我对别人遭遇的不幸或者对于恶行抱着无动于衷的态度，那么人们对我会有什么看法呢？**人们会怎么想呢？**……形象一点来说，这种令人不安的想法就像一根灵敏的导线，情感信号通过这根导线从心灵传入意识：假如我对周围发生的事情视而不见，那就是自己不尊重自己。只有这样，道德的概念才会成为习惯。当一个少年独自面对各种情况的时候，他是怎样行动的——作为一个公民或集体对此所做出的道德评价，是使道德概念成为习惯的极其重要的前提。在一个集体里，人们精神上的交流具有丰富的内容，个人对于集体的责任感应当是很强的，务必使学生即使在独自一人的时候，或者当生活需要他发挥个人的主动性，表现出果断、毅力、勇敢和诚实精神的时候，他也会感受到集体目光的注视。

我们的任务是要使那些最基本的道德习惯成为一种传统，这首先体现在，如果为了别人的利益需要你贡献自己的力量，就要有牺牲自己利益的习惯。把习惯发展成为传统，是对意识进行艰苦改造的一个组成部分。没有这种改造，就不可能建成共产主义。长期以来所形成的旧传统，用列宁的话来说，是最可怕的势力。① 在我们这个时代，正在进行着一项耐心细致的工作——建立起新的传统，这些传统无论现在还是将来都应当具有巨大的精神力量。形成传统的那些习惯，对人们的行动起着极大的支配作用，它们的教育力量就在于此。在少年时期，我的学生集体中形成了这样一种传统：集体对你个人的评价取决于你对待母亲、对待姑娘和对待妇女的态度。这一传统对开展自我教育有很强的助推力——每个小伙子都希望以自己的举止行为培养高尚的道德。

培养道德习惯的第二条重要规律，是要求少年对自己的行为，特别是那些能反映出一个人对劳动、对亲人、对集体里的成员的态度的行为，做出情感上的评价和产生亲身感受。我们总是力求让少年们把独立完成任务当作是一种乐趣来感受，而对抄袭和坐享别人劳动成果的行为表示不满。要培养起这种感受，必须经过一定的训练：要启发少年做出自我评价。要培养和发展细腻的感情，必然极大地发挥个人的主动性：为了对自己的行为做出感情上的评价，他必须激发起自己的毅力。就少年们如何进行自我教育提些建议，帮助他们选择一些专门训练的内容……，这些都是形成道德习惯过程中的附加因素。要让少年不仅对好的行为，而且也对那些不能容许的行为做出情感上的评价，这一点是很重要的。体会到哪些事情是"不被容许"的，实际上就是确定个人在社会中的道德方向。"不容许"做的最主要的事情，就是对周围所发生的一切决不能采取漠不关心的态度，我们把每个少年对于这一点的感受看作是道德素养的基本特征。在实际的教育工作中，我特别注意让每个少年都能体验到激动人心的快乐和充实的精神生活，让他积极参加看起来与他个人利益无关的活动。

培养道德习惯的第三条规律，是要使教师要求学生做出的行为和道德原则一致起来。热爱祖国、忠于人民的理想、原则性等都是

---

① 列宁在《共产主义运动中的"左派"幼稚病》一文中写道："千百万人的习惯势力是最可怕的势力。"

神圣的共产主义道德真理。这些道理不需要时时处处反复强调，也不需要总是把它们和那些最起码的道德素养和做人之道联系起来。例如，一个少年在课桌上画了一个小人儿，或者把同学绊了一跤，使他摔破了鼻子，……不需要就这样的事情大讲人们对于社会的义务和英雄人物的事迹，因为什么事情都要放在一定的位置上，都要有分寸。

根据这些规律，我们制定了道德习惯的纲要。纲要中有这样一些道德习惯：把已经开始做的事情做到底；做工作只能认认真真，不能马马虎虎；任何时候都不把自己的工作推给别人，也不坐享他人的劳动成果；帮助老、弱、孤、寡，不管这些人是自己的亲友还是"外人"；使自己的愿望和道德上可以允许的满足愿望的权利一致起来；绝对不能容许为了满足自己的愿望而使父母在某些方面受到限制或给他们增加许多困难；既要考虑自己的快乐、满足和欢娱，同时也必须顾及别人的需要；不能为了满足自己的快乐而给别人带来忧虑和不幸；不隐瞒自己不体面的行为，要有勇气把这些行为直言不讳地告诉你认为需要告诉的人。

培养道德习惯，不需要采取专门的方法和手段。集体主义者之间的相互关系实质上就体现了培养道德习惯的要求。要使少年的良知和意志成为推动他做出良好行为的动力，这是道德教育这一细致工作中最重要的方面。不能把教育简单地归结为教师下命令和学生盲目服从。少年应当时刻意识到：如果缺乏意志，就不可能有良好的品行。特别是当环境要求少年对自己的不良行为做出正确的评价时，这就显得更为重要。孩子们刚进学校，我就培养他们有这样的思想：坦白承认自己不体面的行为，这是高尚的道德。不容许以惩罚相威胁，"硬逼"孩子承认错误。在培养道德习惯的过程中，不容许采用惩罚的手段。一般说来，采用这种手段时需要有最大的耐心并十分注意分寸。对于一个有丰富经验的教育工作者来说，这种手段是随时准备着的，但他从来不使用它。哪里广泛采用惩罚手段或规定了一套相应的惩罚办法来对付可能产生的不良行为，哪里就谈不上道德习惯的培养。马克思曾经说过："从该隐以来，利用刑罚来感化或恫吓世界就从来没有成功过。适得其反！"[12] 未经周密思考、单凭一时冲动而采用的惩罚手段，会给儿童和少年带来最大的危害，因为受到惩罚的人会感到不需要再振作起来，使自己变好。陀思妥耶夫斯基的话很有道理：惩罚使人摆脱了良心的谴责 [13]。采用惩罚手段是很简单的，而教育一个人为自己的过失感到难受，从而受到良心的谴责，要困难得多。在童年期，特别是在少年期，一个人如能进行自我谴责、洗刷自己的良心，那就有了一股很大的力量。我总是努力使少年在意识到自己的不良行为之后，能产生这样的想法：我应当成为一个和我现在不一样的人。为自己的过失感到难受，这是对别人的不良行为不能容忍和毫不妥协的源泉。

思想变为信念

　　道德教育的基础是道德信念。我们的任务，是要使每个少年都具有辩证唯物主义者的世界观、战士的信念、诚实者的心灵、创造者的双手、人才的美质。我们努力使每个少年都把共产主义思想看作是神圣的、不可违背的思想。用马克思的话来说，使这种思想变成一种"不撕裂自己的心就无法挣脱的枷锁。"[①] 这是培养人的心灵方面最细致、最复杂的一部分工作。我们不要害怕"**神圣的**""**不可违背的**"这样一些字眼。在谈到新人的道德面貌时，这些字眼的意思是十分明确而又具体的，它们就是人们视为个人的名誉和尊严而珍视的东西，也是人们在任何情况下都不肯抛弃的东西。

　　怎样才能使经过反复多次的理解、领会、思考、饱经风霜才获得的共产主义思想，成为人们主观世界的有机组成部分，与人们血肉相连，使人们永远不会感到无所适从呢？阿·瓦·卢那察尔斯基曾经说过："有时候各种思想的影响会不时地控制一个人，这个人就属于容易改变信仰、可塑性很强的类型；而在另一种情况下，这些影响也会合起来在一个人的身上同时发生作用，这种人就成为折衷主义者。"这种心灵上的**脆弱性**，实质上就是心灵空虚，这是我们绝对不能容忍的——我们把这一点看作是培养思想坚定和道德完

---

　　① 中共中央马克思恩格斯列宁斯大林著作编译局．马克思恩格斯全集．第一卷 [M]．2 版．北京：人民出版社，1995：295—296．

善的基础。要使思想变为信念，首先要了解少年的心灵，要成为他们的知心人。如果我需要在课堂上阐明一种深刻的思想，那么我在备课时就迫切地感到，必须在思想上非常明确我在同谁讲话。

假如我不知道，在课堂上我面对的是谁，不知道柯利亚、季娜、托利亚和瓦里娅在想些什么，那我就好像是在给抽象的人上课。在思考我在课堂上阐明的某些观念时，我考虑到的首先是我的每一个学生的心灵。应该用生动的话语来阐明这些观念，并且以活生生的心灵和思想的颤动来充实自己话语的力量。

要把政治思想同孩子的个性融合在一起，通过学生个人精神上的振奋，并通过教育者的想法和意图来体现政治思想，这是一个人对另一个人施加的一种巨大的、什么都代替不了的影响，这种影响（只能是这种影响，而不可能是什么别的东西）能够显示知识的强大力量和坚定共产主义信念。思想只能存在于信念之中，存在于人们的心灵之中，因而用思想去影响一个学生的心灵，也就是去影响这个人。

教育是从认识真理开始的。进行道德教育的过程，实质上是让每个学生都树立道德观念和政治观念，并使之成为他们的行为准则和行为规范。这个过程只有通过多方面的**精神活动**才能完成，没有这样的活动，就不可能有对理想的追求，也不可能有生气勃勃的人的个性。

精神生活是一种复杂的现象。不能把它想得过于简单：不能以为一个少年用自己的双手做了一些对社会有益的和社会所需要的事，他的内心就会自然而然地产生我们所要求的感情和志向。我从事教育工作的头十年中发生的一件事使我永生难忘。五个六年级的男学生提一桶水，去给一位老奶奶的白菜地浇水（有时候，少年会形成一种不好的信念：他认为"负责照料"白菜并不等于"负责照料"人）。在路上，他们遇见了一位老大爷。他们对这位老大爷很了解——老人视力不好，走路时要用拐杖在前面探路。孩子们想开个玩笑：他们把水倒在老大爷要经过的路上，然后就躲到灌木丛后面去了。老大爷无意中走进了水洼，引得少年们哈哈大笑。笑够之后，他们再回到井边，把水桶打满水，去替老奶奶浇白菜。少年们原本是去做好事的，而且似乎也确实做了好事。但是，如果这样的好事不是受高尚的动机所支配的，那它又有什么价值呢？如果一个人把做好事与读熟功课、完成作业同样对待，如果他在自己的童年和少年时期从来没有体会过什么是凭着良心去做好事，那么他就会成为一个道德观念不健全的人。对于这样的孩子来说，就像这些六年级学生一样，不管是做好事还是做坏事，都是一种偶然现象。这样的少年从家里出来，走到街上，他们会做些什么呢？他们会表现出高尚的行为，还是会因为违反公共生活的准则或者因为犯罪而被警察局扣押起来，这就很难预料了。

精神活动——这是个人为了把我们政治的、道德的、审美的思想、观点、信念和理想变成个人的财富，变成一个人内心的精神财富所做出的积极努力。精神活动并不是什么脱离了日常工作的自我反省和自我剖析，而是一种创造性的劳动，是受到崇高目标鼓舞的一种积极的社会活动。精神活动是包括劳动在内的各种社会关系的反映，这些社会关系表现在人的内心世界、他的爱好和志向以及他的愿望中。我再重复一下：表现在他的**愿望**中。当一个人的内心产生并确立起崇高的愿望时，这种愿望就对人的举止行为起促进作用，并产生激情和行动，通过这些行动人的品质就确立了起来，于是又产生新的愿望，……只有通过这样的过程，这个人才能成为一个真正的人。我们在教育实践中把这一复杂过程称为个人的思想生活。要使思想变为神圣的、不可违背的信念，并不是要把它们牢牢记住，而是要让它们**表现在**生动活泼的想法和感情中，表现在创造性的活动和具体的行动中。如果不是这样，如果一个少年在接受某些思想的时候，不对照自己，不把自己的举止行为看作是这些思想的生动体现，那就会造成心灵空虚，造成行为好坏的偶然性。要求少年有更多的受崇高愿望激励的崇高行为，有更多的对道德理想的追求，是少年教育中的一条重要法则。

怎样培育少年的心灵，怎样才能使父母亲不为自己的孩子担惊受怕：孩子到外面去是不是会遇上一伙坏孩子而遭到不幸呢？……怎样才能在少年的心灵中培植起对于做坏事的**免疫力**，使他们在生活道路上遇到坏人坏事时，不是受到毒害，而是在精神上受到锻炼呢？怎样做到在对孩子讲解道德观念和政治观念的实质的时候，在向他们传授知识的时候，也能和他们推心置腹地进行交谈呢？

在准备文学课和历史课的时候，在准备有关人和人性的教育讲座的时候，我总是对自己提出这样的任务：要求少年们对照自己，用共产主义思想这一道德品质的最高尺度来衡量自己。而为了达到这一目的，我努力在少年的心中激发起他们对于道德美的赞颂，对于崇高的道德表现的钦佩，对于苏维埃祖国的敌人的憎恨。最后这一点是非常重要的，因为对恶行的恨，能培养起一个人对善行的爱。道德观念和政治观念——这并不是抽象的真理和死板的原则，而是生气勃勃有血有肉的东西，是人们炽热的心脏的跳动，是一个人为了造福人类而活着的幸福，这里有他的欢乐和痛苦，有他的成功和失败。如果少年们在你的话中感觉不到激情和志向、斗争和胜利的生动体现，那么你就不可能同他们促膝谈心，你的话也就不可能触及他们的心灵。我总是努力给少年们描绘出活生生的人的鲜明形象，这样的形象成了人类道德美的生动表现。我要让这个形象照亮少年的心，深入他们的思想深处，使少年的心更快地跳动，也使少年在表现出忠于共产主义信念的同时，能体会到个人作为一个公民的自豪。

不一定要对少年们讲这样的话：你们也应当成为这样坚定不屈、英勇顽强、道德完美的人。要让少年们忘掉现在是在上课或者是在听教育讲座；不要使他们想到教师是来对他们进行说教的，因为少年们不爱听训话，他们总是非常警惕地并且带着批判的眼光来看待这种比较：英雄是在怎样的环境中活动的，而你们现在生活在怎样的环境中。我常常在托利亚的眼睛中发现这种警惕的**刺人的目光**。每次都要费很大的劲，才能使这个少年忘记教师是来对他进行说教的。我焦虑不安地期待着，希望那种警惕的、表示不信任的**刺人的目光**会从这个**不简单**的孩子（这是一个多么不简单的孩子啊！）的眼睛中消失。当道德美占据了他年轻的心灵，使他认清了自己，并能用一个真正的人的眼光来看待自己的时候，他那种刺人的目光也就消失了。大概，正是在我忘记他是一个学生，在我不仅仅是向他传授知识，而且以自己的激动心情去感染他的时候，他也就忘记我是他的老师了。我逐渐成为托利亚的知心朋友，我们生活在同一个观念世界中。这个时候，就会产生一种信念，产生并确立起一种对于创造力的坚强的信心。如果学生和教师能感觉到彼此是志同道合的人，如果在打开观念世界的同时，他们都能成为这个世界的主宰，都能选定自己的防御工事，并在防御工事里选定自己的位置，这时就能进行我前面说过的那种复杂的精神活动，就能进行真正的自我教育，就能在精神上做好准备，去和思想上的敌人进行面对面的斗争，而这样的敌人每个学生在生活中都会遇到。

追求道德美，渴望做出伟大的、英勇的行为，这是少年心灵中最重要的一个方面。赞赏道德美的感情使托利亚受到了鼓舞，他想："那么我呢？我是一个什么样的人呢？"但愿这个少年像对待最宝贵的东西那样珍惜这种想法，但愿道德美的火炬在他眼前永不熄灭，因为一个人看到了道德美，就像给他思想的风帆吹来了一阵清风。不要急于寻找在少年的举止行为和他心目中的理想人物的举止行为之间可供比较对照的东西。这种做法可能导致与预期的完全相反的效果。谢尔盖·拉佐和亚历山大·乌里扬诺夫生活在与托利亚、柯利亚完全不同的环境中。现在的少年需要探索他们自己进行自我表现和自我肯定的途径。假如我试图在托利亚的日常生活中寻找某种理想人物表现顽强精神所必需的那种品质，那么托利亚马上就会紧张起来，他的思想深处就会出现警惕和表示不信任的感情。他把英雄人物的斗争与自己的日常生活相比较，就可能得出这样的结论：现在不是过去那个时代了。

我不敢做这样的比较，完全不是因为我想使少年们脱离现实生活，叫他们去想入非非。不是的，我担心的是这种比较很不自然，没有说服力。我主要考虑的是要让崇高、勇敢的精神和对道德理想的信念，能和少年对自己的信心融合在一起，并使这种精神具体体现在少年的生活中，体现在他与人们的相互关系中。

在揭示道德观念和政治观念的伟大意义的同时，我真像怕火一样地害怕少年们会在我讲话的字里行间找到这样一些带有责备味道的话：真正的人是这样做的，而你们完全不是这样……。甚至有这种暗示也会产生不良的后果，会因此使精神活动中止，而没有精神活动就不可能培养起理想，少年的内心就会对自己的力量缺乏信心，造成一种可怕的心灵上的虚弱——感到自己毫无用处，感到在自我教育方面所做的努力徒劳无益，感到理想高不可攀。但是少年不会容忍那种认为自己毫无用处的想法。他要表示抗议，发自内心、用自己心灵的全部力量来表示抗议：他不再相信你对他讲的话，从而使一切崇高的、理想的东西失去它们的光辉。这样一来就往往使有的人变得厚颜无耻。但如果失去了自尊心，就不可能有任何精神财富。因此，理想生活中的光辉形象、一切美好的东西和表现出崇高的道德行为的光辉形象，不应当把少年照得头晕目眩，而应当照亮他前进的道路，**照清楚**他心灵中一切美好的东西和丑恶的东西。这恰恰是我们应当做的，我们应当为年轻的心灵照亮通向理想的道路，而不是用双手在他的心中乱翻腾，更不要把它"**倒腾**"出来。

美好的东西自然地会对一个人的心灵产生好的影响，这一点不用多解释。我们欣赏一朵玫瑰花，是把它作为完整的花朵来欣赏的，假如我们从花朵上撕下几片花瓣来研究一下它美在哪里，那么美就会受到破坏。对于那些不言自明的东西，就不需要对少年进行解释。就让他自己设身处地想一想，如果他生活在他所崇拜的英雄当时生活和斗争的环境中，会怎样表现自己。

只有用辩证的思维方法从大量的事实和现象中形成思想，这种思想才会变成信念。我常常努力使班级处于**争论的状态**。这是反映教育技巧的一个非常复杂而又细致的方面。只有当少年们由于对事实进行了周密的思考和分析，仿佛摆脱了事实、发现了问题的时候，才能形成争论的局面。在这种情况下就有了"**赞成**"和"**反对**"两种意见。少年怀着极大的兴趣去研究矛盾，并确定自己的看法。这样，他就不是一个不偏不倚的"知识的吸收者"，而是一个战士。我认为我的教育任务就在于，要从分析事情的焦点来改变对事情的看法，这样就能形成研究问题的局面。研究问题能丰富情感思维：少年对于事情的内在联系和它们之间的相互联系不会分辨不清。他们会把很久以前发生过的事件放到现在来感受和领会；文学作品中的人物成了他们的知心朋友或者是思想上的敌人。

懂得少年的志趣，善于调整好他发自心灵的乐声——这是一种伟大的教育艺术。如果你能以自己的心去感受另一个人的心脏的跳动，那么你是能够掌握这门教育艺术的。不要以为你在讲课的时候或者在教育讲座中塑造了道德完美的形象，你就控制了少年的思想和心灵，就能促使他们思考自己的命运，看到自己到底是个什么样的人，从而就能在少年的心灵中树立起你所要求的精神境界。不能抱这样的希望，因为这仅仅是对一个人形成思想信念所必须进行的多方面的教育工作的一个开端。这犹如你供给学生精神上的**弹药**，**它暂时**还仅仅是弹药，但已经很有威力了，它的能量大小决定少年以后的精神活动。能否把思想变为信念，这取决于这种精神上的弹药是否有威力，它的能量有多大，同时也取决于少年将做些什么，他的感情向哪个方向发展。

不要忘记，少年并不总是生活在集体中，而教师也并不总是和他在一起的。他常常独自一个人活动。要使少年在单独一个人的时候，能产生这样一种愿望：要思考一下，幻想一下，并在自己的想象中描绘一下表现美好思想和英勇行为的壮丽情景；要设想一下，在为争取使善行获胜而进行的复杂斗争中，自己会怎样表现，这都是很重要的。如果一个少年不去进行这样的思考，他就不可能有个性，他的心里就不可能产生崇高的、攀登道德理想高峰的强烈愿望。这不是什么自我欣赏，也不是什么脱离集体的自私行为。这是个人精神活动的一个过程，是自我教育的一个过程，也是确定自己信念的一个过程。我总是注意给每个少年提供进行个人精神活动的有威力的"弹药"，也就是说，使他们能严格地要求自己，用最高的标准——共产主义原则标准去衡量自己。我很高兴听到沃洛佳的母亲对我讲，这个 14 岁的少年经常沉思、聚精会神地埋头读书，好像有什么东西使他情绪激动。我劝他的母亲说："不要破坏他的这种情绪，不要去对你儿子说：'去找同学解解闷吧！'这是他在进行自我教育，是在学校里获得的精神上的弹药在起作用。"

必须再提醒大家一下，不要误解我这里说的"个人的精神活动"这个现象。这并不是什么脱离现实生活的幻想，也不是什么漫无边际的想入非非。这首先是这样一些考虑：一个人的志趣应当放在什么地方，他要关心些什么，他所感到不安的又是什么。这也是对自己工作的思考与设想：已经做到了哪些，还需要去做哪些。如果集体缺乏生机勃勃、思想丰富的生活和劳动，缺乏高尚的道德关系，就不可能进行有助于做出自我评价和自我教育、具有丰富内容的个人的精神活动。

要使教师在学生心灵中点燃的火花，即使在学生单独一个人的时候，也不致熄灭，这是在教育少年的工作中最为细致的一种技巧。我总是努力使少年们怀着极大的兴趣去阅读有关杰出人物的生活和斗争的书籍，因为在这样的人物身上，体现了道德的威力和道德的美。我认为，阅读一本好书，一本激动人心的书，并且反复地阅读它，这是人的精神生活中一个最丰富的内容。

集体是一种教育的力量，而劳动则是一种有益于身心健康的力量，这都是教育工作的真理，但如果没有个人内心的精神生活来促使理想的形成，那就会始终停留在对这些真理的理解上。道德理想是一种具有社会意义的，同时又是埋藏在个人心灵深处的东西：这是政治、道德和审美的原则在个人身上的体现。

信念就其本质来说，不可能是一种不劳而获的精神财富。只有通过积极的活动，信念才能起作用，才能得以巩固，才能变得更加坚定。一个人只有确认了一定的原则，并愿意为实现这些原则而斗争，在任何情况下都不放弃这些原则，他才能对某些东西产生信念。这里还需要回过来谈一谈精神斗争这个问题。每个少年都应当通过自己的劳动、通过自己与集体的关系来证实和捍卫一些东西，并且在证实真理的同时，使自己的人格和尊严也得到磨炼。这就是精神斗争。使一个人的活动中贯穿认识观念和道德观念的精神，提高一个人的声望和荣誉的意义就在于此。在少年时期如果做不到这一点，也就不可能做到自我肯定。我认为，帮助每一个少年明确自己进行精神斗争的领域，这是对他们进行个别工作的一个内容。劳动就是进行精神斗争最常见的一个领域。

假如每个少年都不去经受自我教育的锻炼，那就谈不上个人精神面貌的确立。只有在劳动中发挥思想的作用，一个人才会对劳动产生极大的兴趣。

但是，精神斗争并不仅仅表现在劳动中。少年们还经常组织自己的"少年思想家"晚会。在这样的晚会上，少年们对真理进行热烈的争论，他们怀着崇高的愿望去了解、确认和揭示真理，去肯定某种神圣的、不可违背的东西。假如没有在崇高的思想鼓舞下而进行的劳动，那么，"少年思想家"的争论就会变成脱离实际生活的幻想。假如一个人参加了劳动并克服了许多困难（克服这些困难需要集中全部精力和体力），从而确立起自己的信念，那么对他来说，思想领域的斗争也是他进行尖锐斗争和自我肯定的一个方面。只有以自己的亲身经历去体验为劳动和创造的胜利而斗争的人，才会珍惜自己的思想和信念。

"少年思想家"晚会是由少先队和共青团组织举办的。少先队组织首先是一个进行政治教育的组织。12—14岁的少年已经可以理解观念世界和思想领域的问题。少先队的课余活动不能局限于远足、游览、进行铁木儿队活动①和收集废铜烂铁。年长的少先队员的劳动，应当同思想、观念、政治教育以及掌握科学知识和政治知识联系起来。自"少年思想家"晚会在我们学校举办以来，在充满生气的集体精神生活的气氛中，一种积极、好学的思想在晚会上显得非常活跃。我们和共青团委员会一起仔细了解少年们最关心的是些什么问题，据此定出下次争论的题目。我们做这些工作当然是不让少年们知道的。作为基础学科的教师，我们也参与他们的精神生活，我们点燃他们的求知欲，参加他们的争论，这样，我们的学生就感到有一种要表达自己的思想、疑问和意见的强烈愿望。

"少年思想家"所进行的争论，有一次是围绕这样一个问题展开的——"什么可以做，什么不可以做，什么应当做"。这实质上就是围绕人和社会、义务和自由、个人和集体的相互关系展开争论，青少年一直是十分关切这个问题。少年们用各种方法来解释这个问题，他们急切地希望证明自己说的意见有道理，坚持自己的观点。在争论中，有正确的思想，也有错误的思想；错误的思想在热烈的争论中被驳倒，真理就成为少年们自己的宝贵真理了。我们教师也和学生一起参加争论。在这种场合，大家就不会注意到我们是教师，而我们的少年朋友们是学生。我们之间是平等的；我们的某个论点被证明是正确的，主要并不是凭借教师的威信，而是由于我们知识丰富、见多识广。正是在这样的争论中，在少年们忘记我们是教师的情况下，我们作为教师的威信也就树立起来了。

第一次"少年思想家"晚会至今已经好几年了，对于世界观问题的争论已经深入少年的精神生活。经验证明：如果我们想找到通

---

① 铁木儿队是卫国战争（苏德战争）时期苏联儿童帮助军、烈属及残废军人的组织。——译者

向少年心灵的道路，如果我们想使他对我们说心里话，那就应当通过他所关心的有关真理的争论去吸引他。少年在参加看起来与他本人无关的问题的争论时，最容易敞开心扉对你讲述有关他自己的一些事情。我永远不会忘记"少年思想家"专门讨论关于善与恶的两次晚会。米沙和托利亚激动地谈论着关于人的心灵通常所表现出的善和恶的问题，但他们的话里流露出有关他们本人的一些联想，流露出忧心忡忡的疑问：是不是善总能战胜恶呢？假如你亲眼看到的竟是恶获得胜利，那该怎么办呢？为什么在我们的长辈中间有些人不愿意参与生活中某些尖锐的、有时是令人不快的复杂事情呢？起先他们只是转弯抹角地谈这些问题，到后来，他们就直言不讳地讲述了许多使我们感到惊讶和不安的事情。卡佳、瓦里娅、拉丽萨和季娜都从不同的角度发表了自己的想法，她们认为，一个人只有在为别人做好事的时候，才会感到幸福。实际上，这几个女孩讲述的是关于自己家庭的幸福，关于她们的父母在平时相处中表现出的情谊和互助精神。如果少年能从日常生活中认识某个真理，这个真理就具有明显的感情色彩，因而也就更有说服力。米沙、托利亚以及其他少年怀着探求真与善的目的，激动地倾听同学们的发言。一个真理就在我们的讨论中逐渐形成了。我们教师参加争论的时候，常常是连一句话都不涉及我们本人，而实际上谈的都是自己的生活经验，正因为这样，教师的话就显得非常亲切诚恳而且充满感情。

"少年思想家"晚会向我们揭示了一条重要的教育规律：只有当少年不仅是为了直言不讳地说明自己的观点，而且是为了对身边发生的错误进行针锋相对的斗争，坦率地发表自己的看法的时候，他们个人才能掌握道德真理。这时候，少年们就会由于掌握了真理而感到极大的喜悦。

不应当把学校看成是能人为地产生思想免疫力的环境。少年们生活在复杂而又充满矛盾的生活环境中：他们经常处于各种思想影响的十字路口。不要把少年与外面的思想影响隔绝开来，要让他们去接触这些思想，促使他们去深入思考、独立分析生活中的各种现象和情况。为了使知识"变为"信念，形象地说，就需要把少年带到湍急的河流中去，教会他游泳，并和他一起激流勇进。当他登上坚实的河岸时，这个少年公民就会感到自己是一个真正的战士了。

列宁教导说，马克思主义思想不是什么生吞活剥的东西，而是"经过你们深思熟虑的东西"。[14] 人的思想通向真理的道路永远不会是平坦的。对于我们的学生提出的一些尖锐的问题，对于一些争论性的或者错误的意见，我们从不回避。相反，少年们能真心诚意地来找我们谈自己的想法，我们是很高兴的。在真理同错误的观点和见解进行辩证的斗争过程中，错误就得到了纠正。

在"少年思想家"晚会上，我们的少年们专门讨论过这样一些问题："祖国可以没有你，而你失去祖国就失去了一切"；"怎样使自己确立起坚强的共产主义信念"；"真理只有被人们掌握了，才能算作真理"（**歌德**）；"真理定能获胜，但应当坚决地对它加以扶持"（**尤利乌斯·伏契克**）；"我们从社会得到了什么，我们给予社会的又是什么"；"我们应当怎样学习，才能感受到获得知识的快乐"；"作为一个现代人，是否需要了解遥远的过去"；"假如你遇见了遥远星球上一个有理性的生物，地球上的哪些情况你会很乐意地告诉他，而哪些情况暂时还得守口如瓶"；"人类应以什么为骄傲，什么是人类的不幸和耻辱"；"个人和全人类怎样才能在自己身后在这个世界上留下美名"；"怎样使自己成为一个幸福的人，同时又为他人创造幸福"；"怎样培养自己的勇敢精神"；"什么是善，什么是恶"。"少年思想家"晚会成了把我们学生的周围世界，把他们的生活经验同道德思想和知识连接起来的桥梁。由于每个少年都在进行思考和探索，而且把自己的心扉都敞开了，我们就能使他们的精神生活充满积极向上的精神，使必要知识的掌握变成饶有兴味、引人入胜的事情。"少年思想家"晚会和课堂教学之间形成了紧密的相辅相成的关系：课堂教学点燃了少年们求知的火花，引起他们想知道一切的愿望；而关于真理的争论使他们深信，知识世界是一个多么广大、多么辽阔的天地。

我还想简单地谈一谈在道德教育中起决定性作用的一个最重要的思想。学校最重要的任务是培养对社会主义祖国、对共产主义思想、对劳动人民的理想无限忠诚的爱国主义者。

我们力求使每个少年都能树立起这样一种个人对祖国的态度：强烈地希望维护她的尊严、伟大、光荣、声誉和强盛。如果一个人在少年时期就能认识到祖国的意义，培养起对祖国的热爱、感激、兴奋和关切的感情，关心她的现在和将来，和她的敌人做毫不妥协的斗争并准备为她献出生命（只有毫无保留地把自己的一切奉献给祖国，才能有正直、高尚而自由的生活），那么在少年时期，他就能认识自己，树立起自尊感。

多年的学校教育经验使我们深信：爱国主义教育的力量和效果，取决于个人对祖国意义的理解深度，取决于他是否能用爱国主义者的眼光清楚地认识**世界**和**自己本人**，要把少年培养成一个准备为苏维埃祖国的独立而献出生命的爱国主义者，这就意味着必须用高尚的情操来丰富少年的日常生活，使少年所认识的一切和他所做的一切都变得更加美好。

我们和少年学生一起，继续在祖国的地图上旅行，在《我把心给了孩子们》一书中，我谈了进行这种活动的情况。孩子们在了解祖国的过去和现在的每一次新的"旅行"中，仿佛脱离了具体的事实和形象而陷入了沉思。他们感到，对于一个人来说，祖国是最珍贵、最神圣的，一个人如果失去了祖国，也就失去了个人的一切。少年们把苏维埃祖国看作是一个统一的整体：她那辽阔的疆土和丰富的宝藏、她那光辉灿烂的过去和英勇奋斗的今天、她的社会主义制度和共产主义建设。

我为每一次地图上的"旅行"准备了谈话内容，谈话的线索从祖国的历史一直延伸到当代的现实。我非常注意让少年们对空间和时间有明确的概念，因为这是树立祖国意识最重要的条件之一，而且能使少年们真正从心底认识到祖国的伟大。为了做到这一点，我采取了这样的方法：在进行某次谈话的时候，我对几百年里在广大的地域上所发生的某些历史事件进行了概括，同时对学生们揭示了爱国主义精神的某些方面，例如，坚决同侵略者进行斗争，准备为祖国的自由和独立献出生命。

对一个处于少年时期的人来说，很重要的一点是要使他在想象中所看到的不是一个非常狭隘的世界，不只限于家庭这个范围。一个少年看到的东西越多、越深远，激起他去认识日常生活中不能直接遇到的那些发生在遥远地区的事情的思想与感情越丰富，他用公民的眼光去观察自己的村庄、自己的劳动、自己的同学、亲友以及**自己本身**，就能观察得越透彻、越仔细，自己也就越敏感。如果发生在帕米尔高原山脚下某个地方的事能使一个少年感到激动不安，那么他对自己家乡发生的事一定也会十分关切。

我满怀喜悦地确信，由于受到祖国这一庄严而又崇高的观念的鼓舞，我的学生们对于他们眼前所发生的一切事情都非常注意，他们看到了以前所没有看到的情况，因为他们是以一个爱国主义者的眼光去观察世界的——这里表现出来的不是一般的同情，而是一个公民的忧虑和不安。有一天，我们在树林里进行了一次假想的长途"旅行"。在回家途中，少年们看到了一个过去已多次遇见过的情况，对这个情况他们过去一直是无动于衷的：一条沟壑"吞食"了好几公顷肥沃的土地。这个沟壑年复一年地使越来越多的黑土层从肥沃的耕田上流失。"这样下去，所有的耕田都会变成沟壑。"万尼亚担心地说。少年们若有所思地在沟壑旁停了下来。他们以爱国主义者的眼光看着自己故乡的土地：他们不仅看到了美好的、繁荣富强的一面，也看到了不足的一面。正是由于看到了周围世界存在问题的一面，才产生了责任感。

如果一个人在认识和体会祖国的伟大这一观念时，没有激动不安的心情，那么他就不可能在自己的故乡、在故乡的城市看到一点祖国的风貌，也不会产生为了祖国的强盛做出贡献的那种热切的需求。使我高兴的是，我的学生已经具备了为祖国而劳动的精神弹药。五年级学生热心地着手进行一项工作，在这项工作上他们花了不止一年的工夫：他们在那个沟壑的周围种满了树木，并且辛勤地养护这些树木。当沟壑的周围长满了橡树和白蜡树的时候，耕田就不会再受破坏了。

在评价某种工作的教育意义时，我们的教师集体首先考虑到的是，这项工作的**公民基础**是什么。我们认为，道德教育的作用在于它能使一个人在整个少年时期以及青年初期希望看到自己祖国的强大、美好和幸福这一愿望，完全体现在劳动中，这种劳动能明显地体现出公民的倾向。产生爱国主义责任感的源泉就在这里。只有当一个人产生了一个公民所应有的愿望、爱好和志向的时候，他才能意识到自己应当做些什么。这种公民的愿望在少年时期表现得越明显，到成年时期他所产生的一切愿望就显得越高尚。

维·格·别林斯基曾经说过，一个人在少年时期就应当探究和了解过去，让过去来帮助我们认识现在和展望将来①。历史教育是进行道德自我教育的一个最重要的方面。一个人只有在深入思考祖国的命运的时候，只有在思想上认真回顾祖国的人民所走过的道路，并认识和体会到自己是人民的一分子的时候，才能深刻地意识到自己对于祖国的责任感。"思想教育室"中的历史书架是获得历史知识的源泉之一，少年们来到这儿，对有关历史的一些问题进行思考和理解。

　　每个少年都是在个人阅读的过程中认识自己的祖国的。我深信，一个人只有在少年时期和青年初期，才能对人民的光辉壮丽的历史具有如此强烈而又深刻的感情；只有在少年时期和青年初期，当他想到自己是祖国的儿子的时候，他的心才会如此激烈地跳动。我还深信，一个人也只有在少年时期和青年初期，他的心才会由于历史上的一些阴暗悲惨的往事而如此痛苦地颤抖。对于我的学生们来说，少年时期和青年初期是他们怀着极大的好奇和兴趣去了解我国人民在过去几十年和几百年中所经历的历史时期。我为历史书架配备了一些书籍，这些书的主题思想是：我现在所看到的一切，我想象中的故乡（不仅是指我现在所生活的环境，而且包括先辈们的遗训）。故乡的每一寸土地都洒满了为摆脱剥削与压迫，为祖国的荣誉、自由和独立而斗争的战士们的鲜血。也许，我的先辈们没能清楚地想象出来他们为之献身的那个未来是什么样子的，但是，他们要使善良和正义获得胜利的那个理想，就是我的今天。因此，我首先是一个负了债的人，对于那些为故乡创造了财富，为赢得并捍卫我今天的幸福生活而艰苦奋斗的前辈们来说，我是个负了债的人。

　　正是对这种思想有了理解和体会，才使少年们懂得了过去和现在之间存在着千丝万缕的联系。责任感——这是良心的呼唤，它深刻地表现出个人对自己的社会和人民的态度。长辈们给予正在成长的青年一代以不可估量的物质和精神财富，关心着他们的幸福。但是，一个人只有在真正懂得并且从心底意识到他**为什么能得到幸**

---

　　① 维·格·别林斯基在《对1864年俄罗斯文学的看法》一文中写道："我们之所以要探究和了解过去，是为了让过去帮助我们认识现在，并展望我们的未来。"

福，只有在了解并体验到自己幸福的源泉的时候，才能成为一个幸福的人。认识并感受到在社会主义社会中进行自由劳动的幸福，这是个人道德财富的基础，这个基础是在少年时期形成的。我看到，在少年的意识深处，在他们的心灵中，进行着一些复杂的过程：每个少年都渐渐地、一步一步地按照自己的方式，以整个身心去认识自己生活的幸福——他不用为明天的一块面包而操心，他能接触人类的精神财富，他能享受周围世界的美所给予他的舒适和快乐，他能向往幸福并自觉地去创造幸福。

我给 13—15 岁的少年们揭开了我们苏维埃祖国英雄历史的最光辉的篇章。孩子们读了有关十月革命、国内战争和伟大的卫国战争的书籍。他们感觉到历史在叹息：母亲们的眼中泪水未干；不少英雄的坟墓还未找到；很多任意践踏苏维埃祖国的领土和精神的法西斯罪犯、那些出卖了先辈们的土地并且成了敌人走狗的叛徒，都还没有受到惩罚。我注意使每个少年在登上我国人民历史的这一高峰后，能认识并体会到，我们曾经受到过哪些威胁，我们的先辈们所保卫的是什么，从而使他们的公民责任感更加充实。我的学生们在少年时期搜集了我们村里的人参加伟大的卫国战争的材料。孩子们收到了村里人交给他们的一些英雄的照片，这些英雄是他们的邻居和亲友，照片已经发黄了，他们把这些照片看作是无价之宝。孩子们为英雄们画了巨大的画像，把它们挂在一个专门布置的房间里，这儿被称为"光荣之殿"。这个房间里保存了有关伟大的卫国战争的一切资料。荣誉台上放置了在前线阵亡的一些学生家长的画像。少先队（后来是共青团）组织的少年觅踪队也兴致勃勃地去采访英雄的事迹。有些人参加过把祖国从法西斯的铁蹄下解放出来的战斗，孩子们把这些人讲述的战斗故事记录下来，作为宝贵的点滴资料保存起来。

在少年们认识并感受到创造性劳动的幸福这个阶段，特别需要对他们进行为祖国而劳动的教育。少年们专心致志地从事日常的平凡劳动，他们从中体会到作为公民的深刻含义。我们村里有一块土壤贫瘠连草都长不出来的荒地，少年们就在这块不毛之地上为大家开辟了一个"休憩园"。我们还帮助学校开辟校园，保护童年时代栽下的树木，培育作物的种子。这些工作需要耗费不少精力和体力。在崇高目标的鼓舞下从事劳动，成了少年们进行精神锻炼的一种特有的形式，他们从中真正体会到自己是一个公民。

少年们为自己的故乡所做的事情越多，他们为使故乡富裕起来而付出的精力和体力越多，他们就越能关切地用爱国主义的眼光去观察世界。

个人和集体

当一个少年认识了人身上所具有的各种细致特点时，他就开始非常严格地要求别人。他希望在别人身上，特别是在自己的父母、同志和亲友身上去发现隐藏在他们内心深处的、一时不被人们所觉察的那些品质。少年要以自己敏锐的心灵和探根究底的钻研精神去发现这些品质，给予它们以严格而公正的评价。为了帮助少年们确立善良的信念和进步的愿望，恐怕最重要的一点就是要使他们周围的人们的道德品质符合他们已经认识的道德原则、道德规范和道德理想。"集体"这个词对于我们来说，既表示学校集体，又表示家庭中一起生活的人和生产劳动中一起工作的人；它表示与少年有各种联系的一切人。

集体并不是指没有个性的一群人，而是许多具有个性的人集中在一起。因此，如果一个教育工作者希望通过组织上的从属关系、领导与被领导的关系来体现教育力量，那他的希望是不能实现的。集体的教育力量首先取决于每个人所具有的力量，取决于每个人具有哪些精神财富，他给集体带来了什么，他给予别人的是什么，人们从他那儿得到的又是些什么。而个人的财富，仅仅是集体的丰富多彩而有意义的生活的基础。当人们进行共同的活动，而且在这种活动中显示出他们在崇高的道德目标鼓舞下从事劳动的高尚的思想面貌时，集体就成为一种教育力量。

少年期的重大意义就在于他不仅**发现**了人是什么样的（这也是童年期的特性），而且在**探索**怎样做一个人。如果一个集体的活动是在崇高的道德和社会目标的鼓舞下进行的，那么处在这样良好的集体里的个人，就会像照镜子一样看清自己，发现自己的优点和缺点。而如果一个人没有在集体中受到过崇高的劳动生活的熏陶，他就不可能树立起进步的愿望，不可能使自己得到提高。具有深刻的个性特点的自我教育，是个人精神生活的一个方面，只有当一个人亲身体验到高尚的道德关系的良好影响，在精神上做出努力以求得进步的时候，他才能进行自我教育。而且，个人在精神上做出的努力越大，集体生活就会变得越丰富多彩，同时，集体的精神就会更充实，集体的思想也会更活跃。

在学校教育的实践中，往往会出现这样的情况：一个班级在学生的童年时期曾经是个很好的集体，而到了少年时期竟变得非常涣散，这是什么原因呢？因为童年时期他们在与自己同龄的同学身上已经看到了可能看到的一切，现在到了少年期，已经找不到什么新东西了，他们在这个集体中看不到他们的心灵所要竭力寻找的东西。他们找不到新东西的原因在于集体生活中缺乏内容丰富、思想充实的活动。要关心集体所产生的教育力量，这就是要关心集体中每一个成员精神上的不断充实和成长，关心人们之间各种关系的发展。如果少年能在集体中找到一些风趣的、精神上成熟的、思想丰富的不同类型的人，这样的集体对少年就具有吸引力。我总是努力使每一个少年都能为自己的同学提供些什么东西，都能为丰富集体的生活做些贡献。如果一个少年想要使自己对人生的探索能通过集体的关系得到满足，他就应当在同学身上找到自己努力追求的东西（在正确地进行教育的条件下）：聪明才智、热爱劳动、创造力和高尚的道德品质。在少年期，个人精神财富的充实越来越取决于每个少年个人的精神生活。因此，担任处在少年期的班级的教学任务的教师集体，需要特别注意的一个问题是，每一个教师都要有自己的学生：语文教师和历史教师要有自己的学生，生物教师要有自己的学生，数学教师也要有自己的学生。发现一个学生的个人爱好，意味着不仅仅是要求他把某一门课学得比其他课更好。我们要努力在少年身上发掘他的创造能力，这种创造能力会引起他对这一知识领域的兴趣，激发起他渴求知识的感情，并在各种道德关系中表现出来。在这方面，渴求知识的感情起着特别重要的作用：如果一个少年对自己所热爱的事业充满了激情和信心，他就会渴望把自己的知识和自己的爱好传递给别人，而这就是集体精神生活的伟大力量。

　　我们的少年集体，总会有生机勃勃、丰富多彩的精神生活。从六年级开始，少年们就举行晨会，以后又举办科学知识晚会、文学创作晚会、文艺作品朗读晚会。他们把自己的知识财富奉献给自己的同学和低年级的同学，同时又从高年级同学那里汲取知识财富。例如，某个十年级学生，共青团员，来到六年级学生这儿，对他们讲述遥远星空的故事。讲的人对这个题目简直入了迷，听的人也都全神贯注地听他讲解。几天以后，又来了个酷爱数学的九年级学生，给他们演算几道有趣的计算题。不久，一个八年级学生又来为他们朗诵描绘祖国自然风光的诗歌……，现在轮到我的学生去给四年级的同学做报告了（第一次是在第六学年结束的时候）。这些报告是有关动植物的成长、自然现象以及英雄事迹等方面的有趣的小故事。

　　精神财富的相互交流，成了集体生活的一个特点。每个人都要为自己的同学们提供些什么，每个人仿佛都在悄悄地准备出人意料的礼物。当我的学生们升到七年级的时候，女同学把这样一份出人意料的礼物献给了男同学：她们创作了一组故事，这些故事描写了夏天在"阳光下的密林"中度过的日子。在这些故事里，她们对每个男同学的品行做了鉴定。这些故事引起了同学们极大的兴趣。高年级的学生也邀请这些女孩子到他们那儿去，把这些故事读给他们听。

　　我的很多学生从五年级就开始担任最小的学生——一年级学生的小辅导员。我们这些教师怀着极大的兴趣和激动的心情注视着这些向少年时期迈出了第一步的孩子们，如何在他们精神方面的成长中翻开了新的一页。一个人只有在感觉到自己不仅是一个学生，而且是一个对别人的命运负有责任的人的情况下，才能接受真正的教育。人对于他人的责任心在集体生活中所起的作用，正像用砖瓦建造房屋时水泥浆所起的作用一样：没有水泥浆，就造不了房子，而没有人对他人的责任心，也就不存在集体了。这是因为人对他人的责任心，是具有高度思想性和创造性的劳动的顶峰。五年级学生是"十月儿童"的辅导员，也是儿童课外活动小组的领导者，还是培养低年级同学参加以列宁命名的少先队组织的指导员。到了六年级，他们就为低年级学生举办每周一次的时事报告会。

高年级学生和低年级学生之间建立的个人友谊，揭示了人类的一种高尚的需求——对他人的需求。五年级和六年级的少年们开始在学习上帮助自己的小朋友，这就确立了一种对他人的责任感。少年与儿童之间的友谊显示了人类真正的高尚品格，而少年们在帮助小同学的工作中表现出来的精神活动，正是我们教师想尽一切办法希望对他们的思想和心灵产生影响的那种活动。少年们希望看到自己的小朋友比现在有进步，我们认为这一点具有特别重大的意义。在帮助小朋友学习书写、绘画、朗读和解题的同时，少年们开始对他们的一切快乐和忧愁表示关切。而关心别人正是自我教育最好的方式。如果一个人希望在别人身上确立善良的品格，那么随着这种愿望的日益强烈，他就越能看清楚、越能意识到自己身上好的一面和不好的一面。少年与别人之间的友谊，应当建立在献出自己的精神财富这个基础上，而在贡献出自己力量的时候，他也希望从别人身上找到自己的快乐，从而产生对人的需求。我认为这一点对少年道德上的成长是十分重要的。

孩子们在集体中产生友谊，是发展对他人的需求的另一种方式。在五年级，特别是在六年级，集体中就开始形成一种精神上一致的相互关系，这种相互关系为建立牢固的友谊打下了基础。在某些情况下，共同的兴趣和共同的活动会成为精神上一致的基础。柯利亚和丹卡都酷爱物理，他们俩经常连续几小时一起在"知识源泉室"和"思想教育室"内摆弄有趣的活动模型或者在一起看书。但是与我的愿望相反，对创造的共同爱好和一起活动能成为友谊的基础的情况是比较少的。在多数情况下，有不同爱好、从事不同的创造性活动的少年却会成为好朋友。爱好生物学以及植物栽培学的万尼亚和爱上了数学以及无线电技术的谢尔盖依卡成了很好的朋友。拉丽萨和托利亚在个人爱好和创造性的活动方面似乎志趣很不相同（女孩子喜欢艺术创作，她爱绘画，又爱写诗；而男孩子则是大家公认的"枯燥无味的数学家"），但他俩却成了很好的朋友。

我深信，在少年时期，特别是在十三四岁这样的年龄，友谊的基础往往是精神上的志趣和需求，而不是对某种活动的共同爱好。同学之间在看法、渴求知识的感情和对美的需求方面的微妙的一致（对此我们教师往往很难觉察），常常可以成为友谊的基础。无数的事实使人确信，人们关系中的情感和审美需求对少年来说起着多么重要的作用：由于同理心，一个人就会对另一个人产生好感。集体的精神生活越丰富、越充实，用相互之间的友谊把少年联系在一起的纽带就越精细、越牢固。

使我感到非常高兴的是，在绝大多数情况下，对书籍的爱好以及对一切精神方面和在美感方面有价值的东西的爱好，能成为少年们精神上互相一致的基础。这有助于少年们互相深入了解对方内在的精神世界。随着相互之间对精神财富的兴趣的不断加深和发展，一个人喜欢另一个人的感情就逐步形成了。几十年来从事少年工作的经验使我确信，在教育少年要爱别人、要互相尊重、要体会别人细致的心灵活动等方面，培养友谊是一个重要的方法。

在少年们成长为男人和女人这样一个时期，建立高尚的友谊显得特别重要。使我们教师感到非常高兴的是，男孩子和女孩子成为好朋友；他们之间蕴藏着两性爱慕的那种好感，同时也受到细腻而又高尚的情趣的鼓舞。

少年和成年人之间的友谊，在确立对他人的崇高需求方面起着巨大的作用。在绝大多数情况下，孩子们的父母成了他们的朋友。为了适应孩子们在少年这个阶段精神上的成长，需要家长们做许多年的准备。我向父母们提出了这样的建议："要非常有分寸地对待那些正在发育成男人和女人的少年的个性，要尊重他们；你们和少年之间的相互关系应当体现平等的精神，同时也应当体现尊重长者的生活经历的精神；要保护少年们要求独立自主的愿望，不要用不信任和怀疑使自己的孩子受委屈，但同时又要了解他们的一切，不过不要去监视他们，不要纠缠不休地去干涉他们的行动。要教育他们，使他们的见解和举止行为趋向成熟，使他们确立起能表示一个人已经成熟的在道德方面的一个重要标志——对于自己行为的责任感。"

绝大多数的母亲和父亲，都和自己处于少年期的孩子建立了良好的友谊关系，只有托利亚、季娜和柯利亚没有把自己的母亲看作朋友。而萨什科是在没有父母的情况下成长的。然而，一个正在成长为公民、正在发育成男人或女人的少年，如果不和富有生活经验的长辈在精神上接近起来，他就无法生活。少年十分需要和成年人建立友谊，这首先是因为这种友谊是确立自尊感的基础。我熟悉一些少年，他们是很不幸的，因为他们很孤独；他们感到成年人的世界是望尘莫及、不可理解的；他们关于成年人的概念，仅仅是在与那些过于苛求、过分严厉和过分挑剔的教导员接触时形成的。为了把少年引进成年人的世界，需要有丰富的教育经验。有些学生失去了父母的智慧所能给予的幸福，于是我们教师就成了这些学生的朋友。

还是在低年级的时候，季娜和柯利亚就成了我的朋友。和他们交上朋友以后，我了解了奇妙的少年世界里的很多东西。我懂得了，如果你能小心、细致而又温存地去轻轻触碰少年的心，如果你能珍重他心中的隐秘，那么，这颗少年的心就会向你敞开。我越是关心我的朋友们的欢乐和痛苦，他们就越能信任地向我倾吐自己的秘密，并经常找我帮他们出主意。但必须善于替少年保守秘密，不要对他们的秘密表示出太大的兴趣，不要过分探究他们的心灵。如果你要把少年的心"翻出来"，去追究连他自己都羞于承认的东西，去干预他身上具有深刻个性的一切方面，都是缺乏教育素养的明显表现。这会在少年和教导员之间筑起一堵高墙。如果少年向你这个教导员倾吐的秘密越多，而你越有办法保守这些秘密，那么，你在你学生敏感的心弦上就能弹奏得越自如，你的学生对你懂得人情这一点也就会表示出无限的信任，同时他也会更强烈地渴望成为你心目中的好学生。

我与季娜和柯利亚之间建立的友谊使我认识到，处在这样的年龄的人，有时候会非常强烈地感受到对于他人的需求；如果没有人支持他、安慰他、帮助他、同情他、分担他的忧愁，那就会引起不幸。有时候产生这种强烈的对于他人的需求是有具体原因的，但常常也会出现这样的情况：一个人仿佛无缘无故地突然感到自己很孤独，希望同一个能够理解并体会自己心情的人待在一起。我不止一次碰到过这样的事：在放学以后或者在星期天，柯利亚或季娜会突然跑到我这儿来。根据孩子不安的眼神以及其他勉强能够觉察到的迹象，我意识到这个孩子一定感到自己很孤独。在这种时候，就不能问原因。我们一起到花园、田野去散步，这是消除心情忧郁不安的最好的地方。在散步时，我就讲一些有趣的事，而且尽量避免把我讲的事情和这个少年的心情联系起来。有时候，这个少年没有把我的话听进去，他根本就不需要我讲什么话，他所需要的仅仅是和自己的朋友待在一起——这就够了。柯利亚和季娜时常向我倾吐自己心里的秘密。

和少年们交朋友使我了解了他们独特的道德标准的许多细节。少年们蔑视告密的行为，但有时却把同学中希望别人改正错误的真诚愿望也看作是告密。在教育工作中，这一切都应当考虑到。我们一直是这样来帮助少年们树立自尊感的：谁要是做了什么不道德的事情，就应当让他自己鼓起勇气把一切都告诉教师或集体。谁要是背着同学干坏事而又不肯承认，谁就是懦夫和叛徒。我们努力使孩子们从小就习惯做一个光明磊落、襟怀坦荡的人。谁要是在承认错误和保持缄默之间举棋不定，他就要受到同学们的蔑视，而这恰恰就是最厉害的惩罚。

和少年们之间建立的友谊也帮助我们教导员懂得，要杜绝抄袭、偷偷提示和作弊行为，靠严厉的禁止和惩罚是没有用的，要对少年们进行自尊感的教育。要让他们认识到，坐享同学们的劳动成果是可耻的。

在少年工作中会出现很多困难，其根源在于相互之间缺乏了解和信任：成年人不了解少年的精神世界；而少年也不了解成年人，因而对成年人带有警惕并抱有成见，认为他们所采取的每一个措施都是为了限制自己的独立性。我认为，教育工作的一项重要任务，就是要使少年们正确地理解，自己的独立性和对于他人的责任心这两者之间是一致的。没有成年朋友的帮助，少年就不可能懂得这个真理：少年时期的独立性有它合理的界限；不尽义务和责任，自由也就成为不可想象的了。我永远不会忘记我同柯利亚和季娜所进行的多次谈话：我对他们的幼稚想法没有采取姑息宽容、过分迁就的态度，而是把他们当作平等的人，给他们讲了生活的错综复杂和矛盾重重。这些谈话的内容实质上都讲的是关于人的命运，关于成年人和成年人之间、成年人和孩子之间的那种微妙的、充满矛盾的相互关系的问题。当我的学生意识到，世界上最宝贵的东西是人，是人的幸福，是他个人的欢乐同他周围的人的欢乐之间的和谐一致，这时候，他们的心就跳动得更快了。我坚信，每个处在这种容易激动和不易相处的年龄的人，都很需要这种揭示人生真谛的谈话。

另外，书的世界也把我们联系在一起，并使我们之间的关系亲密无间。我经常把一些在人类精神生活中具有永久影响的好书的内容讲给他们听，而且常常一直讲到很晚。这些故事激励少年们产生一种愿望，他们要进一步了解斯巴达克和泰尔·乌连什皮格尔、威廉·退尔和拉赫美托夫、堂·吉诃德和皮丘林、保尔·柯察金和格里高利·麦列霍夫、牛虻和卓娅·科斯莫杰米扬斯卡娅。我个人的藏书成了柯利亚和季娜丰富的精神生活的源泉。在过节和过生日的时候，他们会得到我的礼物———一本好书。这是他们生活中最幸福的时刻。

如果与成年人之间没有建立起那种富有乐趣、充满崇高理想的友谊，少年和青年就不可能甚至简直不能设想会有丰富的精神生活。如果在你的学生中间有这样一些人，他们在家庭中失去了一个人所应得的温暖和快乐，那么要把这样的学生培养成为真正的人，就只能靠他们与成年人之间的友谊。但是，要做少年的朋友，就必须深刻了解他们的精神世界，真心诚意地体会他们最细微的思想、愿望和忧虑，并对其做出反应。

恋　爱

"任何时代任何民族的教育家都痛恨爱情。"[15] 这是安·谢·马卡连柯在和教师们的一次谈话中所讲的一句话。这句话虽说带有戏谑性，但它也包含了一点真实性，因为有些教师并不懂得，年龄较大的少年已经发育成男人或女人，两性之间产生爱慕已经成为一种规律性的现象。这些教师也没有考虑到，少年两性之间的爱慕所具有的情感色彩，和成年人的情欲完全不一样。在丰富而有意义的精神生活中，男女孩子之间的相互关系的隐秘本质被理想化的、纯洁的和高尚的动机以及行为上的相互接近所掩盖。他们互相爱慕的客观基础是性的本能，但是，如果直言不讳地把这一点告诉他们，那他们就会大吃一惊。

少年们对于成年人去干预他们不可侵犯的感情领域这一点，特别不能忍受。要善于尊重和理解少年人的爱情，这是作为教育者的成年人和作为被教育者的少年在精神领域协调一致的极其重要的前提。

这种尊重和理解应当主要体现在哪里呢？据我看来，在学校里不应当不知分寸、毫无必要地谈论学生之间的恋爱。应当只字不提谁爱上了谁这样的事情。对于一个 15 岁的少年自称为"戴了铁手套去摸人的心"这样的事，也不应当有丝毫的流露。爱情对于人的一生来说，应当永远是最欢乐、最隐秘和最不受侵犯的。我们教导员与自己的学生之间有一种默契：我们都知道少年们已经了解男人和女人之间的隐秘关系，但我们装作不知道这一点；少年们也知道我们成年人了解他们这方面的情况，但他们也装作不知道。这是成年人和少年的相互关系中应当始终贯穿的对正派作风的起码要求。这不是什么玩弄秘密，而是对人的深深的尊重。我们尽量回避关于什么是爱情以及男女之间那种天然的隐秘关系会产生什么后果等问题的不必要的谈话。我们认为，必须使男女孩子带着深刻的责任感来对待他们之间的相互关系。恋爱的自由需要以最严厉的、对轻率行为最严格的纪律和自制精神为前提。只有那些有自制力、能用理智来控制本能的人，才有资格享受人的这种巨大的幸福。也只有在这样的条件下才谈得上恋爱的自由。

如果没有美好而崇高的感情上的自由，没有充满理智、纯洁无瑕、严守纪律的自由和不能容忍淫荡行为的那种自由，那么要培养人的尊严感是不可能的；同时，要使少年们坚决抵制那种侮辱人格的低级感情也是不可能的。要使男女少年之间的恋爱纯洁而高尚，这当然取决于对他们的谆谆教导、对他们说些临别赠言或充满哲理的话，但在更大的程度上取决于我们学生的志趣和情操：要看他们精神方面的兴趣和需求是什么，要看我们社会关于最宝贵的财富是人这一极其重要的道德观念在学校集体中是怎样发展的。

一个少年在把一个女人当作自己的朋友来爱之前，首先应当把她作为一个人来爱，应当对在她身上已经并正在发现的一切充满赞叹和惊奇之情。

男女少年之间的恋爱，形象地说，就好比一扇明净的窗户；通过这扇窗户，一个正在走向生活的人看到了他周围世界中最重要的东西——人。当我们了解到一个男孩和一个女孩在一棵盛开的苹果树下一直坐到很晚时，我们并不会感到担心和害怕。我们深信，他们之间的一切都是纯洁而高尚的，因为他们两人都需要向对方了解一些什么。

通过几十年对少年的教育工作，我发现了这样一个哲理性的真理：如果男女少年之间的恋爱建立在共同的兴趣和需求等精神财富的基础上，就能在他们的相互关系中培养起感情细腻、举止文雅和彬彬有礼的品格。要是一个人爱美，并且能够体会和懂得什么是一个人的美，他就会成为一个对别人非常体贴的人。尊重少年们隐秘的内心世界，这是正确地进行情感教育的一个极其重要的条件（遗憾的是，这在教育方面几乎仍然是一个未经研究的领域）。干预他人的恋爱，就像对人的心脏施行手术一样。在进入这个禁区的时候，我总是感到肩负一种巨大的责任心，感到自己是一个打开了一个人的胸腔、"面对他的心脏"的外科医生。我总是担心，当一个人的心还不能理解什么是生活的时候，你就粗暴地、不知分寸而又笨拙地去触及他最隐秘的部分，那就会永远地破坏一个人的感情，使他对人们相互关系的纯洁性产生怀疑。杀人犯的产生往往首先是由于在人与人的相互关系这个领域，一切美好的、崇高的概念被破坏了、被歪曲和玷污了。

如果你想使你的学生理解并体会到崇高的道德政治思想的美（对祖国的忠诚、责任感、为共产主义而奋斗），你就要努力使他们懂得并珍惜隐藏在内心深处的感情的美。没有纯洁的内心感情，就不可能有纯洁的公民感情。

少先队员和共青团员的浪漫主义精神

共产主义的思想性并不表现在背诵一些共产主义的真理上，它首先是一种崇高热情的激发。如果缺乏生气勃勃的情感生活，少先队组织就会变得软弱无能、消极懒散。只有当一种思想表现为奋发的精神，表现在斗争中，表现在遇到困难和克服困难的过程中的时候，它才能成为激励少先队集体奋发向上的因素。使一种崇高的思想充满鲜明的感情，实质上就是少先队员和共青团员的浪漫主义精神。遗憾的是，有时候人们却把它看作是一种可以脱离思想政治教育的东西。思想生活的丰富多彩就是浪漫主义精神。

当少年列宁主义者的生活中充满了"成年人的兴趣和志向"，并把自己看作成年人的时候，也就产生了浪漫主义精神。绝对不容许用"牛奶一样的思想"去"哺育"少年，教育他们上课不要迟到呀，要认真做好家庭作业呀，等等。对于学生来说，这些固然都是很重要的职责，但是在这个基础上不可能建立起丰富多彩的思想联系，它们也起不了鼓舞作用。假如只要求学生尽到这些职责，那么对于鼓励学生去进行斗争、克服困难、形成思想上的信念来说，这个范围太狭窄了。要形成思想上的信念，就必须有丰富多彩的思想联系。如果在少年时期和青年初期有的学生对待学习不负责任，这就表明，他的生活中缺乏那种能使他的日常劳动增添光辉的火花，缺乏那种为真正的（少年们称之为"成年人的"）事业而进行斗争的信念。

在对集体进行教育的时候，我们总是努力使少先队员们感到，在为一个伟大、崇高的理想而进行的斗争中，他们是志同道合的人。这个伟大而崇高的理想，就是共产主义思想的实质。"成年人的"思想首先体现在为社会而劳动上，体现在积极参加为人们创造物质和精神财富的工作上。当我的学生们还在上小学的时候，我就开始通过讲述列宁的思想把他们引入成年人的世界。我给他们讲了列宁的生平以及他为创立共产党而进行的斗争，讲了革命，讲了国民经济遭到严重破坏的艰苦岁月以及国内战争，讲了社会主义建设，也讲了苏联人民为反对法西斯侵略者而进行的伟大的卫国战争。我郑重地向学生们发出了号召："你们也应当成为像列宁那样的人！"要使认识变为信念，就必须顽强地鼓起全部精神力量。随着孩子们对应当怎样生活和斗争、我的理想应当是什么这样一些问题进行越来越多的独立思索，他们就会更深刻地受到道德思想的鼓舞。我给少年们讲述关于列宁和列宁思想的故事，首先是为了用为人民服务的思想去激励他们。个人的最大幸福，莫过于为某种比个人利益更重要的东西进行斗争。帮助孩子们得出这个结论的，正是那些揭示列宁思想实质的光辉事例。

我认为，少先队员和共青团员的浪漫主义精神的实质，在于使孩子们在做一件社会所必需的事情时，感到自己是幸福的。这是教育工作中最复杂的事情。这里会遇到很多类似漠不关心、高谈阔论这样的"暗礁"。我总是非常谨慎地对待少年们为达到确定的目标而做出的尽责的保证。要做出这样的保证，必须具有高水平的道德修养——认识到生活就是为了履行职责。一个集体的成员只有具备了高尚的思想品德，有决心为他人劳动，并从中感受到劳动的幸福，他才会承担起某种义务。只有在这样的条件下，每个少年才会从与自己承担的义务相联系的工作中产生自豪感，因为他是在人们面前以自己的良心来承担这些义务的，他想到，他活着不仅仅是为了自己。这种自豪感也就成了个人的精神财富。

如何就这样一种复杂的事情进行教育呢？这里很重要的一点就是要使列宁关于为人民服务的崇高思想成为个人的一种动力，成为他行为的动机。不要让少年把他为什么劳动、为什么去克服困难以及什么东西在激励着他这样一些话老是挂在口头上。应当使他把这一切埋在自己的心灵深处。

我们看到了一块光秃秃的、受到阳光烤灼的坡地。"这里将出现一个'休憩园'。"少年列宁主义者们这样决定。我们在坡地上挖了一些坑，种下了苹果树，开始了长期的并不轻松的养护工作。夏天和秋天要给树木浇水，不然它们就会枯死，但是，每浇灌一次就要打几千桶水。冬天要在树旁盖雪，还要注意保护它们免受兔子的袭扰。假如我们在困难面前退却了，或者半途而废，那么在少年们的心里就会产生一种空虚和伪善的感觉。

这件工作进行了一年以后，我们少先队中队又着手做另一件事：开辟一个葡萄园。我们把一个同样荒芜的、杂草丛生的小山丘开垦出来，把松了泥土，挖了一些深坑，种下了细嫩的树苗，并采取措施防止土壤受到侵蚀。葡萄树比苹果树更难照料，要费更多的工夫。少年们在每一株树苗的周围培上了不少肥沃的土壤。这不是单纯的劳动，我们是在和大自然进行斗争。大家都感到彼此是志同道合的战士。很少有人提到集体荣誉，但恰恰是集体的荣誉感激励我们去克服困难。每个人都意识到了自己对集体的责任感。团结一致的精神——这大概是可以用来评价每个少年对待集体事业的态度的最精确的字眼了。绿色的嫩芽使我们感到喜悦，这些嫩芽是我们集体的美德的具体体现。

两年以后，在我的学生们读完六年级的时候，我们所开辟的"休憩园"和葡萄园突然遭到了自然灾害——干旱的袭击。大自然似乎在考验我们。土地在骄阳的烤灼下龟裂了。在 6 月炎热的一天，我们来到花园，看到了由于酷热而枯萎的幼叶，不禁问道："难道我们就此退却吗？""不，决不退却。"少年列宁主义者们许下了这样的诺言。就在那天晚上，少年们决定用一个响亮的、富有表现力的名称——"不可战胜者"来称呼自己的集体。他们立下了独特的、富有浪漫主义色彩的誓言："决不向大自然的恶势力这个敌人屈服，也决不向自己的懒惰和不愿劳动的习气妥协。"

就在这儿，在这 6 月的星空下，大家一个字都没有提到思想上的坚定性。这并不是因为我们每个人都从内心深处感到自己配不上这样的字眼，绝对不是，而是因为少先队员的浪漫主义精神表现为更细致、更复杂的感情和体会：不管我们已经取得了多少成绩，我们前面总是有个理想，我们总是前进在通向理想的道路上。这种信念鼓舞着我们去克服困难，这就是这种崇高精神的实质。没有这种崇高的精神，也就谈不上什么少先队员的浪漫主义精神。孩子们的心灵总是倾向于精神振奋、勇往直前。因此，假如你想要使这种崇高精神的火花在少年们的眼中永不熄灭，那就决不能容忍那种安于现状和心安理得的态度：我们已经达到了目的，可以休息一下了。想要在思想生活中停息一下，就像战士们想在战场上睡一觉一样，是不可思议的。

几个星期以后，少年们为自己的"不可战胜者"中队规定了明确的口号："永远战斗，决不退却！"这句话号召、鼓舞并激励每一个人仔细检查自己，用集体的眼光来观察自己。除了这个口号以外，少年们还画了一幅画作为我们"不可战胜者"中队的象征，这幅画形象鲜明地体现了我们斗争的内容和目的：一串葡萄和一片绿叶正受到骄阳的烤灼。这幅画的意思就是：不管怎样，我们一定要让生命获胜，要让葡萄树开花结果，美化生活！我们要把幸福带给人们。

在坡地上的花园里，也就是离我们的"理想之角"所在的那个沟壑不远的地方，我们搭起了一个草棚，每天派两名少先队员在那里值班。每天傍晚和夜里，都要给树木浇水，有时候一清早就要浇。我给少年们讲了那些具有高尚道德美的人的故事，通过那样的故事使他们灵感的火花永不熄灭。我不大敢采取直截了当的做法。因为我感到，在少年们所进行的那种精神斗争中，直截了当的做法是行不通的。假如我在每次紧张劳动之前，都要先讲个故事来鼓舞斗志，这就贬低了他们崇高的思想，也是对他们心灵的不信任。少年们会对这种直截了当的做法进行猜度，把它看作是对他们的不信任。因此，我所讲的故事在一定程度上与劳动无关。我越是能巧妙地找到这种与劳动无关的讲故事的形式，就越能使少年们的精神生活与劳动建立起有机的联系。这种有机的联系存在于他们的心灵深处：每个人都按照自己的方式对道德美无限神往并因此激动不已。由于崇高的思想对大家都能起到鼓舞作用，使整个集体都受到精神上的鼓励，因此，少先队员们感到彼此是思想上一致的同志。

两年之后，我们终于看到了自己劳动的初步成果：葡萄枝蔓开始结果了。大家都为取得的成果感到欢欣鼓舞。我们把自己劳动的果实分给了学龄前儿童、老人和病人。第一批葡萄摘下来了，我们把它们送给了在伟大的卫国战争中牺牲的烈士的母亲，送给了那些把自己的一生都献给了农业劳动而受到全村尊敬的老奶奶和老爷爷们。我深信，对少先队员们进行思想教育的全部逻辑和哲理在于这样一个使人豁然开朗的真理：一个人在为人们而劳动的过程中花的力气越多，并在这种劳动中表现得越出色，那么，他心里要求进步的愿望就越强烈，他所表现的个人愿望、志向和工作热情就越纯洁、越高尚。少先队员的浪漫主义精神的实质，就在于具体体现和确认人的内在的精神力量：一个人能够在自己集体所创造的成果中，看到自己本身的美，看到自己同志的美，看到自己集体的美。

与葡萄园同时开辟的一个葡萄苗圃里，长出了几百株树苗，我们把葡萄树苗都分给了村里的人。村子里也就出现了几十个葡萄园。在秋天和冬天的晚间，少先队员们经常到集体农庄的庄员家里去串门，人们围着灯火坐下来，听我们讲大自然和科学，讲人和社会，讲离我们很远的国家，讲各国人民为反对剥削和战争而进行的斗争。我们向农庄庄员们解释，如果认认真真地干一番的话，那我们的土地可以获得比原来多好几倍的收成。我们想努力做到使葡萄在我们村里成为像面包一样平常的食品，因为吃葡萄能够让人更健康。

我们为用自己的双手创造的成果而欢欣鼓舞，但也清楚地看到了不够理想的一面。我们发现，在甜菜地里劳动的集体农庄庄员们，午休时只能在灼人的阳光下休息，于是我们便在田野里开辟了三个丁香园。大人们帮我们一起干。两年以后，人们就能在树荫下休息了，春天的时候还可以欣赏丁香花。与大自然斗争的天地随时随地都为我们敞开着。庄稼地里有一道很不容易发现的小沟，这是造成土壤流失的可怕征兆，它很快就会形成一个沟壑。我们开始了战斗：在小沟周围种了一些树，造了一道防止土壤流失的防护林。

我们还把劳动和游戏结合在一起。这种游戏从审美和情感的角度表现为争取美、人性和友谊而进行的斗争，目的是使人们体会到精神上的一致带来的欢乐。没有游戏，也就不可能有少先队员的浪漫主义精神。学校里的一座楼房上有个阳台。有一次，少年们发现阳台上长着野菊花。他们就想出了一个好主意：在这儿再开辟一角——美丽之角。但他们想秘密进行。孩子们经常在晚上到学校里来，把带有腐殖质的土壤搬到阳台上。到了春天，他们搬来了一丛玫瑰，悄悄地浇灌它们，不让其他同学知道。终于，玫瑰开出了绚丽的花朵。在夏天寂静的晚上，少年们聚集在这里，他们读着有趣的书，幻想着一些尚未被认识的事物的奥秘。

少年们对童话故事的兴趣还没有消失。有许多游戏是以童话故事为基础的。在五、六、七年级结束的时候，我们的集体都要出去旅行几天。这是到童话世界里进行的极其有趣的游历。在第聂伯河纵横交错的支流中间，我们发现了一块人的足迹好像从来没有到过的地方。那儿有一个寂静的、仿佛沉睡着的湖泊，还有一个树木丛生的小岛。岛上有很多野猪。在树林里，我们看到了一只驼鹿。少年们把这一小块地方称作"神秘世界"。我们下决心要保护这块地方。每年夏天我们都要在树林里安排两个住处：一处在第聂伯河岸上，是男孩子住的；另一处在岛屿深处，是女孩子住的。我们想出了一些有趣的游戏：夜渡湖泊和编造木筏等。男孩子们最感兴趣的游戏是"通过游击队的道路"。我们还准备了一些干草，为山羊和驼鹿储备过冬的饲料。为了使自己的"神秘世界"不致受到"怀有好奇心的"猎人的侵袭，我们在通往岛屿的道路上设置了一些障碍，堆放了很多椿树枝和石块，这样，冬天就能使外人看不见通向岛屿的道路了。

寒假里，我们悄悄地来到了"神秘世界"。我们找到了一个山洞，搭了一个冬天用的厨房，在那儿煮食物，在炉灶旁取暖。我们从雪下挖出了干草。冬天的驼鹿变得特别温驯。有一次，我们在岛上遇到了暴风雪。我们静静地谛听暴风的呼号，同时捕捉到了某些神秘莫测的声音。在那儿，我们读完了杰克·伦敦的《北方故事》和游击队统帅斯·科夫巴克的描写游击队从普季夫尔英勇地远征到喀尔巴阡山脉的书。在那些难忘的日子里，我们还玩了一些军事游戏：攻克"敌人的碉堡"、强占"难以攀登的高峰"。

在一次夏季旅游中，我们发现了一个长着许多乔木和灌木的沟壑。在沟壑深处我们找到了一个明镜般的小湖，还看到了湖里的鱼。这些鱼怎么会到这儿来的呢？也许是春天潮汛时从别的地方冲过来的吧？但即使是最大的春汛，别的湖里的水也到不了这儿呀。就这样，这个小湖里的鱼始终是个谜。在离湖不远的地方，长有一棵椴树，它挺拔壮观。这棵大树下面长着二十来棵小椴树。深秋时分，我们又来到了这个沟壑，把小椴树都挖了出来。现在，七年级快要结束了。还在五年级的时候，孩子们就栽下了一些友谊树。每一棵树由一对朋友来栽种。栽树的地方是保密的，因为友谊完全是个人之间的事。我的希望是要形成精神上的一致，这种精神上的一致应当是神圣不可侵犯的，而且应当作为一种最珍贵、最亲密的东西保存下来。如果你想使集体的精神生活丰富而有意义，那就应当创造一种富有纯洁而高尚的感情的个人生活，创造一种能给个人带来幸福的生活，创造一种谁都不能干预的生活。这是教育工作中非常细致的一个方面。

朋友们找到了几个只有他们自己才知道的角落，种下了从沟壑中掘来的小椴树。假如你想要找到一种比崇高的友谊所表现出的浪漫主义精神更能使少年的心灵变得高尚起来的力量，那恐怕是很困难的。不让少年去体验友谊的美和人所表现的忠诚的美，少年的心就会对忠于职守、忠于祖国这样崇高的道德思想无动于衷。如果不存在人对于人的高度的需求，也就不可能产生对某种思想的忠诚。我努力使友谊中的浪漫主义精神在儿童时期和少年时期就能在孩子们心中扎下根来。由于感觉到了对他人的需求，少年的心中就产生了忠于人民的崇高思想。在体会到友情的同时，孩子们认识到了人民的美、人民理想的美、劳动的美和创造的美。

我的学生们在五年级学习的时候，我们学校与戈梅利州①的科尔米扬斯克中学结成了友好学校。我们的少先队员每年都要到白俄罗斯的朋友们那儿去做客，而白俄罗斯人也每年到我们这儿来。在白俄罗斯的森林中或者在我们的树林里举行少先队的营火晚会，已经成为一种传统。

白俄罗斯客人第一次来做客的时候，我们开辟了一个"友谊园"，我们和白俄罗斯的少先队员们一起栽种了苹果树、樱桃树、李树和杏树。我们亲爱的朋友每来一次，就给"友谊园"增添一些树木。在少年们所从事过的劳动中，从来还没有哪一种劳动能像照料"友谊园"中的树木那样明显地体现出崇高的公民感情，体现出一种深切的发自内心的感情。每个少年都把自己心灵中最真挚的热情灌注到这个劳动中去。我们作教导员的都深信，我们的学生和兄弟民族的儿童建立的友情，是一种强大的精神力量，它能使少年的心灵变得高尚起来。在这种感情的支配下，少年的心灵会发生深刻的变化：一个对别人漠不关心和冷漠无情的人会变得同情和关心别人，一个利己主义者会产生对别人的责任感。

托利亚、佩特里克、柯利亚和季娜所处的家庭环境使他们的心变得冷漠无情，但他们也到白俄罗斯的朋友们那儿去做了几次客。我决不会忘记，托利亚和他的同龄人如何成了永久的兄弟，他和他们告别的时候难过地哭了，而且并不因为自己流了眼泪而感到害臊。这是他有生以来第一次流泪，也是第一次动感情，那是由于他感受到了一种高尚的需求——对他人的需求——的美。我高兴地注意到，托利亚的性格在发生变化：这个男孩对别人说的话反应灵敏了，也容易接受了。有些话过去他好像听都听不进，而现在，这些

---

① 戈梅利州在白俄罗斯。——译者

话会使他激动、忧虑，会促使他去干预周围生活中所发生的各种事情。

从白俄罗斯朋友们那儿回来以后，托利亚忽然发现，在离他家不远的地方，住着一个残废的学龄前儿童，名叫彼德里克。这个卧床不起的小孩子的不幸使托利亚感到非常不安。有一次彼德里克对托利亚说："你多幸福，你能在地上走来走去，能走到池塘旁边的柳树那儿去……"这些话深深地刺进了这个 12 岁少年的心坎。他到我这儿来，向我描述了自己的这个小朋友的眼神。在彼德里克的眼神中，他看到了一种祈求：带我到树林里去，到田野里去吧，哪怕是一次也行！他和这个小孩子的友谊就这样开始了。他们之间的友谊在培养托利亚的情感方面起了很大的作用。

有一次，白俄罗斯朋友们带来了一些云杉树和花楸树的树苗，这些树在我们这里是非常罕见的。大家一起开辟了一条"友谊林荫道"。而我们给白俄罗斯朋友送去了苹果树苗，在白俄罗斯的土地上也就出现了一个绿色的"友谊园"。当少年们挖掘着我们乌克兰的普通泥土，把它们装进箱子里，准备运到白俄罗斯，倒在那儿的苹果树下的时候，在这千载难逢的时刻，他们体验到一种深刻而又细腻的感情：但愿这些苹果树能在那儿长得更壮实。而当少年们在白俄罗斯的土地上把这些箱子打开，把苹果树苗种下去的时候，我在托利亚、佩特里克、柯利亚和季娜的眼神中看到了一个人由于高尚的思想境界而发出的光彩。在这种时刻，个人就是在攀登道德美的顶峰。他会感到自己在精神上是充实的，会体验到实现人民神圣理想的崇高感情。我下定决心，要引导每个学生都经历这样的过程，要和每个学生一起攀登道德美的顶峰。生活使人确信，思想教育就是培养用理智和心灵去认识世界的极其细致的能力。

少年们的道德感和审美感越细腻，他们就越能敏锐地领会教导员的话，而我向他们讲述的故事中的形象和情景也就能对他们的意识产生十分微妙的影响。和白俄罗斯朋友的会见给少年们留下了深刻的印象，因而他们对我所讲述的有关列宁思想的故事就特别容易理解。细致的感受、对他人的精神世界全心全意的深入了解、对他人的深刻需求，这一切都确保少年们易于接受革命的浪漫主义精神，即为人民的利益去建立功勋、为捍卫红旗和少先队的红领巾而战斗的浪漫主义精神。我向这些少年列宁主义者讲述应当如何忠于少先队的誓言，向他们讲述那些为了维护革命红旗的荣誉而献身的英雄们的丰功伟绩，这时候，我看到少年们的眼中燃起了崇高的感情之火。在这样的时刻，我就会想起很多学校教师的抱怨："为什么少先队员们有时候会对红领巾没有感情？为什么有时候他们甚至不好意思戴红领巾？"这是因为思想教育缺乏牢固的情感基础。一种思想只有在与美感、与人的高尚情操牢牢地联系在一起的时候，才能成为个人最宝贵的东西，成为他心灵的财富。一个人如果珍惜道德美，就不可能把这种思想从自己心中去掉，就像不可能把自己的心摘掉一样。

到了八年级，我们班级成立了共青团组织。少年们带着异常激动的心情筹备这件大事。少先队中队的全部精神生活，实质上就是准备参加共青团组织，少年们把共青团看作是成年人的组织。应当让每个人通过各自不同的途径参加共青团，应当使参加这个组织的每个人都是各方面成熟的人。不要认为，我们对八年级的少先队员们说了声"现在你们已经是共青团员了"，并且在庄严的气氛中授予他们团证之后，也就帮助他们成为成年人了。如果一个教导员天真地相信团证的魔力，往往会产生他所意料不到的后果：假如少年感觉到，在庄严的入团仪式之后，人们就把他忘了，他就会变得无精打采。更有甚者，他还会认为：人们口头上说的那些高尚的、庄严的话，原来都是虚情假意。

要使每个少年在公民感和社会政治观点方面已经成熟的基础上加入共青团，我们对这一点是很重视的。在这方面，个人社会工作的锻炼将会起到很大的作用。我努力使我班上的每个少年都能体会到"别人需要我"这样一种感情，体会到个人为集体而工作的乐趣。一个人不仅应当极其认真地完成委托给他的任务，还应当成为某些重大的社会活动的组织者和倡导者，只有这样，他才有条件加入共青团。每个人都必须找到一种自己感兴趣的社会工作。

在七年级的时候，万尼亚就已经是少先队的大自然探索者小组的领导人了。他也有自己的学生——三、四年级的同学。暑假期间，万尼亚带领孩子们去旅行：少年育种家们一起去寻找最耐寒的小麦品种。他很关心自己的小伙伴，时时关注着他们的成功和失败。我们所有的教导员都认为非常重要的一个问题是，要使每一个少年的社会工作都贯穿这样一种精神：和低年级同学建立细致而又多方面的关系。

在六年级，尤尔科成了校内的一个机械师，学校的一切技术设备（拖拉机、汽车以及修理用的器械）都是由机械师们管理的。渐渐地以尤尔科为中心形成了一个少年机械师小组（由三至五年级的少先队员组成），他们在这个小组里学习内燃机的原理。这种社会活动的教育作用在于：少年们在活动中所看到的首先不是机器和器械设备，而是活生生的人。

到了七年级，很多少年走出了校门，乡村和集体农庄成了他们开展社会活动的场所。有些男孩子和女孩子爱上了在居民中间传播科学知识这个有意义的工作。他们干得很出色。村子里成立了"尊书者协会"，少年们也参与了这个协会的工作。在村子的一些边缘地区，在秋天和冬天的晚上，佩特里克、塔尼娅、柳达和柳芭经常为集体农庄的庄员们朗读文艺作品。他们在成年人中间找到了朋友。

"你们应当考虑一下，衡量一下自己的力量，检查一下自己是否已经具备了加入青年共产主义者组织的条件。"我们向少年们建议，"不要过于心急，但也不应当白白地浪费时间，哪怕是一小时也不应当白白浪费掉。"我们希望少年们的精神生活能充满各种各样的想法、感情和体会。我们努力创造环境和条件，以便使孩子们在争取入团的日子里能独自一个人读些书，考虑考虑问题。在这个阶段，向不同的少年建议读哪些书，就要求教导员和学生之间的兴趣非常合拍，非常一致。

第一批递上入团申请书并且加入共青团的是瓦里娅、拉丽萨、柯斯佳、柯利亚、加利娅、柳芭和万尼亚。伟大的十月社会主义革命和伟大的卫国战争的参加者出席了他们的入团仪式。我们村里的第一个党员、国内战争的参加者瓦西里·穆西耶维奇向加入共青团的少年们做了指示。在这个时刻之前为培养少年们从事社会工作的积极性而采取的一切措施，实质上都是为了让少年们理解前辈们的指示精神。我们对指示的内容和形式都非常重视。请共产党员做指示成了共青团的一个传统。

道德的坚定性

季娜的遭遇是很不平常的。她的母亲不希望把她生下来。母亲想尽一切办法使自己早产，或者孩子生下来就是死的。但女孩子生下来很健康，就是容貌有些缺陷——脑门扁平……。季娜出生以后，她母亲还是想摆脱她，把她一个人放在房间里，很长时间不去喂她。只是由于一种偶然的侥幸，这个女孩才活了下来。从此以后，母亲产生了怜爱女儿的感情。她想到自己曾经对孩子这么狠心，就感到很难受。于是她就时常对着孩子哭泣，为孩子的健康担心，而女孩子却长得很结实、很健壮。

季娜上学以后，很少有人注意到她扁平的脑门。女孩子在头上包了一块头巾，这个缺陷就看不出来了。"蓝蓝的眼睛、淡淡的发辫——长大后一定是个大美人。"我们教师都这样认为。

季娜是个聪敏的、求知欲很强的女孩子，她非常富有同情心，心地善良，容易相信别人。这些特点使她在集体中显得与众不同，她对同学们的快乐和痛苦都非常关心。要是有谁病了，没有来校上课，她就为他担忧、难受，就要去探望病人。情感丰富灵敏，感受性强烈——这种精神上的特点可能减少，也可能增加教育工作的困难。具有这种情感特点的人，一旦领悟了道德真理，就会在其敏感的心灵中留下深刻的痕迹，思想就会很快变为信念。与此同时，灵敏而又感受性强的心灵对真理的感受也非常强烈，然而，要领悟这些真理，就必须有一定的生活经历。在 10 岁的时候，季娜敏感的心灵第一次显示出童年时代的不幸所留下的影响。一天清晨，离上课的时间还很早，季娜的母亲惊慌失措，泪痕满面地跑来找我。

"怎么办才好呢？季娜整整一夜没有睡觉。从昨天晚上起她就若有所思，长时间地睁着眼睛躺着。我已经睡着了，但她的哭泣声把我惊醒：'妈妈，难道我们大家都会死吗？包括您和我，包括所有的人？'我能对她说什么呢？只好尽我所能地安慰她，但她老是哭。后来总算安静了一些，但还是一分钟都没有睡着。"

根据经验我知道，关于人总是要死的这个想法，会使情感灵敏、感受性强的心灵受到震惊。但像季娜那样深刻的感受，我还从未遇到过。这个女孩子变得沉默寡言、落落寡合。周围所发生的一切似乎都与她无关，她一头钻进自己的想法里去了。在听教师讲课的时候，往往是一开始她好像还在注意思考所学的东西，过了一会儿，她的目光就会停留在空间的某个地方，眼中充满了泪水。

高尔基曾经说过：对于死亡的恐惧会把人赶进宗教信仰的监狱。[16] 这种恐惧会使人的精神力量受到束缚，并能对人一生的道德面貌和思维产生深刻的影响。我们想了很多办法，希望季娜能够感受并亲身体验到生活的乐趣，希望乐观主义的世界观能成为一块三棱镜，使季娜能透过这块三棱镜看到大自然，看到人们，也看到她自己。幸福首先是一种乐观主义，是对光明的未来的信心，是创造性的劳动，是感受到由于满足了人的最高需求——对于他人的需求——所带来的欢乐。少年还不善于设想未来。他的幸福就是欢乐的今天，就是充实的精神生活，就是为创造人们今天的欢乐贡献出自己的体力和精力。我努力使季娜的生活充满"今天的幸福"。对于死亡的恐惧逐渐地在她的意识中消除了。季娜又变得像以前一样朝气蓬勃。

但是，接着又产生了我一直担心而又是意料中的新的危机。女孩发育成妇女的时期来到了。季娜开始意识到自己的美是有缺陷的，这种想法给她带来了痛苦。发现容貌上的残缺使她大为吃惊。母亲已经猜到了女儿的心事，但怕说出来会加深她的痛苦，所以只字未提。对于同学们的每一句话都非常敏感并且感受非常强烈的季娜，从女同学们的窃窃私语中捉摸到了关于对她的容貌的议论，这更加深了她的痛苦。怎样才能治好这颗敏感的心灵的创伤呢？假如直截了当地去和季娜谈她痛苦的原因，那是不行的。这会使她变得更加孤僻。但是，不管怎样避免触及这块伤疤，到了一定的时候，总是要和这个女孩谈这件事的。只不过应当是在她自己有了思想准备，愿意主动把自己的痛苦讲出来的时候才能谈。为了促使她把痛苦坦率地谈出来，需要耐心地等待，也需要做些工作。

当我还在考虑这一切的时候，发生了出人意料的事。在春天温暖的傍晚，季娜常常到河边去，坐在石头上，默默地注视着河水中自己的倒影。有一天，正当暮色苍茫的时候，季娜感到有一个人站在她的背后。她回过头来一看，看到一个美丽的、穿着节日盛装的中年妇女。这个妇女温存地、亲切地看着季娜，在这样的目光的爱抚下，季娜感到很愉快。她认出来了：站在她面前的是基督教福音会——浸礼会教派的一个传教士的妻子玛丽亚。

这次相遇之后所发生的一切，我是在季娜面临极大危险的时候才知道的。我不准备把她所讲的情况的始末原原本本地加以转述，这简直可以写一部小说，我只是把事情的大致经过以及季娜所体验到的慌乱心情简略地讲一讲。这一切对于我们教师来说，是一个严峻的教训。个人的幸福及个人幸福的丰富的精神内容是一颗珍贵的宝石，在它的灿烂光辉的照耀下，共产主义理想的一切表现——科学唯物主义的真理、伟大的社会目标、社会的福利和安宁，会成为人们最宝贵的东西；没有个人的幸福，没有个人真正的欢乐，就不可能有完整的世界观。幸福、理想、世界观——这是一个重大的哲学问题，并且不是书本上研究的哲学问题，而是人的心脏的生气勃勃的跳动，是活生生的人的热烈向往。

第二天傍晚时分，季娜又到河边去了，还是在与前一天同样的时刻，玛丽亚又来了。这一次玛丽亚离女孩子更近了，她在季娜旁边坐下来，用手轻轻拍了一下她的肩膀，又像昨天那样温存地注视了一会儿她的眼睛。

"我看得出来，你很不幸，"玛丽亚说道，"而且你的不幸是如此的巨大，使你想离开这个世界……"

季娜想表示否认，可玛丽亚却温柔地、轻声细语地继续说道：

"你什么都不用说。上帝已经知道你想要说的话：'这和你没有关系，大婶。'你错了，孩子。这和我有关系，因为我们都是上帝的子女，大家都是兄弟姐妹。我们大家都会死，在这个世界上，我们仅仅是些匆匆的过客，我们永久的归宿是在那儿，在天上。但是，如果没有上帝的召唤，我们就提前到他那儿去，那他是不允许的。他知道什么时候你该去了，到那时他会召唤你的。对于我来说，对于这个世界上的每一个匆匆的过客来说都一样。在那里有永恒的生命，我的孩子。你的灵魂纯洁无瑕，像天上那块白云一样。你的灵魂是多么美好。而肉体只是罪恶的贪欲和诱惑的暂时的栖身之所。不要让爱美的思想给自己带来烦恼，美只不过是昙花一现。

到我们这儿来吧，我们是一些真正的人。你来听一听我们谈些什么。我们喜爱歌曲，也喜爱音乐。在我们这儿你一定会找到你所期待的东西——真正的善良、真理和安宁。"

季娜听着，思考着玛丽亚所说的每一句话。她不止一次地听说过或从书上读到过，有关宗教的传说都是骗人的，但此刻她却把这一切忘得干干净净了。在她面前的是一个活生生的人，这个人的双眼中燃烧着虔诚的信仰之火。这个女人大概是幸福的，她感到幸福大概是因为她信仰自己所讲的那个道理。这个真诚地、全心全意地希望你幸福的人，难道会是一个坏人吗？

玛丽亚的话之所以打动了季娜的心，还因为这些话对她的疑问做出了回答，而且这个回答恰恰是她希望听到的，是她的心灵深处所期待的答案。是的，她确实想结束自己的生命。她简直不能想象，还有什么比想到自己的容貌有缺陷更为可怕的，于是她就想死。当她从这个女人的口中听到了关于永生的、美丽的灵魂的说法之后，她就感到这些话对她来说好像已经不是什么宗教传说了。也许，在她灵魂深处的某个角落，还隐隐地有着认为这是欺骗的想法，可是在这绝望的时刻，她希望这是真理。一个人在苦恼的时候，自己会编出一套关于真理的幻想，他也愿意相信自己所编造的幻想。也许，人就是这样在自己的想象中创造了上帝。

季娜到"真正的人们"那儿去了。那天，教徒们集合在一起做祷告，以庆贺他们教团的一件喜事：一个 20 岁的姑娘嫁给了一个 40 岁的鳏夫。一系列强烈的印象不断地向季娜涌来，并且使她感到震惊。她感到惊奇的是教徒们有一个出色的合唱队，更感到惊奇的是，"宗教的"歌曲是用季娜非常熟悉的乌克兰民歌这种"尘世间"的曲调唱的。亲切的旋律抓住了她的心，使她感到激动，这种旋律赋予歌词以某种特别的含义。

玛丽亚送季娜回家，并且提醒她，两天以后是礼拜六的祷告。到了星期六，季娜又到这个"神圣的教堂"——教徒们这样称呼这座普通的乌克兰农舍——去了。这一次，她仔细地聆听神父的布道。神父用平静的、温和的、慈父般的语调教诲大家："我们大家都在上帝的掌握之中，我们谁也不知道，明天将会发生什么，一分钟之后将会发生什么。这些事只有上帝知道。所以说，我们应当相信上帝的威力。"

　　然后，神父说，现在由他们教会引以为豪的人物——传教士讲话。传教士的话把季娜深深地吸引住了。他的话里充满了崇高的灵感和真诚的信仰，这使季娜感到自己的心跳得更快了。但随后在她思想深处不知不觉地产生了一个疑问：为什么玛丽亚、传教士和神父都强调这么一点——要不加思考地去信仰，要用心，而不是用理智去信仰，不要对你的心向你诉说的一切从思想上加以判断；上帝是看不见，摸不着，也是不能通过思维来认识的；一个凡人只能用心来感觉上帝的存在，作为一个凡人，他只能去信仰，信仰，再信仰……。这儿所讲的仍然是玛丽亚说过的话里所包含的那种千篇一律的意思，就是说，我们所看到的周围的一切，只是梦境，我们在这个世界上都是匆匆的过客，我们真正的栖身之所是在那儿——在那永恒的法官身旁。你可以工作、吃饭、睡觉、感受阳光带给你的欢乐，也可以生儿育女，但是，你每时每刻都应当准备结束你在这个世界上的暂短的旅行。而且上帝召唤你去的日子来得越早，你就会越幸福。

　　季娜感到肢体发麻，昏头昏脑。难道她所寻求的就是这个吗？那一瞬间，在她眼前像耀眼的闪电一般，闪现了一下关于什么是永恒的灵魂之美的想法，但这些人却说不应当思考，也不应当在自己的头脑里设想：什么是永恒的美，什么是灵魂。她把这些疑问悄悄地向玛丽亚提了出来，而玛丽亚却用极其严厉的、生气的眼光看了看她，这使女孩子非常吃惊：难道这就是那个美丽而又温柔的女人吗？玛丽亚碰了碰她，并且气愤地小声说道："要用心去信仰，用心，不要用思想去加以判断。除了天堂之外，还有地狱的苦难。上帝对于自作聪明的人是要惩罚的。""这时候，所有的一切仿佛都在我的眼前黯然失色了，"季娜事后告诉我们说，"我差点儿失去知觉。玛丽亚把我领出房间，送我回家，在路上她对我说了一些话，但我一点也没有听懂。"

　　季娜病了，病得很重。母亲忧心忡忡地跑到学校来找我。她把自己知道的一切都告诉了我：讲了女儿跟玛丽亚的谈话，也讲了女儿去参加祷告的情况。"现在她一直在发呓语，在昏迷中呼唤您。请您到我家去一次吧。"在病人床前，我们遇到了玛丽亚。在季娜恢复知觉的一刹那，她看到了玛丽亚，就大声地叫喊起来："滚开，滚开！……"

三天之后，女孩子的病情减轻了。她终于把一切都讲了出来。教徒们提出的对一切事情都不可以思考的要求使她大为惊愕。怎么能这样呢？还有，什么是灵魂？什么是灵魂的美？难道可以不假思索地去信仰某种东西吗？所有这些问题使这个女孩子深深地受到了震动。

季娜还坦率地讲出了自己的痛苦——她讲了为什么她要到教徒们那儿去，在去之前她想了些什么，那时的心情是怎么样的，她怎样想用自杀来结束自己的生命。现在，在季娜把郁积在心里的话都讲出来之后，就可以谨慎小心地去触及她内心的创伤了。"孩子，你是很美的，"我对季娜说，"不仅你的心灵很美，你的外表也很美。你有美丽的眼睛和发辫，美丽的容貌和体形。你的美还在于你有自尊心，能意识到自己的尊严。你一定会找到自己的幸福。你已经深信，真正的幸福并不在于去做一个不敢冒犯上帝的俯首听命的畜生，而在于相信理智的力量，在于自己去创造幸福。希望你早日恢复健康，朋友们在等着你呢。那些虚情假意的人，要尽量离得远一点……"

我还没来得及讲完，季娜就打断了我的话：

"不，我还得上那儿去。我要去对他们说……"

季娜又上教堂去了一次，在那儿，她说了一番实实在在而又充满热情的话。当传教士又开始讲到必须用心，而不是用理智去信仰时，她站起来大声地问道："理智难道就不是灵魂吗？"

传教士因出乎意料而窘住了，他猜不透这个女孩子说这些话的用意是什么，便回答道："是啊，理智是灵魂。只有人才有理智。"

"但是，如果像您所教诲的那样不允许思考，那么灵魂还剩下什么呢？我希望了解，您几次三番讲的所谓永恒到底是什么。我希望知道，天堂到底是什么样的，也希望能弄明白，为什么我每时每刻都应当准备死。我本来是愿意相信这一切的，但是我感到惊讶，为什么对这一切都不允许加以思考？对于不允许思考的东西，怎么能相信呢？"

传教士说不出话来了。他被这个 14 岁女孩的简单而又充满哲理的论证弄糊涂了。过了一会儿，他慌乱地又开始重复那几句话：

"要用心去信仰，因为上帝是这样要求的。"

"但是人的心就是理智，"季娜说道，"没有理智，也就没有人的心。牲畜也有心脏，但是没有理智，因此这种心就不能成为灵魂。您说了很多有关灵魂的话，但您自己又给灵魂戴上了枷锁。您把灵魂变成了奴隶。您夺走了人们活生生的灵魂，把它们变成了木乃伊。而我希望活着。我想关心的不是死，而是蔚蓝色的天空和鲜艳的花朵。"

也许，读者们会觉得难以置信，这样深刻的思想怎么会出自一个 14 岁的女孩之口。假如我的生活中从来没有这颗极其美丽的心灵闯入过，假如我的内心没有因为她所讲的关于生活、真理、美、幸福和理想的那些观点鲜明、充满哲理、充满灵感的话而多次受到感动，那么，我也是不会相信的。我并不夸大季娜对教徒们的影响：这些教徒们仔细地听完她愤怒的但又符合实际的话以后，并没有变为无神论者。可是她的话也使某些人受到了震动，她的话里所包含的真理、诚意以及对那些强加于人的恶行和暴行的毫不妥协的精神，特别使青年人受到了震动。

在与不良的思想影响发生面对面的冲突以后，季娜开始为使自己在精神上获得自由而斗争，并且最终成了胜利者。假如在那些日子里，当人总是要死的这个想法以及自己的容貌有缺陷因而会得不到真正的幸福这种想法使季娜受到极大震动的时候，大家都不去帮助她；假如在学校里季娜所处的整个生活环境并没有充满了乐观主义的世界观，那么，她就会受到宗教世界观的影响。为反对不良的思想影响而斗争的坚定性，要通过集体精神生活的各个方面来培养。在一个人与思想上的敌人面对面时，这种品质就更为明显地表现出来。

＊　　　　　＊　　　　　＊

个人的道德财富的特点，在于个人的思想、感情、感受和行动的统一。

在规划为期一年、数年或者整个少年期的教育工作时，首先应当确定，在这个时期，少年关于周围世界和关于他自己需要知道些什么；怎样在精神生活中，特别是在具体活动中反映这个认识过程。少年期按其本质来说，要求具有这样一种积极态度，就是要在人们的道德关系中去深刻地感受、认识和理解需要成为个人精神财富的那种思想。应当注意的是，对那些使我国人民和全人类都受到激励的思想和真理的认识，不能同人在这个时候所做的事脱离开来。

要使少年的思想、感情和感受的领域逐渐扩大——把眼光从自己所在的村庄、城市和州扩大到自己的祖国，扩大到当代的现实和对未来的展望，是极为重要的。假如一个少年能够对涉及祖国命运的重大问题进行思考，那他就会对超出满足人的日常需求的范围的问题表现出极大的关心。应该努力使那种看来并不涉及个人利益的具体事情成为少年的带有深刻个性的事情。当一个人的个人利益由于包括了许多人的利益而扩大了范围的时候，这个人也就成为一个公民了。

我们希望每个少年与其他人之间的道德关系能够这样来表现：应当把他人的利益看作是少年个人的利益。在这样的情况下，我们就可以进到个性教育的细致而又复杂的范畴——情感教育和美感教育的范畴。

7

情感教育与美感教育

情感教育和道德教育的统一

认识周围世界，不可能以不偏不倚或漠不关心的态度去解释和理解世界。如果人在这一活动过程中缺乏崇高的情感素养，缺乏感情的崇高思想倾向，就不能设想他对共产主义的理想有坚定的信念和矢志不渝的忠诚。

我国的社会政治发展和摆在我们社会的每一个成员面前的各项新的任务，正在使我们与周围世界接触的范围不断扩大。对前人创造的物质财富和精神财富树立起公民的义务感和个人责任感，是培养个人高尚的道德、全面发展和思想积极性的重要源泉之一。对我国人民创造的一切所表现的个人责任感的观念只有在下面这种条件下才可能成为少年的道德财富：要在少年的心灵中根深蒂固地确立起个人对这一观念的正确态度。然而，要是缺乏对社会的极其细腻的义务感，要确立起这种态度是不可能的。

现在，当人们还在学校里学习的时候，就已经深入思考自然界、社会发展以及个人精神生活的复杂规律。个人和社会、个人和祖国、个人和集体、个人和自然、个人和未来这些问题正日益成为集中注意的对象。

一个人的劳动态度和日常的行为越来越影响到其他人的命运。每个人的称心如意和幸福，取决于他对周围人们的感觉，取决于他如何把自己的行为与集体、社会的利益统一起来。培养和发展诸如集体主义、友谊、善良、对他人精神世界的尊重之类的情感，越来越引起社会的广泛重视。在对待人们的态度上缺乏情感素养会导致利己主义，而利己主义则是漠不关心、违反社会利益的举动和犯罪行为的主要根源。有些人不懂得人剥削人的道理，在情感上和道德上都处于无知的状态，而这种无知则和总的精神世界的贫乏联系在一起，这是他们不道德行为的根源。年轻人所享用的那些由祖祖辈辈遗留下来的物质财富和精神财富越多，个人对社会的义务感就应当越强烈、越深刻。我要着重指出的是：不仅要理解社会毫不吝惜地给了我个人幸福，而且要从感情和态度上正确对待我国社会关系中的这一因素。在培养少年的过程中，要特别注意培养个人对前人的责任感。要最庄严地向少年们揭示一种观念：人高于一切，我们社会所做的一切都是造福于人。如果在认识这一真理的过程中不去同时培养高尚的情感，那么旨在培养人的自尊感的宏伟目标也就不可能取得预期的效果。依人为生者的心理恰恰造成了这样的结果：有些少年没有意识到要去努力追求个人行为、行动和个人对人们态度的道德美。

个性自由，包括感情自由，是我们社会带给人们的巨大好处。然而如果人们之间的相互关系不是贯穿着一种最纯洁最高尚的感情——**人的感情**，如果我感受到和我在一起的那些人的需要和愿望可能和我的需要和愿望不相一致，那么这种好处也可能变成祸害。只有以高度的内心情感自我约束作为出发点的感情自由才会带来共同的幸福。提高一个人对别人的责任感，这在任何一种精神生活环境中都是十分必要的。需要通过感情约束，通过自我教育和自我节制来引导少年们理解"感情自由"。

把道德感、理智感和美感这三者紧密地联系在一起进行培养，能达到实际的目的：教会青年人控制自己的各种愿望，自觉地限制它们，要成为愿望的主宰，培养自己具有高尚的作为一个人的需求。

巴甫洛夫把情感称为模糊力[17]。情感的生理基础隐藏在使人和动物相似的各种本能之中。而人之所以能上升到动物界之上，那是由于人的各种情感通过特殊的素养、人的认识、劳动和多种社会关系而使人变得高尚。人的手为了创造生产资料而进行的第一次有意识的运动以及人的思想的第一颗火花，是在开辟美的世界的道路上迈出的第一步。当一个人看到晚霞和蓝天上飘浮的云彩并能发现它们的美时，当一个人能聆听夜莺的歌唱并赞赏空间的美时，他才成为一个人。从那时候起思维和美一起发展，使人变得崇高和伟大。但要培养人们高尚的情操，需要在教育上做出巨大的努力。

在少年时期情感教育和美育的统一具有特殊的意义。一个崭新的思维阶段促使人们通过思维和感情去认识和掌握的不仅仅是事物、事实、现象，还有观念和原则。对社会观念的个人情感—美感态度越鲜明，道德感也越深刻。少年时期个人对观念和周围世界的情感—美感评价的感受特别鲜明，这是由于人初次通过观念和原则来观察世界。用崭新的眼光观察世界以及许多新事物的发现，使少年受到崇高精神的鼓舞而去赞美善良、憎恨邪恶。这是道德感形成过程中的一个重要方面。少年的道德素养在很大程度上取决于这样一个条件：在深刻理解社会生活和人们相互关系的复杂现象的实质时，他能体验到多少崇高的感情。

个人对别人和集体的态度以及对其他人的苦和乐的态度是否细致、诚恳、热忱，取决于少年时期情感上所认识到的观念和原则是否有鲜明的色彩，取决于人们思维的宽度和概括事实的广度，取决于对周围世界的情感评价和道德评价能否有机地结合在一起，也取决于在人的个人活动和斗争中被他所认识的观念反映的深度。要做到这一点，就要在认识过程中鼓励少年去为树立崇高的理想而斗争，就要使少年感到自己是这样一些人物的志同道合者，这些人由于思想上具有坚定的勇气从而进入了人类精神的宝库，教育技能的高水平也就表现在这里。

必须对少年进行深入细致而又合理的情感教育。这种教育取决于少年精神生活中的知识、训练和智力发展这三者所起的作用。世界上没有比对童年期、少年期和青年早期的训练更为困难和紧张的劳动了。只有当人们在认识事物和掌握知识的同时逐步具备高度的情感素养，这种劳动才能达到预期的效果并丰富自己的精神世界。没有扎实的情感基础，一般的正常训练就不可能进行，更谈不上有成效的训练了。情感教育和对世界的认识不能统一起来，是造成对知识抱漠不关心态度并最后导致不想学习的最顽固也是最危险的根源之一。培养脑力劳动的情感素养和掌握知识是学校生活中获得智力财富的重要来源。

感觉素养和知觉素养

情感教育和美育由感觉素养和知觉素养发展而来。手的长期锻炼能发展智慧和智能，它是培养劳动技巧所必要的；同样，精神素养、道德素养、情感素养、美感素养的培养也要求长期锻炼感觉器官，首先是视觉器官和听觉器官的长期锻炼。感情和感受的细腻程度，对周围世界和对自己本身的情感—美感态度的细致程度，取决于感觉素养和知觉素养。人的感觉和知觉越细腻，他在周围世界见到的色彩和听到的纯音和半音越多，个人对事实、事物、现象、事件的情感评价越深刻，那么确定人的精神素养的情感领域就越宽广。

对观念、原则的情感—美感评价是思想教育最重要的因素，它取决于人们在认识周围世界的同时，是否能深刻地感受诸如高兴、赞赏、惊奇、悲哀、恐惧、羞愧、愤慨、腼腆、良心的谴责等感情。我努力使孩子们在童年期就靠感觉的细腻使他们在认识自然景色和自然现象的同时产生这些感情并有无数细微的感情流露。到了少年期这种教育的目的性要进一步加强。每个孩子都应当通过长期的感觉和知觉训练，因为这种训练能够在每个人身上造就那种与认识过程同时发生并在认识过程中形成和发展的宽广的感情领域。

我们选择有助于挖掘知觉财富的地点和时间到自然界去旅行。每当春天来临，我们每天总要到村庄的周围去走走，登上草原的山冈，从山冈上眺望，辽阔的盆地和远处的草原尽收眼底。每次我们都会看到明媚春光的新色彩，我们发现了树木从冬天灰暗的颜色转为绿色的细微变化。长满灌木林的斜坡呈现出一片娇嫩的、淡淡的绿褐色。斜坡上的色彩天天在变。绿的色彩在变换，由宝石一样的翠绿变成淡紫罗兰色，从湖绿色变成雪青色，这些色彩的变换与天气有关，特别是决定于春天太阳的闪耀（少年们这样说的）。我们发现春天绿色的细微色彩超过二十种，绿色草地上色调的变换更是五彩缤纷。

少年们感受到了欢乐、喜悦、惊奇这样一些感情，细腻的知觉产生出细腻的感情，并发展为需要去体验这些情感的人的高尚需求。

当秋天展现自己容光焕发的面容时，我们到森林中去旅行，这是极妙的培养知觉和感觉的一课。很难用语言来表达在那初秋宁静的阳光普照的日子里树叶的五彩缤纷的色调，特别是在雨过天晴或夜露初霁的清晨，在晨曦中，清新的空气似乎使树木、花园、草地的魅人秋色展现出新的容颜。有些少年发现有七十多种由红而黄、由黄而绿、由绿而青的色彩变幻，有些少年发现有八十多种色彩变幻。瓦里娅和柳达，正如她们所说的那样，在一张槭树叶片上找到了九种**色彩变幻**。萨什科、柳芭、柯斯佳看出冬小麦有六种绿色。在天气晴朗的日子里，少年们放学以后就到田野、树林和池塘边去欣赏自然景色。

我们面前展现出周围世界新的迷人的美景——空旷的美，我们开始观察并仔细探寻。我们发现，在早晨和傍晚的时候，周围世界逐渐变为另一种颜色，进而引起自然界色彩的变化。初秋的一个星期日，我们到少年们称为**"辽阔的草原"**的田野去进行观察。当太阳高挂在天穹最高点的时候，我们登上了古代斯基福人高大的陵墓，在我们眼前展现出一幅动人的景色，少年们看到这种景色没有不欢欣鼓舞的。我们久久缄默不言，唯恐破坏这令人心醉的景色和在这个时刻所感受到的现实的幸福感。我们面前的田野就像碧波万顷的大海。树林犹如一座座绿色的小岛。鳞次栉比的盆地，连绵不断的丘陵，此起彼伏的浪涛，庄严肃穆的陵墓，错落有序的树林，……所有这一切就像那神奇的海底王国一样向远方伸展。而那辽阔的田野上空微微晃动的雾气则像被太阳照耀的透明的水底一样。我们看到，田地和草丛、丘陵和小树林被染上几十种色彩，盆地上星罗棋布的村落也被涂上了颜色，它们好像在和煦的秋阳下打盹；深绿色的樱桃园、岸边柳树成荫的静谧的蔚蓝色池塘（照少年们的说法，这是"地上的几十块蓝天"）也都被染上了各种色彩。我们欣赏了极为微妙的颜色的变幻，从淡绿到暗紫，从浅蓝到深蓝。我们面前出现大自然的各种颜色和色调。而在远处地平线上，雪青色的雾霭笼罩着森林的周围，使我们无限神往。下一个星期天我们就要到那儿去了，于是又有新的远方展现在我们面前：第聂伯河、村庄和田野、第聂伯河对岸排列整齐的杨树和卷曲的柳树。

观察和感受周围世界的美，是理解和感受生活的喜悦和生命美的主要源泉之一，这也使我产生这样一种不可逆转的坚定的思想：世界、大自然和美的生命是永恒的，而在这永恒的生命中，我个人只能活在大自然指定给我的那么一段时间里。要使每一个人在少年期就考虑应当怎样来度过自己的一生，这是非常重要的。我们要教育人珍惜生命，也就是珍惜人、爱护人、保护生命。

我永远不会忘记，在一个宁静的夏天的早晨，我们在树林的边缘观察白天的诞生和旭日东升。孩子们好像着了魔似的站着，目不转睛地注视着朝霞色彩的变幻：天空正在变幻着色彩，反射出清晨美景的池塘水平如镜，它的色彩也在变幻着，如画的美景把他们吸引住了。在宁静的秋高气爽的日子里，我们学会了区别晴空的十四种颜色。塔尼娅用"冷漠的，令人不安的天空"这样的话来形容天空的一些色彩，丹卡称其中一种颜色为"安谧天空"，费佳用"深沉而凝冻"这样的字眼来形容天空的色彩。

到自然界去旅行也丰富了我们的听觉和知觉。少年期和童年期一样，听大自然的音乐使我们感到极大的快乐、赞赏和惊奇。**春天草地奏出的音乐**在学生的心坎上留下了终生难忘的印象。从童年期起，他们就熟悉这种音乐，不过现在能更细腻地感觉和感受它了。在风和日丽的春天，当草地铺上一层幼嫩的绿茵，当树木蒙上一层薄薄的淡紫绿色的嫩芽时，我们来到池塘岸畔，坐在一棵古老的柳树下，倾听远处悠然飘来的春天草地的细语声（这一艺术形象是少年们创作的）。世界为我们奏出了最为细腻的音的变换。在**欢乐的、叮铃作响的天空里**（这是卡佳的话），从温带地区飞回的鸟儿在鸣叫；平静的波浪汩汩作响，头顶上柔韧的树枝在震颤，远处的草地不时传来喃喃的细语声，这些都像蔚蓝色的天空在叮铃作响。这些都是能在内心知觉世界激起极其细腻的感情的音乐。人在感受着和大自然接触的喜悦，他们想要生活得更美好。沉醉在自然美景里的莉达说："活着多好啊！……"

我们去聆听森林的喧嚣。在夏日炎炎的日子里，在快乐晴朗的早晨——接踵而来的该是**阳光照射的白天**（舒拉的话）和**凝神警觉的傍晚**（托利亚的话），如果红彤彤的霞光预示着有风和天气转凉，少年们会捕捉到具有各种音响的极为精微的**森林音乐**（加利娅的话）。

　　夏天田野上的音乐也带给我们巨大的享受。中午我们来到田野上，躺在麦穗旁，观看"**酷热的天空**"（拉丽萨的话），细听偶尔能捕捉到的细穗的低语声、受惊的鹌鹑的双翅簌簌声以及百灵鸟银铃般的歌声。而百灵鸟的歌声则是这一交响乐的主旋律。我们的女诗人瓦里娅说："好像整个世界都在发出银铃般的声音。"

　　在长满灌木林的沟壑中，我们**发现了**（柯利亚的话）又一种大自然迷人的旋律——**林中小溪奏出的音乐**。小溪的涓涓细流唱着歌（女诗人柳达的话），从泉源中涌出，发出潺潺的细语。

　　寒冬腊月我们来到自己的"理想之角"，在神秘的山洞里我们点燃火把。在**暴风雪百般地淘气**（萨什科的话）或是冷风**肆意敲打**我们的门（斯拉夫卡的话）的这些日子里，我们感觉到了真正的幸福。

　　从童年期起我的学生们就记得他们在离村庄不远的草原上度过的愉快的时刻：我们观察白昼的消逝和夜晚的降临，聆听**傍晚田野的音乐**。到少年时期这些时刻显得更为愉快和诱人。我们坐在高高的白蜡树下，观看傍晚的暮色**笼罩**（谢尔盖依卡的话）田野和村庄，白天的喧闹声沉寂下来，而新的音乐——**夏天夜间的音乐**开始演奏。

　　在感知周围世界最精细的色彩的影响下所产生的感情，使观察更为细腻、更为敏感、内心的感受更为强烈。每当我们从森林、田野、池塘岸畔回来，形象地说，我们看到孩子们的眼睛总是忽闪忽闪地，他们不仅对自然的美景看得更清楚了，而且对人与人之间的事情也观察得更清楚了。他们不仅互相关切对方的精神状态，而且关心其他人的，即"外人的"精神状态。在听了林中小溪奏出的音乐以后，回家路上，我们看到路旁有一棵被汽车撞断的小树。这时孩子们走到它的跟前，感到很痛惜，若有所思地久久地站在那里。尽管一句话也没说，但是可以感到，在这个时候少年们的精神生活经历着复杂的活动。

　　这些年来，少年们栽培了"休憩园"和"葡萄园"。相当繁重的劳动成了孩子们的精神需求。要是没有美的崇高精神的鼓舞，要是不重视感觉素养和知觉素养的培养，是不可能做到这一点的。对那些家庭环境有可能使他心灵变得冷酷的潜在危险的少年来说，感觉素养和知觉素养的培养有着特别重大的意义。柯利亚和托利亚只要在家里待上两三天，不和班级同学来往，他们就像穿上了一件冷酷无情的铠甲，就会变得粗暴并且容易发脾气，特别是托利亚（这样的少年往往是由他家人的粗暴无礼、漠不关心和冷酷无情造成的）。只有通过激发对自然界的美、观念和原则的美的敏感和对其他人的精神世界的敏感，才能消除这一层铠甲。我把容易激动、恼怒和十分警觉的托利亚带到花园或草地去。我努力使处于这种精神状态的人感到自己周围的美，在他面前能出现一种充满人道精神和诚挚热忱的新的气氛。当一个少年处于激动、警觉和心情急躁的时候，教师对他的影响非常重要，对此我是确信不疑的。我向托利亚讲述了有关那些为他人创造美和欢乐的人们的事迹。对有些人来说，邪恶已经把冷漠、仇恨和冷酷无情的种子播种到他们的心里。要使这些人看到并感觉到某种人道的东西，这是十分重要的。我看到年轻的心灵里的小冰块在逐渐融化，眼神也变得柔和起来。我们深入密林深处或是遥远的草地，在我们面前出现了一个风光绮丽的世界。我尽可能使少年在这些时刻领悟美的种种极为微妙的表现，这对于培养年轻的心灵对言语的敏感是十分必要的。

言语和人的情感素养

现在我们开始探讨在教育工作中还研究得很不够的那个带有神秘色彩的领域。为什么一个教师的言语可以成为强大的教育手段，而另一个教师的言语对学生来说却是痛苦的折磨呢？

当然，对于"用言语是教育不好人的"这样一种论点，我是无论如何也不能同意的。关于言语教育是"片面的"教育这一"理论"，已经产生并且还将产生很大的危害。有些教师坚信，言语作为一种教育手段，应当尽量少用，主要还得靠制度、劳动、监督。

这些观点和论点，反映出对教育过程的极为肤浅的认识。在教育中没有统一的、能影响人的精神世界的万能的手段。劳动是强大的教育力量，这是起码的道理。然而，如果不用人类教育中最微妙的工具——言语去触及人心灵的最敏感的角落，那么，劳动这种教育力量也将是一个沉睡的勇士。不重视言语，不相信言语的力量，就会形成教育上的缺乏修养和简单化。教师中有人这样想："如果'言语教育'这一概念本身包含着某种不体面的东西，那么为什么要自找麻烦在这方面进行探索和创造呢？"

我要把许多学校师生间的精神交流看作是教育上的拙嘴笨腮。主要问题在于，教师不善于从语言宝库中选出那些唯一能通向各个不同的人的心灵之路所必需的言语。教育上的拙嘴笨腮就表现在教师所用的言语局限于临时偶然想起的那些话。这些话从学生的意识中弹回来，一点不起作用。学生不爱听教师说话，他们内心对教师的话毫无触动。

在某种意义上，言语是唯一的教育手段。这特别适用于少年时期，因为这个时期是认识观念、原则和概括性真理的时期。必须对言语及其色彩十分敏感，才能实现了解各种复杂的现象和关系的愿望。要是不在少年身上培养感知人的各种思想和情感色彩的能力，少年的道德教育、情感教育和美育都是不能想象的。当一个人理解和感觉到词语的变化，即理解言语丰富的内在含义和情感色彩时，才能培养出他对言语的敏感。

培养对言语及其各种色彩的敏感，是使个性和谐发展的前提。从言语素养到情感素养，从情感素养到道德感和道德关系的素养，这就是通向知识同道德和谐一致的道路。在语言教师和教导员（班主任）的工作配合中，我看到了形成这种和谐一致的有利条件。高度的感觉素养和知觉素养是培养对言语的情感色彩和词语变化的敏感性的手段。我举了一些定义作为例子——都是经过考虑的，因为这些定义能使少年们懂得词语的色彩和语音。少年们在祖国语言的宝库中找出每一个词语都要在智力上和情感上付出很大的努力。言语表现出一个少年在感情的自我培养方面内心所下的功夫。人要认识周围的世界，需要具备很高的情感素养，而只有言语才是这种素养的具体体现。

要使教师的话语能起到教育作用，应当使它们活在学生的心灵中。我常给学生们讲共产主义思想的美，讲为祖国的自由和独立而进行的斗争，讲人的精神的力量。如果我不能在学生的心灵中引起对言语细致的敏感，如果我的话不能在他们身上引起内在的情感反响，那么我的话不过是一些空谈而已。为了用言语进行教育，需要在年轻的心灵中创造言语的精神财富。没有言语的精神财富就会出现教育上的拙嘴笨腮。

我坚信：少年教育中的许多困难之所以不能被人发现，是因为教师在进行智力教育的时候，没有同时在培养情感—美感素养和培养言语的敏感性方面做细致的工作。

我们继续组织少年期的孩子们到思想和言语的源泉去旅行。但旅行的目的不仅是要吸收新的词语作为积极的语汇，还要揭示这些词语的情感—美感色彩，而且要在少年们的个人创作和精神的相互关系中表现出自己的情感素养。到思想和言语的源泉旅行，充分显示出言语的细腻及其情感—美感色彩，我力求使言语扎根在少年的心灵中。

我们欣赏正在扬花的荞麦田，我们聆听那犹如竖琴演奏的蜜蜂的嗡嗡声，我们洞悉了言语的细腻。在低年级的时候，面对这种情况就马上开始集体创作，孩子们写作文，写诗。现在，由美激发的灵感表现出更多的个人特征。孩子们在集体面前似乎羞于表现自己的感情。这样，个人的创作就开始了。每个人都以大自然为题创作自己的小故事和诗歌。在少年期几乎所有孩子都酷爱写诗。这是形成情感—美感素养的重要阶段。有时我们举行诗歌创作晚会。孩子们都愿把灵感冒出来的时候所创作的东西和同学们交流。他们把这些诗歌牢牢地记住了，这一点证明：言语已经在学生们的精神世界中扎了根。

几乎所有的诗都是自由体。这在一定程度上暴露出我对他们的影响。我就经常写这样的诗。孩子们不仅沿用了我的文体，还沿用了我的思维特征和对周围世界感受的特点。我抄录了几十首由我的孩子们创作的诗。下面就是我们的女诗人瓦里娅的诗作之一。

百灵鸟之歌

黎明的雨水洗濯蓝天，
嘹亮而又欢乐的歌声响彻蔚蓝的苍穹。
麦穗上水珠晶莹，
每颗水珠都映照一个小太阳。
草原上静悄悄，静悄悄。
麦穗和雨滴垂落到土地上。
我在草地上漫步，
也怕打扰田野上的宁静。
我来到古代的西徐亚人陵墓边，
把双手高高举起，
呼吸着暴风雨的气息。
我站着，屏息聆听这迷人的寂静。
突然从太阳那边，
被黎明的雨水冲洗过的高空深处，
荡起平静而又温柔的声音，
犹如从蓝色玻璃钟里
发出嘹亮的响声，
好像有谁把金色的谷种，
撒向透明的钟——蔚蓝的苍穹。
钟颤动着，摇曳着，
传出阵阵歌声。
我眺望蔚蓝的晴空，
只见一点灰色小东西在跳动，
那是百灵鸟在迎接朝阳。
有一个关于春鸟的神奇传说：
来自太阳的火花
溅落到黑色的土地上，
从此大地到处欣欣向荣，

鸟儿飞向天空……

百灵鸟在歌唱母亲——亲爱的大地，

歌唱明亮的太阳，

歌唱自己的孩子，

雏鸟在某处麦地的小窝里，

它们睡得多么香甜……

醉心于言语美的人对自己周围的美的、道德的现实更为敏感，要求也更严格。

对言语及其丰富色彩越敏感，年轻的心灵对道德教育的领会就越深刻，对影响少年精神世界的最细腻的手段——教师的言语和全体人类的美的感受也越深刻。在培养这种感受性的过程中，到观念世界中去旅行具有重大的意义，这里指的是讨论有关精神力量、思想勇气、对邪恶的坚决抵制、在克服困难中的不屈不挠精神以及一个人忠于崇高思想的气魄和美。这些讨论的一个显著特点似乎是避开具体的事实、事件和现象，而去追求概括的真理和原则。少年们感到非常需要这样的讨论，因为他们很想**做出判断**。认识观念世界是少年期的特征。但是为了从观念中受到教育，少年们应当感到并体验到它的美。这能使人的精神变得高尚起来。

我从讲解有助于揭示人的精神生活的现象、事件开始，引导他们到观念世界旅行。寂静的冬夜里，少年们来到"故事室"。我给他们讲述有关亚历山大·乌里扬诺夫的故事。亚历山大·乌里扬诺夫的勇敢精神所体现的美和他对信念的忠贞不渝使孩子们深受感动。当我讲到亚历山大·乌里扬诺夫愤慨地痛斥了律师们建议他向屠杀人民的刽子手请求宽恕这件事时，我的学生们的眼睛里像有一团火在燃烧，他们为真正的人感到骄傲。激动人心的讨论开始了。孩子们似乎离开了具体的历史事件和具体的功绩，就思想的坚定性、对信念和荣誉的忠诚等问题谈了自己的想法。我们看到了这些概念的真正含义。少年们深信：做一个真正的人、珍惜自己的荣誉、整个一生对崇高理想忠贞不渝，这同人的最基本的正派行为相比要高尚得多。在谈到谢尔盖·拉佐的英雄功绩，列夫·托尔斯泰、康斯坦丁·齐奥尔科夫斯基、伊里亚·列宾和伊戈尔·库尔恰托夫的卓越劳动时，我努力使这一信念进一步深化。我尽力使"荣誉""功绩""勇敢精神""英雄气概"这些崇高字眼的真正意义不致在少年的意识和心灵中消失，使他们不致对"生活中总能建立功勋""人人可以建立功勋"[18]这样一些格言持轻率的观点。少年们深信，高尚行为与功绩、基本的正派作风与共产主义的坚定信念、执行纪律的要求与勇敢精神，平时日常生活中的诚实美德与公民荣誉感之间，是有着很大差别的。

思 想 认 识

懂得了真理之后，人的全部精神力量都集中到要记牢、背熟、了解、回答、向教师"和盘托出"自己的知识等这些事情上去了，此时内心对理智所考虑的东西仍抱漠不关心的态度。有些教师在揭示道德、政治、社会和美学真理的含义的课上，过多地采用着眼于熟记事实和对事实进行逻辑分类等的智能劳动手段，从而降低了进行道德、政治、社会和美学教育的力量。我认识一位历史教员，他热衷于使用各种表格和图表。他向少年们概述了1812年卫国战争中我国人民的伟大功勋。孩子们屏息凝神地听着关于全体人民反对侵略者的斗争的故事。然而这位教师忽然用寥寥数言结束了故事，建议学生们按意思列一图表，把我们取胜的各种原因"逐条开列"。这样一来，崇高的激情消失了，"对事实的解剖"把活生生的思想变成了死的图表。思想在意识的表面掠过，没有触及人的内心。

对于思想的真正认识（用理智和心灵来认识，确立个人对道德真理和原则的态度）是从您面向学生的内在精神世界的时候开始的。如果学生已经理解了教材，那就不要急于接着讲下一章或者下一个题目，而要准备一些能引起学生思考和有助于深入理解的话语。对于少年来说，重要的是让他们有机会亲眼看到事物，成为事件的参与者和判断人。情感—美感认识实质上就是这样开始的，信念也是这样形成的。

少年们对善良和邪恶、公正和不公正、荣誉和耻辱是非常敏感的。因此对于社会生活的规律和人的精神世界的规律的认识，对他们来说，同时也应当是对善良和邪恶的情感—美感认识。要准备一些话，专门针对学生的理智、心灵和良心，以便使他们不仅懂得善良和邪恶的本质，而且能明确地确定自己的道德和思想立场。要准备一些话，促使学生去感受对社会邪恶毫不妥协的态度。感受到用针锋相对的立场去对付思想上的敌人，这是必要的精神状态，没有这种精神状态，道德信念的形成是不可想象的。每当我讲述到乔尔丹诺·布鲁诺时，孩子们的眼睛里迸发出对宗教裁判们仇恨的火光，因为他们残酷迫害那些使人类重新认识世界的优秀人物。在揭示理智与愚昧的斗争、自由思想与宗教的斗争这些观念时，我看到的不再是抽象的学生（他们的头脑只"加工"听到的东西），而是活生生的有着敏锐的心的托利亚、柯利亚、斯拉夫卡和尼娜。学生们对善良必胜的信念、对正义的信念、对一切光明和纯洁的东西的信念，都取决于他们怎样对待善良和邪恶。我认为自己教育工作的重大成就在于：那些英雄人物的形象（他们认为拒绝真理是巨大的耻辱，为宣扬真理而死则是一种光荣）深深地印入了孩子们的心灵，孩子们在自己周围的生活里看到的不仅有善良，还有邪恶。

每当谈到在我们苏联国土上法西斯的兽行以及波兰的马伊达内克集中营的杀人炉和基辅的老娘崖时，我努力在少年的心中树立起与当代准备发动世界大战的力量进行斗争的精神。

在文学课和历史课上，孩子们的意识和心灵感受到了道德发展的历史。

我告诉他们，在人类社会中道德素养的基本规范是怎样形成的，劳动者是怎样珍惜爱护那些为争取幸福的生活而通过共同的劳动获得和创造的一切美好的东西，并把它们一代一代往下传。

在有关道德史的讨论中，确立祖国的观念和对祖国的感情占了特殊的地位。对这一观念的情感态度决定了公民的道德面貌。人的生活中应该有一种最为重要的，高于种种日常琐事、忧虑、激情的东西。这两者是互相对立的，然而当涉及伟大而又神圣的概念——祖国的时候，这两方面又是同志、战友和朋友。对祖国这个最神圣最宝贵的东西的认识，可以使人的全部感情高尚起来，可以使人们关系密切、亲近，并消除心中一切降低他们自尊感的东西。

要在每个年轻公民的心中确立神圣而又牢不可破的概念，要细致而又深思熟虑地看待人类历史。我曾指出，对祖国的感情使人变得崇高，它鼓励人去建立英雄的功绩。人真正的不朽在于对祖国的无限热爱。我曾几次向孩子们讲述我们的同乡，苏联英雄，黑海舰队水兵阿列克塞·卡柳日内依不朽的功勋。他在保卫塞瓦斯托波尔的战斗中受了致命重伤，临死前给自己的父母亲、青年和后代写了一封信。读了这封刻在英雄墓碑上的信之后，我让孩子们思考自己的命运和祖国的命运。故事总是能激起孩子们浓厚的兴趣和交流各自想法的愿望。孩子们就是怀着这样的兴趣听了有关亚历山大·马特洛索夫、尼古拉·加斯捷洛的故事以及那些和他们一样建立功勋的英雄人物的故事。我永远不会忘记，当听了有关亚历山大·马特洛索夫功绩的故事后，托利亚说："要是没有祖国，真正的人是一天也不能活的。祖国把我们每个人培养成了真正的人。"

"但为什么会这样呢？"万尼亚问道，"我们不知怎的常常会把最宝贵的东西忘记。我们面前是一片广阔的田野，小麦正在成熟。我们想：这将会有一个好收成。但不知为什么我们总会忘记，这就是我们的祖国。大概这是因为，当人有一双眼睛时，他们就连自己的眼睛也会忘记。如果有一双手，那么连这双手也会忘记。我听一个在卫国战争中残疾的人说过，他被法西斯分子俘虏了，他的口袋里不知怎么有一块保存得很好的灰色的小石头。这块小石头是他在法西斯分子把战俘赶往西方时随手从地上捡起来的。就是这块小石头温暖了他的心灵，使他想念祖国，坚定对胜利的信心，因为小石头提醒他，我们有亲爱的国土。"

柯利亚说："我向高耸的草原陵墓眺望，心想，要知道就在我们这块土地上，我们的老祖先打败了鞑靼入侵者。我们的祖先也打败了瑞典人，当时他们从波尔塔瓦逃往土耳其。我们的祖辈和父辈打败了白卫军，打败了法西斯分子。这就是解放者——苏联军队来到我们村庄所走过的道路。祖国就是这样。"

似乎这是一些很普通的、说过多次的话。但是，它们对少年是一种启示。这些话里包含着祖国的观念，祖国的观念深深扎根在少年的心中。

少年精神生活中的情感刺激

在学校工作的全部时间里，我一直为学生们的情感状态与他们的观念、道德和智力的发展以及信念的形成这两个方面的相互关系和依从关系感到不安。对同样一些学生的精神生活、劳动和训练进行长期的观察，直接参加到集体的精神生活和劳动中去，和部分学生多年的友谊……，所有这一切都使我有可能做出良好的个人活动需要各个方面和谐一致地配合的结论。形象地说，个人的情感状态是乐队指挥，随着它神奇的指挥棒的挥动，各种散音变成了旋律美妙的和声。如果说在童年时期各种情感能很快控制人的精神世界，而且情感的变化很快，那么到了少年时期情感的稳定状态就占了优势。理智和情感之间、情感和道德意识之间、对周围世界的情感态度和现实之间的联系就变得更为细腻、更为敏感了。

少年思维的内容、性质、倾向，深刻地反映在他们的情感状态中，不仅产生了智力，而且给全部精神生活打下了烙印，并形成了使精神生活丰满的情感。教师的任务在于使智力劳动（智力劳动在少年生活中起着决定性的作用）成为心灵活力的活动表现，成为人的自我肯定和自我认识。班主任的真正本领在于，使少年在其领导下在训练过程中善于表现自己。决定少年情感状态的是他们在复杂而又多侧面的周围世界中对自己本身的态度和对自身的观察。表现自己是教育和自我教育中非常复杂而又相当困难的一个方面。这方面的问题不能只靠上课来解决。传授知识和掌握知识，是多方面的智力活动，也是造福社会的劳动。我们力图通过数十条乃至数百条渠道使这个活动与复杂而又多种多样的少年的智力生活，与他们在劳动和思想方面的自我肯定的过程联系起来。

少年越是深入知识领域和劳动领域，就越是能深刻地体会到自己是一个人、一个有创造性的人。我们所注意的是，要使掌握知识的过程和创造性运用知识联系起来，以便使知识不致成为一堆死的东西。对于那些学习有困难的少年们说来，实施这一教育任务尤为重要。佩特里克、尼娜、斯拉夫卡的努力学习和爱好劳动就联系在情感刺激这根纤细的线上，只要这根线一断，就什么也没有了，他们的学习也就成了沉重的、不胜负担的义务。因此，要使这根线变得牢固可靠，不致使人们受到失望的威胁，是何等重要啊！

我们得出的结论是：不管一个少年的一般智力水平如何平庸，他在某一方面都应能达到并体验到可观的成就，在某一方面感到自己是一个真正的创造者，是知识的主宰。这也正是把人和学校、人和智力生活领域、人和一般素养联系起来的牢固基础。斯拉夫卡在理解历史科学规律方面困难极大，对理解抽象真理也有困难。这孩子在数学中也难以"抓住"从实际的现象和事实向抽象规律的转化：代数公式或定理对他说来是神秘的百思不得其解的东西。要在智力劳动中和智力生活中找到那么一个领域，使这个少年能在其中感到自己是真正的创造者。我们找到了两个这样的领域。一是阅读世界各国和各民族的科普文献。斯拉夫卡被这些书迷住了，逐渐收集了一批图书，他成了集体里地理学和人种学的行家。他能连续数小时向同学们讲述有关印度尼西亚各民族、印度洋和非洲各群岛，以及当地的文化、风俗习惯和各种传统的情况。二是制作几何图形的模型。教师用塑料和玻璃制成的模型指导斯拉夫卡表述与定理有关的体积概念和空间概念。这个少年爱上了这项作业，他开始理解抽象真理的实质。经过顽强的劳动，通过钻研教科书，几何学终于成了斯拉夫卡喜爱的学科。把斯拉夫卡和智力劳动、和学校联系起来的纽带逐年得到加强。他感觉到自己是一个完全够格的人，在困难面前不再张皇失措。

佩特里克以前对领会语法规则困难很大，犯过重大的语法错误。长期以来他对文学课上的写作也感到非常头痛。我们多次与他一起来到田野上、湖泊边、森林里，一起仔细地观察花木和色彩，聆听大自然的乐声。言语的细腻性在孩子身上逐渐地显露出来。冷漠的表情在这个孩子的眼神中消失了，我对此感到十分高兴。他对创作产生了兴趣。我读了一些他在大自然中现场构思的小作文。这个孩子有着用自己的语言来描述景色和现象的强烈愿望，他所描写的景色和现象激励了我，而我的灵感又去影响他。

把知识反映到情感上，这是知识转为信念的重要条件，也是形成坚强的信念和世界观的条件。情感状态会产生一种巨大的循环力，影响少年的智慧和全部智力生活。在少年时期，智慧对情感状态特别敏感。无数事实使我相信，具有乐观愉快的世界观，能掌握各种事物、现象和真理，对自己的力量充满信心，是加强记忆、思维灵敏性的新源泉。

精神生活充实，是一个广泛而又多侧面的概念。把手艺和知识有机结合的创造性劳动，是少年精神生活丰富的有益源泉，但遗憾的是，目前对这方面研究得很不够。我们要把智慧的创造和双手的创造结合在一起来理解"工作"这一概念，丰富的精神生活是在这两者的结合中产生的。我们力求使每个少年都有自己喜爱的、感兴趣的和使他们激动的工作；要他们把在这项工作中产生的感情转到学习中去，转到自己在集体中的道德态度上去。但这个转化并不一定要把这项工作和现在正在学习的理论教材直接联系起来。这项工作能丰富智力生活并加强对学习的兴趣，不管这项工作与教学大纲和教学过程的关系如何。务必使双手的创造性工作促进认识范围的扩大，这是非常重要的。

世界观和道德观念、道德原则、道德真理的情感感染

高尔基在谈到自己痛苦的童年时代和外祖父卡希林爱打人的手时说："从那些日子起，我身上出现了一种对人们不安的关切，好像有人从我心上剥去一层皮似的，这种不安使我对任何委屈和痛苦——不管它们来自别人或是自己——有着无法忍耐的敏感性。"[19]培养对不安的关切，培养对人的无法忍耐的敏感，这是学校最重要的任务之一。在残酷的年代，在残酷的环境里，如果有人从他心上"剥去一层皮"，他的心在情感上就变得十分灵敏，这是很大的幸福。然而在极大多数情况下往往不是这样：委屈和残酷使心灵变得粗鲁，使人变得冷酷。当然培养情感感染绝不是要人们去经受委屈和侮辱的考验。

教师的言语和学生行动的统一，是培养情感感染的重要手段，情感感染在形成人的全部品质中起着特别重大的作用。对世界观、真理、观念、原则和规律性所表现出的情感上的敏感，形象地说，

就像一点星火，这星星之火里迸发出坚定的信念、原则性和人们对自己信念的忠诚。只有当人们体验并遭受了种种苦难，感受到观念、原则和真理的深刻性时，他才会珍惜那神圣的、不可动摇的信念。世界观的逻辑认识和情感认识的一致性，形成了共产主义的坚定信念：学生们在认识世界观真理实质的时候，产生一种赞赏、惊奇的感情，并因认识到人的伟大、充满智慧和美而引以为豪。

要达到这个要求并不是靠某种特殊的方法，也不是靠说大话或是故意做出一副慷慨激昂的样子，而是靠真理、观念、原则的深入的唯物主义的解释。这种解释强调人的理智和创造性的威力，强调思想上对邪恶和黑暗的坚决抵制。情感认识不要求少年具有专门的情感表现手法。情感认识应当表现在心灵深处，它的力量就在这里。

感受世界观真理、观念、原则的灵敏性，只有在体验到它们的伟大、智慧和美之后才能产生。在少年期，人要积极地表现自己在精神生活方面的各种观点和信念。为了充实精神生活，为了树立乐观的世界观、培养乐观地观察世界并建立对自己力量的信心，务必使少年感到自己的观点和信念好像和某种对立的东西发生了冲突，这是十分重要的。

这种对抗犹如引爆新的情感的燃料，也是个人对真理、正义、丰功伟绩和世界观真理的美做出极其鲜明的评价的动力。我们一直关心少年们在劳动中的世界观表现，力图使劳动对少年来说不仅是一种义务，而且是确立和表明自己的观点及对待真理的态度的形式和手段。为了表现自己，需要克服的困难和障碍就是一种反作用力。例如，少年知道，要把板结的泥土变成能结果实的熟土，需要一年的时间，为此要创造一种能促进有益微生物活动的环境。在完成这个工作的时候，少年不仅确认了科学知识的正确性，还为科学、为人的认识、为自己本身确立了一种自豪感。这就是使人的道德力量得到锻炼的精神斗争。因此，没有情感教育就不可能有真正的道德教育。

道德观念和政治观念对成千上万的现象、事件和人的激情进行了概括。道德观念和政治观念就其本质而言有着强大的情感根基，这种根基经过适当的培育会化生出诸如人的行动、关切和忧虑这样一些活生生的枝干来。然而这种根需要一定的环境才能生长。为了使根生气勃勃，长出幼苗，必须去体验和理解思想，这意味着，应该把自己摆进去进行对比。如果在生活中少年对人们有自己的看法：为了懂得道德，应该去热爱人，同时应该去痛恨那些使人受到屈辱的一切现象；只有在这种情况下，少年身上才能产生、巩固并发展对观念的纯粹个人的情感态度。

只有当少年在认识世界的同时，作为积极有效的因素深入世界，才能实现对道德真理、道德观念和道德原则的情感感染。用理智和心灵来认识周围世界，意味着要在现实的、具体的表现中，即在具体的人际关系中，在人的癖好和行动中，在与人的观点和命运的冲突中，来理解道德真理、道德观念和道德原则。

少年时期道德面貌的形成主要取决于这样一种观念：凡是有利于为共产主义而斗争的一切都是道德的。这种伟大的道德观念同时又是政治观念，把它灌输到少年的心灵中，意味着把少年引进公民生活的领域，使他们获得为祖国和为社会服务的公民的喜悦。我们始终认为，学校崇高的教育使命在于要使公民感——喜悦、自豪和责任感——成为少年精神生活中占主导地位的、极其强烈的感情。当这些感情和谐地结合在一起的时候，少年在自己的活动中就看到了公民的目的性。

我们也非常重视少年对这样一些观念的认识：要为人们做好事，要去理解并体验和你在一起的那个人的欢乐和痛苦，要把自己的一部分心灵交给他，不能容忍漠不关心的态度，要痛恨那些损害人的尊严的行为，……这样，你就能成为一个真正的人。培养对这种观念的情感感染力，并不意味着要无休止地重复讲这个观念，以便在认识和记忆中牢固地确立这一观念。一个人可能根本不知道作为逻辑判断的这一观念，但是，如果他为其他人做好事并从中体验到高尚的情操，那么他一定是用理智和心灵去理解道德观念的。少年具有这样一个重要的特点：当他对周围所发生的一切表示十分关切的时候，他对周围世界各种现象的兴趣也越来越大，他的心灵就能更细腻更敏锐地去感受教师所说的话，去感受道德教诲和用言语表达的道德观念。用理智和心灵来感知周围世界，是确立道德素养极其重要的前提。道德上冷漠的根源是情感上的冷漠。

　　培养情感，并不意味着要大家去谈论情感或者学习体验情感。斯坦尼斯拉夫斯基多次谈到，"情感是不能命令的"。如果说在一般培养工作中不允许有故意的和人为的做法，那么在培养情感素养的时候，这两种做法特别有害。有这样一种刻板的公式：我给你讲什么，你就去理解什么，我要在你的心灵里树立什么，你就去感受什么，这样你就会成为一个好人。如果教师相信这样一种公式的效能和教育力量的话，崇高言语就会在少年的意识中变成不值钱的小硬币。感情需要引发，需要激起形成道德素养和情感素养所必需的感情，而为此需要有产生情感的环境。

　　利用人们关系中丰富多样的生活环境，有意识地创造培养情感素养的环境，这是教育艺术最细腻的领域，是教师素养的本质。如果不去掌握细腻地对周围世界进行情感—美感观察的方法，就不能当教师。如果说发生在儿童、少年和男女青年周围的许多事情，从道德教育和情感教育的角度来看是无可挽回的损失，那么造成这些损失的原因是教师本身没有养成也没有发展从情感—美感的角度来观察世界的能力。而这种能力并不是与生俱来的，只有通过生活才能获得、领会、养成、完善并掌握。如果要讲教学经验以及取得这些经验所必需的工作年限，我首先要把从情感—美感角度来观察世界（首先观察人）的细致性归到这个概念中去。教师之所以能成为儿童和青年的指导者，是因为他细致而又敏感地用理智和心灵来认识世界。在培养少年的工作中这一品质具有特殊的意义。少年的视野无限制地在扩展，他们的智慧具有认识并有逻辑地分析抽象真理的能力；这种年龄的人看到的是离他们很远的事情，而往往注意不到他们身边的事情。教师一方面要注意发展和加深少年期的天性和少年的社会地位所要求的能力，同时要培养少年用理智和心灵去观察自己身边的事物和现象的能力。

情感和公民的尊严

　　培养公民个人的尊严感是影响少年精神世界最细腻的领域之一。教师应当竭尽全力，使学生感到自己是能够影响社会发展的积极力量。公民感是最崇高、最高尚的心灵运动，它颂扬人们，并在人们身上确立社会意识、荣誉感和自豪感。公民感是道德纯洁的主要源泉。公民尊严感强的人有自己对世界的看法。他从社会意义的角度来观察周围发生的一切，即使那种似乎与他个人无关的事情也被作为他个人的事情而使他感到关切。

崇高的道德行为是一种美，由此而产生公民的荣誉感和自豪感。这种感情享受早在童年时期已经被孩子接受，而在少年期则明显地由于孩子意识到并理解高尚道德的思想实质而显出光彩。从美感方面来体验道德美是认识人的社会意义的重要条件。要把从道德美中获得的美感享受和对人的认识结合在一起，这也会对少年的精神世界产生细腻的影响。在讲述崇高的道德行为时，我总是努力做到直接针对少年的精神世界。少年们对我的这种做法非常敏感，他们的心向教师敞开了：他们内心最隐蔽的角落变得敏感和容易感动了。

我常给少年们讲述人类崇高精神的高度表现——伟大的卫国战争英雄所建立的功勋，这些英雄为了祖国的自由和独立献出了生命，表现出对敌人的愤恨和蔑视，在极端痛苦的考验中保持了公民的自豪感，他们深感自己在道德上、精神上压倒了敌人。少年们在认识公民功勋的美和伟大的时候，陷入了沉思，并向自己提出这样一个问题："我能做些什么呢？"

纳尔奇克城的 13 岁少先队员萨沙·科瓦辽夫的功绩感动了学生们。科瓦辽夫用三硝基甲苯（TNT）炸药包把法西斯分子撤退时所要通过的一座桥梁炸毁，使它飞上了天空，他自己也在爆炸时受了伤。敌人把他押到法西斯城防司令部。敌军司令官对他说："谁教你这样做的，把他们的名字全说出来，马上放你回家。"萨沙回答说："谁也没有教我。"司令官把一块巧克力糖丢给这个少先队员。"去你的吧，法西斯恶棍！"少先队员喊了一声，把巧克力踩得粉碎。司令官揪住孩子的头向墙上撞去。最后敌人把他押到柞木林中枪杀了。纳粹分子不敢面对孩子，他们朝他背上开枪。

我也常常讲述一位无名英雄的故事，他是一位苏联士兵，被关押在德国布痕瓦尔德集中营里。他拒绝把腰带拿下来，因为皮带的扣环上有一颗我们苏联的红星。当纳粹匪徒们向他走来的时候，他打死了一个匪徒，把另一个匪徒打伤了。我永远也不会忘记，我的学生们是多么聚精会神地听我讲述我们本地的女共青团员薇拉·帕夫莎的英雄事迹！她和自己的朋友一起书写了反法西斯传单，隐藏从俘虏营逃出来的苏联士兵。薇拉被法西斯分子抓住后，受到严刑拷打。法西斯分子挖出她的一只眼睛。"如果你说出同伙的名字，可以让你活着。"一个德国秘密警察说，"你要是不说，我们就挖掉你的另一只眼睛。你会祈求快些死去。"薇拉鄙视地向法西斯分子啐口吐沫。她咬紧牙关忍受了惨无人道的酷刑，她说："卑鄙的东西，你要死在绞刑架下。"

英雄们的卓越而又崇高的功勋使每个少年沉思起来，他们的思想上升到英雄的境界。他们在想象中描绘出一幅显示人民的精神力量和情感美、表示人民的自豪感的壮丽画景。怀着这样一种崇高的感情，少年用理智和心灵理解了这样一种思想：人的生活中有一些东西，它们是任何事物都不能与之相比，不能相提并论的，这就是祖国的自由与独立，祖国的荣誉、强盛和尊严。

情感环境的共同特征

情感环境是培养情感的手段，它的实质在于，人用心灵来感觉别人内心的极其细腻的活动，并通过自己的精神活动来回答它们。

表现为精神激奋的活动反映出情感环境的特点，这种活动似乎是自发的，并不是由任何意向引起的；这是过去已经获得的道德财富在起作用。那种不是预先规定和准备好的，而是在当时情况影响下产生的活动，同时也是一定的情感—道德素养的表现，是人类崇高激情的进一步深化。

母亲决定把托利亚送到舅舅那里去住。他和集体依依惜别，心情沉重，但他的心灵深处却隐藏着一种希望：也许，在另外一种环境中，他的生活会变得轻松一些。集体感觉到了托利亚的这种心情。大家都在发愁，离别的心情是沉重的。在动身前的几天，同学们都给他送来了礼物，买了纪念册，而且每个人都在指定的那页上画点东西，写几句话。动身的那天我们讲定，派5个人（3个男同学、2个女同学）到离学校2公里的火车站去送行。火车在第三节课的时候离站。但上第一节课的时候情况已经摆明了：男女同学都没有心思上课了。我明白了，他们全都想去送托利亚。只有一件事使我担心：难道他们没有决心提出不上课的请求吗？同学们都走了，派了一个代表来说："难道在今天这样的日子，可以放得下托利亚同学吗？我们放学以后再补课。"对我来说，这是真正的幸福，因为孩子们所做的，正是高尚的感情对他们提出的要求。好就好在他们没有通过痛苦的思想斗争来考验这种感情："怎么办？可以这样做吗？会不会产生不愉快的后果？"

通过类似这样一些行动获得巨大的精神财富，孩子们确信了自己身上的高尚情操。内心世界的鲜明情感表现使人与人的关系更加纯洁：一个人对别人的义务感加强了，心灵更加敏感。集体的态度在托利亚的生活中起了很大的作用。

如果在教育工作中实现了情感影响和道德影响的统一，那么，儿童和少年的心灵活动的能力以及把自己的心献给人们的能力就大为提升。这种无私的能力使生活充满光辉和喜悦。儿童和少年需要以极其细腻的方式把自己的心灵献给人们，献给活生生的人和事，献给能体现现实美的一切东西，而没有这种需求，他们要获得充实的精神生活是不可能的。我想把这种能力称为"亲近"。大家都知道儿童具有亲近的精神需求——献出自己的心、使自己周围的一切都充满崇高精神、欣欣向荣。对儿童说来，洋娃娃是活的，他赋予洋娃娃智慧、感情和性格。这种精神需求并不是天生的。它是人们给予那个小生命的第一个具有人性的东西，这个小生命来到世界上并努力想成为一个人。这种崇高的互相亲近、充满激情和献出自己心灵的人的需求给教师指明了道路，教师在培养情感的敏感性和对道德真理、道德观念、道德原则的感染力的时候必须走这条道路。儿童的心应当分给某个人或某样东西。如果孩子不把自己一部分心思放在洋娃娃、小马、绒布小熊、小鸟、柔弱的花朵、小树和心爱的书本上，那么，他们就不能理解人的友谊、信任、忠诚和眷恋这些深刻的感情。

我认为自己的教育任务是，在献出心灵这一点上，童年期和少年期之间不应该有什么界限，务必使在童年期获得的心灵财富不致因时间的推移而丧失殆尽。造成少年教育困难的原因之一恰恰就在于童年时期的情感—道德财富丧失了，而童年时期的情感—美感领域往往比较狭小而又贫乏。形式主义给教育工作带来极大的危害：儿童们和少年们做的许多事情没有触及他们的内心，而仅在意识表面上爬行（例如，有时甚至连帮助残废者和病人也变成轮流值班的"措施"，并逐渐成为用打分数来评定好坏的"课程"……，很难找到比这种做法更扭曲儿童心灵的事情了）。

我很重视让少年们在友谊和美的领域里有着丰富的情感生活，使每个少年都有一种对他说来是无限珍贵和无比亲切的东西；要让尽量多的人和物进入童年期孩子的精神生活，并使其在整个少年时期在情感领域中一直保存着这些人和物的迷人的吸引力。

无论在儿童期，或是在少年期，实际上都是通过劳动使人们对事物和动植物表现出崇高的精神。具有重要意义的不是每个孩子种了几棵树，而是他种的树（即使是一棵小树）对他来说意味着什么，在他心目中的地位如何。充满崇高精神的劳动把儿童期的情感素养和少年期的情感素养连接起来。儿童时期建立的"美丽之角"作为最喜爱的地方永远留在了我的学生们的精神生活中。在和朋友、教师分别了许多年以后，他们都已经变成成年人、各方面成熟的人，但仍然十分想要到这些地方去看一看。

在培养年轻的心灵对周围世界的敏感性的过程中，情感记忆起着很大的作用。因此我努力用鲜明的印象和感受来丰富儿童和少年的情感世界，以便使他们对周围世界的情感态度不是一闪而过，而是将其留在心灵中，激发起纯洁的想法和动机。

情感教育和美感教育的统一在于发展和丰富情感记忆。在我们学生的童年时代展现在他们面前的是一些动人的美景：池塘边的垂柳、柞木林中寂静的暮色、沟壑中古老的甜樱桃树、丁香花园等。这些美景在孩子心中激起赞赏的感情。他们眼睛睁得大大地观看世界，体验享受美的幸福。与自然景色有关的对童年的回忆更增强了他们对周围世界的敏感性。少年们看到了大自然的美，因为在童年期他们就发现了它，因而大自然的美被深深地铭刻在他们的情感记忆之中。

音乐是丰富情感记忆的源泉。我力图使儿童对音乐旋律的知觉同纯洁、高尚、崇高的情感及动机（这一点尤其重要）联系起来。当孩子们在大自然中听柴可夫斯基、格里格、贝多芬、巴赫的作品时，在自己的想象中出现了善良和邪恶的斗争场面；他们全心全意地站在善良、美好和公正一边。正是在这个时候孩子们产生了一种做好事的愿望。音乐这一使人高尚的力量到了少年时期继续发生作用。有时我们举行音乐晚会和晨会，主要是听音乐。

最重要的情感环境

1. 教会学生用心灵去感受别人的内心世界

个性的精神美取决于教师是否善于教会自己的学生用心灵去感受别人的内心世界，我们应当从能思维和感受但尚未成为名副其实的人的孩子身上来造就这种个性的精神美。**通过培养崇高的感情使儿童和少年变得高尚的艺术，实际上是一种引起共同感受的艺术。**我力求使人在童年时期就能用心灵去理解并感受别人极为细腻的心灵活动。

我给学生们讲了残疾幼儿彼德里克的事，他重病卧床，因而失去了童年的欢乐，我要求每个男同学和女同学都设身处地替病人想一想。由此大家产生了共同的感受。我们常到这个孩子那儿去，给他送去书本和玩具。彼德里克是一个机灵的孩子，对周围的一切反应敏锐。开始他怀着警惕心，对我们有些不信任，然而少年们坦荡的心胸和善良的动机使这个孩子心里的冰块融化了。他等着孩子们到他这儿来，和他们讲自己童年的欢乐和秘密：在他小窗上衔泥筑巢的燕子，给了他许多欢乐的带有插图的小书，清晨照射到他头上的阳光。孩童的幻想和创造的世界使我的学生们感到亲切、珍贵，他们很快就以自己的全部身心感觉到了彼德里克的种种忧虑和不安。孩子们之间确立了诚挚的友谊。我们送给彼德里克一本大纪念册，每个人都给这个孩子画了一张画。我们还和彼德里克一起为这些图画写了故事。

和这个生病孩子的精神交往成了进行情感教育的独特的学校。和彼德里克最初几次的会面已在少年们的心灵中引起深刻的同情：

少年们感到，这个孩子不能像健康人那样认识许多事物。塔尼娅谈到"森林的黄昏"时，彼德里克向她提出好多问题："啄木鸟是怎样的？森林怎样呼啸？阳光在草上怎样闪烁？凉爽的森林的气息是怎样感觉到的？猫头鹰在哪儿度过白昼？小溪怎样发出潺潺声？"孩子们听了都非常激动。他们满怀着忧虑，因为彼德里克不能到森林里去，无法领略森林的美，无法聆听森林的宁静和森林的音乐。

"我们带你到森林里去。"托利亚说。彼德里克急切地期待着去森林旅行的日子。少年们找到了一辆橡皮轮的小推车，让这孩子坐在车上，把他带到森林里去。这时候，这些少年的心都满怀着做好事的愿望。在这风光绮丽十分美妙的地方，每个人都想给彼德里克介绍看些什么。大家把他带到充满阳光的林中空地。彼德里克看到了啄木鸟，第一次听到森林的呼啸，感觉到了**凉爽的森林的气息**。

彼德里克是在家里学习一二年级的学校课程的。我们大家都当他的老师。夏天，少年们帮助彼德里克治病。令人高兴的这一天终于来到了，这个孩子机体的活力战胜了疾病，彼德里克能够站立了。他迈出的每一步都在我的学生心中产生了反响。现在只要到森林去旅行，每次都有彼德里克。他自己走一段路，我们推着他的车走一段路。当我们要到他力不能及的远处去旅行时，总有一个少年陪他一起留在家里。

灵敏的情感仿佛打开了人们的视野，而共同的感受则使人们在最一般的表示担忧、沉思、惊慌的眼神中感觉到了别人的不幸。由于我的学生在童年期、少年期和青年早期已经经历过情感灵敏性的训练，他们能觉察成年人和儿童的孤独，从而对他们充满同情，变成他们的朋友。他们发现已经退休的彼得·帕纳索维奇医生十分孤独。他的妻子过世了，他把妻子埋葬以后就搬到我们村子里来住。每星期他都捧着鲜花到邻村他妻子的坟上去。到森林里去旅行的时候，少年们了解了这件事，看出这位老人忧郁的眼神。老人为了把一束玫瑰花或者矢车菊放到他妻子的坟上去，每次要走 30 千米路，这种深切的感情使少年们十分感动。少年们和彼得·帕纳索维奇交上了朋友。他们帮老人栽花，偷偷地把花送到这位医生妻子的坟上，以便给彼得·帕纳索维奇带来些安慰。

和这位老人建立友谊的岁月对少年们的思想和感情都产生了深

刻的影响。他们对人们之间的诚挚关系显得更为敏感，也更易于动情。他们了解到三年级一个女学生的家庭发生了不幸。女孩子的父母亲离婚了，她留在奶奶那里，而她刚满两岁的弟弟则住在外婆家里。小姑娘难受极了，她想和她的弟弟住在一块儿。有一次她到弟弟那儿去，但弟弟已经不像平时那样高高兴兴地来迎接自己的亲姐姐，而是用不安和警惕的眼光望着她。"尤尔科已经把我忘了。"她对女同学们说。这句话使女孩子们非常震惊。

"为什么人们要互相为对方制造痛苦，给对方带来不幸和委屈呢？"当我们到森林里去旅行坐下休息时瓦里娅问道，"为什么他们要把拉娅和尤尔科拆开？为什么常常有狠心的父母亲？"假如少年们对别人的痛苦无动于衷，假如不把别人的痛苦挂在心上，那就不会提这些问题。

表示共同感受的范围逐渐扩大，从少年在自己周围看到的现象扩大到住得很远的那些人。假如在我们的日常生活中没有进行共同感受的教育，那么少年们对世界上正在发生的一切都会漠不关心。教师言语的力量，教师的话对学生精神世界的影响，"用动词来点燃人们的心"的本领，取决于共同感受培养起来的是怎样的情感素养。

学生所理解的科学真理和科学规律越多，他们的智力财富越是可观，那对他们来说，认识人的精神世界、确立人的高尚情操就越显得重要。少年对文艺作品的领会也取决于生活中的情感教育，取决于对别人的欢乐和不幸所表示的共同感受的深度。只有当情感和道德素养的种子通过细腻的情感—道德关系播种到少年们的心中去的时候，文艺作品才能起到培养情感和道德素养的作用。这是对少年进行正确教育的极其重要的条件。

2. 善良感情的物质表现

每一个少年都应长期坚持把自己善良的感情贯注到劳动中去，并以高尚的动机使它富有人性。按我的意图，劳动应当造成这样一种环境：它能使少年们更敏锐地感觉到别人的精神世界。

每年1月份的第一个星期，我们都要庆祝姑娘节，早在姑娘节的几个月以前，一位男同学在树林里挖了一株铃兰的根，把它埋在冻土中，然后移入温室，等它开花。对善良感情的这种感受本身就逐渐成为劳动的目的和动机。为了一刹那的幸福感，一个人要劳动几个月，劳动的巨大教育力量就在于此。这一刹那仿佛使人在情感发展和道德发展方面提高到一个新的阶段。这一刹那在一个人的心中留下了深刻的痕迹。每一个少年都在感受着那最美好的情境的一瞬间，在这种情境中，一个人深刻地了解了别人的内心精神世界。在姑娘节的前夕，这位男同学久久不能入睡。他梦见了充满喜悦的女孩子的眼睛。在这个男同学把这束鲜花献给女同学的难忘的一瞬间，他们两个人的心灵都互相敞开着。形象地说，这时候人的精神像"挺身而出"那样焕发光彩，充满了自豪感，准备去做好事。

当少年面前出现了地平线，当他只注意了"世界问题"而可能忽略别人时，使"为了人们的欢乐而劳动"这样一种人性成为少年时期个性的基础，是多么重要啊！我所关心的是使每个少年都在劳动中找到个人情感和美感生活中的丰满而又快乐的领域。童年时期，每个孩子都已经在住宅边的自留田里开辟了自己的"玫瑰园"。形象地说，这块地方还是一扇小窗，通过它来揭示人的情感—美感世界。要是没有几十扇这样的小窗，学生就会像生活在黑暗之中一样，在他们走向生活的时候，他们在情感、美感和道德方面就可能表现得粗野、冷漠和无知。要是没有鲜花，我不能设想有完备的道德教育。每一个男女学生在"玫瑰园"里从事劳动，我认为这是教育的重要手段。栽培玫瑰树、体验第一朵花开放时的喜悦心情、把鲜花献给别人、感受这一瞬间激动人心的幸福这些过程对培养新人是这样的重要，正像耕耘田地、培育庄稼一样，他们体验到了紧张、汗水、老茧以及劳动所带来的愉快。

一个人感觉的细腻，他在情感上的感染力，强烈的感受、关切、敏感，同感、洞察别人的精神世界……，所有这一切首先会在家庭中，在和亲人的相互关系中遇到。这里需要寻找人的高尚精神需求的情感—美感源泉。培养人道主义是这样开始的：在婴儿眼里，母亲是世界上最亲、最爱、最美的人。然而要获得善良的感情却要耗费大量的精力作为代价。少年应当通过劳动来获得善良的感情，并使这些感情体现在物质财富上。

在二、三年级（有时在一年级），每个孩子都要在宅边的自留田里种上"母亲苹果树""父亲苹果树""爷爷苹果树""奶奶苹果树"。提出这种劳动需要非常注意分寸，非常敏感，因为不是每个孩子都有自己的母亲和父亲……。当然，孩子也可能忘记这是树，如果不提醒他的话。

岁月流逝，孩子们都在成长。小树也长大了，快到结果实的时候了。孩子们为之劳动了许多年的那个幸福的时刻就要来临。春天，当树上开始结果实的时候，孩子们已经激动地和我谈论"母亲苹果树"上将会结多少苹果。也许还未曾有过其他能使儿童们如此激动地等待它的成果的劳动，因为他们在劳动中看到了自己的力量。

在7月的一天的黎明，斯拉夫卡到我这儿来了。他说："让我们一起去看看苹果是不是熟了。"我们走进他的小园子。"母亲苹果树"上的苹果已经变红了，可能还没有完全成熟，但斯拉夫卡已急不可待。他走进小屋，拿来一只钵子，小心翼翼地摘下几个苹果。他把苹果送给母亲。我从未见过这个孩子感到这样的幸福。在那个时刻。我想："如果说你的学生正感受着为人做好事的幸福，那么，你这位教师就是最幸福的创造者。"

3. 世界上正在发生的一切都与我有关

在儿童的生活中往往有不少这样一些难以捉摸的情感意境：周围世界的事物和现象可能震撼心灵，也可能丝毫不被觉察，这一切完全取决于儿童用怎样的眼光来观察世界。让他们用敏锐的眼光去观察世界、教会他们去感受观察的喜悦和忧虑，这是情感教育、美育和德育中的最细腻的东西。我努力使每个人都能珍视某种东西，保护某种东西，关心某种东西。培养高尚精神和人道主义是与美、美感、崇高感不可分割地联系在一起的。然而，如果孩子的双手为了自己和别人的欢乐什么也不去创造的话，那么，你给他们现成的供快乐和享受之用的东西越多，他们观察到的东西就越少，对生动而又美好的东西就越是漠不关心。

当我的学生第一次在校园里散步的时候，我要他们注意一棵小橡树，这棵树不知怎么的就长在小路旁边。我们停住脚步。"孩子们，你们看一看那棵长在路边的、树叶茂盛的橡树，"我说道，"这棵小橡树也能长成参天大树，可是它命运不济。看见了吗？有人用脚踩过它细嫩的幼枝，但是它还很挺拔。这棵小橡树还是有救的。"

孩子们看到了刚才他们漠不关心地从其旁边走过的那棵树。他们产生了一种受到激励和渴望亲近的需求。拉丽萨温柔地抚摸着满是灰尘的小叶子说："小橡树，你痛吗？……"孩子们用不安的祈求的目光看着我，问道："那么究竟怎样救它呢？"这时，对他们来说，那棵小橡树已经不是阳光下上千棵橡树中的一棵，而是世界上唯一的一棵小橡树。我们拿来铲子，挖出一大块土，连根带土地把细嫩的小树搬走了。我们在一个安静宽敞的角落里挖了一个坑，把带土的小树种下去，我们这棵小橡树这就没有危险了。孩子们心里怀着珍贵的，唯一的思想回到家里。第二天孩子们一到学校就马上跑去看自己的这棵小橡树。

人观察世界的能力不是天生的，而是通过劳动和人们之间的关系获得的。这是一种用心灵参加的劳动，要是没有心灵参加，单纯的劳动不能培养出这种能力。

我的每一个学生都要找到世界上某种唯一的、珍贵而又独特的东西。他们每个人都关心着活生生的美好的东西。使孩子们受到激励和感到亲近的事物和生物越多，他们领悟周围世界的现象就越敏锐。每年我们都在一小块试验田里播种小麦。在我们的精神生活中，收小麦的日子成了一个劳动的节日。孩子们小心翼翼地剪下麦穗，不让一颗麦粒掉到地上。但从目前来说，这种担心还谈不上是公民感。对儿童来说，一小颗麦粒还不是社会财富，而是一种生物。只有当人的视野扩大以后，才能逐渐确立公民感和用公民的眼光来观察世界。但是，假如一个人在童年时期没有什么对他来说是最珍贵的东西，那么这个人就不能成为一个真正的公民。

我努力使少年们不要对那些应该使敏感的人焦急不安的事情漠然置之，使少年们对邪恶坚决抵制的感情和肯定善良的意向得到发展。务必使少年对那些似乎与他个人无关的事情表示个人的关切，否则，要培养高尚的情操和造就一个公民是不能想象的。务必使少年的心在面对漠不关心、麻木不仁和降低人的尊严时因痛苦而颤抖，务必使对邪恶的应有的愤懑鼓舞他们做出诚实、高尚的行为；否则，要进行完备的道德教育是不能想象的。引导每个少年为正义和善良的胜利而斗争，这是道德教育、情感教育和美育的非常重要的规则。

我的学生们建立了少年保护大自然小组。他们尤其注意观察：是否有人想要破坏绿化？是否有人破坏森林和果园？在严禁捕鱼的时期是否有偷捕者在活动？是否响过枪声？是否有野鸭血或是鹌鹑血洒到草地上？有时候，这种保护大自然的旅行完成得很顺利，少先队员们回到自己年长的同志那儿时愤慨而又激动，因为他们预先发出了警告，或者在坏事发生后了解了真相。在这些情况下形成了非常有价值的情感意境。

4. 高尚的情感激动

一个寂静的秋天的傍晚，少年保护大自然小组组员柯利亚、维佳、谢尔盖、万尼亚来到教员休息室。万尼亚上气不接下气地说："他们坐着汽车来的，……锯了一棵橡树。"从他条理不清的叙说中我们听清楚了下面这件事：几天以前少年保护大自然小组组员们在森林里发现一棵橡树，在这棵树的下部有很小的一圈树皮（几乎是觉察不出的）被剥去了。很快这棵橡树就枯萎了。之后又有两棵橡树被用同样方法给扼杀了（这是柯利亚的话）。这个事件使所有的少先队员都焦急不安。很明显：有人在破坏树木，目的是使它们枯死，便于之后把这些树锯下来运出去。少先队"无敌"中队郑重地发誓一定要找到这些罪犯。今天，在光天化日之下，一辆汽车开进了森林，两个人开始锯一棵橡树，第三个人到别的地方去了。使孩子们震惊的是：在破坏树木的人中间，他们认出了其中一个是畜牧场的场长。他们多次听过这位畜牧场场长谈论爱国主义和公民天职这一类娓娓动听的言论。这究竟是怎么回事？现在怎么能相信这个人？这些偷伐者尚未锯倒第一棵树，就放下锯子和斧头，来到林中草地坐下吃午饭了。第三个人也来了，这是汽车司机，他去过什么地方？三个人在一起又吃又喝，之后就躺在草地上，大概是睡着了。孩子们从自己藏身的地方走了出来，拿走锯子和斧头，从汽车的车身里找到了绳子。他们把所有这些东西缚在一起，扔进沟壑，还在上面撒上一层土；还在汽车车身上写上"窃贼"两个字。

孩子们按自己的方式惩罚了罪犯之后，现在有些后怕了：这些人是否会控告他们顽皮淘气或者甚至是胡闹的行为。我在他们的眼神里既看到对坏人做坏事的愤怒，也看到他们的犹豫不决。孩子们似乎在问："我们做得对吗？"我好不容易抑制住自己的喜悦心情，对他们说："真是好样的，孩子们！当你们看到犯罪行为、欺骗手段和口是心非的行为时，始终要照良心所吩咐和要求的去做。良心永远不会出卖你们。要成为维护真理的真正战士。罪犯将受到惩办。除此之外，他们还要为毁掉的每一棵树自己动手栽种 10 棵并且养护数年。"

孩子们由于受到我的表扬而欢欣鼓舞，他们交出了汽车钥匙，于是罪犯很快就被抓住了……

孩子们照良心所要求的那样去做了，而良心是感情和认清公正的乘积。孩子们的这种举动无疑将永远在他们的心中留下痕迹。再有几个这样的举动，少年们就会成为道德上成熟的、刚毅的、对邪恶毫不妥协的人。

我一直有点儿担心，生怕压抑少年们心中的热情，生怕散布冷漠的情绪，生怕扑灭愤慨心情的火花。任何时候也不要对年轻的心灵迸发出来的真诚的热情置之不理，任何时候也不要去动摇他们对世界上最宝贵的东西的信念，它作为指路明灯，照亮了年轻人生活的道路——这是对共产主义理想的信念，是相信最**公正的真理**（柳达的话）**必胜**的信念。生活的视野让我们看到的人的道德面貌，取决于这个人在面对邪恶的时候是怎样表现的。

有一次，少先队"无敌"中队的孩子们遇上了坏人坏事，他们干得更为果断。早春时节禁猎候鸟，但他们看到两个打了许多野禽的猎人。这伙偷猎者感到疲倦了，他们给自己安置好休息地就睡着了。孩子们拿走了猎枪、弹药，还有一袋很重的东西（后来才搞清这是用来把鱼震昏的炸药），他们把全部东西都抛到了水里。在离这伙睡着的偷猎者 100 米的地方，孩子们用芦苇燃起篝火，并且把十来发猎枪子弹抛到篝火里。也许会有人对少年们的淘气行为表示愤慨，也许会要求他们："不要这样做。比方说，你们应该到村苏维埃去，或者，至少应该到学校去，控告他们犯了法。"然而在这个要求中有着假仁假义的东西。它似乎教导少年们："看到坏人坏事后，要好好看住他们，记在心里，也可以用笔记下来，告诉大人，让大人去考虑怎样处理……"如果一个少年这样做 10 次、20次，长大以后，他就是一个冷酷无情、麻木不仁的人，对所有的人和事漠不关心。他的生活准则就是对一切都冷漠无情、不偏不倚、谨小慎微。他会考虑："如果亲眼看到违法行为，是应该表示愤恨还是不愤恨？"他会从对自己本身是否有利、是否合适的立场学会控制感情。这样的人是可怕而危险的，因为他们会干出背叛和背信弃义的行为来，在复杂的环境下这种人是不可靠的，对他们来说没有任何宝贵的、神圣的东西。

生活中经常有良心的感召，也有最高尚和最有理智的情感，也常常通过愤怒和愤慨来确认正义性。我认为重要的教育任务在于，要培养和训练自己的学生细心地去感受种种现象，这些现象就其性质来说首先会对感情产生特殊的影响。这些现象包括：一个人给另一个人带来痛苦和苦难，破坏那些在学生看来是神圣不可侵犯的道德规范。从成年人的观点来看，学生遇到的坏人坏事可能是无关紧要、微不足道的，然而要知道儿童和少年有他们自己的活动范围和他们自己的衡量善恶的尺度。不仅需要看到儿童感兴趣的领域，而且需要深刻地看透儿童、少年的思想，体验他们的感情并为他们的忧虑而焦急。共同的感受，这是学生在心中理解您道德面貌的情感基础。少年是从您怎样对待他对邪恶的愤慨心情这一点，判断您是怎样一个人的。形象地说，如果您把一桶冷水倒在熊熊燃烧的篝火里，那么少年心中热烈的声音将被胆怯的思想所发出的冷漠而又谨慎的声音所压倒："是否值得去注意这件事？反正我的过问是无济于事的，我一个人能做些什么呢？"

在情感上解除武装，将产生危险的道德恶习——无能为力、自卑感。我认为，在人的情感世界中，如果一个人把自己看作是非常渺小、微不足道的尘屑，这种感情是最可怕的。广义地按这种理解而论，感情上的缺乏教养是形成个人道德消沉的根源。

美感的源泉

培养美感素养要求学校生活具有高度的全面素养，特别是道德素养——把人看作是最珍贵的。如果在人们相互关系的日常"琐事"中，粗鲁、冷漠和不守秩序占了优势，在这样的环境里，美的最珍贵的东西就会显得软弱无力。

美育是从培养集体成员相互关系中的丰富的内在情感——敏感、亲切、诚恳开始的。在人周围的美和人本身的美和谐地结合的情况下，人们相互关系中的美起着主导作用。儿童还不能用思想、用意识来理解这种美的本质，但是他能用心灵来感觉到美；美对他来说就是公正。公正使儿童的心灵变得高尚，而不公正则使他们变得粗鲁、残酷无情。人的内心世界和人的周围世界之间的协调一致，就是通过感受到公正待遇的欢乐达到的。公正具有奇异的特性，它能拨开儿童的眼睛和心灵去感受美。不公正则仿佛用冰制的铠甲把年轻的心灵裹住，因而心灵就变得迟钝，对美置若罔闻。在家庭和学校里，起决定作用的是公正还是不公正，这一点决定着儿童的心灵状态，决定着他的内心世界与同他在一起生活或参与他的生活的人们之间相互作用的状态。心灵状态是对行为的一种纯粹个人的情感评价，而这些行为在一定程度上与儿童的个性有关。公正培育出这样的内在的精神境界：一个人具有开朗、敏感的心灵，能够对别人精神生活中最细腻的活动做出反应。对于这样的心灵来说，周围世界的美是形成善良信念的强大源泉。不公正会导致情感冷漠和美感迟钝。

不公正对于少年的精神生活特别有害。少年已经能够对人们关系中的美进行初步的逻辑分析。但他们的概括能力往往会使他们得出错误的结论，认为人道和人的尊严并不是在某种个别场合下受到损害，而是时时处处都在受到损害。

美感的源泉是美的知觉素养。一个人感受到不公正之后，会使高度的美感素养所特有的敏感性变得迟钝。不公正会使少年的神经系统受到震惊，形成兴奋状态，然后转为心情抑郁、无精打采。处于这种状态下，人不能正常地感知事物和现象及其差异和特性，也不能正常地思考。他感觉不到自己周围的人们的美，因而也就不去寻求自己身上的美，不去追求人道主义理想和自己行为的善良。

人们相互关系中真正的美——真诚，并不总是很愉快的。说真话常常充满了痛苦和忧虑，说真话包含着对邪恶的谴责和不妥协。但是，最痛苦的真话会使一个人在心中确立起做一个好人的志向，因为真话就其本质而言，永远不会损害人的尊严。

学校中的公正态度首先表现在对儿童和少年在劳动方面的努力

程度做出评价。这种努力程度的表现是很细致、很难捉摸的，往往看不出效果，比如是否掌握了深刻的知识、牢固的实际技能等。他们进行了脑力劳动，做出了努力，可是却看不出效果；而教师只评价效果——知识。儿童就把这种片面的评价视为极大的不公正。我们务必使学生的脑力劳动始终能产生积极的效果，这就是我们在学校工作中贯彻人道和公正精神的艺术。

对学生劳动的努力程度做出公正的评价，能促使学生确立一种信念：他们和他们的老师是进行共同劳动的同志，是志同道合的人。由于有了这种感受，教师和学生会相互推心置腹，赤诚相见：他们心灵相通，人们的优点就不会被那些偶然的、伪装起来的和次要的东西所掩盖。在充满高尚动机的同志情谊的气氛中，儿童和少年的心变得对一切善良的表现都很敏感。他们感觉到了人们中间存在的美，这种美就会在他们的心中确立对善的信念，儿童把教师提出的要求看作是真正的朋友、同志和志同道合者的忠告；如果少年也能这样来领会教师的要求，那对学校工作就非常有利。我坚信这是培养自觉纪律的基石之一。学生在专心致志地从事同志式的共同劳动时，会充分显示出自己身上所具有的道德力量和意志力。他的个人意志不会减弱；相反，他会鼓起自己的精神力量来达到目的。这个体现真正的教育的重要规律在实践中表现为，教师很少使用禁止的办法，几乎总是通过以身作则来鼓励和引导学生。这就是培养坚强意志的全部技巧的"秘密"。一个好的教师之所以很少使用禁止的办法，并不是因为他对坏事视而不见，而是一心引导学生做好事，鼓励他们努力做一个好人。

如果每个人都努力要做一个好人，那么每个人的个性会在集体中显露出来。这里指的不仅仅是每个人都表现出自己的力量和才能。他们还显露出个人知觉方面的特点、就教师对行动和行为的评价所做出的个人内心情感反应。这种反应是人们关系中的美的重要因素。由于他要努力做一个好人，即使教师表现出愤怒、激情、痛苦和忧愁也不会被理解为不公正。相反，教师的这些心灵活动会在学生身上激发起一种愿望——成为一个更好的人，并使学生体会到教师是公正的。

如果您想成为一个真正的教育者，请您首先要在年轻的心灵面前表现自己身上作为一个人所应该具有的美——这一点是很重要的。这里指的不单是要体现教师以身作则这一巨大的教育力量,还要使儿童和少年懂得并感觉到自己的老师在日常工作中所表现的作为一个人所应该具有的美:细腻的情感和情感素养的美。真正的教育者是一个情感领域宽广的人,他能深刻地感受欢乐和忧愁、悲伤和惊恐、愤慨和恼怒。他很少提高嗓门大声叱责。焦虑、忧愁、惊奇、痛苦、愤怒(教师和任何一个有情感素养、有教养的人一样,有权发怒)——所有这些感情和几十种与此类似的感情表现,儿童们都是从自己的老师日常所说的话里感受到的。要使儿童们能体验到这些感情,一个真正的具有人道主义的教师并不需要进行专门的演说训练。我认识一位优秀的教师:他即使在愤慨的时候,也几乎是低声说话,而全班学生则屏息静听他的每一句话。这并不是对嗓子做某种专门的"调节"。这是发自内心的、来自内在感情的高度教养。如果教师想使自己的学生在他身上感觉到作为一个人所应该具有的美,那他就应该努力使学生经常感觉到教师对他们的行动、对他们的行为所做出的细腻的情感审美反应。这种反应也就是用体现人类美的人道精神和公正态度来进行教育的强大力量,如果没有这种力量,学校就不成其为学校了。学生就是从教师的这种反应中,从教师丰富的心灵活动中感觉到他的个性的。

在有些学校里,儿童们不理解、也感觉不到教师身上的人的特性,他们毫不同情和理解教师工作中的困难。儿童们往往用花样百出的淘气行为使身心疲乏、神经激动的教师感到厌烦,教师"失去了自制力"——大声叱责……。这是人们相互关系中修养很差的基本特征。凡是出现大声叱责的地方,就有粗鲁行为和情感冷漠的现象。大声叱责表现出的是最原始、最本能的反应。每个教师心中所具有的情感素养的种子都会在这种反应中丧失殆尽。用大声叱责教育出来的儿童,失去了感觉别人最细腻的感情色彩的能力,失去了对善的敏感性,这后一点特别令人不安。用大声叱责(在家里还要加上拳头、打后脑勺以及其他一些粗暴的行为)教育出来的儿童,会看不到、也感觉不到自己周围的美,他非常冷漠无情,毫无怜悯心,在他的行为中有时会出现往往是人身上最可怕的表现——残忍。

人的情感素养的源泉是教师通过心灵来感觉儿童、少年、男女青年的内心精神世界的能力。孩子有自己的惊恐、欢乐、忧虑和痛苦。具有高度情感素养的教师，会根据学生眼神流露出来的对思想、感情和感受的反映，感觉到他们的内心世界。当一位敏感的教师了解到一个学生有些不顺心的时候，他并不立即去仔细探询或者去安慰他。他要使这个孩子感觉到，教师已经了解了他内心的惊恐、忧愁、焦虑和痛苦。当教师确信孩子需要帮助的时候，就和他进行个别谈话。善于进行这种谈话，是情感素养的一个非常重要的特征。

培养用心灵来感觉的能力，是完善教师教育技巧的一个最重要的方面。要去努力洞悉人们话语里反映的情感的潜台词。言语像眼睛一样，是心灵的镜子。我学会了在学生的话语中体会种种最细腻的感情色彩：抑郁、惊恐、忧愁、孤独感、痛苦、懊丧、不满、不安。萨什科家里有时会发生争吵。这个少年深感父亲的冷酷无情给母亲带来了痛苦。我已经能够根据萨什科话语中的细枝末节猜度出他家里现在的情况。这个男孩子有时候因讲述一本书的内容而激动万分，我就以此来确定：他现在是高兴呢还是惊恐不安，也就是说，他家里现在是和平和宁静呢，还是与此相反，他的母亲正处于绝望之中。

教师可以从学生对美的反应中去了解男孩和女孩的心灵活动。一个心情不好，内心为痛苦、屈辱、恼怒和愤慨而颤抖的人，会从自己的情绪出发来感知教师关于善良和公正的谈论，他也会从自己的情绪出发对艺术和大自然的美做出反应。不安、痛苦、绝望、屈辱……这些感情仿佛封闭了把美传给人们心灵的道路。如果人们的心灵中缺少美感，如果不公正的态度使它感到惊讶，使它受到伤害和侮辱，那么，美感所培育出来的真理就仅仅是美丽的辞藻。在运用美感作为治病的良方之前，必须调节好人们敏感的心弦，使得美的音乐能在心中激起反响。对一个处于不安、抑郁和绝望状态的人最好能讲一些只涉及他个人的话。学校集体里应当充满这样一种精神：大家对集体中的每个成员都怀有共同的感受，表示同情和衷心的关怀。这种精神不是一下子就能建立起来的，也不能用某种专门的手段来达到。这种精神萌芽的产生有赖于教师和学生具有共同的情感素养，特别是要求教师能理解并感觉到孩子所从事的智力劳动的复杂性和全部困难，要求教师能正确评价学生做出的每一个努力。如果教师根据学生们的情绪来"定弦"，对学生一味包容和过分迁就，不严格要求和不讲纪律，这种态度和同情精神完全是两码事。对无所事事、懒惰和任性采取放纵态度，这是不公正的另一种表现。在那些存在道德沦丧的地方，不公正就会渗透到精神相互关系的最细小的毛孔中，产生欺骗、阿谀奉承和道德上的不轨行为。

大自然和美

大自然的美在培养崇高精神方面起着很大的作用。大自然会使少年培养起对事物、现象和人们心灵活动的各种细致的表现和差别的感觉和感知能力。

大自然是善的源泉，只有当年轻的心灵由于人类最高度的美——善良、正义、人道、同情心、疾恶如仇——而变得高尚的时候，大自然的美才会对人的精神境界产生影响。多年的经验证明，凡是对善良缺乏敏感，没有想使自己变得更好的真诚愿望的儿童和少年，会成为冷酷无情、毫无心肝地对有生命的东西"开膛剖肚的人"，成为肆意破坏大自然的人。对人的尊严感反应迟钝，会导致一个人看不见大自然的美。大自然的美作为进行情感教育、美感教育和道德教育的一种手段，只有在对个性产生精神影响的一切手段都和谐一致的情况下才起作用。大自然的美对少年说来首先是一种美感素养的教育。大自然的美能培养细致入微的感情，促使人们感觉人的美。我认为我的教育任务在于：使学生在童年时期在认识大自然的过程中所获得的情感——美感财富，到少年时期作为人最深刻的一种需求进入少年的精神生活；使他们能比童年时期更深刻地认识大自然的美，这能帮助少年认识自己身上美的和崇高的东西，有助于确立人的自尊感。在认识大自然绚丽多彩的美的过程中，孩子们感受到充分乐观愉快的精神力量，渴望去认识日新月异的美感财富源泉。

人在少年时期会比自己道德发展、智力发展、情感发展和美感发展的任何一个时期，要求更细致、更深刻并在情感和美感方面更明确地感知周围世界。逻辑地认识科学真理和科学的规律性，要求在感情上使自己的思想变得更为高尚。这种从感情上使思想高尚的源泉之一，是大自然的美，因为对于少年来说，思想的源泉、认识和发现真理的源泉也就是自然界。在少年时期，对世界美的性质的感知是与深入的逻辑认识、对事物和现象本质的洞察融合在一起的。逻辑认识越深刻越细腻，与逻辑认识相联系的智力感情越是明显，大自然的美的性质对少年精神世界的影响也就越大。逻辑认识和美感认识的统一，智力情感和审美情感的一致，是少年集中注意力去观察人们、看清人的面貌并感觉人的精神世界的源泉。

在少年面前展现的是这样一些科学真理，诸如物质永恒、宇宙无穷、能量转化、生物和非生物的统一。洞察这些真理的本质，对于少年来说是一种卓越而又异常突然的新发现，他们对这一大堆知识和印象不仅需要深刻地理解，还需要深刻地感受。如果没有这一点，逻辑认识的过程就丧失了灵魂——对理智威力的惊奇感；而惊奇感则是产生求知欲的源泉。需要少年去感受和感觉这些真理，是为了使他们不至于被这些真理巨大的容量惊得发呆，不至于因此而张皇失措。

感受这些最重要的世界观真理的介质和背景是大自然的美。当各种真理和规律的逻辑性为少年们所认识的时候，我就带领他们到树林、花园、池塘边和田野上去，到普希金所说的"冷漠的大自然闪耀着永恒的美"的地方去。在认识过程中少年们产生了激动人心的思想，在这种思想影响下，从情感审美观点来观察世界的能力就更强了。我有意识地把物质永恒和物质不灭的思想放在大自然从冬眠状态开始苏醒的时候向少年们灌输。这个伟大的思想使我们感到异常激动和惊奇，我们怀着这样的心情向草地走去。少年们以崭新的眼光看到了春天的大自然。在少年们的智力和情感境界里，生活中的美与关于物质永恒和物质不灭的思想结合在一起了。我发现，在这种情况下普通的、熟悉的事物对孩子们产生了新的、出乎意料的印象。

我一直记得，托利亚、丹卡、柯利亚是怎样睁大了惊奇的双眼观看那夕阳照耀下的柳树的。红柳树丛披上了初春艳丽的色彩，色彩在阳光下变幻闪耀。丹卡说："我们周围充满了生命的活力。"我在这句话里感觉到一种新的、与童年时期完全不同的东西——对美的赞叹。这是思想上出现的一种新的情感——美感色彩。

在生命苏醒时期（初春），在万物生长、生命过程的极盛时期（盛夏）和停滞时期（秋天），少年们到大自然去进行观察，这已经成为他们的美感需要。关于生命是丰富多样的思想加深了美的感知。孩子们用崭新的眼光看到了披上秋装的树林，看到了秋天的阳光闪耀出新的色彩。他们第一次感觉和感受到光秃秃的树林具有独特的美，发现了生命变化的几十种细致的表现。少年们仿佛透过关于物质永恒和物质不灭的思想、关于生命是丰富多样的思想，在寒冷的、结了冰的（这是一些对秋天的色调变化感到惊奇的女孩子用的词）池塘里，在覆盖着白霜的田野里，在枯萎的柳树和杨树中看到了生命。即使是在生命似乎完全停滞的冬季，与大自然进行美感交往的需要，也会把孩子们召唤到树林、草地、田野去。就是在天寒地冻的1月份，少年们也会觉察到树林里的生命。

为了让孩子们确立宇宙是无穷无尽的这一观念，我有意识地让他们在晴朗的秋天去观察灿烂的星空，因为在八九月份我们这个行星在自己的轨道上会碰到大量的陨石，所以在这段时间里夜空被"流星"照亮。关于宇宙是无穷无尽的这一观念最能震撼人们的思想。在9月底天空布满星星的黑夜里，我们坐在芳香的干草上，孩子们望着深邃的苍穹，努力去设想宇宙的无穷无尽。孩子们怀着更为细腻的感情去观察朝霞、晚霞的美丽色彩和浅蓝色的苍穹。在阴沉沉的秋日，天空被灰色的乌云重重地遮盖住了。孩子们欣喜而又全神贯注地望着天空，希望看到某处能露出一小块蔚蓝色的天空。

现在，孩子们以一种新的心情来感觉太阳的美。如果说他们在童年时期把太阳看作童话里的有生命的物体（当时认为太阳藏到地平线下面之后就走进它那奇异的花园里躺下睡觉了，而幻想中的"铁匠巨人"却在准备明天的工作），那么现在所看到的太阳的美丽就完全是另一副模样了。出现在惊奇而又富有求知欲的孩子面前的太阳，是一个正在进行各种神秘活动的威力强大的世界，这个世界是地球上一切生物的源泉。这个发现把关于周围世界的各种新想法渲染得富有鲜明的美感了。孩子们注视着晚霞和朝霞的变幻、绚丽的彩虹、苍穹柔和的色彩在平静似镜的池塘水面上的倒影。美激励了智力的发展，使求知欲更旺盛了。在静悄悄的夏天的傍晚，当我们在欣赏晚霞和倾听大自然演奏音乐的时候，孩子们提出了多少个复杂而意外的问题啊！

在童年时期，自然界首先是以鲜明动人的童话形式反映到意识里的：幻想的翅膀把儿童的好奇心带向遥远的世界。当儿童们看见雪莲娇嫩的花朵从去年寒冷的落叶下破土而出的时候，花朵的诞生这样一个令人惊奇而雄伟的自然现象，以美好的童话形式进入了他们的意识：太阳公公融化了树上的积雪，一滴热的水珠掉到了地上，融化了冰铠甲，温暖了土地，于是在水珠掉落的地方就长出了一朵花，花儿看到了太阳和晴朗的天空，它惊奇地看了一下周围说："多么美妙的世界啊！"

童年期的情况就是这样。而现在，童话时代虽然尚未过去，但是幻想的翅膀却把少年的好奇心带到了另一个世界：创造出关于美和丑、善和恶的童话。孩子们想象那些遥远的星球、宇宙飞行、人类尚未认识的生命的新形式和能思维的生物。而认识大自然、认识大自然的美，现在已不是通过童话，而是通过思维的智慧来进行了。下面就是柳达的一篇作文。

朝　霞

我喜欢迎接日出。离日出还有很长时间，太阳就预告了自己的苏醒。它用自己四射的光芒给黑夜的苍穹涂上了色彩，使星星黯淡无光。天空的色彩在变幻，在颤动。在天地的连接处仿佛出现了一条黑沉沉的深红色的带子，过了一会儿变成橙红色，以后又变成了玫瑰色、浅蓝色、淡紫色、蓝色。是在哪儿，在太阳深处的哪个地方形成了这样动人的美？那儿在发生什么变化？地球上的生命之火是怎样点燃的？太阳是否会永远照耀下去？如果太阳熄灭了，地球将会遭到怎样的厄运呢？

太阳从树林后面冉冉升起。彩色的光带熄灭了，天空像雨后的花朵一样呈现出玫瑰色。太阳的光芒已经给树冠披上金装，然而还看不见太阳。瞧，地平线上露出了一点星火，它在扩大，很快就成了熊熊燃烧的火堆。东面的天空在燃烧，火光在青草的露水珠中间闪烁。万物苏醒过来了，都在欢迎太阳。雄伟的百年老橡树是太阳创造的，它得到了雨水的浇灌和春风的沐浴。而雨水也是太阳创造的，那风，那娇嫩的草茎，还有那煤、那温热的牛奶……，这一切都是太阳创造的。

在这方面，最重要的是求知欲。少年越是能深刻地感受到美，他思想上的起飞就越有力，他也就越是希望通过想象看到更多的东西。

少年时期多方面的精神生活，要求大自然不再是培养智力兴趣的某种附属品和所需的环境，而是生命的媒介。必须让少年经常接触大自然，让他们在大自然中生活。特别重要的是使他们的智力活动、劳动、接触大自然这三者达到有机的统一。少年时期的美感认识和了解大自然，要比童年时期复杂得多。如果说儿童只是单纯地欣赏周围环境的美，那么，作为一个少年就不可能不假思索地赞赏美，不去寻根究底地弄清美的源泉。我认为，教育的任务在于让少年在与大自然的接触中智力不断得到发展。为了使少年具有完全合乎要求的精神生活，必须创造性地去接触大自然。务必使少年能用自己的双手创造出某种东西。当然不仅仅局限于这一点。大自然应当成为投放精神力量的场所。每年夏季，我们总要有若干天从早到晚生活在"阳光下的密林"中，这是一个奇妙的角落，在这儿，形象地说，年轻的心灵每一次接触到美，都会激起一种希望知道、认识和思考的愿望。少年在与大自然的经常接触中，要求有越来越多的新发现。我努力让自己的学生与大自然进行这样的接触，以便使他们在发现生命的神秘源泉的过程中，对美更加敏感，并激发起他们为智慧、科学和思想而自豪的感情。

在美育和情感教育中，不容许采取训人的做法，也不能人为地使人对美表示感动。只有当教师自己真诚地爱上了大自然的美时，才能点燃少年心中美感的火花。但是，只有当学生单独一个人也能欣赏美的时候，接触大自然才可能使他领略到全部美感。我努力使每个男孩子和每个女孩子在大自然中都有自己的精神生活领域。为了促使少年们喜爱和大自然接触，必须做出巨大的努力。每个少年都在自己家里布置了"美的一角"。我让孩子们在这个"美的一角"里读书、思考。终于每个少年渐渐都在大自然里找到某种自己喜爱的东西：加利娅喜爱井边的那棵枝叶茂密的柳树，萨什科爱上长满野葡萄藤的亭子，季娜爱上了樱桃树林中的一小块空地，柳达喜爱梨树林荫下拥有两箱蜜蜂的养蜂场，而柳芭和莉达则爱上了葡萄园。

艺　术

艺术体现了人类心灵美所经历的时间和空间。正如体操能使身躯挺拔一样，艺术能使心灵舒展。人在认识艺术珍品的同时，也认识了人性，使自己变得更加完美，从而感到宽慰。人的心灵生活是我们共产主义教育学的最高培养目标。知识、技巧熟练、劳动、创造——所有这一切都不过是实现最高目标的手段。斯坦尼斯拉夫斯基说过："现在你们问我：人间的幸福是什么？是认识。是艺术和工作，是理解艺术。你在认识艺术的时候，也认识了大自然，认识了世界上的生活和生活的意义，认识了心灵和天才。这是最大的幸福。"[1]

如果把学校和教育看作是共产主义建设的一个组成部分，那么，确立人类的幸福就是创造新世界精神财富方面最重要的任务。教育学是人类学，它的基础实质上就是创造幸福。而在创造幸福方面，艺术起着巨大作用。

艺术对于塑造少年时期的人具有特殊的意义。在认识一切事物的过程中，少年应当感到自己是一个幸福的人，感到充满了创造力。如果他认识的范围包括了全部美好的东西，他就可能产生这种感觉。认识艺术是一个广泛的、多侧面的概念，不能把它归结为了解、积累一大堆知识，以便能回答出教师们提的问题和得到分数。当人们为了自己、为了丰富自己的精神生活而去接触美的东西，使自己生活在艺术世界之中，并渴望去研究一切美的东西，这才是真

---

① 阿·塔拉诺夫 . 克·斯坦尼斯拉夫斯基 [M]. 莫斯科：儿童文学出版社，1965：172.

正地认识艺术的开始。我认为，要使艺术珍品成为少年们的精神需求，使他们努力用最令人感到幸福、最生气勃勃的心灵劳动——接触美的东西——来充实自己的空余时间，这是一项复杂而又细腻的教育任务。

艺术进入少年的精神世界是从认识语言的美开始的。最通俗、最强有力的艺术是文艺作品。认识语言的美是走向美的世界的第一步，也是最重要的一步。语言的运用是磨炼和培养细腻感情的有效方法。最重要的教育任务在于，在童年时期就要使语言及其多侧面的、愉快而又使人变得高尚的美，成为认识美的东西的取之不尽的源泉和手段，成为儿童内心的精神财富及其表达这种财富的手段。我相信教育的强大力量，而使我形成这个信念最主要的根源之一就是诗歌的美，就是经历数百年的锤炼才达到的人类语言智慧的深度。

我和孩子们到形成本民族语言的各个源泉去旅行。我们边走边欣赏朝霞，聆听百灵鸟的歌唱和蜜蜂嗡嗡的叫声，以便引导他们深入丰富多彩的、人们最易于理解的世界——语言世界。在少年时期，这种旅行具有更深刻的意义。如果忽略了到形成本民族语言的各个源泉去旅行，我就无法想象会有完备的适合少年的美育、情感教育和道德教育。认识语言的美，会在少年的心灵中产生高尚的自豪感和人的尊严感。在认识语言美的同时，少年开始对一切丑恶的东西感到憎恨。语言美也会培养出对邪恶的毫不妥协和不能容忍的感情。带领少年们到体现本民族语言的美的各个源泉去，向他们展开这神秘的美，我认为，这是进行美育和情感教育的最细腻、最高尚的任务之一。当我和少年们在阳光明媚的日子里坐在荞麦田旁倾听**蜜蜂竖琴**的嗡嗡声的时候，当我向孩子们讲述我所看到的东西的时候，语言美首先成了我的精神需求。语言在我的心灵中活着、颤动着，语言大概也因此进入了学生的精神世界。

我们的旅行给少年们带来了巨大的满足。在漆黑的夏夜，距离黎明还有很长时间的时候我们就到田野去，**到小麦田里去**（这几个字是某个女孩子首先使用的，现在已成为本民族语言美的复杂的情感色彩的代名词），我们去的目的很简单，就是为了欣赏朝霞的美。本民族语言的源泉仿佛是顺便发现的，但是少年们是在全心全意地研究它。四次旅行的情况永远留在我和我的学生的记忆中。无比美丽的田野，一望无际的蔚蓝色天空把我们迷住了。"假如我们今天不到田野来的话，我们就不会知道，世界上竟有这样迷人的美。"第一次旅行的时候柳达这样说。由于看到了周围世界的美而激动异常、心旷神怡的少年们，很想发现这种美的精细入微的地方，发现它的各种色彩和变化。在这种时候，一个人也就很想把自己的感情表达出来，找到与别人进行交流的用语，交流的目的正是为了把自己的惊奇和赞美告诉别人。当我看到这种愿望在少年们的心灵中成熟的时候，我就向他们揭示语言的美。

少年们听着令人激动的富有诗意的叙述，在想象我们所看到、听到、感觉到和体验到的那些东西的充满情感的形象。

世界上难道还有比日出时晴空中的色彩变化更美的情景吗？被露水覆盖着的小麦田也在变化着色彩。这亿万颗露珠反映出天空色彩的变化。麦穗悄悄地向大地弯腰，散发出阵阵麦香。这种香味是独一无二的，其他任何东西都不可能发出正在成熟的小麦的馨香。这是太阳把能量注入了自己的生命仓库、热能仓库和欢乐仓库。成熟的麦粒的馨香使人想起了夏日的炎热和树林里的凉爽，想起康拜因的喧闹声、傍晚时分少女们响亮的歌声，想起美味可口的刚出炉的大圆面包……。这就是我们的小麦田……

我们侧耳倾听寂静的草原。起初，她像这些田野一样广阔无垠。一切仿佛还在沉睡。但是草原已经苏醒了，正在等着太阳升起。你们听到蚱蜢的歌声了吗？蚱蜢在欢呼跳跃：阳光很快就要使露珠变化色彩了。蚱蜢坐在麦穗下面演奏它的微型小提琴。它觉得田野是那么广漠无涯，就像我们觉得宇宙空间的无边无际一样。也许蚱蜢正在歌颂自己的广袤无垠的世界。你们听到了轻轻的颤动声吗？这是百灵鸟苏醒了。她抬起翅膀，抖动了一下。她在倾听我们说话。她默不作声，保持高度的警觉。你们听到了沙沙声吗？这是百灵鸟在麦茎之间跳动。她并不从自己的窝边飞向天空。看见了吗？她已经在空中了。看，她像一个灰色的小点点在上升。看见了吗？她变成了淡红色。她这是在迎接太阳。金色的光芒已经在那儿，在高空闪耀了。她已经看到了太阳，在为太阳而歌唱。

我们满怀喜悦地欣赏着大自然的美。我的话帮助孩子们理解、感觉和感受他们希望理解、感觉和感受的东西。这是一种最细致的教育现象——理解语言的情感色彩。我知道，它将留在孩子们的心坎里。以后，不管柯利亚听到还是读到"草原的早晨""朝霞""日出"这些词语，他都会想到这个早晨。语言必将在他心灵最敏感、最隐秘的角落里唤醒一种感情——对人类表现欢乐的生机勃勃的活动的回味，对语言美的享受。

人们永远不会忘记到"黄昏的森林"去旅行的情况。炎热的 7 月的一天，我们到森林里去，寻找人类足迹似乎从未到过的角落。不知什么时候被暴风雨折断的树干上长满了青苔，神秘的峡谷被树冠覆盖，从峡谷底下传来依稀可辨的小溪的潺潺声；在森林深处，野鸽子在唱歌，布谷鸟在"布——谷，布——谷"地叫；树木簌簌作响；躲了一天在等候黄昏到来的夜鸟被我们吓得展翅高飞，发出沙沙的响声；……少年们都在屏息静听。他们希望看到、感觉到并体验到这一切。我给孩子们讲述森林里的泉源、泉水、神秘的森林生活，语言作为人民最宝贵的精神财富也在这种情况下进入了少年们的心灵和情感记忆里。语言不仅帮助他们更好地发现、理解和认识周围世界，还能鼓舞人，激发人们的欢乐感和自豪感，因为人们感到我是一个"大写的人"，我在感觉、体验和思考。

理解语言的情感色彩，不仅是艺术的入门，也是少年们丰富而有意义的智力生活的开始。这就是我提出的"语言鼓舞人"这个概念的内容。当一个人感觉并体验到语言最细微的色彩、气味和情感含义时，他似乎把理智从昏昏欲睡中唤醒了。我多次发现，当佩特里克因接触到语言的某个他以前所不知道的侧面而感到惊奇和激动的时候，他那慢吞吞的、有惰性的、几乎是十分懒惰的思想转变了：他变得细心好学，他能发现以前没注意的东西，能对以前从来不去想的东西进行思考。对语言的理解为思维提供了能量。理解语言是阅读文艺作品的前提。只有当语言铭刻在逻辑记忆和情感记忆里时，阅读才会成为一种精神上的需求。在我们把一本书，例如涅楚依－列维茨基的《米科拉·哲里雅》①、果戈里的《塔拉斯·布尔巴》，或者柯罗连科的《盲乐师》，放到少年手里并对他说："读吧！"之前，必须把他引进艺术的大门。除了到形成本民族语言的源泉去旅行之外，我认为，讲述文艺作品具有很大的意义。如果不是通过这种方式把少年引进艺术的大门，阅读和听语言的音乐不可能成为少年的精神需求。讲述文艺作品要求教师具有高度的情感素养和美感素养。在这方面，往往会产生一种矫揉造作的情感和追求辞藻华丽的危险。

有时候，我们集合在"美的一角""童话室"，或其他环境优美的地方，由我来讲述文艺作品。这些讲座是专门研究中、短篇小说的，有果戈里的《圣诞节前夜》、坡·米尔内的《当牛槽满着的时候，难道牛还会叫吗？》、屠格涅夫的《阿霞》、契诃夫的《草原》、科秋宾斯基的《昂贵的代价》、列夫·托尔斯泰的《哥萨克》、艾捷尔·丽莲·伏尼契的《牛虻》②、埃克多·马洛的《苦儿流浪记》③、马克·吐温的《汤姆·索亚历险记》、儒勒·凡尔纳的《神秘岛》、维克多·雨果的《悲惨世界》、勃·波列伏依的《真正的人》、高尔基的《伊则吉尔老婆子》、奥·冈察洛夫的《大地轰鸣》。少年们从文艺作品中了解到一系列人物的生平和斗争：乔尔丹诺·布鲁诺、托马斯·闵采尔、谢尔盖·拉佐、伊万·明乔夫·伐佐夫④、伊万·博贡⑤、亚努什·科尔恰克、费利克斯·捷尔任斯基、亚历山大·马特洛索夫、卓娅·科斯莫杰米扬斯卡娅、尤利乌斯·伏契克、霍斯洛夫·鲁兹别赫。

孩子们都以迫切的心情等待着文艺作品讲座。

---

① 涅楚依－列维茨基（1838—1918）：乌克兰作家、教育家，他真实地描写了改革后乌克兰农民的生活。——译者

② 艾捷尔·丽莲·伏尼契（1864—1960）：英国女作家，长篇小说《牛虻》的作者。——译者

③ 埃克多·马洛（1830—1907）：法国作家，少年儿童长篇小说《罗曼·卡布里历险记》《苦儿流浪记》《孤女寻亲记》的作者。——译者

④ 伊万·明乔夫·伐佐夫（1850—1921）：保加利亚现实主义作家，参与了保加利亚摆脱土耳其的压迫的斗争。——译者

⑤ 伊万·博贡（出生年月不详，卒于1664年）：乌克兰政治活动家，1648—1654年乌克兰人民解放战争英雄，波格丹·赫梅利尼茨基最著名的战友之一。——译者

当我需要把某种思想灌输到年轻心灵最隐秘的角落时，当我需要向他们揭示创造丰功伟绩、表现英雄主义和舍己精神、发扬真正的人道主义的伟大而又崇高的精神时，我就给他们讲述文艺作品。我认为，这比任何方式都更能发挥出教育者的力量和语言的力量。

在讲述文艺作品的那种气氛里，我们也更加亲近了，我们精神上亲密无间，我们的讨论富有诗意。我们不希望在讲述文艺作品时在我们中间出现"外人"——别的集体里的人。我们很愿意在冬天的黄昏听文艺作品的讲述。我们也喜爱在夏天和秋天静悄悄的傍晚讲述文艺作品，这些作品中充满了善与恶的斗争、人道和正义的胜利、纯洁而又高尚的道德的胜利、人类高尚感情的胜利。我尽量通过作品来培养人们忠于崇高目标、忠于劳动人民理想的思想。我努力使道德美成为个人纯粹的、极为珍贵而又不可动摇的理想。当少年们感受到道德的美，他们就会奋起去实现宏伟的目标。在讲述文艺作品的时候，每个少年比任何时候都更感觉到自己是一个真正的人。

我一直记得那个天黑得很早的 12 月份的黄昏，孩子们第一次听高尔基的童话《伊则吉尔老婆子》。丹柯的形象使少年们深受震动。我在他们脸上看到了正在思考和激动不安的细腻表情。我看到了托利亚的脸，这张脸充满了作为一个人的自豪感。我知道，这些天他家里发生了不幸：他妈妈被遗弃了，痛苦万分。这个男孩子看到的和听到的东西太多了，超过了他的年龄的承受范围，那个给他母亲带来痛苦的人十分无能，这使他非常愤恨。少年的心中很有可能产生这样一种想法：邪恶取得了胜利。可是丹柯的心发出的熊熊火焰驱散了托利亚心头沉重的思想和感受。丹柯对人们的无限忠诚使托利亚激动万分，他为人们感到欢乐。确实，人道向他揭示了一条真理：邪恶是不可能取得胜利的。善良的胜利要求人们疾恶如仇，并无限忠诚于崇高的理想。

我发现尼娜的眼睛闪闪发光，那是被她内心的火焰照亮的。她一直在为母亲所受的折磨而苦恼。不久之前我和这个女孩子谈了一次话，我感到非常吃惊，她的一个想法使她年轻的心灵惴惴不安：她似乎觉得大家都在等她的母亲死去。当时我找不出话来安慰尼娜，以驱散她心头的不安。我的心始终在担忧，我想："如果女孩子确信自己的想法，更何况现在这种想法有一定的根据，那么她可能对善失去信心，变得凶狠起来。凶狠一旦与不公正、孤独、软弱、绝望结合在一起，对于年轻的心灵来说是非常危险的，而对于尼娜这样一个对自己最亲的人充满爱心的女孩子来说尤其是如此。"然而，在崇高道德的影响下，女孩子用新的眼光来观察世界了；她的眼睛里流露出一种感受到愉快的启示的神情：善是存在的，善一定会取得胜利。

讲述文艺作品使年轻的心灵对邪恶、谬误和生活中的黑暗面更为敏感，激发起他们对一切与理想背道而驰的现象进行强烈反抗和坚决斗争。我深信，他们在那充满道德美的崇高精神氛围里，内心会感受到高尚情操必然胜利，这种信念会增强他们用心灵对周围世界的现象做出反应的能力。正是在孩子们对高尔基的童话《伊则吉尔老婆子》里的各个形象产生深刻印象的日子里，他们对人们所表现的冷漠和自私感到愤慨。他们以蔑视的态度激动地谈论一个40岁的男人，这个人在一个男孩掉到水里时仍然钓他的鱼，甚至没有站起身来，丝毫没有想到要去救人。最后是一位驾车经过池塘边的拖拉机手纵身跳进水里把男孩救了上来。我的学生们早就知道这件事，但当时，这个男人的冷酷无情并没有使他们的心灵激动。而现在他们用新的眼光看待这种行为了，他们愤慨地说："一个没有良心的人怎么能心安理得地在这片土地上活动，怎么能心安理得地睡觉，心安理得地呼吸正直的人们所呼吸的空气呢？"

讲述文艺作品，为孩子们揭开了作品的潜台词和哲理性，这就是那些从来不用文字表达但却能激动人心的东西。潜台词里往往蕴藏着作品的全部思想精微和艺术感染力。当孩子们听我讲述屠格涅夫的《白净草原》这部艺术作品时，他们多么希望到大自然中间去，到这位伟大的艺术家所描绘的那个景色美丽的地方去。他们感受到一种欢乐的激动心情：这篇卓越的作品中一个字也没有写到的东西使他们最为感动。他们愉快地被这平常的、仿佛毫无特色的美吸引住了，而这种美到处都能见到，人们对它已习以为常，不再关注了。

我向14岁的少年们讲述契诃夫的《第六病室》。在剥削制度下，残酷的精神奴役和人们的无力自卫……，这一切使我的学生们感到异常震惊。

在讲述文艺作品的时候，我特别重视介绍卓越人物的生平和斗争。这些关于人的道德美和英勇行为的故事直接针对着某些孩子的精神世界。对于沃洛佳意志薄弱这一点我只字不提，而我讲述费利克斯·捷尔任斯基的故事首先就是为了他。我认为，只要这个男孩对思想上的坚韧不拔和勇敢精神钦佩不已，那也可以算是在克服教育难点方面取得了一定的成绩。这是认识自己的一个必要条件。我并不指望借助于某种方法就能轻易取得成就，但是我认为通过文艺作品来展现道德美这一方法具有特殊的意义。如果不是从心底里感觉到道德的伟大和崇高，就谈不上良知和自我教育。

经验向我证明，抒情诗和诗散文并不是培养感情的唯一手段。在情感教育和美育的诸多方法中，抒情诗（狭义的抒情诗）处于叙事诗和音乐之间。抒情作品情感丰满，语言精练并具有多方面的色彩，作品形象包含着深刻的潜台词，这些特点都使抒情诗与音乐相类似。不理解、不会感受抒情诗作品和诗散文的人，总是对音乐听而不闻、漠然置之。

我很重视让学生学会感受诗歌语言的音乐节奏。人类心灵最细腻的活动创造了人类的精神财富和巨大成就，少年们如果不对人类心灵最细腻的活动产生共鸣，就不可能使他们的感情变得丰富和高尚。这里说的是体现在世界优秀诗歌作品中的感情和感受。应当培养少年对诗歌作品的情感财富产生共鸣。在大自然中，在"美的一角"，在"童话室"里，我向男女孩子们朗读下述作家的作品片段：列夫·托尔斯泰、果戈里、屠格涅夫、契诃夫、帕那斯·米尔内、涅楚依—列维茨基、高尔基、肖洛霍夫。我挑选来朗读的是富有诗意的片段，这些片段是我从小就熟悉的，而且是我认为不朽的诗篇，如同荷马、但丁、普希金、谢甫琴科、莱蒙托夫、涅克拉索夫、列霞·乌克兰英卡和弗兰科的不朽的诗篇一样。

诗歌语言具有各种细腻的色彩，它在少年们的心中激起了渴望了解最光明最美好的事物、了解人类的宝贵财富的愉快感情。他们产生了一种愿望，希望阅读和翻阅艺术散文中一些片段，这些片段虽然没有明确规定的情节，但能反映出作家的思想和感情，表现出作家对周围世界的细致观察。生活在书的世界里是以此为起点的。

只有在教师心中蕴藏着语言的情况下，才能培养学生对诗歌作品的热爱，培养学生把阅读作为一种精神需要并能体会诗歌语言。我总是背诵抒情诗。这是直接接触儿童的精神世界的一种方法。对有些学生，需要这样对他们说："你们要关心你们的母亲，减轻她们的劳动，爱护她们的生命。"只有使用充满感情的语言，才能教会他们有敏锐的感觉，而这种语言是以诗歌语言为基础的。我朗读谢甫琴科的长诗《女工》、涅克拉索夫的诗《听到战争惨祸的时候……》，这些诗以诗人灵感的巨大力量激起人们对生命的创造者——母亲——的热爱。我给学生们读了高尔基有关母爱的伟大和美的一些精彩的诗句。

在树林里、在河边和池塘边、在花园里、在草原上，我朗读一些描写祖国大自然的美和表现热爱祖国的崇高感情的抒情作品。这些诗篇引起孩子们对我国遥远的角落、对祖国一望无际的广袤大地的向往。富有诗意地、艺术地认识祖国，是进行爱国主义教育所必需的最细致的一种做法。故乡某一个小小的、平淡无奇的角落——池边的垂柳、山脚下的樱桃园、披着美丽秋装的粗壮的橡树、长满灌木丛的峡谷……，都被作为祖国的一部分来认识。

我很重视朗读描写人的精神世界的抒情诗。认识感情世界是一个细致入微而又令人激动的认识过程，这个认识过程使人变得目光远大、品德高尚。普希金、莱蒙托夫、涅克拉索夫、谢甫琴科、列霞·乌克兰英卡、叶赛宁、勃留索夫的诗反映出生气勃勃的世界观，他们的诗为少年们打开了那些心灵的角落和那种无法解释、不可捉摸的心灵状态。

我永远不会忘记第聂伯河畔橡树林里那种庄严的肃穆。我们坐在洒满秋天阳光的林中草地上，深邃的、**被雨水冲洗得干干净净的**（柳芭的话）天空是湛蓝湛蓝的，傍晚前暖洋洋的空气中传来蟋蟀和仙鹤的鸣叫声。在那样的时刻，我朗读了普希金的短诗《每当我在喧嚣的街市漫步》。这首诗使我的学生深受感动。他们感觉并体会到人的感情的伟大和美、人的欢乐和悲伤、人想认识世界和认识自身的愿望。这首诗当即被记住了。一个富有情感素养和美感素养的人必须掌握感情语言，伟大诗人具有丰富的思想和感情的一个个作品作为表现语言感情的一个个词语进入了孩子们的精神世界。我高兴地发现，当我把这样的词语一个一个地注入学生的心灵的时候，他们变得更温柔、优雅、富有同情心。

描写爱情、守信和忠诚的诗歌语言具有强大的力量，它使年轻的心灵变得高尚。当我的学生们身上正在进行着成长为成年男女的神秘过程的时候，我向他们朗读普希金的《我记得那美妙的一瞬》、涅克拉索夫的《夜里我奔驰在黑暗的大街上》、谢甫琴科的叙事诗《一个得了邪病的姑娘》以及其他作家的诗和散文作品的片段。任何说教和解释道理，不管讲得多么细腻，都不可能像诗歌语言那样，把热爱人类美的全部感情都带到年轻的心灵中。一个人只有把马克思所描述的那个世界里最纯洁、最隐秘的现象——女人、母亲、生儿育女——看作是神圣不可侵犯的，才可能认识爱情的美。[20] 如果没有这种认识，人就不可能理解和具备人的素养。如果我们这些教师希望从学校出来的人个个都是有文化有教养的人，那我们就应该向少年期的学生讲清楚这些认识，因为他们正在发育为成年的男人和女人。

我高兴地看到，由于少年们懂得了感情，他们每个人都有自己所喜爱的抒情诗、抒情读物和写抒情作品的作者。对我来说，最值得庆幸的是孩子们最喜爱阅读和翻阅诗人的作品。对诗歌语言的热爱反映出我的学生们个人的精神特征。瓦里娅敏感、细腻、富有同情心，于是列霞·乌克兰英卡和叶赛宁成了她喜爱的诗人。尼娜经常阅读和翻阅谢甫琴科和密茨凯维支的作品，万尼亚喜爱弗兰科。屠格涅夫的《猎人笔记》和奥列西·冈察尔的短篇小说集成了萨什科喜爱的读物。塔尼娅爱上了帕乌斯托夫斯基的描写细腻、富有诗意的中篇小说。每个人家里的藏书成了他们的精神财富，他们都喜爱阅读和翻阅这些书籍，就像喜爱听优美的音乐一样。

音　乐

音乐与抒情诗歌紧密相连，它仿佛是人精神发展的下一个阶段。音乐把人的道德素养、情感素养和美感素养联结在一起。

音乐是感情的语言。旋律能传达言语难以表达的最细腻的各种感受。音乐从词穷的时候响起。如果教师要深入年轻心灵的各个隐秘角落但仅限于使用语言这一种方法，如果他使用语言之后不再进一步做更细致更深入的工作——使用音乐，那么教育就不可能是完备的。

音乐和歌咏在学校里不仅是一门课程，也是一种有力的教育手段，它应该在情感和美感上美化人的整个精神生活。不会理解和感受音乐，没有把听音乐和从中享受乐趣作为高度的精神需求，就不可能认识感情世界。没有音乐，就难以使一个正在进入世界的人相信人是美好的，而从本质上来说，这个信念是情感素养、美感素养和道德素养的基础。

我认为，务必使这种感情的语言能够为年轻的心灵所接受，教会他们掌握这种语言、听懂这种语言并利用它作为自我表现的一种手段，这是一项重大的教育任务。如果说音乐是一本用感情的语言写成的书，那么这门课程教材的第一页就是听大自然演奏的音乐，认识我们周围所产生的声音的美。我的学生们在童年时期就喜欢听**鲜花盛开的花园和庄稼茂盛的荞麦田演奏的音乐，听春天的草地的音乐和秋雨的音乐。**他们能感觉并体验到周围世界的美，这一点使他们的心灵变得高尚。但是，大自然的音乐不管多么美妙，严格说来，还不是真正的音乐。这只是字母，只有学会了这些字母，人方能开始阅读这本用感情的语言写成的书。从音乐素养上说，用芦笛演奏的最简单的旋律，也要比夜莺或百灵鸟最优美的歌声强一千倍。我的学生从童年期起就已经逐步从听大自然的音乐转到音乐创作：演奏芦笛。到了少年时期，只有部分少年喜爱吹这种乐器。有的人已经对自己的这种喜爱感到害羞了。这一点并不使我惊奇。音乐教育的主要目的不是培养音乐家而是培养人。

学年开始以前我们审查了大纲并且规定，少年们在课上将听哪些音乐作品，在课外将听哪些音乐作品。这并不是什么"超学时的"教育手段。音乐教育的重要性和必要性既在于它是认识感情的语言的手段，又在于听音乐已成为一种精神需求。

在少年时期，仍然与童年时期一样，孩子们在"童话室"和"理想角"里听音乐作品。不同的是，现在，环境具有很大的意义：最好选择在秋天的傍晚或者户外滴水成冰的严冬组织他们来认识感情的语言，在这样的日子和时刻，人们最能体会感情的语言，其原因大概在于，这时候整个大自然都静下来了，鸟儿的多声部大合唱和树叶的响声止息了，色彩的变化少了，因而人对内心精神世界的敏感程度增强了。每一次音乐晚会照例总是听一部或几部作品。

在认识感情的语言方面最困难的一点是讨论音乐，因为言语永远也不能够彻底解释清楚音乐的全部奥秘，但是不使用言语就无法接近这个表现感情的最细腻的领域。我竭力使言语，即对音乐的解释成为独特的情感刺激因素，这种刺激因素会唤起人们对音乐这个心灵的直接语言（阿·谢洛夫的用语）[21] 的敏感。言语应当用来调正敏感的心弦，以便认识这种感情的语言。我准备了一些能表现周围世界某种明显特征的话，这种特征是能反映到我们的情感记忆中去的。对音乐的解释必须具有诗情画意，使用的言语应当更接近于音乐。我努力在学生的情感记忆中找到对音乐的解释：我借助言语创造一个回忆往事的情景，这些从情感记忆深处获得的感觉和言语能调好感受音乐的心弦。

民歌是感情的语言的第一篇阅读材料，也是形象最鲜明的材料。在许多个秋天和冬天的漫长的夜晚，我们聆听和欣赏乌克兰民歌。果戈里是这样描写我们乌克兰人的："那个歌唱得最多的民族。"[22] 优美的乌克兰歌曲《巍巍屹立的高山》包含了最丰富的感情，孩子们对这首歌百听不厌。这首歌的含义和精神使少年们倾倒，激励他们从哲学的角度来认识世界。这首歌的丰富内容就在于它具有深刻的潜台词，只有音乐才能用潜台词的细腻情感去影响人的心灵和意识。世界是美好的，永恒的大自然是美好的，但是除了欢乐之外，也存在着忧伤。长在池塘边的垂柳也会发愁：树叶会脱落，水会把树叶带走……。以后春天会重新回到柳树身边，可是人的青春却是一去不复返的。但是，人也是美好的，因为人的美犹如光耀夺目的流星一样，光芒四射。怎样使少年们具备情感上的动力，认识由感情的语言——音乐所表达的歌曲中的细腻的潜台词呢？我对少年们说："你们回忆一下初秋的那个阳光明媚的日子，那天我们沿着河边游览，发现了一块风景秀丽的地方：静悄悄的河面水平如镜，河边长着两棵柳树，一棵柳树老态龙钟、满身窟窿、气息奄奄，另一棵柳树则体态匀称、青春焕发、正在欢唱（像柳达当时说的那样）。我们体验到了复杂的感情——忧伤和欢乐。树木和花朵不会永生，但生命是永恒的。永生的花冠是人。《巍巍屹立的高山》这首歌所表达的正是我们当时所体验到的感情，不过这首歌表达得更细腻更深刻。"

情感记忆的闸门被打开了，眼睛在发亮，心儿在颤抖。歌曲在年轻的心灵中唤起了更深刻地认识感情世界的愿望。平稳、**宽广**（这是某个女孩子的用语）、短音阶的旋律仿佛托住了那强壮有力的翅膀；人在大地的上空飞翔，看到了奇妙的美景；对美的感受使人们产生了关于永恒和短暂的哲学思想。我面临的是对音乐富有情感、美感和哲学思想的细腻的潜台词进行认识和理解的神秘过程。歌曲用它那特殊的、只有心灵才能理解的语言对每个少年说："人是美好的，珍惜'大写的人'这个崇高的称号吧！你的周围是一个美的世界，这种美是永恒的，而这种永恒和美的基础是你——'大写的人'。"

冬天静悄悄的夜晚，我们欣赏了阿·康·里亚朵夫[①]根据俄罗斯民歌摇篮曲的旋律创作的《摇篮曲》和作曲家科米塔斯[②]记录并整理的亚美尼亚民歌《山鹑》。少年们在阿·康·里亚朵夫的《摇篮曲》中听到的不仅是摇篮轻轻的、有节奏的摇动，还有婴儿低微的、平静的呼吸声和母亲的手温柔地、小心地、爱抚地轻拍婴儿身体的声音。没有任何言语能像这首歌曲的旋律那样把一个母亲的感情如此淋漓尽致地表达出来。母亲的感情是何等的深沉，它们使少年们的心久久不能平静。借助于音乐，孩子们也认识了一个人对另一个人深切、细腻和真诚的感情。当《摇篮曲》轻轻地接近尾声时，我在自己学生的眼中看到了人世间最纯洁的感情——柔情。

音乐"奇妙地触动心灵深处"（高尔基），展示了人们身上最宝贵的东西——对人们的爱、决心去创造美和确立美的基础。我努力用音乐去唤起的是这样一些感情：温存、柔情、亲切、诚恳。音乐在年轻的心灵中唤起亲切的温存和细腻的柔情，因为音乐能揭示细

[①] 阿纳托利·康斯坦丁诺维奇·里亚朵夫（1855—1914）：俄罗斯作曲家，指挥家，教育家。——译者

[②] 科米塔斯（1869—1935）：亚美尼亚作曲家，合唱指挥和音乐民俗学家。——译者

腻的大自然的美、爱情的美、赞叹的美、惊奇的美、爱慕女人的美。每当音乐的旋律中表现出这种无法用言语表达的、有魔力的和神奇迷人的美的时候，我感到，我的孩子们的心灵毫不掩饰地敞开了，于是他们的心灵对言语、眼神、召唤、请求这些表示显得更为敏感，而这些表示反映了人们最细腻的接触中的互相关心和互相体贴的关系。

赞美大自然的壮丽景象的音乐，具有很大的魔力。当我的学生们欣赏科米塔斯的《山鹑》或者柴可夫斯基《第四交响曲》最后一个乐章的片段时，孩子们的心灵变得愉快乐观，这种对大自然的赞美感染了他们。而这正是产生人类的温存、柔情和诚恳的最重要源泉。

我努力使年轻的心灵能理解人类感情中最细腻的表现——爱情。在少年们精神生活的这一领域内，音乐的教育影响是巨大的。女人的美使热恋的心为之赞叹和神往，音乐能体现这颗热恋中的心灵的召唤，培养未来的妻子和丈夫、未来的母亲和父亲具有浪漫主义的、纯洁的、高尚的柔情。我把理解歌颂爱情的音乐作品这一心灵的直接语言称为培养未来的丈夫和妻子的情感—美感教育。我在让他们听有关爱情的音乐作品之前，久久地思考着，我该说些什么，以便帮助他们理解人类相互关系这一神秘领域里的这种感情的语言。我关心的是，要让表现爱情的音乐能向年轻的心灵表达那种无法用言语来表达的感情。我要向少年的老师们建议：少举行一些关于爱情问题的座谈会、讲演会、辩论会和问答晚会，让少年们寂静无声地屏息静听表现爱情的音乐吧。

绘　画

造型艺术作品能在年轻的心灵中树立人的伟大感和美感，提高人在自己心目中的地位。

观赏绘画像听音乐一样，是对他们施加情感—美感影响的一种复杂的方法。童年时期思维的具体化和形象性使学生对理解造型艺术的抽象内容感到困难。儿童在观赏伊·希什金的画《黑麦》的时候，看到的仅仅是黑麦，要使儿童能看出更有意义的东西——人类的感情世界，需要进行大量的准备工作。

理解绘画的最初训练是直接观察大自然。为了看懂并爱上绘画，人们必须在大自然里接受长期的感情教育。每个人在童年时期都应该学习发现大自然的美，使自己的精神生活和大自然之间仿佛被一条条智力的、情感的、美感的和创造的线路联系起来。要使认识自然现象和大自然的美成为他们思想和感情的源泉。儿童惊奇地在一块初看起来平淡无奇的孤零零的草地或林中空地前停住了脚步，在一丛周围长满琥珀色浆果的野蔷薇或草原上一座被笼罩在淡淡的薄雾中的坟墓面前停住了脚步，这是儿童由于受到了美的激励而停住脚步。为此我足足等待了好几个月。这种发现美的过程向我说明了很多问题，它首先表明，儿童已经在大自然中找到了他自己的、个人的爱好。如果能使儿童比较早地提高到美感发展和情感发展的阶段，那也就能更好地培养他观赏绘画作品的能力。

观赏绘画就是深入地认识事物，特别是认识感情世界。有些画是儿童难以看懂的，这种画就要放到少年时期和青年早期去观赏；在童年期"见过"以后，在之后的人生中不再重复观赏的画是不存在的，因为真正的艺术中没有任何初等的东西。每个作品都是一个取之不尽的感情世界。像希什金的《黑麦》、萨夫拉索夫的《白嘴鸦飞来了》、伊·列维坦的《金色的秋天》和《白桦林》、尤昂的《俄罗斯的冬天》、普拉斯托夫的《初雪》，这样一些"初等的"作品，既可以在童年时期、少年时期观赏，也可以放在青年早期观赏；每次观赏人们都可以从画中发现某种新的东西。反复观赏绘画能丰富和发展情感记忆，培养敏锐地感受美的能力。通过反复地感受美，造型艺术才能进入少年的精神世界。因此，随着每一个智力发展、情感发展和美感发展的新阶段的到来，教育要不断使用新的绘画作品，同时也要反复观赏已经看过的绘画。

我的每一个学生在少年时期就已经发现和爱上了自己在大自然中独特的、唯一的角落。平淡无奇、普普通通的池塘、树林、灌木丛、田野，在孩子们的意识中获得了情感色彩。对那些在童年时期就已经熟悉的绘画进行反复观赏是以在与大自然的接触过程中获得的情感财富为基础的。伊·奥斯特罗乌霍夫的画《秋色如金》和伊·列维坦的画《金色的秋天》是在初冬薄暮中雪花慢慢地飘落到大地上的时候观赏的。孩子们从画面中看到的景色和当时大自然的情景形成了对比，这种对比是打开情感记忆源泉的补充动因。少年们的心中燃起了一种愿望——希望重新看到活生生的自然界的金色秋天，而不是画面上的。但是这种愿望现在不可能实现，正因为如此，他们对艺术作品的兴趣不断增长。

我努力使我们到大自然去的每一次旅行、每一次接触周围世界的美，都能在儿童和少年的心中留下一点儿欢乐。这是重新观赏艺术作品的时候使情感发展到一个新的阶段的重要条件。艺术的巨大吸引力就在于使人们感受到欢乐。孩子们在三年级，特别是在四年级学习的时候，就已经布置了自己的小画廊：保存绘画的复制品。他们很爱观赏绘画，这使我感到欣慰。这种个人的爱好在艺术世界中是无比珍贵的，要比建立所谓"学校的特列季亚科夫美术馆"等珍贵得多。如果画在墙上挂了几个月，学生们都不再注意它们了，那么艺术作品也就失去了大部分情感影响和美感影响。孩子们在少年时期按创作年代的先后来熟悉造型艺术。但是，不能够严格按创作年代的顺序来拟订美术讲座和观赏绘画的计划。我们把观赏下列绘画安排在同一个时期里：波·约翰逊的《审讯共产党员》、阿·布拉斯托夫的《割草场》、伊·列宾的《伏尔加河上的纤夫》、罗丹①的群雕《加莱义民》、拉斐尔的《西斯廷圣母》、达·芬奇的《蒙娜丽莎》。

年龄特征要求教师特别重视反映人的复杂而多侧面的精神世界的绘画作品。

我把那些反映为崇高理想而奋斗的战士的道德美和道德功勋的绘画放在首位。艺术应该是认识感情世界的源泉。在理解绘画和整个造型艺术方面，这条美育的规律是异常重要的。必须就绘画的内容对少年们进行讲解，而讲解的深度和广度当然要超过对儿童的要求。我们多次观赏谢罗夫的画《列宁会见农民代表》。在讲解这幅作品的时候，我解释了其在表现人物性格和相互关系方面的细腻特点。少年们懂得并体会到农民们在讲述自己的生活时所表现的那种

---

① 奥古斯特·罗丹（1840—1917）：法国雕刻家，雕刻印象主义奠基人之一。——译者

信任、沉思和亲切的感情。然后我又谈到了劳动人民的理想、画中所体现的历史事件的伟大意义和我们祖国的命运。阐明这个哲学背景不仅对于深入理解艺术作品是必要的，对于认识人的情感生活的最高阶段——公民感情——也是必要的。

在对约翰逊的画《审讯共产党员》的内容进行评述之后，我对作品进行了心理和思想概括：画家通过视死如归的英雄形象表现了人民的大无畏精神以及共产主义伟大理想的胜利。

我讲述了雕塑家武切季奇创作的解放战士的塑像（在柏林特雷普托公园）的故事，这个故事激起孩子们深刻的自豪感，他们为我国人民把世界从法西斯主义中拯救出来的伟大功勋而自豪。

关于苏联人民在战胜法西斯方面所表现的英雄主义和大无畏精神的讨论，成了少年们认识一系列关于人——英雄、爱国者、为祖国的自由和独立而奋斗的战士——的其他艺术作品的出发点。有些绘画使少年们为祖国的命运而激动地进行思考，它们是维克多·瓦斯涅佐夫的《三勇士》、格列科夫的《到布琼尼部队去》、谢罗夫的《西伯利亚游击队》、普罗罗科夫的《在娘子崖边》。有些作品激起少年们对法西斯、对黑暗势力深恶痛绝的感情，它们是库克雷尼克塞的画《结尾》、德国反法西斯雕塑家费·克烈美耳的群雕《布痕瓦尔德的蒙难者》、普罗罗科夫的画《母亲》。我阐明了忠于祖国和在对敌斗争中坚强不屈的公民思想。这种伟大的精神，这种对敌人毫不妥协的气概使孩子们深受感动。我们在五年级的时候观赏了克烈美耳的群雕，以后每年都会重复观赏。孩子们每次观赏时都会从这群受饥挨饿、经受严刑拷打但毫不屈服的人的精神面貌中发现新的东西。仔细观赏这座群雕是理解其他优秀作品并对这些作品进行情感—美感评价的一项准备工作，这些作品是奥·菲韦斯基的雕塑《不可征服的人们》和格·约库博尼斯的雕塑《母亲》。我把揭示人类精神的全部伟大意义和美看作是一项很重要的教育任务。如果一个人充满了为人民、为祖国服务和为人类的理想而奋斗的崇高思想，他就是不可战胜的。

罗丹的不朽作品《加莱义民》在我的学生们的心中留下了深刻的痕迹。我们在几天之前先转述沙尔·德·科斯丹尔的长篇小说《季利·乌连什皮格利》的内容，之后再观赏这幅画。少年们屏息静听我对加莱城事件经过的叙述。这一早已成为过去的英法百年战争中的事件在少年们的想象中复活了。英国国王派军队包围了加莱城，他向城里的市民发了一份严厉的最后通牒：要想使加莱城不从地球上被消灭，只有一个条件，让6位很有名望、最受人尊敬的市民脱去衣服，只剩一件衬衫，颈上套着绳索，把城门钥匙送到胜利者那儿去。国王事先已经决定处死这些市民。为了拯救城市，6位爱国者决定牺牲自己。他们满怀英雄主义的决心，忍受死亡前的哀伤和恐惧向前走去；他们步履蹒跚，满怀痛苦和忧伤向生活告别。

这件作品体现了人的伟大，充满了热爱祖国的崇高精神，我把这件作品所表现的悲愤的情景和英勇精神作为培养学生情感—美感素养的认识准备，以便去观赏反映我国人民在伟大卫国战争中的功勋的苏联造型艺术作品。理解和深刻感受人民的爱国主义功勋的思想，是个人做出自我肯定的顶峰。艺术具有巨大的力量，能唤起年轻公民作为人的自豪感。艺术形象表现了爱国主义思想的本质，必须联系爱国主义思想来唤起和牢固树立这种自豪感。学生们观看了反映我国人民为祖国的自由和独立进行英勇斗争的绘画，其中有的反映不久以前的反法西斯战争，有的反映遥远的过去的战斗。观赏布勃诺夫的画《库利科沃原野的早晨》、阿维洛夫的画《别列斯威特与杰鲁别的决斗》、苏里科夫的画《苏沃洛夫越过阿尔卑斯山》唤起了他们的自豪感，他们为我们先辈们建立的功勋而自豪。

造型艺术是洞察人民精神生活的有力方法。如果不让年轻的公民通过自己的心灵来认识、感觉和体会我国人民在过去的年代里遭受的可怕动乱和深重苦难，那么对年轻公民心灵的培养就会陷入片面性。我们专门举行了若干次晚会来观赏下列绘画作品：列宾的《伏尔加河上的纤夫》、彼罗夫的《葬礼》和《三套马车》、格·米亚索耶多夫的《地方自治局的午餐》、伊凡诺夫的《移民的死亡》、阿尔希波夫的《洗衣女工》、科·萨维茨基的《出征前的告别》和《修筑铁路》、韦列夏金的《致命伤》和《战争的祭礼》。青年一代只有懂得并体会到劳动人民过去的种种遭遇，才会珍惜社会主义社会的物质财富和精神财富。

肖像画是对少年进行智力教育、情感教育和美感教育的极为有力的手段。在我们这个教育集体的教育工作体系中，培养学生具有感觉人的能力占有重要的地位，感觉人就是用自己的心去感觉别人心灵中最细腻的运动，善于从别人的眼睛里去发现他的痛苦、委屈、忧伤、不安和孤独。而最主要的是，必须善于从自己亲近的人的眼睛里看出并感觉到，这个人正需要别人的同情和帮助。我认为，教育工作中最细致最困难的课题之一是培养学生从情感上非常灵敏而亲切地去感受别人的思想和感情。眼睛是思想和感情的镜子。不管我们在观赏哪一幅画，我总是要少年们注意画家在自己的作品中如何塑造人物形象的眼睛。从这个观点来看，绘画和雕塑作品是情感—美感教育体系中的重要组成部分。

眼睛是反映思想、感情和感受的最复杂的领域。我们安排的有关观赏绘画的一系列讨论都是着眼于这个领域的。我努力使各个时代各个民族的画家所反映的人类的崇高精神为我的学生们所接受，而让那些首先在人的眼睛里明显地反映出来的精神缺陷被少年们蔑视。

学校幸运地获得了达·芬奇的壁画《最后的晚餐》的复制品。关于这幅画我们进行了若干次专题讨论。我讲述了这幅作品的宗教基础之后，把孩子们引进了复杂的人类感情的世界，我向他们证明，宗教神话只是一层外壳，只是人类欲望深刻的个人表现的一个借口。孩子们被感情认识的巨大力量吸引，当然就忘记了他们面前的那幅画是以《圣经》中的情节为主题的。他们看到了人类欲望的复杂表现，看到了善与恶、道德高尚与道德堕落（叛卖）之间的冲突。

我们组织了几次晚会，专门观赏达·芬奇的画《蒙娜丽莎》、拉斐尔的画《持康乃馨的圣母》和《西斯廷圣母》，这对少年来说是令人神往的，充满诗情画意。我很想使我的学生们能体验到被人类感情的美所激励的感情，使这种美有助于还处于确立世界观时期的少年们能感受到人们心灵的内在美，因为在这个时期他们对人的道德面貌、精神财富和智力特别好钻研，特别敏感。几十年的学校工作使我确信，对人的认识必须在感情积极颤动的情况下进行。如果只对少年说，"人的美好就在于人具有高尚的感情"，那是不够的。如果不能感受和感觉到感情上的美，那么这句话对于心灵来说没有任何意义。

在观赏达·芬奇和拉斐尔的画时，我特别强烈地感到必须把美感素养和言语联系起来。在这种情况下，教师的每一句话都必须成为能激起学生诗的思维的情感——美感刺激因素。只有当人们进行诗的思维的时候，才能对人的美产生深刻的印象。在讲解这些世界艺术杰作的创作史时，我谈到的不仅仅是它们所反映的内容。言语是情感——美感的刺激因素，它最本质的东西是潜台词，是画家感受到的、他在周围世界所看到的一切。我给学生讲解了画家留在蒙娜丽莎嘴角上和眼睛里的微笑是怎样引起的。在这方面，人的眼睛特别深刻地用富有诗意的表情做了说明。这位天才的画家在年轻妇女的眼睛中所反映的一刹那的表情，包含了整个感情世界。很难用言语来表达孩子们想象中对模糊的、不明确的、转瞬即逝的感受所形成的诗一般的概念。如果他们心中没有这种感受，就不可能产生富有诗意的感情。

为观赏拉斐尔的画而举行的各次晚会，对我来说既是困难的，也是愉快而富有魅力的。拉斐尔的这些艺术作品把基督教的精神和古希腊罗马的古风融合在一起，也把那种认为为了拯救人类不可避免要做出牺牲的神魂颠倒的天真信仰和人类感情、母亲感情的崇高的美融合在一起。我在考虑，怎样通过这些艺术作品来揭示真正的人类的美，这种美能够使离开文艺复兴时代几个世纪以后而且世界观完全不同的人的感情变得崇高。我向学生们揭示了人高于上帝的那种普通而又永恒的真理，我说的话越是恰当，艺术美和人类的美就越能强烈地使少年们感动和激奋。我要努力找到这样的话，这些话能帮助孩子们对人的感情产生强烈而鲜明的概念，这种感情反映出对最珍贵的东西——儿子、女儿、人的幸福——的态度。圣母把自身的一部分——自己的儿子——作为祭品奉献给世界以拯救人们，我的学生们从圣母的形象中看到了世界上最崇高的美——母爱的力量。母亲的眼睛里流露出的不仅仅是惊恐不安和遭难的预感，她颤抖的嘴角不仅表现出泰然的神情，还表现出坚强的决心。世界上没有一件艺术作品能在人的眼睛里反映出如此强大的母性力量。克拉姆斯柯依把《西斯廷圣母》称作"各族人民想象中的画像"。他说："甚至到人类不再信神的时候，……这幅画也不会失去价值。"克拉姆斯柯依的这句话表达了对拉斐尔创作的全人类共同的理解。

在孩子们成长为成年男女的时期，我们不止一次地观赏拉斐尔的这幅作品，观赏斯·波蒂切利 ① 的《维纳斯的诞生》、维米尔 ② 的《窗边读信的少女》、埃·德拉克洛瓦 ③ 的《自由引导人民》、让·安格尔 ④ 的《泉》、彼得·鲁本斯 ⑤ 的《海伦娜·弗尔曼和孩子们在一起》和《伊莎贝拉公主的侍女》、沃·谢罗夫的《拿桃子的姑娘》、波罗维科夫斯基的《乔姆金娜肖像》、亚罗申科的《女大学生》。我坚信，当一阵阵不可理解的愿望和激情开始轻轻地叩击男青年心扉的时候，向他们揭示全人类美的最高体现——女人的美的全部奥秘，是非常重要的。我努力使男女孩子们都来崇扬女人的美，把它作为某种理想化的、不可侵犯的东西来对待，而让女孩子们确立隐秘感和贞节感。如果只有语言没有艺术，那么任何道德教诲、不管它们如何有力地被生活经验和对人类美的虔敬感情所阐明，都不会在年轻的心灵中确立这种崇高的感情。

长期以来我未能找到使我的学生们了解肖像艺术的深度和美的"钥匙"。他们在五年级读到列夫·托尔斯泰的《三死》的时候，我给他们观赏克拉姆斯柯依创作的这位伟大作家的肖像。少年们在听和感受列夫·托尔斯泰优美的作品的时候，越来越仔细地端详他脸上的特征，特别是他的眼睛。在我们面前逐渐展现出"对人类生活的隐秘活动的深刻理解"（车尔尼雪夫斯基评论年轻的托尔斯泰时这样说）²³。刚毅而充满崇高思想的脸庞，目光炯炯，能察觉一般人不易察觉的东西，表现出全神贯注、求知心切和那永不枯竭的寻求真理的渴望——这一切在朗读的影响下都被看作活生生的现实，看作诗一般复杂的难以理解的心灵财富，这个心灵需要我们去认识一辈子，而且始终不能彻底认识它。我永远也不会忘记，我在向八年级学生朗读《安娜·卡列尼娜》的时候把一幅巨大的复制画放在他们面前的情景。我知道这幅列夫·托尔斯泰的肖像画是在作家写

---

① 斯·波蒂切利（1445—1510）：意大利文艺复兴时代著名画家，佛罗伦萨画派的代表人物。——译者

② 维米尔（1632—1675）：荷兰画家，生活写实派的现实主义者。《戴珍珠耳环的少女》是他的代表作品。——译者

③ 埃·德拉克洛瓦（1798—1863）：法国画家，浪漫主义画派的典型代表。——译者

④ 让·安格尔（1780—1867）：法国新古典主义画家。——译者

⑤ 彼得·鲁本斯（1577—1640）：佛兰德斯画家。——译者

这部长篇小说的时候画下来的，但是我没有把这一点告诉给少年们。可是，拉丽萨在听小说里各个主人公发表意见和对话时激动地说："这正是列夫·托尔斯泰的思想，他本人也是这样想的。"

我不记得有什么事实能和这个小小的插曲一样意味深长地表现出艺术的强大力量。

一年以后我们读《战争与和平》，我们面前放着一幅列夫·托尔斯泰的巨大肖像画，这幅画是列宾创作的，时间是在克拉姆斯柯依为列夫·托尔斯泰画像 15 年以后。现在我的学生们从同一个思想家的眼睛中看到的是另一种东西：用他们的话来说，列夫·托尔斯泰的脸"焕发出智慧和安详的光彩"。

在倾听穆索尔斯基的作品片段的时候，孩子们仔细端详列宾创作的这位作曲家的肖像画。音乐帮助孩子们理解并感觉到列宾创作的灵感和他攀登的创作高峰，画家正是用这种灵感和站在这样的高峰上才能够看清楚作曲家穆索尔斯基，并把他的像画下来，斯塔索夫这样热情洋溢地评论：他是用火一样的热情作画的。

创造性——精神生活的强大刺激因素

创造性这个课题是教育尚未开垦的一块处女地，因此要研究这个问题，就需要写一本从教育方面来论述创造性的书。我在这里只想谈一谈与少年精神生活中情感—美感领域有关的创造性。

为什么说少年们的冷漠态度（往往是对学习漠不关心，甚至于干脆不想学习）是他们"心里的牙痛"（海涅的话）[24] 呢？出现这种现象最主要的原因之一是精神生活缺乏创造的基础或者创造基础薄弱。对于年幼的小学生来说，照亲人的意志和愿望去做、得到表扬和鼓励，有这些刺激因素就够了。可是对于一个少年来说，这些刺激因素就显得不够了。少年渴望表现自己，不仅想在自己的学习成果方面表现自己，也想在内心精神世界方面表现自己。他已经不想只是消极地去享用精神财富，他想成为创造精神财富的人。被创造某种精神财富的劳动激发起来的创造性灵感，是使少年的精神生活得到充实的最重要的条件。

进行创造的灵感是人类的需求，每个人都能从这种需求中找到幸福。人在进行创造的过程中得到精神上的满足，同时真正感觉到他在生活。难以想象少年们的生活中可以没有创造。创造是一股"活水"，它使我的学生们获得新的力量，帮助他们去克服困难。要是没有创造的基础，他们也不可能胜任所做的事情。

当人们把已经掌握和获得的智力财富和美感财富变为认识世界、开拓世界和改造世界的手段时，也就有了创造性，在这种情况下人的个性似乎已经与自己的精神财产融为一体了。

创作是个性的自我表现和自我肯定，它最重要的本源是言语。在童年时期人就已经感受到创作的灵感，这种灵感是这样产生的：言语作为个人的精神财富成为儿童进行创作的建筑材料。作文、写童话是创作的第一个领域，儿童在这个领域里肯定自己的能力，认识自己，体验到最初的自豪感——为自己能创作而自豪。我深信，儿童在大自然中构思写成的童话体现了一个完整的精神境界，它能确定思想、感情和感受的内容和倾向性。我的每一个学生在童年期都写了 20—50 篇童话。孩子们到了少年时期还不想跟自己所喜爱的童话世界告别。但是，少年接触的范围已经不同于儿童接触的范围，因而少年写的童话不同于儿童写的童话。渴望深入地认识、概括事物和现象的努力也在创作上留下了痕迹。我的学生们在少年期也写了很多童话，但是这些童话明显地表现出他们在努力进行思考和概括。下面是卡佳写的一篇童话。

美 和 丑

在阳光灿烂的林中空地上住着一位美人，名叫克拉萨。她种了很多很多花。世界上所有的花都在她的花圃里生长。当静悄悄的黄昏降临大地、一切生物都进入梦乡之后，克拉萨就到人们这儿来了。她走进屋子，走到睡着的人身边，把一朵花放在床头上……。如果这个人睡觉很警觉，那么他听到克拉萨的到来就醒了，拿起花朵欣赏起来。这个人就很幸福。但是，如果另外一个人睡得很死，连风的呼啸声和雷的隆隆声都听不见，那他就永远看不到克拉萨的礼物。这是因为，丑八怪紧跟在美人克拉萨的后面从这家走到那家，从这个人身边走到另一个人的身边。丑八怪是令人厌恶的东西。它凶狠的眼睛里充满了对人的仇恨和蔑视。它住在发臭的沼泽地里。要是谁没感觉到克拉萨的到来没有醒过来，没有拿起花朵来欣赏，丑八怪就到谁那儿去。它拿起花朵，像老鹰吞吃从窝里掉下来的雏鸟一样把花朵吃掉。如果谁的身边来过丑八怪，那个人就会睡得昏昏沉沉而又惊惶不安。他会梦见光秃秃的树枝和干枯的田野。

这篇童话出色地表现出好钻研又善于概括的思想和希望通过鲜明的艺术形象来体现思想的努力。

戏剧创作在儿童和少年的精神生活中占有重要的地位。我的学生们在童年期就成立了童话剧团和木偶剧团。孩子们排演童话剧。到了少年期，他们对木偶剧团的兴趣并未减退。瓦里娅开始领导"十月儿童"的木偶剧团。柯斯佳突然对创作木偶剧产生了兴趣：他组织了一个木偶剧团，剧中的人物全是花和植物。柯斯佳亲自为自己的剧团编写短小的剧本，柳芭帮助他工作。孩子们现在最感兴趣的是揭示人与人之间道德关系的童话。

少年们发展创造性的一个独特的领域是讲故事。卡佳、拉丽萨、柳芭、萨什科成了各个艺术语言小组的领导者。

8

劳动对少年精神生活的作用

劳动对人的全面发展的作用

劳动具有强大的教育作用。可是，尽管少年的手在干活，但还没有显示出劳动的教育力量。离开了思想教育、智育、德育、美育、情感教育和体育，离开了创造、兴趣和需求，脱离了学生之间多方面的联系，劳动就成了学生们的负担，他们想尽量"摆脱掉"这种负担，以便有更多的时间去做比较有趣的事情。在很多学校里，劳动没有成为精神上的需求，这是一个很大的问题。当人处于形成观点、信念的时期，这会使他的精神生活贫乏。怠惰是一种灾难和恶习，怠惰风气的蔓延，并不是因为人们什么事也不做，而是因为工作不能使人得到鼓舞，不能使人充满崇高精神，也不能在他的情绪记忆里留下良好的印象。

深入地认识世界、认识自己并进行自我教育是少年期精神生活的基本特点，如果少年在劳动中没有自信心，也就不可能具备上述基本特点。如果一个人不去体验、不去感受为自己的创造而自豪的感情，要达到个性全面和谐的发展也是完全不能想象的。幸福和充实的生活的源泉就在这里。少年的意识中应当具有这样的想法："我是一个什么样的人？我的生活岗位在哪里？我的生活道路在哪里？我能做些什么？"只有当一个人在某些方面表现出了自己的才能，显示了自己，对某项工作着了迷，在某件事情上取得了在他那样的年龄说来是颇大的成就的时候，他才会产生这种想法。对于每一个学生，我记得的首先是他的个性：某个学生对某件事着了迷，某个学生为创造性劳动的理想所鼓舞，某个学生竭力要去了解劳动技巧的秘诀。劳动是全面和谐发展的基础，这个思想意味着什么？在对儿童和少年进行实际工作的时候，这个思想意味着：劳动与智力发展、道德发展、美感发展、情感发展、体力发展之间，劳动与思想和个性的公民基础的形成之间有一条强有力的纽带联系着。不能把劳动想得过分简单，认为劳动不过是把课堂上学到的知识在实践中进行巩固和检验。这种联系应该扩大为更深刻、更细致的课题：智力发展——劳动，智慧——劳动。要善于解决这一课题，这对于少年的教育具有特别重要的意义。要找到一种能发展智力和能力的劳动，使它能把人引入创造的领域，这是智能教育和劳动教育的一项主要任务，只有把这些教育工作结合在一起，才能取得成效。

劳动成为个性和谐发展的基础也是由于人在劳动中确认自己是个公民，体验到了作为一个公民的自豪感。他感到他不仅能获得他所必需的面包，而且能实现自己的才智和自己的创造。应使公民感不是挂在口头上的，而是牢记在心里的，这是劳动教育最重要的一个准则。劳动对确立公民感的意义一方面是在认识世界、征服世界的过程中获得乐趣；另一方面是具有一定难度的劳动能激发起强烈的情感刺激，也只有具有一定难度的劳动才能教育人。教育的一个微妙的秘诀是善于发现、找到并开拓确立公民感的劳动基础。

劳动与情感—美感教育的统一是这样达到的：人通过劳动来认识世界，创造美，从而获得了对劳动、创造、认识的美感的感受和理解。劳动创造美是教育的一个完整的领域，可惜这个问题也是教育学中尚未开垦的一块处女地。

劳 动 习 惯

少年在少年期形成劳动习惯的时候，同时认识到劳动是重要的精神需求。少年思考自己在生活中的地位，有意识地竭力表现自己的个性。在少年期，重要的不仅是一个人干了多少活，干得怎样，更重要的是他在想着劳动。当少年在想象中构成共产主义社会的蓝图时，不能使他们头脑中有这样的想法：到了共产主义社会，生活会变得很轻松，工作日会缩减到最低限度，人的主要幸福就在于此。要享用共产主义生活的最大福利——空余时间，必须从精神上培养人。精神生活的是否充实，取决于人用什么来充实自己的空余时间。只有那些有助于人们去认识世界和开拓世界的多种多样的劳动，只有在进行创造的过程中实现人的个性自我表现和自我肯定的劳动，只有用使精神生活不断丰富的劳动去充实空余时间，才能使人幸福。没有劳动，人必定要受到丹塔尔一样的痛苦：在物质丰富的环境中，他仍然是个乞丐，正如塔拉斯·谢甫琴科所说的，是个"精神赤贫"。

劳动纪律在少年期具有特殊意义。每个少年在完成一天的工作和克服困难的时候，应该找到意志自我教育的手段。我坚信进行智能教育和劳动教育首先要有空余的时间。少年只有在较大程度地显示他的才能和素质的劳动中，才能表现自己。如果少年能更多地按自己的愿望工作，他心爱的工作就能更加深入他的精神生活，这样，他就能更好地珍惜自己的空余时间，也就更善于利用这些时间，把这看作是幸福和欢乐的源泉。

劳动和智力发展

学校生活的智力财富大多取决于智力生活和体力劳动密切结合的程度。还在童年期时，我的学生就已经看到，在一些小的劳动集体（像农业技术小组）里，智力生活是多么丰富。这些小组是对少年进行教育的重要形式。小组工作的可贵之处就在于每个人都可以在较长时间里考验自己的素质、能力，都能在具体工作中表现自己的倾向并找到自己心爱的工作。

根据教学计划，少年每周要在学校工场劳动一次：他们学习加工木材和金属，制作机器和机械的模型。实际上大纲规定的劳动也就只限于这些工作。这样的劳动能否满足少年多方面的兴趣和需要？当然不能。为了使劳动和智力生活统一起来，为了用具有巨大精神意义的活动来充实空余时间，我们设置了少年植物栽培小组、育种小组、园艺小组、养蜂小组、机械师小组、电工小组、无线电技师小组、钳工设计师小组、车工小组、畜牧家小组、花卉栽培小组。如果没有这些富于钻研精神的小组，就不能想象有任何智育和情感—美感教育。如果不把双手变成理智的良师，少年就不会对知识产生兴趣，即使是最强的情感刺激也会在训练过程中丧失掉。

三、四年级时，就开始吸收男女同学参加小组活动。最初当然他们不会也不可能自觉地挑选工种。发现自己的才能需要较长的时间。学生从一个工种换到另一个工种，从一种爱好转为另一种爱好。为了有意识地选择心爱的工作，这样做是必要的。终有一天少年会找到基本上适合他素质的工作。教师在这件事情上不能性急。不能把少年"固定"在某一个小组里，但也不能让劳动中复杂的自我肯定任其自发地进行。要在每一个心灵里点燃热爱劳动之火。这就是说要帮助少年以自己的双手来参与这样的工作，并采用这样的方法，务必使双手成为理智的良师。

尤尔卡以前热爱学校牧场的工作，热爱养兔场和少年育种小组的工作。他学会了把果树嫁接在野生树上，学会了育种和播种、耕耘土地、饲养小牛。而现在他沉湎于少年机械师小组的工作。他目不转睛地注视着他的同龄人——五年级学生学习驾驶微型汽车。但是必须学习内燃机才能得到学习驾驶汽车的权利。尤尔卡便到一个十年级学生指导的少年机械师小组去听课。这孩子饶有兴趣地研究起发动机来，学习启动，学习拆卸和装配内燃机部件。掌握发动机之后，尤尔卡就开始学习驾驶微型汽车。

这时小组里又有了新的有趣的工作：在劳动课教师和高年级同学的指导下，少年们装配起新汽车来了。尤尔卡被这件工作吸引住了。这件工作有许多单一的、一点趣味也没有的工序：研磨金属片，把做车架的生锈的铁条擦洗干净。可是所有这一切都植根于一个有趣的想法，这个想法使工作充满了激情。有趣的创造与双手的劳动联系在一起。思想和手联系得越紧密，劳动便越深刻地影响精神生活，逐渐成为人的一种爱好。劳动中的创造是发展少年智力的最强烈的一种刺激因素。造出美丽、舒适、便于驾驶的汽车这个想法深深地打动了他，于是他对读书的兴趣就越来越大。六年级的时候，尤尔卡就已经拥有一批技术书，这类书还在不断增加。在尤尔卡的精神生活中占重要地位的是读书，但他读书不需要死记硬背。对创造性劳动的兴趣以及希望在动手的工作中取得成就的愿望，推动了他读书的劲头。读书对培养理智、扩大视野（这一点特别重要），对在学习过程中形成脑力劳动的风格和特点都起着很大的作用。这样读书能培养深入理解并思考所读内容的实质的能力。对待读书的这种态度也是钻研教科书应有的态度。酷爱创造性劳动的人永远不会死记硬背。死记硬背消耗智力，使人心灵空虚，只有当劳动中没有精神生活的情况下，才会死记硬背。

每一个小组就是一个进行创造性劳动和生气勃勃的智力生活的中心。我们竭力使每一个少年都成为劳动者、思想家和探索者，使之在饶有趣味、令人振奋的创造中认识世界并认识自己。少年时期的自我肯定、自我教育就在于把认识真理和发现真理与个人的创造力融合在一起：人会意识到，依靠思想和求知的钻研精神，能揭开大自然的奥秘。

小组里的工作是带有研究性的。当我的学生进入少年期以后，学校里就组织了几个少年育种小组和土壤研究小组。孩子们选出播种用的种子，把当地的肥料收集储存，将肥料施到土壤里去，掘松试验田。倘若孩子们不是受到各种研究思想的鼓舞，那么在这些小组里的劳动就可能成为单调而又令人生厌的任务。需要使这些思想深入孩子们内心，从而激发起他们求知的欲望。教师们同生物教员和集体农庄的农艺师一起来向年轻的研究人员讲解怎样才能种出颗粒比一般麦子大一倍的麦粒。希望种出颗粒大而沉的麦子的想法鼓舞了孩子们。麦收以前我们和小组成员们一起到地里去，找寻颗粒壮实的麦穗供教学实验区小畦栽种。地里施上肥，细心地筑好畦，把麦粒一颗颗地种下去。每一畦麦子都成了小型的科研实验室。孩子们用锹劳动，然后去土壤学资料陈列室阅读有关资料，研究能产生肥力的细菌的生活。观察小麦的生长和成熟，然后是收麦子，仔细地估产、过秤，算出一颗麦粒的重量——这一切都是很细致很有趣的工作。柳达、萨什科、万尼亚、莉达、佩特里克、尼娜已经对他们所开出的20多畦地的土质研究了好几年。这是真正的研究：他们配制了含有各种物质的混合土壤，这些物质能促进微生物蓬勃生长，提高土壤中氮和磷的含量。研究者们在第二年就培植出颗粒硕大的麦子，其颗粒重量超过了特大丰收年麦子颗粒平均重量的70%；第三年有几畦麦子长出了比平均重量重一倍的麦粒。孩子们又集中完成一个新的目标：种出蛋白质含量丰富的麦粒。研究这个课题是一项创造性的工作，无论在少年期还是青年早期都具有鼓舞作用。

在我的学生进入五年级以前，学校里就有了少年农业技术设计小组。我和劳动课教师伏罗希洛吸收少年们参加设计和制作用来耕作土地、播种、收割、脱粒的农业机械。随着电能越来越广泛地用于生产和生活，我们又提出一个目标：在各种农业劳动过程中使用电能。

在这个小组里，少年们因这样一些设计思想而精神振奋：怎样用电力来代替手工操作？怎样把电机用到耕作田地、收割和脱粒的农业劳动上去？少年设计师们设计了一台在教学实验地里收割谷物的小型收割机。之后他们又希望制造一台脱粒机。尤尔卡、托利亚、尼娜、舒尔卡、谢尔盖、季娜、费佳、伏洛佳对这台机器钻研了整整一年。他们按照劳动课教师制作的图纸去切、锯、车、磨。工作越接近完成，他们就越是精神振奋，对自己制作的东西就越珍惜，同时也就更关心对他们所做工作的质量的评价。

这是真正丰富的智力生活，是体力劳动和思想的结合。紧张的体力劳动从来不是我们的最终目的，它只是一种实现研究思想的手段。思想是主要的，而双手也并非消极的执行者，它们能促进思想的发展。与这些少年设计师的合作（他们的手好像是在对假设和推理进行检验）帮助我们教师理解这种训练的细致性和它的巨大教育力量。通过这种检验，他们的思想更为活跃，把种种新的发现看作是个性的优点。

我认为学习与劳动相联系就是要使少年一面工作一面思考，一面思考一面工作。每一个少年都要经历几年创造性劳动的锻炼。我在考虑这样一个问题，这种教育将会怎样影响智能的发展？现实做出了可资借鉴的回答：通过思想与体力劳动的结合，手的细致的动作产生同样细致的构想，少年们逐渐成为有才智的思想家、研究家和开拓真理的人，而不致成为享用现成知识的人。我观察了少年设计师、育种家、电工技师、无线电技师们是怎样对待理论知识的。他们对待每一个原理首先是努力去理解各种事实、事物、研究对象、现象和相互联系的现实本质。他们深入思考各个部分之间的逻辑关系，似乎要做出恰如其分的判断。

各个小组的创造性工作教会了一些少年如何思考问题。随着时间的推移，佩特里克的思维活动越来越清楚地表现出一个可贵的特点：他竭力在自己已经获得的知识中寻找与新知识有联系的东西，用已经认识的、在思想和记忆中已经掌握的知识去证明新的真理。

凡是长期受过创造性劳动训练的人，都能自觉地不去死记那些还不理解的东西。在上代数、几何、物理课的时候，尼娜和佩特里克记下新公式以后，感到必须对公式进行思考，思索公式所概括的内容。对他们说来，这种必要性正好像他们想用手摸一下或者用手指去碰一碰机械的零件、部件一样。

孩子们在培养大颗粒的麦子时，研究了植物生命力与下列条件的关系：土壤的微生物区系、深层水分的保持、播种前土地的翻耕、种子的出芽率等。劳动就是对这些因素之间各方面的关系做综合性的研究和概括，弄清这些因素在时间和空间上的关系。生活表明，如果劳动与理解各个重大的相互关系和因果联系长时期结合在一起进行（例如研究微量元素对禾本科植物整个生长期的生长和成熟的影响），如果同一个思想一直在脑子里盘旋、反复，那么就能培养这个少年善于进行思维活动这一最可贵的能力。培养智力感的第一个源泉是劳动与理智相结合。

我的学生中有些人思维缓慢，对数学、物理、化学、历史的概括性的道理和定律的理解非常吃力，有个时期似乎他们内在的精神力量和刺激马上要枯竭了，快要出现漠然无知的状态，他们的头脑也将丧失领悟知识的功能。在佩特里克、尼娜、斯拉夫卡身上出现这种情况似乎在所难免。假如没有劳动去鼓舞精神，假如没有因手和思维协调工作而感受到各种思想，这种内在的智力疲乏也会影响到那些有才能的学生。每当出现这种内在精神空虚的威胁时，我便把孩子们吸引到那种能使他们感受到他们自己在研究和开拓真理的工作中去。

我的学生上五年级时，学校建立了无线电技术小组、电子小组、生物化学小组和土壤学小组。在这些小组里，细心地使用显微镜和使用各种复杂仪器的工作与普通单一的体力活交替进行。这种体力活使用的主要工具是凿子、锤子、钳子、铲子、耙、桶、干草叉。在这种交替变换中，手脑协调结合的一个"诀窍"是：感受体力劳动的紧张并不是最终目的，而是达到目的的手段。这也是对工作的一种刺激。

学校还为少年们布置了无线电技术、电子学、生物化学、土壤学、杂种交配等几个研究点。如果少年没有专心致志地（除了自己心爱的工作以外忘掉了世上的一切）研究复杂的图纸和仪表，就不能设想在少年期受到完善的教育。在这期间少年逐渐变成了善于思考、有研究能力的人，他们在学者们的伟大科学思想和功绩面前深深地赞叹和敬佩。正是在这些研究点闪烁着向往未来的火花。创造性的思想具有独特的性质和风格；那些在大多数情况下不可能发现、不能直接观察到的现象逐渐成为思考的对象。思考这些现象，掌握这些现象，就是在学校里把劳动和理智统一起来的最高阶段。我的班级里每个学生都被有趣的工作吸引。兴趣是多种多样的，而且这些兴趣似乎彼此隔得很远。喜爱文学的人，他的丰富的精神生活原本都在言语世界里，但忽然之间他又会爱上对抗生素的研究。少年机械师热爱起无线电技术和电子学来了。长期以来，许多孩子的精神生活中都有两种甚至三种兴趣。我的学生到了六、七年级时，学校布置了"复杂工种工作室"，孩子们在门上写了马克思的话："但是在科学的入口处，正像在地狱的入口处一样，必须提出这样的要求：'这里必须根绝一切犹豫；这里任何怯懦都无济于事。'（但丁《神曲》）"① 这个工作室里陈列着一切最难的（少年们只有通过紧张的智能劳动才能理解的）材料：这里有无线电技术和电子学的设计图，根据这些图纸可以造出仪表和模型；这里有物理、化学、数学的难题，研究生物化学和土壤学方面的论文等。孩子们走进这间工作室就好像迈入了科学之门。在这里少年们培养性格，锻炼意志，在这里少年们以切身的体会认识到什么是自我教育。

公民的劳动本质

"照亮别人，燃烧自己"，自古以来就是医生的誓言。我努力用

---

① 中共中央马克思恩格斯列宁斯大林著作编译局.马克思恩格斯选集：第二卷[M].
2版.北京：人民出版社，1995：35.——译者

这个道理去鼓励孩子们，使孩子们的心灵变得高尚，并激发起他们的自尊心。真正的幸福是为人们服务。我尽力把这个思想贯穿到我的学生所想所做的一切方面去。

少年常被那些为人们的利益和幸福去建立功勋的故事所激动。但这只是公民教育的第一阶段。照亮别人的直接动因是感受到人应当做什么。初看起来，这似乎是容易的事情：年轻的公民用自己的双手做了某件事，这好像就意味着他们已经体验到热爱人们的感情，意识到自己对他们的责任。然而，在生活里却并不那么简单。如果孩子们干活的时候态度冷淡，或者像对待令人厌烦的义务一样去对待工作，那么无论他们做了多少工作，也不会在他们的心灵里留下良好的印象。年轻的公民去为人们工作的时候，应该怀有纯洁的心和明快、乐观的思想。这种工作应该带来乐趣，并因它的崇高而受到鼓舞。从事这项工作而带来的极度疲乏（没有汗水、疲乏和老茧，就不可能有实实在在的工作），应该从生活充实的感觉和幸福的体验中得到补偿。

究竟怎样向学生们揭示公民崇高的劳动本质呢？这里必须指出一系列教育技巧的规律。去为人们工作，不仅要有充沛的体力，而且要有生气勃勃的精神力量。必须在精神上培养学生按教师的意图去从事具有明显的公民意义的劳动。要从年轻的心灵里去掉一切偶然的和暂时的想法。如果在一个集体里发生了某件不顺当的事情，从而使集体内产生不良的情绪，就会影响公民感的形成。在去为人们服务以前，我努力做到使儿童，特别是少年具有明快的思想。首先是清楚而又乐观地想到，我们用自己的双手为人们创造些什么，我们的劳动将给人们带来怎样的欢乐。只有在这种情况下，少年劳动者才会把自己的一部分身心投入他们所从事的事情上。

在一年以后将要建造集体农庄农业大楼的空地上，长着一棵橡树。树已经长了 10 年，造房子的时候要砍掉它是很可惜的，可能的话，是否可以不砍掉这棵橡树，把它搬到另一个地方去，使它能为子孙后代造福？这件事做起来颇不容易，要连根掘起近一立方米的泥土。诚然，这件事是困难的。但是，这将会给人们带来多大的欢乐啊。一棵橡树要生长 200 年甚至 300 年，许多人要在它的枝叶下感受生活的乐趣。对劳动明确的概念——创造欢乐——激发起孩子们崇高的思想，有了这种思想就有了干劲和灵感。我们决定去干这件工作。我们干了几天，工作越临近结束，大家就越感到高兴。

要使孩子们在少年期看到自己童年时亲手创造的物质财富，是很重要的。我的学生每年都要在他们一、二年级时就开始的工作中增添一些东西。因此为人们工作逐渐成为集体的精神生活。

公民的劳动本质与自尊感有机地联系在一起。为大家造福而劳动，并不意味着人要放弃个人利益，处于孤立境地。为人们劳动所赢得的欢乐植根于深厚的个人自豪感和自尊感。共产主义教育的一个重要任务在于使社会上没有一个庸庸碌碌的人。按照卢那察尔斯基下的定义：表现强烈的个性，这是社会的根本。要使少年的劳动自豪感成为公民感的基础，使他感受到他在自己心爱的工作中是个最好的能工巧匠，这一点很重要。要寻找、发现并确定人的劳动天赋，使每个人都成为某项工作的真正能手，要使劳动创造永远是人的精神生活的一个组成部分，成为事业的最有力的情感刺激，这就是思想教育和劳动教育的统一。

必须帮助每个人都找到自己的位置，在自己心爱的工作中展示自己，掌握必需的知识和技能，成为能工巧匠。这是根据各人的情况区别对待地进行个别教育和集体教育的基础。集体中的劳动者，并不是什么按照命令或口令行动的无个性的群众。没有鲜明的个性表现，也就没有集体。我认为集体主义教育首先是要在每个少年身上迸发出干劲，激发出才干。孩子在少年期就应当在某一件事情上取得重大的成就，要有一件事能吸引他，使他受到崇高思想的鼓舞，他所从事的某件工作应当成为真正的创造性的工作。

我怀着激动不安的心情期待着什么时候少年会一头钻进某件工作中去而忘掉其他一切。这里指的是在智力、创造力和情感方面都已经深入到工作的精微之处，深入到技巧的奥秘之中。这个阶段是少年在一定时间内从事某项创造性劳动所取得的合乎规律的结果。为了深入到工作中去，必须进行一项具体活动。在这项活动中能非常具体地看到并体会到体力劳动从属于创造性的设想。

通过创造性劳动激发起了崇高的精神；由于意识到我是自己这一行的能工巧匠，我有一双灵巧的手而感到自豪；因为我是劳动的主人，人们都尊敬我；……所有这一切就意味着一个公民真正诞生了。

柯利亚热爱各种不同的劳动：他很感兴趣地在教学试验田里工作，同时又在少年模型设计师小组工作。他还爱写生，于是便画起画来，还收集了许多造型艺术的复制品。可是到了六年级，他又去参加少年机械师小组的工作。他一个劲地摆弄小发动机，拆开了又装上，把它擦洗干净、抹上机油。那时在学校工场里安装了一台锯木板的装置。一台电动机上接了一把带锯。可是在检修电路时只能把带锯接在内燃机上。这件工作又促使柯利亚深入钻研起机器结构来。根据他的要求，在学校教学电站（高年级学生实习使用的）里划出了一小块地方，在那里柯利亚安装了一台小型内燃机，他把一台交流发电机接在小型内燃机上，又在电路上装了一些电灯。所有这些机件都是小型的，小发电站看上去像个玩具，但它却成了低年级学生活动小组的中心。在柯利亚的指导下，这儿迸发出了新的兴趣爱好的火花。这位少年技师把一些小机器——电动锯、通风机、冶炼电炉接到电动机上去。柯利亚七、八年级时成了一个真正的电气装置技师。他对内燃机非常熟悉。一个充满了自尊感的公民就这样诞生了。由此可见，自豪地并自觉地尊重自己和别人，便是教育的成果，而获得这种成果的原因是由于发现了自己的才能并严肃地思考自己的未来。光荣感、自尊感以及由此体验到的生活的充实感，是形成公民自觉性的基础，它深深植根于劳动的技巧之中。

也许孩子中谁也没有像托利亚那样有那么多的兴趣爱好。他既对种花感兴趣，又在畜牧场工作，同时还种植谷物。在过去很长一段时期内，任何工作都不能在这个孩子心中激发起真正的灵感。然而现在他开始喜欢车床的金属加工，喜欢设计和制作模型了。六年级结束时，这个孩子对金属加工越来越入迷，以至于放弃了其他的劳动工种。用手工或在机床上加工机器、仪表和模型的零件成了托利亚心爱的工作。在劳动课教师的指导下，托利亚开始制造起电锯来了。他自己制图，自己做零件，自己安装。托利亚把他制造的电锯接上小型电动机的那一天，成了他的节日。他的眼里闪耀着欢乐的光芒。从学校毕业几年以后托利亚说道："那一天我觉得自己是个真正的人了，在这以前，有时候我觉得自己不像大家那样，我比别人差。而从那一天起，世界忽然变了样，人们仿佛更可爱了……"

每个少年一旦找到了自己心爱的工作以后，就在道德成熟的道路上迈进了一大步。

劳动和美

我努力通过少年期的劳动培养学生高尚的情操，因此我很注重向他们展示周围世界的美和人的美。劳动中培养美感的第一个源泉就是人创造的美。在布置得很悦目的"美角"，在劳动的节假日，在学校工场，在教学试验田的田头，处处都创造出了人类的美。

当每个少年走出学校的教学实验田、果园、温室，走出学校工场、工作室，来到集体农庄的土地上的时候，这在他们的生活中是意义重大而又庄严的时刻。这一步对他们来说，似乎是进入了成年人的劳动大家庭，参与到全民的事业中来了。这是作为劳动节日来庆祝（庆祝挖出第一道犁沟）的一件大事。当我的学生升入六年级时，这件大事第一次以隆重的仪式来庆祝。孩子们开始翻耕他们少先队员自己的土地。从那时起他们便在这块土地上开始了持久而细致的劳动。少年们每年都在那里种植小麦。他们给土地施上足够的肥料，给土地浇透水，精心选种育种。

土地肥力恢复的那个节日令人终生难忘。这样的节日在整个少年期只庆祝过一次。这一天所感受到的劳动的欢乐是用特别昂贵的代价取得的，因此在他们心中留下了不可磨灭的印象。孩子们在一块不大的贫瘠的土地上劳动了几年。劳动的目的是使土壤恢复肥力。当他们把种子撒到几年前还是不毛之地而现在已经变成肥沃的黑色的土地上的庄严时刻，村里最受尊敬的老农到试验田来了，他们祝贺少年们取得了成功。

收获第一捆麦、摘下第一批葡萄、第一次刈草的好日子都使少年们得到劳动的美的感受。

暑假里，孩子们在刈草场劳动两到三周。这些日子是很幸福的。这件激动人心的工作开始那天，被作为传统的刈草节来庆祝。在风和日丽的清晨，少年们来到地里，先是让每人都用镰刀刈数十平方米的草。然后才开始正式安排的劳动：有的用手挥镰刈草，有的用马拉刈草机刈，然后把草晒干，堆成草垛。大家都住在地里，自己煮饭吃，晚上阅读书报，听经历丰富的人讲故事。

劳动和意志的培养

劳动的乐趣不同于一般的乐趣。它可以与人们攀登高山顶峰的感受相比拟。在怪石嶙峋的崎岖山路上，每迈出一步都必须付出极大的努力。然而人们面前有着一个崇高的目标——登上顶峰。当一个人爬上了山顶，他感到自己变得崇高了，确立了自尊心。他觉得自己更刚强、勇敢了，并准备去克服新的困难。

使每个少年在少年期都登上这个顶峰，我认为这是一项重大的教育任务。劳动应当成为一种独特的锻炼意志的手段。体力上和精神上的统一表现出这一劳动教育的规律。每一个少年都完成过要求耗费大量体力和精力的工作。

严冬时，刺骨的寒风刮得使人气都喘不过来。少年们来到了田野里：必须给畜牧场运干草去。他们懂得，任何困难情况之下也不能不劳动：不劳动者不得食。生活的每一步都向他们证明，必须一直**劳动**。他们迎着正月里的严寒和暴风雪，把干草装上车，运到畜牧场。劳动结束回来的时候，虽然疲惫不堪，但心情愉快而又兴奋，体验到了作为人的莫大的自豪感。这种自豪感只有通过劳动才能体验到，它在学校生活的任何其他情况下都是感受不到的。体验过这种感情的人，就能理解生活的基本道理：生活的乐趣要用劳动来补偿。必须用劳动去获取这种乐趣。这种思想逐渐成为每个少年个人的坚定信念。

临近青年期的时候

6月里的一天，我们来到树林里，坐在我们心爱的洒满阳光的林间空地上。明天，我的全体学生都将拿到八年制学校的毕业证书。

我高兴的是：他们获得了牢固的知识，爱科学，爱书本，学会了思考并理解周围世界和自己。他们每个人都发现了自己的长处——爱劳动，体验到了在心爱的工作中取得成就的欢乐，成了能工巧匠，成了创造者，**成了真正的人**。每个少年的心里都确立了对别人的欢乐和不幸的同情心。他感到周围世界所发生的一切就像他自己个人的事情一样，他的心灵为此而感到强烈的激动和不安。我的学生的心灵与邪恶是势不两立的。善良、真理和人道主义给他们带来欢乐，激发起他们的高尚情操；而邪恶、虚假、伪善使他们愤怒，激起他们的斗志。

我的学生对美，首先是对人身上所表现的美很敏感。我坚信，他们谁也不会去欺侮别人，不会损害别人的自尊心。可是爱人类比爱一个具体的人容易得多。在口头上说说"我爱人们"比较容易，而去帮助一个身边的人却是比较难的。

我的学生已成为自己祖国的真正儿女：他们懂得，他们这一代所享受到的劳动的幸福和社会主义物质上和精神上的福利是用多么昂贵的代价换来的。他们珍惜祖国大地上的一草一木，他们准备为社会主义祖国献出自己的生命。而对我来说，这一切都是对我的劳动、对我的那些兢兢业业的白昼和辗转不眠的黑夜的最高奖赏。

（此次收入选集时，由倪家泰同志做了重校）

给 儿 子 的 信

张天恩　　曲　程
吴福生　　叶玉华　译

没有战胜过困难，没有负过重荷的人，不能成为真正的人。在通往实现目标的道路上，青春应当战胜各种困难。

第1封信

亲爱的儿子：

　　你好！

　　瞧！你从父母的巢中飞走了，住进大城市，在大学里念书，大概觉得自己已经是一个自立的人了。我根据自己的经验可以肯定，此时此刻的你，正在被急剧翻腾着的新生活的浪花所吸引，是不怎么想家的，不怎么想念我和你的妈妈，更不大会挂念我们。这一点，等到你熟知生活的时候会领悟到的。

　　这是我写给从父母的巢中飞走的儿子的第一封信，希望你终生留在身边，把它保存下来，反复地阅读，认真地加以思考。我和你妈妈都知道，现在的年轻人对父母的教导总有点不以为然。他们往往说：你们这些年长者看不见，也不理解我们年轻人所看见和理解的东西。也许事情果真如此……。也许你看了这封信以后，顺手就把它扔到很远的地方，以便忘却你爸妈的那些喋喋不休的说教。那你尽管扔好了，但我只要求你记住扔到什么地方去了，因为总有一天，你会再想起这些教诲的。到那时候，你就会发现：还是爸爸说得对。于是你将再次感到有必要重读一下这封已经被你忘怀了的旧信，你会把它找出来并且从头到尾再读上一遍的。因此，我劝你把这封信保存一辈子。

　　我父亲给我的第一封信，我也是一直保存着的。我离开父母身边到克列明楚格师范学院去上学的那年只有15岁，那是艰苦的1934年。我还依稀记得妈妈送我去参加入学考试时的情景。妈妈用一个旧的、但很干净的包袱皮，包上从箱子底找出来的新的粗麻布，再给我带上一个干粮袋，里边装着几块饼和两瓶炒豆……

　　我的入学考试考得很不错。那时候中学应届毕业生的人数不多，所以也允许大学招一些七年制毕业生。于是，我的学习生涯便开始了。难啊，当一个人连肚皮都填不饱的时候，还要学习知识，那真是很难啊！但是，没有过多久，新粮就打下来了。妈妈把用新收下来的黑麦面烤好的第一个圆面包送给了我，我永远也忘不了那一天。圆面包是由一位叫马特维的老爷爷转交给我的，他是农村供销社的马车夫，每个礼拜都要进城一次去载运货物。圆面包放在一个干净的麻布口袋里，软绵绵、香喷喷，上面有一层松脆的面包皮。就在面包的旁边放着一封父亲的信，也就是我在上面谈到的父亲写给我的第一封信。我把它作为第一个座右铭，一直保存在身边。信中写道："我的儿子，你不要忘了面包这个最起码的生活资料。我是不信上帝的，但是，我认为面包是神圣的。让它在你的一生中也永远保持神圣吧！不要忘了，你是什么人，从哪儿来的。要知道，弄到这几片面包是多么的不容易。要记住，你爷爷——我的父亲是一个农奴。他是在手扶着犁耕庄稼地的时候死的。永远也不要忘本。不要忘了，此时此刻当你学习的时候，有人正在劳动，正在为你提供生活资料。即使你将来学成以后，当上了老师，也不要忘记面包是怎么来的。这面包是人类用劳动换来的，是未来的希望，而且永远是衡量你和你的子女们的良心的一把尺子。"

这就是我的父亲在给我的第一封信里所写的话。信中还另外附上几句话，说家里领到了按劳动日分配的黑麦和小麦，以后每周都将请马特维老爷爷给我捎面包来。

儿子，为什么我要给你讲这些事呢？不要忘了，我们的根本是劳动人民，是土地，是神圣的粮食。那些用自己的一闪念、一句话或一个行动对粮食和土地，对哺育我们的人民表示轻蔑的人，都应当受到诅咒。

我们的语言中有成千上万个词语，但是应当放在第一位的，我认为是三个词语：粮食、劳动、人民，这是我们国家赖以生存的三根支柱，是我们这个制度的本质所在。这三根支柱是如此牢固地彼此结合在一起，既不能把它们割断，也不能使它们分开。如果有人不懂得粮食、劳动和人民的意义，他也就不能再当人民的儿子。谁要是丧失了人民的优秀精神品质，谁就会成为脱离集体的人，成为不值得尊重的、没有人格的人。谁要是忘记劳动、汗水和疲劳是什么，他也就不会懂得珍惜粮食。如果有人败坏了这三根支柱中的任何一个，他就不能再成为真正的人，他的内心就会出现霉菌、蛀孔。

使我感到骄傲的是，你知道农田劳动的甘苦，你知道要取得粮食是多么不易。你是否还记得，某年五一节的前夕，我到你们班上去（好像当时你正在念九年级）转达农庄机械师的一个请求：放假期间请学生到田里去替一下班，让农机师们休息一下。你还记得吧，当时你们班上所有的年轻人都是一副不高兴的样子，你们是多么不愿意脱下节日的盛装穿上工人的连衫裤，坐到拖拉机驾驶盘的旁边，当一名拖车联结员啊！但是，两天以后，当你劳动完后回到家中，感到自己是一名劳动者的时候，你那两只眼睛闪耀着多么骄傲的神采！

我不相信那种权且称作"巧克力糖式"的共产主义。说什么一切物质财富极为丰富，所有的人都能得到充分的供应，仿佛只要一挥手就什么都有了，任何东西都可轻而易举地得到，一切都随心所欲。假如一切都真的变成这个样子，那么，鬼才知道，人将变成什么样子，也许会变成麻木了的动物吧。幸亏这种情况是不会发生的。不紧张，不努力，不想流汗和劳累，不经过一番焦急和不安，人们是什么也得不到的。即使进入了共产主义，人们也得把手磨出茧子，也得有不眠的夜晚。而最主要的，人们将永远赖以自立的是自己的智慧、良心、尊严。人们将永远得依靠自己的辛勤劳动获取食物，田野将永远是一片繁忙景象，人们在细心地照护那些牲畜和娇嫩的麦苗。让土地生产出越来越多的粮食，人们的这种愿望是永无止境的，人类食粮的根本正是建立在这个愿望上的。

对这个根本，每个人都要加以珍惜。你来信说，很快你们将被派到农庄去参加劳动，这是很好的。听到这个消息我非常高兴。你要好好劳动，不要有负于你自己，也不要辜负爸爸和同学们的期望。干活的时候不要挑肥拣瘦，而要选择那些直接在大田里、在庄稼地里干的活儿。铁锹作为一种重要的农具，是可以用来大显身手的。

等到了暑假的时候，你可以到我们自己农庄的拖拉机队去劳动（当然，那是在不招募志愿垦荒队员的情况下，如果招募的话，你一定要报名去参加）。

　　"看看麦穗的长势，就可以了解种麦子的那个人。"我们乌克兰的这一民间谚语，你大概是熟悉的。每个人都为自己能给人们做点事情而感到自豪。每个诚实的人都想在自己培育出的麦穗上留下自己的一点心血。我在这个世界上已经活了差不多50年，我深深相信这一点，当一个人在田地里干活的时候，这种愿望是表现得最明显不过的了。盼望着你第一个大学暑假的到来，到时候我领你去见见邻近农庄的一个老人，他培育苹果树苗已经有三十多年的历史了。他可真算得上是自己这一行名副其实的能工巧匠。他所培育的苹果树，在每一个树枝上，每一片树叶上都浸透着他自己的心血。如果今天我们每个人都能像这位老人那样对待劳动，那就可以说，我们达到了共产主义的劳动境界……

　　祝你健康、美好、幸福！你妈妈和小妹妹拥抱你。昨天，她们已经给你写过信了。吻你。

你的父亲

第2封信

亲爱的儿子：

你好！

你从集体农庄寄来的信已经收到了。这封信使我很激动，彻夜未眠。我一直在考虑你写的这封信，当然也在想你。

一方面，你对那些浪费的现象深感忧虑，这很好。你在信中说，集体农庄有一个很好的果园，然而已经有超过 10 吨的苹果喂了猪，还有 3 公顷的西红柿剩下来没来得及收获，而农庄主席竟然下令让拖拉机手彻底翻耕了这块作业区，连一点痕迹都没留下。

但是，另一方面，使我感到吃惊的是，在你的信中，你仅仅停留于困惑不解却无所作为。面对这些令人气愤的事实，你只是张皇失措。

结果怎么样呢？你写道："早晨当我看见这块地被翻过了，我的心差点儿蹦出来……"那么后来怎么样？你的心到底怎么样了？看来，它是逐渐平静下来了，并且像往常一样平静地开始跳动了吧？你的那些同学们的心呢，大概谁的心也没有从他的胸膛里跳出来吧！

这不好，很不好。你大概还记得，我给你讲过关于塔列兰①的事，他是一个极其厚颜无耻、老奸巨猾的政客。他教训年轻人要害怕心灵中最初的一闪念，因为这最初的一闪念，通常是最善良的。而我们作为共产党员对青年的教导跟他完全不同，我们教育年轻人不要扑灭自己心灵中的第一次冲动，因为它是最高尚的。你就按照自己内心最初所提醒你的那样去做吧。压抑自己良心的声音，这是很危险的事情。如果你养成一种对某件事情毫不在乎的习惯，那你

---

① 塔列兰（1754—1838）：法国外交家，路易十八时期的外交大臣，是权变多诈、毫无原则的政客。——译者

很快就会对任何事情也都满不在乎。不做违背自己良心的事，只有这样才能磨炼人格。

你把下边这一段摘自《死魂灵》中的话记到自己的笔记本上吧："当你告别温柔的青春年华，踏上人生旅途的时候，你要鼓起敢于面对严峻、冷酷事实的勇气，你要把人的一切内心活动随身带上，不要把它们留在路旁，不要等到以后再回过头来去拣拾！"[1]对一个人来说，最可怕的是变成一个睁眼瞎的人，明明看见了，却装看不见，明明看见了，也不去想所看到的东西。善与恶在他看来都是无所谓的。面对邪恶和虚伪无动于衷，这是最可怕的。我的儿子，它比死亡，比任何最可怕的危险都更为可怕。

一个人没有信仰，就是一个懦夫，一个毫无价值的人。你既然确信，在你的面前发生了丑恶的事情，那就让你的心为此大声疾呼吧，出来和邪恶做斗争，让真理取得胜利！你问我："要阻止邪恶，那么，具体地说，我又应当做些什么呢？应该怎样和邪恶做斗争？"我不知道，也无意给你开一副药方。假如，我处在你去劳动的那个地方，假如我也看到了你和你的同伴所看见的那一切，相信我会知道自己应当怎么做的。

你以一种惊讶的心情写道：对这样一些现象，集体农庄的人们已经司空见惯而且谁也不去注意它。如果你和你的同伴也是那样，就更成问题了。永远也不要害怕表明自己的观点，哪怕你的想法是跟公认的准则背道而驰的。罗丹的这句话你也应当好好记住[2]。如果我处在你那个位置的话，我会马上和同学们一块儿去找党的组织反映情况，说："这是怎么搞的？如果他们自己收不了西红柿，那么，就由我们这些大学生来收，决不能容许糟蹋人类的劳动啊！"如果仍没有结果，那就到区委会去。总之，把人民群众当家做主进行监督的责任真正负起来！我就不信所有的人对邪恶的事都是那样麻木不仁的，对缺点熟视无睹的，这是不可能的。

现在，你正在精神发展的阶梯上向上攀登，那你就不能光是环顾周围的人，看他们在做什么，他们怎么做。你应当独立地去思考，独立地去做出决定。

吻你。

你的父亲

第3封信

亲爱的儿子：

你好！

我很高兴，因为你能在来信中毫无保留地把所有的事情都坦率地跟我谈，谈你的思想、疑虑和不安。还有一件使我高兴的事，就是在艰苦而又紧张地劳动的日子里——夜里 12 点上床，早晨 5 点起床，在这种时候，你还激动地思考这些问题。你说，如果你起来反对那些不良现象，如果你起来为维护正确的东西而斗争，人们将会以一种惊异的眼光看你，把你看成一个标新立异的人。从这封信的字里行间我察觉到了一种沮丧的情绪，一种无可奈何的感伤。你写道："我感到，我们这里的人们把思想性看成是想去捞某种好处的道德资本。我已经不止一次地听到过，人们用怎样讽刺的口吻去说思想性这个词，'看你的思想性有多强！'这是怎么一回事？从前我以极其虔诚的心情去信仰那些有价值的东西，每当谈到它的意义，我的心就万分激动，难道今天这意义已经丧失殆尽？究竟应当怎样理解为理想而生活？"

好，我的儿子，这些问题使你焦虑不安，这很好。我为你，也为我自己感到非常高兴，因为你对周围的人们说些什么和想些什么并没有抱着无所谓的态度。

思想性、理想，这些都是伟大的、神圣的词。不管是谁，也不管他是自觉地还是不自觉地，如果他企图把人类思想的美加以庸俗化，用市侩的自负和淡漠、用庸人的嘲笑去玷污这个纯洁而庄严的词，那他就是在玷污人本身。思想性，这是真正的人性。你是否还记得歌德的话："凡是没有了思想的人，最终剩下的只是有一丝感觉的躯壳。"我还记得，这句话在你少年时代是怎样使你大为吃惊的。你当时还问我："那么是不是说人没有思想就变成动物了？"是的，我的儿子，一个人在他的心田里没有了思想，他就开始接近于动物，无异于行尸走肉了。

要记住，我想再对你说一遍，你要记住人们为了自己的理想不惜赴汤蹈火，上断头台，冒枪林弹雨。乔尔丹诺·布鲁诺本来是可以免于一死的，只要他说上一句话：我放弃自己的观点。然而，他没有说这句话，因为一种崇高的思想鼓舞着他，在成千上万无知庸人的嘶叫和嘲笑声中，他戴着丑角的尖顶帽，穿着画有魔鬼像的长袍去承受严刑拷打——他对自己充满崇高理想的信仰感到骄傲，毫不动摇，即使在那遥远的黑暗的时代，在他的视野里大概已经看到一枚火箭腾空而起飞向广袤的宇宙了。亚历山大·乌里扬诺夫① 只要给"皇帝陛下"写上一封效忠信，沙皇就会宽赦他的性命，但是他没有这样做，他不能这样做。索菲娅·彼罗芙斯卡娅② 只要说一句，她没有参与刺杀沙皇的计划，她就会被释放的，因为并没有确凿的证据证明她是有罪的。但是她不能这样做，因为对她来说，理想比自己的生命更为可贵，这个理想就是自由，是消灭暴君。理想能使人勇敢而无所畏惧。

如果我们国家的每一个年轻人都生活得充满崇高的理想，如果理想成为每个人良心的捍卫者，那么，我们的社会无疑将是一个思想、道德、精神都崇高美好的世界。到那时候，正像高尔基所向往的，每个人在别人面前都将像星星一样闪耀着光彩。[3] 但是，这一时刻不会自行到来的，我们需要为它的到来而斗争。最为艰难的事，摆在我们面前，包括我，也包括你和你的孩子们需要去做的事，那就是用崇高的共产主义思想来教育和鼓舞人们。

我的儿子，这种共产主义思想，比这个世界上任何东西都美

---

① 亚历山大·乌里扬诺夫（1866—1887）：俄国民意党的"恐怖派"组织者，列宁的哥哥。曾参加 1887 年 3 月 1 日刺杀亚历山大三世的活动，后在施吕瑟尔堡要塞被处绞刑。——译者

② 索菲娅·彼罗芙斯卡娅（1853—1881）：革命民粹派分子，民意党执行委员会委员，谋杀亚历山大二世事件的组织者和参加者。1881 年 4 月 3 日在彼得堡被处绞刑。——译者

好。我看过一本薄薄的书，叫作《献给暴风雨的心》，现在把它寄给你。这是伊朗共产党领导人霍斯洛夫·鲁兹贝赫在法庭上的一篇演讲。总而言之，这个人的整个一生都是有教育意义的。对于想要了解共产主义思想之美和其真正意义的青年人来说，他的一生，形象地说，是思想性的基本教材。霍斯洛夫·鲁兹贝赫是一个很有才华的数学家，他写了很多种科学著作，在他的面前展现着如花似锦的前程。但是，为使祖国摆脱暴政压迫而斗争的信念鼓舞着他，他加入了共产党，多年从事地下斗争。由于叛徒的出卖，他被捕了，受到审判被死刑所威胁。如果鲁兹贝赫请求宽恕，法庭是会赦免他的死刑的。然而，这位共产党员知道，在全国充满白色恐怖的残酷环境里，他如果请求免于一死，将会被同志们看成是一种背叛行为，他也会被看作可耻之徒。于是他说了下面最后的几句话：

"死总是不愉快的，特别是对那些在心里对光明和美好的未来充满希望的人，更是如此。但是，混迹于真理与邪恶之间苟且偷生，这是一个真正的人所不足取的。在生命的旅程上，永远也不要失去自己的基本目标。如果生命需要用受辱和被侮作代价去换取，要丧失人格，放弃自己的理想、信仰、政治观点和社会观点，那么宁肯一死也要保留这些清白。我独自选择了自己要走的路，我要沿这条路走到底……。我不认为自己是应当受到惩罚和犯有死罪的人，但是，我做人的尊严处于危机之中。我在这里郑重要求，可敬的法官先生，给我判处死刑吧。我提出这样的要求，是为了分享我那些已经牺牲的朋友们的光荣，也是为了蔑视那些威胁我的名誉的指控。我也好，我的那些由于从事政治活动而受到审判的同志们也好，我们都不是罪人。相反地，我们都是我们亲爱的祖国的公仆。我相信公正的、诚实的伊朗人民一定认为这一判决是专断的，并且最后将证明自己富有献身精神的儿子是无辜的。你们可以给霍斯洛夫·鲁兹贝赫定罪，但是，你们却审判不了善良的人性、正直、爱国主义、人道主义和奋不顾身的精神。"[4]

你要记住这些话，我的儿子，让它成为照耀你生命的火花吧。

有些人对**思想**、**思想性**等词加以讽刺挖苦，认为英勇和思想是为了追求个人的功名利禄。对这种人的内心活动，我是很了解的。

这种人的精神生活极其贫乏空虚，他们不了解崇高精神生活的真正意义，从而也就不可能了解什么是真正的幸福，他们认为具有崇高的思想就意味着成了思想的奴隶。照他们看来（这种看法并不是今天才产生的，它很早就从一个历史时期传到下一个历史时期），一个人一旦丧失思想，就不再会作为一个有人格的人而存在，而是变成行尸走肉。这是多么可怜而又可悲啊！人只有依靠思想才能获得自己的人格，也才具有创造性，才能成为为某种事业而献身奋斗的真正的战士。人不可没有思想，人应当充满具有崇高理想的巨大力量。

我们这个州有一位优秀教师，他也是我的好朋友，叫伊万·古里耶维奇·特卡琴柯。他是波格丹诺夫斯克中学的校长（你大概还记得，他曾经到咱家来过几次），在伟大的卫国战争时期，他参加了游击队，在离兹纳缅卡市不远的黑色森林里和法西斯分子打仗。不久以前，他向我讲述了一个激动人心的故事。想到你对思想和理想产生了怀疑，我觉得也应当把这个故事讲给你听听。

那是艰苦的战争岁月——1941年的晚秋时节。法西斯的宣传喉舌大喊大叫说：红军已经崩溃，莫斯科指日可下。但实际上，法西斯们这时已经被有关游击队的消息吓得丧魂落魄了。在我们这个州里，游击队同样使德国人不得安宁。在离黑色森林不远的一个村子里，人民中的复仇者烧毁了司令部的汽车、电台，还杀了3个法西斯分子。法西斯分子决定暂时不采取镇压该村居民的报复措施，他们决定采取另一种更为狡诈的，像他们的宣传员所说的那种所谓"精神战"的办法。他们在村子的中心地方立起了一个很大的绞架，上边钉着一个用德语和乌克兰语两种文字写的布告牌，布告牌上说："假如在村子里出现哪怕一个游击队员，假如德国士兵因被游击队员刺伤而流出哪怕一滴血，假如有人说出哪怕是一句为游击队的强盗行为而辩解或支持的话，那么，就将在这个绞架上吊死10个最先被抓起来的居民。"法西斯分子把全村的人都赶到这个绞架旁，以便"解释"这道命令；后来，来了一个法西斯少校，他向村民们说："你们的红军不存在了，苏联不存在了，今后全部苏联领土都是属于德国国防军的。"村民们垂头丧气。正在这时，人群中走出一个年纪在 20 岁上下的小伙子，他面向这个少校大声喊道：
"不要相信法西斯分子。红军健在，苏维埃政权健在，莫斯科屹立
不动，并且永远屹立不动。我是游击队的侦察兵。"

　　法西斯分子被这位英雄的大无畏精神吓得目瞪口呆，以致在刚
听到这些话的一瞬间竟然不知所措。小伙子说完了他充满愤怒的一
番话之后，从绒衣的袖口里掏出手枪对准那个少校打了一枪。等这
帮法西斯匪徒清醒过来时，那个少校已经僵死在地上。小伙子被抓
住了，被捆绑起来，最后被判处了死刑。执刑前，小伙子和一个游
击队员被关在一个囚房里（此人后来跑了出来，我们从这个人的嘴
里知道了一些有关这位英雄的情况）。"我不是游击队员，"小伙子
说，"我是一个被法西斯分子俘虏的苏军战士。我受了伤，被抓去
当了俘虏，后来跑了出来。我很偶然地跑到了法西斯分子驱赶村民
去开大会的那个村子里。当那个少校说我们的军队垮了，说莫斯科
即将陷落时，我见村民们非常沮丧，我的心就再也控制不住了。我
知道，这样做是要牺牲的，但是我没有别的选择，我的话将会点燃
人们心里对我们祖国必胜信心的火花来。敌人将会把我吊死在那
里，就在那个村庄，在那个绞架上，他们还会把所有的村民召集
来。死对于我来说将是最艰难的考验。不管怎么说，死总是可怕
的。也许过一会儿我就要从这个世界上消失了，想起来很可怕，但
我要在人们的面前经受住这个考验。必胜的信念支持着我，我为这
个信念而生。"

　　他光荣地经受住了考验。在刽子手把绞绳套上他的脖子之前，
他大声喊道："同胞们，不要向刽子手低头。绞架是无法吊死自由
的。我为祖国而死。"

　　珍视思想的人，必然珍视自己的尊严。共产主义思想，用马克
思的话来说"是不撕裂自己的心就无法挣脱的枷锁"。[5] 我相信，你
一定会成长为一个真正的人。我们理想中的伟大真理将会和你的心
融为一体。你要记住，人生在世不会总是一帆风顺和美妙动人的，
你也会遇到丑恶的、肮脏的事情。你应当善于把这些东西和共产主
义的伟大真理加以对照区别。思想性如果缺乏人的激情就会流为虚
情假意。在我们的社会里有不少"维护正义的斗士""真理的探索

者"，他们不反对去"揭露"邪恶，但是他们认为"还是让民警去和这些现象做斗争吧"。这些蛊惑者、光说不做的人是最有害的。问题的关键不在于看到邪恶并且大声疾呼，而在于制服这些邪恶。有时需要的不是用嘴说，而是无言的行动。伊利亚·伊里夫和叶甫盖尼·彼得罗夫说得非常好："应当不是为了一尘不染，而是为了打扫干净去斗争。"事实上，在我们这里还有很多必须"清扫"的东西。我相信，在你的人生道路上有时会碰到垃圾，这将不会使你气馁，也不会使你失望，更不会动摇你对善良的信心。善良必定胜利，但这一胜利的源泉来自人民，来自我们自己。

祝你身体健康，精神愉快。拥抱你，吻你。

你的父亲

第4封信

亲爱的儿子：

　　你好！

　　当我得知理想、生活的目的、真理、美正在使你感到激动的时候，我是多么高兴啊。很久以来，我都没有发现你对这些问题有过如此"狂热"的兴趣。我之所以高兴，也是因为我的信激起了你一连串的想法。造成这种思想激动的原因，大概是由于现在同你相处的都是一些新的人，每天你都能了解一些世界上最宝贵的、最奇异的对象，那就是人。了解人，也就是重新了解你自己。对我来说，这种热情的焕发还是在我刚去上学的时候。当我走进教室时，里面坐满了学生，对我来说，他们全都是一些新的人。在和他们相处的过程中，我仿佛是在"抖掉"自己身上的尘土，在"检验"自己的看法、信念，尽量看到自己的缺点，自己的优点。

　　你写道："在我们当前这个时代，未必能找到一个可说是理想的人。"从你的字里行间我还看到了一个令你忧心忡忡的问题："总的来说，在我们这个时代，还能有完美无缺的、合乎理想的人吗？"于是你得出一个武断的青年人惯有的论点："产生理想人物的时代已经过去了，英雄的时代一去不复返了……"

　　我还记得，在你去参加入学考试的前一天晚上，我们两人之间有一场未完的争论（你记得吧，我们坐在果园里的一棵梨树下边，当我们辩论得最紧张的时候，你妈妈说："快到时候了，再有一个小时火车就到啦。"）。你强烈地坚持自己的意见：产生理想人物的社会环境，是在一切社会力量分成两个对立方面的时候，即一方是善，一方是恶的时候。拥护什么，反对什么，孰好孰坏，泾渭分明。然而，现在是另一种样子：为理想而进行的斗争已融入平凡的日常劳动之中。你举了一个例子：一个挤奶女工超过计划多挤出1000公升的牛奶，于是人们就把她作为英雄人物去谈论，英雄称号难道是这样容易获得的吗？对平凡的劳动（这本来是为生存而尽的一种义务）往往用"功勋"这样伟大的词语进行褒奖，是否过分了些？

你的这封信发展了你的这些思想。这是一个复杂而微妙的问题，特别是关于理想这个问题。首先应当弄清楚，所谓理想的，绝不是说没有缺陷、没有缺点的。人总归是血肉之躯而非钢筋水泥。我想，你不会否认保尔·柯察金是一位当之无愧的英雄吧！？但是，你是否记得，他在谈到自己时说过的一段话。下面就是他的话："我也办了不少错事，有的是由于糊涂，有的是由于幼稚，而更多的是由于无知。"[6] 英雄本人看到了自己身上的缺点，但是这些缺点并不能决定这位优秀人物的主要方面。最为主要的是，"在革命的红旗上也染有他身上的几滴血"。

这就是理想的含义。衡量理想的试金石，就是人的热情，是他为真理而战，为革命取得胜利而战的豪情壮志。我永远也不会忘记海明威说过的话："人不是为了忍受失败而被创造的……。可以把人消灭，但却不能征服他。"[7] 在海明威说这些话很久之前，人们已经从保尔·柯察金的口中听过这样的豪言壮语了。不仅仅是听到过这些话，人们还亲眼看见了他的功绩。

可以设想一下，让那些早已离开人世的人来看看我们今日平凡的劳动场景，在他们的心目中，公正的社会制度曾经是遥远的未来，是美好的、令人向往的幻想……。比如，亚历山大·乌里扬诺夫、斯捷潘·哈尔图林、索菲娅·彼罗芙斯卡娅……。你想想，他们会怎样看待我们今天的生活呢。当他们观察今天的生活，了解千千万万新世界建设者的劳动时，他们在内心深处会有何种感觉，会想些什么和说些什么呢？他们的心将会因惊异而颤动起来吧。他们将认为我们这个时代本身，我们的整个生活都是理想的。他们当中任何一位英雄都会说：这才是我为之献出生命的那种生活！

遗憾的是，我们自己并没有意识到这一点，忘记了我们生活在一个怎样的时代。英雄人物，就在我们中间，就在千百万"普普通通"的劳动者当中，他们甚至没有想过要当什么英雄，而且当有人对他们说，"你就是英雄"的时候，他们反而会感到吃惊。概念本身起了变化，在我看来，在"普通人""一般劳动者"这样一些词语里似乎包含着对人的某种轻视的意味。人是很不简单的。我们这个时代的人在田野里、在牧场里、在车床旁从事劳动，他们都是很不简单的啊！你谈到的那个挤奶女工，她的确称得上是一个理想的人、一个英雄。虽然她并没有做出什么丰功伟绩，但她的全部生活，就是一份功绩。她那沸腾的热血，洒落在革命的红旗上。为什么说她是一个英雄？为什么说她的生命就是功勋？这是因为她用自己的劳动给人们以崇高的精神力量。想一想吧，我的儿子，关于共产主义建设的目的。我们为了什么去劳动？这一切都是为了人类的幸福。共产主义并不是什么高悬在人群头上的某种高不可攀而又不可思议的东西，共产主义就存在于人类自身之中，存在于人类的幸福之中。建设共产主义，就意味着造福于每一个人，每一个家庭。然而，若没有一个幸福的社会这一点是做不到的。如果没有物质福利和精神福利，想要实现幸福简直是不可想象的。创造物质价值的挤奶女工，她的意义决不限于创造物质福利。如果没有像这个"普通的""平凡的"挤奶女工一样的劳动者，就不会有巴赫姆托娃的美妙歌曲，不会有肖斯塔科维奇的交响曲，也不会有科学院院士安巴尔楚米扬关于最新恒星说这一大胆假说的产生，也将不会有你上的那所大学，成千上万的首都居民也不会在这么安静的夜晚阅读有趣的书或到音乐会和剧院去。

她，正是这个挤奶女工，她明白自己是生活的创造者。这就是理想的实质寓于所谓"普通的""平凡的"人的身上，也就是劳动创造性的根本所在。理想的人，不是圣人，不是"光泽夺目"、白璧无瑕的人。

理想的事物，存在于我们生活本身之中。你仔细地看看自己的周围，观察一下人们，不要只是看表面现象，而是深入到他们的内心世界，你就会看到那种理想的事物。如果一个人的头上缺少一颗指路明星——理想，那他的生活将会是醉生梦死的。

祝福你，我的儿子，祝你身体健康、精神愉快。热烈地吻你。

你的父亲

第5封信

亲爱的儿子：

　　你好！

　　来信收悉。你们终于上课了。你在信中兴奋地谈到你们学校的无线电物理学和电子学研究室的设备是多么齐全完善。你确定了自己的专业，我们真为你感到高兴。如果你深信而且生活也将证实无线电物理学是你喜爱的专业，那么你将是一个幸福的人。人的志向不是别人强加给他的，如果从中学二年级起，你不钻研收音机示意图，不付出劳动，恐怕你不会形成这种志向。志向是天才的幼苗，经过热爱劳动的双手培育，在肥田沃土里将成长为粗壮的大树。不热爱劳动，不进行自我教育，志向这棵幼苗就会连根枯死。

　　确定个人志向，选好专业，这是幸福的源泉。马克·吐温写过一篇很有趣味的短篇小说[8]，小说描写在"阴间"既没有天使，也没有圣徒，更没有过着神仙般的生活终日游手好闲的人。居住在天堂的人和居住在罪恶的人间的人一样，都过着需要劳动的生活。天堂和人间只有一点不同，那就是在天堂每个人都能按自己的志向工作。一个在人间默默无闻的鞋匠死后成了赫赫有名的统帅；一个在生前平庸无能但擅长书法的将军，死后却甘愿在司令部里做一名小文书；一个好写又臭又长的小说被读者唾弃的作家，死后终于找到最适合他的职业，做了金属旋工；一个偶然做了一辈子教师，从未给自己和学生带来过欢乐的人，死后竟成了一个出色的会计师。

　　我不止一次地读过这篇优秀作品。如果在"尘世"，每个人都能各得其所，各尽其才，该有多么好啊！但遗憾的是，现实往往事与愿违。我认识许多不称职的专家：农艺师、教师、工程师、演员。如常言所说，他们劳苦一辈子，却对自己的工作漠不关心，苦度时光。最令人感到惋惜的是，他们不知道劳动的乐趣，从未感受过劳动给予他们的鼓舞，也从未对劳动产生过迷恋。

什么是生活的最大乐趣？我认为，这种乐趣寓于与艺术相近的创造性劳动之中，寓于高超的技艺之中。如果一个人热爱自己从事的劳动，他一定会竭尽全力使其劳动过程和劳动成果充满美好的东西。在信中，我对你谈过我们的园艺家和林学家耶菲姆·菲利波维奇。像他那样的人，我在一生中只见过十多个。他真是个了不起的人，精通本行业务。我在此毫无夸张之意，他完全可以和斯坦尼斯拉夫斯基、普拉斯托夫、肖斯塔科维奇、阿列克塞·乌列索夫等人相提并论。我现在给你谈谈这个人：他如同斯坦尼斯拉夫斯基创造形象、普拉斯托夫在画布上创作生活一样，他每天都进行树的塑造、**创作**和**创造**活动。我看到他不止一次地从多方面观察一棵小树，仔细端详，想找到唯一合适的嫁接点。从寻找嫁接点，小树生长出幼芽起，他就开始了魔术般的伟大劳动。在劳动中，他变成了本专业的自豪的创作者、艺术家和诗人。经耶菲姆·菲利波维奇之手培育出了一棵棵美丽俊俏的树冠。要想学会这种技艺，就必须同他一起干上好几年，这是认识人、理解美和艺术的过程。生活的伟大幸福就寓于这种劳动之中。在劳动的同时去认识自身的美，这才是真正的劳动。我在几千株 3 年小树中经常能找到耶菲姆·菲利波维奇栽种的树。他的树都朝向阳光，树枝修剪得均匀整齐，使每片树叶都能受到阳光照射，互不遮挡。

"您是怎样做的？"一次我问耶菲姆·菲利波维奇。"人的智慧就在指尖上。"他回答说，"我从 3 岁就开始干活了。我劝您也这样教育学生。不要忘记，每个人都应当成为本行的主人。如果当初我去学工程师、医生或教师的专业，恐怕一事无成，也许只能勉强糊口度日……"应当让每个人都燃起他内心的"火花"，只有这样才能培养出真正的人。

人的塑造者——教育工作者能够培养志趣爱好，但禀赋也起作用。你喜爱巴赫的音乐。大家都知道，约翰·赛巴斯蒂安·巴赫家族有 58 个音乐家。他的曾祖父是音乐家，祖父是音乐家，父亲是音乐家，……甚至男婚女嫁也都在本族内部。似乎孩子一出生就确定了以后的职业：或成为作曲家，或成为著名的演唱家。为什么呢？为什么巴赫家族产生了58个著名音乐家呢？那是因为他们自己培养了自己的志向。在这个家族里，孩子们在生活中获得的第一印象是音乐；在周围世界中首先感受到的美是音乐旋律；首先引起他们赞叹的事物是音乐；他们感到人的骄傲首先是陶醉于音乐的美和去创作音乐。

人是自己的志向的主人。你感到做一个无线电物理学家非常幸福，认为自己十分热爱无线电物理学。我对你的这种喜悦和兴奋心情，并不感到十分惊讶。一个人会热爱他为之倾注心灵的事业。你对无线电物理学产生了兴趣，这很好，但要记住，这仅仅是兴趣。要把兴趣变成自己的志向，必须付出几倍的劳动。乘数比被乘数大许多倍，才会得出一个可观的积数。我想对你提出几点劝告：科学日新月异，飞速发展。如果你想成为精通本行业务的优秀专家，你就必须密切注意无线电物理学领域的新成果。在课堂里讲授的知识，只是你所需要掌握知识中的很小一部分。你要给自己立下几条规则：每天，毫不含糊地说，不管是放假还是休息，至少阅读五页关于无线电物理学或相近科学——电子学、仿生学、天体物理学、宇宙生物学等的学术期刊。我再重复一遍：一定要每天坚持。例如，你参加五一节游行回来，也不要忘记自己的"五页"。任何人也不能代替你完成这件事。要记住，人们在跨学科的领域常常会有新的发现，那里有许多未被探索的事物，必须给以特殊的重视。

我用钻研这个词不是偶然的。大学生应当深刻理解、掌握事实和结论，只有经过钻研并理解了的东西，才能记入笔记本。不要照抄科学论文或教科书，只需记下已消化了的东西。你对已确定为自己志向的课程理解得越深，它就会在更大程度上成为你的志向。

我还有一点劝告。任何专业都有理论部分和实践部分。无线电物理学的实验作业，大概尤能引人入胜。我希望你利用各种机会多去实验室和工厂劳动，多装配收音机和无线电控制的活动模型。任何时候都不要满足于一般成绩，要更上一层楼，精益求精，这是培养志向的必经之路。第一次失败了，就从头再来。决不要轻视最简单的粗活。要勤练两只手，使之成为能胜任各种劳动的最重要的工具。我写了一篇关于手、手工劳动的文章，现寄给你，希望能引起你的共鸣。

替我到书店看一看有没有论述劳动和创作心理的新书，如果有，就买几本寄来。

祝你健康，精力旺盛！

拥抱你，吻你。

你的父亲

第6封信

亲爱的儿子：

　　你好！

　　你在最近一封来信中同我展开了争论，我感到非常高兴。这太好了，妙极了！看来，"志向"是一个最令人激动的题目。你抱怨我高估了教育和自我教育的作用，低估了天赋。诚然，贝多芬在5岁时写出了他的第一批音乐作品，这首先说明贝多芬在童年时期所处的环境极其优越。他如果处在一个没有任何乐器，没有人懂得音乐的地方，恐怕不会形成音乐家的才能。我认为，现在有成千上万人的天赋得不到发展。如果他们生活在有利于发展才能的环境里，很可能成为卓越的学者、诗人、作曲家。共产主义理想的高度人道主义恰恰表现在：在共产主义条件下，任何一种天赋都有充分发展的机会，都将开花结果，成为才干。共产主义理想要使每个人都成为有才能的劳动者，有才能的创造者，有才能的钳工，有才能的电焊工，有才能的农艺师，有才能的畜牧家。这是我们教育工作的理想，我对它坚信不疑。我认识许多人，他们之所以成为有才能的劳动者，是因为教育揭开了天赋给予他们的能力。在共产主义条件下，天赋和社会所给予的一切在人的身上将达到惊人的和谐一致。我热爱教育工作，因为它的主要任务是认识人。我在工作中首先去认识人，观察他们内心世界的各个方面。如果教育者善于对待和善于琢磨，就能**使人成才**。教育的艺术就在于能够看到取之不尽的人类精神世界的各个方面。例如，我有过一个学生，他学数学很吃力，学语法也感到困难，可以说他既缺乏数学思维能力也缺少艺术思维能力。那他有什么能力呢？如同任何人一样，他有着取之不尽的精神力量，有未被我发现的天赋和才能。教师要善于发现它和琢磨它，使孩子获得幸福和前途。他可能会成为有才能的机械化专家，有才干的农民，有才干的细木工。我深信这样的时刻一定会到来，即在我们的社会里将不存在一个没有才能、没有知识、对生活感到失望的人。每个人身上耀眼夺目的一面都将被发掘出来。暂时这还只是一种幻想，但迟早会变成现实。我深信教育有强大的威力。

我认识一些人，他们热爱那些乍看起来极其平常、微不足道的工作。他们成了本行的诗人、艺术家，他们的技艺达到了炉火纯青的地步。这是因为天赋和教育所给予的一切在他们的生活中达到了难得的和谐一致。两次荣获全国闻名的"社会主义劳动英雄"称号的电焊工阿列克塞·乌列索夫是我的朋友。一次，他对我说：

"我很小的时候就想去工地干活。我看到工人焊接，火花四溅，简直着了迷。我请求他们教我，于是我学会了电焊。我在北方参加过城市和水电站建设。你是大地的创造者，这种幸福是值得你去享受一下的。看着一栋栋新房盖好、一批批居民迁进去，看着你参加建设的水电站，你的第一个机组送电了……。这一切对我来说，是生活中最大的幸福。"

我还有一个朋友，他是我国著名的畜牧家斯塔尼斯拉夫·伊万诺维奇·施泰曼。你听一听他怎样谈论自己的工作。

"我从来没有飞行过，也没有爬过山，航过海。我一生的大部分时间是在畜物场和牛舍度过的。可是每当我回忆起过去的岁月，却觉得自己好似一个旅行者，不止一次地穿越无人走过的小路，不知道在转弯处会发生什么事情；我也不止一次地感到自己好似一个攀登高峰的登山运动员……"

孩子，你好好想一想这段话。他原来是一个雇农牧人，过去的生活条件使他没有在学校里读过一天书，可是他通过顽强的劳动，成了卓越的学者、博士，成功地培育出科斯特罗姆良种奶牛。他一生从未离开过"卡拉瓦耶沃"国营农场。

这些事例又一次证明，人是自己志向的创造者。只有依靠劳动才能走上通往智慧、创作和科学的道路。

　　确定志向，这就意味着要有所作为，有所创造，不要只是背诵现成的公式、定理，不要总是费尽心思去考虑自己是否喜欢这一份工作。最为重要的是，一个人要喜欢他为之倾注自己精力的工作。我再劝你一次，任何时候也不要轻视最平常、最"粗"、最"脏"的劳动，因为创作活动恰恰从这里起步。

　　再见，亲爱的儿子！

　　祝你身体健康，精力旺盛。

你的父亲

第7封信

亲爱的儿子：

你好！

你怀疑那个农庄主席的话是否正确，他对在会上批评过他的大学生说："说的是实话，但实话本身并不能取得胜利。大炮要渡河，必须用肩膀去扛。"你对此感到愤慨。你认为，本来大学生说得对。农庄每年丢掉 2000—5000 公顷良田，任其遭受侵蚀；20 年前生长过小麦的地方，如今被冲成了沟。你曾问，这是不是事实，如果是事实，为什么农庄主席指责大学生是蛊惑家。

孩子，我们的生活是复杂的。给你讲一件往事。我记得童年时，咱们村里有一个人叫扎哈尔卡。他有过姓，但已无人记得。村里人都叫他普拉维德尼克 ①。为什么这样称呼他，这正是我准备讲的主题。他从不伤害别人，办事公道，为人正直，像农民那样虔诚；但他终日游手好闲。村里组织起集体农庄，人们都去干活了——有的在大田，有的在猪舍，有的在马厩。只有扎哈尔卡东游西逛，无所事事。因为他经常发表些公正的议论，所以人们送他这个绰号。每到傍晚，庄员们都集聚在农庄办公室前面闲聊，有的谈起一天发生的事，有的回忆往事，有的谈论未来。扎哈尔卡也来到这里，他说东道西，谈的全是事实，例如，"该播种了。天老不下雨，土硬得像石块，下了种，恐怕连种子也难收回来。"

他东拉西扯，喋喋不休。

有一次他说："今年霜冻来得太早了，一夜里西红柿都给冻

---

① 俄语"праведник"，正人君子之意。——译者

坏了。"

后来发生了这样一件事。在一场暴雨过后，扎哈尔卡跑进农庄大院，他的一对浅蓝色眼睛望着天空，用一种与己无关的腔调对集聚在周围的庄员们说：

"橡皮沟那儿下了冰雹，100 亩麦子被打光了。"

庄员们知道扎哈尔卡说的全是实话，但还是揍了他一顿。大家无法控制住愤怒，只好想出个巧办法来：他们从扎哈尔卡身上扒掉脏污不堪的短裤，用柳树条夹着荨麻，狠狠地抽了他一顿。扎哈尔卡说的实话为什么激怒了庄员们呢？因为在他那冰冷的、漠不关心的话语里有着一种思想：瞧，这就是事实，我全讲给你们了，它与我无关，毫不相干……

人民不喜欢这种"讲实话"的人。依我看，农庄主席非常讨厌关于侵蚀危害的空谈。根据我们的经验，我知道，农庄主席很难和土地侵蚀现象进行有效的斗争。

真理是一个包罗万象的、复杂的、有时容易使人弄错的概念。没有抽象真理、泛泛的真理，只有造福于人的真理是唯一的真理。如果有人想做一个为真理而鼓吹真理的人，说得形象些，他不想使真理成为造福于人民的工具，那么他将落到与"正人君子"扎哈尔卡同样的下场。

真理存在于我们平日所见和所做的一切事物之中。如果想去探寻真理，就要去探寻事物的根源。为使人类生活得更美好而去发现真理，这是一种艰巨的劳动。在这里我想引用一篇我们四年级学生所写的很有趣的故事。我想，如果你能思考一下，它将帮助你理解真理的实质，而最重要的是，它将教会你怎样观察和看到真理对谁有利，以及怎样把真理变成造福于人民，造福于劳动者的工具。故事是这样的：

蜜饼和麦穗

大清早，太阳还未升起，一个人往衣袋里装了几块蜜饼就下地了。他在田里走来走去，察看小麦的长势。他摘下一颗麦穗，剥下麦粒，放进嘴里咀嚼起来，面浮笑容。他把麦穗放进衣袋，于是麦穗和蜜饼在衣袋里相会了。

"你是谁？"蜜饼问道。

"我是麦穗。"

"哟，全身带刺。你为什么要生存？你有什么用处？"

麦穗微微一笑，把胡子——麦芒一噘，回答说：

"没有我就不会有面包和面包干，也不会有你这个蜜饼。"

蜜饼惊讶万分。它用尊敬的目光看了麦穗一眼，急忙给麦穗让了让位置。

"这就是说，一切都取决于你。可是，是谁创造你的呢？"蜜饼问道。

"劳动。"麦穗回答，"劳动创造一切。可是，劳动掌握在人的手里。**劳动和人**——这是最重要的东西。"

这个故事令人深思。作者是四年级学生。为把学生的创作能力提升到这种高度，教师需要长年累月地把自己的情感、思想、信念——自己的心灵灌注到儿童的心灵里。

劳动和人，**人和劳动**，这是所有真理的父亲母亲。在对年轻一代的教育中，两个特别重要的问题是真理是怎样进入人的精神世界的，我们培育的人又是怎样进入真理世界的。如果一朵花结出扎哈尔卡那样的果实，对教师来说是一种不幸（如果在教师当中有扎哈尔卡那样的人，那么对学校来说就是一种灾难）。我们常常谈到信念这一神圣的事物。在教育科学的著作中，它是被议论得最热烈的篇章。关于它，至今不知已写过多少文章，发表过多少见解，但是在今天仍然常常见到这样的人：他们的胸膛是花岗石的（指有知识），下肢是胶泥的（指信念）。原因何在呢？因为青少年只记住了真理，但没有为真理的胜利而去进行斗争。他们没有从事使真理体现于创作、劳动和行动中的任何活动。在小学、中学和大学阶段，人们大概上千次地听到过诸如此类的话：要为人民谋利益；劳动光荣，不劳动可耻；等等。可是人们在生活中还能看到些什么现象呢？我们共和国一所综合大学里的 10 名毕业生，他们不愿去农村做教师，留在城里，有的做了发货员，有的摆摊卖水，有的经营菜店。

为什么诸如为人民劳动光荣这样崇高的真理，没有在他们的心灵中占据一席之地呢？多年来，一种思想使我经常激动：当每个学生通过劳动、通过个人的努力掌握了我们信念中的最崇高的真理时，我们的教育才是名副其实的共产主义教育。劳动是最伟大的美，同时也是最艰巨的事业。认识这个真理，是教育的奥秘之一。

祝你身体健康，精力旺盛！

拥抱你，吻你。

你的父亲

第8封信

亲爱的儿子：

　　你好！

　　最困难的事情应成为最喜爱的事情，这就是人形成坚定信念的辩证法和逻辑。人终生珍视的东西恰恰是他付出昂贵代价所获得的东西。年轻人对劳动的热爱并非囊中之物，能轻而易举地取得，只有通过劳动才能获得这个珍宝。遗憾的是，现在竟有人相信，只有给青年人以更多的物质福利，才能使他们看到我们生活的欢乐，领悟生活在社会主义社会的幸福。

　　我希望你思考令我不平静的一个问题：青年人生活得幸福和欢乐是否太容易了。我们教育青年要有各种各样的需要，但遗憾的是，我们还没有很好地教育他们养成一种最重要的需要——对共产主义劳动的需要。我认为，共产主义的劳动需要，是人发自内心深处的对劳动的向往，是人的精神境界达到一定高度的表现。他们认为，如果不为社会，不为人民劳动便失去了生活意义。只有当人发现了**劳动的乐趣**时，劳动才能成为需要。这种乐趣不能同其他乐趣相比较，不能同旅行、运动、休息、欣赏艺术珍品的乐趣相比较。劳动的乐趣不是轻易可以获得的，正如婴儿出生时母亲必须经过阵痛一样，通往劳动乐趣的道路不是平坦的，要想攀登到它的顶峰必须有登山运动员一般的坚强意志。攀登悬崖峭壁并没有什么乐趣可言，但为表现自己的力量，树立自己的荣誉和尊严，却是必要的。

　　教育工作者的使命，是使人感受到为别人劳动的无比乐趣；踏上自我教育道路的人的使命，是通过劳动获得这种乐趣。我对学生的精神世界了解得越深就越加坚信，如同阿芙洛狄忒①来自海浪一样，真正的人来自艰苦的地方，来自用汗水浇灌过的土地，来自曾战胜了难以克服的困难并对胜利有着崇高自豪感的地方。这种感情把一个人的精神世界——个人利益和志趣爱好，同公共利益和需要联结在一起。当青少年回顾自己自觉生活的头10年时，他们将亲眼看到自己当初种植的树苗如今已根深叶茂，培养的葡萄树已挂满硕果，用汗水改造过的荒地已变成麦浪起伏的良田。我相信，这样的青少年决不会把穿旧的鞋随意抛在树林里，不会把书撕碎，不会看到一块埋在泥土里的锈铁或散在地上的化肥而无动于衷。在他们看来，公共财产比个人物品更为珍贵，因为它不仅是个人的，它能给人民以欢乐。孩子，你要永远铭记在心：通过艰苦劳动获得的欢乐，是培养良心的强大力量。说得形象些，良心是信念的哨兵。我们竭尽全力教育人从童年时期起就要在自己心灵上树立起这个哨兵。如果你已经认识到劳动的乐趣，并且把在自己今后生活道路上寻求这种乐趣视为获得个人幸福的最重要的条件，那么，这个哨兵就会警惕不懈地守卫你的心灵。

你既要教育自己，也要准备将来教育好自己的子女。你要教育他们牢固地树立一个信念：面包来之不易。人们为获得粮食不知经历了多少个不眠的日日夜夜，双手不知磨出多少硬茧，不知流了多少汗水，克服了多少困难。你要想一想自己的童年时代，回忆一下你们这批年轻人奔赴寸草不生的荒原的情景，你们怎样把荒原改造成良田，种出了小麦；你们怎样挖掉了淤泥腐草，掘松了土地。这些都不是轻而易举的事。如果有人天真地认为到了共产主义社会，机械将完全取代人的劳动，那么，他必然会感到这种劳动过于繁重、单调乏味、令人厌倦。登山运动员冲向高峰的时候，对自己单调的攀登动作也会感到厌倦，但他们知道，每攀登一步都更接近顶峰。麦穗就是你们攀登的"顶峰"。你们用自己的双手种出的第一捧粮食，用这些粮食烤出的第一个面包，最初的**公民自豪感**，这就是真正的共产主义教育。要从童年时期起培养这种感情。要记住，你将做父亲，将要在孩子身上重现你的一生，为祖国培养新一代。

---

① 阿芙洛狄忒：古希腊神话中爱与美的女神，传说由海浪泡沫形成。——译者

倘若错过童年的黄金时代，就再也无法补救。要记住，童年时期流的每一滴汗水，顶得上成年时期许多天紧张的劳动。童年时期种出的每一捧粮食，其意义好似堆积如山的金色小麦，好似肥田沃野，好似一代人的多年劳动。

　　没有战胜过困难，没有负过重荷的人，不能成为真正的人。在通往实现目标的道路上，青春应当战胜各种困难。只有在这种情况下，我们建设共产主义的理想才能被每个人所认识和领悟，并成为每个人自己的目标。我们正带领你们进入共产主义社会美好的宫殿。这座宫殿不是人们无忧无虑寻欢作乐的场所，而好似一个蜂房，人们送进去的东西比取出来的要多；不是收藏着稀世珍品的博物馆，而是一栋建筑物，每个人都要为它添砖加瓦。你即将独立生活，要学会使用我们今天的"蜂房"，酿出比昨天更多的蜜。当你在沿着石头小路向上攀登越感到艰难时，你就会越发珍视劳动的乐趣，越加深刻地认识到生活的幸福。祝愿你在遇到艰难险阻时，不要惊慌失措，祝愿你成为一个真正的人。

　　祝你身体健康！

　　拥抱你，吻你。

　　　　　　　　　　　　　　　　　　　你的父亲

第9封信

亲爱的儿子：

你好！

你说得对：精神空虚始于青年早期，因为在那个时期，熟记、背诵多于思考。你写道："甚至没有时间去思考科学真理的实质，总是背诵……"

这种情况确实令人遗憾。可是，为什么小学生、中学生和大学生不在教师传授知识时去认真思考概念的实质呢？为什么强大的精神力量——**我们时代的真理**、伟大的科学真理，常常不能被人们心领神会呢？许多人不关心伟大的真理和我们的美好理想，不珍视美的价值和人类的美，他们或去啤酒馆，或去参加可疑的晚会。对这种现象，为什么不感到惊讶和忧虑呢？为什么呢？

变知识**为人所有**，使教学充满高尚美好的情感，据我看来，这是普通学校和大学教育头等重要的任务。人们时常能听到，今天是数学的时代、电子学的时代、宇宙的时代。这些话都不错，但这些并没有反映出我们这个时代发生的各种事物的全部实质。世界正在进入人的时代，这才是最主要的。近年来，有些人莫明其妙地鼓吹一种令人不能容忍的、接近愚蠢的偏见：没有数学才能的人，是智力发育不全的人，生来不幸，命运不佳。

你想成为一名优秀的工程师，这很重要，但更为重要的是首先应当成为一个真正的人。现在，我们要比过去任何时候都更多地考虑用什么去灌注人的心灵。有一个问题使我非常忧虑：很多大学生从中学毕业后就不再学习人文科学了，而在中学里这类课程的教学效果又大都很差。我想说的是对青年人进行广泛的人文科学教育问题——培养情操美感，培养细微的和美好的感情，培养热情的、对人体贴入微的心肠。为什么你们周围的同志，彼此那样冷漠无情？为什么他们对自己朝夕相处的伙伴那样漠不关心？为什么人从来没有成为每个青年最重要的认识对象？为什么**认识人**，对你们这些我的年轻朋友们来说，不是最有趣的事？这一切都说明情操美感教育太落后了。

防止内心空虚，防止精神兴趣贫乏，这不是别人的事，而是你们每个青年自己的事。我对你说过，无论看书、听课或阅读学术性刊物，都需要理解、思考，要在自己头脑中筑起知识的桥。当你认识世界时，如果能把科学真理同你本人、同你的命运、同你的人格联系起来，共产主义思想对你而言才是至高无上的、神圣的。你们正在学习辩证唯物主义中关于世界可知性的问题，这似乎是一个与实际生活距离很远的纯理论问题，其实不然，它是与我们在物质方面的顺遂和精神生活的充实都息息相关的实质性问题。认识周围世界，其目的在于造福人类。当你在课堂上听了关于世界可知性的课后，要想一想自己的实际工作，想一想你用自己的知识、自己的劳动给我国人民的物质和精神财富做出了什么贡献？你要想一想，探索大自然的奥秘、认识世界、阐释尚未被认识的事物将给你带来什么乐趣？你要制订一个长期自修的计划，因为你从大学毕业后，再过 10—15 年，大半的科学知识将是你未曾学过的新东西。

人道主义教育也是自我教育的内容。把自己培养成真正的人，这是头等重要的事。五年寒窗固然能培养出工程师，但学会做人，则需要一辈子。要培养自己具有真正的人的心灵。美是自我教育的重要手段，我所说的美是广义的美，它包括艺术、音乐、对人的诚挚态度等。关于这个问题，我们还需要多谈几次。

我正忙于完成关于学校教学和教导工作的手稿，即将交付出版。

拥抱你，吻你。

祝你身体健康，精力旺盛！

你的父亲

第10封信

亲爱的儿子：

　　你好！

　　谢谢你寄信来，我感到很高兴，信虽然写得有些乱，但十分热忱亲切。信大概不会写成另一种样子，而且也不可能，因为你竭力想说出使你激动不安的一些问题。

　　你认为在自我教育中最重要的问题是培养律己精神，能迫使自己工作，能提出目的并实现目的……。当然，培养意志是自我教育的主要方面，但据我看来，意志是自我教育的结果，而它的实质要深刻得多。

　　自我教育从自我认识开始。在青年人生活中，最复杂和最困难的事情就是从侧面观察自己，用理想主义、英雄主义的观点观察自己。我劝你多读一些描写达到人类最美境界的人的书。在我们这个时代，也有像丹柯那样舍身忘己的人。你只要读一读关于米哈伊尔·帕尼卡霍的书，你就能从一个公民的角度看清周围的世界和自己。他当时只有 20 岁，共青团员，德聂伯罗彼特罗夫斯克人。在保卫斯大林格勒的战斗中，他炸毁了法西斯的坦克，自己也献出了生命。当他准备把燃烧瓶掷向驶近的法西斯的坦克时，突然一枚子弹打碎了瓶子，他的衣服烧着了，于是他好像一把熊熊燃烧的火炬一样扑向坦克，用自己的身体烧毁了坦克。就连法西斯士兵也为这种舍身忘己的行为所震惊，而停止了射击。人们把米哈伊尔·帕尼卡霍称作伏尔加河要塞上的丹柯。世界上还有什么行为能同这种舍身忘己的行为相媲美呢？在他面前，斯巴达的武士和塞尔莫皮莱山口①的英雄们都要黯然失色。如果你能看到这把为保卫祖国而牺牲自己的活火炬，它将照亮你的整个内心世界，帮助你发现内心最隐秘的一角。在那一瞬间，你将希望成为一个精神上美丽的人，希望为祖国做些事情，希望投身到伟大壮丽的事业中去。

去努力**创造**这一时刻吧，这是非常重要的。要珍惜这一瞬间伟大的精神力量。根据崇高的和英雄主义的观点，你最终将给自己提出这样的问题：我是个什么样的人？我为什么活在世上？我有没有英勇献身的精神？

我建议你读一读描述西伯利亚联合收割机手普罗科皮·涅克托夫的书。战前他是集体农庄的联合收割机手。他在战争中失去了双腿。从军医院回到家里时，他十分忧郁，感到自己成了全家的累赘。可是，鲍·波列沃依的《真正的人》使他知道了该怎样生活。他装上了假腿，用极大的毅力学会了走路，后来又学会了用假腿驾驶联合收割机。苏联政府授予他"社会主义劳动英雄"的崇高称号，以嘉奖他的出色劳动。

伊万·鲁基契·莫尔达夫斯基在敖德萨农业实验站工作。战争期间，他负了重伤，医生截断了他的双手，他的左腿也受了重伤再也不能弯曲了。可是，这样一个人竟读完了农学院，做了农艺师。

这样的人，我认识 18 个。在哈尔科夫州彼得罗巴甫洛夫斯克（离我们家乡很近）有一个格利高里·尼基佛罗维奇·兹米延科，他是拖拉机手。在战后数年，他的拖拉机触雷被炸毁，他也失去了双腿。他和普罗科皮·涅克托夫一样，依靠自己的毅力又重新归队了。如果要介绍所有这些优秀人物的生活，简直可以编出一部关于勇敢行为的文选，编出一部青年人的生活教科书。这将是对青年人进行自我教育最有力、最能奏效的书。可是暂且还没有编出这样的书来。你去读一读描述真正的人的书吧！

你也许还记得，夏天我曾答应给你讲一讲苏联战士阿列克塞·别丘克的英勇事迹。他在执行战斗任务时不幸落到法西斯强盗手中。他被带去见军官。面对各种审问，他一概回答"不知道"。

---

① 指公元前 480 年希波战争中的塞尔莫皮莱山口战役，300 名斯巴达人在斯巴达王李奥尼德率领下抵御波斯，坚守山口，终因寡不敌众，全部战殁。——译者

于是，法西斯强盗割掉了阿列克塞·别丘克的左耳。别丘克只是痛得哆嗦了一下，仍然一言不发，刽子手们又割掉了他的右耳。不管是保全性命的诺言，还是枪杀的威胁，都未能使这位英勇的苏联战士屈服。法西斯强盗采用了残忍的方法：他们撬开他的嘴，把他的舌头拉了出来，钉在桌子上，一个刽子手用刀尖在舌面上划来划去，突然竟灭绝人性地把别丘克的舌头割了下来。在夜深人静时，法西斯强盗把别丘克带到河边，命令他跑，然后朝他背后开枪。阿列克塞跌倒在水里，可是他得救了。他忍住剧烈的疼痛，游到我方前沿阵地，被战士发现并送进了军医院（1964 年 7 月 20 日《消息报》曾报道过别丘克的事迹）。

我在军医院见到过阿列克塞·别丘克，我的床位离他很近。他对你说来又是一个精神高度完美的形象。许多苏联战士都建立了这类功勋，遗憾的是，关于他们的事迹还没有被写成书。我相信，将来会有人写的。这类书是自我思想教育不可取代的教材。孩子，你好好想一想阿列克塞·别丘克的英勇事迹吧！用他的英勇事迹照一照自己的心灵吧！每一个苏联青年都应当准备去建立这种功勋。你将成为保卫祖国的战士，要知道，在我们生活中最宝贵的，就是亲爱的人民、可爱的国家。缺少我们当中任何一个人，祖国照样屹立不动；但我们当中任何一个人如果离开祖国，将一事无成。自我教育的首要任务是把自己培养成为一个勇敢无畏的爱国者。

现在我们该把话题转到你的信上了。你谈到年轻人所犯的可怕罪行。他们的精神之所以空虚，思想之所以落后，目光之所以短浅，首先是因为他们没有热爱祖国这种最重要的人的品质。热爱祖国，这是一种最纯洁、最敏锐、最高尚、最强烈、最温柔、最无情、最温存、最严酷的感情。一个真正热爱祖国的人，在各方面都是一个真正的人……

要不断磨炼自己、培养人性，首先要特别敏感，能够识别谎言和邪恶，识别欺骗和侮辱人的尊严的行为。在这方面，不仅需要识别，更重要的是，嗅觉要灵敏。例如，在你面前发生了一起侮辱人的事件，如果你对它视而不见，认为是小事一桩，那么要不了多久你对周围发生的一切都将熟视无睹，置若罔闻。因此你需要磨炼自己，培养自己敏感和细致入微的感情。

美能磨炼人性。如果一个人从童年时期就受到美的教育，特别是读过一些好书，如果他善于感受并高度赞赏一切美好事物，那么，很难想象，他会变成一个冷酷无情、卑鄙庸俗、贪淫好色之徒。美，首先是艺术珍品，能培养人的细致入微的性格。性格越细致，人对世界的感悟越深刻，对世界的贡献也越多……

一个问题使我感到不安。你是否每天都能接触到美？我在你的宿舍里几乎没有见到什么文艺作品。在你的书架上只放着两本书：奥尔加·别尔果里茨的《白昼星辰》和秋秋尼科的《漩涡》。这是两本好书，你阅读它，没有虚度时光，我感到很高兴。书籍浩如烟海，在书籍的海洋里，一本本好书宛如彼此疏远的小岛，你要善于到每个岛上去游历。在书籍的海洋里，不易迷失方向，也不会遇到浅滩。对黄色读物，你要畏之如火。有一些书，人在一生中需要读许多次，而每阅读一次，他眼前都将展现出人的内心世界的美。我不止一次地读过列夫·托尔斯泰的《复活》、陀思妥耶夫斯基的《白痴》《罪与罚》、但丁的《神曲》、莎士比亚的《哈姆雷特》。第一次读这些作品的时候，我16岁。第二次读的时候，我20岁。当我30岁第三次读这些作品的时候，感受就完全不同了。你将根据自己的体验确信这一点。你喜爱阅读的书的范围将逐年缩小，但它们确实是令你爱不释手的好书。我劝你从现在起，把在学校里读过的书再读一遍。这也和再度欣赏优美的乐曲一样，是为了磨炼情感。《天鹅湖》乐曲，我们听过几十次，对这首美妙动人的乐曲，从未厌烦过。重读一些不朽的文艺作品，这首先意味着人的自我认识的发展。把契诃夫的《草原》，把他的令人惊叹的小说读上五次、六次、七次，你必然会希望自己的精神面貌变得更美些。我还喜爱科罗连柯、库普林、普利施文、帕乌斯托夫斯基的作品。如果我不读这些语言大师的作品，恐怕连一个月也不能生活。你还应当读些当代俄罗斯和乌克兰作家的作品。我劝你读一读西蒙诺夫、索洛乌兴、特瓦尔多夫斯基、别尔果里茨、施巴乔夫、谢尔文斯基、加里宁、尼林、田得里亚科夫、马尔丁诺夫、斯切尔马赫、冈察尔等人的作品。雅诺夫斯基的《骑士》、捷盖尔斯的《第七个十字架》、圣埃克苏佩里的《人们的土地》、海明威的《老人与海》等书要多读几遍。

要记住，书是人类数千年来智慧的结晶。伏尔泰说过，首次读一本好书，如同结交了一个新朋友[9]。那么，重读一本好书，无疑等于重访老朋友。希望你结识更多的良朋益友。读书不是一个机械的过程，而是一种创造。要从书中受到教益，要学会思考和判断是非。

这封信写得太长了，请原谅。自我教育的问题，确是一言难尽啊！

祝你身体健康、精神愉快！

拥抱你，吻你。

你的父亲

第 *11* 封 信

亲爱的儿子:

你好!

我十分高兴,那封关于自我教育的信会引起你这样大的兴趣。你很细致地看出了这一代青年人(当然不只是青年人)的一个特点——非常容易激动,有时甚至达到神经过敏的程度。我确信,人们之间的许多冲突以及经常发生的争吵,其原因往往是他们不善于控制自己的情感,更有甚者,有些人根本不注意情感的自我培养。

然而,培养自己的情感境界——这在我们这个时代,特别是对青年来说,是一个十分重要的问题。几千年来,人的生活基本上是由肌肉力量以及诸如固执和残忍等神经系统的粗野本性所决定的。

每个年轻人最主要的是要记住,不要用粗野的情感,如喊叫、暴躁、凶狠来填补思想上的空虚。在人的心理深处,在潜意识里隐藏着一种本能——动物的恐惧心理、凶恶和残忍。一个人越是缺少文化修养,缺乏智力和美感,那么,这种本能就会表现得越频繁,越令人感到粗暴无礼。当一个人无法更好地证明自己的正确时,他或者直截了当地说,没有什么需要进一步证明的了(一般说来,情感丰富、有精神文明的人就是这样),或者喊叫起来,用"本能的反抗"来填补思想上的贫乏。要珍惜不管是自己的还是别人的神经系统和情感。要记住,对人来说,如同需要空气一样需要细腻的情感,而思想的细腻、智力的丰富,是情感的源泉。情感可以使思想高尚,但是真正的人的情感不能离开思想而存在。情感来自思想,思想滋润情感,情感寓于思想之中。丰富的思想能使人成为精神世界中的独立力量,它能激励人们去实现高尚的行为。

如何培养细腻的情感呢?首先,任何时候都不能忘记,你是生活在人们之中的。任何时候都不能忘记，同你一起劳动的人都有自己的忧虑、牵挂、思想和感受。要学会尊重每个同你一起生活和劳动的人。细腻的情感，只有在集体中，只有在同你周围的人们不断的精神交流中才能培养起来。

没有比在充满智力和美感的亲密友谊中能更好地"磨砺"和锤炼情感了。要在友谊中培养自己的情感。友谊能帮助你培养对周围每个人所特有的本性的细腻情感。

但是，能使人的精神丰富、帮助人战胜本能和发展人所特有的本性的真正友谊需要什么呢？需要你个人精神的丰富。只有当你给你的朋友以某种帮助时，你的精神才能变得丰富起来。不能奢望，在进入一个新集体之后才仅仅几个月就能结识新的朋友。但是真正的友谊终究会建立起来的。你将同他们交流自己的思想、情感、快乐和悲伤。

假如我现在有可能到你那里去，我就去了，我会把你同屋的同学召集在一起，也邀请一些其他同学，跟他们讲讲："年轻的朋友们，要珍惜你们的情感和培养你们的情感。要记住，在我们这个时代的人，对来自周围世界的影响，一天比一天变得更加敏感。在'人与人是朋友、同志和兄弟'这一思想里，包含有深刻的含义。然而其深度远远未被理解。做一个朋友——这首先意味着教育人，确定他所特有的本性。"

教育的实质正在于克服自己身上的动物本能和发展人所特有的全部本性。人性的顶峰，是共产主义教养。

兽性就是对一切有生命的和美好的事物缺乏怜悯，对别人的精神世界根本漠不关心，这是所有杀人犯、暴行者的心理基础。要培养对一切有生命的和美好的事物的怜悯心。你将来也会有孩子，要记住，他们长大后的道德和对人的态度往往取决于他们小时候对飞鸟、花草、树木的态度。

寄给你一本书——圣埃克苏佩里的选集。我希望你认真地读一读《小王子》这篇童话并思考一下它的内容。

祝你身体健康，精力旺盛！

拥抱你，吻你。

你的父亲

第 *12* 封信

亲爱的儿子：

　　你好！

　　你的来信使我十分高兴（你很久没来信了，几乎有两个星期了）。你们的集体产生了对智力的兴趣，你们开始辩论，而且辩论的是"自由和义务"这样的题目。你们邀请我参加你们的辩论，那好吧，我高兴地接受你们的邀请。你在信中说，你的同学中有些人持有这样的看法：在某些活动范围内（在"个人生活问题"上），人可以不受拘束地发表自己的意见，在另一些活动范围内，这些自由就要受到社会舆论的限制。你不同意这个观点，我对你表示支持。你的观点（"自由就是学会永远正确地按照人民利益的要求去行动"）实际上重复了马克思的名言："因此，意志自由只是借助于对事物的认识来做出决定的能力。"[10]青年人力求用自己的语言表达最复杂的思想，这是很好的。绝对的自由是没有的，也是不可能有的，要知道，人生活在人们中间。列宁教导说，在社会中生活而又不受社会的约束是不行的。[11]在你的反对者中有些人用间壁把生活隔开：在一半的生活中，他的一举一动，要顾及社会的舆论；在另一半的生活中，他随心所欲，为所欲为。这种划分实际上是以小市民的哲学为基础的：在工作岗位上衣冠楚楚、道貌岸然，可是在家里，却是一个吝啬鬼、寄生虫、暴君、对亲人的虐待狂。我们的社会这种人究竟还有多少！在性、道德、情操方面——在爱情、婚姻、家庭生活上的绝对自由的思想是十分有害的。在人的生活的这些方面，自由首先意味着最重大的责任感。关于这个问题，列昂伊德·马丁诺夫说得好：

我认清了，

自由意味着什么。

我了解了这种艰难的情感，

是世界上一种纯粹个人的情感。

然而你知道自由意味着什么吗？

要知道这意味着要对一切负责！

我要对这个世界上的一切负责——

对叹息、对眼泪、对悲伤和牺牲

对信仰、迷信和无神论 [12]

顺便说一下，如果你没有读过这位优秀诗人的诗，我给你寄去一本他的选集。

苏联人享有真正的自由。但是，我们共产党人任何时候都不隐瞒，我们所理解的自由只是一种有益于人民的活动。对战争、暴力、腐化的宣传鼓吹，在我们这里要受到法律的惩罚，在这一问题上，没有也不可能有任何个人的自由。如果每个人都可以为所欲为，那么社会就会变成一个疯人院，人们出门就会担惊受怕。苏联人自由的基础，是社会利益和个人利益的和谐。

社会所关心的是希望你们这些大学生能够学习好，将来成为优秀的专家，这符合劳动人民的利益。就是说，你有千方百计搞好学习的自由，但无权躲避学习、虚度光阴。

最重要的是人本身的意志和自我克制。人应当敏锐地分辨三件东西：可以、不行、应该。凡能分辨这三件东西的人，都具有一个公民的最重要的特点：义务感。义务——这是行动的自由，是受崇高思想鼓舞的人的行为——我正是为此而行动的。我们的社会是世界上最公正的社会。所以说，尽义务并不束缚人的手脚，不束缚人的意志自由。义务和良心——这些道德情操是人与动物最重要的区别。亲爱的孩子，要培养人的品德。要记住歌德的教导："如何认识自己？不能通过冥想，只有通过活动。你只有试着完成自己的义务，才能真正了解你自己。" [13]

祝你身体健康，精力旺盛！

拥抱你，吻你。

你的父亲

第 13 封 信

亲爱的儿子：

你好！

我现在从柏林给你写信。临行前我说过，我将在柏林待 15 天左右。可是到了柏林之后，我就会设法快些把事情办完，以便争取时间提前回国，这样，我将在德国只待 10 天左右。

我不是第一次出国：我曾到过许多国家，而且每当命运把我送到远离祖国的地方，都有一种新的力量激起我热爱祖国的情感。在国外，我特别深切地感觉到自己对祖国所担负的一切责任。每当有人谈到苏联学校和我国经济的情况时，我的心就激动万分，就好像他们是在谈论我个人。当听到"一切都好"的评价时，我是多么的高兴呀！①

祖国是慈祥而又严格的母亲。如果儿子成了不好的人——懒惰、冷酷无情、意志薄弱、假仁假义、不诚实的人，母亲该会感到何等伤心呀！如果你不能成为真正的人，祖国就会像你的亲生母亲那样感到难过。你的生活和劳动要使祖国为你感到骄傲，要善于从祖国人民最高利益的高度审视你自己。

要为自己的前辈感到自豪，他们是争取祖国自由和独立、使劳动人民免遭剥削、争取社会主义革命的胜利、使世界摆脱法西斯主义的战士。祖国的伟大儿子们的名字是你的至宝，你的骄傲。要记住，我们的祖国，是世界上第一个社会主义国家，它开辟了人类走向共产主义的道路，这是你的民族骄傲。要记住，我们的祖国把伟

---

① 此处夸耀苏联是人类的指路明灯一句已删掉。——译者

大的列宁献给了世界。

我路过波兰、德国时，看到许多埋葬苏联战士的墓地，我们祖国的几百万儿女为使世界免遭法西斯的奴役而牺牲了。

我到过布痕瓦尔德集中营，现在这里是法西斯主义受害者的纪念馆，而在战争期间，这里曾是最可怕的杀人集中营之一。当你看到法西斯在这里如何以德国人的"准确性和条理性"消灭了几十万人（都说几十万，可是也可能有几百万——谁也说不清，因为文件都被销毁了……）时，你会感到毛骨悚然，其中大部分是苏联人。在那里我看见了干枯了的人头、用人皮制作的手提包、用头发做的口袋和褥子，我还看见了用人的骨头熬制出来的肥皂。可怕的命运在威胁着世界。我在博物馆里看到了法西斯的计划：他们妄图彻底灭绝斯拉夫民族。

要记住，是那些躺在白桦树下的苏联战士拯救了人类。

要记住，成千上万的人为了你的幸福献出了他们的生命。在监狱里、在绞架上、在枪林弹雨中、在杀人营的罪恶炼人炉里、在为保卫每寸土地的殊死战斗中——从伏尔加河到柏林，许多苏联人牺牲了，你的同龄人牺牲了。要记住，我们祖国2200万优秀儿女，为了保卫你的摇篮而牺牲了。好几百万个母亲甚至不知道自己的孩子埋在哪里。你要在你一生中最幸福的日子去瞻仰英雄的墓地，向烈士献花和致哀！

要记住，每个民族都有自己最宝贵的财富——为人类的自由和幸福而献身的英雄。你要永远怀念伊万·苏萨宁、乌斯季姆·卡尔麦柳克、亚历山大·乌里扬诺夫、尚多尔·佩捷菲、谢尔盖·拉佐、埃尔斯特·台尔曼、卓娅·科斯莫捷米扬斯卡娅、尤利乌斯·伏契克、亚历山大·马特洛索夫、尼科斯·别洛扬尼斯、穆萨·贾利勒、胡利安·格里马乌这些英雄们！要记住，人民对2200万牺牲者当中每个人的献身精神和英雄主义也都给予了这样高度的赞扬。

也许你感到奇怪：为什么父亲在来信中没有讲国外见闻，为什么他讲的都是过去早都知道的事情？因为在这里——不管我看到什么，听到什么，都使我想到祖国、看到祖国。我想到现在不过20岁的青年一代，这是多么美好的一代，亲爱的孩子，你们的命运多么令人羡慕啊！你和你的同龄人将活到21世纪，你们的创造才能将放出绚丽的异彩。不过，使我感到十分不安的是：我们，你们的父兄，能否将我们的全部精神财富和付出极大代价得来的全部物质财富传给你们？你们是否能够完全理解并真正感受到我们在伟大的卫国战争年代和祖国经济恢复时期所经历的艰难困苦？

希望你们能成为我们的优秀接班人，希望你们珍惜老一辈所创造的一切。而最主要的一点，就是你们（我们的接班人）中的每个人都要把无与伦比的、无可比拟的苏维埃祖国看作是生活中最重要的东西。你们应当时刻准备去保卫祖国，你们要学习军事，应当严肃认真地对待这个问题。我们每个男子汉都应当牢牢地记住：我有两个专业，第一个，也许是教师，也许是农艺师、工程师；而第二个则是大家所共同要有的，那就是祖国的保卫者。

再过一周我就该回国了，我一定顺便去看看你。

祝你身体健康、精力旺盛！

拥抱你，吻你。

你的父亲

第14封信

亲爱的儿子：

你好！

对你的来信我想了很久，所以拖到今天才回信。我赞同你以及你的同志们对本校一名学生的行为所表现出的愤怒。爱情的道德纯洁性，是人类灵魂的一面镜子。一个人如果在道德情操方面是肮脏的，那么他就是一个卑鄙讨厌的人。他不可能成为一个好公民、忠诚的劳动者和正派的人。人和世界上其他动物的区别，特别重要的一点是：人使性的本能变得高尚化。在精神生活的这个领域，理智和意志需要成为对性欲高度警惕的哨兵。我不同意某些作家和评论家的观点，他们说什么对感情不能下禁令，人不能控制欲望，这是一种掩饰性道德败坏和"爱情自由"[14]的柔软面纱。列宁对此曾提出过尖锐的批评。这种"情感至上"理论对刚刚步入社会生活的青年人尤其有害。一个人在产生性欲以前，应当为心灵之美所迷醉，应当对他人怀有极大的道德责任感。只有在这种情况下，才会有牢固的、真正的爱情。真正的爱情能使理智有助于感情，能向感情注入道德力量，使内心活动在道德方面趋于高尚，而不使感情受斤斤计较和瞻前顾后的摆布，不使人去盘算他所爱的人能给他带来多大的好处。只有当感情和思想融合成人对人的道德责任感时，爱情才会是高尚的。

你已是个成年人，很快就要做父亲了，因此我极坦率地和你谈了这些。我作为父亲，负有这种义务。如果儿子变成了坏蛋，社会有权首先质问他的父亲，您为什么没有履行对社会的义务？要知道，每个公民极重要的社会义务，就是给祖国培育真正的人。孩子，你要记住，"父亲"是崇高的公民称号。

许多青年人的轻率放荡行为使我不安。在光天化日之下，在熙来攘往的人流中常常见到青年男女又搂抱又亲嘴。一次，我问一个很年轻的姑娘："周围这么多人，你们不感到害臊吗？"她却回答说："难道友情需要掩盖吗？"

这个姑娘的回答并不高明。她虽然在生理上已有做母亲的资格，但在道德上还没有。一个人把应当藏在内心深处的、隐秘的、不可侵犯的感情拿出来示众，这是一种愚蠢的和下流的行为。小伙子刚刚 18 岁，爱上了姑娘，又是搂抱，又是接吻，这是放荡。真正的爱情，要求终生承担巨大的、神圣的义务。你如果不想失掉自己的感情，不愿在精神上堕落，那么就不要屈从于第一次情欲。对自己负有某种道德义务的人，才能亲吻和爱抚爱人，因为你做了她的丈夫，做了子女的父亲。我认为，除此之外的其他爱情，比如追求刺激的爱情、为排除寂寞而去寻找的爱情，都是道德败坏。

要记住，爱情首先意味着对你所爱的人的命运、前途承担责任。想借爱情寻欢作乐的人，是贪淫好色之徒，是堕落者。爱，首先意味着奉献，把自己的精神力量献给所爱的人，为他（她）创造幸福。

孩子，你要记住：夫妇一生在道德上的纯洁，取决于男女婚前关系的性质，取决于在这种关系中道德情操的因素占何等重要的位置。在爱情方面，"经验多""阅历深"是十分可怕的事。情侣在婚前的品德关系越纯洁高尚，青年人——未来丈夫的道德义务感也就会越强烈。对女人的道德义务感，对她的前途的责任感，能把青年人变成男子汉。纯洁的爱情使青年人健康成长，轻浮的爱情、消愁解闷的爱情使他们堕落。

恋人之间精神交往的最大乐趣是智力和美感的相互充实，逐步认清和不断发现新的道德品质和美德，恋人之间贪婪地互相吸收一切美好的品德并互相交流。有谁不想望忠贞的爱情、白头偕老的爱情呢？但怎样才能获得这种爱情呢？可以说，它取决于人取之不竭的力量。我和你母亲结婚快 25 年了，每当我们分开几天后又相见时，我总是兴奋得不能平静，我在她这个唯一为我所爱的妇女身上又发现了什么从未见过的新的东西。她的双眼似乎能不断地射出新的美。内心世界的丰富是通过人的目光所表达的大量细腻感情表现出来的。如果这种感情贫乏，那么初次相逢时使你为之倾倒的外表美，也会随着时间的流逝而变得黯淡无光，失去魅力。迷醉于外表美的爱情，只欣赏面部和身段的漂亮的爱情，将不可避免地导致失望，导致"性格不合"、婚姻破裂。

要记住，没有专门的"爱情科学"，但有人性的科学。掌握了这门科学起码知识的人，才能同他人建立起道德情操方面的高尚关系。爱情是对人性最严格的检验。列宁在同克拉拉·蔡特金谈话时强调指出，在恋爱上也必须克己自律。[15] 我们男人在这方面起主导作用，每当你感情冲动的时候，一定要自我克制。要知道，恋人之间的肉体结合，从道德上解释，是精神的结合：他们互相尊重，决心白头偕老、同舟共济。要知道，竭力想在婚前发生性行为的小伙子会使内心世界丰富、聪明正直的姑娘感到极大的侮辱和愤怒。

要知道，青年人最幸福的时刻，是他们有着纯洁、理想的爱情的时刻。内心世界丰富的人希望长时间地保持这种爱情。如果两个有着同样高尚的荣誉感和自尊心的青年相亲相爱，那么他们在长时间内不会逾越性行为的界限。这并不是说他们没有这种要求，他们的愿望十分强烈，但他们知道，没有精神上的结合，肉体结合在道德上是说不过去的。他们把精神上接近理想爱情的阶段放得很长，甚至故意这样做，他们从中感受到莫大幸福。

你可能听说过"生活是复杂的"这一类话。一个人在家庭生活中的表现，常常反映出他真实的道德面貌。遗憾的是，在我们生活中还能见到一些人，他们在外边给人一种愿为崇高目的献身的战士形象，但在家里却是一个利己主义者或暴君。有些人，按其道德发展水平来说，根本不具备结婚条件，他们娶妻或出嫁都是严重的不道德行为，是对下一代的"犯罪"。有人认为，结婚可以不受阻拦地满足个人的本能。某些道德败坏的年轻人，尽管他们向对方一再恳求，说出诺言和誓语，但他们还是把结婚看作是一种权力，以便获得婚前未能获得的一切。任何法律也不能使缺乏内心联系的爱情保持久远。

要记住，人们一旦结婚，就不仅承担了法律的和物质的责任，而且承担了精神的责任。社会的精神丰富程度取决于家庭关系。年轻夫妇有时在婚后头几个月就感到"失望"，让"爱情的诗篇"从身边消失。促成这种不和的原因可能多种多样，但主要有一点：年轻人以为一旦结婚，在肉体和精神结合方面就不会遇到任何阻力，爱情会给他们带来取之不尽的幸福。他们忘掉了爱情之火，姑且让我这样比喻，经常需要添加好燃料——多方面的精神生活。如果缺少这种燃料，爱情之火将会熄灭，冒出浓烟，使你自己和别人都遭殃。只有精神生活丰富的爱情，才能巩固家庭。

要记住，年轻人结婚后在更大程度上应是自己爱情的创造者，而不单是爱情乐趣的需求者。婚后，创造应当超过需求。如不经常积累精神财富，肉体结合就不能达到高尚境界……。在家庭生活的某一阶段，会突然发生丈夫和妻子把全部感情消失殆尽，以致于不能给爱人展示什么新东西，不能给家庭精神生活提供什么新事物的情况。在婚前，曾为短暂离别而饱尝过痛苦，可是婚后，彼此却水火不能相容，家庭生活变成了地狱。要记住，首先孩子会因此吃到苦头。要成为一个完美的公民，首先就要关心社会的未来，关心我们的未来——孩子。你要记住：如果你产生建立家庭的意愿，你就应当好好检验一下自己是否决心要履行公民的义务。任何时候也不要忘记，谈情说爱，意味着要生儿育女。

对于一个善于创造精神财富的人来说，没有第一次、第二次爱情，只有唯一的爱情。要做善良的理想主义者。冈察尔的长篇小说《旗手》中的主人公布梁斯基曾说："那些朝三暮四滥用感情的人，最终应当感到自己一钱不值。"[16] 这是一个道德高尚，对唯一的爱情忠贞不渝的人说的话，它含有深刻的真理。如果你是一个真正的人，如果你善于为你的爱人创造精神财富，那么要你不再爱你多年相亲相爱的人，简直不可思议。我再对你说一遍，真正的爱情不因时光的流逝而减弱，相反，将更趋强烈。我把自己的心灵献给了我热爱的人，他（她）把自己心灵中的美和道德责任感也献给了我，我们同心协力创造不能再度创造的财富。这一财富包括：我们的精神进步，理智和感情的互相充实，儿女，家庭的荣誉和尊严，传统，对往事的回忆，诗一般美好的青春，以及青年时代的纯洁感情。这一切都在心灵深处留下了痕迹，以致在重新开始新的生活时，不能不触痛心灵创伤。当丈夫或妻子失去自己的爱人时，往往过了许多年，甚至一辈子也难以忘怀，他（她）不能再燃起新的感情之火。这种情况并不是极少数的例外，也不是"浪漫的遐想"，这是人性的表现。人之所以不能忘记心爱的人，只因为他（她）已经占据了她（他）的心灵，他们的命运已融为一体。

　　这封信写得太长了。我知道，你对父亲的说教不会抱有成见。你要认真想一想我写的每句话，要做一个全面的、真正的人。

　　再见，亲爱的儿子，五一节时回家过节吧，哪怕一天也好。

　　祝你身体健康，精力旺盛！

　　拥抱你，吻你。

你的父亲

第 *15* 封 信

亲爱的儿子：

　　你好！

　　你问我，具有不同文化水平、不同兴趣和需要的两个年轻人会不会幸福，爱情能不能把他们连在一起？

　　一年前，我们学校一个毕业生维拉的母亲来找我。维拉继中学之后又从大学毕业，在一个大工厂的工地工作。母亲给我看了女儿维拉的信，姑娘在信中谈到她的忧郁和疑虑。我在这里改动了姑娘的姓名，所以可以揭开这个很有教育意义的秘密。姑娘写道："他是一个出色的工人，爱上了我，可是我总没有得到我所期待的心灵上幸福的默契。有几次我和他谈起他需要参加函授学习，需要酷爱知识，因为没有受过中等教育将来就无法使用机器。他的文化水平只有六年级……。我对他说，两个人最好能一同去莫斯科，去列宁格勒，看一看祖国的风光。他却惊讶地说：'你想得太远了，要好好想一想今天。有蛮好的工资，这就足够了！至于将来怎样，我们早晚会见到的。况且这些事与我们毫不相干。'接着他又说：'做这种旅行有什么好处呢？除了白白浪费钱，恐怕一无所获。要知道，我们需要盖房子，还得做些家务事，养猪啦，喂鸡啦……。我不想再学习，受完了中等教育或者高等教育又怎样呢，工资又不会提高。瞧，你从大学毕业，工资还比我少呢。'……亲爱的妈妈，你说我该怎么办呢？我现在不愿和他见面，甚至不想看他一眼。我这样做对吗？或者像他说的那样，我的行为过于古怪了。我和一个女友谈过我的疑虑，她说我是个幻想家。我感到我和他一起生活将非常寂寞无聊、郁郁寡欢，就像咱们池塘旁边生长的那株枯柳一样……"

　　母亲做得对，她给女儿写信说："今天在每个人的面前都展现出了光明、美好的世界。为什么要把自己的生活仅仅拴在家庭、厨房、喂鸡、养猪上呢？根据维克多的话，可以看出他对你的态度。显然，你一旦做了他的妻子，他就会要你退职，接着可能会抱怨：我养活你……。女儿，这种命运是多么可悲啊！"

由此可见，一个人把自己的命运同什么样的人拴在一起，可不是无所谓的小事。他要对与自己齐心协力共同生活的人的精神世界提出一定的要求。在受过高等教育甚至获得学位的人中，也有愚昧无知、没有修养的人；同样，在普通工人和庄员中，也有文化修养很高的人。我们区某村有一个 18 岁姑娘波林娜，她是甜菜生产小队队长。刚分配到村里来的年轻医生结识了这位因父亲去世而只读了八年级的姑娘。他很快爱上了波林娜，但是姑娘却在内心深处隐藏了自己的感情。她喜欢这个年轻人，对他的真心诚意毫不怀疑，但只为一种想法所苦恼：他的文化水平比她高。姑娘痛苦地发现，她喜欢的年轻人兴趣广泛，见识很多，而她却孤陋寡闻。聪明敏感的年轻人很快识破波林娜有一颗极骄傲的心。当他知道她坚决拒绝嫁给他的时候才恍然大悟，姑娘如果不朝她的目标前进一步，她就不会答应他。姑娘对年轻医生说，她想读完十年级，还要升大学。她已经上了函授中学。她的理想是做一位女教师。

姑娘的目标也逐渐吸引住了年轻人。他帮助波林娜学习，自己也决心更熟练地掌握外科医术。他们想望未来，生活于对未来的憧憬之中，确信他们的愿望一定会实现。这是一段纯洁、理想、持续数年的恋爱。在他们结识五年之后，姑娘不仅从中学毕业，还修完了大学的两门课程，这时她才同意结婚。

他们的爱情是道德高尚的友情。他们之间未曾发生过性行为，甚至不允许自己产生这种念头。他们彼此忠贞不渝、信守理想，在这个意义上，可以说他们已完完全全地占有着对方。人们可以建立起没有痛苦，没有悲伤，没有心灵创伤的生活，可以缔造令人惊叹的人间幸福。要记住，你自己就是自己命运和幸福的创造者。

孩子，认真想一想我说的话！

祝你身体健康，精力饱满！

拥抱你，吻你。

你的父亲

第 16 封信

亲爱的儿子：

你好！

从你的来信得知，我说的一番话在你们宿舍伙伴的心灵中点燃了讨论的火花。这很好，看来年轻人对这些问题并不是漠不关心的。

你来信说，你的伙伴中间有人不相信什么男女青年之间存在友谊，既然是男女青年之间的事，必定是爱情。对这个问题，我想说一说我的看法。

友谊是培养情感的学校。我们之所以需要友谊，并不是想用它打发时间，而是要在人身上，首先在自己身上培养美德。我认为道德教育的一项极重要的原则是要使每个人从少年和青年早期起就对人的高尚精神深怀赞美，产生敬爱之心。这实际上决定着一个人对人、对人性美的信任。如果缺少这种信任，人的内心世界将是空虚的，生活中遇到的微小挫折都会使他牢骚满腹、垂头丧气。所谓人的心灵空虚，是指一个人对任何事物都失去了信任，这是一种极可怕的缺陷，关于它，过去我曾写过，今天想再重复一遍。心灵空虚的人必然会贪婪地吸收坏东西，难以接受好的影响。因为精神空虚、贫乏本身也是缺陷。心灵空虚的人不会有真正的朋友，他体会不到友谊中的人性。

生活令我相信，一个人如果在少年和青年早期就为一种道德理想所鼓舞，如果他理解什么是正确的人，那么，友谊就会丰富他的内心世界，友谊对他来说，不是为了打发时间，而是自我肯定和自我教育的场所。

男人在成长过程中特别需要这种高尚的对人的精神需求。为了成为真正的男子汉，你从青年早期就应去发现友谊中丰富的精神世界。你的爱情的纯洁性、未来家庭的幸福都和它有关。

没有友谊的爱情是浅薄的。如果小伙子首先把姑娘作为人来尊重，那么这种高尚的友谊也和爱情一样，是美好的。那些想把精神一致建立在视爱情为性欲上的人，恰恰是不珍视爱情的。他们竭力把整个精神生活说成是接吻和争风吃醋。爱情如果缺乏高尚的精神生活——没有对共同理想的追求，没有为实现共同理想而建立起友谊，就会变成一种感情享受。希望你把别林斯基的话记在笔记本里，一个人好好读一读，想一想，对照一下自己。

"爱情是生活中的诗歌和太阳。但是在我们的时代，如果想把幸福大厦只建立在爱情之上，并在内心指望自己的一切意愿都得到充分满足……，他将是不幸的。""如果我们生活的全部目的仅仅在于谋求我们的个人幸福，而我们的个人幸福又仅仅归结为爱情，那么，生活将真的变成暗无天日、遍地荒冢、布满尸体的荒野，变成阴森可怖的地狱，而严峻的但丁在诗歌中天才描绘的地狱形象也会相形见绌。"[17]

请你认真想一想这个问题：如果把幸福只归结为爱情，生活将如地狱一般。如果说在别林斯基时代，爱情不能局限于个人幸福，那么，在我们今天如果这样做，必然使自己成为孤家寡人，无所作为，陷入个人感伤和悲痛的狭小天地里。如果说别林斯基在当年就已经看到，"除了内心世界"还有"伟大的生活世界"，而在那个伟大世界里，"思想变成事业，高尚情感变成舍己为人的行为"[18]，那么在我们的时代，这种世界不仅会展现在个别战士面前，而且会展现在全体人民的面前。只有除了外表美，在人的面前展现出人的丰富内心世界——人的尊严、人的创造能力和社会活动的时候，性欲才具有人与人之间的道德联系、道德义务的性质。幸福如果建立在性欲之上，那是一种禽兽的情欲，它会使人变得愚蠢和轻率。要使一个人在面对爱情时襟怀磊落，他就必须达到道德的高度发展阶段。首先要确立崇高的生活目的，为达到既定目的而精神焕发地克服各种困难。当为实现崇高目的的斗争变成真正的激情时，情欲就不再是目的了，爱人也成为共同斗争中的战友。情欲不再是目的，便使人变得高尚，使人的思想高于情欲之上。对个人幸福和全人类幸福范围的这种理解丝毫不伤害人的尊严，不会使人感到苦恼，相反，它发展了人的思想，因为在他们的内心已唤起了用高尚的精神需要去充实全部生活的愿望。

对个人幸福和人类幸福一致性的正确理解，能预先防止由一些微小的纠纷和不大和睦而演变成的"悲剧"，免使生活遭到不幸。在我们的生活中，这种令人同情、有损于人类尊严的"悲剧"屡见不鲜。年轻夫妇之间常出现"尴尬局面"和"难以解决的矛盾"，究其原因大都是由于人们按其个人爱好建立了"小天地"。不言而喻，他们在这个"小天地"里到处碰壁，缺乏赖以寄托的高尚精神。有些年轻夫妇的精神生活中只有爱情，他们常因一些微不足道的小事伤了虚荣心，或受了委屈，几个星期互不说话，让这些小事刺伤自己的心灵，有时还故意火上浇油，使其激化。这是"悲剧"，双方千方百计要找出什么"观点不同"和"性格不合"来，等等。其实，这些人根本不具备精神心理交往的条件，在没有确定个人幸福范围以前，就不应结婚。愿你们以此为戒。

几个星期以前，我们区的检察长对我谈到一起离婚案件。年轻人在一起刚生活两周便发生了争吵，"蜜月"的幸福被罩上了阴影。争吵的起因简直令人啼笑皆非：新婚夫妇对电视机该放在什么地方未能取得一致意见，于是争吵不休，两人得出结论，彼此性格不合，无法继续家庭生活。在法院里，一位聪明的妇女——人民陪审员帮助他们，如俗语所说，解开了缠在一起的线团。小两口难为情地回忆起吵架的原因，深感羞愧。如果把苍蝇说成大象，把小事说成"世界大事"，如果一个人的内心里没有任何崇高目的，会堕落到何等地步啊！对一个人来说，最重要又最艰巨的责任是，任何时候都应不失为"人"。要永远做"人"。

祝你身体健康，精力旺盛！

拥抱你，吻你。

你的父亲

第17封信

亲爱的儿子：

你好！

你要我教你"怎么样尊重姑娘的女性美"，要我解释什么是女性美。这件事会使你不安，我感到非常高兴。记住，对待妇女持何态度，这是衡量道德的一种尺度。马克思说过："从这种关系就可以判断人的整个文化教养程度。"[19] 对待妇女蛮横无理的人，会对一切都蛮横无理。女性美是人类美的最高表现，在这种美中可以看到新生命的诞生，看到美好事物的生长、开花和凋落。妇女是生活的体现者和创造者，对人类的未来怀有最高尚的道德情感。尊重妇女，就是尊重生活。集心灵美和身体美为一体的真正的女性美，是产生于劳动人民之中的。在劳动人民看来，女性美除了包括外表美之外，还应包括女性的软弱，这种软弱使妇女有权享受男人的尊重和关怀。

女性美越来越成为整个人类美的"主宰"。如果妇女理解并珍视自己在新生活形成中的特殊作用，她就不可能是不美的。有多少姑娘并不具有鲜明的外表美，然而她们的魅力却令人神往，这就是因为她们有女性美。因此，首先要善于看到并珍视这种女性美。

女性美——这是道德纯洁和品行高尚的最高体现，是崇高美德的最高体现。这些特点表现在能以纯洁的感情对待关于男人的一切道德美学关系。男人对这些关系的一切隐秘方面不尊重，这对道德高尚的妇女是个极大的侮辱。

成为母亲之后，女性美就像一朵盛开的鲜花焕发出全部的力量和美。记住，男人的道德越高尚，妇女同他相处时所发挥的作用就越大，她能巧妙地利用自己的女性美来加强自己在家庭中的道德威信。在一个美满的家庭里，妻子通常是道德的指导和主宰，**丈夫或父亲**越是服从妇女的意志，孩子就越容易教育好。这一点你应该铭记在心。

女性美——这是妇女的一种精神力量，它不仅是教育孩子的力量，而且是教育丈夫的力量。这一点你在我们家里看得很清楚。假如没有你母亲，你和其他孩子就不可能对善与恶如此敏感，这样富于人情，这样富于同情心。

大自然和人类发展的历史进程赋予妇女的工作比男人的更精细、更富有情趣。我们喜欢妇女的孱弱，这没有什么奇怪的。但是，只有孱弱和巨大的精神力量兼而有之的时候，这个特点才能算作优点。女性美的魅力就寓于这种结合之中。在操持家庭中，在教育子女和丈夫的过程中，妻子意志坚定、始终如一和言行一致，所有这些都保证妻子在树立良好的家庭声誉中起主导作用。

许多男人的内心深处残留着封建思想，青年人也有，但应该同它做斗争。有些青年人结了婚，工资不少，就立刻要妻子放弃工作。他认为，他能为妻子带来莫大的幸福。女人应忙于在厨房做琐碎的不动脑筋的活儿，按照列宁的话说，这些活儿使女人变成了家庭奴隶[20]。有志气、有毅力的妇女们不容许自己被如此对待。但也有个别妇女软弱，缺乏坚强精神，她们常常欣然同意丈夫在智力上居于首位：认为丈夫应不断学习，提高自己的学识；妻子则应伺候丈夫。这样做，不仅对妇女是危险的，而且对丈夫也是危险的。如果你未来的妻子感到并承认你比她优越，那可不是件好事。女性美的确立和发展，在很大程度上取决于妻子的智力发展水平，决定于她能跳离家庭这个小圈子多远。聪明的丈夫恰恰是竭力使妻子拥有丰富的精神生活，使她在家庭的精神生活中处于平等甚至是优先的地位。

如果妻子善于利用自己的长处树立自己在家庭中的道德威信，她的女性美就会增长，在丈夫的眼里，她就会有特别大的魅力，她那美丽的眼睛和面容任何时候也不会失去动人的力量和内在的精神美。她把自己的智慧、自己的精神发展作为影响丈夫和孩子的一个重要手段。

我认识一个具有小学文化程度的、聪明的、意志坚强的妇女，她叫玛丽亚，她和一个受过高等教育的农学家结了婚。婚后，她不仅不落后于丈夫，相反，由于她自己意志坚强，她在家庭精神生活中获得了牢固的领先地位。从家庭生活的最初开始，她就在阅读农业技术、土壤学和化学等科学普及读物以及文艺书籍。她认识到，能否同丈夫进行精神上的交流，这将取决于自己能给丈夫多少帮助，能否以他的兴趣为重，此外，还取决于她能对丈夫的精神生活施加多少影响。天生的智慧不仅帮助她理解了所读的东西，理解了丈夫的想法和困难，而且使她在农业方面表现出了创造性。她提出的一些建议有见地、内行，使丈夫惊奇不已，她之所以能做到这一点，在很大程度上因为她是个聪明的、善于思索的勤劳的女人。

她在甜菜小队劳动，自由时间都用来读书。她的知识兴趣范围随着读书越来越广。两个孩子相继上了学。在低年级时，母亲能轻松地帮助孩子们学习。当孩子们开始学习代数、化学和几何时，母亲感到不能帮助他们，这将削弱母亲对孩子们的道德影响——因为他们已习惯了认为母亲无所不知、无所不能。她决定一步也不落后于孩子们。她做得如此好，以致于孩子们坚信，母亲不是在向他们学习，而是他们在向母亲学习。

她学完了中学的所有课程。她在家庭精神生活中的主导地位得到了巩固。所有这一切是她付出巨大努力的结果。

某些妇女对她的这种求知欲有自己的解释，她们说：玛丽亚力求不落后于丈夫，为的是不失去丈夫。对这个很复杂的现象做这样庸俗的解释，是有一部分道理的，然而却不是正理。由于玛丽亚有很高的自尊感，因此她认识到，为了获得精神财富、获得美、获得真正的家庭生活，她应该成为受尊重的、有魅力的女人。她意识到，没有丰富的内在精神美，外表美很快就会在丈夫眼里黯然失色。这个妇女正确地确定了精神兴趣的范围，她在这个范围内的作用不断增长，从而使她处于家庭精神生活的中心。因此，她一生都保持着女人的魅力。

如果你希望你未来的妻子始终是你唯一可爱的人，那你就要在生活中使你妻子的精神财富不断得到充实。

祝你身体健康，精神愉快！

拥抱你，吻你。

你的父亲

第*18*封信

亲爱的儿子：

你好！

你是在促使我写整整一本论文集。我们先谈了友谊和爱情，然后谈了女性，现在你要求我谈谈父辈的审美观点。那好吧，我就来谈谈这个问题。不过，我希望你能把我的这些话永远铭记在心。

自从出现了人类，从人对晚霞的绮丽美景看得出神的那一瞬间起，他就开始审视自己本身。美——这是人性的深刻体现。它是我们生活中的快乐。人之所以成为人，是因为他看到了空旷澄莹的万里晴空，夜空中闪耀着的灿烂星辰，满天耀眼的金色彩霞，刮风天前落日映红周围的黄昏，海天相连处立起的海市蜃楼，茫茫无际的草原深处，3月积雪里凛冽的阴影，在蔚蓝色天空中飞翔的群鹤，在日光下灼灼发光的颗颗露珠，阴沉天气里的绵绵秋雨，丁香灌木里的紫色云团，向日葵娇嫩的细杆和蓝色的风铃草——他看到了在他面前展示出的一幅幅大自然的美丽的图画，感到十分惊异，于是，他也在大地上创造新的美。如果你对这美丽的景致也赞叹不已、流连忘返，那么，你的心也将开放出高尚的美的花朵。

人是最高尚的美的化身。女性的美是人类美的顶峰。伟大的文学家们如荷马、但丁、莎士比亚、歌德、普希金、谢甫琴科、米茨盖维奇把对女性美的炽热情感倾注在不朽的艺术形象之中，他们纯洁歌颂的曾被自己热恋过的女性的美，成了许多代人爱情、道德、情感的标准。女性的美——并不是由性的本能所引起的，也不是什么与性的要求不可分离的。你把下面别林斯基的一段话记在笔记本上，并把它记住："这是一位非常美丽的年轻妇女，在她的面容上您看不出有什么特定的表情——这不是情感、心灵、善良、爱情、自我牺牲、思想、意向的高尚性的体现，她只是美丽、可爱、生气勃勃——仅此而已。您没有爱上这个女人，也不希望被她爱上。您静静地欣赏她优雅的举止和轻盈的姿态，与此同时，在她的面前，您的心不知为什么却跳得更加强烈，而且温柔的、幸福的和谐，刹那间在您的心中发出娓娓动听的声音。"[21]

人的外表美体现了我们对美的标准的认识。外表美——不仅指人类学所说的身体各个部分的完美无疵，也不仅指身体的健美。这是内在的高尚精神的表现，即内心充满情感与思想、道德尊严和对别人与自己的尊重以及谦虚的精神的表现。人的眼睛往往荟萃着人的精神生活，反映着人的思想和情感。人的道德修养和一般精神文明程度越高，内在精神世界在外表上的表现也就越加鲜明。

内在美和外表美的统一——这是人的道德尊严的审美表现。人追求美，多追求外貌，看上去很美，这没有什么不好的。然而我认为（不知你怎么看？），这种愿望加上道德规范才算完满。这种道德规范取决于人类美在多大程度上反映了创造活动的本质。人的美只有当他从事自己所喜爱的，就其性质来说是强调人所特有的某些优秀品质的活动时才表现得最为突出。这时，他的外貌似乎是由于其内在的精神而现出光华来的。米隆[22]塑造的"掷铁饼的人"的美，体现在内在精神力量同强健的体力结合起来的那一时刻，这并非是偶然的。正是在这个结合中凝聚着他的美。一个正在思考如何去进行创造的少女的美，比起一个游惰度日的少女的美，要瑰丽得多，深刻得多。游手好闲是美的大敌。劳动的人——康拜因手、拖拉机手、飞机驾驶员、果木园艺家才是真正的美。内在精神的美，在理智受到鼓励并被创作之光所照耀的时刻，能使学者、思想家、诗人、发明家的面部焕发出智慧的光彩。如果你渴望美——你就得忘我地劳动，直至你感觉到自己已经成为一名创造者、一名能手，成为自己理想事业的主人；直至你的眼睛由于感受到人的最大幸福——创造的幸福，而放射出激情的光彩。

美是灵感的伴侣。O. 冈察尔有一部叫《向日葵》的短篇小说。里面讲了一个雕塑家，他受人之托雕塑一个少女——向日葵高产能手的半身像。可是这个少女长得十分难看，连雕塑师见了都感到惊讶。少女的容貌不能激发雕塑师的灵感，于是他拒绝了这项工作。一次在去车站的路上，雕塑师经过一片正开着花的向日葵地，在那里他才看到了自己的主人公——她正在劳动。然而这时她的容貌看上去却同初次见面时截然不同，它因劳动的美感而显出了光彩，在外表上流露出内在的美。"她真美！"雕塑师禁不住高声地说道。这时在他的想象中已经塑造出了少女的面容。

外表上的美有其内在的道德根源。为人们所喜爱的创造可以使人变美，改变人的容貌——使它变得清秀和富有表情。

繁难——即通常人们所说的"创造艰苦"，也可以创造美。正如悲伤使人的脸部布满深深的皱纹一样，"创造艰苦"是使人的面孔变美的最精巧和最熟练的雕塑家。反之，内在的空虚也可以使人的面部表情冷漠和迟钝。

如果内在精神的丰富能创造人的美，那么无所事事，甚至不道德的行为则会将这种美毁掉。当你同一个大的集体中的许多青年人接触时，在许多清楚的、熟悉的面孔当中你看见一些没有什么能够引起你注意的面孔，它们的形象隐隐约约，只给你留下一个模糊的印象，而不十分清晰。同样的道理，精神空虚也会使人的形象模糊不清。

不道德的行为可以使脸变得丑陋。撒谎、伪善、空谈都会使人逐渐形成一种呆滞的神色：他回避直视别人的眼睛，因为在他的眼睛中没有真实的思想，他把它隐藏起来了。阿谀奉承、奴颜婢膝不仅会使眼睛、面容表现出卑躬屈节，而且会给整个举止也留下这种痕迹。自己要做自己的主人。要珍惜自己的尊严——这是人的真正的美的源泉。

人类美的标准——这同时也是道德的标准。健康的身体、崇高的道德、高尚的美感——这正是我们通常总说的那种和谐。如果不能使人成为美好的，以及使人的崇高的情感之一——爱情，成为美好的，那就不能使我们的生活也成为美好的。只有当我们社会里的千千万万人中的每一个人，形象地说，都闪耀着自己的内在美时，那才将是人类美的顶峰。我坚决地相信，到了共产主义，所有的人都将是美丽的，不可能不是这样的，因为内在美的花朵和外表美的花朵将同时开放。

你——自己精神美的创造者，你的美也将影响你周围的人。

给你寄去格林的《选集》。这本书不仅要用脑子读，而且要用心读；不仅要逐字逐句地读，而且要领会它的精神。

祝你身体健康，精力旺盛！

拥抱你，吻你。

你的父亲

第19封信

亲爱的儿子：

你好！

我收到了你从农庄寄来的信。5 年期间你起码能去 5 个州，你会很好地了解乌克兰的农村的。你在来信中说，在你工作的村子里审判了一名过去的警察——祖国的叛徒，他在 20 年前曾迫害过苏联人，折磨并杀死过游击队员、老人、妇女和孩子。你感到奇怪的是：这怎么可能呢？一个在苏维埃国家出生，在社会主义制度下成长起来的人，突然变成祖国的敌人。"要知道，生活本身在教育呀！"你扬声说。

问题就在这里。我坚决相信这一点：不是生活本身，而是人在教育，生活仅仅帮助人。我给你讲一个故事，从中你会明白，背叛者是怎样产生的……

不久前，在我们区的一个村子里住着一个人。他的命运是可怕的，同时也是富有教益的。

这件事发生在战争初期，战火笼罩着整个乌克兰。法西斯匪徒像野兽般地从西面爬来。我们的军队撤退到第聂伯河的对岸。在 8 月的一个清晨，敌人的摩托车队开到了这个人居住的村子的主街上来。人们都躲在农舍里，孩子们也不敢作声，畏惧地向窗外窥看。

这时人们突然看到一件难以置信的事：这个人从农舍里走出来——他身穿绣花衬衫，脚蹬擦得发亮的靴子，双手捧着放在绣花手巾上的面包与盐。他故作媚态，向法西斯匪徒微笑，把面包和盐端上前去，鞠了一躬。一个红黄色头发的小个子上等兵仁慈地接受了面包和盐，拍了拍叛徒的肩膀，并请他抽了一支烟。

这个人殷勤招待敌人的丑行，整个村子都知道了。人们胸中燃起了憎恨的怒火，握紧了拳头。后来人们开始思考：这个人是谁？是什么使他走上了危险的背叛道路？人们回忆他祖先的家谱，默默地想起他的童年。怎么可能呢？要知道他是个 20 岁的青年，大概还是个共青团员。可是，你等等，他叫什么名字？他姓什么大家都是知道的，因为姓随父母，可是他叫什么名字，却没有人知道。大家对他的母亲——女庄员亚林娜都很了解，所以从小人们都管这个人叫"亚林娜的儿子"。大家开始思考，究竟是什么原因促使这个年轻人走上了背叛的道路？可是关于亚林娜儿子的情况谁都说不清楚。邻居说他是被娇生惯养的孩子。父母就这么一个独子，他生活得无忧无虑，要什么有什么：睡到吃午饭才醒，床旁边的桌子上放着母亲精心准备的鲜牛奶、白面包、酸奶油……。别人教育孩子从小就养成劳动习惯，天刚亮就喊醒他们，让他们去地里干活；可是亚林娜却保护自己"宝贝儿"（亚林娜就是这样称呼他的：我的宝贝儿，我就你这么一个可爱的宝贝儿！），不让他劳动，什么也不让他操心和牵挂。

你看，**这就是生活在教育**……。一切都取决于人对待生活的态度，取决于生活将用哪一面来影响人的心灵。

这孩子在学校上到六年级，后来开始感到学习吃力，于是母亲决定：别让孩子遭罪了，最重要的是身体。在 18 岁以前，这孩子一直闲游放荡，并已经开始往夜校女学生那儿跑，迷恋姑娘们了……。人们回想起，战争爆发前两年，有一个美丽的姑娘的母亲来到亚林娜家，来时脸上还带着泪痕。她们谈了些什么，谁也不清楚。村子里的人只知道，那个黑眼珠的漂亮姑娘不再出门了，后来她住进了医院。少女的美消失了，黑眼珠里闪烁着的火花也熄灭了。邻居打听到，亚林娜把自己的"宝贝儿"送到遥远的农庄一个养蜂的叔叔那里去了。传闻亚林娜的儿子生活得逍遥自在，吃的是面包蜂蜜，每天晚上，一个梳淡褐色辫子、蓝眼珠的漂亮姑娘都要来到一棵高大的白杨树下同他约会。有一次，亚林娜病了，捎信让儿子回来，因为有好多家务事需要他帮助料理。儿子回来了，在家待了 3 天。他干的活看来是不轻的：担水，劈木柴，割草……。后来他又回他自己住的农庄去了。

你看，**生活在教育**……。要知道，亚林娜是非常宠爱自己的儿子的。可是儿子又是怎样报答她的呢？假使生活本身在教育，那么母爱应当使儿子培养起爱的情感来。然而生活并非都这样简单，有时爱也可能变成严重的不幸。

在艰苦的岁月里，亚林娜的儿子是怎么和什么时候回到村子里来的，谁也说不上来。黄昏时，老人们和妇女们坐在枝丫浓密的樱桃树下谈论着这一切。有一个想法使他们始终感到不安，就是他到底像谁呢？法西斯匪徒占领村子才 3 天，亚林娜的儿子已经带着警察的臂章在村子里面到处走动了。

"我们猜，我们想，但心情并不因此感到轻松。" 70 岁的尤希姆老大爷说，"他是怎么成为一个卑鄙的家伙的？是由于精神空虚。这个人百无聊赖，对一切事物都失去了感情，精神没有任何寄托。他无论是对自己的母亲还是对自己家乡的土地都无动于衷，他并不因为自己祖先的土地失陷而战栗过一下。他没有耕种过家乡的土地，没有给人们创造过任何财富，没有用汗水浇灌过农庄的田野，他的双手没有在艰苦而愉快的劳动中磨出过茧子。"

这些话不胫而走，交相传说。这时，亚林娜的儿子已经成了法西斯的忠实奴仆。他协助敌人把庄员驱往法西斯德国服苦役，帮助他们掠夺庄员的财产。人们都说，在亚林娜儿子那里发现了被害的游击队员的衣服……。黑眼珠的漂亮姑娘的母亲咒骂这个法西斯奴才，她直截了当地说，就是他把她的女儿送往德国服苦役去了。

对亚林娜来说，可怕的日子来临了。她看到，人们都厌恶她的这个败类儿子，对她本人也同样抱着鄙视的态度。她曾试图规劝自己的儿子，提醒他苏维埃政权回来之后要对他进行惩治的。然而儿子却威胁母亲说：你知道吗，他们怎样对付不同意新秩序的人。"那我就不再承认你是我的儿子！"母亲说完就离开了农舍，到妹妹那儿住去了。

可怕的占领时期结束了。11 月的一个清晨，苏联军队给人们带来了自由。激烈的战斗在村子的侧翼迂回进行。亚林娜的儿子没有来得及同自己的主子一起逃跑。后来，亚林娜的儿子被进行了审判，被判处 7 年徒刑。

7 年过去了，亚林娜的儿子从监狱里被放了出来，这时他的母亲已卧床不起、生命垂危。亚林娜请所有的亲戚和村子里德高望重的老人来到她的床前，唯独不允许自己的儿子走到她的跟前。临死前她说："亲爱的乡亲们！不要把这块沉重的石头压在我的心上了！不要再把这个人当成我的儿子了！"

儿子站在屋子中间，无精打采，满不在乎，对母亲说的话不以为然。于是尤希姆大爷就替大伙说："亚林娜！就照你说的办吧！我们不把这块沉重的石头压在你的心上。这辈子就让他像条丧家犬一样到处流浪吧！不仅谁都不说他是你的儿子，连他的名字我们也都不再提了！"

尤希姆大爷的话看来是有先知之明的：即使过去也很少有谁知道这个叛徒的名字，全都叫他"亚林娜的儿子"，现在则完全把他的名字忘掉了。管这个 30 岁的人叫什么的都有。一些人管他叫"卑鄙的家伙"，另一些人说他是"没有灵魂的人"，还有一些人称他是"丧尽天良的人"。他住在父母的农舍里，谁都从不到这儿来，邻居也都不让自己的孩子们走进这个"没有名字的人"的家——这是全村的人最后给他起的名字。

他去农庄干活，人们都避开同他一起劳动。有一段时间，农庄缺少农机人员，他要求去学拖拉机，但没有人愿意个别教他。

亚林娜的儿子成为一个被抛弃了的人。人民的审判看来要比监狱厉害得多。他想结婚，但没有哪个妇女或姑娘愿意同他结合在一起。

他设法离开了村子。就在这个时候他才看清人民道德的全部力量。他开始懂得，背叛祖国的人是永远不会得到宽恕的。

从那时起又过了两年。"没有名字的人"头发长得乱蓬蓬的，就像一个百岁老翁。他的眼睛也不知怎么看不清了，都说他精神失常了，整天坐在院子里，好像是在晒太阳。他自言自语，也不知说些什么，没事总在地里翻掘，找一些草根之类的东西充饥。有人出于怜悯，夜里常常给他送去面包和菜汤，放在老梨树的大树墩上，"没有名字的人"清早贪婪地把饭菜吃掉。

有一次，我正好到那个村子去。我坐在村苏维埃主席的办公室里。这时进来一个年老体衰的人——看上去有 70 岁左右。"这就是他，'没有名字的人'。"村苏维埃主席小声说，"他现在 39 岁，……听听他想说些什么。"

"让我随便到什么地方去都行，""没有名字的人"的嗓音嘶哑，内心沉痛地恳求说，"我不能再在这儿住下去了。送我到养老院或随便哪个收容所去吧！如果不送我去，我就吊死！我知道我咎由自取！应该受到人们的鄙视和诅咒。但我希望在临死之前能听到哪怕几句受听的话。在这里大家都知道我，我只能听到诅咒。"

人们怜悯他，把他送到了养老院。那里谁也不知道他的过去，对待他就像对待一位理应受到尊敬的老人一样。听说他在那里高兴得像个孩子。当需要他为集体做点事，如整理花坛或挑选土豆时，他都争着去做。可是关于他过去的事后来不知怎么传到了养老院，人们对他的态度立刻同过去迥然不同了。关于这个人的过去，没有人愿意提起，可是大家都开始回避他。两个原本和他同住一个房间的老人要求搬到别的屋子去了，于是只剩下他孤独一个人。在年末一个寒冷的深夜，他突然杳无踪影了，至今没有人再见到过他。

我希望，这个没有名字的人的可怕命运能促使年轻人从旁观察一下自己，审视一下自己的心灵，反问一下自己：在我们苏维埃的生活中什么对我才是最珍贵的？我是怎样同人民保持联系的？过去我是如何得到，今后又将如何得到人民的尊敬？

你也来回答一下这些问题。思考一下：如果一个人的心灵中没有一颗神圣的火种，一颗使人得到幸福的火种，即对人们的热爱，那就等于自己把自己推向孤独的深渊。为什么一个诚实的、热爱劳动的妇女的儿子成了叛徒？难道他没有过愉快的、无忧无虑的童年？从表面上看，母亲为儿子充分地安排了幸福的生活，可是这是什么样的幸福呢？她又是如何来安排的呢？纵情享乐成了孩子的幸福，利己主义的欲望蒙住了孩子的眼睛。这些东西就像一堵墙似的把他同人民的快乐与苦难隔开，导致这个年轻人的心变得如铁石一般冷酷无情。如果一个人把寻欢作乐看作是唯一的幸福，如果人与人的关系只是依人为生，那么就不可能培养出一个具有一颗诚实的和同情人的心的公民。

人格的核心——即忠诚、自尊心、苏维埃公民的自豪感，是心灵中至高无上的东西，是比生命更珍贵的东西。爱祖国、爱人民——这两股急流汇合而成了一条浩瀚的爱国主义大河。不要忘记，在你的一生中将会有这种时刻，即要求你表现出一个公民的勇敢和坚强并贡献出自己的全部智慧和力量的时刻。你要对下面两种命运做出抉择，即一面是快乐和幸福，另一面是巨大的困苦，甚至要为人民的生活和幸福牺牲自己的生命。你要准备在需要的时刻，受命于危难之际，走第二条，也就是牺牲的道路。你知道在我们学校的光荣榜上悬挂着18岁的青年列奥尼德·谢甫琴科的肖像。在开垦荒地的第一年，他志愿到哈萨克斯坦去做一名拖拉机手，后来为了保护社会主义财产，他牺牲在自己的战斗岗位上。在他的肖像下面有一句印度名言："人的一生犹如一块铁，如果使用它，铁就会磨出光泽，如果不去用它，锈就会把铁侵蚀。"让你的这颗心放射出灿烂的光辉，既照亮自己，也给孩子们照亮前进的道路——这才是生活的幸福所在。可是，如果你的心被锈侵蚀，记住，你将注定要毫无价值地、苟延残喘地活着。列奥尼德·谢甫琴科在燃烧和腐朽之间选择了前者。在1956年2月一个寒冷的冬天，他和同志们一起开拖拉机到距离农垦农场50公里远的地方去拉干草。在返回农场的路上，暴风雪突然猛烈袭来。他们本来可以把拖拉机扔下，到离大道不远的畜牧场老乡家里躲避一下。然而列奥尼德·谢甫琴科没有把拖拉机扔下不管。"你们走吧！"他跟同志们说，"等暴风雪过去了你们再回来！我留在这里，我得把发动机烧热，因为如果把机器停下来，以后就是用一天一夜也甭想把机器发动起来。可我们是来运草的，牲畜不能没有饲料……"暴风雪转成了风暴，天气更加寒冷了。人们已无法走近拖拉机队。过了一昼夜，同志们在驾驶室里找到了这个青年，他已经冻死了，可是他冻僵了的双手还紧紧地握着驾驶盘。

"没有名字的人"和这个令不止一代青年引以为荣的18岁青年，都生长在同一块土地上，生长在邻近的村子里，为什么他们的命运竟如此截然不同？这是因为，一个活着，正如常言所说的，是为了填饱自己的肚子，而另一个爱祖国、爱人民。"没有名字的人"的母亲不让自己的儿子为世界上的事情操心和担忧，而是对他百依百顺，宽容放纵，让他尝尽人生乐趣，这固然是这个母亲的最大快乐，然而列奥尼德的母亲却是这样教育自己的孩子的：你生活在人们中间，要记住，你给人们带来快乐就是你最大的快乐。我回忆起列奥尼德的幼年和少年时期的生活，这孩子和千千万万其他的孩子一样的平常：课间休息时很淘气，和同学们打架，玩弹弓子。但这些东西并不能体现人的精神生活的核心。最主要的是，要让人在幼年时体验到最大的快乐——为人们做好事的快乐。在列奥尼德家旁边是拖拉机队，拖拉机手们经常躲在木制驾驶室里避雨。因为周围是一片空旷的田野，炎热的天气，人们也没地方去乘凉。于是母亲跟孩子们说：咱们给大伙种棵核桃树吧！当时才 7 岁的列奥尼德也参加了劳动。拖拉机手们非常感激，孩子们也都很高兴……。现在距离那个时候已经有 14 年了，核桃树枝叶茂密起来，在炎热的天气里人们都到树荫下休息。

我看着你的眼睛，我的孩子，并且想着：你为大家都做了些什么？把你和劳动人民联系在一起的那条线在哪里？从永恒的、无限的美（革命的成果）中汲取营养并滋润你精神的高尚的根基在哪里？什么给你带来了生活中的最大乐趣？你和同学们五一节时开拖拉机连着在地里干了两天活，以便让老拖拉机手们能够休息几天。你下班时感到疲惫不堪，满脸都是灰尘，但心里却感到十分愉快和幸福，因为你为大伙做了好事并从中得到了快乐。你往地里运送了 20 多吨肥料，结果使连野草都不长的不毛之地变成了肥沃的土壤。当你的两眼望着自己的土地时，你的眼中闪烁着自豪的火花。然而这火花能够永远不熄灭吗？——这就是我所感到担心的。

在我们整个人民的"大花坛"里，千万丛蔷薇花越艳丽，猪蓬草或曼陀罗就越刺目，不知它们是从哪儿长出来的，使我们感到不快。猪蓬草和曼陀罗可以拔掉或从花坛里起走，可是人却无法被摈弃于社会之外。我们应当致力于使曼陀罗不再生长，使每颗撒进肥沃土壤里的种子都绽发出美丽的花朵。

一年前，我们区有一个农庄的庄员们被一个前所未闻的消息所激怒：大田生产队长命令司机往沟里扔下好几吨化肥——以便减轻负载。队长和司机都是青年人，早在战后就一起加入了少先队，曾宣誓要忠于共产主义崇高理想，后来又一起加入了共青团。在我们美丽的土地上，这两个人，同"没有名字的人"，同丧失人性的刽子手，同连续抛弃了三个家庭并在每个家庭都留下一个孩子的 27 岁的年轻父亲，都是一类货色。他们所犯罪行的程度，当然有所不同，但是他们作恶的根源却是一个，即道德变态，也就是人们所说的精神空虚。

有一句谚语："近朱者赤，近墨者黑。"这是千真万确的，但也不尽然。有时一个人似乎并没有谁教他做什么坏事，也没看到他有什么不道德的行为，可是他却成了一个卑鄙的家伙。关键问题在于，正如实际情况所表明的那样，谁也没有教他学好，也没有教他学坏，结果他就像荒地上的莠草一样生长起来。

如今我们可以想象得到的一种最危险的东西——精神空虚，就这样产生了。谁也没教"没有名字的人"背叛祖国和欺压群众，但他之所以变成那样，尤希姆大爷说得好，是因为他的这颗心不管是对母亲还是对家乡的土地都无动于衷，是因为他没有耕种过家乡的土地，没有为家乡的土地流过一滴汗水和尽过一点义务。如果对一个人，既不教他学好，也不教他不要学坏，他就不能成为真正的人。为使人类的一个幼小生命成为一个真正的人，就只能教他学好。

祝你身体健康，精力旺盛！

拥抱你，吻你。

你的父亲

第20封信

亲爱的儿子：

你好！

你的来信使我很为难，信中提出的问题实在不太好回答。你征询我的意见，怎样才能使共青团小组的活动热情洋溢、生动有趣，使组员在"会上不感到无聊，不为会议怎么还不结束而感到着急"。不好回答是因为我不大清楚你们的集体最关心的是什么，你们的团员都有哪些要求和理想。可是提点意见还是应该的。

我很了解共青团组织的这个弊病：聚集到一起开会，可不知道谈什么，讨论什么问题。原因在哪里呢？我觉得，原因在于所有的会议都脱离了集体的精神生活，没有集体的争论和辩论。你们的会议只有在非开不可的情况下，换句话说，只有当你们产生在一起集体思考、展开争论、互相商量的想法时，才能引起大家的兴趣。

在我看来，所有的共青团组织——不管是学校的、农庄的、还是工厂的、大学的——最主要的工作应当是培养人。要做到使共青团会议成为自我教育的学校。培养才智和生活经验，培养情感，培养公民义务感，培养良好的道德品质——所有这一切都应当通过适当的活动体现出来，在这些活动中要使每个男女青年看清自己、认识自己、考虑自己的命运、为自己的前途感到焦急和忧虑。与此同时，还要将自我意识同对理想的追求结合起来，使每个人都有奋斗目标。我坚定地相信，大学和大学生共青团组织最重要的教育任务是使人形成正确的世界观，确定人的思想目的性，而这一切要从培养聪明才智开始。思想好比是根，理想好比是幼苗，思想加上理想才可以长成人的思维、活动、行为、热情、辩论的大树。我认为，共青团组织应当教会每个年轻人了解最重要的生活的智慧：应该怎样去思考以便接近对思想的正确认识，并在自己的实践活动中争取实现理想。在共青团组织中，可以看到这样一种非常奇怪的现象：大家什么都谈论，甚至包括心里想的有关形成世界观的一些最重要的问题，唯独忽视了关于培养聪明才智的问题。要知道，一切都是从这里开始的，它是一切的根本……

可是，应该怎样培养聪明才智，形成正确的世界观，提高思想水平，树立崇高的思想呢？先从哪里开始呢？

经验是智慧之母——达·芬奇曾这样说过。铁器如不使用会慢慢生锈；死水容易变污浊，而且寒冷时容易结冰；人的才智如不去利用，就会变得枯竭。你们考虑一下，讨论一下：什么是我们的生活经验？我可以肯定地说，这个讨论将是非常有趣味的。这是因为你们当中每个人都只是从某一方面去总结自己。你们将在讨论中对自己的言行进行分析；你们将既谈到思想，又谈到理想，而这一切都离不开个人的感知。在关于生活经验的辩论中，每个人都要把自己所做的事情加以总结，然而这个总结不可能不掺入自我评价。这种讨论的重大教育意义恰恰表现在这里。追求实际目的的、强有力的智慧是世界上最卓越的智慧——歌德曾这样说过。总结自己的经验要着眼于实际目的。因为你们的全部学识、全部智力劳动都是为了实现这样的实际目的：成为好的公民、好的创造者、正直的人，成为头脑清醒、心地纯洁、双手灵巧的人。你们要好好想想，你们是如何争取成为一个好人的。你们读些什么书？什么使你们激动不安？在你们的智力劳动中究竟有多少寻根问底的精神？"要想消化知识，就要如饥似渴地吸收知识"，我想把阿·法朗士的这句名言作为对你们讨论的赠语。

你们应当具有创造性的智慧。什么叫创造性的智慧？那就是行动中的世界观。你们在大学的学习，一般来说应当具有这样的特点：你们在思考时，不仅要认识和解释周围世界，而且应当有所肯定、有所争取、有所捍卫。一位大学共青团干部跟我说："很难把大学共青团组织的工作安排得使每个男女青年都能参加到某项具体的活动中来。我们是'纯粹的思想家'，我们同生活能有什么直接的联系呢？"

不经之谈！要知道，"纯粹的思想家"也有为坚持自己的信仰而去献身的。总结自己的生活经验时，你们应当回答这样的问题：我们肯定什么？捍卫什么？争取什么？我想，在我们的社会里，正是在思想领域内，科学唯物主义世界观同迷信、偏见、思想僵化之间还将存在长期的尖锐斗争。还有不少人坚信，许多现象都有可认识的一面和不可认识的一面，即还存在着某些永远不可能被认识和被解释的神秘的、超自然的现象。通常只有信仰上帝的人才持有这种观点。应当在他们的思想中确立另一种信仰和寄托，即相信人正在一个一个地解释昨天还未被认识的自然界的和思维的奥秘，而且在认识过程中人又不断遇到了需要做出新的解释和需要探索的新的奥秘；相信人在认识了生活最复杂的奥秘之后，就能掌握住最大的、永恒的奥秘——人生的奥秘。这是争取理智的胜利、人的胜利的真正斗争。别林斯基写道：人赋有智慧，是为了人能理智地生活，而不是仅仅为了让他看到自己愚昧地活着。[23] 你们要用自己为人类斗争的经验来武装自己。那时你们就有东西可辩论，有东西可讨论了。

你们在自己的日常生活中应确定这样一条最重要的科学唯物主义信念：今天还未被认识的，明天将被认识。例如，无线电波的物质本性尚未被完全揭示，而引力的实质被解释得非常模糊，这里还有很多不清楚的地方。恰恰要在这里，在自然界的这些奥秘中为科学唯物主义的认识而斗争。要思考、思考、再思考！精神上的营养越丰富，你们的争辩就会越激烈，你们对生活经验的认识也将越深刻。

如果你们能去思考那些尚未被认识的事物，你们将成为真正聪明的人。列夫·托尔斯泰写道：智慧"是所有的人不可缺少的，因而也是所有的人所固有的"。智慧表现在对自己的使命和完成这一使命的手段的认识上。"如果智慧具有从充满智慧的人那里把智慧移植给缺乏智慧的人的特性，那就太好了……。然而遗憾的是，接受别人的智慧首先需要独立地工作。"[24]

因此，对这些名人的话你也应该深入思考一下。不管你周围的人有多聪明，如果你游手好闲、消磨岁月，那么，你在人类智慧的长梯中将一阶也攀登不上去。不管你身边展开的辩论是多么饶有风趣，你都要独立进行思考，只有这样你才能变得更聪明。

我很想建议你们在共青团讨论会上辩论一下罗曼·罗兰所说的"智慧的勇敢"和"智慧的忠诚"是什么。他说："智慧的勇敢就是在繁重的脑力劳动面前不畏惧。智慧的忠诚就是在真理面前不退缩，不惜任何代价追求真理、发现真理，藐视轻而易举做出的决定和违背心灵的谎言。要勇于独立思考，要做真正的人。"你们想一想，正如常言所说的，每个人都要老老实实地扪心自问：每当你们在脑力劳动中遇到困难时都能够自己克服吗？要记住，孩子，人在脑力劳动中很容易企图走轻松的捷径，而躲避困难的探索。你在为公正的真理的胜利、为思想和理想的实现而斗争时遇到的困难都能克服吗？

你看，关于智慧和聪明有多少问题可以辩论，有关思想和理想的问题可以辩论的也很多。我很希望你们就下面这样一些问题举行辩论会："谁是我认为值得学习的榜样？""人的理想和理想的人""道德和美"。我记得我过去在学院学习时就讨论过这些问题。你们不妨试试看，你们一定会看到，许多观点都将是针锋相对的。

没有理想就不可能有所前进！没有理想就不会有青年人的梦想，而梦想恰是点燃共青团集体崇高热情的火花。如果你们讨论一下关于理想的问题，你们自己就会看到，创造性思想的发挥能使你们俯视大量的生活现象，并从中找到你们认为宝贵的东西。

这就是我给你们提的关于在共青团会议上应当辩论些什么题目的建议。这样的讨论会当然不同于那种大家都感到厌烦、谁也不想发言的会议，因为那些会议总是老生常谈。这样的讨论会将是兴趣盎然的、充满高尚激情的活动！

祝你身体健康，精力充沛！

拥抱你，吻你。

你的父亲

第21封信

亲爱的儿子：

你好！

你请我就如何经济地和合理地利用时间给你提些建议。你抱怨说："工作一件紧接着一件，转瞬间一天就过去了，原定要做的事情结果没有做完。"从你的来信中，我清楚地知道，在你的身上，压着一大堆书需要读，就像你说的那样，来不及读完建议你读的全部书籍。

根据经验，我向你提出几条戒律。

1. 第一位的和最基本的（关于这一点，早在去年我就写信给你说过）就是善于在听课过程中节约并积累时间。不善于听课，会使大学生的脑力劳动出现"紧急动员"的时候。测验（或考试）前的几天，他就一个劲地死啃课堂笔记本，而在快要测验的时候，就开夜车，一天只睡两三小时。他把每天应当做完的工作都堆积到这"紧急日子"里去做。据我计算，这种"紧急动员"的日子，在一年之中集中起来，不少于 50 天，差不多是全年工作时间的 1/4。这里隐藏着时间不够的一个最主要的根源。必须防止这种"火急地"、昼夜不眠地啃课堂笔记的做法。要学会在课堂上思考大纲，天天复习笔记，即使只用两小时也好。我建议你把笔记分成两项（栏）为好：第一项内记录简要的讲课内容，第二项内记录需要思考的问题；这里要记中心和主要问题。这是个骨架，这门课程的全部知识都联结在这个骨架上。这些骨架似的问题，你需要天天思考。要思考清楚，就要天天读书，就像我说过的那样。如果你能按照这个要求对待每一门课程，那你就不会有"紧急动员"的日子了，就不需要在准备考试或测验的时候死啃笔记了。课程的骨架是一个独特的大纲，要在它的基础上去记忆这门课程的全部材料。

2. 如果你想有充裕的时间，那你就要天天读书。天天读，并且要仔细阅读若干（4—6）页同课程有一定联系的科学文献。专心阅读，深入思考。你所读的一切，就是你用以治学的知识底子，底子越雄厚，学习越容易。你每天读的东西越多，你的时间后备就越充足。因为在你阅读的东西之中，有千百个接触点同你在课堂上所学的材料连接起来。我把这些接触点称为"记忆的锚"。它们把必须有的知识同围绕着人的知识的海洋连接在一起了。

要学会强迫自己天天读书，不要把今天的工作搁到明天。今天丢弃了的东西，明天怎么也补不上了。

3. 要从早晨 6 点钟左右开始你的工作日。5 点 30 分起床，做完早操，喝一杯牛奶（不要养成喝茶的习惯，成年以后喝也来得及），吃一个圆面包，开始工作。如果你习惯了自己的工作日从 6 点开始，那就要努力再提早 15—20 分钟着手工作。这是良好的内在动因，能促进整天的工作。

清晨起来，上课以前，用功一个半小时，这是黄金般的时间。凡是早晨我能做到的事，我都要把它做完。30 年来，我都是从早晨 5 点开始自己的工作日，一直工作到 8 点的。30 本有关教育学方面的书，以及 300 多篇别的学术著作，都是利用早晨 5 点到 8 点的时间写成的。我已经养成了脑力劳动的节律；即使我想在早晨睡觉，也是办不到的；我的全部身心，在这个时间只能从事脑力劳动。

我建议你用早晨一个半小时的时间去从事最复杂的创造性的脑力劳动，去思考理论上的中心问题，钻研艰深的论文，写专题报告。如果你的脑力劳动带有研究的成分，那就只能在早晨的时间去做它。

4. 要善于确立自己的脑力劳动制度，这具有多方面的意义。我是就事情的主次关系而说的。主要的事情要专门安排时间去做，不要把它挤到次要的地位上去。主要的事情要天天去做。要确定哪些是最重要的学术问题，你能否成为工程师，有赖于对这些学术问题的理解。有一系列的问题是相互渗透的，它们贯穿着许多的学科。主要的学术问题应当在你早晨的脑力劳动中放在第一位去钻研。要善于寻找那些与主要学术问题有关的、最基本的书籍、科学著作，要去仔细、认真地钻研它们。

5. 善于给自己创造内在的动因。在脑力劳动中，许多事情并非都是那么有趣的，都是你很想去做的。经常的、唯一的动因就是需要。脑力劳动正是由此开始的。要善于把思想集中在理论的细节上，而且要集中到这样的高度，以致于渐渐地把"我需要"变成"我想要"。最有兴趣的工作，总要放在工作快结束时来做。

6. 让书刊的大海包围着你。在大学时期，必须很严格地选择你要阅读的书刊。求知心切、好学心强的人什么书都想看，但这是办不到的。要善于限定阅读范围，超越这个范围，那就会破坏劳动定额。但同时也要记住，随时都会出现你预先没有列入计划的必读新书，这就需要有备用时间。如同我已经写给你的那样，这些备用时间，是从因善于进行课堂学习、善于做笔记并防止了"紧急动员"的时日里挤出来的。

7. 要善于提醒自己：有很多活动包围着你。有科学小组、文艺活动小组、运动队、跳舞晚会、许多俱乐部，这些地方都可以消磨时间。而你要表现坚定，要善于选择。因为这些多式多样的活动都具有诱惑力，它们可能给你带来很大的损害。娱乐和休息都是需要的，但是不能忘记最主要的：你是个劳动者，国家在你身上花了大笔金钱，因此，占第一位的不应当是跳舞，而应当是劳动。为了休息，我主张下象棋，读文艺作品。在极度寂静中聚精会神地下下棋，这是调解神经系统、使思维条理化的最好方法。

8. 不要虚度时光。我指的是空谈，白白地浪费时间。常常有这样的情况：几个人坐在办公室里，像俗话说的那样，闲聊起来。一小时、两小时过去了，什么事也没有做，任何高明的思想也没有谈出来，而时间却一去不复返了。要善于把自己和同志们的谈话变成充实自己精神世界的源泉。

9. 要学会减轻自己今后的脑力劳动。我说的是要善于建立未来的时间后备，为此，必须养成系统地记笔记的习惯。我现在有 40 本笔记。每一本笔记都用作记载关于教育学方面的一个专题的清晰而又仿佛是昙花一现的思想（这些思想"习惯"于只在头脑中出现一次，不再复现）。笔记中我只记录我阅读过的关于这个问题的最有趣的卓越思想。所有这些，将来都是有用的，都能很好地减轻脑

10. 对于每一件工作，都要寻找最有效的脑力劳动的方法，避免公式化和老套子。要不惜花费时间去深刻地思考那些同你有关的事实、现象和规律的实质。你对问题思考得越深刻，记忆就越牢固。没有理解之前，就不要费心去记忆，这样做是白费时间。一看就懂的东西，不必细读，浏览一下就行了。但是切忌走马观花地去浏览那些费解的东西。任何"走马观花""不求甚解"都会迫使你不得不对某些事实、现象和规律回过头来去多次重新认识。

11. 如果住在一个房间里的人们不能协商好去共同严格遵守某些要求，那么任何个人的脑力劳动都不能顺利进行。因此，首先必须严格地约定，在一定的时间内严禁谈话、争吵，或者做破坏肃静的事情。在集中精力从事脑力劳动的时间里，每个人都必须完全独立地进行工作。

12. 脑力劳动要求逻辑思维和形象思维互相交替进行。要交替地阅读科学文献和文艺书籍。

13. 要改掉某些坏习惯，我指的是：开始工作以前闲坐 15 分钟，20 分钟；毫无必要地翻阅那些明明知道不应阅读的书本；睡醒了，在被窝里再躺 15 分钟；等等。

14. "等明天"是勤劳最危险的敌人。任何时候都不要把今天该做的事搁置到明天。而且应当养成习惯，把明天的一部分工作放在今天做完。这将是一种美好的内在动因，它对整个明天都有启示作用。

15. 任何时候都不要停止脑力劳动，一天也不要停。夏天不要丢开书本。每天都要用知识珍品来丰富自己，这是脑力劳动所必需的时间来源之一。

以上就是 15 条戒律，我认为，这 15 条戒律是每个大学生都应当遵守的。

祝你身体健康，精神愉快！

你的父亲

第 22 封 信

亲爱的儿子：

你好！

你在来信中请我回答 3 个问题：

1. 到共产主义社会时，人将是怎样的？未来的人将具有哪些最重要的特征？

2. 什么样的品行在现代是最危险、最不能容忍的？

3. 在教育青年一代的工作中，最严重的缺点是什么？

第一个问题。未来共产主义社会中的人已经生活在我们中间。你不能做这样的设想：突然来到一个庄严的时刻，钟声轰鸣，宣告新人的诞生。我给你讲过的谢苗·拉夫连季耶维奇就是一个未来的人，庸俗的人们把这样的人称为怪人。我认识许许多多这样的人（恰好，我正想写关于这些人的书）。有这样一个人住在我们村里，离学校不远，你大概能猜到，我说的是伊万·普洛科夫也维奇。他有一个花园，是向众人开放的。他是住在他那条街上的 15 个孩子的教导员，整个夏天他都在花园里为孩子们忙碌，孩子们在那里制作收音机、玩耍、唱歌、学习拉小提琴……

有一个人住在邻近的房子里，那是一位退伍军官。他领取一笔可观的退休金，本可以安心地休息了，可是他从早到晚为大家劳动。他是共产主义思想的宣传家。他天天下地，到生产队去，到畜牧场去，找畜牧工人，找农民，给他们讲世界上发生的事情，给他们读文艺作品。他同大家在生产岗位上共同工作两三天，然后又去别的生产队或畜牧场。

共产主义社会的人，首先是善良的、理解别人、精神上需要别人的人，在我看来，这是未来的人的最主要的特征。深切地关心人，使每一个人、每一个我们的同胞，都成为精神丰富、道德高尚、聪明、勤劳的人，善于珍惜、尊重、爱护我们生活中最宝贵的——人，所有这一切，我称之为善良，称之为人性。

真正善良的、有人性的人都能深深地憎恨丑恶，我们要像教人们学会善良一样，去教人们学会憎恨。

在 B. 科热夫尼科夫的长篇小说《这位是巴鲁耶夫》中有这样一句美好的话："我觉得，一个人善于为自己的满足而工作，因而从自己的劳动中感受到忘我的喜悦，那就可以认为，他的一只脚已经踏进了共产主义。"[25] 热爱劳动，在劳动中显示自己的才能，这就是共产主义的理想在我们日常生活中生动的体现。当我们的国家没有一个人对劳动漠不关心，认为劳动只是取得一块面包的手段的时候，我们就能够肯定：共产主义已经深入每个人的心灵。在劳动中，在每个人的面前，展现着自我教育、自我认识、自我完善的无限的境界。由于无穷尽的劳动，人自身将成为无穷尽的，而他的完善也是无止境的。

第二个问题，最危险、最不能容忍的恶劣习性，我认为是没有人性，对人冷漠无情、残忍。这样的"恶"在我们的社会里还有很多很多。我给你讲讲不久以前我亲眼看见的一件事。

在第聂伯河上游的一个大村庄里死了一个 92 岁的女人，她是 4 个儿子的母亲，11 个孙子的祖母，22 个曾孙的曾祖母。她度过了艰难的一生。在 6 个坟墓里——在东普鲁士、在玛祖尔人的沼泽里、在喀尔巴阡山里、在柏林城下，都有她的骨血，在 6 个战士的方尖碑上都刻有她的姓氏，在每一个字母里，都有她的不眠之夜、她的激动和期望。

她最小的 50 岁的儿子怀着悲痛的心情对人们说："请帮助我安葬母亲吧。"木材场没有现成的棺材板，但是他遇到了善良的人们，他们脱下帽子，静默一分钟，然后锯开一棵大松树的树干，说："拿去吧，儿子，给你的母亲做棺材。"木板要运走，但没有汽车，汽车都在工作。这时他又碰到一个好心人。儿子拦下对面驶来的第一辆汽车，司机分担了他的苦痛，把自己的运输工作停了半个小时，把木板装上车，开出了木材场的院子。就在这时，发生了奇怪又野蛮的事情，汽车队的队长看见自己的汽车拉着木板，司机在大门外帮忙用绳子绑木板，他喊叫起来：

"这是干什么？你为什么不干自己的事？"

司机和死者的儿子对队长说："请不要喊叫，请想想吧，有人去世了。"队长仍无动于衷，不表示歉意，反倒大发脾气，暴跳如雷，在脸色苍白的司机的眼前挥舞着拳头，爬上汽车，把木板扔到地下。司机把车开走了，儿子站在木板跟前痛哭起来。他眼泪汪汪，没有发现有个不相识的人乘着大马车向他驶来。这个人是从奶油厂返回来的，听到吵闹声，他停下来，一切都明白了……。他把木板搬上大车，身体贴着那个痛苦不堪、受了凌辱的儿子的肩膀，低声问道："往哪儿拉呀？"

惨无人道，这是最可怕的、最不能容忍的道德堕落。你反复地问问自己：在我们这里，那些难以称他们为人的人们是在什么样的环境里长大的呢？产生冷酷无情、麻木不仁的原因何在呢？产生暴虐和惨无人道的社会条件在我们这里是没有的。那么，一定有什么别的原因。我从小就认识这个汽车队长，他叫伊万科。伊万科小时候是个普普通通的小孩，他和千万个别的孩子一样，上学念书；夏天下雨以后，他喜欢光着脚在小水坑里踱步，翻过板墙到邻居的果树园里偷摘苹果，好像邻居家的苹果比他自己果园里的苹果更香甜。

但是还有别的事。这些往事，邻居们愤懑地讲过多次。伊万科的祖母同伊万科的双亲生活在一起，儿媳妇总是不喜欢她。祖母住在贮藏室里，自己给自己做饭。孩子常常听母亲说：老婆子厉害，不好……。有一次过节，母亲做好了冷菜。"端去，儿子，给奶奶。"她对孩子说，"把那个小盆子拿来，我们把洗净的排骨放进去……"母亲让孩子去取柴火烧炉子时说："伊万科，挑干柴拿来，把湿的给奶奶留着，她不喜欢屋里太热。"于是孩子明白了，祖母是个卑贱的人。

有一年夏天，祖母对伊万科说："孙孙，你到草地里去，给我采点酸模来煮汤……"孩子不愿意去草地，他跑到菜园子里，揪了一把糖萝卜的茎叶，给了祖母。她眼神不好，把糖萝卜茎叶切碎，煮了菜汤。而伊万科还跟伙伴们说，他是怎样欺骗祖母的。他嘲笑祖母说："瞎老婆子有一次对我说，'你去采香薄荷来，我想把它撒在地板上，闻闻草香味'。我采来豌豆，把豆粒吃掉，把茎叶给奶奶拿去。她抱怨说，'我的上帝，从前香薄荷是香的，酸模是酸的，而今可不一样了……'"

听了伊万科的故事，孩子们惊奇地说：如果他们也干出这样的事来，父母会对他们说什么呢？家家户户在议论这件事，"厉害的儿媳，不孝的孙子"的丑闻传遍了全村……

几年过去了，伊万科长大了，参了军，并安然无恙地度过了整个战乱年代，但是他没有回到自己的家。在离村庄不远的地方，开了一个大发电厂，伊万科在那里的一个办公室找到了工作——经常外出，运输建筑材料。他在那里青云直上，先当调度员，后来又当上汽车队长。有人喜欢他，因为只要领导说半句话，他就能领会领导的意图，什么东西都能走后门搞来。

他的父亲死了，祖母死了，只剩下老母亲一个人。儿子把她安顿在自己的大石头房子的一间小贮藏室里，搬来一个炉子说："妈妈，你自己煮饭吃吧，安分守己地过日子，不要妨碍别人。"

大概，在这个时刻，母亲会想起当年自己对儿子的训示，她给婆婆送去了冷菜。也许，她还会记起那句民间名言，它教导说：关心人的心灵，不是当孩子顺着躺在床上，而是当他横着躺在床上的时候……。像汽车队长这样的人，人民叫作丑恶的人。未来不属于这样的人，未来属于那些现在已经达到共产主义人性高度的人们。

第三个问题，在教育青年一代的工作中所犯的最严重的毛病：我深信，这个毛病就是忘记今天的小孩子将是明天的成年人。很多的父母，甚至包括教师们，总是这样看待子女：他们永远是孩子。后来突然发现：不知不觉婴儿成了少年，而少年突然又到了该结婚的年龄，这才使父母大吃一惊。在小孩子身上看到明天的成年人，我觉得，这其中包含着父母、教师、一切教育孩子的人们的生活智慧。换句话说，就是要善于爱孩子。"孩子是神圣的和纯洁的，"契诃夫写道，"即使在强盗和鳄鱼那里，他们也在天使的位置上。我们自己可以爬进任何一个什么坑里去，然而一定要把他们安置在适合他们身份的气氛之中……。不能把他们当作自己情绪的玩具：忽而温存地亲吻，忽而狂暴地脚踢。专横的爱还不如不爱的好。"[26]

专横的爱，这是一种可怕的摧残儿童的力量。父母之爱的专制主义在于，这"爱"是由情绪而来的：当父母心情舒畅的时候，在家里可以宽恕一切，孩子可以随心所欲，为所欲为，甚至小孙子可以用拳头打祖母或者嘲弄她——真有这样的事；而当他们情绪不好的时候，就苛待孩子。

我们教育的人是共产主义社会未来的公民，要珍爱和保卫我们的祖国，要增加我们的物质和精神财富，这样的人无论在生活的哪个领域，都应当是伟大的、精神丰富的、具有多方面用之不尽的才能的美好的人。他不仅应当准备在战场上立功，而且要准备在机床旁、在拖拉机驾驶盘旁或者在畜牧场上立功；他还应当准备年复一年地去照料卧床不起的病人，当黑夜里听到孤独的老人呻吟的时候，就跑去帮助他，不需要任何召唤，只是凭自己心灵的嘱咐。他应当是爱戴母亲、真诚地同情和关怀母亲的儿子，做不到这一点，他就没有道德权利称之为"人"，称之为"社会主义祖国的儿子"。他应当善于理解人的心情，善于懂得并用理智和心灵感知自己同胞的苦恼、悲痛和激动，并给予他们帮助，这才是人的高尚品格，才能用我们的原则"人与人是朋友、同志和兄弟"这句庄严的话语表达出来。

祝你身体健康，精神愉快！

你的父亲

注　　释

收入《苏霍姆林斯基选集（五卷本）》第 3 卷的是苏霍姆林斯基广为人知的著作《我把心给了孩子们》《公民的诞生》和《给儿子的信》，这三部著作的主题相互关联，构成一部独特的三部曲。作者在这三部著作中阐述了有关儿童、少年、青年教育的许多迫切问题。

《我把心给了孩子们》

这部著作是苏霍姆林斯基多年教育观察和实验以及在帕夫雷什中学实际工作的成果展示。该书于 1969 年由苏维埃学校出版社以俄文首次出版，此后又陆续再版 6 次（分别在 1971 年、1972 年、1973 年、1974 年、1976 年和 1977 年）。

1　К.Д.乌申斯基在《学校三要素》一文中谈到这一点。（乌申斯基.乌申斯基选集：第 2 卷 [M].莫斯科：俄罗斯联邦教育科学院出版社，1978：64.）

——第 5 页

2　这一思想贯穿于亚努什·科尔恰克的许多著作，特别是在《怎样爱孩子》一书中表达得更加充分。科尔恰克在肯定孩子有权发表自己的想法和积极参与我们有关他的谈论时写道："当我们能取得他的尊敬和信任的时候，当他信任了我们并能自己说出他的权利何在的时候，疑惑和错误就会少些。"后面又写道："能让这一切放任自流吗？切记不可，我们会把郁闷的奴仆造就成郁闷的暴君"。（亚努什·科尔恰克.教育文选 [M].莫斯科：教育出版社，1966：19，122.）

——第 7 页

3　马卡连柯在《给家长的书》的读者讨论会上讲："人将会成为什么样子，主要取决于您在他满 5 岁时把他造就成什么样子。如果在 5 岁以前您不按应该的那样加以教育，以后就不得不重新教育了。"（马卡连柯 . 马卡连柯全集：第 4 卷 [M]. 莫斯科：俄罗斯联邦教育科学院出版社，1951：444.）

——第 9 页

4　亚努什·科尔恰克的《当我返老还童之时》一书出版于 1925 年。

——第 9 页

5　马卡连柯 . 马卡连柯全集：第 4 卷 [M]. 莫斯科：俄罗斯联邦教育科学院出版社，1951：341.

——第 11 页

6　1941 年 1 月，А . 盖达尔在共青团中央的会议上演讲，谈儿童教育。从速记中我们可以读到："而对那些我不曾有幸打交道的那种年龄的读者，也就是三四岁的读者，我对此这样解释，'这是红军痛打了白军，而这只小兔跑出来看，他为这事特别高兴'。"（Б. 耶米利扬诺夫 . 盖达尔的故事 [M]. 莫斯科：儿童读物出版社，1972：15–17.）

——第 32 页

7　海涅在他的作品《从慕尼黑到热那亚的旅行》中写道："人类每前进一步都要付出滔滔血流。莫非这不过于昂贵？难道每个人的生命不和整整一代人的生命同样宝贵吗？要知道，每一个人都有与他同生共死的一个世界，每块墓碑下面都掩埋着一个世界的历史。"（海涅 . 诗歌、长诗、散文 [M]. 莫斯科：文艺书籍出版社，1971：678.）

——第 87 页

8　К.Д. 乌申斯基在《关于直观教学的建议书》中写道："可是孩子，是否可以说，是借助形状、颜色、声音而思维的？他们一般是使用感觉。如果有谁企图让他以另一种方式去思维，那么他就会无谓地而又有害地强制改变幼儿的天性。"（К.Д. 乌申斯基 . 乌申斯基选集：第 6 卷 [M]. 莫斯科：俄罗斯联邦教育科学院出版社，1949：281.）

——第 115 页

9　巴西首都现在是巴西利亚市。

——第 144 页

10　К.Д. 乌申斯基在这方面着重指出："孩子生来就没有精神怠惰。这在我们观察时便可察觉，他不仅喜欢活动，这可以用充沛的体力做解释，而且他还那么喜欢活动的独立性，他什么都愿意自己去做……"（К.Д. 乌申斯基 . 乌申斯基选集：第 9 卷 [M]. 莫斯科：俄罗斯联邦教育科学院出版社，1950：536.）

——第 147 页

11　显然，苏霍姆林斯基指的是儿童竭力要做"受亲近者"这一难以摆脱的愿望。这在圣埃克苏佩里的作品《小王子》中以独特方式做了描述。作品中特别讲到玫瑰花跟小王子的谈话和小王子回忆起玫瑰花，看来是玫瑰花"业已亲近"了小王子。（圣埃克苏佩里 . 圣埃克苏佩里文集 [M]. 莫斯科：国家文艺书籍出版社，1964：488–494.）

——第 161 页

12 很显然，作者说的是 E . 霍夫曼的童话《磕头虫》，或者译为《胡桃夹子和老鼠王》。

——第 172 页

13 这是苏霍姆林斯基的个人见解。社会学的现代文献中，有关这方面的见解各有不同，取决于读者、书的性质等。

——第 176 页

14 列宁在俄国共青团第三次全国代表大会上讲道："因此，现在是 15 岁、再过 10—20 年就会生活在共产主义社会里的这一代人，应当这样安排自己的全部学习任务：在每个乡村和城市里，青年每天都能实际完成共同劳动中的某种任务，哪怕是最微小、最平常的任务。"（中共中央马克思恩格斯列宁斯大林著作编译局 . 列宁选集：第四卷 [M]. 3 版 . 北京：人民出版社，1995：296–297.）

——第 248 页

《公民的诞生》

原书①于 1970 年由苏维埃学校出版社第一次出版。它是瓦西里·亚历山德罗维奇②在《我把心给了孩子们》一书中开始的关于对儿童的教育和训练的谈话的续篇。但在本书中，作者观察、研究和思考的对象则是少年一代的思想信念、兴趣爱好、智力素养、道德素养、情感素养以及热爱劳动的感情等的形成和发展。

本书的俄文版于 1971 年在莫斯科由青年近卫军出版社出版。

1 这是高尔基的剧本《底层》中，萨京在说闲话时讲的一句话。(高尔基. 高尔基全集：第 16 卷 [M]. 莫斯科：国家文艺书籍出版社，1963：139.)

——第 273 页

2 这一思想在马克思的著作《1844 年经济学哲学手稿》中有所阐述。(中共中央马克思恩格斯列宁斯大林著作编译局. 1844 年经济学哲学手稿 [M]. 3 版. 北京：人民出版社，2000：85–87.)

——第 287 页

3 "人不仅像在意识中那样在精神上使自己二重化，而且能动地、现实地使自己二重化，从而在他所创造的世界中直观自身。"(中共中央马克思恩格斯列宁斯大林著作编译局. 马克思恩格斯全集：第三卷 [M]. 2 版. 北京：人民出版社，1995：274.)

——第 297 页

4 此处援引的是乌申斯基的主张："人的性格是在活跃和生动的青春烈火之中铸造的。因此不应该去扑灭这烈火，不应该怕它，不应该把它看作某种有害于社会的东西，也不应该去妨碍它自由燃烧，而应该关心的是，要使在此时注入青春心灵的材料是优质的材料。"(К.Д. 乌申斯基. 乌申斯基选集：第 8 卷 [M]. 莫斯科：俄罗斯联邦教育科学院出版社，1950：442.)

——第 302 页

————————

① 即该书的乌克兰文版。——译者
② 即该书作者苏霍姆林斯基。——译者

5　恩格斯在给敏·考茨基的信中写道："……我认为，倾向应当从场面和情节中自然而然地流露出来，而无须特别把它指点出来；同时我认为，作家不必把他所描写的社会冲突的历史的未来的解决办法硬塞给读者。"（中共中央马克思恩格斯列宁斯大林著作编译局．马克思恩格斯选集：第四卷 [M]. 2 版．北京：人民出版社，1995：579.）

——第 303 页

6　"对于信念的培养应该重视其坚定性。说说漂亮话并不难，但要使信念像汁液渗透植物一样深入人心，那就困难得多了。假如把植物中的汁液弄干，它就会枯死；同样地，要一个人放弃自己的信念，那还不如让他去死的好。"（谢尔盖·拉佐．日记·书信集 [M]. 符拉迪沃斯托克：滨海书籍出版社，1959：94–95.）

——第 307 页

7　列夫·托尔斯泰．托尔斯泰文集：第一卷 [M]. 莫斯科：国家文艺书籍出版社，1972：158.

——第 350 页

8　中共中央马克思恩格斯列宁斯大林著作编译局．马克思恩格斯选集：第三卷 [M]. 2 版．北京：人民出版社，1995：361.

——第 365 页

9　恩格斯的《劳动在从猿到人转变过程中的作用》一文中谈到了这个问题。（中共中央马克思恩格斯列宁斯大林著作编译局．马克思恩格斯选集：第四卷 [M]. 2 版．北京：人民出版社，1995：374–375.）

——第 384 页

10　斯·鲁宾斯坦．普通心理学原理 [M]. 莫斯科：教育出版社，1946：494.

——第 401 页

11　奥·倍倍尔．妇女和社会主义 [M]. 莫斯科：国家政治书籍出版社，1959：49.

——第 415 页

12　马克思在其 1853 年所写的《死刑。——科布顿先生的小册子。——英格兰银行的措施》一文中阐述了这一思想。我们援引文中的一段："况且历史和统计科学非常清楚地证明，从该隐以来，利用刑罚来感化或恫吓世界就从来没有成功过。适得其反！"（中共中央马克思恩格斯列宁斯大林著作编译局．马克思恩格斯全集：第八卷 [M]. 2 版．北京：人民出版社，1995：578.）

——第 431 页

13　或许，作者所指的是我们在下面援引的这句话："难道你在赴难时，还未洗清自己的一半罪过吗？"（陀思妥耶夫斯基.罪与罚 [M].莫斯科：国家文艺书籍出版社，1970：482.）

——第 432 页

14 见列宁在俄国共产主义青年团第三次代表大会上的讲话："……废除以前的死读书、死记硬背和强迫纪律时，必须善于吸取人类的全部知识，并要使你们学到的共产主义不是生吞活剥的东西，而是经过你们深思熟虑的东西，是从现代教育观点上看来必然的结论。"（中共中央马克思恩格斯列宁斯大林著作编译局.列宁全集：第三十九卷 [M].2 版.北京：人民出版社，1986：301.）

——第 442 页

15 这句话在安·谢·马卡连柯的《教育诗》中可以找到。（马卡连柯.马卡连柯全集：第 1 卷 [M].莫斯科：俄罗斯联邦教育科学院出版社，1950：294.）

——第 454 页

16 高尔基在《责任》一文中写道："死亡的害处就在于：由于人们害怕死，他们的观念就造成神，造成'阴间'以及诸如天堂和地狱之类的庸俗不堪的场面。"（高尔基.高尔基全集：第 25 卷 [M].莫斯科：国家文艺书籍出版社，1953：74.）

——第 468 页

17 巴甫洛夫.巴甫洛夫全集：第 1 卷 [M].莫斯科：苏联科学院出版社，1949：268.

——第 476 页

18 这些话出自高尔基著名的短篇小说《伊则吉尔老婆子》。（高尔基.高尔基全集：第 1 卷 [M].莫斯科：国家文艺书籍出版社，1960：100–101.）

——第 487 页

19 引自高尔基的中篇小说《童年》。（高尔基.高尔基全集：第 9 卷 [M].莫斯科：国家文艺书籍出版社，1962：24.）

——第 492 页

20 见注 3。

——第 527 页

21 这些话引自阿·谢洛夫的文章《歌剧〈莱奥诺拉〉前奏曲的主旋律——贝多芬短评》。

——第 529 页

22 果戈里.果戈里文集：第 6 卷 [M].莫斯科：国家文艺书籍出版社，1953：114.

——第 529 页

23 车尔尼雪夫斯基.哲学文选：第 2 卷 [M].莫斯科：国家政治书籍出版社，1950：59.

——第 538 页

24　亨利希·海涅的政论体著作《从慕尼黑到热那亚的旅行》（第 20 章）中有这样一句话，"我那时的牙痛却是疼在心里……"。（亨利希·海涅. 诗歌·长诗·散文集 [M]. 莫斯科：国家文艺书籍出版社，1971：622.）

——第 539 页

《给儿子的信》

苏霍姆林斯基的《给儿子的信》一书，是一部具有独特文学风格的教育评论作品，是这位教育家论述青年教育思想的有机续篇。在《给儿子的信》中，谈及了公民、道德、身体的形成问题，还谈及了青年对环境生活的感悟问题，这些问题都是当今青年所关注的。

本书作于 1967 年，从手稿来看，显然没有写完。《给儿子的信》除个别片段外，第一次用俄语发表。

1 果戈里 . 果戈里文集：第 5 卷 [M]. 莫斯科：国家文艺书籍出版社，1953：132.

——第 564 页

2 法国艺术家罗丹说过："真正的文学家应当是想什么就写什么，不要惧怕和古老的偏见相冲突。"

——第 564 页

3 此处指的是高尔基的长篇小说《母亲》中安德烈的一句话："我知道，人们相互欣赏，每个人在别人面前都像星星一样的时代会到来的。"（高尔基 . 高尔基作品全集：第 8 卷 [M]. 莫斯科：科学出版社，1970：127.）

——第 566 页

4 霍·鲁兹贝赫 . 献给暴风雨的心 [M]. 莫斯科：外国文学出版社，1962：172–173，175–176.

——第 567 页

5 中共中央马克思恩格斯列宁斯大林著作编译局 . 马克思恩格斯全集：第一卷 [M]. 2 版 . 北京：人民出版社，1995：295–296.

——第 569 页

6 尼·奥斯特洛夫斯基 . 钢铁是怎样炼成的 [M]. 莫斯科：苏联作家出版社，1947：325.

——第 572 页

7 海明威 . 海明威选集：第 4 卷 [M]. 莫斯科：国家文艺书籍出版社，1968：275.

——第 572 页

8 作者所指的是马克·吐温创作的故事《斯托姆菲尔德大尉天国游记摘录》。这里节选的是个片段："在这里像在大地上一样，享乐靠正当的劳动获得。不能够一开始就享乐，而是以后才能获得这个权利。但是在天堂里，与人世间有一个区别，即你自己可以为自己找到某种合适的职业，如果你能凭良心去工作，那么天意就会帮助你取得成就。一个很有诗才的人，他在人世间时是个鞋匠，到了天堂，他就不必再去缝鞋了。"（马克·吐温. 马克·吐温短篇小说集 [M]. 莫斯科：国家文艺书籍出版社，1971：310.）

——第 574 页

9 伏尔泰. 论书籍 [M]. 莫斯科：图书出版社，1969：232.

——第 594 页

10 中共中央马克思恩格斯列宁斯大林著作编译局. 马克思恩格斯全集：第二十卷 [M]. 2 版. 北京：人民出版社，1971：125.

——第 597 页

11 中共中央马克思恩格斯列宁斯大林著作编译局. 列宁全集：第十二卷 [M]. 2 版. 北京：人民出版社，1987：96.

——第 597 页

12 列昂伊德·马丁诺夫. 自由 [M]// 列昂伊德·马丁诺夫. 首位. 莫斯科：青年近卫军出版社，1965：345.

——第 598 页

13 歌德. 艺术论文和思想 [M]. 莫斯科—列宁格勒：俄罗斯联邦教育科学院出版社，1936：17.

——第 598 页

14 列宁在同蔡特金的谈话中谈到这个问题。（回忆列宁：第五卷 [M]. 侯焕闳，译. 北京：人民出版社，1982：45.）

——第 602 页

15 回忆列宁：第五卷 [M]. 侯焕闳，译. 北京：人民出版社，1982：47.

——第 604 页

16 О. 冈察尔. 论创作：第 1 卷 [M]. 基辅：文艺书籍出版社，1966：101.

——第 605 页

17 此处选自别林斯基的文章《亚历山大·普希金作品选》中的话。（别林斯基. 别林斯基文集：第 3 卷 [M]. 莫斯科：国家文艺书籍出版社，1966：230，266.）

——第 610 页

18 同上，第 266 页。

——第 610 页

19 中共中央马克思恩格斯列宁斯大林著作编译局 . 1844 年经济学哲学手稿 [M]. 3 版 . 北京：人民出版社，2000：80.

——第 612 页

20 列宁在《论面目全非的马克思主义和"帝国主义经济主义"》一文中写道："……在资本主义制度下，不管有什么样的民主，妇女始终是'家庭女奴'，是被关在卧室、育儿室和厨房里的女奴。"（中共中央马克思恩格斯列宁斯大林著作编译局 . 列宁全集：第二十八卷 [M]. 2 版 . 北京：人民出版社，1990：166.）

——第 613 页

21 别林斯基 . 别林斯基全集：第 7 卷 [M]. 莫斯科：苏联科学院出版社，1953–1959：322.

——第 616 页

22 米隆（约公元前 480—公元前 440），古希腊雕刻家。他塑造了运动会上的竞技家、胜利者的雕像。其最著名的雕像是"掷铁饼的人"。

——第 616 页

23 别林斯基 . 别林斯基全集：第 12 卷 [M]. 莫斯科：苏联科学院出版社，1953–1959：197.

——第 629 页

24 列夫·托尔斯泰 . 列夫·托尔斯泰全集：第 41 卷 [M]. 莫斯科—列宁格勒：文艺书籍出版社，1928–1958：43–44.

——第 629 页

25 B. 科热夫尼科夫 . 这位是巴鲁耶夫 [M]. 莫斯科：苏联作家出版社，1961：171.

——第 636 页

26 契诃夫 . 契诃夫全集：第 11 卷 [M]. 莫斯科：国家文艺书籍出版社，1964：314.

——第 638 页

后　　记

　　《苏霍姆林斯基选集（五卷本）》，由乌克兰基辅苏维埃学校出版社于 1979—1980 年出版。首版印刷高达 10 万套，是一套在苏联享有极高声望的大型经典教育理论著作，先后被译成十几种语言文字出版，在世界许多国家产生了深远的影响，是 20 世纪人类重要的文化教育遗产之一。

　　本套书的出版宗旨在于为我国教育工作者提供一套全面了解苏联著名教育家苏霍姆林斯基教育思想的权威性经典图书。

　　参加本套书翻译工作的人员绝大多数是长期致力于苏霍姆林斯基教育理论研究的国内一流专家、学者，其中许多人已是六七十岁的老学者。当他们听到教育科学出版社准备出版这套书时，无不表示由衷的敬意。为实施精品战略工程，许多人不顾年迈体弱，本着高度负责的精神，精益求精地对待书稿。经过近两年的努力，在《苏霍姆林斯基选集（五卷本）》即将问世时，我要首先感谢中央教育科学研究所的张渭城研究员、北京师范大学的赵玮译审和毕淑芝教授、华东师范大学的倪家泰教授、安徽大学的陈先齐研究员、天津教育科学研究院的刘伦振研究员，这些德高望重的老专家、学者严谨的治学态度，认真负责的精神令人感动。同时也要特别感谢北京师范大学的王义高教授、肖甦副教授及从始至终与我共同工作近两年、为这套书的出版倾注大量心血的翻译家蔡汀先生。可以说，没有全体编委会成员的精诚合作，就没有《苏霍姆林斯基选集（五卷本）》中文版的问世。

　　值得指出的是，五卷本中的有些作品在 20 世纪 80 年代初已由我社和国内其他几家出版社出版过，出于精益求精的追求，本次收入选集中再次出版时，相关译者依照俄文原版对出版过的原作进行了认真修订。在此要特别向湖南教育出版社、安徽教育出版社、天津人民出版社、上海教育出版社、北京理工大学出版社的同行们致以深深的谢意。

本套书得以顺利出版，与苏霍姆林斯基的女儿——乌克兰教育科学院院士苏霍姆林斯卡娅女士的支持与合作也是密不可分的。当她得知中国教育科学出版社要出版《苏霍姆林斯基选集（五卷本）》时，同样激动万分，鼎力相助，从而大大促进了本套书的尽早问世。

另外，中共中央编译局的胡永钦编审在后期核对引文和注释的工作中，给予了大力帮助，这里也一并予以感谢。

相信，本套书的出版，将会成为我国教育理论图书出版史上的一个重要的里程碑。

祖　晶

2000 年 10 月 26 日

再版后记

　　《苏霍姆林斯基选集（五卷本）》是享誉世界的苏联大型经典教育理论著作，首版印刷高达 10 万套，先后被译成十几种文字，对世界教育改革和发展产生过重大影响。2001 年，《苏霍姆林斯基选集（五卷本）》中文本得以问世，一经出版，便引发了国内教育工作者的广泛关注，并先后荣获"第六届国家图书奖"提名奖、"第三届全国教育图书奖"一等奖。二十余年来，该套书的影响经久不衰，成为全面、系统介绍苏霍姆林斯基教育思想的最权威之作，也成为我国引进版教育理论图书中一部最亮眼的大型经典之作。

　　为更好地服务于我国广大教育工作者，提供高品质的教育精品力作，我们在原版本的基础上，对内容进行了进一步精加工，力求精益求精，更完美、更准确地再现苏霍姆林斯基这位伟大教育家的睿智思想，传承这份弥足珍贵的教育遗产，以期给我国广大教育工作者更多精神的激励、智慧的启迪，为推动教育高质量发展、办好人民满意的教育贡献力量。

祖　晶

2022 年 10 月 26 日

出 版 人 郑豪杰
策 划 祖晶
责任编辑 孔明丽 李馨宇
版式设计 郝晓红
责任校对 贾静芳
责任印制 叶小峰

图书在版编目（CIP）数据

苏霍姆林斯基选集 . 第 3 卷 / 蔡汀，王义高，祖晶主编 . — 北京：教育科学出版社，2023.3
ISBN 978-7-5191-3279-8

I . ①苏… II . ①蔡… ②王… ③祖… III . ①苏霍姆林斯基（Suhomlinskii, Vasilii Aleksanlrovich 1918-1970）– 文集 IV . ① G40-095.12

中国版本图书馆 CIP 数据核字（2022）第 243176 号

苏霍姆林斯基选集（五卷本） 精装本 第 3 卷
SUHUOMULINSIJI XUANJI（WU JUAN BEN） JINGZHUANGBEN DI 3 JUAN

出 版 发 行	教育科学出版社	
社 址	北京·朝阳区安慧北里安园甲 9 号	邮 编 100101
总编室电话	010-64981290	编辑部电话 010-64981321
出版部电话	010-64989487	市场部电话 010-64989009
传 真	010-64891796	网 址 http : //www.esph.com.cn
经 销	各地新华书店	
印 刷	中印南方印刷有限公司	
制 作	北京浪波湾图文工作室	
开 本	720 毫米 ×1020 毫米 1/16	版 次 2023 年 3 月第 1 版
印 张	42	印 次 2023 年 3 月第 1 次印刷
字 数	612 千	定 价 128.00 元

图书出现印装质量问题，本社负责调换。